KB206188

요한복음 확대개정판 주석은
창원교회(담임목사 강주영) 후원으로
제작되었습니다.

John, 2nd. The 60th Jubilee Commentary of the Presbyterian Church in Korea
by Haesaeng Kwon

published by The General Assembly of the Presbyterian Church in Korea Publishing Department, Seoul, Korea, 2021

대한예수교장로회
고 신 총 회
설립 60주년 기념
성 경 주 석

요한복음

확대개정판

권해생 지음
고신성경주석편집위원회 편

대한예수교장로회
총회출판국

목차

특주 목차

발간사

생명의 도라 불리는 기독교는 말씀의 종교라 할 수 있을 것입니다. 이 땅에 존재하는 많은 종교들이 이런 저런 자신들의 교리를 말하고 신비한 영적 체험을 말하지만, 생명의 도인 기독교는 하나님의 말씀이 잣대(canon)가 됩니다. 하나님의 말씀이라는 확고한 잣대가 있기에 기독교는 흔들리지 않습니다. 지금까지 반석 위에 세워진 교회가 흔들리지 않았듯이 주님 오실 때까지 하나님의 말씀에 기반한 교회는 영원할 것입니다.

시편 기자는 말합니다. 복있는 사람이 어떤 사람인지를 말입니다. “복 있는 사람은 … 오직 여호와의 율법을 즐거워하여 그의 율법을 주야로 묵상하는도다”(시 1:1-2). 복있는 사람은 하나님의 말씀이 얼마나 좋은지 그 말씀을 밤낮으로 묵상합니다. 마치 굶주린 사자가 먹을 것을 눈앞에 두고 포효하듯이 말입니다.

고신총회가 한국 땅에 존재하는 다른 총회에 비해 부족한 것도 있습니다. 그러나 다른 어떤 총회보다 말씀을 사랑하는 일에 있어서는 열심을 내고 있다고 할 수 있을 것입니다. 총회적으로 어린이부터 장년에 이르는 말씀 묵상집을 내고 있고, 하나님의 말씀을 연구하는 성경연구소를 총회에 두는 등 하나님의 말씀을 사랑하는 일에 전력을 기울여 왔습니다.

특별히 개혁주의 신학과 신앙에 근거한 말씀을 소수의 신학자들만이 아닌 모든 성도와 나누기 위해 주석 발간이 기획되어 지금까지 진행해 왔습니다. 총회가 할 수 있는 많은 사업이 있지만 하나님이 우리에게 주신 말씀의 의미를 제대로 풀어낼 수 있는 주석 사업은 가장 귀한 일이라 믿습니다.

물론 주석 발간 사업이 이런저런 문제로 인해 예정한 대로 진행되지 못한 것을 아쉽게 생각합니다. 바라기는 고신총회가 총회에서 허락한 기간 내 모든 주석이 완간되도록 함께 기도로 마음을 모아주시면 감사하겠습니다.

감사한 것은 주석 발간 사업의 어려움 속에서도 금번에 권해생 박사의 『요한복음』 확대개정판이 독자들의 사랑을 받아 재판을 내게 되었습니다. 요한복음은 저자의 땀과 수고, 그리고 좋은 주석을 기대하는 한국 교회의 요청에 대한 하나님의 큰 선물이라 확신합니다.

2023년의 무더위가 극심한 이때 충성된 종을 통해 하나님이 주시는 이 청량제와 같은 주석으로 모든 한국 교회와 성도님들의 삶이 풍성해지시기를 바랍니다.

충성된 사자는 그를 보낸 이에게
마치 추수하는 날에 얼음 냉수 같아서
능히 그 주인의 마음을 시원하게 하느니라
잠언 25:13

주후 2023년 8월
간행위원장 김홍석 목사
(안양일심교회 담임)

시리즈 머리말

본 총회가 발행하는 <고신총회 설립 60주년 기념 성경주석>은 여러 모로 뜻 깊은 주석이 될 것이다. 한국에 주석들이 많이 있는데 굳이 우리 총회에서 따로 주석을 펴낼 필요가 있겠는가 하는 의문이 들 수도 있다. 그러나 고신총회가 가지고 있는 순수한 신앙과 개혁주의 신학은 우리의 신앙과 신학에 맞는 주석을 요구하고 있다. 우리 주위에는 많은 주석들이 있지만 어느 것을 선택해야 할지, 많은 해석들 가운데서 어느 해석이 올바른 해석인지 몰라서 혼란스러운 가운데 있다.

본 총회가 발행하는 성경주석은 이런 상황에 답을 제시하려는 목적으로 기획되었다. 물론 이 세상에서 완전한 성경 해석은 불가능하겠지만, 선조들이 물려준 순수한 신앙과 건전한 신학의 토대 위에서 하나님의 말씀을 풀어 설명하려고 노력하였다. 이런 점에서 본 성경주석 시리즈는 다음과 같은 특징을 가지고 있다.

첫째, 본 주석은 '개혁주의적인 주석'이 되고자 한다. 성경을 정확무오한 하나님의 말씀으로 믿고 고백하는 가운데 바르게 해석하려고 노력을 기울였다. 인간의 이성(理性)이나 경험(經驗)이 성경 해석의 최고 권위가 아니라 "성경이 그 자신의 해석자이다"(Sacra Scriptura sui ipsius interpres est)라고 하는 종교개혁자들의 성경 해석 원리를 따라 성경 자신이 성경을 해석하도록 노력하였다. 물론 우리는 앞서간 신앙 선배들의 노력을 무시하지 않는다. 우리는 칼빈과 개혁주의 신학자들의 신학 유산을 존중하고, 또한 한국 교회에 주신 귀한 선물인 박윤선 박사의 「성경주석」을 존중한다. 그러나 시대의 변화를 감안하여 좀 더 자세하고 깊이 있는 주석을 제공하려고 노력하였다.

둘째, 본 주석은 목회자들과 성도들에게 '실제적 도움이 되는 주석'이 되고자 한다. 서양에서 발전된 주석들을 보면 성도들의 실제 생활과 관계없는 학적 논의들이 많다. 그러나 본 주석은 가능한 한 불필요한 논쟁은 피하고 성도들의 실제 생활에 도움이 되는 주석이 되고자 노력하였다. 이를 위해 어려운 단어나 구절에 대해 간결한 설명을 제공하고, 복잡한 논의는 작은 글자로 소개하거나 미주로 처리하였다.

셋째, 본 주석은 단지 성경의 의미를 밝히는 것으로 끝나지 아니하고 '오늘날 우리에게 주는 교훈'을 찾기 위해 노력하였다. 그래서 각 단락의 마지막 부분에 <교훈과 적용>을 두었다. 이 부분은 앞에서 이루어진 본문 주해를 종합적으로 정리하고, 오늘날 우리들에게 주는 교훈을 제시하였다. 이 부분은 독자들에게 본문이 우리에게 주는 의미를 묵상하게 도와줄 뿐만 아니라, 목회자들이 설교를 작성하는 데에도 많은 도움이 될 것이다.

넷째, 그 외에도 본 주석은 '독자들의 편의'를 위해 여러 모로 세심한 노력을 기울였다. 주석의 각 장마다 간단하게 <본문의 개요>와 <내용 분해>를 넣어서 한 눈에 내용을 파악할 수 있도록 했다. <본문 주해>에 들어가서도 먼저 전체 내용을 개관한 후에 각절 또는 몇 절들 단위로 주해를 하였다. 각 주해 단락 서두에 <개역개정판 성경>을 실어서 본문을 쉽게 볼 수 있도록 하였다. 성경 원어 사용은 가능한 한 피하되, 주해를 위해 꼭 필요하다고 판단되는 경우에는 한글 음역과 함께 원어를 실었다. 그리고 앞에서 말한 대로 <본문 주해> 뒤에 <교훈과 적용>을 넣어서 다시금 본문의 핵심 의미를 정리하고 교훈을 생각하며 각자의 삶에 적용하도록 하였다.

이러한 노력에도 불구하고 독자들의 손에 쥐어지는 주석에는 미흡한 점들이 많이 있을 것이다. 사람마다 요구사항이 다르기 때문에 독자에 따라 평가가 다를 수 있을 것이다. 이런 점들에 대해 편집위원회와 간행위원회는 충분히 인식하고 있으며, 앞으로 주석의 질을 높이기 위해 계속 노력하고자 한다. 본 주석 사업은 한 번의 출판으로 끝나지 않고 지속적으로 개선하고 업그레이드 하면서 점차 높은 수준의 주석이 되기를 희망한다.

본 주석은 단지 학적인 것이 아니라 목회자들과 성도들에게 도움이 되는 주석이 되기를 추구한다. 따라서 본 주석은 학적으로는 미흡할지 모르지만, 잘못된 해석들이 난무하는 이 시대에 올바른 개혁주의적 해석을 제공하고자 한다는 점에 큰 의미가 있을 것이다.

성경 해석이 바로 되어야 우리의 신앙과 생활이 바로 될 것이며, 나아가서 한국 교회가 바로 설 수 있을 것이다. 성도들의 기도와 하나님의 도우심으로 이 주석 간행 사업이 잘 진행되어서 한국 교회에 크게 기여하는 주석이 되기를 소망한다.

2023년 8월

편집위원장 신득일

저자의 말

초판이 출간된 지 5년 만에 확대개정판을 내어놓게 되었습니다. 초판을 그대로 반복해서 내지 않고, 내용을 대폭 보완하였습니다. 새롭게 연구한 부분을 추가하였고, 신약 학계의 최근 논의들을 반영하였습니다. 일부 부주의했던 표현들을 수정하였고, 미진하였던 설명을 보충하였습니다. 이렇게 하다 보니 초판보다 100쪽 이상이 늘어나게 되었습니다.

동료 교수 중 한 분이 언젠가 저에게 "쉬운 책이라고 생각하며 요한복음 연구를 시작하였는데, 하면 할수록 요한복음이 심오한 책이라는 것을 깨닫는다."고 하였습니다. 요한복음은 표현이 분명하고, 문장이 간결하여 쉬운 성경이라고 오해하기 쉽습니다. 그러나 분명한 표현과 간결한 문장 뒤에는 다양한 배경과 복잡한 개념이 있어 전문가의 도움이 없으면 좀처럼 그 심오한 진리에 도달하기 어렵습니다. 본 주석서가 독자들이 요한복음에 나오는 심오한 진리를 발견하는 데 조금이라도 도움이 되면 좋겠습니다.

집필하면서 특히 다음 세 부류의 사람들을 염두에 두었습니다. 첫째, 요한복음을 전문적으로 연구하고자 하는 분들입니다. 이 분들을 위해 본문의 정확한 의미를 설명하고, 학계의 다양한 견해를 소개하였습니다. 둘째, 설교를 준비하는 목회자들입니다. 목회자들을 위해 본문의 핵심 포인트를 짚어주고, 본문의 의미를 성도들에게 어떻게 적용할 수 있을지 해설하였습니다. 셋째, 성경에 관심 있는 성도들입니다. 다른 사람의 도움 없이 성경과 이 책을 가지고 본문의 의미를 잘 파악할 수 있도록 본문을 쉽게 풀이하였습니다.

이 책이 출판되기까지 도움을 주신 모든 분들께 감사드립니다. 특히 원고를 꼼꼼하게 읽고 교정해준 이정화, 이혜인, 윤웅열 님께 깊이 감사드립니다. 이 책이 하나님을 영화롭게 하며, 교회에 유익이 되기를 간절히 소망합니다.

2021년 7월
수지 광교산 자락에서
권해생

요한복음 서론

I. 저자

요한복음은 예수님이 사랑하시는 제자에 의해 기록되었다(21:24). 전통적으로 이 사랑하시는 제자는 사도 요한으로 믿어져 왔으나, 최근에 이에 대한 반대도 만만치 않다.[1] 그러나 우리는 다음과 같은 이유에서 사도 요한이 가장 유력한 요한복음의 저자라 생각한다. 첫째, 리용의 이레네우스(Irenaeus of Lyon)는 예수님의 품에 의지하던 주의 제자인 사도 요한이 요한복음의 저자라고 한다(*Adv. Haer.* 1.9.2, 3; 3.21.3). 그가 소아시아의 에베소에 있을 때에 요한복음을 기록하였다고 한다(*Adv. Haer.* 3.1.1). 알렉산드리아의 클레멘트(Clement of Alexandria)도 사도 요한 저작설을 지지한다(*Hist. Eccl.*

---

1. 심지어 마르틴 헹엘과 리처드 보컴 등도 요한복음의 저자는 사도 요한이 아니라 장로 요한이라 주장한다. M. Hengel, *The Johannine Question*, trans. J. Bowden (London: SCM, 1989); R. Bauckham, *Jesus and the Eyewitnesses: The Gospels as Eyewitness Testimony* (Grand Rapids: Eerdmans, 2006), 412-33. 새물결플러스 역간, 『예수와 그 목격자들』; 이에 대한 반론은 다음을 참조. 권해생, "The Critical Analysis of the Traditional Introduction to the Fourth Gospel," 「국제신학」 10/2 (2013), 23-45,

6.14.7). 최초의 신약성경 목록을 제시한 무라토리 정경(Muratorian Canon, AD 170-180)도 다른 사도들과 감독들이 그에게 복음서 저작을 요청했다고 증언한다.[2]

둘째, 사도 요한과 요한서신에 나오는 장로 요한(요이 1; 요삼 1)을 구분하고, 장로 요한이 요한복음의 저자라고 주장하는 학자들도 있다. 그러나 이 주장은 다른 신약성경에서, 사도들이 장로로 불리고 있다는 사실에 의해 무력화된다(벧전 1:1; 5:1).

셋째, 요한복음과 다른 복음서의 비교는 예수님이 사랑하시는 제자가 사도 요한일 가능성을 더욱 높인다. 요한복음에서 예수님이 사랑하시는 제자는 5번 등장한다: 최후의 만찬(13:23-25), 십자가 앞(19:26-35), 빈 무덤(20:2-8), 디베랴 바닷가(21:1-7), 그리고 예수님의 마지막 예언 순간(21:20-22). 다른 복음서들에 따르면, 예수님의 최후의 만찬에는 예수님의 12제자가 함께 했다(마 26:20; 막 14:17; 눅 22:14). 그러므로 요한복음에서 최후의 만찬에 참여한 예수님이 사랑하시는 제자는 12제자 중의 하나일 가능성이 높다. 또한 요한복음에 따르면, 예수님이 사랑하시는 제자는 중요한 순간에 베드로와 함께 등장한다: 최후의 만찬, 빈 무덤, 그리고 마지막 예언 순간. 다른 복음서에서는 특히 3명의 제자가 예수님과 가까이 있었다: 베드로, 야고보, 요한. 이 중 야고보는 사도행전에 따르면(행 12:1-2) 일찍 순교한 것으로 나오기 때문에(AD 44), 나중까지 살아남아 요한복음을 저작했을 가능성은 희박하다. 그러므로 베드로와 함께 있는 예수님이 사랑하시는 제자는 사도 요한일 가능성이 가장 높다.

---

2. 이 책의 목적상 저자에 대한 다양한 학문적 논쟁은 생략한다. 예수님이 사랑하시는 제자가 사도 요한이라는 전통적인 견해를 뒷받침하는 근거는 다음을 참고. D. A. Carson and D. J. Moo, *An Introduction to the New Testament* (Grand Rapids: Zondervan, 2005), 229-54. 은성 역간, 『신약개론 제2판』; S. S. Smalley, *John: Evangelist and Interpreter*, 2nd Edition (London: Paternoster, 1998), 75-90. 생명의샘 역간, 『요한신학』.

II. 저작 장소 및 시기

팔레스타인, 시리아, 이집트 등 다양한 장소들이 저작 장소 후보로 제안되어 왔지만, 에베소가 가장 광범위한 지지를 받고 있다.[3] 유세비우스(Eusebius)에 따르면, 유대 전쟁으로 말미암아 사도들이 흩어졌을 때 소아시아 지역은 사도 요한이 담당한 지역이었다(*Hist. Eccl.* 3.1.1). 이레네우스는 요한이 소아시아 지역 중, 에베소에 머물며 요한복음을 기록하였다고 한다(*Adv. Haer.* 3.1.1). 2세기 초 에베소의 감독이었던 폴리카르푸스(Polycarpus)는 요한의 무덤이 거기 있었다고 증언한다(*Hist. Eccl.* 5.24.2-3).

이집트에서 발견된 라일랜즈 파피루스(The Rylands Papyrus) 457은 요한복음 18:31-33, 37-38을 포함하고 있는데, 이는 AD 125년경에 기록되었을 것으로 추정된다.[4] 4세기 인물인 히에로니무스(Hieronymus)는 요한이 예수님의 고난 이후 68년을 더 살았다고 말하고 있는데, 이는 요한이 AD 98년까지 살았다는 말이다. 한편 요한복음에 사두개인이 등장하지 않고, 성전을 비롯한 유대 제의 체계가 예수님 안에 완성되었다는 요한복음의 주제는 이 책이 AD 70년 이후에 기록되었음을 반증한다. 사두개인들의 성전 중심 활동은 성전 파괴 이후 별로 주목을 받지 못하였음은 자명하다. 또한 성전 파괴 이후 예수님이 유대 제의를 완성하였다는 사실은 흩어진 디아스포라의 기독교인들에게 효과적인 변증 메시지가 될 수 있었을 것이다.[5] 요한복음이

---

3. 자세한 논의는 다음을 참고. C. S. Keener, *The Gospel of John vol. 1-2* (Peabody: Hendrickson, 2003), 142-9. CLC 역간, 『키너 요한복음』.
4. 요한복음의 1세기 말 저작설을 위해서는 다음을 참조. C. H. Talbert, *Reading John: A Literary and Theological Commentary on the Fourth Gospel and the Johannine Epistles* (Macon: Smyth & Helwys, 2005), 64; D. A. Carson, *The Gospel According to John*, PNTC (Grand Rapids: Eerdmans, 1991), 85. 솔로몬 역간, 『요한복음』; Smalley, *John*, 90-3.
5. A. J. Köstenberger, *Encountering John* (Grand Rapids: Baker, 1999), 25. 크리스챤 역간, 『요한복음 총론』.

AD 70년 성전 파괴 이후 즉시 기록되었다기보다는, 요한이 소아시아의 에베소 지역으로 옮겨가고, 일정 시간이 흐른 후, 당시의 다양한 저작 필요에 따라 저작된 것으로 보인다. 그러므로 요한복음의 저작 시기를 정확하게 규정하는 것은 힘들지만, 대략 AD 80-100년 사이, 즉 AD 90년 전후에 기록된 것으로 보는 것이 적절할 것이다.

III. 기록 목적 및 수신자

다른 복음서와 달리, 요한복음은 저자가 분명히 그 저작 목적을 본문에서 밝힌다(20:30-31). 요한복음의 기록 목적은 기독론적이면서 동시에 구원론적이다. 다시 말하면, 요한복음은 예수님이 누구신지를 밝히기 위해 기록된 책이요, 이를 통해 독자들의 믿음과 영생에 유익이 되도록 하기 위해 기록되었다. 여기서 이 믿음이 불신자가 회심할 때의 믿음을 의미하는지, 기존 신자의 지속적 믿음을 의미하는지에 대한 논란이 있다. 이것은 사본상의 문제 때문에 비롯되었는데, 몇몇 사본은 아오리스트(부정과거) 가정법 동사 πιστεύσητε(*피스튜세테*)를 지지하면서(A C D K L rell) 회심의 믿음을 암시한다. 다른 사본들은 현재 가정법 동사 πιστεύητε(*피스튜에테*)를 지지하면서(P66 à B È 0250 892) 지속적 믿음을 암시한다. 현재 시상이 더 고대 사본의 지지를 받음에도 불구하고,[6] 카슨은 두 시제(시상) 사이의 차이는 거의 없으며, 두 동사 다 회심의 믿음(converted faith)과 지속적인 믿음

6. H. Riesenfeld, "Zu Den Johanneischen ἵνα-Sätzen," *Studia Theologica-Nordic Journal of Theology* 19, no. 1 (1965), 213-20.

(continuing faith)을 의미할 수 있다고 한다.[7] 다른 요한복음 학자들도 이와 비슷한 주장을 한다. 린다스(B. Lindars), 슈나켄버그(R. Schnackenburg), 비슬리-머리(G. R. Beasley-Murray) 등은 본문 비평에서 현재 시제가 약간 우위에 있다 할지라도, 저자는 실제로 시제를 통하여 특별한 의도를 가지고 있지 않았을 것이라 한다.

그러나 고든 피는 요한복음 저자가 사실은 시제에 굉장히 민감했으며, 여기서는 현재 시제를 통해 특별한 목적을 가지고 있었을 것이라 한다(예. 5:8; 10:38, 등등).[8] 특히 ἵνα(*히나*)절 안에서 현재 시제는 동사의 계속된 뜻을 자주 의미한다고 한다(예. 5:20; 13:15, 34; 15:8, 12, 16, 17; 17:3, 24 등등). 따라서 고든 피는 아오리스트 *피스튜세테*보다는 현재를 의미하는 *피스튜에테*가 사본상 더 적합하다고 보며, 요한복음은 신자들로 하여금 믿음 안에 계속 굳건히 거하도록 하기 위해 기록되었다고 한다.

이러한 학자들의 논쟁에도 불구하고, 요한복음이 이미 믿고 있는 자들뿐만 아니라 믿지 않는 자들 모두를 위해 기록되었음은 좀처럼 의심할 수 없다. 요한복음의 수신자 안에서는 다양한 믿음을 가진 사람들이 있었을 것이기 때문이다. 참 믿음을 가진 성숙한 신앙인도 있었을 것이고, 이제 막 믿기 시작한 사람도 있었을 것이다. 반면에 믿는다고 말은 하지만, 아직 믿지 않는 사람도 있었을 것이다. 이런 면에서 볼 때, 실제로 요한복음 저자는 신자와 불신자 모두를 염두에 두었을 것이다.

그렇다면 요한복음의 수신자들은 유대인이었을까, 이방인이었을까? 요한복음의 다양한 유대적 배경은 요한복음의 수신자들이 유대인이었음을 암시

---

7. D. A. Carson, “The Purpose of the Fourth Gospel: John 20:31 Reconsidered,” *JBL* 106, no. 4 (1987), 639-51; “Syntactical and Text-Critical Observations on John 20:30-31 : One More Round on the Purpose of the Fourth Gospel,” *JBL* 124, no. 4 (2005), 693-714.
8. G. D. Fee, “On the Text and Meaning of John 20:30-31,” in *To What End Exegesis? : Essays Textual, Exegetical, and Theological* (Grand Rapids: Eerdmans, 2001), 29-42. 카슨 또한 나중에 피의 견해를 부분적으로 수용한다. Carson, “Syntactical,” 696-701.

한다. 다양한 상징적 표현은 당시 유대 문헌, 특히 쿰란에서 쓰는 용어들과 유사점을 띠고 있다(예. 진리의 성령, 빛의 아들들 등등).[9] 또한 유대 제의 모티프들(성전, 제사장, 유대 절기, 어린양 등등)이 예수님의 사역과 연결된다는 점은 요한복음의 유대적 특성을 더 잘 보여준다. 제의적 완성으로서의 예수님의 사역은 나중에 다시 논의될 것이다. 그럼에도 불구하고 히브리어의 헬라식 표현이나(메시야/그리스도, 1:41; 4:25; 랍비/선생, 1:38; 20:16), 유대 명절에 대한 추가적 설명(2:13; 5:1; 7:1-3; 11:55) 등은 수신자들을 이방인으로 상정하고 있었음을 의미하기도 한다. 특히 요한복음이 에베소 지역에서 기록되었다면, 저자는 많은 이방인 독자들을 기대하였을 것으로 추측된다.

요컨대, 요한복음 수신자들은 유대인과 이방인의 연합으로 구성되었을 것이다. 그들 중에는 신자와 불신자가 함께 있었다. 그래서 한편으로는 신자들을 격려하기 위해 요한복음을 기록하였다. 저자는 신자들이 예수님을 더 깊이 알고, 지속적으로 참된 믿음에 거하도록 격려하였다. 다른 한편으로는 불신자들을 전도하기 위해 요한복음을 기록하였다. 요한복음 저자는 불신자들이 예수님을 믿고, 참된 그리스도인이 되도록 하기 위해 복음서를 기록하였다.

IV. 요한복음의 주요 주제 및 특징들

1. 기독론

기독론은 요한복음의 핵심 주제이다. 요한복음에는 중요한 기독론적 표

---

9. J. H. Charlesworth, "A Critical Comparison of the Dualism in 1QS 3:13-4:26 and the 'Dualism' Contained in the Gospel of John," in *John and the Dead Sea Scrolls* (New York: Christian Origins Library, 1990), 101-2.

현들이 다양하게 나타난다. 왜냐하면 기독론적 계시는 요한복음의 기록 목적이기 때문이다(20:30-31). 그러나 여기서는 모든 기독론적 주제들을 다 다루지 않을 것이다. 심지어 다루어지는 주제들도 간략하게 언급될 것이다. 요한복음의 다양한 기독론적 타이틀이나 핵심 주제들은 본문 주해나 특주를 통해 상세하게 밝혀질 것이다.

1) 말씀(*로고스*) 기독론

먼저 요한복음은 예수님을 말씀(λόγος, *로고스*)으로 일컫는다(1:1, 14). 기독론적 개념으로서 말씀(*로고스*)은 요한복음에서도 오직 서문(prologue)에만 등장한다(1:1-18). 말씀(*로고스*) 기독론을 통해, 요한복음 서문은 예수님을 세 가지 측면에서 묘사한다. 첫째, 말씀(*로고스*)이신 예수님은 하나님이시면서 동시에 사람이시다. 영원 전부터 계신 하나님이시면서, 육신이 되신 사람이시다. 둘째, 하나님으로서 예수님은 첫 창조에 참여하셨을 뿐 아니라, 생명과 빛으로 만물을 새롭게 창조하시는 분이다. 셋째, 사람으로서 예수님은 하나님의 영광과 은혜와 진리를 드러내시는 계시자이다. 예수님을 통해 우리는 하나님의 영광과 은혜와 진리를 만난다. 따라서 하나님과 사람으로서 *로고스* 예수님은 새 창조와 계시를 통해, 그를 믿는 자에게 생명을 주신다.

비록 *로고스*로서 예수님의 기독론적 정체성은 서문에서만 언급되지만, *로고스* 기독론은 요한복음 전체에 퍼져 있는 그의 다양한 사역(works)과 말씀(words)의 기초가 된다. 다시 말하면, 하나님이시면서 사람이신 *로고스* 예수님은 사역을 통해 하나님을 계시하시고(14:9), 사람들에게 영생을 주셔서(3:16), 그들이 새 창조의 하나님 나라 백성이 되게 하신다(3:3). 또한 *로고스*로서 예수님의 말씀은 영생과 직결된다(5:24). 말씀을 통해 사람들은 성령을 만난다(6:63). 예수님의 말씀 안에 거할 때 참 제자가 된다(8:31). 이와 같이, *로고스*이신 예수님은 다양한 사역과 말씀을 통해 그를 믿는 자를 구원하신다(20:31). (*로고스* 기독론의 배경에 대해서는 특주를 참고하라)

2) 표적 기독론

예수님의 기적은 다른 복음서에서 주로 '능력'(δύναμις, *뒤나미스*, 막 5:30; 6:5; 눅 5:17; 6:19 등등)이라는 말과 함께 나타나지만, 요한복음에서는 이를 '표적'(σημεῖον, *세메이온*)이라 일컫는다.[10] 표적이라는 용어는 요한복음에서 총 17회 나타나는데, 헬라어 사전에서 그 의미는 '어떤 것을 드러내는 표시', 혹은 '초자연적 능력의 개입을 통해 어떤 것을 표시하거나 확정하는 사건'을 가리킨다.[11] 포스터는 표적을 '실제 사건 너머에 있는 상징적 표시'라 한다.[12] 한편 쾨스텐버거는 요한복음에서 표적은 '반드시 기적적인 사건은 아닐지라도 하나님의 대리인으로서 하나님의 영광을 드러내는 예수님의 상징적 사역'이라 정의한다.[13] 그러나 표적은 기적과 좀처럼 떼어 놓고 이야기할 수 없다. 사람들이 볼 수 있도록 공개적으로 기적이 행해진 곳에는 어김없이 표적이라는 말이 사용된다(2:11; 4:54; 6:2, 14; 9:16; 11:47). 또한 구체적인 기적이 묘사되지 않더라도, 표적이라는 말이 사용된 곳에는 기적이 있었음을 추측하게 한다(예. 7:31; 12:37; 참고. 10:31). 그리고 표적은 무엇인가를 가리키는 기능을 한다. 다시 말하면, 기적을 통해 어떤 의미를 드러낸다. 요한복음에서 표적은 예수님이 하나님의 아들, 그리스도이심을 가리키는 기능을 한다. 따라서 표적은 공개적으로 예수님의 정체성을 가리키는 기적이라

---

10. 물론 다른 복음서에도 '표적'이라는 단어가 나온다. 예수님의 반대자들이 표적을 요구하며(예. 막 8:11-12; 마 12:38-39; 눅 23:8), 예수님은 거짓 선지자들이 표적을 행할 것이라 하신다(마 24:24; 막 13:22). 물론 요나의 표적은 부활을 상징하기도 하지만(마 12:39-40), 다른 복음서에서는 전체적으로 표적이라는 말의 용례가 드물 뿐 아니라, 주로 부정적 뉘앙스를 띠고 있다.
11. W. Bauer, W. F. Arndt, F. W. Gingrich, *A Greek-English Lexicon of the New Testament and Other Early Christian Literature*, 3rd ed. by F. W. Danker (Chicago: Chicago University press, 2001), 920. 이하 BDAG.
12. C. S. Foster, *So That You May Believe: The Apologetic Nature of John's Gospel* (Oak Ridge: Holy Fire, 2005), 29.
13. A. J. Köstenberger, *A Theology of John's Gospel and Letters* (Grand Rapids: Zondervan, 2009), 328. 부흥과 개혁사 역간, 『요한신학』.

고 할 수 있다. 표적의 궁극적인 목적은 예수님을 드러내어, 사람들로 하여금 예수님을 믿고 영생에 이르도록 하는 것이다(20:30-31).

일반적으로 요한복음에는 예수님의 7가지 표적이 나온다고 알려져 있는데, 이 중 6개 표적에 대해서는 대부분 의견 일치가 있다: 물을 포도주로 바꾸심(2:1-11); 왕의 신하의 아들을 치유하심(4:46-52); 38년 된 병자를 치유하심(5:1-9); 오병이어 기적(6:1-14); 소경을 고치심(9:1-12); 죽은 나사로를 살리심(11:1-44). 하지만 나머지 하나의 표적이 무엇이냐에 대해서는 학자들 사이에 논란이 있다. 스몰리는 153마리의 물고기 잡는 사건을(21:1-14),[14] 쾨스텐버거는 성전 정화 사건을(2:12-22),[15] 모리스는 예수님이 물위를 걷는 사건을(6:16-21)[16] 각각 7가지 표적의 나머지 하나라고 주장한다.[17] 그러나 다른 6가지 표적과 비교해 볼 때, 153마리의 물고기를 잡는 사건과 예수님이 물위를 걷는 사건은 사람들에게 공개적으로 드러난 것이 아니라 오직 제자들에게만 보인 사건이다. 또한 성전 정화 사건은 기적이 아니기 때문에 표적에서 제외되어야 할 것이다.

그렇다면 요한복음에는 오직 6가지 표적만 있는 것일까? 앞서 표적을 예수님의 정체성을 드러내는 공개적인 기적이라 하였는데, 이런 점에서 우리는 요한복음이 7가지 표적을 의도했다고 본다. 왜냐하면 요한복음에서는 사실 십자가와 부활이 예수님의 메시야/하나님의 아들 되심을 나타내는 가장

---

14. Smalley, *John*, 129-32.
15. Köstenberger, *A Theology*, 327-35.
16. L. Morris, *Jesus is the Christ: Studies in the Theology of John* (Grand Rapids: Eerdmans, 1989), 20. CLC 역간, 『요한신학』.
17. 이 외에도 예수님의 발에 향유를 붓는 사건(12:1-8), 세족식(13:1-11), 예수님의 죽음(18:1-19:42)과 부활(20:1-21:25) 등 다양한 사건들이 여러 학자들에 의해 표적으로 간주되어야 한다고 주장되고 있다. 자세한 논의는 다음을 참조. Köstenberger, *A Theology*, 327-35.

큰 표적이요 계시이기 때문이다.[18] 표적을 요구하는 유대인들에게 예수님은 자신의 죽음과 부활을 말씀하신다(2:18-21). 또한 오병이어의 표적을 본 사람들이 여전히 예수님께 표적을 요구하자(6:30), 예수님은 십자가의 표적을 암시하는 말씀을 하신다(6:53). 결국 요한복음은 예수님의 십자가와 부활 후에, 복음서 전체를 예수님 계시와 인간 구원을 위한 표적들에 관한 책이라고 요약한다(20:30-31). 그러므로 우리는 요한복음이 예수님의 죽음과 부활이라는 결정적인 표적 사건을 향하여 처음부터 발전, 심화되어 가는 구조라는 것을 알 수 있다.[19] 이런 관점에서 우리는 전통적인 구분, 즉 요한복음을 '표적의 책'과 '영광의 책'으로 보는 것을 반대하지 않으나 좀 더 표적 중심으로 요한복음을 읽으려 한다. 서문과 결문을 제외한 요한복음의 중심 구조를 다음과 같이 표적의 3단계 발전으로 보려 한다: 표적의 시작과 발전(1:19-12:50) ⇨ 표적의 심화(13:1-17:26) ⇨ 표적의 절정(18:1-20:31).

3) *에고 에이미* 기독론

'나는 …이다'(ἐγώ εἰμι, *에고 에이미*)라는 요한복음의 독특한 예수님의 자기 계시 표현은 크게 2가지로 나뉠 수 있다. 첫째는 술어가 없는 절대적 용법의 '나는 …이다' 말씀이다(4:26; 6:20; 8:24, 28, 58; 13:19; 18:5, 6, 8). 메시야를 기대하는 사마리아 여인에게 자신을 나타내실 때(4:20), 물위를 걸어오시는 예수님을 두려워하는 제자들에게 자신을 나타내실 때(6:20), '나

---

18. Carson and Moo, *An Introduction to the New Testament* (Grand Rapids: Zondervan, 2005), 225; Bauckham, *Gospel of Glory: Major Themes in Johannine Theology* (Grand Rapids: Baker Academic, 2015), 60, 135, 183. 새물결플러스 역간, 『요한복음 새롭게 보기』.

19. Contra C. K. Barrett, *The Gospel According to St. John* (London: SPCK, 1978), 78. 한국신학연구소 역간, 『요한복음』; Köstenberger, *A Theology*, 332. 바레트와 쾨스텐버거는 예수님의 십자가와 부활은 표적이라기보다는 그 표적들이 가리키는 실재(reality)라고 한다. 그러나 예수님의 십자가와 부활은 예수님의 신분을 가장 잘 나타내는 요한복음 표적 사건의 핵심임을 좀처럼 부인하기 어렵다. 참고, W. H. Salier, *The Rhetorical Impact of the Sēmeia in the Gospel of John* (Tübingen: Mohr Siebeck, 2004), 147-54.

는 …이다' 표현을 사용하신다. 또 '나는 …이다'는 믿음의 내용이 되며(8:28; 13:19), 신성을 나타내기도 한다(8:58; 18:5, 6, 8). '나는 …이다'는 구약에서 여호와 하나님의 자기 계시 표현이었다(예. 출 3:14; 사 43:10). 그러므로 요한복음에 나오는 '나는 …이다' 말씀은 아들 예수님이 아버지 하나님을 보여준다는 뜻이다.[20] 다시 말하면, 하나님을 계시하는 하나님의 아들로서 중보자 예수님의 정체성은 '나는 …이다' 표현을 통해 구체화된다. 뿐만 아니라, 예수님은 단순히 아버지를 드러내시는 아들에 그치지 않고, 그가 곧 하나님이심을 나타내신다.

둘째는 술어가 분명한 '나는 …이다' 말씀이다: 생명의 떡(6:35), 세상의 빛(8:12), 양의 문(10:7), 선한 목자(10:11), 부활과 생명(11:25), 길과 진리와 생명(14:6), 포도나무(15:5). 이 7가지 술어가 나타나는 '나는 …이다' 말씀에서, 예수님은 자신이 세상에 오신 목적을 분명히 드러내신다. 그것은 곧 그를 믿는 자에게 생명을 주는 것이다. (1) '생명의 떡', '부활과 생명', '포도나무'는 예수님과 생명을 직접적으로 연결시킨다. 예수님은 생명 자체이시다. 따라서 믿음으로 예수님과 연합한 자는 생명과 연합한 자이고, 새 생명을 얻은 자이다. (2) 또한 예수님은 그를 믿는 자를 생명으로 인도하신다. 사람들을 생명의 원천이신 하나님께로 인도하신다. '세상의 빛', '양의 문', '선한 목자'는 사람들의 생명을 위한 예수님의 인도와 보호를 강조한다. (3) 그리고 마침내 '길과 진리와 생명'이라는 말은 이 모든 예수님의 역할을 종합한다. 즉, 생명을 주시고, 생명을 위해 인도하시고 보호하시는 하나님의 아들의 역할을 보여준다. 요컨대, 예수님은 그를 믿는 사람에게 생명을 주시는 생명 자체이시며, 그를 믿는 사람을 하나님께로 인도하여 생명을 얻게 하는 하나님의 아들이시다. '나는 …이다'는 표현은 바로 예수님이 사람들의 생명을 위

---

20. D. M. Ball, *"I Am" in John's Gospel: Literary Function, Background and Theological Implications* (Sheffield: Sheffield Academic Press, 1996), 23-41.

한 하나님의 아들, 생명이라는 것을 드러낸다.

다른 한편, 예수님은 고별 기도에서 그가 아버지께로부터 세상에 보냄을 받아 아버지의 이름을 드러내었다고 하시는데(17:6, 26), '나는 …이다'(*에고 에이미*)가 이것과 연결될 수 있다. 앞서 언급한 바와 같이, 구약에서 '나는 …이다'는 여호와 하나님의 자기 계시 표현인데, 자신의 이름을 나타내실 때에도 이 표현을 사용하셨다(출 3:14). 따라서 요한복음 '나는 …이다'라는 예수님의 말씀은 하나님의 이름을 드러내시는 것이고, 하나님이 어떤 분이신지를 계시하시는 것이다. 예수님은 '나는 …이다'를 통해 자신이 누구신지, 아버지께서 누구신지를 드러내셨다. 물론 예수님이 아버지의 이름을 드러내신 것은 오직 '나는 …이다' 말씀과만 배타적으로 관계된다고 할 수는 없다. '나는 …이다' 말씀을 비롯한 예수님의 전체 계시 사역을 일컫는 말이다.

4) 제의적 기독론

제의적 기독론(Cultic Christology)은 요한복음에 나오는 다양한 제의적 주제들과 예수님을 연결시키는 분야이다. 따라서 제의적 기독론이란 성전 기독론, 어린양 기독론, 제사장 기독론, 절기 기독론 등을 포함하는 굉장히 넓은 개념이다. 여기서는 각 기독론의 대략적인 요점만을 살펴보고, 구체적인 설명은 특주와 각 구절 주해에서 할 것이다.

(1) 예수님과 성전, 제사장, 그리고 어린양 - 요한복음에는 다양한 제의적 제도가 예수님과 관련하여 설명된다. 먼저 예수님은 성막(성전)으로 묘사되신다. 성막(성전)은 구약에서 하나님의 임재(출 25:8; 29:44-46)와 계시(출 25:22; 레 1:1; 민 12:4; 신 31:14), 백성들의 제사(출 29:38-43; 30:7-10)가 이루어지는 장소였다.[21] 하나님께서 그의 백성에게 오시고, 백성들이 하나님께

---

21. J. Palmer, 'Exodus and the Biblical Theology of the Tabernacle', in *Heaven on Earth: The Temple in Biblical Theology*, eds. T. D. Alexander, S. Gathercole (Carlisle: Paternoster, 2004), 11-22.

나아가는 장소였다. 하나님과 그의 백성의 거룩한 만남이 있었던 장소였다. 그래서 이를 회막(Tent of Meeting)이라 불렀다(출 29:42-43). 회막은 성막의 다른 이름이었는데(출 40:2), 요한복음은 이러한 성막(성전)의 기능이 예수님 안에서 이루어진다는 것을 보여준다.

구약에서 성막을 통한 하나님의 임재를 나타내는 단어(σκηνόω, 스케노오, 거하다)가 예수님의 성육신에 사용된다(출 25:8-9; 요 1:14). 예수님은 하나님께서 그의 백성 가운데 임재하시는 장소가 되신다. 예수님을 통해 하나님께서는 그의 백성과 만나신다. 성전 정화 사건에서, 예수님은 십자가와 부활을 통해 그러한 성전의 역할을 하겠다고 분명히 언급하신다(2:19-21). 이러한 예수님을 통해 하나님은 자신을 계시하신다(14:9; 17:8). 예수님은 하나님의 계시의 장소이시다. 뿐만 아니라, 진리이신 예수님과 그의 말씀 안에서 백성들은 하나님을 예배할 수 있다(4:23-24). 예수님의 영이요 진리의 영이신 성령 안에서 백성들은 하나님께 나아갈 수 있다. 따라서 예수님은 하나님의 새로운 예배 장소이시다. 이렇게 하나님의 임재와 계시, 백성들의 예배가 이루어지는 장소로서 예수님은 하나님의 성전이시다. 하나님과 그의 백성이 만나는 장소로서 예수님은 하나님의 새로운 회막이시다.

예수님은 또한 세례 요한의 입을 통해 하나님의 어린양으로 묘사되신다(1:29). 하나님의 어린양은 속죄 제물로서 예수님의 죽음을 암시한다. 예수님은 백성들의 죄를 용서하시고, 새로운 하나님 나라를 가져올 위대한 유월절 메시야이시다. 그리고 예수님은 대제사장으로 묘사되신다(17:1-26). 이스라엘의 대제사장이 여호와의 이름을 드러내듯이(출 28:36; 민 6:24-27), 예수님은 아버지의 이름을 드러내는 분이시다(17:6, 26). 이스라엘의 대제사장이 여호와의 이름을 부르며 이스라엘을 보호해 달라고 기도하듯이(민 6:24), 예수님은 아버지의 이름으로 제자들을 보호해 달라고 기도하신다(17:11-12). 성전과 제물과 제사장은 이스라엘 제사 제도의 핵심 요소로서, 요한복음은 이 요소들이 예수님 안에서 성취되고 완성된다는 것을 보여준다.

(2) 예수님과 유대 절기들 - 예수님은 또한 유대의 제사 절기들(유월절, 초막절, 수전절)과 관련하여 묘사되신다. '유월절'이라는 말은 대부분 예수님의 죽음이 직간접적으로 표현된 곳에 사용된다(2:13, 23; 6:4; 11:55; 12:1; 13:1; 18:28, 39; 19:14). 다시 말하면, 예수님의 죽음이 유월절과 관계있다는 것을 암시하고 있다. 특히 19:36은 구약에서 유월절 양을 처리하는 대표적인 모습을 암시하고 있다. 물론 이 구절이 의인의 고난을 노래하는 시편 34:20을 반향하기도 하지만, 유월절 양의 규례를 말하는 출애굽기 12:46과 민수기 9:12을 암시한다는 데 이의를 제기하는 사람은 거의 없다. 유월절은 이스라엘의 구원을 기념하는 절기인데, 예수님이 유월절을 성취하셨다는 말은 바로 예수님을 통해 온전한 구원이 이루어진다는 말이다. 이러한 종말론적 유월절에 대한 기대는 이미 구약에 예언되어 있었다(겔 45:21).

초막절에 예수님이 성령을 주겠다고 말씀하시는 장면과 자신을 세상의 빛으로 계시하는 장면은(7:37-39; 8:12), 초막절의 축복이 예수님 안에서 종말론적으로 이루어짐을 보여준다. 예수님 당시 초막절 대표적인 행사는 성전 제단의 항아리에 물을 붓는 것과, 밤에 큰 초들에 불을 켜는 것이었다. 이를 통해 이스라엘은 광야에서 물을 공급하시고, 불로 지키시고 인도하신 하나님을 기억했다. 또한 앞으로 하나님의 공급과 인도를 기대하였다. 이제 예수님은 자신이 목마른 자들에게 성령을 주시고, 어두움 가운데 있는 자들에게 빛을 비추시는 분이라 하신다. 다시 말하면, 예수님이 이제 사람들에게 생명을 주시는 생명의 주시라는 말이다. 그래서 이스라엘의 초막절 기대가 자신을 통해 성취됨을 보여주신다. 이런 종말론적 초막절 모습은 이미 구약에 예언되어 있었다(슥 14:7-8, 16).

수전절은 이방인(안티오쿠스 4세)에 의해 더럽혀진 성전 제단을 재봉헌한 것(BC 164)을 기념하는 절기였다. 예수님은 이 절기에 하나님이 거룩하게 하셔서(ἁγιάζω, *하기아조*) 세상에 보내신 자로 자신을 드러내신다(10:22, 36). 이 거룩의 표현은 구약에서 성전과 제사장과 제물을 묘사하는 가장 대표적인 방법이었다. 성전이 새로워진 이 수전절에 예수님은 자신이 바로 세상에 보내진 하나님의 제단이요 성전이라는 것을 나타내신다. 종말론적 성전에 대한 기대는 구약의 여러 곳에 등장하는데, 요한복음은 그 종말론적 기대가 예수님 안에서 성취되었다는 것을 보여준다(예. 겔 47:1-12; 슥 6:12-13). 이와 같이, 요한복음은 예수님 안에서 다양한 제의적 성취가 일어났다는 것을 말하고 있다. (예수님과 유대 절기의 관계에 대한 좀 더 자세한 설명은 12장에 있는 특주를 참고하라)

5) 결론

복음서에는 기본적으로 삼위 하나님의 계시가 나타나지만, 특성상 예수 그리스도에 관한 설명이 가장 많다. 따라서 모든 주제는 기독론과 연결되어 있다고 해도 과언이 아니다. 다만, 서론에서는 요한복음의 대표적인 4개 기독론만 살펴보았다. 이외에도 요한복음 안에는 인자 기독론, 목자 기독론 등 다양한 기독론이 나오는데, 각 본문 주해와 특주에서 다뤄질 것이다.

2. 성령론

요한복음에서 성령은 예수님과의 관계 속에서 그 정체성이 설명된다. 요한복음에서 예수님은 성령으로 세례를 받으시며, 성령 충만한 분으로 묘사된다(1:32-34; 3:34-36). 이 두 본문은 특히 성령이 예수님의 사역과 깊이 연관되어 있음을 보여주는데, 1:32-34은 예수님의 속죄 사역과 관련이 있고(1:29), 3:34-36은 예수님의 계시 사역과 연결된다(3:34). 또한 예수님은 성령을 주시는 분이기도 하다(3:34; 15:26; 16:7; 20:19-23). 따라서 예수님은 성령을 받으신 성령의 담지자시요 동시에 성령을 주시는 성령의 수여자이시다. 유대 전통에서 메시야는 성령의 담지자이면서 성령의 수여자로 묘사되었다(사 11:1-9; 솔로몬의 시편 17:37; 18:7; 레위의 유언 18:7, 11). 예수님은 바로 그 메시야로서 성령 충만한 분이고, 또한 성령을 주시는 분이다. 이러한 메시야 예수님이 주시는 성령은 요한복음에서 크게 세 종류의 역할을 하신다.

1) 새 창조의 성령

요한복음 성령론의 첫 번째 특징은 그리스도인의 초자연적 출생, 즉 생명과 관련이 있다. 생명은 새 창조의 핵심인데, 따라서 요한복음에서 성령은 새 창조의 영으로 나타난다고 할 수 있다. 예수님과 니고데모의 대화에 나오는 3:3과 3:5은 같은 뜻의 반복이라고 볼 수 있다. 다시 말하면, 사람이 '거듭나는 것'(3:3)과 '물과 성령으로 태어나는 것'(3:5)은 서로 상응한다. '거듭나다'라는 말은 '위로부터 태어나다'로 번역하는 것이 더 적절하다. 왜냐하면 헬라어 ἄνωθεν(*아노뗀*)이 요한복음에서 모두 '위로부터'라는 뜻으로 사용되었고(3:31; 19:11, 23), 특히 3:31에서 *아노뗀*은 '하늘로부터'와 병렬을 이루면서 '위로부터'라는 뜻을 암시하기 때문이다. 그러나 '다시'라는 말도 아주 배제되지 않는데, 왜냐하면 예수님은 *아노뗀*을 '다시'로 해석한 니고데모의 이해를 고쳐주지 않으셨기 때문이다. 따라서 '위로부터'와 '다시'라는 이중적 의미를 지닐 가능성이 높다.[22] 물론 '위로부터'라는 의미가 주요한 뜻일 것이다. 그러므로 3:5에서 '물과 성령'으로 태어남은 사람이 '하늘로부터 다시' 태어나야 하나님 나라에 들어갈 수 있다는 것을 나타낸다.

여기서 '물'이 무엇을 상징하는지에 대해서는 여러 의견이 있다: 물세례, 자연적 출생, 성령의 상징, 죄 씻음 등. 그러나 물은 죄로부터 정결케 하는 성령의 사역을 상징한다고 보는 것이 가장 적절하다. 이때 '물과 성령'은 두 단

---

22. Carson, *John*, 189; L. Morris, *The Gospel according to John*, NICNT (Grand Rapids: Eerdmans, 1995), 189; R. E. Brown, *The Gospel According to John I-XII*, AB (Garden City: Doubleday, 1966), 130. CLC 역간, 『요한복음 I』; A. J. Köstenberger, *John*, BECNT (Grand Rapids: Baker, 2004), 123. 부흥과 개혁사 역간, 『요한복음』.

어가 하나의 개념을 나타내는 중언법(hendiadys)이 된다.[23] 이것은 또한 물과 성령의 새 창조 사역을 언급하는 에스겔 36:25-27의 성취이다.[24] 에스겔서에서 물은 죄 씻음의 역할을 하고, 성령은 새롭게 하시는 역할을 한다. 따라서 물과 성령으로 태어나는 것은 죄로부터 정결하게 되어 새롭게 태어나는 것을 의미한다고 볼 수 있다. 이때 물은 성령을 상징하면서도 동시에 죄 씻음을 암시한다. 그러므로 성령은 하나님의 능력에 의한 그리스도인의 초자연적 출생, 즉 그리스도인의 새 창조에 역사한다고 볼 수 있다.

또한 예수님이 제자들을 파송하시면서 성령을 주시는 장면(20:22)은 성령의 새 창조 사역을 드러낸다. 이 장면은 하나님의 아담 창조(창 2:7)와 이스라엘 새 창조(겔 37:1-14)를 생각나게 한다. 즉, 새로운 생명을 주는 것이라 할 수 있다. 예수님은 제자들에게 성령을 주심으로 그들에게 새 생명을 주실 뿐 아니라, 그들을 새 이스라엘로 세우신다. 다시 말하면, 성령이 계시는 곳에 사람들의 변화를 통한 새 창조가 일어날 것이다. 새롭게 된 한 사람 한 사람이 모여 새 이스라엘로서 교회를 형성하게 될 것이다. 다른 한편, 예수님의 성령 수여는 제자들의 파송과 관련 있다. 제자들을 세상에 파송하실 때, 예수님은 그들에게 성령을 주신다. 예수님은 성령을 주시면서 제자들에게 죄 용서 사역을 하라고 하신다(20:23). 따라서 성령은 사역의 영이며 선교의 영이다. 그러나 제자들의 사역도 사람들을 복음으로 새롭게 창조하는 것이기 때문에 새 창조의 성령과 무관하지 않다. 제자들은 성령으로 새 창조 사역을 수행한다.

2) 예배의 성령

예배 장소를 주제로 사마리아 여인과 대화를 나누시던 예수님은 새로운

23. 이한수, 『신약이 말하는 성령』 (서울: 솔로몬, 2009), 390-1.
24. 그레고리 빌, 『신약성경신학』, 김귀탁 역 (서울: 부흥과 개혁사, 2013), 570-2.

예배를 제시하신다(4:20-24). 예루살렘도 아니고 그리심산도 아닌, 종말론적 새 성전을 통한 새로운 예배의 시작을 선포하신다. 예수님이라는 새로운 성전을 통해 성령의 예배가 시작되는 것이다. '영과 진리'로 예배한다는 것은 '성령'으로 예배하는 것이며 '진리'로 예배하는 것이다. '진리'는 예수님과 그의 말씀을 의미하기 때문에, 결국 새로운 예배는 예수님과 성령 안에서 드려지는 예배이다.

'영과 진리'로 예배한다는 것은 중언법(hendiadys)으로서 '진리의 영'이신 성령으로 예배한다는 것을 뜻하기도 한다. 진리의 영의 가장 큰 역할은 진리이신 예수님을 드러내는 것이다(15:26). 따라서 성령은 진리의 영이며 예수님의 영이다. 새로운 예배를 가져오는 예배의 영이다. 이런 이유로 성령은 옛 언약의 예배, 건물 성전 중심의 의식적 예배를 변혁시킨다. 성령은 예수 그리스도를 중심으로 하는 예배, 예수 그리스도를 믿는 자들이 드리는 예배가 진정한 예배가 되게 한다.

3) 보혜사 성령

요한복음에 나오는 성령의 가장 뚜렷한 특징은 바로 '보혜사'(παράκλητος, *파라클레토스*)로 명명된다는 사실이다(14:16, 26; 15:26; 16:7). 전통적으로 영어성경들은 *파라클레토스*를 Helper(조력자), Counsellor(상담자), Comforter(위로자), Advocate(변호자) 등으로 번역해 왔다. 그러나 최근의 신약학자들은 법적 개념인 Advocate(변호자)를 선호한다. 왜냐하면 이 단어가 헬라 전통에서는 법정 변호를 위해 자주 사용되었기 때문이다.[25] 또한 링컨에 의하면, *파라클레토스*가 사용되는 고별 강화의 문맥이 법정 상황을 다양하게 암시하고 있기 때문에 이 단어가 변호자를 의미할 가능성이 더 많다.[26] 14:16-17, 26의 문맥은 제자들과 유대인들 혹은 세상과의 대립을 상정한다(13:33; 14:17, 19, 22, 27). 예수님이 *파라클레토스*로서 빌라도의 법정에서 진리를 증언했듯이, 또 다른 *파라클레토스*로서 진리의 성령은 제자들이 세상에 진리를 증언하도록 돕는다. 그리고 15:26-16:15의 재판 문맥 또한 *파라클레토스*의 법적 변호자 역할을 부각시킨다(15:26; 16:7). 특히 죄와 의와 심판에 대해 세상을 책망하는(convict) 모습은 법정을 연상시킨다(16:7-11). 그러므로 보혜사 성령은 세상의 적대적인 태도에 대해 제자들을 보호하고, 말할 것을 가르칠 뿐 아니라, 자신이 직접 진리에 대해 증언하는 변호자로서 성령의 역할을 강조한다.[27]

그럼에도 불구하고, *파라클레토스*를 단지 변호자 역할에만 한정시킨다면, 우리는 이 단어가 함축하는 성령의 포괄적인 역할을 축소시킬 우려가 있다. 법적 변호 역할을 무시할 수 없지만, 요한복음은 *파라클레토스*의 함께하는 역할(14:16-20), 위로하는 역할에도 주목하기 때문이다. 예수님의 떠남을 두려워하는 제자들을 격려하는 문맥에서, 예수님은 *파라클레토스*를 통해 평안을 주시며, 그들과 함께 하겠다고 위로하신다(14:25-28). 특히 *파라클레토*

---

25. 벰에 따르면 법정에서 죄인들을 위해 변호하거나 호소하는 사람을 가리킬 때 *파라클레토스*를 사용했다. Demosth. Or., 19.1; Diog. L., IV, 50; Dion. Hal. Ant. Rom., XI, 37, 1. J. Behm, "παράκλητος," in G. Kittel ed., *Theological Dictionary of the New Testament*, trans G. W. Bromiley, G. Friedrich (Grand Rapids: Eerdmans, 1964), 5:811. 이하 *TDNT*; 그레이스톤에 따르면, 물론 이 단어가 항상 법률적 상황에서 쓰인 것은 아니었다. 일반적인 의미에서 후원자(sponsor)를 의미할 때도 있었다. K. Grayston, "The Meaning of Parakletos," *JSNT* 13 (1981), 67-82.

26. A. T. Lincoln, *Truth on Trial: the Lawsuit Motifs in the Fourth Gospel* (Peabody: Hendrickson, 2000), 110-22.

27. 이한수, 『신약이 말하는 성령』, 413-7.

스는 요한일서 2:1에도 등장하는데, 여기서 그는 하늘 법정의 변호자(legal advocate)이면서 동시에 하늘 성전의 중보자(priestly intercessor)로 묘사된다.[28] 이런 이유로, 변호자보다는 좀 더 넓은 의미의 '조력자'(Helper)가 *파라클레토스*의 다양한 역할을 가장 잘 포괄할 수 있을 것으로 보인다.

이상에서 본 바와 같이, 요한복음에서 성령은 예수님의 메시야적 정체성과 연결되며, 사람을 중생하게 하며, 그로 하여금 새로운 예배를 드리게 한다. 또한 신자가 세상에서 살아갈 때, 그의 삶과 사역에 변호자요 조력자 역할을 한다.

3. 구원론 - 믿음과 영생, 그리고 하나님 나라

1) 믿음

믿음과 영생(생명)은 요한복음의 기록 목적이며(20:30-31), 서로 깊이 관련되어 있다(5:24). 먼저 믿음에 대해 살펴보자. 요한복음은 '영접하다'(1:11-12), '알다'(1:10; 17:3), '거하다'(8:31; 15:4) 등과 같은 말로 믿음을 설명한다. 믿음은 예수님을 받아들이는 것이고, 예수님과 하나님을 아는 것이다. 예수님과 그의 말씀 안에 거하는 것이다. (자세한 설명은 각 구절 주해를 참고하라) 이것은 성령을 통해 가능하다. 성령께서 복음의 말씀, 영생의 말씀을 깨닫게 해주신다. 그래서 우리로 하여금 삼위 하나님을 알고 신뢰하게 하신다. 삼위 하나님 안에 계속 거하게 하신다.

요한복음에서는 πιστεύω(*피스튜오*)가 목적어를 취하는 방식에 따라, 믿음의 뜻이 달라진다고 주장하는 학자들이 있다. 브라운은 *피스튜오*가 전치사 εἰς(*에이스*)와 함께 목적어를 취하면, 믿음의 대상에 대한 헌신

28. H. S. Kwon, "Jesus as High Priest in John 17: A Critical Reassessment of an Old Interpretation," Ph.D. Dissertation (The University of Bristol / Trinity College, 2012), 234-35.

(commitment)의 의미가 포함되어 있다고 한다.[29] 이와 달리, *피스튜오*가 목적어로 여격을 취하면 헌신의 의미는 약화되고, 메시지를 단순히 받아들이는 정도의 뜻이라 한다. 모리스에 따르면, 요한복음에서 *피스튜오*는 목적어를 취하는 방식에 따라 크게 4가지 용법으로 나뉜다.[30] ① 전치사 없이 여격 목적어를 취해, 단순한 사실에 대한 믿음을 의미한다(예. 2:22; 4:21). ② 전치사 *에이스*와 함께 목적어를 취해, 신뢰하는 믿음을 강조한다(예. 2:11; 6:29). ③ 접속사 ὅτι(*호티*)를 목적어로 취해, 믿는 내용을 나타낸다(예. 14:10; 16:27). ④ 목적어 없이 절대적인 용법으로 사용되기도 한다(예. 1:50; 3:12). 하지만, 모리스는 이렇게 구분해 놓고도, *피스튜오*의 용법에 대해 모호한 입장을 취한다. 그는 전치사 없는 여격 목적어와 *피스튜오*는 단순한 사실을 믿는 것이고, 전치사 *에이스*와 목적어를 함께 취하는 *피스튜오*는 온전한 신뢰를 동반한 믿음이라는 다른 학자들의 구분을 일부분 받아들인다. 그러나 동시에 그는 또한 5:24에는 *피스튜오*가 전치사 없이 여격 목적어와 함께 온전한 신뢰를 바탕으로 한 믿음을 의미하기 때문에, 반드시 그런 구분이 천편일률적으로 적용되는 것은 아니라고 한다. 우리는 모리스의 이런 입장에 쉽게 동의할 수 없다. 요한복음이 왜 굳이 5:24을 예외로 해 놓고, 나머지는 원칙을 적용했을까에 대한 답을 쉽게 찾을 수 없기 때문이다. 더욱이 2:23에는 *에이스*와 목적어를 함께 취하는 *피스튜오*가 나오지만, 이것은 유대인들의 거짓 믿음을 나타낸다. 그러므로 우리는 요한복음에서 *피스튜오*가 목적어를 취하는 방식에 따라, 믿음의 의미가 바뀌었다고 보지 않는다.[31] *피스튜오*라는 단어 자체 안에 다른 종류의 믿음의 의미가 함축되어 있고, 저자의 의도와 문맥에 따라 그 의미가 구체적으로 규정된다고 보아야 할 것이다.

---

29. Brown, *John I-XII*, 512-3.

30. Morris, *Jesus*, 170-85

31. 유상섭, "요한복음에서 믿음 개념," 「신학지남」 65/4 (1998), 243-4.

한편 카이저는 믿음의 대상을 3가지로 분류한다.[32] ① 예수님과의 개인적인 관계에서 그에 대한 인격적인 신뢰와 충성을 뜻한다(예. 4:39). ② 때때로 사람이 아니라 그가 말하는 것(statements he makes)에 대한 믿음을 이야기하기도 한다(예. 2:22). 카이저는 첫 번째 믿음과 두 번째 믿음이 크게 다르지 않다고 한다. 왜냐하면 그 사람을 믿는다는 것은 그의 말을 신뢰한다는 것이고, 그의 말을 신뢰한다는 것이 곧 그 사람 자체를 믿는다고 할 수 있기 때문이다. ③ 다른 한편, 요한복음에는 또한 예수님에 대한 말(statements about Jesus)을 믿는 것도 나온다. 이것은 예수님과의 인격적 관계에서 나오는 신뢰나, 그가 하신 말씀에 대한 믿음이 아니다. 이것은 메시야 예수님에 대한 신앙 고백(creed)을 믿는 것이다(예. 11:27). 여기서 믿음은 지적인 수용(intellectual acceptance)이다.

그러나 카이저의 주장처럼 예수님을 인격적으로 믿는 것과 그의 메시야 신분을 믿는 것이 뚜렷이 구분될 수 있는지는 의문이다. 카이저의 분류가 형식적으로는 일리가 있지만, 실제 예수님 자신을 믿는 것과, 예수님의 말씀을 믿는 것, 그리고 예수님의 신분을 믿는 것은 따로 떼 내어 생각할 수 없다. (다만, 요한복음에는 참 믿음과 거짓 믿음의 구분이 있다. 여기에 대해서는 12장 주해에 나오는 특주를 참고하라)

2) 영생과 하나님 나라

영생은 요한복음에서 믿음의 목적이요 결과이다(3:16; 5:24). 요한복음에서 '영생'은 '생명'으로도 나오는데, '영생'은 미래적 개념으로서 '다가 올 시대의 생명'(life of the age to come)이라는 종말론적 함의를 가진다(5:29).[33] 그러나 이 생명은 또한 현재에 부분적으로 맛볼 수 있다(3:36; 5:24; 6:47,

---

32. R. Kysar, *John: The Maverick Gospel*, 3rd ed. (Louisville: Westminster John Knox Press, 2007), 109-10.

33. C. G. Kruse, *John*, TNTC (Downers Grove: IVP, 2008), 114. CLC 역간, 『요한복음』.

54; 참고. 요일 5:13). 요한복음에서 영생은 삼위 하나님과 관계를 통해 설명된다. 아버지 안에 생명이 있고, 또한 아들 안에도 생명이 있다(5:26). 아버지는 영생을 주시는 분이고(참고. 요일 5:11), 아들 또한 영생을 주신다(10:28). 아들을 통해 생명이 온다. 그분은 생명의 떡이시고(6:35, 48, 51), 생명의 빛이시고(8:12), 생명을 풍성히 얻게 하는 양의 문이시다(10:10). 무엇보다 예수님 자신이 생명이라고 하신다(11:25; 14:6; 참고. 요일 1:2). 또한 성령은 생명의 영이시다(6:63). 성령을 통해 생명을 얻는다(4:14; 7:37-39). 예수님이 제자들에게 성령을 주신 것은 그들에게 생명을 주신 것이다(20:22).[34] 이와 같이 요한복음에 따르면, 우리는 믿음으로 삼위 하나님과 관계를 맺을 때 영생(생명)을 얻는다.

영생은 새 하늘과 새 땅의 가장 큰 특징이다. 어린양의 생명책에 기록된 자들만 그곳에 들어가서 영생을 누린다(계 21:27). 하나님과 어린양의 보좌로부터 생명수의 강이 나와 생명의 풍성한 역사가 만국에 일어난다(계 22:1-2). 따라서 이러한 생명의 역사는 새 창조의 다른 말이라 할 수 있다. 원래 생명은 첫 창조의 결과였으며, 에덴동산은 생명이 풍성한 곳이었다(창 2:7, 9). 그러나 죄로 말미암아 인간은 생명을 잃어버렸다(창 3:19). 요한복음은 이러한 생명이 삼위 하나님 안에서 회복된다고 한다. 아버지께서 아들 안에서 성령으로 생명을 주신다. 누구든지 아들을 영접한 자는 성령으로 아버지의 자녀가 된다. 예수님은 이를 위해 오셨으며, 하나님은 이를 위해 아들을 보내셨고, 성령은 이를 위해 파송되셨다(3:16; 20:22). 삼위 하나님께서 우리에게 주시고자 하는 최고의 선물은 영생(생명)이다.

다른 복음서에서 영생은 하나님 나라와 교차적으로 사용되나(마 19:24-29; 막 9:43-47; 10:17-30; 눅 18:29-30), 하나님 나라가 더 자주 등장하며 강

---

34. Brown, *John I-XII*, 507.

조된다.[35] 요한복음에서는 반대로 '하나님 나라'라는 표현보다 '영생'(생명)이라는 단어가 훨씬 빈번히 나타난다. 조지 래드에 의하면, 다른 복음서에 나오는 하나님 나라와 요한복음의 영생은 둘 다 종말론적 개념으로서 미래에 이루어질 일이다. 그러나 이것이 또한 현재에 부분적으로 성취될 수 있다. 이런 의미에서 하나님 나라와 영생은 신학적 유사성을 띤다.[36]

보컴은 다른 복음서들이 '하나님 나라'를 통해 하나님이 하시는 일에 초점을 맞춘다면, 요한복음은 '영생'을 통해 하나님이 주시는 것에 초점을 맞춘다고 한다.[37] 보컴의 말을 조금 다르게 표현하자면, 하나님 나라는 하나님의 임재와 통치를 의미하는데, 하나님의 임재와 통치의 가장 분명한 결과는 영생(생명)이라 할 수 있다. 그러므로 우리는 예수님과 니고데모의 대화에서, 하나님 나라에 들어가는 것은 분명히 위로부터 다시 태어나는 것 즉 생명을 얻는 것과 유비된다는 것을 볼 수 있다(3:3-5). 영생은 종말론적 부활 상태를 의미하는데, 물론 미래에 완성된다. 그러나 생명의 원천되신 하나님과 중보자 되신 예수님을 통해, 성령 안에서 현재에도 누릴 수 있는 구원의 상태를 의미한다.[38]

크루즈에 따르면, 영생은 요한복음에서 3개의 은유(metaphor)로 나타난다: 태어남, 물, 떡.[39] 육체적 출생을 통해 새로운 생명이 태어나듯이, 위로부터 성령으로 다시 태어난 사람이 영생을 누린다(3:3-8). 목마른 사람이 물을 마셔야 살 수 있듯이, 예수님이 주시는 성령의 생수로 영적 목마름을 해소한 사람이 영생을 누린다(4:14). 배고픈 사람이 떡을 먹어야 살 수 있듯이, 생

---

35. 노재관, 『요한신학』 (서울: 성광문화사, 1997), 145-6.
36. G. E. Ladd, *A Theology of the New Testament* (Grand Rapids: Eerdmans, 1974), 295. 대한기독교서회 역간, 『신약신학』.
37. R. Bauckham, *Jesus: A Very Short Introduction* (Oxford: Oxford University, 2011), 55. 비아 역간, 『예수』.
38. M. M. Thompson, "Eternal Life in the Gospel of John," *Ex auditu*, 5 (1989), 35-55.
39. Kruse, *John*, 114.

명의 떡이신 예수님을 먹는 사람이 영생을 누린다(6:27, 35, 48, 51, 53-54).

4. 종말론

‘종말’이라는 것은 ‘시간의 끝’(The end of time)이라는 말로서, 종말론은 세상 끝에 일어날 일과 관련이 있다. 유대 배경에서 메시야는 종말론적 인물이었다. 요한복음에서 예수님을 메시야로 고백하는 것은 그를 종말론적 구원자로 인식했다는 뜻이다. 요한복음에서는 미래적 종말론(future eschatology)보다 현재적 종말론(present eschatology)이 강조된 것이 사실이다. 구원과 심판은 현재형으로 나타난다(3:18; 5:24; 6:47 등등). 신자는 믿음으로 말미암아 이미 영생을 가지고 있으며, 삼위 하나님의 거처로서 영원한 내주의 장소가 된다(14:14-16, 23). 특히 고별 강화에서 예수님의 임박한 다시 오심과 성령을 통한 영원한 내주의 강조는 요한복음 종말론의 현재적 특징을 분명히 보여준다. 예수님은 아버지께 돌아가는 존재로 묘사되지만, 동시에 신자들 속에 거하는 분이다. 신자들 또한 이제 그들의 거처를 세상이 아니라 예수님 안에 두게 되며, 이는 신자들을 풍성한 삶으로 이끄는 원동력이 된다(15:1-10). 이러한 예수님의 떠나심과 다시 오셔서 영원히 거하심의 역설은 성령의 오심을 통해 성취된다. 예수님은 성령을 그의 제자들에게 주심으로 그들에게 다시 오셔서 영원히 함께 계신다(14:16-18; 16:16).

그럼에도 불구하고, 요한복음에는 또한 종말의 미래적 성격도 함께 나타난다. 신자는 현재 영생을 가지고 있지만, 예수님의 재림 시에 온전한 부활이 있을 것이다(6:40). 심판은 이미 시작되었지만, 미래의 궁극적 심판을 남겨놓고 있다(5:28-29). 신자는 이 심판을 받지 않을 것이고(5:24), 불신자는 심판의 부활을 당할 것이다(5:29).

5. 교회론

복음서는 기본적으로 예수님의 생애를 다루기 때문에, 복음서에 나오는 교회론은 기독론적 특징을 가지고 있다.[40] 요한복음에는 예수님의 정체성과 관련하여, 7가지 교회의 모습이 나온다. 성전이신 예수님과 연결되어 교회는 성전이 된다. 하나님의 아들이신 예수님 때문에 교회는 하나님의 가족이 된다. 목자이신 예수님에 의해 인도 받는 양 무리가 곧 그의 교회이다. 포도나무이신 예수님께 붙어있는 가지들이 교회이다. 선생이신 예수님께 가르침을 받는 제자들이 교회이다. 예수님과 서로 친구가 되는 무리가 교회이다. 교회는 또한 아들이 아버지로부터 세상에 보냄 받았듯이, 아들로부터 세상에 보냄 받은 선교 공동체이다. 이와 같이 교회의 정체성은 그들이 믿는 예수 그리스도의 정체성과 연동된다. 예수 그리스도의 모습에 따라 교회의 모습이 결정된다. 그렇다면 이러한 7가지 교회의 모습은 무엇인지 살펴보자.

1) 하나님의 가족으로서 교회

요한복음만큼 가족 용어가 많이 등장하는 성경이 없다. '아버지', '아들', '자녀', '독생자' 등 가족 구성원들이 언급된다. 하나님은 예수님의 아버지가 되시고, 예수님은 그의 아들이 되신다. 아버지-아들 관계는 요한복음 기독론의 핵심이다(1:34, 49; 5:25; 10:36; 11:4, 27). 하나님의 아버지 되심은 단지 아들 예수님과의 관계에만 국한된 것은 아니다. 하나님은 신자들의 아버지도 되신다. 신자들이 하나님의 자녀라는 사실은 하나님이 그들의 아버지가 되신다는 사실을 보여준다. 유대인들은 마귀를 아비로 둔 마귀의 자녀인 반면에(8:41, 44), 신자들은 하나님의 자녀라 일컬어진다(1:12; 11:52).

---

40. 아래 내용은 필자의 다음 소논문을 요약한 것이다. 권해생, "요한복음 교회론 연구: 요한복음에 나타난 7가지 교회 모습과 논쟁들," 「국제신학」 22/2 (2020), 149-82.

신자들이 하나님의 자녀가 되는 것은 독생자의 이름을 믿기 때문이다. '독생자'(μονογενής, *모노게네스*)(1:14, 18; 3:16, 18)는 유일하고 특별한 아들이라는 말이다. 독생자를 통해 신자는 하나님의 자녀가 될 수 있다. 또한 하나님의 자녀로 태어나서 하나님의 가족에 편입되는 것은 성령의 역사이기도 하다. 한 사람이 예수를 영접하여 하나님의 자녀가 되는 것은 성령을 통해 태어나는 것이다(3:3, 5).

이러한 하나님의 가족은 십자가를 통해 시작된다. 십자가에서 하나님의 새로운 가족이 출발한다.[41] 십자가에서 예수님은 그의 어머니와 사랑하시는 제자를 어머니와 아들로 연결시키신다(19:26-27). 이것은 그의 십자가 사역을 통해 탄생할 그의 교회가 곧 하나님의 새로운 가족이 될 것임을 시사한다. 십자가라는 예수의 핵심 구속 사역을 통해 교회는 하나님의 가족으로 새 창조된 것이다. 태초에 하나님의 첫 창조의 한 요소로서 가족이 시작된 것과 같이, 이제 십자가와 부활이라는 하나님의 새 창조에서 영적 가족이 새롭게 시작된다. 부활 후 예수님은 자신의 제자들을 형제로 호칭하시면서 교회가 한 아버지 하나님을 모시는 가족임을 확증해 주신다(20:17).

2) 성전으로서 교회

성전으로서 예수님의 정체성에 대해서는 앞서 설명한 바 있다. 요한복음은 예수님을 성전으로 묘사한다(1:14; 2:21). 예수님은 아버지 하나님이 임재하시는 하나님의 거룩한 성전이시며, 제사가 이루어지는 아버지의 집이시다. 이러한 하나님의 임재와 예배 장소로서 성전의 개념은 교회 공동체에도 적용된다. 그리스도인은 아버지와 아들이 성령으로 임재하시는 거처가 된다(14:23). 예루살렘 성전이나 사마리아 성전이 아니라, 이제는 영과 진리로 예배하는 교회가 바로 하나님이 임재하시고, 교회가 예배드릴 수 있는 영적 성

---

41. 권해생, "예수의 십자가와 하나님의 새로운 가족(요 19:25-27)," 「신약연구」 17/4 (2018), 526-55.

전이 된다(4:23-24). 그러므로 교회는 하나님의 새로운 가족이면서 동시에 하나님의 거룩한 성전이다(14:2-3).

예수님이 제자들의 발을 씻기신 것은 바로 이러한 성전으로 제자들을 초청하신 것이다(13:1-10). 유대 전통에서 세족은 하나님의 성전에 들어가기 위한 예식이었다. 또한 세족은 방문객들을 환대하는 가정의 정결 의식이었다. 이제 예수님은 세족을 통해 제자들을 하나님의 성전이요 하나님의 가족인 교회 공동체로 들어가게 하신다. 제자들은 세족이 상징하는 십자가 정결을 통해 하나님의 성전에 들어간다. 하나님의 새로운 가족에 편입된다. 그리하여 아버지와 아들은 성령으로 그들과 영원토록 함께하신다(14:16-18). 하나님의 성전으로서 교회는 성전의 원형이신 예수님의 본을 따라 서로 겸손하게 섬겨야 한다(13:14). 이것이 하나님의 성전인 교회의 생활 원리이다.

3) 양 무리로서 교회

교회를 양들의 무리로 보는 교회론은 강한 구약 배경을 갖고 있다. 구약에서 여호와 하나님과 이스라엘은 자주 목자-양으로 설명된다. 뿐만 아니라, 하나님께서 세우신 이스라엘의 지도자도 목자로 묘사된다(삼하 2:2; 7:7; 왕상 22:17; 대상 11:2; 시 78:70-72). 목자로서 이스라엘 지도자는 하나님의 양들을 잘 돌보아야 한다. 그러나 그들은 양들을 돌보지 않고, 오히려 압제하고 착취하였다(사 56:11; 렘 23:2; 25:34-36; 50:6; 겔 34:1-6; 슥 10:2-3). 그래서 그들의 핍박에 신음하는 양들을 위해 하나님께서는 선지자들을 통해 새로운 목자와 새로운 시대를 약속하신다(겔 34:15-16, 23; 37:24; 슥 13:7; 사 40:10-11; 미 5:1-4). 따라서 요한복음 10장에 나오는 목자 예수님은 구약에 나오는 종말론적 기대를 성취하는 메시야시다. 목자로서 예수 그리스도는 여호와의 통치와 돌봄을 실현하는 종말론적 구원자이시다. 이러한 목자를 믿고 따르는 양들의 무리가 곧 교회이다.

요한복음에는 목자-양 모티프를 통해 다음의 3가지 교회의 특징이 나온다. 첫째, 교회는 목자에 의해 각각 부름 받은 사람들의 공동체이다(10:3). 개인적으로 부르는 것을 뜻하는데, 당시 이스라엘의 목양 문화에서는 보통 한 집에 약 백 마리 정도의 양이 있었고, 어떤 양들에게는 그들의 생김새나 색깔, 특징을 따라 별명을 붙여주기도 하였다.[42] 목자가 이렇게 이름을 부르는 것은 양들이 그의 소유라는 뜻과 함께, 양들에 대한 그의 친밀함을 보여준다. 둘째, 교회는 목자의 음성을 따라가는 공동체이다(10:4-5, 27). 목자로부터 부름 받은 교회는 목자를 따라가는 공동체이다. 특히 그의 음성을 따라간다. 교회는 어떻게 목자이신 예수님의 음성을 듣는가? 그의 말씀을 통해 그의 음성을 듣는다. 따라서 그의 말씀을 따라가는 공동체이다. 셋째, 교회는 목자에 의해 하나 되는 공동체이다(10:16). 목자 예수는 유대교의 우리로부터 그의 양들을 불러내시는데(10:3), 또한 유대교 우리 안에 있지 않는 다른 이방인 양들도 인도하신다. 그리하여 마침내 먼저 부름 받은 양과 나중에 부름 받은 양이 한 목자 안에서 하나의 무리를 이룬다. 두 그룹의 양들은 둘 다 한 목자의 음성을 듣고 따라가서 한 무리를 이루게 된다.

4) 가지로서 교회

포도나무/포도원은 구약에서 이스라엘을 나타내는 대표적인 상징이다. 특히 선지서에서는 이스라엘의 불순종을 책망하고 심판을 선언하는 메시지 안에 포도나무/포도원에 대한 언급이 나온다(사 5:4-6; 렘 5:10; 겔 15:1-8). 하나님께서는 포도원을 짓밟히게 하고, 포도나무를 꺾으실 것이라 하신다. 심지어 포도나무를 불태우실 것이라 하신다. 이러한 실패한 이스라엘과 하나님의 심판이라는 구약 배경에서 예수님은 자신을 참 포도나무라 하신다. 자신이 실패한 이스라엘을 대체하는 새 이스라엘이 된다는 말씀이다. 따라서 참 포도나무이신 예수님을 통해 새로운 이스라엘이 시작되는데, 그것이

42. Keener, *John 1*, 805.

곧 교회이다.

포도나무와 가지 비유(15:1-17)를 통해 우리는 다음과 같은 교회의 특성을 알 수 있다. 먼저, 교회는 그리스도 안에 거하는 자들의 공동체이다. 예수님은 제자들에게 "내 안에 거하라"고 말씀하신다(15:4). 그렇다면 예수님 안에 거한다는 것은 어떤 의미일까? 참된 믿음을 의미한다. 예수님을 알고 신뢰하는 것을 뜻한다. 참 믿음으로 그리스도와 연합하는 것이다. 둘째, 교회는 열매 맺는 공동체이다. 교회는 예수님 안에 거하는 자들의 공동체이면서, 또한 예수님 안에서 열매를 맺는 공동체이다. 열매를 뜻하는 καρπός(*칼포스*)는 15장에서 8번 사용되고, 나머지는 4:36과 12:24에 나온다. 4:36과 12:24은 선교적 열매를 뜻한다. 복음 전도를 통해 회심자를 얻는 것을 뜻한다. 그러나 15장 문맥에서는 사랑이라는 윤리적 열매가 강조되고 있다(13:34; 14:15, 21-24; 15:10, 12, 17). 따라서 참된 신자는 윤리적 변화의 열매와 복음 전도의 열매를 맺는다. 셋째, 교회는 새 이스라엘 공동체이다. 앞서 포도나무는 구약에서 이스라엘을 상징하는 대표적인 표현이라 하였다. 그런데 구약에서는 특히 하나님이 기뻐하시는 열매를 맺지 못하는 실패한 이스라엘을 지칭할 때, 포도나무 상징이 자주 나타난다. 따라서 예수님이 자신을 "참 포도나무"로 언급하신 것은 곧 자신을 실패한 이스라엘을 대체하는 새 이스라엘로 계시하신 것이다. 따라서 새 이스라엘이신 예수님과 믿음으로 연합한 교회도 또한 새 이스라엘에 편입된 것이다.

5) 제자로서 교회

요한복음에서 예수님은 '선생'(διδάσκαλος, *디다스칼로스*)으로 불리신다.[43] 때로는 '선생'을 뜻하는 히브리어 '랍비' 혹은 아람어 '랍오니'로 불리

43. 아마도 원래는 히브리어 '랍비'나 아람어 '랍오니'로 불리셨을 텐데, 요한복음은 '랍비'나 '랍오니'를 그대로 기록하거나 '선생'으로 번역하여 나타내기도 한다.

신다. 예수님은 그를 따르는 자들(1:38), 나다나엘(1:49), 제자들(4:31; 9:2; 11:8), 무리들(6:25), 그리고 막달라 마리아(20:16)에 의해 선생으로 불리신다. 예수님 자신도 세족식에서 직접 그의 제자들에게 자신이 그들의 선생이심을 밝히신다(13:13). 이러한 명칭을 따라, 요한복음에서 예수님은 가르치는 분으로 묘사된다. 회당에서 가르치시고(6:59; 18:20), 성전에서 가르치셨다(7:14, 28; 8:2, 20, 28). 예수님은 아버지께 보고 들은 것을 제자들에게 가르치셨다(15:15; 17:8).

요한복음에는 참 제자와 거짓 제자, 참 믿음과 거짓 믿음이 등장한다. 이러한 참된 제자도의 모습을 보여주는 대표적인 본문은 6:60-71이다. 오병이어 사건 후에 예수님은 자기를 따라 오는 무리를 향하여 생명의 떡 강화를 말씀하셨다(6:22-59). 그런데 이 말씀 후에 제자들의 반응에 따라, 세 종류의 모습이 나온다. 첫째, 예수님을 떠나는 제자가 나온다(6:66). 예수님을 떠나서 다시는 그와 함께하지 않는다. 이 말은 얼핏 모순된 표현처럼 보인다. 제자는 예수님을 따르는 자인데, 예수님을 떠나는 제자가 있다. 그들이 떠난 이유는 예수님의 말씀을 깨닫지 못했기 때문이다(6:60). 카슨이 지적했듯이, 그들의 관심이 표적보다는 먹는 양식(6:26), 정치적 메시야(6:14-15), 그리고 자신들을 만족시키는 기적에 있었기 때문에(6:30-31), 그들은 예수님의 말씀을 알아듣지 못했을 것이다(6:30-31).[44]

둘째, 가룟 유다와 같이 예수님을 떠나지 않지만 욕심 때문에 예수님을 따르는 제자가 있다. 가룟 유다는 예수님을 진정으로 믿지 않았지만, 예수님이 잡히시기 직전까지 예수님과 함께 있었다. 최후의 만찬 자리에서도 태연하게 예수님이 주시는 떡을 받았다. 마지막까지 예수님을 이용하여 욕심을 채우고자 했기 때문이다. 그는 가난한 자들을 생각하는 척 하지만, 사실은 돈궤

44. Carson, *John*, 300.

를 맡아 돈을 훔쳐갈 만큼 탐욕스런 인간이다(12:1-8).[45]

셋째, 예수님께는 베드로와 나머지 제자들이 남아 있다. 베드로는 영생의 말씀 때문에 예수님을 떠나지 않겠다고 한다(6:68). 예수님을 하나님의 거룩하신 자로 믿는다고 고백한다(6:69). 예수님은 하나님께로부터 와서, 하나님께 이르는 말씀을 주시는 분이라는 것을 그가 믿었다는 뜻이다. 참된 제자는 이것을 믿고 어떠한 경우에도 예수님을 떠나지 않는다. 이러한 3가지 제자 유형을 통해 그의 교회가 지향해야 할 모습을 보여준다.

6) 친구로서 교회

구약에서는 하나님의 사랑을 받은 사람을 하나님의 친구라 불렀다. 개역개정에 따르면, 구약에서 하나님의 친구로 나오는 인물은 두 명이다. 하나님께서는 광야 회막에서 사람이 그 친구와 이야기하듯 모세에게 말씀하셨다(출 33:11).[46] 또한 하나님은 이스라엘을 가리켜 '나의 벗 아브라함의 자손'이라 하셨다(사 41:8; 참고. 약 2:23).[47] 여기서 '벗'은 히브리어 동사 '아하브'(אהב)의 분사이다. '아하브'의 기본적인 의미는 '사랑하다'이다. 따라서 하나님의 벗/친구란 하나님이 사랑하시는 자이다.

---

45. 링컨은 요한복음 저자가 그를 '도둑'(κλέπτης)이라고 표현한 것은 10장에 나오는 선한 목자와 그 양들을 대적하는 도둑의 역할을 떠올리게 한다고 주장한다(10:1, 8, 10). A. T. Lincoln, *The Gospel according to Saint John*, BNTC (London: Continuum, 2005), 339.
46. 해밀턴은 모세가 회막에서 하나님과 이스라엘 사이를 중보하는 역할을 하였을 것이라 한다. 앞서 32:7-14에서 모세는 우상숭배한 이스라엘을 하나님께서 용서하시도록 적극적으로 중재하였는데, 이제 33:7-11에서는 회막에서 좀 더 공식적으로 중재하였을 것이라 한다. 빅터 P. 해밀턴, 『출애굽기』, 박영호 역 (서울: 솔로몬, 2017), 870. 해밀턴의 말대로 모세의 중재 역할을 배제할 수는 없으나, 기본적으로 33:11은 하나님께서 모세와 친밀한 관계 속에서 말씀하셨다는 것을 분명히 가리키고 있다.
47. 이 구절에서는 이스라엘이 하나님의 선택을 받았다는 것을 강조하는데, '벗'이 의미하는 사랑은 하나님의 선택이 사랑에 기초한다는 사실을 알려 준다. J. N. Oswalt, *The Book of Isaiah 40-66*, NICOT (Grand Rapids: Eerdmans, 1998), 90. 부흥과 개혁사 역간, 『이사야 2』.

이러한 하나님의 친구 개념이 예수님의 친구 개념과 연결될 수 있다.[48] 예수님의 친구란 예수님이 사랑하시는 자이기 때문이다. 예수님은 서로 사랑하라는 계명을 주시면서 목숨을 바치는 친구 사랑을 말씀하신다(15:12-13). 그런데 곧 이어서 제자들을 자신의 친구라 하신다(15:14-15). 다시 말하면, 제자들은 곧 그의 친구이다. 왜냐하면 그가 목숨을 바쳐 사랑하는 자들이기 때문이다. 구약에서는 아브라함과 모세와 같은 특정 인물에게만 '하나님의 친구'라는 호칭이 붙여졌다면, 이제 신약에서는 예수님의 사랑을 받은 모든 제자에게 '예수님의 친구'라는 호칭이 붙여진다. 그야말로 교회의 큰 특권이 아닐 수 없다. 그러나 여기에는 특권과 함께 책임이 따른다. 예수님의 사랑을 받은 자는 예수님을 본받아 서로를 사랑해야 한다(15:12, 17). 예수님의 사랑을 받은 자는 그 사랑을 다른 사람에게 드러내야 한다. 따라서 예수님의 친구로서 교회는 서로를 사랑하는 공동체이다.

뿐만 아니라, 예수님의 친구란 아버지와 아들로부터 계시의 말씀을 받은 자이다(15:15). 아들은 아버지께 들은 말씀을 제자들에게 전하셨는데, 왜냐하면 그들이 그의 친구이기 때문이다. 이것은 친구 사이의 친밀함을 뜻한다. 종은 주인과 이런 친밀함이 없다. 오직 주인의 친구만이 이런 친밀함 때문에 비밀한 말씀을 받는다. 따라서 예수님의 친구는 아버지와 아들만 알고 있는 비밀한 계시를 전달 받는다. 마치 모세가 시내산에서, 회막에서 친구처럼 여호와 하나님으로부터 말씀을 받은 것과 같다(출 33:11).[49] 아브라함도 하나님의 비밀의 말씀을 받았다. 소돔과 고모라를 심판하시기 전에, 하나님은 아

48. '예수님의 친구' 개념의 유대 배경에 관해서는 다음을 참고. 이정화, "요한복음 15:12-17에 나타난 예수님의 친구 개념 연구" (국제신학대학원대학교 신학석사 논문, 2018).

49. '친구'와 '대면하다'는 하나님과 모세 사이의 친밀함을 나타내는 표현이다. 민영진, 『출애굽기』 (서울: 대한기독교서회, 2014), 659.

브라함에게 비밀을 드러내셨다(창 18:17).[50] 이와 같이, 예수님의 친구는 예수님으로부터 하나님의 비밀한 말씀을 받고 믿는 자이다. 구약에서는 아브라함과 모세 같은 특정인만 하나님의 말씀을 받았다. 그러나 이제 신약에서는 모든 그리스도인이 예수님의 친구로서 하나님의 말씀을 받고 믿는다. 다른 한편, 예수님의 친구인 교회에게는 이러한 특권만 있는 것이 아니라 의무도 있다. 예수님의 친구는 자신이 받은 말씀으로 열매를 맺어야 한다. 세상에 가서 말씀의 열매를 맺어야 한다(15:16). 먼저, 말씀을 통해 변화된 삶의 열매를 맺어야 한다. 이것이 서로 사랑하라는 말씀을 잘 지키는 것일 수 있다(15:17). 또 다른 열매는 말씀을 다른 사람에게 전달해서 복음 전도의 열매를 맺는 것이다(15:27).[51]

7) 보냄 받은 선교 공동체로서 교회

요한복음에서 예수님은 아버지께로부터 보냄 받은 분으로 나온다(5:36; 6:29; 7:29; 8:42; 9:4; 10:36; 12:44; 17:21 등등). 선교를 위해 세상으로 보냄을 받은 것이다. 그런데 예수님은 그가 세상에 파송을 받았듯이, 그의 제자들을 세상에 파송하신다(17:18; 20:21). 세상에 보냄 받은 그의 교회가 선교를 위해 특히 힘써야 할 것은 3가지인데, 이러한 3가지 선교 사역은 보냄 받은

---

50. 리차드슨은 야고보서 2:23 주해에서 아브라함이 하나님의 친구라는 것이 창세기 문맥에서 어떻게 나타났는지를 설명한다. 하나님께서 소돔과 고모라를 심판할 때, 아브라함에게 그것을 알리시고, 아브라함의 기도를 들으시는 친밀한 교제가 하나님과 아브라함의 친구 됨을 설명해 준다고 한다. 이러한 친구의 교제가 믿음의 참 본보기가 된다고 한다. K. A. Richardson, *James*, NAC (Nashville: B&H, 1997), 141. 이러한 친밀한 교제에 근거해서 아브라함은 믿음을 따라 행할 수 있었는데, 야고보서는 세상과 친구 되는 것은 곧 하나님과 원수 되는 것이라 한다(약 4:4).

51. 카슨은 15:5에 나오는 열매는 포괄적으로 보는 반면에, 여기 15:16에 나오는 열매는 복음 전도의 열매로 본다. 왜냐하면 15:16에는 '가서' 열매를 맺는다는 개념이 있기 때문이다. Carson, *John*, 517, 523. 그러나 '가다'는 기본적으로 세상으로 보냄 받은 교회의 정체성을 의미하는데, 세상에서 교회는 단지 복음 전도의 열매뿐 아니라, 그들의 변화된 삶의 열매를 맺어야 한다. 17:21에 따르면, 교회가 세상에서 아버지와 아들의 하나 됨을 닮아 하나 될 때, 선교적 사명을 효과적으로 감당하게 된다. 따라서 복음 전도의 열매와 변화된 삶의 열매는 분리될 수 없다.

분이신 예수님이 세상에서 하셨던 사역을 계승하는 것이다. (사실 교회의 선교 사역은 예수님과만 연결되는 것이 아니라, 삼위 하나님의 선교 사역과 긴밀한 관련이 있다. 이에 대해서는 선교론에서 자세히 다룰 것이다) 물론 예수님이 성자로서 수행하신 독특한 구속 사역은 모방할 수 없다. 다만, 예수님이 하신 구속 사역에 기초해서 교회가 계승해야 할 선교 사역이 있다는 말이다. 이러한 선교 사역은 증언, 일치, 그리고 죄 용서 사역이다.

첫째, 교회는 증인이 되어야 한다. 제자들은 성령과 함께 아들이신 그리스도를 증언한다(15:26-27). 성령은 아들이 하신 말씀을 생각나게 하실 것이다(14:26). 성령은 아들을 영화롭게 하실 것이며, 아들로부터 받은 말씀을 제자들에게 알려 주실 것이다(16:13-14). 그리하여 제자들은 그들이 보고 들은 것을 증언할 것인데, 성령께서 그들의 증언 사역을 도울 것이다.[52]

둘째, 하나 되는 것이다. 세상에 보냄 받은 그리스도의 교회가 아버지와 아들을 증언하는 다른 방법은 일치를 이루는 것이다. 서로 하나 될 때, 사람들은 그들의 연합을 보고 아버지와 아들을 만나게 된다. 이러한 원리가 예수님의 고별 기도에 나와 있다. 예수님은 죽기 전에 제자들을 위해 기도하셨는데, 특별히 그들의 하나 됨을 위해 기도하셨다(17:11, 21, 22, 23).

셋째, 죄를 용서하는 것이다. 부활하신 예수님은 제자들을 세상에 보내시면서 죄 용서 사명을 주셨다(20:23). 그들이 누구의 죄든지 사하면 사하여질 것이고, 그대로 두면 그대로 있을 것이다. 이러한 죄 용서 사역은 예수 그리스도의 죄 용서 사역과 깊이 연관이 있다. 물론 예수님이 십자가에서 어린 양으로서 성취하신 죄 용서 사역과 같은 권위와 효력은 아니다. 교회의 죄 용서 사역은 예수님의 십자가 사역에 기초해서, 사람들의 죄를 용서하는 것이다. 십자가 복음을 전해서 사람들이 복음으로 죄 용서 받게 하는 것이다.[53]

---

52. 성령과 제자들의 증언 사역은 독립적으로 이루어지는 것이 아니라 함께 이루어진다. Barrett, *John*, 482.
53. 조석민, 『이해와 설교를 위한 요한복음』 (서울: 이레서원, 2019), 486.

6. 선교론

흔히 요한복음에는 다른 성경에 비해 선교에 관한 주제가 별로 등장하지 않는다는 주장이 있다. 마태복음은 28:18-19에는 모든 민족을 제자 삼으라는 유명한 지상명령이 나온다. 마가복음에도 만민에게 복음을 전파하라는 예수님의 명령이 있다(막 16:15). 누가복음-사도행전에는 땅 끝까지 이르러 증인되리라는 유명한 말씀이 있다(행 1:8). 이에 반해, 요한복음에는 뚜렷한 선교 명령이 없는 것처럼 보인다. 그러나 사실 요한복음만큼 선교를 강조하는 성경이 없다. 요한복음은 성부, 성자, 성령, 삼위 하나님께서 선교하시는 하나님으로 나온다. 그리하여 삼위 하나님에 의해 세워진 그의 교회도 선교하는 교회로 자리매김한다.

1) 교회 선교와 예수님

요한복음에서 교회는 예수님께 파송 받는 선교 공동체로 묘사된다(17:18; 20:21). 이는 아버지께 파송 받은 예수님의 모습과 유비를 이룬다.[54] 예수님은 끊임없이 자신을 '파송 받은 이'로 묘사하신다(5:23, 24, 38; 6:29, 39, 57; 7:16, 18, 29; 8:16, 42; 10:36; 11:42; 12:44; 17:3, 8, 18, 21, 23, 25; 20:21). 사명을 위해 아버지께로부터 파송 받은 것이다(4:34). 그 사명은 곧 사람들을 구원하기 위한 것이었다(3:17). 사람들에게 영원한 생명을 주는 것이었다. 사람들의 영생을 위한 예수님의 사역은 두 가지로 요약될 수 있다. 첫째는 계시(revelation) 사역이다. 예수님은 아버지께로부터 오셔서 아버지를 드러내신다. 그래서 예수님을 본 자는 곧 아버지를 본 것이다(14:8). 계시 사역의 또 다른 이름은 증언(testimony) 사역이다. 예수님은 하늘로부터 오셔서, 하늘

---

54. 성전의 관점에서 예수님과 교회의 선교를 연구한 논문은 다음을 참조. 권해생, "성전신학의 관점으로 본 요한복음의 선교 사상," 「신약연구」 14/4 (2015), 458-82.

의 진리를 증언하신다(3:32; 18:37). 또한 자신이 진리시기 때문에 자기 자신을 증언하신다(8:14, 18).

둘째는 속죄(atonement) 사역이다. 예수님은 세상 죄를 지고 가는 하나님의 어린양이시다(1:29, 36). 이를 위해 친히 자신을 하나님께 드려지는 제물로(17:19), 하나님의 성전으로(10:36) 나타내신다. 그러므로 십자가에서 예수님이 외치셨던 "다 이루었다"(19:30)는 말씀은 이러한 선교 사명의 완성을 뜻한다. 계시와 속죄 사역을 완성하셨다는 뜻이다. 그리고 마침내 사명을 다하신 후에 제자들을 파송하신다(20:21; 참고. 17:18).

세상에 파송 받은 교회는 예수님이 세상에서 하셨던 사역을 계승, 발전시킨다. 다시 말하면, 예수님의 계시(증언)와 속죄 사역을 교회 핵심 선교 사역으로 발전시킨다. 먼저, 예수님의 죄 용서 사역을 기초로, 교회는 세상에서 죄 용서 사역을 하는 선교 공동체가 된다. 예수님의 죄 용서 사역은 제자들의 선교의 기초가 되며, 동시에 복음 전도의 내용이 된다. 제자들은 예수님의 죄 용서 복음을 전파하여, 사람들의 죄를 용서하는 사역을 한다(20:23). 따라서 제자들의 죄 용서 사역은 자연스럽게 그들의 증언하는 사역과 연결된다(15:27). 예수님이 세상에서 증언하는 사역을 하셨듯이, 제자들도 세상에서 아버지와 아들을 증언해야 한다. 예수님이 세상에서 진리를 증언하셨듯이, 제자들도 세상에서 진리를 증언해야 한다.

2) 교회 선교와 성령

제자들을 파송하실 때 예수님은 그들에게 성령을 주신다(20:22). 이는 교회 선교와 성령의 긴밀한 연관성을 보여준다. 부활하신 예수님이 제자들에게 나타나셔서, 숨을 내쉬며 성령을 주시는 장면은 창조를 생각나게 한다(창 2:7; 겔 37:1-14). 앞서 성령론에서 이 구절에 묘사된 성령을 새 창조의 영이라 일컬은 바 있다. 예수님은 성령을 통해 제자들을 새롭게 하신다. 성령을 통해 영원한 생명을 소유한 자로 이 땅에서 살게 하신다. 이러한 성령의 역사는 단지 제자들을 새롭게 하는 데서 그치지 않는다. 제자들의 사역에도 함께한다. 즉, 제자들의 사역이 새 창조 사역이 된다는 말이다.

또한 성령의 증언하시는 사역이 교회의 선교와 연결되기도 한다(15:26-27). 성령은 증언의 영으로서 예수님의 사역을 계승하신다. 예수님은 세상을 떠나신 후, 성령을 보내셔서 그의 사역이 계승되도록 하신다. 세상에 파송 받은 성령은 교회와 함께하시며(14:16), 교회를 통해 증언하는 사역을 하신다(15:27). 세상 사람들에게 아들을 증언하신다. 아들을 증언하심으로 사람들을 영생의 길로 인도하신다.

3) 교회 선교와 하나님

위에 언급된 선교하시는 예수님과 성령은 선교하시는 하나님과 깊이 관련이 있다. 아들 예수님이 '파송 받으신 이'로 묘사되는 것은 달리 말하면 아버지 하나님은 '파송하신 이'라는 뜻이다(5:23, 24, 38; 6:29, 39, 57; 7:16, 18, 29; 8:16, 42; 10:36; 11:42; 12:44; 17:3, 8, 18, 21, 23, 25; 20:21). 세상을 구원하시기 위해 아버지 하나님은 아들을 세상에 보내셨다. 세상에 파송 받은 아들 예수님은 사람들의 구원을 위해 진리를 증언하시고 속죄 사역을 하신다. 이렇게 세상의 구원을 위해 아들을 파송하시고, 아들을 희생시키시는 아버지 하나님의 선교는 세상을 향한 아버지 하나님의 사랑에 기초한다(3:16). 선교하시는 하나님은 사랑하시는 하나님이다.

또한 요한복음에서 아버지 하나님은 성령을 세상에 파송하시는 분이다(14:26). 아버지로부터 파송 받은 성령은 제자들이 세상에서 선교할 때, 그들을 가르치고 그들에게 아들의 말씀을 생각나게 한다. 요한복음에는 아들도 또한 성령을 파송하시는 분으로 나오는데, 아버지와 아들로부터 파송 받은 성령은 교회를 통해 아들을 세상에 증언하신다(15:26-27; 20:22).

이런 면에서 선교는 삼위 하나님의 사역이다. 세상을 구원하시기 위해 아버지 하나님은 아들을 세상에 보내신다. 세상에 파송 받은 아들 예수님은 사람들의 구원을 위해 진리를 증언하시고 속죄 사역을 하신다. 아버지와 아들로부터 파송 받은 성령 하나님은 교회를 통해 아들을 세상에 증언하신다. 따라서 성부, 성자, 성령 하나님은 선교하시는 하나님이시고, 교회는 바로 삼위 하나님의 뜻을 따라 선교하는 공동체이다.[55]

4) 교회 선교와 제자도

교회의 선교는 교회의 제자도와 떼려야 뗄 수 없는 관계이다. 교회의 증언과 교회의 삶이 일치하지 않는다면 교회 증언의 신빙성은 약해지고 교회 선교는 그 동력을 잃는다. 따라서 제자도는 교회의 정체성을 드러내는 필수 요소일 뿐 아니라, 효과적인 선교를 위한 핵심 요소이다. 요한복음에는 다양한 종류의 제자도가 나오지만, 그 중에 '사랑'이 가장 강조되는 제자도의 덕목이다.

먼저 교회의 정체성과 관련하여, 예수님은 새 계명을 주셔서 제자들로 하여금 그들의 정체성을 드러내게 하신다(13:34-35). 제자들은 예수님으로부터 '서로 사랑하라'는 명령을 받는다. 물론 이 사랑의 실천은 예수님을 모델로 한다. 예수님이 제자들을 사랑하셨듯이, 제자들은 서로를 사랑해야 한다. 이러한 사랑의 실천은 사람들로 하여금 그들이 예수님의 제자인 것을 알게 한다(13:35). 사랑은 교회의 정체성을 드러내는 필수 요소이다.

서로 사랑하라는 예수님의 계명은 또한 교회 선교의 핵심 요소이다. 서로 사랑을 실천하며 교회가 하나 될 때 사람들은 예수님을 알게 된다. 교회가 믿고 있는 바를 더 분명히 깨닫게 된다. 이것이 바로 예수님이 그의 고별 기도에서 교회의 하나 됨을 그토록 강조하신 이유이다(17:21, 23). 예수님은 그

55. 요한복음에 나타난 삼위 하나님의 선교에 대해서는 다음을 참조. A. J. Köstenberger, *The Missions of Jesus and the Disciples according to the Fourth Gospel: With Implications for the Fourth Gospel's Purpose and the Mission of the Contemporary Church* (Grand Rapids: Eerdmans, 1998).

의 제자들을 하나 되게 하시기 위해 목숨을 버리셨다(10:16; 11:52). 그리고 이제 죽음을 앞두고 제자들의 하나 됨을 위해 아버지 하나님께 간절히 기도하셨다. 아버지와 아들의 하나 되심 같이 제자들이 하나 되도록 기도하셨다(17:11, 22). 왜냐하면 교회의 하나 됨은 교회의 정체성을 증명하는 것이고, 아버지와 아들을 세상에 드러내는 것이기 때문이다.

5) 결론

선교는 삼위 하나님의 사역이다. 아버지 하나님은 사람들에게 영생을 주시기 위해 아들을 세상에 보내셨다. 아들 예수님은 영생을 위해 진리를 증언하시고 십자가를 지셨다. 성령 하나님은 예수님이 파송하신 제자들과 함께 하셔서, 제자들을 통해 예수님을 세상에 드러내신다. 이와 같이 삼위 하나님은 선교를 위해 함께 일하신다.

삼위 하나님으로부터 사명을 위임 받은 교회는 선교하는 공동체이다. 교회의 세 가지 핵심 선교 사역은 죄 용서와 증언, 그리고 사랑으로 하나 되는 사역이다. 이런 의미에서 교회는 예수님의 선교 사역을 계승, 발전시킨다. 예수님의 십자가 죄 용서 사역을 기초로 교회는 사람들의 죄를 용서하기 위해 선교한다. 예수님의 진리 증언을 계승하여, 교회는 복음의 진리를 세상에 증언한다. 예수님이 하나님과 하나 되듯이, 교회는 삼위 하나님 안에서 서로 사랑으로 하나 되어야 한다.

V. 내용 분해

요한복음에 대한 가장 일반적인 구조 분석은 요한복음을 두 부분, 즉 '표적의 책'(1-12장)과 '영광의 책'(13-21장)으로 나누는 것이다. 우리는 이러한 구조 분석을 반대하지는 않지만, 좀 더 표적 중심으로 요한복음을 읽어야 한다고 생각한다. 십자가와 부활은 예수님의 표적의 절정이기에(이에 대해서는 위의 표적 기독론을 참고하라), 요한복음은 표적의 시작과 발전 ⇨ 표적의 심화 ⇨ 표적의 절정이라는 3단계로 이루어져 있다고 볼 수 있다.

가. 서문(1:1-18)

1. 예수님과 말씀(로고스)(1:1-5)
2. 예수님에 대한 요한의 증언과 사람들의 반응(1:6-13)
3. 예수님의 성육신과 시내산 배경(1:14-18)

나. 표적의 시작과 발전(1:19-12:50)

A. 예수님의 사역의 서막(1:19-51)

1. 요한보다 크신 예수님(1:19-28)
2. 하나님의 어린양이신 예수님(1:29-34)
3. 메시야이신 어린양 예수님(1:35-42)
4. 나다나엘에게 나타나신 예수님(1:43-51)

B. 예수님의 가나에서 가나까지 사역(1)(2:1-3:21)

1. 예수님의 가나 혼인 잔치에서의 첫 번째 표적(2:1-12)
2. 예수님의 성전 정화 사건(1)(2:13-17)
3. 예수님의 성전 정화 사건(2)(2:18-22)
4. 예수님의 성전 정화 사건(3)(2:23-25)
5. 예수님과 니고데모(1)(3:1-8)
6. 예수님과 니고데모(2)(3:9-15)
7. 예수님과 니고데모(3)(3:16-21)

C. 예수님의 가나에서 가나까지 사역(2)(3:22-4:54)

1. 예수님과 세례 요한의 관계(3:22-36)
2. 예수님과 사마리아 여인의 대화(4:1-9)

3. 예수님과 사마리아 여인의 생수에 관한 대화(4:10-15)
4. 예수님과 사마리아 여인의 남편에 관한 대화(4:16-18)
5. 예수님과 사마리아 여인의 예배에 관한 대화(4:19-26)
6. 예수님과 제자들의 대화(4:27-38)
7. 예수님과 사마리아 여인, 그리고 동네 사람들(4:39-42)
8. 예수님의 가나에서의 두 번째 표적(4:43-54)

D. 예수님과 안식일(5:1-47)
1. 예수님의 안식일 치유(5:1-16)
2. 예수님의 생명 주시고, 심판하시는 권한(5:17-29)
3. 예수님에 대한 증언(5:30-47)

E. 예수님과 유월절(6:1-71)
1. 오천 명을 먹이시는 예수님(6:1-15)
2. 물 위를 걸으시는 예수님(6:16-21)
3. 생명의 떡이신 예수님(6:22-51)
4. 살과 피를 주시는 예수님(6:52-59)
5. 영생의 말씀을 가지신 예수님(6:60-71)

F. 예수님과 초막절과 생수(7:1-52)
1. 예수님과 형제들(7:1-9)
2. 예수님과 유대인들(7:10-24)
3. 예수님과 예루살렘 사람들과 유대 지도자들(7:25-36)
4. 예수님의 위대한 초청과 사람들의 반응(7:37-52)

G. 예수님과 초막절과 빛(1)(7:53-8:59)
1. 죄를 용서하시는 예수님(7:53-8:11)
2. 빛을 비추시는 예수님(8:12-20)
3. 아버지께서 주신 사명을 이루시는 예수님(8:21-30)
4. 진리로 자유롭게 하시는 예수님(8:31-38)

5. 유대인의 실상을 말해주시는 예수님(8:39-47)
6. 아브라함보다 크신 예수님(8:48-59)

H. 예수님과 초막절과 빛(2)(9:1-41)

1. 맹인을 고치시는 예수님(9:1-12)
2. 맹인이었던 사람을 심문하는 바리새인들(9:13-34)
3. 누가 맹인인가?(9:35-41)

I. 예수님과 초막절과 선한 목자(10:1-21)

1. 양의 우리 비유(10:1-6)
2. 양의 문이며 선한 목자이신 예수님(10:7-18)
3. 둘로 나뉜 사람들(10:19-21)

J. 예수님과 수전절(10:22-42)

1. 수전절에 나타나신 선한 목자(10:22-30)
2. 수전절에 나타나신 하나님의 아들(10:31-42)

K. 예수님의 죽음과 부활에 대한 사역(1)(11:1-57)

1. 나사로의 죽음과 예수님의 영광(11:1-16)
2. 마르다에게 자신을 계시하시는 예수님(11:17-27)
3. 마리아의 눈물과 예수님의 눈물(11:28-37)
4. 나사로를 부활시키시는 예수님(11:38-44)
5. 나사로의 부활에 대한 반응들(11:45-57)

L. 예수님의 죽음과 부활에 대한 사역(2)(12:1-50)

1. 나사로의 부활에 대한 계속적인 반응들(12:1-11)
2. 예수님의 예루살렘 입성(12:12-19)
3. 인자의 죽음과 영광(1)(12:20-26)
4. 인자의 죽음과 영광(2)(12:27-36)
5. 사람들의 불신과 심판(12:37-50)

다. 표적의 심화 - 예수님의 고별 강화 (13:1-17:26)

A. 예수님의 세족과 그 의미들 (13:1-30)

1. 예수님의 세족의 첫 번째 의미(13:1-11)
2. 예수님의 세족의 두 번째 의미(13:12-17)
3. 예수님의 죽음(13:18-30)

B. 예수님의 고별 강화(1)(13:31-14:31)

1. 예수님의 떠남(13:31-38)
2. 예수님의 중보(14:1-11)
3. 예수님이 떠나신 후(14:12-24)
4. 보혜사 성령의 역할에 대한 예언(14:25-31)

C. 예수님의 고별 강화(2)(15:1-16:33)

1. 포도나무와 가지 비유(15:1-6)
2. 열매 맺는 삶의 종류(15:7-17)
3. 세상의 핍박 속에서 열매 맺는 삶(15:18-27)
4. 세상의 핍박과 보혜사 성령의 역할(16:1-15)
5. 예수님의 여정(16:16-24)
6. 예수님의 여정에 대한 제자들의 이해(16:25-33)

D. 예수님의 고별 기도(17:1-26)

1. 예수님의 자신을 위한 기도(17:1-5)
2. 예수님의 제자들을 위한 기도(1)(17:6-12)
3. 예수님의 제자들을 위한 기도(2)(17:13-19)
4. 예수님의 미래의 제자들을 위한 기도(17:20-26)

라. 표적의 절정 - 예수님의 죽음과 부활(18:1-20:31)

A. 예수님의 고난(18:1-19:16)

1. 예수님의 체포(18:1-11)

2. 예수님에 대한 대제사장의 재판(18:12-27)

3. 예수님에 대한 빌라도의 재판(1)(18:28-40)

4. 예수님에 대한 빌라도의 재판(2)(19:1-16)

B. 예수님의 죽음(19:17-42)

1. 예수님의 십자가 못 박힘(19:17-22)

2. 예수님의 옷과 가족(19:23-27)

3. 예수님의 죽음(19:28-30)

4. 예수님의 죽음 이후(19:31-42)

C. 예수님의 부활(20:1-31)

1. 부활하신 예수님(20:1-10)

2. 마리아에게 나타나신 예수님(20:11-18)

3. 제자들에게 나타나신 예수님(20:19-23)

4. 도마에게 나타나신 예수님(20:24-31)

마. 결문(21:1-25)

1. 제자들에게 세 번째 나타나신 예수님(21:1-14)

2. 베드로와 사랑하시는 제자의 사역(21:15-25)

VI. 구조

제1장 서문(1:1-18)

제2장 예수님 사역의 서막(1:19-51)

제3장 예수님의 가나에서 가나까지 사역(1) (2:1-3:21)

제4장 예수님의 가나에서 가나까지 사역(2) (3:22-4:54)

제5장 예수님과 안식일(5:1-47)

제6장 예수님과 유월절(6:1-71)

제7장 예수님과 초막절과 생수(7:1-52)

제8장 예수님과 초막절과 빛(1)(7:53-8:59)

제9장 예수님과 초막절과 빛(2)(9:1-41)

제10장 예수님과 초막절과 선한 목자(10:1-21)

제11장 예수님과 수전절(10:22-42)

제12장 예수님의 죽음과 부활에 대한 사역(1)(11:1-57)

제13장 예수님의 죽음과 부활에 대한 사역(2)(12:1-50)

제14장 예수님의 세족과 그 의미들 (13:1-30)

제15장 예수님의 고별 강화(1)(13:31-14:31)

제16장 예수님의 고별 강화(2)(15:1-16:33)

제17장 예수님의 고별 기도(17:1-26)

제18장 예수님의 고난(18:1-19:16)

제19장 예수님의 죽음(19:17-42)

제20장 예수님의 부활(20:1-31)

제21장 결문(21:1-25)

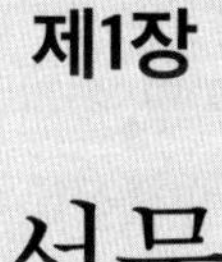

제1장

서문

(1:1-18)

본문 개요

요한복음은 다른 복음서에 비해 독특한 서문(prologue)을 가지고 있다. 서문에는 요한복음의 나머지 부분에 등장하는 주요 인물들(예수님의 제자들과 바리새인들 등)이 전혀 등장하지 않지만, 요한복음의 나머지 부분을 이해할 수 있는 해석학적 단서를 제공해 준다.[1] 즉, 예수님의 신성과 성육신, 모세로 대표되는 구약과의 관계, 그리고 예수님의 복음에 대한 사람들의 반응이 나온다. 이를 통해 독자들은 요한복음의 나머지 부분이 어떻게 전개될 것인지를 가늠할 수 있다. 다시 말하면, 저자는 서문을 통해 앞으로 예수님의 계시가 어떻게 전개되며, 또 등장인물들은 그 계시에 어떻게 반응할 것인지를 보여주고 있다.

내용 분해

1. 예수님과 말씀(*로고스*)(1:1-5)
   1) 말씀(*로고스*)의 선재성(1:1-2)
   2) 말씀(*로고스*)과 창조(1:3)
   3) 말씀(*로고스*)과 빛과 생명(1:4-5)

   ***특주: 말씀(*로고스*)의 배경**
2. 예수님에 대한 요한의 증언과 사람들의 반응(1:6-13)
   1) 예수님에 대한 세례 요한의 증언(1:6-8)
   2) 예수님에 대한 사람들의 거부(1:9-11)
   3) 예수님에 대한 사람들의 영접(1:12-13)

---

1. Köstenberger, *Encountering John*, 48-50.

3. 예수님의 성육신과 시내산 배경(1:14-18)
    1) 성육신과 성막(1:14)
    2) 성육신과 은혜(1:15-17)
    3) 성육신과 하나님의 현현(1:18)

본문 주해

1. 예수님과 말씀(*로고스*)(1:1-5)

1 태초에 말씀이 계시니라 이 말씀이 하나님과 함께 계셨으니 이 말씀은
곧 하나님이시니라 2 그가 태초에 하나님과 함께 계셨고 3 만물이 그로 말
미암아 지은 바 되었으니 지은 것이 하나도 그가 없이는 된 것이 없느니
라 4 그 안에 생명이 있었으니 이 생명은 사람들의 빛이라 5 빛이 어둠에
비치되 어둠이 깨닫지 못하더라

요한복음의 시작에서 예수님은 말씀(*로고스*)으로 나타나신다. *로고스*라는 단어를 통해, 저자는 예수님의 신성과 신적 특성을 묘사하고 있다. *로고스*는 하나님이고, *로고스*는 창조하는 분이며, *로고스*는 빛과 생명이시다. 이는 요한복음의 목적이 예수님이 하나님의 아들이심을 드러내는 것에 있음과 무관치 않다(20:30-31). 그러나 이는 요한복음이 예수님의 인성에 무관심하다는 것을 뜻하지 않는다. 왜냐하면 예수님의 성육신 또한 요한복음 1장에서 강조되기 때문이다(1:14-18).

1) 말씀(*로고스*)의 선재성(1:1-2)

'태초에'(1절상)라는 표현은 구약에 익숙한 요한복음 독자들에게 창세

기 창조 기사를 생각나게 한다. “태초에 하나님이 천지를 창조하시니라”(창 1:1). 그러나 창세기와 달리, 요한복음에는 ‘하나님’ 대신에 ‘말씀’(λόγος, 로고스)이 등장한다. 여기서 우리는 말씀(*로고스*)의 하나님 되심, 즉 말씀(*로고스*)의 신성을 알 수 있다. 뿐만 아니라, 창세기 창조 기사에 드러난 하나님의 말씀(*로고스*)을 떠올릴 수 있다. 왜냐하면 하나님은 말씀으로 천지를 창조하셨기 때문이다(창 1:3, 6, 9, 11 등등).

‘계시니라’(εἰμί, *에이미*의 미완료)(1절상)는 창세기 1:1에 나오는 ‘창조하시니라’(ποιέω *포이에오*의 아오리스트/부정과거)와도 대조되고, 또한 요한복음 1:3에 나오는, 만물이 ‘지은 바 되었으니’(γίνομαι, *기노마이*의 아오리스트/부정과거)와도 대조된다. *포이에오*(창 1:1)와 *기노마이*(창 1:3)는 피조물의 창조를 나타내지만, *에이미*(1절)는 존재한다는 것을 나타낸다. 다시 말하면, 피조물들이 하나님에 의해 창조된 것과 달리, 말씀(*로고스*)은 태초부터 계셨던 영원한 분이라는 것이 강조되고 있다. 여기서 말씀(*로고스*)의 선재성(preexistence)과 영원성(eternity)을 엿볼 수 있다.[2] 아마도 저자는 예수님의 신성을 부인하는 당시 이단적 가르침들을 염두에 두고, 이렇게 표현했을 수 있다.[3] 또한 예수님을 위대한 선지자나 이스라엘을 구원한 메시야적 인물로 여길 뿐, 하나님의 아들로 받아들이지 않는 사람들에 대한 대응이기도 하다.[4] 따라서 “태초에 말씀이 계시니라”는 예수님의 신적 정체성을 강조하며, 그가 영원 전부터 존재한 하나님이시라는 것을 나타내고 있다.

또한 영원 전부터 선재한 말씀(*로고스*)은 분명히 하나님이셨지만(1절

2. 크리소스토무스(Chrysostomus), 푸아티에의 힐라리우스(Hilary of Poitiers), 밀라노의 암브로시우스(Ambrosius) 등 초대 교부들도 로고스 예수님의 영원성을 강조하며, 그의 신적 존재를 변증한다. Joel C. Elowsky ed., *John 1-10*, ACCS IVa (Downers Grove: IVP, 2006), 7-9.
3. 예수님의 신성을 부인하거나, 잘못 이해한 이단들은 에비온파나 케린투스파 등이 있다. 요한이 이들 이단과 대척점에 있었다는 교부들의 증언도 있다. R. A. Culpepper, *John, the Son of Zebedee: The Life of a Legend* (Edinburgh: T&T Clark, 2000), 157-9.
4. Smalley, *John*, 184.

하), 그러나 성부와는 구분되셨다(1절중, 2절). '함께'로 번역된 헬라어 전치사 πρός(*프로스*)는 원래 방향을 나타내는 '~으로'의 뜻으로 자주 사용되었다. '함께'를 뜻하기 위해서는 일반적으로 전치사 σύν(*쉰*), παρά(*파라*), μετά(*메타*) 등이 쓰인다. 그런데 특별히 *프로스*를 사용한 것은, 성부와 성자 사이의 친밀한 관계를 표현하기 위함이었을 것이다.[5] 예수님은 영원 전부터 존재한 하나님이시지만, 성부 하나님과 구별된, 그러나 친밀한 관계를 맺는 하나님이시다.

2) 말씀(*로고스*)과 창조(1:3)

말씀(*로고스*)과 창조의 관계를 이 구절에서 더 분명하게 알 수 있다. '지어졌다'는 것은 헬라어 동사 γίνομαι(*기노마이*)의 번역인데, 정확하게 말하면 존재하게 되었다는 뜻으로, 이는 곧 창조를 의미한다. 요한복음 1장의 두드러진 모세오경 분위기-창조, 빛, 어두움, 성막, 모세, 율법 등등-는 말씀(*로고스*)과 창세기의 밀접한 관계를 더욱 부각시킨다. 그러나 본문은 만물이 "그에 의해서 지어졌다"고 하지 않고, "그로 말미암아(διά, *디아*) 지어졌다"고 한다. 말씀(*로고스*)이신 예수님은 삼위 하나님의 제2 위격으로서 천지 창조에 참여하셨다. 이는 창조에 있어서 말씀(*로고스*)의 역할은 결정적이지만, 동시에 성부의 창조 역할과는 구분됨을 나타내는 듯하다(참조. 히 1:2, 10). 물론 바울은 만물이 예수님에 의해, 예수님을 통하여, 예수님을 위하여 지어졌다고 한다(골 1:16-17). 그러나 요한복음은 예수님이 창조주시라는 것을 부인하지 않으면서, 동시에 성부 하나님과 구별되는 분으로 소개한다. 요한복음은 이 *디아* 전치사를 통해 제2 위격으로서, 예수님이 성부와 함께 창조(1:3, 10), 은혜(1:17), 구원(3:17; 14:6) 사역에 참여하는 모습을 보여준다.

---

5. G. L. Borchert, *John 1-11*, NAC (Nashville: B&H, 1996), 103; Köstenberger, *John*, 27; Brown, *John I-XII*, 5. Contra Carson, *John*, 116.

3) 말씀(로고스)과 빛과 생명(1:4-5)

예수님은 말씀이시요, 하나님이실 뿐 아니라, 또한 그 안에는 생명과 빛이 있었다(4절). 이 구절이 첫 창조를 가리키는지, 아니면 새 창조를 가리키는지 논란이 있다. 아마도 둘 다를 포함한다고 보는 것이 적절할 것이다.[6] 물론 첫 창조 이전에 영원 전부터 생명과 빛이 예수님 안에 있었다. 그리하여 예수님은 첫 창조에서 만물에 빛을 비추셨고, 그들을 존재하게 하셨다. 이제 예수님은 새 창조에서도 빛으로 생명을 주신다. 예수님은 생명의 수여자이고(6:40, 44, 57, 58), 생명 자체이시다(11:25; 14:6). 예수님 '안에' 생명이 있기 때문에, '그 안에' 거하는 것이 생명을 얻는 길이다. 그래서 예수님은 지속적으로 제자들에게 그 안에 거하라고 말씀하신다(15:4, 6, 7). 또한 예수님 안에는 하나님이 거하신다(10:38; 14:10, 11, 20). 그러므로 우리는 예수님 '안에서' 하나님을 만날 수 있고, 새 생명을 얻을 수 있다. 뿐만 아니라, 생명이신 예수님은 사람들을 위한 빛이시다. '사람들의 빛'이란 '사람들을 위한 빛'으로 번역할 수 있다.[7] 예수님은 사람들에게 생명을 주실 때, 어둠에 빛을 비추셔서 생명을 주신다. 어둠에 있던 사람들은 빛이신 예수님을 만나 하나님께 인도된다. 빛이신 예수님 안에서 진리를 알게 되고, 죄로부터 거룩하게 되고, 생명을 얻는다.

말씀(로고스)의 새 창조 사역은 5절에 더 분명하게 나타난다. 5절에 나오는 '비추다'(φαίνω, 파이노)는 1-5절 단락에서 유일한 현재 동사이다. 따라서 빛을 비추셔서 생명을 주시는 예수님의 창조 사역은 첫 창조뿐 아니라, 현재 새 창조에도 계속되고 있음을 보여준다. 예수님은 끊임없이 어둠에 빛을 비추셔서 새 창조 사역을 하신다. 그렇다면 여기서 '어둠'은 무엇을 의미하는가? '빛'과 '어둠'의 대조는 요한 문헌에 자주 나타나는 표현이다(3:19-21;

---

6. G. R. Beasley-Murray, *John*, WBC (Nashville: Thomas Nelson, 1987), 11. 솔로몬 역간, 『요한복음』.

7. Köstenberger, *John*, 31.

8:12; 12:35, 46; 요일 1:5; 2:8-9). 쾨스터에 따르면, 요한복음 서문에 나오는 어둠은 4가지 차원에서 정의될 수 있다.[8] 첫째, *로고스*의 계시와 반대되는 영적 무지를 가리킨다. 둘째, 하나님과 계시를 대항하는 죄와 악을 가리킨다. 셋째, 생명의 빛에 반대되는 사망을 가리킨다. 그리고 마지막으로, 빛을 이기려고 하는 악의 세력을 가리킬 수도 있다. 요한복음에서는 나중에 이 악의 세력이 '이 세상의 임금'(12:31; 14:30; 16:11), '마귀'(6:70; 8:44; 13:2), '사탄'(13:27) 등으로 나타난다. 따라서 어둠은 사탄의 지배를 받아, 영적 무지와 죄로 죽어 있는 세상을 가리킨다고 할 수 있을 것이다.[9] 이런 면에서 예수님의 새 창조는 영적 무지와 죄와 죽음 가운데 있는 사람들을 구원하는 것이다. 예수님이 계시는 곳에 영적 무지가 진리로 바뀐다. 죄와 악이 떠나가고, 하나님의 거룩이 임한다. 예수님은 사망을 생명으로 바꾸시며, 악한 세력을 물리치셔서 하나님 나라를 세우신다. 이것이 바로 예수님의 새 창조 사역이다. 현재 동사 '비추다'는 예수님의 이런 새 창조 사역이 지금도 계속 되고 있음을 말해준다.

'깨닫다'(καταλαμβάνω, *카타람바노*)(5절)에는 번역의 문제가 있다. *카타람바노*는 크게 두 가지로 해석되는데, 영어성경도 두 갈래로 나뉜다: '깨닫다'(NIVUK, NASB, NKJV)와 '이기다'(2011NIVUS, ESV, NRSV, NAB). 초대 교부들도 의견이 갈린다. 알렉산드리아의 키릴로스는 '깨닫다'로 해석하는 반면, 오리게네스는 '이기다'를 지지한다.[10] 그렇다면, *카타람바노*를 어떻게 해석하는 것이 좋을까? 어둠이 빛을 깨닫지 못한 것일까?, 아니면 어둠이 빛을 이기지 못한 것일까?

요한복음에서 *카타람바노*는 총 4번 사용되었다(1:5; 8:3, 4; 12:35). 8장에

---

8. C. R. Koester, *The Word of Life: A Theology of John's Gospel* (Grand Rapids: Eerdmans, 2008), 63-4.
9. Köstenberger, *John*, 31.
10. Elowsky ed., *John 1-10*, 27.

서 사람을 '잡다'(seize)는 의미로 사용되었고, 12장에서는 어둠이 사람을 '덮치다'(overtake)는 의미로 사용되었다. 즉, 요한복음에서는 주로 적대적인 두 상대 사이에 일어난 공격적 의미를 띠고 있다. 또한 버지가 지적하였듯이, *카타람바노*가 '깨닫다'의 뜻으로 쓰일 때는 주로 중간태(middle voice) 형태를 띤다(예. 행 4:13; 10:34; 25:25; 엡 3:18).[11] 그런데 본문에 나오는 *카타람바노*는 능동태(active voice)이다. 따라서 이런 용례에 비춰볼 때, 5절에서는 '깨닫다'보다는 '이기다'는 의미가 더 적절할 것 같다.[12] 특히 빛과 어둠을 이야기하고 있는 12:35은 이런 해석을 강하게 뒷받침한다.[13] 5절에서 *카타람바노*는 아오리스트 형태가 쓰였는데, 이는 단일한 사건을 암시하여, 빛이신 예수님을 어둠이 이기지 못한 십자가-부활 사건을 의미한다고 볼 수 있다.[14] 다른 한편, 아오리스트 시상은 어떤 일에 대한 저자의 전체적 조망을 뜻하는데, 여기서는 어둠을 이기신 예수님의 새 창조 사역 전체를 나타내기 위해 사용되었다고 볼 수도 있다.[15] 어둠 속에 있는 세상은 예수님을 거부하고 심지어 죽였지만, 그러나 예수님은 세상의 모든 반대와 핍박을 견뎌내시고, 마침내 십자가와 부활을 통해 세상을 이기셨다. 예수님의 새 창조 사역은 지금도 빛을 비추시며 계속되고 있다. 따라서 이런 해석으로 5절을 번역하면 다음과 같을 것이다: "빛이 어둠에 비치니, 어둠은 그 빛을 이기지 못하였다."

그럼에도 불구하고, *카타람바노*가 '깨닫다'를 뜻할 가능성이 전혀 없는

---

11. G. M. Burge, *John*, NIVAC (Grand Rapids: Zondervan, 2009), 56. 솔로몬 역간, 『요한복음』.
12. 물론 두 가지 뜻을 동시에 가지고 있다고 주장하는 바레트나 카슨, 키너 같은 학자들도 있다. 그러나 거의 모든 현대 요한복음 신학자들은 *카타람바노*를 '이기다'로 해석한다. 쾨스텐버거는 설사 두 의미가 모두 여기에 있다 하더라도, '깨닫다'는 이차적인 것이고 첫 번째(primary) 뜻은 '이기다'라고 주장한다. Köstenberger, *Encountering John*, 55.
13. Morris, *John*, 76-77.
14. Saeed Hamid-Khani, *Revelation and Concealment of Christ: A Theological Inquiry Into the Elusive Language of the Fourth Gospel* (Tübingen: Mohr Siebeck, 2000), 61; Keener, *John 1*, 387; Morris, *John*, 77.
15. Carson, *John*, 138.

것은 아니다. 무엇보다 브라운이나 카슨, 비슬리-머리 등이 말한 대로, 문맥이 '깨닫다'의 가능성을 높여 준다.[16] 10-11절은 빛으로 오신 예수님을 거절하는 세상을 언급하고 있다. 자기 백성은 그를 도무지 알지 못하고 영접하지도 않는다. 그러나 보체트가 지적한 대로, 12-13절에는 빛이신 예수님을 영접해서 하나님의 자녀가 되는 사람들도 나온다.[17] 이와 같이 어둠에서 구원받은 하나님의 자녀의 존재는 문맥이 '깨닫다'를 전적으로 지지하는 것은 아니라는 것을 보여준다.

다른 한편, 바레트나 키너에 따르면, 일종의 '워드플레이'(wordplay)일 가능성도 있다.[18] *카타람바노*는 기본적으로 '잡다'는 뜻이 있는데, 마음으로 잡는 것은 '깨닫다'를 의미하고, 손으로 잡는 것은 '이기다'를 의미한다. 즉, 어둠이 빛을 잡지(*카타람바노*) 못했는데, 이는 어둠이 빛을 깨닫지도 못하고, 이기지도 못했다는 의미라는 것이다. 따라서 요한복음 저자는 한 단어로 두 가지 뜻을 함께 의미했을 수 있다.

요컨대, 말씀(*로고스*)이신 예수님 안에 생명과 빛이 있을 뿐 아니라, 예수님 자신이 생명과 빛이시다. 첫 창조에서 생명을 주시고, 빛을 비추신 *로고스* 예수님은 그의 지상 사역을 통해(성육신, 십자가와 부활) 사람들에게 계시와 구원의 영적인 빛을 비추신다. 이러한 새 창조 사역은 다른 면에서 볼 때, 어둠과의 영적인 대결이다. 어둠은 빛이 비치는 것을 방해하지만, 빛은 결국 어둠을 물리쳤다.[19] 어둠은 결정적인 패배에도 불구하고, 여전히 사람들을 영적 무지, 죄, 죽음 가운데 가둬 놓고 있다. 그래서 예수님은 현재에도 계속 생

---

16. Brown, *John I-XII*, 8; Carson, *John*, 120; Beasley-Murray, *John*, 11.
17. Borchert, *John 1-11*, 110.
18. Barrett, *John*, 158; Keener, *John 1*, 387.
19. 구약과 유대 문헌에는 다양한 빛의 비유가 등장한다. 지혜가 빛으로(지혜서 7:26-30), 율법이 빛으로(제2바룩서 59:2), 또는 말씀이 빛으로(시 19:8; 119:105; 잠 6:23) 비유된다. 그러나 요한복음은 예수님이 빛이라고 고백한다. 이는 메시야가 올 때, 빛을 비추실 것이라는 예언의 성취이다(사 9:2; 61:1-2). Köstenberger, *John*, 31.

명의 빛을 비추셔서 새 창조 사역을 하신다.

※ 특주: 말씀(*로고스*) 기독론의 배경

요한복음은 예수님을 말씀(*로고스*)하시는 분으로 다양하게 묘사하지만, *로고스* 자체로서 예수님의 모습은 1장에만 나온다. 요한복음의 *로고스* 기독론을 제대로 이해하기 위해서는 이 단어의 배경에 주의해야 한다. 요한의 *로고스* 개념에는 크게 다음과 같은 배경이 있다고 주장되어 왔다.[20]

첫째, *로고스*의 헬라적 배경이다. 스토아 철학에서 *로고스*는 우주적 이성으로서, 만물을 존재하게 하며, 주관하는 역할을 한다. 필로(Philo)는 *로고스*가 하나님에 의해 창조되어, 하나님과 세상을 중재하며, 창조에 참여하는 인간 영혼의 원형으로 보았다. 그러나 헬라 사상의 *로고스*는 비인격적일 뿐 아니라, 거기에는 어떤 성육신 개념도 존재하지 않는다.

둘째, 유대의 지혜 문학에서 그 배경을 찾는 사람들도 있다. 지혜는 우주가 창조되기 전에 이미 존재하였고, 또한 지혜는 요한복음의 *로고스*처럼 인격화되어 등장한다(잠 8:22-31; 집회서 1:1-10). 지혜는 전능하신 하나님으로부터 나오는 빛이며(지혜서 7:25-26), 햇빛은 밤이 되면 물러나야 하지만, 지혜를 이기는 악은 없다(지혜서 7:30). 그럼에도 불구하고, *로고스*와 달리 지혜는 창조되었다(잠 8:22-23; 집회서 1:4, 9). 또한 요한복음에는 '지혜'라는 단어가 나오지 않는다.

---

20. 자세한 논쟁은 브라운의 글을 참고하되, 여기서는 다만 간단하게 요약하였다. Brown, *John I-XII*, 519-24.

셋째, 율법(토라)과 *로고스*를 대비시키는 학자들도 있다.[21] 잠언은 율법을 빛이라 일컫는다(잠 6:23). 시편 119:105은 주의 말씀이 빛이라 하지만, 이 본문은 율법을 찬양하는 문맥 속에 위치한다. 랍비 문헌에서 율법은 만물보다 먼저 창조되었으며, 하나님이 율법대로 천지를 창조하셨다고 나와 있다. 그러나 요한복음 1:17은 분명하게 율법과, *로고스*로서 예수님의 정체성을 구분하고 있다.

마지막으로, 구약에 나오는 하나님 '말씀'의 다양한 모습에서 *로고스*의 배경을 찾기도 한다.[22] 구약에서 말씀은 하나님의 창조(창 1:3이하; 시 33:6), 구원(시 107:20; 사 55:1), 계시(사 9:8; 겔 33:7)의 대행자로 나온다. 말씀은 인격화되었을 뿐 아니라(시 107:20; 사 55:11), 빛이요(시 119:105) 생명이다(신 32:46-47). 특히 요한복음 서문(prologue)의 강한 구약적 분위기는 *로고스*의 배경이 구약의 하나님 말씀과 깊이 연관되어 있음을 보여준다. '태초에'(창 1:1)라는 시작 어구; 창세기 1장에 나오는 중요한 단어들 - 빛, 어둠, 생명 등; 시내산 배경(출 33-34장) - 성막, 영광, 은혜와 진리, 율법을 주심, 영광을 봄 등등.[23]

그러므로 이상에서 본 바와 같이, 구약의 '하나님의 말씀'이 요한복음 *로고스* 기독론의 가장 유력한 배경으로 간주될 수 있다. 그러나 요한복음의 *로고스* 기독론은 예수님의 계시의 틀 안에서 새로워지고, 발전된 개념으로 이해되어야 한다. 요한복음의 *로고스*는 위에 언급된 어떤 배경도 말하지 않던 *로고스*의 독특한 신성과 인성을 말

---

21. 자세한 논의는 키너의 견해를 참고하라. Keener, *John 1*, 360-3.
22. Carson, *John*, 115-16.
23. Köstenberger, *John*, 27.

하고 있기 때문이다. 요한복음의 *로고스*는 피조물이 아니고, 성부와 태초부터 함께 계셨던 '하나님'이시다. 그리고 동시에 성육신하셔서 빛과 생명을 주시며, 어둠을 물리치신 참 '사람'이시다.

그렇다면, 요한복음 저자는 왜 이러한 말씀(*로고스*) 개념을 서문에서 언급하고 있는가? 서문에 나오는 '말씀'(*로고스*)의 기능은 뒤에 따라오는 예수님 사역을 암시한다. 다시 말하면, 저자는 이 *로고스* 개념을 서문에 가져와서, 요한복음 나머지 부분에 나오는 계시로서 예수님의 말씀(words)과 사역(works)이 영원한 하나님이신 말씀(*로고스*)로부터 비롯되었다는 것을 밝히고 있다. 즉, 말씀(*로고스*)은 요한복음에 나오는 예수님의 전체 사역을 포괄하는 개념으로 사용되었다.[24]

교훈과 적용

1. 예수님은 영원한 하나님이시다. 우리는 예수님을 4대 성인 중 한 사람으로 보거나, 하나님이 창조하신 위대한 인물로 보는 것에 반대한다. 예수님은 역사의 어느 한 순간에 창조된 분이 아니다. 창조 이전부터 존재한 영원한 하나님이시다. 그러나 예수님은 성부 하나님과 함께 계시나 구분된다. 성부 하나님과 함께 계셨던 예수님은 하늘의 진리를 주시기 위해 오셨다. 그러므로 우리는 예수님을 하나님으로 고백하며 찬송하는 데 주저하지 말아야 한다. 예수님은 우리의 경배 대상이며, 믿고 의지해야 할 영원한 하나님이시다.
2. 예수님은 지금도 창조 사역을 하신다. 태초에 말씀으로 천지를 창조하셨듯이, 오늘도 하나님께서는 말씀이신 예수님 안에서 창조 사역을 하신다. 말씀 안에 빛과 생명이 있다. 예수님은 빛을 비추시고, 생명을 주심으로 새 창조 사역을 지속적으로 행하신다. 그러므로 우리가 예수님을 받아들일 때, 예수님 안에 있는 생명과 빛을

---

24. Köstenberger, *Encountering John*, 51.

받아들이게 되는 것이다. 영적 죽음이 생명으로 바뀌고, 영적 어둠이 빛으로 바뀌게 된다. 우리가 믿고 전하는 예수님의 이름에 이런 새 창조의 능력이 있다.

3. 예수님은 오늘도 어둠을 이기시는 분이다. 어둠은 빛이신 예수님을 이기지 못했다. 예수님은 십자가와 부활을 통해 결정적으로 어둠을 물리치고 승리하셨다. 지금도 어둠은 빛을 이기려 발버둥 친다. 그러나 우리는 예수님이 과거 십자가에서 승리하셨음을 믿고, 또한 예수님이 미래에 완성하실 완전한 최후 승리를 확신해야 한다. 어둠은 거짓으로 진리를 왜곡시키고, 죄로 사람들을 유혹하지만, 우리는 예수님 안에 생명과 빛이 있음을 믿고 흔들리지 말아야 한다.

2. 예수님에 대한 요한의 증언과 사람들의 반응(1:6-13)

6 하나님께로부터 보내심을 받은 사람이 있으니 그의 이름은 요한이라 7
그가 증언하러 왔으니 곧 빛에 대하여 증언하고 모든 사람이 자기로 말
미암아 믿게 하려 함이라 8 그는 이 빛이 아니요 이 빛에 대하여 증언하
러 온 자라 9 참 빛 곧 세상에 와서 각 사람에게 비추는 빛이 있었나니 10
그가 세상에 계셨으며 세상은 그로 말미암아 지은 바 되었으되 세상이 그
를 알지 못하였고 11 자기 땅에 오매 자기 백성이 영접하지 아니하였으나
12 영접하는 자 곧 그 이름을 믿는 자들에게는 하나님의 자녀가 되는 권세
를 주셨으니 13 이는 혈통으로나 육정으로나 사람의 뜻으로 나지 아니하
고 오직 하나님께로부터 난 자들이니라

빛이신 *로고스* 예수님은 요한에 의해 증언되었다. 요한의 증언은, 그리고 예수님의 실제 사역은 사람들을 두 종류로 나눈다. 그를 거부하는 사람들이 있는 반면에, 그를 영접하는 사람들도 있다. 예수님에 대한 반응에 따라, 하나님의 가족이 되기도 하고 그냥 세상 사람으로 남아있기도 한다.

1) 예수님에 대한 세례 요한의 증언(1:6-8)

세례 요한은 하나님으로부터 보냄 받은 사람이다. 예수님이 하나님으로부터 파송 받았듯이(10:36), 요한도 하나님의 파송을 받은 자다. 그러나 그는 그리스도가 아니요, 빛이신 예수님을 증언하는 자다(7, 8절). 요한복음에서는 예수님에 대한 '증언'(μαρτυρία, *마르튀리아*)이 강조된다. 하나님도 예수님을 증언하시며(5:37; 8:18), 성령도 예수님을 증언하신다(15:26). 세례 요한도 또한 예수님을 증언하는 자로 묘사된다(1:15, 32, 34; 3:26; 5:33). 두세 사람의 증언이 효력이 있다는 율법을 생각나게 한다(신 17:6). 예수님의 정체성과 말씀이 그만큼 믿을 만하다는 말이다.

또한 요한복음에서는 세례 요한이 메시야가 아니라는 것이 강조된다. 이 단락에서 강조될 뿐 아니라, 유대인들과 대화에서도 요한은 자신이 그리스도가 아님을 밝힌다(20절). 심지어 그는 엘리야도 아니라 한다(21절). 제자들과 대화에서도 다시 한 번 자신은 그리스도가 아님을 밝히며(3:28), "그는 흥하여야 하겠고 나는 쇠하여야 하리라"(3:30)고 고백한다. 이 부분들은 다음 장에서 다루어질 것이다. 분명한 것은 세례 요한이 하나님으로부터 보냄 받은 위대한 선지자임에도 불구하고, 그리스도가 아니라는 사실이 다른 복음서에 비해 강조된다는 것이다. 세례 요한은 위대한 선지자이지만, 요한복음에서는 그와 비교가 되지 않는 하나님의 아들 예수님을 강조한다. 한편 17절에서는 하나님 아들 예수님은 모세보다 뛰어나신 분으로 묘사된다. 그러므로 서문(Prologue)에서 말씀(*로고스*)이시요 생명과 빛이시며, 하나님의 창조에 참여하시는 그리스도 예수는 세례 요한보다, 모세보다 더 위대한 하나님의 아들로 나타나신다. 그러므로 세례 요한의 증언을 통해, 하나님의 아들, 그리스도 예수께서 더욱 부각되신다.

2) 예수님에 대한 사람들의 거부(1:9-11)

앞에서 언급된 바와 같이, 예수님은 빛을 비추시는 분이요 빛 자체시다.

그러나 사람들이 빛이신 예수님을 받아들이기를 거부한다. 그에 의해 창조된 세상도 그의 소유된 백성도 그를 알지 못했고, 그를 영접하지 않았다. '안다'(10절)는 존재에 대한 지적 인식뿐만 아니라, 관계적 개념까지 포함한다. 세상이 그를 인정하지도 않고, 신뢰하지도 않았다는 뜻이다. '영접하다'(11절)도 이와 같은 뜻인데, 믿음의 다른 표현이다. 그렇다면 여기서 '세상'과 '자기(그의) 백성'은 각각 누구를 지칭하는가? '세상'(κόσμος, *코스모스*)은 신약에서 185번 등장하는데, 요한복음과 요한서신에서 105번(이중 요한복음에서 78번) 언급된다. 세상은 그의 창조한 세계, 그 세계에 사는 인류, 그리고 타락한 사람들을 모두 포함하는 말이지만, 요한복음에서는 다분히 부정적인 의미의 인류를 의미한다. 즉 10절에서는 예수님에 의해 창조되었지만 예수님을 거부하는 세상 사람들의 모습이 그려진다. 11절 그의 '백성'은 이스라엘을 가리킨다(출 19:5). 세상과 이스라엘은 분명히 다르지만, 요한복음에서는 그 이미지가 종종 겹쳐서 나온다. 다시 말하면, 예수님에 대한 유대인들의 부정적 반응은 세상의 부정적 반응의 전형적인 모습을 보여준다(7:1, 7; 8:23; 9:39; 15:18이하; 18:19).

3) 예수님에 대한 사람들의 영접(1:12-13)

유대인들은 자신들이 아브라함의 자손이요(8:33), 하나님의 자녀라(8:41) 믿고 있었다. 그러나 예수님은 그들을 마귀의 자녀라 꾸짖으신다(8:44). 왜냐하면, 예수님의 진리를 거부하고, 예수님을 죽이려 했기 때문이다(8:40). 따라서 예수님은 '하나님의 자녀' 개념을 다시 세우신다. 하나님의 자녀는 혈통이나 육정이나, 사람의 뜻으로 되는 것이 아니다(13절). '혈통'(blood)은 유대인과 같은 육체적 혈통을 의미한다. 즉, 혈통이 아브라함의 자손이라고 하나님의 자녀가 되는 것이 아니다. 랍비 문헌은 시내산을 '어머니의 집'이라 하는데(Cant. Rab. 8:2), 이스라엘은 자신들이 시내산에서 하나님의 아들로 태어났다고 믿었다(참고. 출 4:22; 렘 31:9; 호 11:1).[25] 그러나 하나님의 자녀는 이러한 혈통에 의한 것이 아니다. 마치 바울이 "표면적 유대인이 유대인이 아니다"(롬 2:28)라고 말한 것과 같다. '육정'(will of the flesh)은 성관계를 통한 자연적 출생을 가리키고, '사람의 뜻'(will of man)은 남편의 의지를 의미한다. 하나님의 자녀가 되는 것은 혈통이 유대인이라서 되는 것도 아니고, 육체적 관계로 말미암는 것도 아니고, 부모의 의지대로 되는 것도 아니다. 하나님의 자녀가 되는 것은 하나님께로부터 태어나야 한다(13절하).

그러면, 하나님께로부터 태어난다는 것은 무슨 뜻인가? 하나님에 의해 성령으로 태어나는 것을 의미하는데(3:3, 5), 이는 인간의 '믿음'으로 나타난다(12절). 예수님의 '이름'을 믿는 것이다. '이름'은 예수님 존재 자체 즉 예수님 자신을 가리킨다. 예수님의 이름을 믿는 것이 예수님을 믿는 것과 다르지 않다는 것은 3:18을 통해 알 수 있다. 여기서 '믿다'(12절)는 '알다'(10절)와 '영접하다'(11, 12절) 등과 같은 개념이다. 존재적 인식이나 지적 동의를 넘어서, 그에 대한 찬동(assent)과 신뢰(trust)를 포함하는 말이다.[26] 다시 말하면, 예수님의 존재를 믿는 것에 그치지 않는다. 단순히 예수님의 말씀에 지적으로 동의하는 것에 그치지 않는다. 예수님에 대한 지식과 함께, 그를 신뢰하는 것이다. 유대인들은 예수님을 거부해서 하나님의 자녀가 될 수 없지만, 예수님을 믿는 자들은 이제 하나님의 가족의 일원이 된다. 예수님을 알고 영접하는 자들, 그의 말씀에 찬동하며 그를 신뢰하는 자들은 하나님의 자녀가 된다. 믿음은 한 사람의 영적 출생을 가져오고, 이 영적 출생은 그 사람이 하나님의 자녀가 되는 것을 의미한다. 이것이 곧 하나님의 가족이다.

---

25. P. Borgen, *The Gospel of John: More Light from Philo, Paul and Archaeology* (Leiden: Brill, 2014), 57.
26. 안토니 A. 후크마, 『개혁주의 구원론』, 류호준 역 (서울: CLC, 1991), 231-5.

교훈과 적용

1. 우리는 그리스도를 믿음으로 하나님의 가족이 된다. 그리스도 예수 안에 있는 우리는 하나님의 자녀이고, 하나님은 우리의 아버지시다. 교회는 하나님의 가족이고, 하나님은 교회의 아버지시다. 따라서 교회는 단순한 친목 모임이나 행정 기구가 아니라, 유기적 연합을 이루는 가족 공동체이다. 영적 가족으로서 하나님의 임재와 사랑이 있는 곳이며, 서로 서로를 형제자매로 받아들이며 돌아보아야 한다.
2. 우리는 믿음 이외에, 다른 방법으로는 하나님의 가족이 될 수 없다. 유대인들은 자신의 혈통으로 아브라함의 자손, 곧 하나님의 자녀가 될 수 있다고 믿었다. 그러나 요한이 증언했고, 예수님이 전파했던 복음은 오직 그리스도 예수 안에서 하나님의 자녀가 될 수 있다는 것이다. 그리스도 예수에 대한 믿음에서 벗어난 사람은, 아무리 좋은 혈통과 영적 유산을 가졌을지라도, 실상은 마귀의 자녀에 불과하다는 사실을 잊지 말아야 한다.
3. 우리는 그리스도를 증언하는 하나님의 가족이다. 우리 자신을 드러내는 것이 아니라, 그리스도를 드러내는 하나님의 가족이다. 그리스도는 생명을 주시는 유일한 분이다. 그리스도를 통해 생명을 얻고 빛을 얻기 때문에, 우리는 그리스도를 전해야 한다. 이렇게 할 때, 하나님의 가족은 확장된다. 우리는 패쇄적인 하나님의 가족이 아니라, 열린 하나님의 가족을 지향한다. 그리스도를 증언하여 더 많은 사람이 하나님의 가족 안에 들어올 수 있도록 노력해야 한다.

3. 예수님의 성육신과 시내산 배경(1:14-18)

14 말씀이 육신이 되어 우리 가운데 거하시매 우리가 그의 영광을 보니 아
버지의 독생자의 영광이요 은혜와 진리가 충만하더라 **15** 요한이 그에 대
하여 증언하여 외쳐 이르되 내가 전에 말하기를 내 뒤에 오시는 이가 나
보다 앞선 것은 나보다 먼저 계심이라 한 것이 이 사람을 가리킴이라 하
니라 **16** 우리가 다 그의 충만한 데서 받으니 은혜 위에 은혜러라 **17** 율법은
모세로 말미암아 주어진 것이요 은혜와 진리는 예수 그리스도로 말미암
아 온 것이라 **18** 본래 하나님을 본 사람이 없으되 아버지 품 속에 있는 독
생하신 하나님이 나타내셨느니라

1:1-3은 말씀(*로고스*)이신 예수님의 신성이 강조되며, 이어지는 구절 속에서 그 예수님이 세상에 오셨다는 것이 강조된다(1:4-13). 이제 이 단락에서는 예수님이 세상에 육체로 오셨다는 것, 즉 예수님의 인성이 좀 더 분명하게 언급된다. 다시 말하면, 예수님의 성육신이 구체적인 언어와 표현으로 묘사된다. 또한 예수님의 인성에도 불구하고, 그의 뛰어나심은 요한의 증언을 통해, 모세와의 비교를 통해 다시 강조된다. 그러므로 이 단락은 예수님의 신성과 인성을 함께 강조한다고 할 수 있다.

1) 성육신과 성막(1:14)

성육신을 통해 말씀(*로고스*)이 우리 가운데 거하시는(σκηνόω, *스케노오*) 사건은 구약에서 하나님이 이스라엘의 성막 가운데 거하시는 사건을 반향한다. 출애굽기 25:8-9에 하나님은 모세에게 자신이 이스라엘 백성 중에 거할 장막(성막)(LXX σκηνή, *스케네*. *스케노오*의 명사형)을 만들라고 명령하신다. *스케네* - *스케노오*의 관계는 예수님의 성육신이 하나님이 임재하시는 성막으로 해석될 수 있는 근거를 제공한다. 이런 이유로, 예수님의 성육신에 나타난 영광(glory) 또한 성막과 성전에 임했던 하나님의 영광을 반향하는 것으로 볼 수 있다(출 40:34-35; 왕상 8:10-11). 구약에서 하나님의 임재와 계시 때 나타났던 영광은 요한복음에서 예수님의 자기 계시 사건에 등장한다: 예를 들면, 표적 사건(2:11; 11:4, 40), 죽음과 부활 사건(7:39; 12:16, 23; 13:31-32) 등.

한편, 요한복음이 묘사하는 예수님의 성육신 사건은 육신으로 오신 예수님을 부인하는 당시 거짓 가르침들(매우 초기의 이단 형태)에 대한 중요한 반박 근거가 될 수 있었다. 물론 이런 주장을 하는 조직적 이단 운동은 2세기에 가서 형성되었다고 할지라도, 이러한 잘못된 가르침이 1세기 말에 요한문헌 수신자들 속에 들어 왔다는 것은 거의 확실하다. 요한일서에 따르면, 당시에 예수님이 육신으로 오신 것을 부인하는 가현설주의자들이 있었다(요일 4:2-3). 이들은 예수님이 실제 사람의 몸으로 성육신하신 것이 아니라, 단지 사람의 몸처럼 보이는 것이라 하였다. 요한일서는 이들에 대하여 적그리스도라 하였고(요일 4:3), 요한복음은 하나님이신 말씀(*로고스*)께서 친히 육신이 되셨다고 분명히 밝힌다(14절).[27]

우리말로 '독생자'(begotten son)로 번역된 μονογενής(*모노게네스*)는 μόνος (*모노스*, 유일한)와 γεννάω(*겐나오*, 낳다)의 합성어로 알려져 왔으나, 사실은 *모노스*와 γενος(*게노스*, 종류)의 합성어이다. '특별하게 구별된, 유일한 아들'(unique son)을 의미한다(눅 7:12; 8:42; 9:38; 히 11:17).[28] 요한문헌에서만 특징적으로 이 용어를 예수님께 사용한다(1:14, 18; 3:16, 18; 요일 4:9). 하나님의 특별히 구별된 아들로서 예수님은 아버지의 영광을 보여주는 성막으로 성육신하셨다. 하나님의 임재가 충만한 성막처럼, 성육신하신 하나님의 아들 안에 아버지의 영광이 충만히 임하였다.

'은혜'(χάρις, *카리스*)와 '진리'(ἀλήθεια, *알레떼이아*)가 충만한 모습 또한 출애굽 사건에서 발견된다(출 33-34장). 하나님께서는 시내산에서 모세에게 '인자'(חסד, *헤세드*)와 '진실'(אמת, *에메트*)이 많으신 분으로 나타나셨다(출 34:6). *헤세드*는 칠십인경에서는 주로 ἔλεος(*엘레오스*)로 번역되었지만, 초기 기독교 문학에서는 자주 *카리스*로 번역되었다. 그러므로 비록 칠십인경이 *헤세드*를 *카리스*로 좀처럼 번역하진 않지만, 요한복음 저자가 히브리어 *헤세드*를 직접 *카리스*로 번역했을 가능성은 충분히 있다.[29] 이러한 주장은 요한복음 1:14-18에 짙게 드리워진 시내산 배경(출 33-34장)에 의해 더욱 지지를 받는다: ① 성막 모티프(출 33:7) ② 영광 모티프(출 33:9, 18-23; 34:29) ③ 율법 수여 장면(출 34:1-28) ④ 하나님을 보는 장면(출 33:20-23)

---

27. Morris, *John*, 31.
28. Köstenberger, *John*, 42-45; D. A. 카슨, 『성경 해석의 오류』, 박대영 역 (서울: 성서유니온선교회, 2002), 34-35.
29. Carson, *John*, 129; Keener, *John 1*, 417.

⑤ 모세의 등장(출 33-34장 전체).[30]

시내산 배경에서 *헤세드*는 '언약적 사랑'(covenantal love)을 의미한다. 즉, 하나님과 이스라엘의 언약에 근거해서 하나님은 이스라엘을 용서하시고, 자비를 베푸시며, 변함없는 사랑으로 돌보신다. 시내산 배경에서 *에메트*는 하나님의 언약에 대한 '신실함'(fidelity)을 의미한다. 그러므로 은혜와 진리가 충만한 예수님의 성육신은 시내산에서 범죄한 이스라엘에게 자비를 베푸시며, 변함없는 사랑으로 인내하시고 돌보시는 하나님의 신실한 사랑을 포함하고 있다. 죄인들에게 다시 한 번 더 기회를 주시는 하나님의 자비로운 성품이 예수님의 성육신 안에서 계시된다. 한편, 바레트는 요한복음에서 '진리'는 구약의 *에메트* 개념 이상을 함축하고 있다고 한다. 즉, 진리는 예수님 안에, 예수님에 의해 나타난 하나님의 계시인데, 자신의 성품과 약속에 신실하신 하나님의 그 신실성을 바탕으로 한다.[31] 그러므로 요한복음에서 '진리'는 하나님의 '계시'와 '신실함' 두 가지 특징을 모두 함축하고 있다고 할 수 있다.[32]

2) 성육신과 은혜(1:15-17)

세례 요한이 예수님을 세 가지 표현으로 소개한다(15절): '내 뒤에 오시는 이', '나보다 앞선 이', '나보다 먼저 계신 이'. 요한이 예수님을 자기보다 뒤에 오시는 분으로 이야기하는 것은 그의 소명 의식과 관련이 있다. 다시 말하면, 자기 자신을 예수님을 예비하는 자로 여긴다는 것을 알 수 있다. 동시에 예수님을 높이는 그의 겸손도 엿보인다. 그러나 본문이 말하는 본질적인

---

30. H. Mowvley, "John 1.14-18 in the Light of Exodus 33.7-34.35," *The Expository Times 95*, no. 5 (1984), 135-7.

31. Barrett, *John*, 167.

32. 이는 불트만이 말하는 헬라적 '진리' 개념을 뛰어넘는 것은 물론이거니와, 구약의 *에메트*보다 더 발전된 개념이다. 참고, D. R. Lindsay, "What Is Truth? Aletheia in the Gospel of John," *Restoration Quarterly 35*, no. 3 (1993), 129-45.

내용은 예수님의 뛰어나심이다. 뛰어나심은 그의 선재성(preexistence)에까지 이른다. 누가복음을 통해 우리는 세례 요한이 예수님보다 먼저 태어났다는 것을 알 수 있다(눅 1:24-31). 그러나 요한은 예수님이 자신보다 앞선 분이시고 먼저 계신 분이라 소개한다. 8:58에 의하면, 예수님은 아브라함보다 먼저 계신 분이다. 따라서 세례 요한은 메시야의 신적 정체성까지 알아보고 증언하였다는 것을 알 수 있다. 한편, 세례 요한이 '내가 전에 말하기를'(15절)이라고 표현하지만, 요한복음 자체에는 요한이 전에 말했다는 기록이 없다. 아마도 마태복음 3:11이나 마가복음 1:7 등을 살펴볼 때, 요한은 그의 사역 중에 자주 예수님의 뛰어나심에 대해 증언했던 것 같다.[33]

'은혜 위에 은혜'(χάρις ἀντὶ χάριτος, *카리스 안티 카리토스*)(16절)는 예수님으로 말미암는 충만하고 풍성한 은혜를 뜻한다. 이는 은혜의 이중적 충만을 나타낸다. 16절은 17절과 연결하여 해석해야 한다. 16절과 17절은 둘 다 '왜냐하면'을 뜻하는 ὅτι(*호티*)로 시작한다. 이 두 구절은 14절을 설명하는 구절이다. 다시 말하면, 예수님의 성육신을 통해 우리는 은혜와 진리가 충만한 독생자의 영광을 보았다(14절). 왜냐하면 우리가 그 충만하심으로부터 은혜 위에 은혜를 받았기 때문이다(16절). 왜냐하면 또 율법은 모세로부터 오고, 은혜와 진리는 예수님으로부터 왔기 때문이다(17절). 이런 맥락으로 볼 때, '은혜 위에 은혜'는 17절에 나오는 '모세의 율법'과 '예수님의 은혜와 진리'와 연결된다. 즉, 모세의 율법이라는 은혜 위에, 예수님의 은혜가 임하여, 더 풍성하고 완전한 은혜가 된 것이다.[34]

물론 모세의 율법을 은혜로 보는 것을 반대하는 입장도 있을 수 있다. 그러나 앞서 밝힌 대로, 본문의 배경이 되는 출애굽기 33-34장은 율법을 주시는 하나님을 자비롭고 은혜로운 분으로 묘사한다(출 34:6). 그러므로 흔히

33. Beasley-Murray, *John*, 15.

34. Keener, *John 1*, 421; R. A. Whitacre, *John*, IVPNTC (Downers Grove: IVP, 1999), 60.

사람들이 말하는 것처럼, 바울의 관점에서 율법과 은혜를 대조적으로 볼 필요는 없다. 오히려 요한복음에서는 율법을 완성하시고 성취하시는 예수님의 모습이 강조된다. 율법이 예수님을 예표하는 하나님의 또 다른 은혜라는 것을 암시한다(5:39, 45-47). 다시 말하면, 율법도 하나님의 은혜로 이스라엘에게 주어졌으나, 이제 더 완전한 구원의 은혜가 임했으니, 곧 그리스도 예수시다. 예수님은 율법의 은혜를 '성취'(fulfillment/accumulation)하는 분이시다.

그러나 최근에는 많은 학자들이 '은혜 위에 은혜'를 '앞선 옛 은혜를 대신하는 새 은혜'라는 뜻으로 해석한다.[35] 이러한 주장은 이미 초대 교부 때부터 있었다(예. 알렉산드리아의 키릴로스).[36] '위에'로 번역된 헬라어 ἀντί(*안티*)는 '~를 대신하는'(instead of)으로 번역하는 것이 더 자연스럽기 때문이다.[37] '~위에'를 뜻할 때는 ἐπί(*에피*) 전치사를 주로 사용한다. 만약 *안티*의 뜻을 '위에'가 아니라, '대신하는'으로 번역한다면, 위에서 말한 '성취'의 의미보다는 '대체'(replacement/substitution)의 의미가 된다. 요한복음은 모세의 율법을 대체하는 새 언약으로서 예수님의 계시를 말한다. 유대 정결 예식에 쓰이던 물이 새로운 메시야 시대의 포도주로 쓰이듯이, 요한복음은 옛 언약을 대체하는 새 언약을 말하고 있다. 예수님은 새로운 성전으로, 새로운 제물로, 새로운 제사장으로 묘사된다. 또 예수님이 옛 언약 하에 있던 유월절과 초막절과 수전절을 성취하시며, 새롭게 대체하시는 분으로 묘사된다.

---

35. 예를 들면, Lincoln, *John*, 107; Carson, *John*, 131-2; Morris, *John*, 98; Kruse, *John*, 74; Brown, *John I-XII*, 16; Beasley-Murray, *John*, 15.
36. Cyril of Alexandria, *Commentary on John vol. 1*, Ancient Christian Texts, ed. J. C. Elowsky, trans. D. R. Maxwell, (Downers Grove: IVP, 2013), 68-9.
37. 일부 현대 신학자들뿐 아니라, 몇몇 초대 교부들도 이 번역을 지지한다(크리소스토무스, 알렉산드리아의 키릴로스, 오리게네스, 히에로니무스 등). 자세한 논의를 위해서는 다음을 참고하라. R. B. Edwards, "χάρις ἀντὶ χάριτος(John 1.16): Grace and the Law in the Johannine Prologue," *JSNT* no. 32 (1988), 3-15; Carson, *John*, 131-4; Brown, *John I-XII*, 15-6; Elowsky ed., *John 1-10*, 51.

모세와 예수님의 비교는 요한복음 전체에서 자주 등장한다. 예수님은 모세의 역할과 자신의 역할을 구분하신다(5:45). 사람들 또한 예수님과 모세를 비교하였다(9:28). 따라서 모세와 예수님 사이에는 대조되는 것이 있고, 불연속성이 존재한다. 그러나 요한복음은 또한 모세와 예수님 사이에는 계시의 연속성이 존재한다고 말한다. 모세는 예수님을 증언하는 존재로 묘사된다(1:45; 5:46). 모세가 이스라엘을 위해 행한 구원 행위는 예수님의 구원을 설명하기 위한 방편으로도 사용된다(3:14; 6:32). 본문 17절에서는 모세가 준 율법과 예수님이 주신 은혜와 진리가 비교되고 있다. 그렇다면 본문은 연속성을 말하고 있는가, 아니면 불연속성을 말하고 있는가? 앞서 밝힌 바와 같이, 출애굽기는 율법을 주시는 하나님을 은혜로운 분으로 묘사한다(출 34:6). 따라서 이 본문에서는 불연속성보다는 연속성이 좀 더 강조된다고 볼 수 있다. 모세와 예수님은 은혜의 연속선상에 있으며, 동시에 예수님의 은혜는 모세의 율법을 완성 혹은 대체한다고 말할 수 있다.

3) 성육신과 하나님의 현현(1:18)

시내산에서 모세는 하나님의 영광스런 임재 속에 있었지만, 하나님의 얼굴을 보지는 못했다(출 34:20-23). 성자 외에 하나님의 얼굴을 본 사람은 아무도 없었다(6:46). 그러나 이제 하나님의 독생자는 하나님의 현현으로서 아버지를 나타내셨다. 예수님을 본 자는 곧 아버지를 보았다(14:9). '독생하신 하나님'을 좀 더 자연스럽게 번역하자면, '특별하게 구별된, 유일한 아들 하나님'이다. 1장 1절과 인클루지오(inclusio)를 이루며, 예수님의 신성을 설명한다. 뿐만 아니라, '품속에 있다'는 것은 친밀한 사랑을 의미하는데(눅 16:22-23; 요 13:23), 성자가 성부 하나님과 친밀한 관계 속에 함께 계셨음을 보여주는 1장 1절을 생각나게 한다. 아버지와 함께 계셨던 성자 하나님은 성육신을 통해 하나님을 나타내셨다(ἐξηγέομαι, *엑세게오마이*). *엑세게오마이*는 '보고하다', '설명하다', '이야기하다'라는 뜻인데, 문맥으로 볼 때,

예수님은 하나님을 나타내시는 분으로서 곧 하나님의 계시라 할 수 있다. 그를 통해서 하나님을 알 수 있고(12:45; 14:9), 하나님께 갈 수 있다(14:6). '나타내셨다'는 요한복음의 나머지 부분이 바로 예수님의 하나님 계시에 초점을 맞추고 있음을 의미한다.

교훈과 적용

1. 우리는 예수님을 통해 하나님의 임재 가운데 살 수 있다. 성막에 하나님의 임재가 있었던 것처럼, 예수님 안에 하나님의 임재가 있다. 그러므로 우리는 예수님을 통해 하나님의 임재를 경험할 수 있다. 예수님을 통해 하나님은 우리 가운데 함께하신다. 하나님의 함께하심을 소망하면서, 우리의 느낌이나 조건을 생각하기 쉽다. 우리의 마음이 평안할 때 하나님이 함께하시는 것 같다. 우리가 바른 생활을 하면 하나님이 함께하시는 것 같다. 물론 하나님이 함께하실 때 평안이 오고 우리의 삶이 올바르게 되어야 한다. 그러나 하나님이 우리와 함께하시는 이유는 예수님을 통해서라는 것을 잊지 말아야 한다. 예수님의 이름이 있는 곳에 하나님의 임재가 있기 때문이다.
2. 우리는 예수님을 통해 하나님의 은혜를 받을 수 있다. 예수님 안에는 하나님의 죄 용서, 언약적 신실함, 백성을 향한 긍휼이 있다. 이러한 하나님의 은혜로 충만하신 분이 예수님이시다. 그러므로 우리는 예수님을 통해 그러한 하나님의 은혜를 받을 수 있다. 이스라엘은 시내산에서 언약적 신실함에 근거해서, 하나님의 죄 용서와 긍휼, 보호와 인도를 받았다. 이와 같이, 우리는 예수님 안에서 그러한 은혜를 받을 수 있다. 그러므로 우리는 은혜를 위해 예수님 외에 다른 어떤 것을 추구하지 말자.
3. 우리는 예수님을 통해 하나님을 알 수 있다. 예수님 안에는 하나님의 계시가 있다. 언약의 신실함 안에서 하나님은 예수님을 통해 자신을 계시하셨다. 그러므로 우리는 예수님을 통해 하나님이 누구신지, 하나님이 어떤 분이신지 볼 수 있고, 알 수 있다. 하나님을 알려 준다는 다른 속임수에 넘어가지 말자. 예수님만이 하나님의 곁에서 이 땅으로 오신 분이다. 예수님이 하나님을 가장 정확히 보여주실 수 있다. 예수님을 제대로 알고 보는 사람이 하나님을 제대로 보는 사람이다. 하나님의 계시를 제대로 이해한 사람이라 할 수 있다. 그러므로 우리는 예수님이 어떤 분이신지 힘써 알아야 한다.

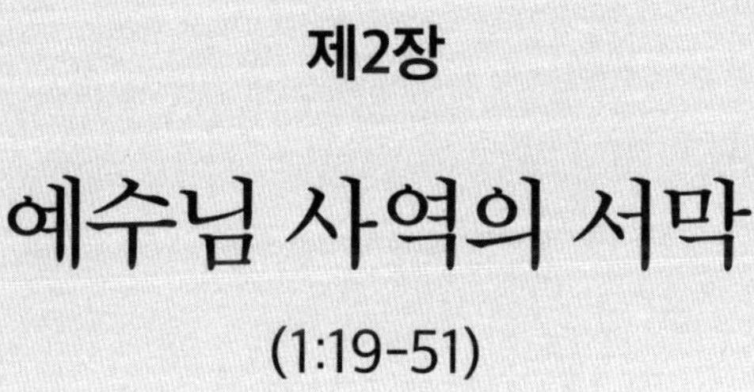

제2장

예수님 사역의 서막

(1:19-51)

본문 개요

본 장은 예수님의 본격적인 사역이 있기 전, 세례 요한과 나다나엘이 어떻게 예수님을 만나고 증언했는지를 소개하는 내용이다. 세례 요한에 의하면, 예수님은 하나님의 어린양이시다. 나다나엘에 따르면, 예수님은 메시야시다. 그리고 예수님은 자신을 인자라 하시며, 그의 기독론적 정체성을 풍성하게 드러내신다. 그러므로 우리는 이 단락에서 예수님이 누구신지를 더 온전하게 알 수 있다.

내용 분해

1. 요한보다 크신 예수님(1:19-28)
   1) 자신을 낮추는 요한(1:19-21)
   2) 광야에서 외치는 자의 소리인 요한(1:22-23)
   3) 요한보다 크신 예수님(1:24-28)
2. 하나님의 어린양이신 예수님(1:29-34)
   1) 세례 요한의 어린양 증언(1:29)
   2) 세례 요한의 세례의 목적(1:30-31)
   3) 세례 요한의 하나님의 아들 증언(1:32-34)
   *특주: 어린양 기독론의 배경
3. 메시야이신 어린양 예수님(1:35-42)
   1) 하나님의 어린양을 따르는 제자들(1:35-39)
   2) 메시야를 만나는 시몬 베드로(1:40-42)
4. 나다나엘에게 나타나신 예수님(1:43-51)
   1) 나사렛 예수님(1:43-46)

2) 이스라엘의 임금 예수님(1:47-49)

3) 인자이신 예수님(1:50-51)

*특주: 인자 기독론

*특주: 진실로 진실로(*아멘 아멘*)

본문 주해

1. 요한보다 크신 예수님(1:19-28)

19 유대인들이 예루살렘에서 제사장들과 레위인들을 요한에게 보내어 네
가 누구냐 물을 때에 요한의 증언이 이러하니라 **20** 요한이 드러내어 말하
고 숨기지 아니하니 드러내어 하는 말이 나는 그리스도가 아니라 한대 **21**
또 묻되 그러면 누구냐 네가 엘리야냐 이르되 나는 아니라 또 묻되 네가
그 선지자냐 대답하되 아니라 **22** 또 말하되 누구냐 우리를 보낸 이들에게
대답하게 하라 너는 네게 대하여 무엇이라 하느냐 **23** 이르되 나는 선지자
이사야의 말과 같이 주의 길을 곧게 하라고 광야에서 외치는 자의 소리로
라 하니라 **24** 그들은 바리새인들이 보낸 자라 **25** 또 물어 이르되 네가 만일
그리스도도 아니요 엘리야도 아니요 그 선지자도 아닐진대 어찌하여 세
례를 베푸느냐 **26** 요한이 대답하되 나는 물로 세례를 베풀거니와 너희 가
운데 너희가 알지 못하는 한 사람이 섰으니 **27** 곧 내 뒤에 오시는 그이라
나는 그의 신발끈을 풀기도 감당하지 못하겠노라 하더라 **28** 이 일은 요한
이 세례 베풀던 곳 요단 강 건너편 베다니에서 일어난 일이니라

1) 자신을 낮추는 요한(1:19-21)

유대인들로부터 보냄 받은 제사장들과 레위인들이 요한을 조사하는 장

면이다(19절). 요한복음 전체에서 '유대인들'은 때로는 긍정적 혹은 중립적으로 그려지기도 하지만, 그들에 대한 부정적 묘사가 훨씬 더 많다. '구원이 유대인에게서 난다'(4:22)라는 대표적인 긍정 표현이 있음에도 불구하고, 예수님의 주요 대적자들은 유대인들이었다(5:16; 7:13; 8:48; 9:22; 10:31 등등). 그러나 다른 복음서들과 달리 '화 있을진저'와 같은 극단적인 저주의 표현은 삼간다. 오히려 그러한 유대인들조차 인내를 가지고 설득하며, 믿음으로 초대하시는 예수님의 모습을 보여준다(10:37-38). 이는 요한복음이 독자들로 하여금 그들을 대적하는 유대인들조차도 포용하도록 권면한다는 것을 알 수 있다.[1]

본문에서 유대인들은 제사장들과 레위인들을 보낸다. 세례 요한의 사역이 죄 용서와 관계있기 때문에(막 1:4-5; 마 3:1-12), 이 문제에 가장 민감한 자들은 아마도 예루살렘 성전의 권세자들, 즉 제사장들과 레위인들이었을 것이다. 그들은 먼저 요한이 '그리스도'인지 묻는다(1:20). 이는 1세기 유대인들이 '메시야'(그리스도)를 기다리고 있었음을 반증한다(참고. 4:25; 7:25-27).[2] 요한은 강하게 부정한다. 인칭 대명사 ἐγώ(*에고*, 나는)를 첨가하여, 자신이 그리스도가 아님을 강조하고 있다. 헬라어에서는 동사가 인칭 대명사를 포함하고 있어서, 굳이 인칭 대명사를 쓰지 않아도 되지만, 요한은 인칭 대명사 *에고*를 사용하여, 본인이 그리스도가 아님을 강조하고 있다. 우리는 여기서

---

1. 인세광, "요한복음의 그룹 등장인물 - 유대인, 무리, 제자들을 중심으로," 「신약연구」 12/4 (2013), 766-93.

2. 제2 성전기 유대인들 사이에 메시야 사상이 얼마나 광범위하게 퍼져 있었는지에 대해서는 논쟁이 있다. 찰스워쓰나 콜린스 등은 그 당시 메시야 기대는 그렇게 강하지도, 광범위하지도 않았다고 한다. J. H Charlesworth, "From Jewish Messianology to Christian Christology: Some Caveats and Perspectives," in *Judaisms and Their Messiahs at the Turn of the Christian Era*, eds. J. Neusner, W. S. Green, E. Frerichs (Cambridge: Cambridge University Press, 1987), 224-64; J. J. Collins, "Messianism in the Maccabean Period," in *Judaisms*, 97-110. 그러나 홀버리는 제2 성전기 메시야 사상은 아주 편만하게 유대인들에게 자리 잡고 있었다고 한다. W. Horbury, *Jewish Messianism and the Cult of Christ* (London: SCM, 1998).

서문(prologue)부터 계속해서 요한복음이 요한을 낮추고, 그리스도를 높이는 것을 볼 수 있다(1:8, 15, 27, 30).

다음에 그들은 요한이 '엘리야'인지 묻는다(21절). 종말론적 메신저인 엘리야에 대한 기대는 말라기 3:1, 4:5에 근거한다(참고. 집회서 48:10; 쿰란 4Q558). 그러나 다른 복음서들은 세례 요한을 엘리야로 묘사하는 반면에(마 11:14; 17:12-13; 막 9:13; 눅 1:17), 요한복음은 세례 요한이 자신은 엘리야가 아니라고 말했음을 기록한다(21절). 여기서 우리는 요한복음과 다른 복음서들의 불일치(discrepancy)를 말하기보다, 복음서 각각의 특징적 묘사 방법을 발견할 수 있다. 마태복음과 마가복음에서는 예수님의 입을 통해, 그리고 누가복음에서는 천사의 입을 통해 세례 요한의 엘리야 됨이 나타난다. 이에 반해 요한복음은 요한 자신이 자신을 엘리야로 간주하기보다, 단지 주의 길을 예비하는 자로 자신을 낮추었다고 한다. 예수님이 요한을 엘리야로 인정했음에도 불구하고, 정작 요한 자신은 자신을 단지 주의 길을 예비하는 한 사람으로 여겼다는 것을 알 수 있다.

마지막으로 그들은 요한이 '그 선지자'인지 묻는다(21절). 이 질문은 유대인들이 기다리던 '그 선지자'가 있었음을 반증하는데, 이는 신명기에 있는 모세의 예언에서 비롯되었다(신 18:15, 18). 한편, 제2에스드라서 2:18에 의하면, 유대인들에게는 종말에 이사야나 예레미야가 출현할 것이라는 믿음이 있었다(참고. 마 16:14). 요세푸스에 의하면, 1세기 팔레스타인 지역에 스스로 이스라엘을 구원할 선지자로 일컬었던 자들이 더러 있었다(『유대인의 전쟁』 2.13.5; 『유대 고대사』 20.5.1; 20.8.6).[3] 아무튼 세례 요한은 이러한 선지자로 인식되는 것조차도 거부하였다.

---

3. L. L. Grabbe, "Poets, Scribes, or Preachers? The Reality of Prophecy in the Second Temple Period," in *Knowing the End From the Beginning: The Prophetic, Apocalyptic, and Their Relationship*, eds. L. L. Grabbe, R. D. Haak (London: T&T Clark, 2003), 203.

2) 광야에서 외치는 자의 소리인 요한(1:22-23)

'그리스도', '엘리야', '그 선지자' 등 이 모든 타이틀을 거부하고, 세례 요한은 자신을 '광야에서 외치는 자의 소리'로 명명한다(23절). '말씀'이신 예수님에 비해, 요한은 자신을 '소리'(φωνή, *포네*)로 표현한다. 예수 그리스도를 증거하고 흔적 없이 사라지는 '소리'로 자신을 묘사한다. 이는 이사야 40:3을 인용한 것인데, 이사야 본문은 원래 포로 귀환을 예언하는 부분이다. 이사야에서 포로 귀환은 새 출애굽 사건으로 묘사된다. 그러므로 세례 요한이 자신을 광야에서 외치는 자의 소리로 명명한 것은 새 출애굽의 선포자로 자신을 나타낸 것이다.[4] 이 본문은 다른 복음서에서도 동일하게 인용된다(마 3:3; 막 1:3; 눅 3:4). 그러나 다른 복음서에서는 저자가 이사야 본문을 언급하는 데 비해, 요한복음에서는 세례 요한이 직접 이 본문으로 자신을 설명한다. 이사야서는 포로 귀환이라는 하나님의 역사를 준비하는 소리로서 선지자의 사역을 묘사하는데, 요한복음은 세례 요한을 메시야를 준비하는 사역자로 묘사한다. 이는 세례 요한이 준비하는 메시야가 백성들을 죄와 사망에서 자유롭게 하여, 하나님 나라로 인도할 것을 짐작케 한다(참고. 8:31-32). 이 나라의 왕으로서 예수님은 진리를 증언하셔서, 그 나라를 세우신다(18:37).

3) 요한보다 크신 예수님(1:24-28)

세례 요한을 조사하는 자들은 바리새인들이 보낸 자라고 한다(24절). 그렇다면 19절에 나오는 유대인들이 바리새인들이란 말인가? 그럴 것 같지는 않다. 왜냐하면 당시 산헤드린 공의회 주요 구성원은 사두개인들이었을 것이기 때문이다. 그러나 산헤드린 공의회에는 바리새인들도 있었다. 따라서 요한을 조사하는 자들 중에는 바리새인들이 보낸 자들도 있었다는 말이다. 다른 한편, 클링크는 많지는 않지만 몇몇 제사장과 레위인이 바리새파 소속

---

4. Köstenberger, *John*, 62.

이었다는 것을 이 구절이 드러낸다고 한다.[5] 바리새인들로부터 보냄을 받은 자들이 요한에게 왜 세례를 베푸냐고 묻는다(25절). 세례 요한은 이에 자신은 물로 세례 베푸는 자에 불과하며, 자신과 비교되지 않는 위대한 분이 오실 것이라 예언한다(26-27절). 예수님은 요한이 신발 끈을 풀기도 감당하지 못할 위대한 분으로 묘사된다. 랍비 전통에 따르면, 제자는 스승을 종이 그 주인을 섬기듯이 섬겨야 한다. 단, 신발을 벗기는 것은 제외된다(Rabbi Joshua b. Levi, AD 250).[6] 그러므로 세례 요한이 얼마나 예수님을 높이 받들고 자신을 낮추는지 알 수 있다. 예수님과 비교하여 자신을 종보다 더 못한 존재로 여긴 것이다.

한편 요한이 세례 베푼 장소는 베다니인데, 요단강 동쪽에 위치하였다(28절). 이는 마르다, 마리아, 나사로가 살았던 베다니와 구별된다(11:1). 왜냐하면 그들의 집은 예루살렘 동쪽으로 약 오 리 정도 떨어져 있었기 때문이다(11:18). 다시 말하면, 그들의 집은 요단강 서쪽이었다. 따라서 요한이 세례 베푼 요단강 동쪽 베다니와 구별된다. 아마도 요한이 세례 베푼 장소인 베다니는 요단강 동쪽의 바타네아(Batanea) 지역이었을 것으로 추정된다.[7]

교훈과 적용

1. 요한은 자신을 낮추고 예수님을 높였다. 요한은 수많은 사람이 자신을 주목하고 따를지라도, 자신은 그리스도가 아니라 하였다. 요한은 자신이 그리스도의 자리를 차지하는 것을 두려워하였다. 오직 그리스도를 높이며 자신을 낮추었다. 이와 같이 우리도 사람들로부터 주목 받을 때 조심해야 한다. 혹시 그리스도께 돌아갈 영광을 자신이 취하고 있지 않은지 두려워해야 한다. 자신을 낮추고 주님을 높이는 삶을 살아야 한다.
2. 요한은 예수님을 남기고 사라졌다. 요한은 자신을 광야에서 외치는 자의 소리로 명

5. E. W. Klink III, *John*, ZECNT (Grand Rapids: Zondervan, 2016), 130-1.
6. Köstenberger, *John*, 65.
7. Carson, *John*, 147.

명하였다. 영원한 말씀이신 예수님에 비해 자신은 지나가는 소리라 한다. 소리는 그 사명을 다한 뒤, 흔적 없이 사라진다. 오직 그 소리가 전한 예수님만 남는다. 예수님은 영원한 말씀으로 사람들에게 영원히 남는다. 이와 같이 우리도 사람들에게 우리 자신이 남는 것이 아니라, 예수님이 남도록 해야 한다. 우리는 잠시 섬기다가 사라지는 종이라는 것을 늘 기억해야 한다.

3. 요한은 예수님을 예비하였다. 요한의 세례와 메시지는 메시야의 길을 예비하는 것이었다. 사람들은 요한의 선포를 통해 자신의 죄를 뉘우치고, 참 빛이신 예수님께 나아와야 했다. 어둠의 삶을 벗어나 진리의 삶을 살아야 했다. 요한은 사람들이 참 빛이시며 진리이신 예수님을 만나도록 사람들의 마음을 준비시켰다. 마찬가지로 우리도 사람들이 예수님을 만나도록 하는 데 집중해야 한다. 사람들의 마음이 열려, 예수님을 만나도록 말씀과 기도로 그들을 섬겨야 한다.

2. 하나님의 어린양이신 예수님(1:29-34)

29 이튿날 요한이 예수께서 자기에게 나아오심을 보고 이르되 보라 세상
죄를 지고 가는 하나님의 어린양이로다 **30** 내가 전에 말하기를 내 뒤에
오는 사람이 있는데 나보다 앞선 것은 그가 나보다 먼저 계심이라 한 것
이 이 사람을 가리킴이라 **31** 나도 그를 알지 못하였으나 내가 와서 물로
세례를 베푸는 것은 그를 이스라엘에 나타내려 함이라 하니라 **32** 요한이
또 증언하여 이르되 내가 보매 성령이 비둘기 같이 하늘로부터 내려와서
그의 위에 머물렀더라 **33** 나도 그를 알지 못하였으나 나를 보내어 물로
세례를 베풀라 하신 그이가 나에게 말씀하시되 성령이 내려서 누구 위에
든지 머무는 것을 보거든 그가 곧 성령으로 세례를 베푸는 이인 줄 알라
하셨기에 **34** 내가 보고 그가 하나님의 아들이심을 증언하였노라 하니라

1) 세례 요한의 어린양 증언(1:29)

세례 요한은 자기에게 나아오는 예수님을 '하나님의 어린양'으로 묘사

한다(29절). '어린양'(ἀμνός, *암노스*)은 다양한 유대 모티프를 배경으로 하고 있다(이에 대해서는 아래 특주에서 상세하게 다룰 것이다). 어린양은 유대 전통에서 제의적 중보(cultic mediation)를 위해 사용되었거나, 혹은 메시야적 인물(messianic figure)로 그려졌다. '하나님의 어린양'이란 하나님이 준비하시고 보내주신 어린양이란 뜻으로, 유대 전통의 다양한 어린양 개념을 종합하는 최고의(par excellence) 어린양이란 개념이 그 안에 녹아 있다. 하나님의 어린양의 핵심 사역은 '세상의 죄'를 해결하는 것이다. 단수로 쓰인 '죄'는 세상의 죄들의 총체(totality)를 뜻한다. 예수님은 단지 이스라엘의 속죄를 위한 제물이 아니라, 온 세상을 위한 제물이다. '지고 가다'로 번역된 αἴρω(*아이로*)는 죄와 관련하여 '용서하다'를 뜻하기도 하지만(LXX 삼상 15:25; 25:28), 원래의 뜻은 '들어 올리다'(lift up) 혹은 '치우다'(take away)이다.[8] 모리스에 따르면, 이 단어는 예수님이 세상의 죄를 없애기 위해, 대신 죄를 짊어지고 가는 모습을 나타내기에 충분하다(참고. 요일 3:5).[9] 한편 마이클스는 여기서 어린양 예수님의 모습은 희생자(victim)의 모습이 아니라, 승리자(victor)의 모습이라고 한다.[10] 실제 요한복음 안에서도 *아이로*의 뜻이 '정복하여 빼앗다'로 나타나기도 한다(11:48). 이것은 요한계시록의 어린양의 모습과 유사하다(계 17:14). 물론 요한계시록은 이러한 왕으로서 어린양의 모습과 함께, 그의 대속적 죽음을 동시에 이야기한다(계 5:9; 7:14). 따라서 요한복음의 어린양 이미지에는 속죄 제물의 모습도 있고, 영광스러운 왕의 모습도 있다고 할 수 있을 것이다. 다수의 유대 전통도 이러한 해석을 지지하는데, 특주에서 좀 더 구체적으로 살펴볼 것이다.

---

8. BDAG, 28-9.

9. Morris, *John*, 130.

10. J. R. Michaels, *The Gospel of John*, NICNT (Grand Rapids: Eerdmans, 2010), 108.

2) 세례 요한의 세례의 목적(1:30-31)

30절은 15절 내용의 반복이다. 15절에서 언급된 선재하신 하나님의 아들로서 예수님, 그 분이 곧 '하나님의 어린양'(29절)이라는 뜻이다. 영원하신 하나님의 아들은 다른 무엇보다, 세상의 죄를 해결하기 위해 이 땅에 오셨다. 15절을 문맥에서 해석하면, 영원하신 하나님의 아들이 하나님의 은혜를 드러내기 위해서 세상에 오셨다는 뜻이 된다. 이제 30절을 문맥에서 해석하면, 영원하신 하나님의 아들은 죄를 용서하시기 위해 세상에 오신 것이 된다. 영원하신 하나님의 아들이 성육신하신 목적이 두 가지로 집약된다: 하나님의 은혜의 계시와 사람들을 위한 속죄.

한편, 요한의 세례의 최종 목적은 사람들을 회개하게 하는 것을 넘어, 하나님의 아들을 이스라엘에게 나타내는 것이다(31절).[11] 메시야적 인물이 성령 충만하며(32절; 3:34), 성령으로 세례를 베풀 것(33절)이라는 사실은 구약성경에 이미 등장한다. 하나님이 다윗의 자손에게(사 11:1이하), 그의 종에게(사 42:1) 성령을 부을 것이라는 예언이 예수님 안에서 성취된다. 마지막 날에 하나님이 그의 백성들에게 성령을 부어 주실 것인데(사 32:15; 44:3; 겔 36:25-27; 욜 2:28-32), 요한복음은 이 예언이 메시야이신 예수님을 통해서 성취될 것을 말하고 있다.

3) 세례 요한의 하나님의 아들 증언(1:32-34)

"성령이 비둘기같이 하늘로부터 내려와서"(32절)에서 왜 '비둘기'일까? 사복음서는 모두 성령이 예수님께 내려오심을 비둘기와 연결시킨다(마 3:16; 막 1:10; 눅 3:22). 여기서 어떤 특정한 이유를 찾기보다, 성령이 새처럼 하늘에서 내려왔다는 것을 말하기 위해 '비둘기'라는 팔레스타인 지역에서 가장 일반적인 새를 예로 들었다고 보는 사람도 있다. 그러나 비둘기에서 상

---

11. Morris, *John*, 132.

징적 의미를 찾으려고 하는 사람들도 있는데, 대개 다음과 같다.

첫째, 비둘기는 예수님이 성령으로 행하실 새 창조 사역을 암시할 수 있다. 태초에 하나님의 영이 수면 위에 운행하셨는데, 이때 '운행하다'(רחף)는 새가 나는 것을 뜻한다(창 1:2). 그런데 랍비 문헌은 천지 창조 시에 성령께서 비둘기 모양으로 나타나셨다고 한다(*b. Hagigah* 15a).[12] 또한 구약에서 비둘기는 노아 홍수 때 물이 줄어들었는지를 확인하기 위해 사용되었다(창 8:8). 노아 홍수는 하나님께서 죄악 된 세상을 새롭게 하시는 일종의 창조 행위에 해당한다. 따라서 이러한 구약과 랍비 전통에 기초하여, 성령이 비둘기 같이 내려오심은 예수님과 성령의 새 창조 사역을 함축적으로 나타낸다고 볼 수도 있을 것이다.

둘째, 비둘기는 성령과 예수님의 순결한 성품을 드러낼 수 있다. 예수님은 순결하다는 뜻으로 비둘기를 친히 예로 드셨다(마 10:16). 제자들에게 뱀처럼 지혜롭고 비둘기처럼 순결하라고 명령하셨다. '순결한'(ἀκέραιος, *아케라이오스*)은 남을 공격하거나 해를 입히지 않는 것을 뜻한다.[13] 이런 의미에서 성령의 성품을 비둘기같이 온유하다고 한 것은 일리가 있다. 예수님과 성령의 자상하고 부드러운 성품을 말해준다.

셋째, 비둘기는 성령 충만하신 예수님이 희생 제물이 되실 것을 상징할 수 있다. 복음서에 나오는 비둘기의 기본적인 역할은 제물이다(마 21:2; 막 11:15; 눅 2:24; 요 2:14, 16). 율법에 따르면 가난한 자가 어린양을 드릴 여력이 없을 때, 속죄를 위해 비둘기가 그 제물이 되었다(레 5:7; 12:8; 민 6:11). 세례 요한이 증언하는 어린양 예수님의 모습과 연결되어(1:29), 아마도 비둘기는 제물로서 예수님의 속죄 사역을 암시할 수도 있을 것이다. 혹은 창세기 15장을 바탕으로 새 언약의 제물로서 예수님의 역할을 나타낼 수도 있다

---

12. Carson, *John*, 153; Brown, *John I-XII*, 57.
13. R. T. France, *The Gospel of Matthew*, NICNT (Grand Rapids: Eerdmans, 2007), 391. 부흥과 개혁사 역간, 『마태복음』.

(창 15:9).

33절은 요한이 하나님께로부터 보냄 받은 자로서 세례 사역을 하였다는 것을 보여준다. 요한복음에서 하나님의 사역자는 '보냄 받은 이'로 묘사된다. 예수님은 하나님께로부터 보냄 받은 분이다(5:24; 10:36). 제자들은 예수님께로부터 보냄 받는다(17:18; 20:21). 따라서 세례를 위해 보냄 받은 요한은 예수님과 교회와 긴밀하게 연결된다. 하나님의 구원 역사를 성취하기 위해 세례 요한과 교회는 그리스도를 증언한다. 물론 요한은 그리스도께서 오시기 전에 그를 준비하고, 교회는 그리스도께서 오신 후 그를 계승한다. 그러나 교회는 세례 요한처럼 자신을 낮추며 그리스도를 드러내기 위해 자신의 삶을 바쳐야 한다.

34절이 '하나님의 아들'(ὁ υἱὸς τοῦ θεοῦ, *호 휘오스 투 떼우*)을 말하는지, 아니면 '하나님의 택함 받은 이'(ὁ ἐκλεκτὸς τοῦ θεοῦ, *호 에클렉토스 투 떼우*)를 말하는지는 논란이 있다. 사본상으로는 '하나님의 아들'이 더 지지를 받고, 대부분의 영어성경도 이를 반영한다. 서문부터 계속해서 예수님의 신성이 강조되어 왔고(1:1-18), 요한복음 전체 주제도 예수님의 메시야적 정체성과 하나님 아들로서의 신성을 연결시키기 때문에(20:30-31), 여기서 예수님을 '하나님의 아들'로 묘사하는 데는 무리가 없다.

그러나 브라운, 모리스, 카슨 등은 사본상 근거는 약간 부족하지만, 후기 필사자들이 '하나님의 택함 받은 이'를 '하나님의 아들'로 바꾸었을 개연성이 훨씬 많다고 주장한다.[14] 다시 말하면, 필사자들이 예수님의 신성을 강조하기 위해, '하나님의 아들'로 바꾸었다는 것이다. 만약 이 본문이 '하나님의 택함 받은 이'를 가리킨다면, 이는 앞에 나온 어린양 배경과 잘 연결된다. 또한 이사야서가 예언한 성령으로 충만하여, 그의 백성들에게 성령을 부어 주시는 메시야 예수님의 신분과도 자연스럽게 연결된다(사 42:1). 다시 말하면,

---

14. Brown, *John I-XII*, 57; Morris, *John*, 134; Carson, *John*, 152.

성령의 담지자요 수여자로서 예수님의 모습에는, 고난 받는 여호와의 종(the Suffering Servant of Yahweh)으로서, 그의 백성을 위해 죽으실 것이라는 사실이 암시되어 있다. 그럼에도 불구하고, 학자들의 이러한 주장은 추측에 불과하다. 신학적으로는 매력적일지 몰라도, 실제 사본상의 지지는 거의 받지 못한다. 따라서 그들의 주장은 설득력이 약하다고 할 수 있다.

※ 특주: 어린양 기독론의 배경[15]

예수님에 대한 세례 요한의 증언의 핵심은 '어린양'이다. 요한복음 저자는 세례 요한이 예수님을 세상 죄를 지고 가는 하나님의 어린양으로 소개한다고 설명하고 있다. 그렇다면 세례 요한의 증언을 들었던 사람들은 당시 어떤 어린양을 떠올렸을까? 여기서 요한복음의 어린양이 어떤 의미를 함축하고 있는가에 대해 살펴보도록 하자. 그동안 어린양(ἀμνός, *암노스*) 기독론에 대한 다양한 배경이 제시되어 왔다. 9가지 배경이 주목을 받지만, 각각은 장점과 함께 단점도 가지고 있어서, 설득력을 가지기에는 한계가 있다: ① 유월절 어린양 - 요한복음은 예수님의 죽음과 유월절을 강하게 연결시키고 있다(19:14, 29, 36). 그러나 전통적인 유월절 어린양(πρόβατον, *프로바톤*)과 헬라어가 다를 뿐 아니라, 유월절 어린양에는 속죄 개념이 없다. ② 고난 받는 종(the Suffering Servant) - 이사야의 고난 받는 어린양(*암노스*)은 속죄 사역을 담당한다(사 53:4, 7, 12). 그러나 '고난 받는 종'이라는 상대적으로 잘 알려진 표현을 놔두고, '하

15. 이 특주는 스키너의 분석을 확대, 발전시킨 것으로, 필자의 다음 논문에서 옮겨 온 것이다. 권해생, "요한복음의 십자가에 대한 해석과 논쟁 연구," 「성경과 신학」 73 (2015), 81-85; C. W. Skinner, "Another Look at the 'Lamb of God'," *Bibliotheca Sacra* 161 (2004), 89-104. 또한 필자의 학위 논문에서도 언급되었다. Kwon, "Jesus as High Priest in John 17," 107-13.

나님의 어린양'이라는 다소 모호한 언급을 했는지 이유를 설명하기 쉽지 않다. ③ 승리하는 양 - 유대 묵시 문학에서는 승리하는 영광스러운 양을 소개하는데(에녹1서 89:41-50; 90:12, 19; 요셉의 유언 19:8; 베냐민의 유언 3:8), 이런 모습이 요한계시록에 나온다(계 5:6-14; 17:14). 이런 모습은 요한복음에 나오는 왕으로서 메시야 모습과 일관성이 있어 보인다(1:35-42). 그러나 요한계시록의 어린양은 *암노스*가 아니라 ἀρνίον(*아르니온*)이다. ④ 번제 - 어린양(*암노스*)은 아침, 저녁으로 하루에 두 번 번제로서 성전 제사에 쓰였다(출 29:38-46). 그러나 이러한 번제 개념이 세상 죄를 속죄하는 우주적 개념으로서 '하나님의 어린양'과 일치하는지는 의문이다. ⑤ 하나님이 준비하신 어린양(창 22:8) - 비록 창세기의 어린양은 *프로바톤*일지라도, 이삭과 그리스도 사이의 유비는 이 이론의 가능성을 완전히 배제하지 못하게 한다. 아브라함의 독자 이삭(창 22:2)과 하나님의 유일한 아들 예수님(3:6), 번제 나무를 지고 가는 이삭(창 22:6)과 자기 십자가를 지고 가는 예수님(19:17)의 모습 속에서 학자들은 유사성을 말한다. ⑥ 예레미야의 순한 어린양(렘 11:19) - 그러나 이 양은 속죄를 위한 양으로 보이지 않는다. ⑦ 아사셀 염소(레 16:10) - 이스라엘 민족의 속죄를 위한 제물로서 아사셀 염소는 아주 좋은 배경이 될 수 있다. 그러나 양이 아니라 염소라는 사실은 하나님의 어린양의 주요 배경이 되기에는 한계가 있다. ⑧ 속건제 제물(레 14:12이하; 민 6:12) - 그러나 속건제의 제물이 항상 어린양은 아니었다. ⑨ 아람어 고난 받는 종 - 아람어 '종'(טליא, *탈야*)이라는 표현은 '어린양', '소년', '종'이라는 뜻을 다 포함하고 있다. 그래서 혹자는 예수님의 아람어식 '하나님의 종'에 대한 언급이 헬라어 '하나님의 어린양'으로 잘못 번역되었다고 한다.

이와 같이, 각각의 유대 배경은 장점과 함께 단점을 가지고 있어, '하나님의 어린양'의 배경이 되기에는 문제가 없지 않다. 다시 말하면, 모리스(Morris)나 바레트(Barrett)가 말했듯이, 유대 배경에 나오는 어떤 어린양 모티프도 요한복음에 나오는 예수님의 어린양 역할과 정확하게 일치하지 않는다. 결국 한두 가지 유대 배경으로 어린양 기독론을 충분히 설명할 수 없다는 말이다. 따라서 다양한 어린양 모티프들을 가지고, 요한복음은 포괄적(comprehensive)이면서도 독창적인(innovative) 어린양 이미지를 보여준다고 이해하는 것이 더 적절할 것이다.[16] 예수님은 하나님의 어린양으로서, 유대의 모든 속죄 사역을 완성하시는 분으로 그려진다. 그럼에도 불구하고, 요한복음의 강한 유월절 분위기, 예수님이 속죄를 위해 고난 받는 모습, 영광스러운 메시야상 등은 위의 다양한 배경 중에서 다음의 세 가지 배경과 밀접하게 연관되어 있다고 볼 수 있다: 유월절 어린양, 이사야의 고난 받는 종, 그리고 묵시적 승리하는 어린양. 그러므로 '하나님의 어린양'이라는 이미지 안에, 유대의 속죄 사역을 완성하는 예수님의 모습, 그리고 세상의 죄를 제거하는 영광스러운 메시야의 모습이 함께 담겨져 있음을 알 수 있다.

교훈과 적용

1. 예수님은 우리를 위해 고난 받으신 어린양이시다. 예수님은 사람들의 죄를 용서하시기 위해 친히 희생적 죽임을 당하셨다. 사람들에게 영생을 주시기 위해, 하늘 영광을 떠나 세상에 오셨다. 사람들을 구원하시기 위해 생명을 내어주신 하나님의 어린양이시다. 이러한 예수님의 모든 희생은 사람들을 위해서다. 그러므로 우리는 예

16. Kwon, "Jesus as High Priest in John 17," 112.

수님의 고난과 희생을 묵상하며, 감사하는 그리스도인이 되어야 한다. 우리를 사랑하사 친히 고난당하신 예수님께 감사하는 마음으로 오늘을 살자.

2. 예수님 안에서 구약의 모든 제사가 완성되었다. 예수님이 완전하면서 완벽한 제물이 되시기 때문에, 하나님께 나아가는 자는 오직 예수님만을 의지해야 한다. 헌금을 많이 한다고 하나님께서 우리를 기뻐 받으시는 것이 아니다. 금식을 오래 해서 하나님께서 우리를 용납하시는 것이 아니다. 헌금이나 금식도 우리에게 소중한 신앙생활이지만, 우리가 하나님 앞에 설 수 있는 것은 완벽한 속죄 제물이신 예수 그리스도 때문이다. 그러므로 우리 자신의 어떤 것을 의지하지 말고, 오직 예수 그리스도만 의지하자.
3. 예수님은 세상의 모든 죄를 정복하신 위대하신 왕이시다. 예수님 앞에 굴복하지 않는 것이란 없다. 죄도 사망도, 세상도 사탄도 모두가 예수님 앞에서는 아무것도 아니다. 그러므로 우리는 만왕의 왕이신 예수 그리스도를 높이며 예배해야 한다. 예수님만을 의지하고, 다른 어떤 것도 두려워하지 말자. 예수님을 의지해서 우리도 세상의 죄를 이기는 믿음으로 살아가자. 물론 우리가 세상에 살면서 죄짓지 않고 살아갈 수는 없다. 그러나 죄를 이기신 예수님은 우리에게 우리도 그와 같이 세상을 이길 수 있는 힘을 주신다. 그분을 경배하며, 그분을 닮아 우리는 죄를 이기는 믿음으로 살아가자.

3. 메시야이신 어린양 예수님(1:35-42)

35 또 이튿날 요한이 자기 제자 중 두 사람과 함께 섰다가 **36** 예수께서 거
니심을 보고 말하되 보라 하나님의 어린양이로다 **37** 두 제자가 그의 말을
듣고 예수를 따르거늘 **38** 예수께서 돌이켜 그 따르는 것을 보시고 물어
이르시되 무엇을 구하느냐 이르되 랍비여 어디 계시오니이까 하니 (랍비
는 번역하면 선생이라) **39** 예수께서 이르시되 와서 보라 그러므로 그들이
가서 계신 데를 보고 그 날 함께 거하니 때가 열 시쯤 되었더라 **40** 요한의
말을 듣고 예수를 따르는 두 사람 중의 하나는 시몬 베드로의 형제 안드
레라 **41** 그가 먼저 자기의 형제 시몬을 찾아 말하되 우리가 메시야를 만났
다 하고 (메시야는 번역하면 그리스도라) **42** 데리고 예수께로 오니 예수

께서 보시고 이르시되 네가 요한의 아들 시몬이니 장차 게바라 하리라 하시니라 (게바는 번역하면 베드로라)

1) 하나님의 어린양을 따르는 제자들(1:35-39)

세례 요한의 제자 두 사람이 등장한다(35절). 한 사람의 이름은 안드레이고, 다른 한 사람은 무명이다. 무명의 제자가 누구인가에 대해서는 논란이 있다. 다른 복음서에는 베드로와 안드레, 야고보와 요한이 예수님의 첫 제자들로 나온다(막 1:16-20). 같은 장면이 요한복음에서는 베드로와 안드레, 그리고 무명의 제자가 등장하기 때문에, 이 무명의 제자는 '예수님이 사랑하시는 제자'(13:23; 19:26; 20:2; 21:7, 20)로 묘사된 '요한'일 가능성이 없지 않다.[17] 그러나 근거가 충분하지는 않다. 요한복음의 저자로서 요한이 자기 이름을 무명으로 처리할 수도 있지만, 왜 다른 곳에서는 예수님의 '사랑하시는 제자'라고 하면서, 여기서는 단지 무명으로 처리했는지 이유가 확실치 않다.

본문에 나오는 두 제자는 요한으로부터 예수님을 어린양으로 소개 받고(1:36), 예수님을 따르고 예수님과 함께 머문다(37-39절). 이후 안드레는 그의 형제 베드로에게 예수님을 메시야로 소개한다(41절). '따르다'(ἀκολουθέω, *아콜루떼오*)(37절)와 '거하다'(μένω, *메노*)(39절)는 이중적 의미가 있다. 문자적으로 예수님을 따라가는 것, 그리고 예수님과 함께 거하는(머무는) 것일 수도 있다. 그러나 이 두 동사는 요한복음에서 '제자'를 의미하는 말로 자주 사용된다.[18] 예수님의 제자는 예수님을 따르는 자로 표현된다(8:12; 10:4-5, 27; 12:26; 21:19, 20, 22). 또한 제자는 예수님 안에, 그리고 그의 말씀과 사랑 안에 머무는 자이다(8:31; 15:5, 10). 물론 본문에 나오는 '따르다'와 '거하다'는 일차적으로 문자적 의미를 나타내지만, 상징적 의미도 내포하고 있을 것

17. Brown, *John I-XII*, 73.

18. Michaels, *John*, 120; Brown, *John I-XII*, 512-4.

이다. 즉, 그들이 예수님의 제자가 된다는 것을 암시한다.

2) 메시야를 만나는 시몬 베드로(1:40-42)

한편, 예수님을 어린양으로 소개 받은 안드레는, 예수님과 함께 머문 후, 왜 그를 메시야로 고백했을까? 우리는 여기서 어린양 기독론과 예수님의 메시야 직분 사이에 모종의 관계가 있음을 짐작할 수 있다. 앞서 어린양 기독론에서 말했듯이, 어린양이 메시야적 배경을 가지고 있음을 드러낸다. 메시야가 죄를 정복하며, 종말론적 승리를 가져오는 인물임을 보여주고 있다. 예수님을 세상 죄를 대속하기 위해 죽으신 속죄 제물일 뿐 아니라, 그 죄를 정복하는 영광스러운 메시야로 묘사한다(참고. 계 17:14).

베드로와의 첫 만남에서 예수님은 그를 '게바'(베드로)라 칭하신다(1:42). 게바는 '바위'를 뜻하는 아람어인데, 저자는 이를 헬라어 '베드로'(Πέτρος, *페트로스*)라고 설명하고 있다. 그런데, 마태복음이 베드로를 '바요나'(요나의 아들)로 소개하는 반면(마 16:17), 요한복음은 '요한의 아들'이라 말한다(참고. 21:15-17). 마이클스는 요한복음은 베드로가 세례 요한의 영적 아들이라는 것을 암시한다고 한다.[19] 베드로전서에서 베드로가 '마가'를 자신의 아들이라고 소개하고 있고(벧전 5:13), 또한 다른 복음서들은 바리새인들의 추종자들을 그들의 '아들들'이라고 표현하고 있기 때문이다(마 12:27; 눅 11:19). 그러므로 '요한의 아들'은 베드로가 세례 요한의 제자에서 예수님의 제자로 변화되는 과정을 암시한다고 한다. 한편, 카슨은 아람어 표현에 따르면, '요나'는 '요한'의 축약 형태(abbreviated form)를 띠기 때문에, 마태복음과 요한복음의 표현 자체에는 모순이 없다고 한다.[20]

다른 한편, '바요나'(마 16:17)를 당시 로마로부터 독립하기 위해 무력 저

---

19. Michaels, *John*, 124.
20. Carson, *John*, 156.

항 운동을 벌였던 민족주의 열심당원을 가리키는 용어로 보는 사람들도 있다.[21] 그들은 열심당원 시몬처럼, 베드로도 원래는 그런 무장 독립 혁명을 꿈꾸다가 예수의 하나님 나라 운동에 동참한 것으로 본다. 그러나 헹엘이 바르게 지적했듯이, 베드로는 어부였으며, 결혼하여 자기 집을 소유하고 있었던 일반인으로 보는 것이 더 적절하다(막 1:16, 29).[22] 사막을 근거지로 하여 무장 독립 운동을 전개한 당시 민족주의 열심당원과는 거리가 있다.

교훈과 적용

1. 예수님을 소개하는 사람들이 있다. 세례 요한은 예수님을 하나님의 어린양으로 제자들에게 소개했다. 예수님을 만난 안드레는 그의 형제 베드로에게 예수님을 메시야로 소개했다. 예수님은 사람을 사용하셔서 다른 사람을 만나신다. 예수님을 소개하는 사람들, 이들은 다른 말로 예수님을 증언하는 사람들이다. 그리스도인은 바로 세상에서 예수님을 소개하는 사람으로 부름 받았다. 예수님을 사람들에게 소개하여 예수님과 사람들의 만남을 주선하자.
2. 예수님을 따르는 사람들이 있다. 예수님을 만나고 그를 따르는 사람들이 있다. 참된 믿음은 예수님을 따르는 것과 연결되어야 한다. 예수님의 말씀을 따라가는 것이고, 예수님의 삶을 따라가는 것이다. 그리스도인은 바로 예수님의 성품과 모습을 따라가는 제자이다. 오늘날 많은 사람이 믿는다고 하면서 예수님을 따라가지 않는다. 참 믿음을 가진 자가 아니다. 참 신자는 예수님을 믿고, 그 예수님을 따라가는 자이다.
3. 예수님과 함께 머무는 사람들이 있다. 예수님을 알고 의지하며, 지속적으로 신뢰하는 사람들이다. 믿음으로 예수님과 연합한 사람들이다. 그의 말씀을 듣고 믿으며, 그를 신뢰하며 기도한다. 따라서 참된 믿음은 단회적 사건이 아니라, 예수님 안에 머물며 지속적으로 그를 의지하고 신뢰하는 것이다. 믿음을 기초로 그와 끊임없이 교제하는 것이다.

---

21. B. Forte, *To Follow You, Light of Life: Spiritual Exercises Preached Before John Paul II at the Vatican* (Grand Rapids: Eerdmans, 2005), 26; M. Barker, *The Great High Priest: the Temple Roots of Christian Liturgy* (London: T&T Clark, 2003), 40.
22. M. Hengel, *The Zealots* (Edinburgh: T&T Clark, 1989), 55-6.

4. 나다나엘에게 나타나신 예수님(1:43-51)

43 이튿날 예수께서 갈릴리로 나가려 하시다가 빌립을 만나 이르시되 나
를 따르라 하시니 **44** 빌립은 안드레와 베드로와 한 동네 벳새다 사람이
라 **45** 빌립이 나다나엘을 찾아 이르되 모세가 율법에 기록하였고 여러 선
지자가 기록한 그이를 우리가 만났으니 요셉의 아들 나사렛 예수니라 **46**
나다나엘이 이르되 나사렛에서 무슨 선한 것이 날 수 있느냐 빌립이 이
르되 와서 보라 하니라 **47** 예수께서 나다나엘이 자기에게 오는 것을 보
시고 그를 가리켜 이르시되 보라 이는 참으로 이스라엘 사람이라 그 속
에 간사한 것이 없도다 **48** 나다나엘이 이르되 어떻게 나를 아시나이까 예
수께서 대답하여 이르시되 빌립이 너를 부르기 전에 네가 무화과나무 아
래에 있을 때에 보았노라 **49** 나다나엘이 대답하되 랍비여 당신은 하나님
의 아들이시요 당신은 이스라엘의 임금이로소이다 **50** 예수께서 대답하
여 이르시되 내가 너를 무화과나무 아래에서 보았다 하므로 믿느냐 이보
다 더 큰 일을 보리라 **51** 또 이르시되 진실로 진실로 너희에게 이르노니
하늘이 열리고 하나님의 사자들이 인자 위에 오르락 내리락 하는 것을 보
리라 하시니라

예수님이 빌립과 나다나엘을 부르시는 장면이다. 이 장면에서 요한복음 1장의 기독론적 계시가 더욱 풍성해진다. 지금까지 예수님은 *로고스*요, 하나님 아들로 그려졌다. 예수님은 어린양이시면서 메시야로 나타났다. 이제 이 단락에서 예수님은 '나사렛 예수'로, '이스라엘의 임금'으로, 그리고 '인자'로 계시된다. 따라서 기독론적 계시와 제자도로의 초대가 함께 나타난다.

1) 나사렛 예수님(1:43-46)

빌립과 나다나엘은 요한복음에 자주 언급되는 인물들이다. 빌립은 다른

복음서에서 단지 12제자 목록에 등장할 뿐이다(마 10:3; 막 3:18; 눅 6:14). 그러나 요한복음에서는 이 장면 외에, 오병이어 사건(6:5-7), 헬라인들을 예수님께 소개시켜 주는 장면(12:20-22), 그리고 고별 강화에서 예수님께 아버지를 보여 달라고 요청하는 장면에(14:8-9) 등장한다. 예수님이 빌립을 주도적으로 부르신 후, 빌립이 예수님 가까이서 활동했음을 보여준다. 앞서 언급했듯이, "나를 따르라"(43절)는 제자로의 부르심을 나타낸다. 빌립은 예수님을 만난 후, 나다나엘에게 예수님을 소개한다(45절).

'나다나엘'이라는 이름은 오직 요한복음에만 등장한다(45-49절; 21:2). 몇몇 학자들은 나다나엘과 다른 복음서에 나오는 바돌로매를 동일 인물로 추정한다.[23] 왜냐하면 '바돌로매'는 아람어로 '돌로매의 아들'이라는 뜻이기 때문에, 다른 이름이 존재할 가능성이 충분히 있다. 그리고 다른 복음서의 12제자 목록에는 빌립이 바돌로매와 바로 붙어서 등장한다(마 10:3; 막 3:18; 눅 6:14). 또한 바빌로니아 탈무드(*b. Sanh.* 43a)는 예수님의 제자 그룹에 나다나엘이 존재하였을 가능성을 제기한다.[24] 그러나 가능성은 있지만, 확실한 근거가 없기에 단정 짓기에는 무리가 있다.[25]

빌립은 나다나엘에게 예수님을 "모세가 율법에 기록하였고, 여러 선지자가 기록한 그"라고 표현한다(45절). '모세의 율법'과 '선지자들의 글'은 구약성경을 일컫는 말이다. 모세오경(예. 창 49:10; 신 18:15, 18; 참고. 요 5:46)과 선지서들(예. 사 9:1-7; 11:1-5; 참고. 요 12:39-41)은 메시야를 예언했는데, 빌립은 그 예언이 바로 예수님을 가리키는 것이라 믿었다(참고. 5:39).

또한 빌립에 의해 예수님은 '요셉의 아들, 나사렛 예수'로 묘사된다(45절). '나사렛 예수'는 직역하면, '나사렛에서 온 예수'가 된다. 여기서 예수님

---

23. Carson, *John*, 159.

24. Köstenberger, *John*, 80.

25. B. Lindars, *The Gospel of John*, NCBC (Grand Rapids: Eerdmans, 1982) 117; Morris, *John*, 143.

의 역사성이 강조된다. 예수님은 허구적 인물이 아니라, 그의 가족과 출신지를 알 수 있는 역사적 인물임을 보여주고 있다. 한편 나사렛 출신으로서, 예수님은 십자가상에서 '나사렛 사람'(Ναζωραῖος, *나조라이오스*)으로 묘사된다(19:19). 마태복음 2:23에 따르면, 이는 구약의 메시야 예언의 성취이다(사 11:1).[26] 그러므로 '나사렛'은 예수님의 역사성을 강조해 줄 뿐 아니라, 그의 메시야 계시와 연결되어 있다.

그러나 나다나엘은 예수님의 고향인 나사렛을 무시한다(46절). 나사렛은 갈릴리의 이름 없는 한 시골 마을에 불과하기 때문이다. 메시야는 다윗의 동네인 베들레헴 출신이거나, 성전이 있는 예루살렘 출신이어야 한다고 생각했던 것 같다. 그것도 아니면 갈릴리의 큰 도시인 가버나움 정도는 되어야 한다고 생각했을 수 있다. 나다나엘은 메시야가 나사렛 사람이어야 한다는 예언을 몰랐던 것 같다(마 2:23). 그래서 예수님의 고향을 비하하는 발언을 한다. 그러나 이와 달리, 예수님은 나다나엘의 고향인 가나에서 위대한 표적을 보여주신다(2:1; 4:46; 참고. 21:2). 가나 혼인 잔치 표적(2:1-11)과 왕의 신하의 아들을 고치는 표적이다(4:46-54). 나다나엘은 예수님의 고향을 몰라보고 무시했으나, 예수님은 나다나엘의 고향에서 그와 그의 가족과 이웃이 볼 수 있는 하나님 나라 표적을 보여주신다.

다른 한편, 보체트는 나다나엘의 의심과 도마의 의심이 요한복음의 시작과 끝에 나란히 서로 상응하며 위치하고 있다고 한다.[27] 나다나엘은 나사렛 출신 메시야 예수님을 믿지 못하고 의심하고, 도마는 부활하신 메시야 예수님을 의심한다(20:24-29). 그러나 요한복음은 그들의 의심 자체에 머무르지 않고, 그들의 의심을 자비롭게 다루시는 예수님의 은혜를 강조한다. 무화과나무 아래에서 메시야를 기다렸던 나다나엘의 믿음을 칭찬하시고, 그에게

---

26. J. F. Strange, "Nazareth," In *The Anchor Yale Bible Dictionary*, ed. D. N. Freedman (New York: Doubleday, 1992), 4:1050. 이하 *ABD*.

27. Borchert, *John 1-11*, 147.

더 큰 하나님의 일들을 보여주신다(47-49절 주해를 참조하라). 그의 부활을 좀처럼 믿지 못하는 도마에게 나타나셔서 예수님은 그의 몸을 직접 만지도록 하신다(20:24-29 주해를 참조하라). 그들의 부족한 부분을 책망하시기보다, 그들에게 좀 더 기회를 주시며 그들의 믿음을 격려하신다.

2) 이스라엘의 임금 예수님(1:47-49)

예수님은 자신에게 다가오는 나다나엘을 "참으로 이스라엘 사람"이라 칭하신다(47절). '참으로'(ἀληθῶς, *알레또스*)(8절)는 요한복음에서 예수님이나 제자들의 정체성과 관련하여 사용되는 부사이다. 예수님은 참으로 '세상의 구주'(4:42), '그 선지자'(6:14; 7:40), '그리스도'(7:26)이다. 또한 예수님을 따르는 제자들도 이와 같이 참으로 이스라엘 사람(47절), 제자(8:31)가 되어야 하며, 예수님의 정체성에 대해 참된 지식을 가지고 있어야 한다(17:8). *알레또스*는 '진리'를 의미하는 ἀλήθεια(*알레떼이아*)와 같은 어군(word group)이다. '진리'는 요한복음에서 예수님과 예수님의 말씀을 드러내는 가장 대표적인 표현이다(1:14; 14:6). 그러므로 *알레또스*라는 말은 나다나엘이 진리이신 예수님과 관련 있음을 드러낸다. 다시 말해 나다나엘이 '참으로 이스라엘 사람'이라 불리는 것은 그의 메시야적 믿음과 관련이 있다.

예수님은 또한 나다나엘에게 '간사함'(δόλος, *돌로스*)이 없다고 하신다(47절). 이러한 표현들은 창세기의 야곱을 떠올리게 한다. 야곱은 '이스라엘'이라 일컬어질 뿐 아니라(창 32:28), 형의 권리를 빼앗고 아버지를 속였다(창 27:35). 칠십인경 창세기 27:35에 따르면, 야곱은 '간사함'(*돌로스*)을 가지고 아버지에게 다가와서, 형의 복을 앗아갔다. 그러나 이제 나다나엘은 '간사함이 없는, 참 이스라엘 사람'으로 묘사된다. 예수님의 이러한 언급은 다음 구절에 나오는 나다나엘의 삶과 연관 있는 듯하다.

빌립이 그를 부르기 전에, 나다나엘은 무화과나무 아래 있었다(48절). 무화과나무는 포도나무와 함께, 솔로몬 시대의 번영을 상징한다(왕상 4:25).

또한 메시야 시대의 풍성한 은혜를 상징하기도 한다(미 4:4). 특히 스가랴의 메시야 예언은 이러한 종말론적 번영을 메시야 시대의 속죄와 연결한다(슥 3:8-10). 스가랴는 '싹'(צמח, *체마*)이라는 메시야 타이틀을 통해, 메시야 출현을 예고한다(슥 3:8). *체마*는 구약과 다른 유대 문헌에서 메시야를 지칭하는 타이틀로 사용된다(슥 6:12; 사 4:2; 렘 23:5; 33:15; 4QPBless 5:1-4; 4Q174 1:11).[28] 메시야 출현을 언급하는 스가랴 본문은 이 땅의 죄악이 하루 만에 사하여지는 대속죄일 모티프도 함께 가지고 있다(슥 3:9).[29] 이런 속죄 사상은 1:29이 밝힌 하나님의 어린양으로서 메시야 모습과 일맥상통한다. 다시 말하면, 스가랴는 메시야의 출현과 대속죄를 연결시키는데, 요한복음 또한 메시야의 출현과 우주적 죄 용서를 연결시키고 있다(1:29, 36, 41).

스가랴는 이런 메시야 시대에 사람들은 포도나무와 무화과나무 아래로 서로를 초대한다고 한다(슥 3:10). 이는 메시야 시대에 이루어질 종말론적 풍성한 복을 상징한다. 다시 말해, 메시야 시대가 오면, 사람들은 그들의 죄를 용서 받고, 메시야 나라의 풍성을 경험하고 누릴 것이다. 아마도 나다나엘은 무화과나무 아래에서 이런 시대를 꿈꾸며, 그런 메시야를 기다리고 있었을 것이다. 곧, 나다나엘은 스가랴에 예언된 이스라엘의 종말론적 축복을 가져올 메시야를 기다렸던 것이다.[30] 예수님은 바로 그러한 나다나엘을 알아보시고, 그를 가리켜 간사함이 없는 참 이스라엘 사람이라 칭찬하신다(47절). 그는 표면적 유대인이 아닌, '참 유대인'이며 '참 하나님의 백성'이었던 것이다.

예수님의 칭찬에 나다나엘은 예수님의 메시야이심을 고백하며 응답한다(49절). 메시야를 고대하고 있던 자신을 알아 본 그 분을 향하여, 나다나

---

28. 권해생, "요한복음 20:19-23에 나타난 예수님의 성전 건축과 메시야 직분," 「신약연구」 12/2 (2013), 214-39.
29. Kwon, "Jesus as High Priest in John 17," 41-3.
30. Köstenberger, *John*, 83. 요한복음과 스가랴서의 밀접한 관계에 대해서는 다음을 참조. C. R. Koester, "Messianic Exegesis and the Call of Nathanael (John 1.45-51)," *JSNT* 39 (1990), 23-4.

엘은 메시야 고백을 한 것이다. 메시야가 '이스라엘의 임금'과 '하나님의 아들'이라는 말은 구약의 메시야 고백으로부터 유래한다(시 2:7; 삼하 7:14; 시 89:26-27). 이제 요한복음 1장을 읽은 독자들은 예수님의 두 가지 정체성을 자연스럽게 연결 짓게 된다. 예수님은 구약에 예언된 이스라엘의 왕으로서 메시야가 되시며, 또한 하나님의 아들로서 신성을 가지신 분이다. 다시 말하면, 1장에 나오는 예수님의 두 가지 핵심 정체성이 이번 단락에 분명히 나타난다. '하나님의 아들'로서 예수님의 신성과 '이스라엘의 임금'으로서 예수님의 메시야이심이, 이 단락에서 더욱 분명하게 설명되고 있다.

3) 인자이신 예수님(1:50-51)

"이보다 더 큰일을 보리"(50절)는 무엇을 가리키는가? '더 큰일'은 헬라어 원문에서는 복수 형태이다. 먼저 '더 큰일'은 바로 뒤에 나오는 51절과 연결된다. 즉, 예수님을 통한 하나님의 계시를 일컫는다. 나다나엘은 예수님 안에 나타난 하나님의 계시를 깨닫고, 풍성한 하나님의 은혜를 경험하게 될 것이다. 예수님이 그의 죽음과 부활, 그리고 승천을 통해 보여주실 놀라운 하나님의 계시를 나다나엘이 보게 될 것이다. 또한 '더 큰일'은 예수님의 다양한 표적 사건들과도 연결된다. 특히 21:2에 따르면, 나다나엘은 가나 출신이다. 따라서 독자들은 가나 출신인 나다나엘과, 가나에서 벌어진 두 개의 표적 사건들(2:1-11; 4:43-54)을 서로 연결시킬 수 있다. 예수님은 가나 혼인 잔치에서 물을 포도주로 바꾸시며, 첫 번째 표적을 행하신다(2:1-11). 그리고 왕의 신하의 아들을 고치시며, 가나에서 두 번째 표적을 보여주신다(4:43-54). 예수님은 나다나엘에게 표적들을 통해, 예수님 안에 나타나게 될 하나님의 계시를 그가 경험하게 될 것이라 말씀하신 것이다. 뿐만 아니라, 표적들의 절정인 예수님의 죽음과 부활도 그가 보게 될 것임을 암시하신다.

"진실로 진실로"(ἀμὴν ἀμήν, *아멘 아멘*)(51절)는 대표적인 요한복음식 표현이다. 다른 복음서들이 하나의 '진실로'를 사용한다면, 요한복음은 두 개의 '진실로'를 사용한다. 이 표현 형식은 요한복음에 25번 등장하는데, 예수님의 말씀의 권위와 진실성을 드러낸다. 그래서 궁극적으로 예수님의 말씀이 믿을만하다는 것을 강조한다. (자세한 내용은 특주를 참조하라)

43-51절에는 강한 구약적 분위기가 있다. 모세와 선지자의 글들과, 예수님을 연결시키고 있다(45절). 스가랴서에 예언된 메시야를 고대하는 나다나엘의 모습에서, 예수님의 메시야 신분이 더욱 분명히 드러난다(48-49절). 또한 이 단락(1:43-51)은 세 가지 면에서 창세기의 야곱 이야기를 반영하고 있다: '이스라엘'(47절; 창 32:28), '간사함'(47절; 창 27:35), '천사들이 오르락내리락 하는 것'(51절; 창 28:12). 천사들이 오르락내리락 하는 것을 언급하는 창세기 28:12은 야곱의 꿈에 대한 이야기다(창 28:10-22). 야곱이 에서를 피해 하란으로 가는 도중, 한 곳에 이르러 자다가 꿈을 꾸게 된다. 야곱은 사닥다리 위에 천사가 오르락내리락 하는 것을 보게 되며, 그 사닥다리 위에 계신 여호와의 말씀을 듣게 된다. 잠이 깬 후 야곱은 그곳을 하나님이 계신 곳이라 하여, 하나님의 집이요 하늘의 문이라 한다(창 28:17). 그래서 그곳의 이름을 '벧엘'(בֵּית־אֵל)이라 칭한다(창 28:19).

그렇다면, 본문 51절에서 예수님과 비교가 되는 것은 사닥다리인가, 아니면 야곱인가?[31] 표면적으로는 사닥다리가 가장 분명하게 예수님과 비교되는 것처럼 보인다. 야곱 이야기에서 사닥다리가 하늘에 있는 하나님과 땅에 있는 야곱을 연결했듯이, 이제 예수님이 하나님과 사람 사이를 잇는 중보자 역할을 하신다는 것을 보여준다.[32] '하늘이 열리다'는 '계시'를 의미하는 용어이다(겔 1:1; 행 7:56; 10:11; 계 4:1; 11:19; 15:5; 19:1). 이는 예수님을 통한 계시의 중보가 하나님과 사람의 관계를 회복시킨다는 것을 의미한다. 이 계시의 중보 사역은 '인자'(the Son of Man)로서 예수님의 사역과 관련 있다. 요

31. 여기에 대한 자세한 학문적 논의는 다음의 글을 참조. 권해생, "야곱 모티프에 기초한 새 이스라엘로서 예수와 예수 공동체의 모습(요 1:43-51)," 「신약연구」 18/4 (2019), 449-79.

32. Keener, *John 1*, 489.

한복음에서 이 타이틀은 주로 그의 십자가 사역을 통한 높아짐(exaltation)과 영광(glorification)을 의미할 때 사용된다(예. 3:13; 8:28; 13:31-32). 인자이신 예수님은 그의 십자가 사역을 통해 하나님의 사랑을 나타내시며, 이를 믿는 사람들은 하나님과 관계가 회복된다.

다른 한편, 야곱과 예수님이 대조를 이룰 수도 있다.[33] 창세기 본문에서 남성 접미사가 쓰인, '그 위'(בוֹ, 보)(창 28:12)는 '사닥다리 위'를 뜻할 수도 있지만, '야곱 위'를 뜻할 수도 있다. 그래서 몇몇 랍비 전통은 '야곱 위'로 해석하기도 한다(Gen. Rab. 68:18; 69:7). 그리고 야곱이 하나님과 만나 이스라엘로 일컬어지는 또 다른 벧엘 이야기(35:9-15)가 이 해석을 위한 중요한 근거가 된다. 여기서 "하나님이 야곱으로부터 올라가셨다"(God went up from him)고 말하고 있기 때문이다(창 35:13). 또한 요한복음의 다른 본문에서 예수님은 야곱과 비교되어, 야곱보다 큰 이로 묘사된다(4:12). 그러므로 이스라엘의 조상인 야곱(이스라엘)과 비교를 통해, 본문 51절은 예수님이 새로운 야곱이요, 새로운 이스라엘임을 말해준다. 앞서 간사함이 없는 참 이스라엘 사람으로 나다나엘이 등장했다(47절). 즉, 혈통적 이스라엘 사람이 아니라(1:13), 메시야에 대한 참 소망을 가진 사람이 새 이스라엘 사람이 된다는 것이다(1:12; 1:48). 참 이스라엘이신 메시야 예수를 통해, 새 이스라엘 공동체가 형성된다. 이러한 새 이스라엘로서 예수님의 신분은 포도나무 비유에도 등장한다(15:1-17). 예수님은 참 포도나무시고, 그를 믿는 자들은 포도나무 가지들이다. 예수님은 참 이스라엘이시고, 그를 믿는 자들은 새 이스라엘에 포함된다는 말이다. 구약에서 이스라엘을 상징하던 포도나무(예. 시 80:8; 렘 2:21; 호 10:1)는 이제 예수님의 기독론적 정체성에 적용되고, 또한 그를 통해 새 이스라엘이 탄생할 것을 예고하는 교회론적 상징이 된다.

그렇다면 사다리와 야곱 중 어느 것 혹은 누가 좀 더 직접적으로 인자와

33. Carson, *John*, 163-4

비교되는 것일까? 오닐에 따르면, 창세기 야곱 이야기와 요한복음 인자 이야기는 헬라어 문법에 약간의 차이가 있다.[34] 칠십인경 창세기 28:12에는 '그(사다리) 위'를 뜻하기 위해 ἐπί(*에피*) 다음에 사다리를 가리키는 소유격 대명사가 온다. 이때 *에피*는 일반적으로 '~위'라는 뜻을 가진다. 그래서 창세기 28:12은 하나님의 천사들이 하늘과 야곱을 잇는 사다리 위에서 올라갔다가 내려왔다가 하는 것을 묘사한다고 할 수 있다. 결과적으로 하나님의 천사들이 야곱에게로부터 올라갔다가, 야곱에게로 내려오는 모습을 그리고 있다. 이와 달리, 요한복음 1:51에는 *에피* 다음에 인자의 목적격이 따라오는데, 이때 *에피*는 일반적으로 '~에게로'를 뜻한다. 따라서 요한복음 1:51은 하나님의 천사들이 (인자로부터) 올라갔다가, 인자에게로 내려오는 것을 묘사한다고 할 수 있겠다.[35] 창세기 28:12에 비해, 요한복음이 좀 더 직접적으로 하나님의 천사들이 하늘과 인자 사이를 오르락내리락하는 모습을 그리고 있다. 이런 이유로, 요한복음 1:51에 나오는 인자는 창세기 28장의 야곱과 비교될 가능성이 좀 더 높다. 신학적으로는 하늘과 야곱을 잇는 사다리가 예수님의 중보 사역을 좀 더 잘 설명할 수 있을지 몰라도, 헬라어 구문은 야곱과 예수님을 직접적으로 연결시키는 것처럼 보인다.

또한 하나님의 천사가 야곱 위에 오르락내리락한 곳이 하나님의 집(벧엘)이었던 것처럼, 이제 예수님이 새로운 벧엘이 되신다.[36] 창세기에서 벧엘은 하나님의 말씀의 계시 장소이다(창 28:13-15; 35:10-12). 벧엘은 하늘과 땅이 소통하는 장소이다. 요한복음에서 예수님은 인자로서 하늘의 하나님을

---

34. J. C. O'Neill, "Son of Man, Stone of Blood (John 1:51)," *NT* 45, no. 4 (2003), 374-81.
35. 창세기 28:12과 요한복음 1:51의 헬라어 구문에 대한 자세한 설명은 다음을 참고. 권해생, "야곱 모티프," 463-5.
36. P. M. Hoskins, *Jesus as the Fulfillment of the Temple in the Gospel of John* (Bucks: Paternoster, 2006), 125-35; B. Thettayil, *In Spirit and Truth: An Exegetical Study of John 4:19-26 and a Theological Investigation of the Replacement Theme in the Fourth Gospel* (Leuven: Peeters, 2007), 376-81.

땅의 사람들에게 계시하는 계시자이고, 계시 그 자체시다(3:13-19; 5:24-27; 12:31-36). 그의 죽음과 부활과 높아짐을 통해 하나님이 계시된다. 51절에서 예수님이 만약 야곱과 대비된다면, 그는 계시의 수신자로서, 그 계시를 다른 사람에게 나타내는 전달자가 되신다. 또한 그가 만약 사닥다리와 비교된다면, 그는 소통의 수단으로서 계시의 중보자가 되신다. 어떤 식으로든 예수님은 하나님이 그 백성에게 말씀하시는 장소의 역할을 하게 되신다. 즉, 하나님이 계시되는 벧엘의 역할을 하게 되신다. 예루살렘 성전이 아니라, 성육신하신 그리스도 안에서 하나님의 영광이 나타나며 말씀이 계시된다(1:14). 그러므로 예수님은 새로운 벧엘(하나님의 집), 즉 새 성전이 되신다.

※ 특주: 인자 기독론

'인자'(ὁ υἱὸς τοῦ ἀνθρώπου, *호 휘오스 투 안뜨로푸*)는 예수님의 자기 계시 표현으로, 항상 예수님의 입을 통해 말해진다. 모리스에 따르면, 사복음서(The Four Gospels)에서 인자는 대략 세 종류로 나타난다.[37] 첫째는 '나'를 지칭하는 우회적 표현으로 사용된다. 둘째는 영광 중에 오실 천상의 존재를 나타내기 위해 사용된다. 셋째는 자기 백성에게 구원을 주시기 위해 고난 받는 모습을 표현하기 위해 사용된다. 학자들은 이 표현의 기원을 '인자 같은 이'가 천상의 존재로서 신적 권위를 가지고 나타나는 다니엘 7:13-14에서 주로 찾는다. 그러나 '인자'는 사람이 되신 예수님 자신을 가리키는 일반적인 표현으로 보는 학자들도 있다. 왜냐하면 다수의 구약 본문에서 '사람'을 가리키는 일반적인 용어로 '인자'가 사용되었기 때문이다(삼상 26:19; 렘 49:18; 겔 2:1, 3, 6, 8 등).

---

37. Morris, *John*, 150-2.

따라서 모리스는 '인자'를 예수님의 신성과 인성을 함축하는 포괄적인 타이틀로 본다. 왜 예수님이 이 표현을 사용하셨는지, 그는 대략 다음의 네 가지 이유를 들어 설명한다. ① '이스라엘의 왕'이라는 타이틀과 달리, 이 '인자' 타이틀은 정치색이 옅기 때문에 예수님에 의해 채택되었을 가능성이 있다.[38] ② 다니엘서 배경에도 나오지만, 이 타이틀은 다분히 인자의 신성을 함축하고 있다. ③ 이 타이틀은 집단적 표현으로, 그 안에 하나님의 백성을 포함하고 있다. ④ 이 타이틀의 저변에는 예수님의 인성 또한 녹아져 있다.[39]

요한복음에서 '인자'는 13번 등장한다. 먼저, 예수님의 십자가를 나타낼 때 자주 쓰인다(3:14; 6:53; 8:28; 12:23, 24). 인자는 사람들에게 영생을 주시기 위해, 사람들을 대신해서 십자가에 들리시는 고난 받는 종으로 나타난다(사 52:13-53:12). 물론 이러한 인자의 고난은 동시에 인자의 영광이다. 요한복음은 독특하게 예수님의 죽음을 '들림'(lifting-up)으로 표현하는데, 이는 예수님의 십자가 죽음을 높아짐(exaltation)과 영광(glorification)의 이미지로 묘사하는 것이다(13:31-32).[40] 다른 한편, '인자'는 예수님의 신적 권위를 나타낼 때 사용된다. 인자는 하늘에서 오셔서 하늘로 돌아가시는 분으로 나타난다(3:13; 6:62). 따라서 인자는 하나님께로부터 온 하나님의 아들로서 심판하는 권세를 가지시며(5:27), 또한 영생을 주는 권한도 가지신다(6:27). 그러나 이러한 인자의 신적 사역은 그의 인적 사역에 기초한다. 그의 십자가와 부활에 근거해서 인자는 그를 믿는 자

---

38. 카슨과 쾨스텐버거도 이 가능성을 제기한다. Carson, *John*, 164; Köstenberger, *John*, 87.
39. 자세한 논의는 다음을 보라. L. Morris, *The Lord from Heaven* (London: IVP, 1974), 25-9.
40. D. Senior, *The Passion of Jesus in the Gospel of John* (Collegeville: Liturgical Press, 1991), 34. 좀 더 자세한 논의는 3:13-15 주해 참고.

에게는 영생을, 믿지 않는 자에게는 심판을 주신다. 그러므로 '인자'는 하나님 아들이면서 동시에 고난 받는 종이신 예수님의 정체성을 효과적으로 드러내는 메시야 타이틀이다. 그의 신성과 인성을 포괄적으로 나타내는 예수님의 자기 계시 표현이다.

※ 특주: 진실로 진실로(*아멘 아멘*)

'진실로 진실로'(1:51)는 헬라어 ἀμὴν ἀμήν(*아멘 아멘*)의 번역이다. 구약에서는 언약이 선포될 때, 백성들이 *아멘*으로 화답한다(느 5:13; 렘 11:5). 또한 하나님을 찬송할 때, *아멘*으로 화답한다(느 8:6). 이와 비슷하게 세 개의 시편은 그 마지막을 두 번의 *아멘*으로 끝맺고(시 41:13; 72:19; 89:52), 한 개의 시편은 한 번의 *아멘*으로 끝낸다(106:48). 바울과 다른 신약 저자들도 또한 하나님 혹은 예수님에 대한 찬양을 *아멘*으로 끝맺는다(예. 롬 1:25; 9:5; 11:36; 갈 1:5; 엡 3:21; 히 13:21; 벧전 4:11). 일반적으로 유대 전통에서 *아멘*이라는 말은 원래 맹세나 기도, 혹은 찬양의 말미에 사용되었다. 그래서 그 맹세한 내용, 기도한 내용, 찬양한 내용이 진실하며, 그 내용에 긍정적으로 화답하기 위해 *아멘*이 사용되었다.[41]

그러나 예수님은 말미가 아니라 말씀을 처음 시작하실 때 이 표현을 사용하신다. 다른 복음서에서 예수님은 하나의 *아멘* 형식(single Amen formula)을 사용하시는데 반해, 요한복음에서는 항상 이중 *아멘* 형식(double Amen formula)을 사용하신다. 이러한 이중 *아멘* 형식은 요한복음에서 25회나 등장한다. 아마도 예수님은 이 표

41. Michaels, *John*, 134-5.

현을 통해 그의 말씀이 중요하거나, 믿을 만하다는 것을 강조하셨던 것 같다.[42] 링컨은 이 표현을 법정적 배경 속에서 이해하려 한다. 예수님은 자신의 증언이 신빙성 있다는 것을 강조하시기 위해, 맹세의 의미로 이 표현을 사용하셨다는 것이다.[43] 한편 이 *아멘* 형식이 예수님의 신성을 드러낸다는 주장도 있다.[44] 구약에서 선지자들은 자주 "하나님이 말씀하신다"(Thus says the Lord)로 그의 예언을 시작했는데, 예수님은 "진실로 진실로 내가 너희에게 말한다"(Amen, amen, I say to you)라고 하신다. 다시 말하면, 그 자신의 권위로 말씀하신다. 또한 예수님은 구약을 의지하지 않고, 자주 그 자신의 독립적 권위에 근거하여 제자들에게 교훈을 주실 때, 이 *아멘* 형식을 사용하신다. 예수님이 주체적으로 그의 교훈을 주실 때, *아멘* 형식을 사용하신다. 이는 *아멘* 형식이 단순히 예수님의 말씀의 강조를 넘어, 그의 신적인 위치를 드러내는 용도로 쓰인다는 말이다.

그러므로 위에 언급된 내용을 종합해 볼 때, 우리는 요한복음이 사용하는 예수님의 이중 *아멘* 형식의 기능을 짐작할 수 있다. 이중 *아멘* 형식은 예수님의 말씀의 진실성, 그리고 그의 신적 권위를 드러낸다. 그리하여 그의 말씀이 믿을 만한 것임을 강력히 나타내고 있다.

교훈과 적용

1. 우리는 예수님의 중보를 믿는 새 이스라엘이다. 인자이신 예수님은 하늘과 땅을 연

42. Carson, *John*, 162.

43. Lincoln, *Truth on Trial*, 30-1.

44. D. Doriani, "Jesus Use of Amen," *Presbyterian* 17, no. 2 (1991), 125-7.

결하시는 분이다. 하늘의 계시를 사람에게 전달하셔서, 계시를 받은 사람들이 새로운 하나님의 이스라엘이 되게 하신다. 예수님의 말씀은 하늘과 땅을 잇는 역할을 한다. 예수님의 죽음과 부활은 하나님과 사람을 이어주는 사건이다. 이러한 예수님의 중보를 통해 우리는 하나님의 백성이 된다. 하나님이 지키시고, 하나님이 인도하시는 새로운 이스라엘이 된다.

2. 우리는 예수님의 다스림을 받는 새 이스라엘이다. 예수님은 새로운 시대, 새로운 나라를 여실 이스라엘의 임금이시다. 그를 믿는 자들을 하나님의 은혜의 풍성함으로 채우실 하나님의 메시야시다. 그러므로 예수님을 믿을 때, 우리는 예수님을 왕으로 섬기는 새 이스라엘 백성이 된다. 예수님이 다스리시고 예수님이 책임지시는 새로운 나라 백성이 된다. 이러한 소속감과 자존감을 가지고 세상에서 예수님의 명령을 따라 살아야 한다.
3. 우리는 예수님의 다시 오심을 기다리는 새 이스라엘이다. 예수님은 메시야를 기다리던 나다나엘을 참 이스라엘 사람이라 칭찬하셨다. 정치와 경제와 사회가 불안한 1세기 팔레스타인 상황 속에서 나다나엘은 고독한 기다림의 삶을 살았다. 오랜 기다림 중에서도 포기하지 않고 메시야를 기다렸다. 오늘날 한국 사회와 교회의 상황이 아무리 어렵고 힘들더라도, 우리는 다시 오실 예수님을 기다려야 한다. 신앙생활이 아무리 외롭고 지치더라도, 우리는 메시야를 기다리는 믿음을 포기해서는 안 된다.

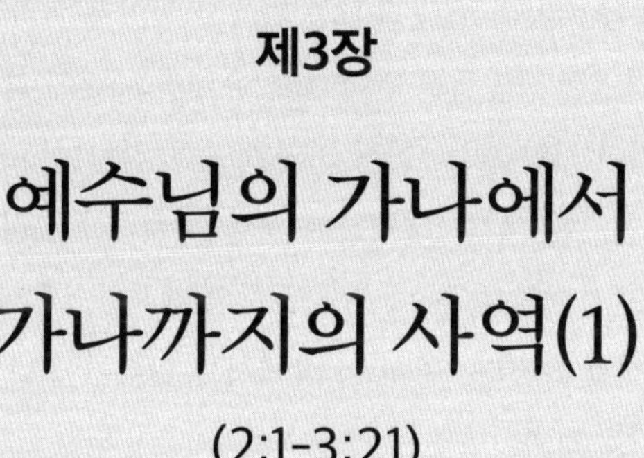

제3장

예수님의 가나에서 가나까지의 사역(1)

(2:1-3:21)

본문 개요

요한복음은 예수님의 초반부 사역(2:1-4:54)을 '가나에서 가나까지'라는 독특한 사이클을 통해 기술하고 있다. 즉 첫 부분에서 가나 혼인잔치(2:1-12)를 이야기하고, 끝부분에 가나에서 왕의 신하의 아들을 고친 사건(4:46-54)을 배치시킨다. 처음 사건을 첫 표적이라 하고, 마지막 사건을 갈릴리에서 돌아온 후 행하신 두 번째 표적이라 밝힌다. 이러한 수미상관의 구조를 통해, 독자들은 요한복음 저자가 어떤 의도를 가지고 있었음을 짐작할 수 있다. 여기서 예수님은 다양한 사람들을 만나신다: 유대인들(혼인 잔치 사람들)과 비유대인들(사마리아 사람들), 사회적 지위가 높은 사람(니고데모)과 낮은 사람(사마리아 여인), 예수님을 대적하는 사람들(예루살렘 사람들)과 옹호하는 사람(세례 요한). 이를 통해 예수님의 자기 계시와, 그 계시에 대한 사람들의 반응을 소개하고 있다.[1] 먼저 이 장에서는 앞부분에 나와 있는 세 에피소드를 살펴보기로 하자.

내용 분해

1. 예수님의 가나 혼인 잔치에서의 첫 번째 표적(2:1-12)
   1) 표적으로 가는 믿음(2:1-5)
   2) 표적을 행하심(2:6-10)
   3) 표적과 영광(2:11-12)
2. 예수님의 성전 정화 사건(1)(2:13-17)
   1) 유월절과 성전 정화(2:13)

---

1. F. J. Moloney, *The Gospel of John*, SP (Collegeville: Liturgical Press, 1998), 63-4.

2) 예수님의 분노와 성전 정화(2:14-16)

3) 예수님의 열심과 성전 정화(2:17)

3. 예수님의 성전 정화 사건(2)(2:18-22)

1) 성전 파괴와 재건축(2:18-20)

2) 성전이신 예수님(2:21-22)

4. 예수님의 성전 정화 사건(3)(2:23-25)

1) 사람들의 믿음(2:23)

2) 예수님의 불신(2:24-25)

5. 예수님과 니고데모(1)(3:1-8)

1) 하나님께로부터 오신 선생 예수님(3:1-2)

2) 하나님 나라를 가르치시는 선생 예수님(3:3-5)

3) 성령에 의한 출생의 비밀을 설명해 주시는 선생 예수님(3:6-8)

6. 예수님과 니고데모(2)(3:9-15)

1) 이스라엘의 선생 니고데모(3:9-10)

2) 땅의 일을 말씀하시는 예수님(3:11-13)

3) 뱀처럼 들림 받으시는 인자 예수님(3:14-15)

7. 예수님과 니고데모(3)(3:16-21)

1) 하나님이 아들을 세상에 보내신 목적(3:16-17)

2) 하나님의 아들을 믿는 자와 믿지 않는 자(3:18-21)

본문 주해

1. 예수님의 가나 혼인 잔치에서의 첫 번째 표적(2:1-12)

1 사흘째 되던 날 갈릴리 가나에 혼례가 있어 예수의 어머니도 거기 계시
고 2 예수와 그 제자들도 혼례에 청함을 받았더니 3 포도주가 떨어진지라
예수의 어머니가 예수에게 이르되 저들에게 포도주가 없다 하니 4 예수
께서 이르시되 여자여 나와 무슨 상관이 있나이까 내 때가 아직 이르지 아
니하였나이다 5 그의 어머니가 하인들에게 이르되 너희에게 무슨 말씀을
하시든지 그대로 하라 하니라 6 거기에 유대인의 정결 예식을 따라 두세
통 드는 돌항아리 여섯이 놓였는지라 7 예수께서 그들에게 이르시되 항아
리에 물을 채우라 하신즉 아귀까지 채우니 8 이제는 떠서 연회장에게 갖
다 주라 하시매 갖다 주었더니 9 연회장은 물로 된 포도주를 맛보고도 어
디서 났는지 알지 못하되 물 떠온 하인들은 알더라 연회장이 신랑을 불러
10 말하되 사람마다 먼저 좋은 포도주를 내고 취한 후에 낮은 것을 내거늘
그대는 지금까지 좋은 포도주를 두었도다 하니라 11 예수께서 이 첫 표적
을 갈릴리 가나에서 행하여 그의 영광을 나타내시매 제자들이 그를 믿으
니라 12 그 후에 예수께서 그 어머니와 형제들과 제자들과 함께 가버나움
으로 내려가셨으나 거기에 여러 날 계시지는 아니하시니라

예수님이 가나 혼인 잔치에서 물을 포도주로 만드신 사건은 그가 어떤 분이신지를 드러내는 요한복음의 첫 표적이다. 흔히 이 본문을 '순종'이라는 관점에서 해석한다. "너희에게 무슨 말씀을 하시든지 그대로 하라"(5절)는 예수님의 어머니의 말씀에 기초해 순종을 강조한다. 그러나 본문의 첫 번째 초점은 거기에 있지 않다. 본문의 초점은 예수님이 누구신지를 드러내는 기독론적 계시에 있다. 예수님은 이 표적을 통해 자신을 단순히 기적을 행하는

자(miracle-worker)가 아니라, 새 창조의 하나님 나라를 세울 메시야로 나타내신다.[2] 자신이 하나님의 영광을 드러내는 하나님의 아들이라는 것을 보여주신다. 물론 그렇다고 여기서 순종이 중요하지 않다는 뜻은 아니다. 순종을 통해 놀라운 예수님의 표적이 나타난다. 예수님은 그의 뜻을 사람의 순종을 통해 나타내신다. 다만, 본문이 말하는 중심 메시지를 먼저 주목할 필요가 있다.

1) 표적으로 가는 믿음(2:1-5)

'사흘째 되던 날'(1절)이라는 표현은 앞선 단락에 나오는 '이튿날'(1:43)이라는 표현과 함께 두 이야기—예수님이 나다나엘을 부르시는 사건과 물을 포도주로 만드신 사건—가 서로 연관이 있음을 암시하고 있다. 다시 말하면, 예수님과 나다나엘의 대화에 나온 예수님의 정체성이 가나 혼인 잔치에서 물을 포도주로 만드신 사건을 통해 증명된다. '하나님의 아들'이시요, '이스라엘의 임금'(1:49)이신 예수님은 물을 포도주로 만드심으로 자신의 정체성을 드러내신다. 또한 예수님이 나다나엘에게 약속하신 '더 큰일'(1:50)이 가나에서 행하신 표적과 연결된다는 것을 보여준다.

카슨에 따르면, 요한복음의 시간 표시는 1:19부터 이 단락까지 독특하게 나타난다.[3] 1:19-2:11은 독특한 연속적 시간 구조를 가지고 있다. '이튿날'이라는 말이 세 번에 걸쳐 등장하고(1:29, 35, 43), 마침내 2:1에서 '사흘째 되던 날'이라는 표현이 나온다. 다시 말하면, 첫째 날에는 세례 요한과 예루살렘에서 온 자들의 대화가 있었고(1:19-28), 둘째 날에는 세례 요한과 예수님의 만남이 있었고(1:29-34), 셋째 날에는 안드레와 무명의 다른 제자가 예수님과 함께 묵었고(1:35-39), 넷째 날에는 안드레가 베드로를 예수님께 데려오

---

2. 요한복음에 나오는 새 창조 모티프에 대해서는 다음을 참조. 권해생, "요한복음의 새 창조 모티프: 표적, 십자가와 부활, 성전," 「신약연구」 16/4 (2017), 135-75.

3. Carson, *John*, 167-8

고(1:40-42), 다섯째 날에는 예수님이 나다나엘을 만나고, 마침내 일곱째 날(사흘째 되던 날)에 가나에서 물을 포도주로 만드신다(2:1-11). 이러한 시간 순서를 통해 예수님의 사역이 가나에서 정점에 이른 듯한 느낌을 준다. 7일이라는 창조 사이클을 통해, 1:19-2:11에 나오는 예수님의 사역이 새 창조 사역과 관련 있다는 것을 보여준다.[4]

그러나 셋째 날과 넷째 날의 구분이 약간 모호하다. 다시 말하면, 1:40에는 '이튿날'이라는 표현이 없다. 그럼에도 불구하고, '그날 함께 거하니'(1:39)라는 말은 두 제자가 그날 하루를 예수님과 함께 있었다는 것을 시사한다. 따라서 안드레가 그의 형제 베드로를 예수님께 데리고 간 것(1:40-42)은 그 다음날 일어난 것으로 보는 것이 자연스럽다. '열 시'(1:39)는 유대 시간으로 하면, 오후 4시쯤일 것이고, 로마 시간으로 하면, 오전 10시 혹은 오후 10시일 것이다. 아마도 안드레는 그날 하루를 예수님과 보내면서 그가 메시야라는 것을 확신했던 것 같다. 그래서 다음날 시몬을 찾아가 메시야를 만났다고 하며, 그를 예수님께 데리고 갔던 것이다. 물론 1:39와 1:40에 다음 날을 뜻하는 명확한 언급이 없기 때문에, 위와 같은 설명을 반대하는 학자들도 있다. 그러나 마가복음이 다양한 시간 표시를 불규칙적으로 사용하는 데 비해(그때에, 수일 후에, 그날에, 이튿날 등), 요한복음은 '이튿날'이라는 말을 규칙적으로 반복한다는 사실에 주목할 필요가 있다(1:29, 35, 43). 따라서 카슨의 주장이 전혀 가능성이 없는 것은 아니다.[5]

---

4. Köstenberger, *John*, 53; Morris, *John*, 114; Carson, *John*, 168.

5. 몇몇을 제외한, 많은 요한 신학자들은 카슨의 주장에 좀처럼 동의하지 않는다. Whitacre, *John*, 78; Lincoln, *John*, 126; Kruse, *John*, 93; Borchert, *John 1-11*, 153; Keener, *John 1*, 495. 특히 브라운은 아주 일찍부터 이러한 주장에 반대 의사를 분명히 밝힌다. Brown, *John I-XII*, 106; 그러나 각주 4에서 보듯 카슨, 모리스, 쾨스텐버거 등은 여전히 이런 주장을 지지한다. 즉, 창조 사이클을 통해 가나 혼인 잔치의 상징적 의미를 해석하려 한다. 심지어 보컴은 가나 혼인 잔치를 창조 사이클로 해석할 뿐만 아니라, 요한복음 후반부에 나오는 예수님의 고난과 부활도 창조 사이클로 이해하려 한다. Bauckham, *Gospel of Glory*, 132-5.

다른 한편, 클링크는 '사흘째 되던 날'(1절)이 6일째 되는 날이라고 주장하면서 예수님의 창조 사역을 설명한다.[6] 클링크는 1:39과 1:40 사이에는 '이틀날'이라는 시간 표시가 없기 때문에 2:1에 나오는 '사흘째 되던 날'은 6일째 되는 날로 보는 것이 더 적절하다고 한다. 또한 창세기 창조가 6일 동안 이루어졌기 때문에 요한복음의 6일은 첫 창조와 유비를 이루는 예수님의 새 창조 사역을 가리키는 것이라 한다. 물론 모든 것이 일대일로 유비를 이루는 것은 아니다. 첫 창조의 절정인 '사람'의 창조는 이미 예수님의 성육신을 통해 나타났다(1:14). 예수님은 하나님을 보여주는 하나님의 형상이신데(1:18), 요한복음 후반부에서 세상에 '사람'으로 공개적으로 선언되셨다(19:5). 따라서 클링크에 따르면, 요한복음은 바로 영원한 안식(7일째 되는 날)에 앞서 예수님의 6일 동안의 창조 사역을 다룬다.

'사흘째 되던 날'이 6일째를 가리키든, 7일째를 가리키든 요한복음이 새 창조 모티프에 깊이 뿌리 내리고 있으며, 가나 혼인 잔치 사건이 새 창조와 관련이 있다는 사실은 좀처럼 부인하기 힘들다. 설사 요한복음 저자가 카슨이나 클링크가 말한 시간 배열을 전혀 의도하지 않았더라도, 물을 포도주로 만든 표적 자체가 새 창조의 의미를 담고 있다. 물을 전혀 다른 성질의 포도주로 만든 사건은 일종의 창조 행위이기 때문이다. 또한 정결 예식을 위한 여섯 항아리의 물을 포도주로 만드심으로, 예수님은 '여섯'이 상징하는 미완성의 질서를 완성하시는 새 질서의 창조자라는 것을 보여주신다. 1장에서 예수님은 빛으로 새 창조 사역을 하신다(1:5). 또한 그의 이름을 믿는 자들에게 새로운 출생이 있게 된다(1:12). 3장에서 예수님은 이러한 새 창조로서의 영적 출생이 물과 성령으로 가능하다고 하신다(3:5). 비단 1장과 3장뿐만 아니라, 요한복음 전체에 나타나는 새 창조 모티프는 2장에 나오는 새로운 질서의 창조자로서 예수님의 모습을 더욱 강조한다. 특히, 몇몇 학자들은 '사흘

6. Klink III, *John*, 160-2.

째 되던 날'(1절)과 예수님의 부활을 의미하는 '사흘 동안에'(19절)를 연결시킨다. 이미 예수님의 부활을 알고 있던 제자들은 두 본문을 보면서, 자연스럽게 예수님의 부활을 떠올렸을 것이라 추측한다.[7]

본문이 누구의 혼례인지를 정확하게 밝히지 않기 때문에, 우리는 이 혼례를 치르는 가정을 잘 알 수 없다. 그럼에도 불구하고, 예수님의 어머니가 포도주가 떨어진 것에 대해 적극적으로 대처하는 모습은 혼주와 예수님의 가족이 밀접한 관계에 있었음을 보여준다. 그녀는 포도주가 떨어졌음을 예수님께 알린다(3절). 예수님의 어머니는 왜 이렇게 하였을까? 또한 예수님의 거절 이후에도 지속적인 믿음을 보인다(5절). 여기서 예수님의 어머니의 믿음을 너무 부각시키거나, 혹은 반대로 그녀의 믿음을 간과하고 단순히 아들에게 상황 전달을 하였다는 주장도 있다. 그러나 본문은 분명히 그녀의 믿음의 행동을 이야기하는 것 같다. 다만 그녀의 믿음도 예수님의 어머니의 우월한 위치에서 나오는 어떤 특별한 믿음이 아니라, 제자들의 믿음(11절)의 한 전형으로 보아야 한다.

예수님은 이 사건에 개입하시는 것을 꺼리신다(4절). '여자여'(γύναι, *귀나이*)라는 표현은 비하하는 호칭은 아니다. 십자가에서도 예수님은 그의 어머니를 이렇게 부르시고(19:26), 사마리아 여인(4:21)과 막달라 마리아에게도(20:13, 15) 동일한 호칭을 사용하신다. 이 호칭이 존중의 의미를 가지고 있지만, 이것을 자신의 어머니에게 사용하는 것은 자연스럽지 않을 뿐더러, 당시에 이런 용례를 찾기 힘들다. 그렇다면 예수님은 왜 이 호칭을 사용하셨을까? 아마도 그녀가 자신을 아들이 아니라 기적을 행하는 분으로 여기자, 예수님 자신도 아들이 아니라 주님으로서 그녀를 대한 것일 수 있다.[8]

'때'(ὥρα, *호라*)(4절)는 요한복음에서 시사하는 바가 크다. 브라운은 두 가

---

7. Keener, *John 1*, 498.

8. Keener, *John 1*, 505.

지 기준으로 요한복음에 나오는 때(*호라*)의 용례를 나눈다.[9] 첫째는 때(*호라*)가 이미 임했는지(12:23, 27; 13:1; 17:1), 혹은 앞으로 임할 것인지(2:4; 4:21, 23; 5:25, 28-29; 7:30; 8:20; 16:2, 25, 32)에 따라 나뉜다. 둘째는 정관사(혹은 인칭 대명사 소유격)가 쓰였는지의 유무에 따라 나뉜다. 정관사(혹은 인칭 대명사의 소유격)가 붙은 때(*호라*)는 대부분 예수님의 죽음-부활-승천의 때를 가리킨다(2:4; 7:30; 8:20; 12:23; 13:1; 17:1). 정관사 없이 사용된 때(*호라*)는 신자들에게 미치는 그의 때(*호라*)의 결과를 의미한다(4:21; 5:28-29; 7:39; 16:2, 25; 20:22). 한편, 요한복음의 때(*호라*)는 다분히 그의 죽음에 강조점이 있는 것이 사실이다.[10] 예수님의 죽음이 요한복음의 때(*호라*)를 해석할 수 있는 해석학적 열쇠가 된다. 그러므로 4절에 나오는 예수님의 때(*호라*)는 그의 죽음과 부활, 승천을 포괄하는 의미이지만, 다분히 그의 죽음을 강조하고 있다고 볼 수 있다.

2) 표적을 행하심(2:6-10)

'유대인의 정결 예식'(6절)은 아마도 유대의 율법과 전통에 따라, 아마도 손을 씻는 것을 의미할 것이다(참고. 막 7:3-4).[11] 예수님은 여섯 개의 돌 항아리에 물을 채우게 하신 후, 그것을 포도주로 바꾸신다. 연회장은 신랑이 이전 포도주보다 더 좋은 포도주를 내어 놓았다고 칭찬한다. 우리는 여기서 이러한 예수님의 기적이 가지는 3가지 상징적 의미를 생각해 볼 수 있다.

첫째, 메시야의 시대, 즉 풍성한 기쁨의 나라가 도래하였다는 것을 상징한다. 브라운에 따르면, 포도주와 혼인 잔치는 메시야 시대를 상징한다.[12] 혼

---

9. Brown, *John I-XII*, 517-8.

10. H. C. Orchard, *Courting Betrayal: Jesus as Victim in the Gospel of John*, LNTS (London: Continuum, 1998), 106-9. Contra G. C. Nicholson, *Death as Departure: The Johannine Descent-Ascent Schema*, SBLDS 63 (Chico: Scholars Press, 1983), 147-8.

11. Klink III, *John*, 166.

12. Brown, *John I-XII*, 104-5.

인은 구약에서 메시야의 날들과 관련이 있다(사 54:4-8; 62:4-5). 예수님도 혼인 잔치 혹은 잔치를 예로 들며 그의 나라를 설명하셨고(마 22:1-14; 눅 22:16-18), 요한계시록은 메시야가 재림하는 시대를 혼인 잔치로 묘사한다(계 19:9). 포도주 또한 구약과 유대 문헌에서 종말의 풍성한 구원과 기쁨을 나타낼 때 사용된다(암 9:13-14; 호 14:7; 렘 31:12; 에녹1서 10:19; 제2바룩서 29:5). 이와 같이, 포도주와 혼인 잔치는 풍성한 구원, 즐거운 축제를 상징한다. 따라서 가나 혼인 잔치 기적은 메시야가 세우실 하나님 나라에서 그의 백성들이 풍성한 구원을 누리며, 기쁨으로 즐거워하게 될 것이라는 것을 보여준다. 예수님은 우리에게 풍성한 구원과 기쁨의 나라를 선물하시는 하나님의 아들, 메시야시다. 특히, 당시 중근동 문화에서 혼인 잔치에 포도주가 떨어진 것은 혼주에게 여간 난처하며 부끄러운 상황이 아니었다.[13] 명예를 중시하는 당시 사회에서 만약 포도주가 떨어져 잔치가 파행되었다면, 아마도 이 일은 두고두고 마을 사람들에게 회자되며, 혼주와 그 가족은 많은 수치를 당했을 것이다. 예수님은 바로 그러한 난처한 상황을 해결하시며 수치를 기쁨으로 바꾸셨다. 예수님 나라에는 부끄러움이 사라지고 풍성한 기쁨이 충만할 것을 보여주신 것이다.

둘째, 메시야 나라는 새 창조를 통해 이루어질 것이다. 앞서 가나 혼인 잔치 사건은 1:19부터 이어지는 단락들과의 관계 속에서 이해되어야 한다는 것을 살펴보았다. 다시 말하면, 물을 포도주로 만드는 기적은 새 창조 사이클 속에서 이해되어야 하며, 이 기적은 예수님이 새 창조의 시행자라는 것을 보여준다. 이런 면에서 유대 정결 예식을 위한 여섯 항아리는 옛 질서의

---

13. B. Witherington III, *The Gospel Code: Novel Claims About Jesus, Mary Magdalene and Da Vinci* (Downers Grove: IVP, 2004), 28; T. Keller, *Encounters with Jesus: Unexpected Answers to Life's Biggest Questions* (New York: Penguin, 2013), 59. 두란노 역간, 『팀 켈러의 인생질문』.

미완성을 상징한다는 주장이 있다.[14] 옛 질서 혹은 옛 전통을 상징하는 여섯 개 물 항아리에 든 물을 기쁨의 잔치를 위한 포도주로 만드신 것은 예수님의 새 창조 행위에 속한다는 것이다. 예수님을 통해서 유대 정결 예식이 성취되고, 옛 창조 질서가 새 창조의 시대로 변화된다는 말이다. 물이 포도주로 변하듯이, 예수님을 통해 사람들이 새롭게 변하고, 새롭게 창조된다는 뜻이다.

셋째, 메시야를 통해 세워지는 새로운 나라는 십자가와 부활을 기초로 한다. 예수님은 자신의 때가 있음을 언급하시며 그의 죽음을 암시하신다(4절). 본 단락은 표적이라는 말이 처음 등장하는 곳이다. 요한복음에서 가장 큰 표적, 즉 표적의 절정은 십자가와 부활이다. 따라서 요한복음 독자들은 표적이라는 말을 통해 예수님의 십자가와 부활을 떠올릴 수 있었을 것이다. 그리고 이 단락 제일 처음에 등장하는 '사흘 째 되던 날'은 정확하게 일치하는 말은 아니지만, 부활의 때를 가리키는 '사흘 동안에'(19절)와 연결될 수 있다. 이와 같이 가나 혼인 잔치 사건에는 예수님의 십자가와 부활을 암시하는 표현들이 있다. 이것은 예수님이 세우시는 나라, 새 창조의 메시야 나라는 예수님의 십자가와 부활을 통해 이루어진다는 것을 보여준다. 십자가와 부활을 믿는 사람들이 생명을 얻고 새롭게 창조된다는 말이다.

3) 표적과 영광(2:11-12)

앞서 서론에서 밝힌 대로, 요한복음에서 예수님의 기적은 주로 '표적'이라 일컬어진다. 이는 예수님 사건이 단순히 신적 능력을 나타내는 것이 아니라, 그 사건이 어떤 계시를 함의하고 있다는 말이다. 물을 포도주로 만든 사건이 구체적으로 무엇을 상징하는지는 앞서 살펴보았다. 이 구절에서는 또한 표적과 영광을 연결시킨다. '영광'은 구약에서 능력으로 임하시는 하나님의 현현

---

14. Moloney, *John*, 68.

(visible presence)을 의미했다(출 16:7-10).[15] 이러한 신적 영광은 또한 메시야가 가져올 종말 시대의 표시이기도 하다(솔로몬의 시편 17:32). 그래서 이러한 영광은 예수님의 성육신에 나타났다(1:14). 이후에는 표적 사건에(2:11; 11:4, 40), 그리고 죽음과 부활 사건에(7:39; 12:16, 23; 13:31-32), 예수님의 영광이 나타난다. 요컨대, 물을 포도주로 만든 예수님의 기적은 크게 두 가지 면에서 계시의 성격을 지닌다. 먼저, 예수님이 하나님의 아들, 메시야시라는 것을 보여준다. 이 표적은 예수님의 메시야적 영광을 나타낸다. 둘째, '표적'과 '영광'은 예수님의 기적이 그로 말미암아 도래하는 새 시대를 상징하고 있음을 보여준다. 예수님으로 말미암는 새 창조, 새 언약의 시대를 보여준다.

한편, 예수님이 표적과 영광을 나타내셨지만, 모든 사람이 믿음으로 반응한 것은 아니었다. 하인들은 기적을 보았지만 표적을 깨닫지 못했다. 연회장과 하객들은 더 좋은 포도주를 맛보았지만 하나님의 영광을 보지 못했다. 본문은 제자들만이 믿음에 이르렀다고 말한다. 이는 예수님의 표적의 목적이기도 하다. 예수님이 표적을 보이신 것은 사람들의 믿음을 위함이요, 믿고 영생을 얻게 하기 위함이다(20:30-31).

교훈과 적용

1. 물을 포도주로 만드신 것은 메시야 나라의 시작을 의미한다. 예수님은 메시야로 오셔서 자신의 백성을 풍성한 잔치로 인도하신다. 메시야 나라에서 그 백성은 기쁨을 누리게 될 것이다. 예수님은 물을 포도주로 바꾸심으로 그의 나라가 풍성한 기쁨의 나라가 될 것임을 보여주신다. 그러므로 우리는 현실에서 때로 고통이 찾아올지라도, 메시야가 이루실 풍성한 기쁨의 나라를 고대하며, 믿음으로 현재에도 그 기쁨을 맛보며 살아야 한다.
2. 물을 포도주로 만드신 것은 새로운 창조의 시작을 의미한다. 첫 창조가 하나님의 말씀으로 태초에 이루어졌다면, 이제는 예수님의 말씀으로 새 창조가 일어난다. 예수님의 말씀을 믿었을 때, 놀라운 창조의 은혜를 맛볼 수 있었다. 불완전한 옛 창조

---

15. Keener, *John 1*, 516.

질서가 예수 그리스도 안에서 새 창조의 놀라운 은혜로 변화되었다. 그러므로 우리는 세상을 새롭게 하시고, 사람을 새롭게 하시는 예수님만을 바라보자. 예수님 안에서 날마다 새로워지는 새 창조의 은혜를 누리자.

3. 물을 포도주로 만드신 것은 새로운 나라와 새로운 창조가 예수님의 십자가와 부활을 통해 시작된다는 것을 의미한다. 예수님의 나라와 새 창조는 모든 사람에게 열려 있지만, 모든 사람이 참여할 수 있는 것은 아니다. 심지어 기적을 보고 경험했다고 해서 그 나라 백성이 되는 것도 아니다. 오직 예수님의 십자가와 부활을 믿는 자만이 새롭게 창조된다. 예수님의 십자가 안에서 죽고, 예수님의 부활을 통해 영적으로 살아난 자만이 그 나라 백성이 될 수 있다. 그러므로 우리는 참된 믿음으로 예수님의 십자가와 부활만을 의지하는 예수님의 나라 백성이 되도록 하자.

2. 예수님의 성전 정화 사건(1)(2:13-17)

13 유대인의 유월절이 가까운지라 예수께서 예루살렘으로 올라가셨더니
14 성전 안에서 소와 양과 비둘기 파는 사람들과 돈 바꾸는 사람들이 앉아
있는 것을 보시고 15 노끈으로 채찍을 만드사 양이나 소를 다 성전에서 내
쫓으시고 돈 바꾸는 사람들의 돈을 쏟으시며 상을 엎으시고 16 비둘기 파
는 사람들에게 이르시되 이것을 여기서 가져가라 내 아버지의 집으로 장
사하는 집을 만들지 말라 하시니 17 제자들이 성경 말씀에 주의 전을 사모
하는 열심이 나를 삼키리라 한 것을 기억하더라

다른 복음서들이 모두 예수님의 성전 정화 사건을 후반부에 배치한 것에 반해(마 21:12-13; 막 11:15-17; 눅 19:45-46), 요한복음은 이 사건을 책의 앞부분에 기록한다. 이는 예수님의 성전 되심을 강조하는 요한복음의 기록 목적과 무관치 않다. 요한복음은 예수님이 예루살렘 성전을 대신하는 새 성전이심을 초반부에 분명히 드러내며, 그가 하나님의 아들이심을 개진해 나간다.

1) 유월절과 성전 정화(2:13)

'유대인의 유월절'(13절)이라는 표현은 얼핏 이상해 보인다. 유월절이 유대인의 명절인 것은 당연한데, 왜 굳이 '유대인의'라는 수식어를 붙였을까? 여기에 대해서는 몇 가지 설명이 가능하다. 첫째, 요한복음 저자가 이방인 독자를 염두에 두고 유월절을 설명하는 것일 수 있다.[16] 서론에서 밝힌 바와 같이, 요한복음 수신자들은 유대인과 이방인의 연합으로 이루어졌기 때문에, 이방인들에게 친절하게 유대인의 명절을 소개했을 것이다. 둘째, 요한복음이 부활 후 기독교적 관점에서 써졌기 때문에 '유대인의'이라는 말이 나왔을 것이라 주장하는 학자들도 있다. 유월절은 유대인의 절기일 뿐이고, 이 절기가 예수님 안에서 완성되었음을 암시하고 있는 듯하다.[17] 셋째, 카슨의 주장은 좀 독특한데, 여기서 '유대인'이라는 말은 유대(Judea) 지역 거주민들을 가리킨다고 한다.[18] 유월절은 유대에 있는 성전에서 기념되었기 때문에, 유대 지역 밖에 있는 사람들은 유월절을 지키러 유대(예루살렘)로 왔다. 그리하여 이러한 순례자들에게 유월절은 유대 지역에서 벌어지는 유대인의 유월절이 된다. 그러나 '유대인의'라는 수식어는 이 구절에만 나오는 것이 아니라, 요한복음 여기저기에 등장하여 유대적인 전통이나 특성, 그리고 유대 민족을 설명하고 있다(2:6; 5:1; 18:33; 19:21, 42 등). 따라서 카슨의 설명이 그렇게 설득력 있어 보이지는 않는다.

신명기 16:16에 따라, 모든 유대인 남자는 유월절(무교절), 칠칠절, 초막절을 지키러 예루살렘을 방문해야 했다. 요한복음에서 예수님은 그의 공생애 기간에 유월절을 세 번 지내신 것으로 묘사된다. 본문은 첫 번째 유월절을 가리키는데, 두 번째 유월절은 6:4에서 언급되고, 11:55 이후는 세 번째 유월절에 해당된다. 특히, '유월절'은 요한복음에서 예수님의 죽음과 밀접한 관

---

16. Morris, *John*, 169.
17. Borchert, *John 1-11*, 162.
18. Carson, *John*, 176.

계가 있다(2:13, 23; 6:4; 11:55; 12:1; 13:1; 18:28, 39; 19:14). 유월절이라는 언급은 없지만, 예수님의 시신을 꺾지 않는 모습(19:36)은 예수님이 유월절 양으로 죽으셨다는 것을 증명한다. 요한복음 저자는 이 단락의 초반부에서 유월절을 언급하며, 성전 정화가 예수님의 죽음과 관련 있음을 보여주고 있다.

2) 예수님의 분노와 성전 정화(2:14-16)

'성전 안'(14절)은 아마도 '이방인의 뜰'을 가리키는 듯하다. '소와 양과 비둘기'는 유월절을 지키기 위해 멀리서 오는 사람들을 배려하기 위한 것이었다. 원래 감람산 자락에 있는 기드론 골짜기에서 판매되었었다.[19] '돈 바꾸는 사람들'은 로마 주화를 두로의 주화로 바꾸어 주었다. 황제의 이미지가 새겨져 있는 로마 주화는 성전세를 위해 사용될 수 없었다. 그래서 당시 유대에서 통용되던 두로의 주화로 바꿀 필요가 있었다.[20] 그러나 예수님은 짐승들을 내어 쫓으시고, 돈 바꾸는 사람들의 상을 엎으셨다(15절). 예수님이 이렇게 하신 이유는 첫째, 상인들이 폭리를 취하여, 사람들에게 부정을 행했기 때문이다. 그래서 다른 복음서에는 예수님이 '강도의 소굴'이라 칭하셨다는 표현이 나온다(마 21:13; 막 11:17; 눅 19:46). 그러나 예수님의 일차적인 분노의 원인은 하나님의 성전, 특히 이방인의 예배를 위한 장소가 부적절하게 사용되었기 때문이었다.[21] 아버지의 집이 장사하는 집으로 사용되고 있었기 때문이었다(16절).

---

19. Carson, *John*, 178.

20. 모리스에 따르면, 두로 주화를 쓴 것은 주화에 있는 은의 순도가 가장 높았기 때문이지, 다른 정치적 혹은 종교적 이유 때문이 아니라고 한다. 왜냐하면 두로 주화에도 이교도 이미지가 들어있었기 때문이다. Morris, *John*, 170.

21. Köstenberger, *John*, 106.

3) 예수님의 열심과 성전 정화(2:17)

다른 복음서들은 이사야 56:7과 예레미야 7:11의 말씀을 인용한 반면에, 요한복음은 시편 69:9을 인용한다: "주의 전을 사모하는 열심이 나를 삼키리라"(17절). 다른 복음서들이 성전에 대한 심판을 강조하는 데 비해, 요한복음에서는 상대적으로 심판의 메시지는 약화된다. 시편 69편은 고통 받는 의인의 호소를 담고 있다. 적들의 공격으로부터 구원해 달라고 하나님께 호소한다. 이러한 호소는 시온과 유다의 회복에 대한 열망과 함께 나타난다. 이런 맥락에서 주의 전을 향한 열심(시 69:9)은 하나님을 향한 온전한 예배를 열망하는 것으로 해석될 수 있다. 따라서 요한복음의 성전 정화에는 하나님과의 바른 관계에 대한 열정과 예배의 회복에 대한 소망이 나타나 있다고 볼 수 있다.[22] 특히 '삼키리라'(17절)를 제의적으로 해석할 수 있다면, 예배 회복이라는 주제는 더 강화될 수 있다.[23] '삼키다'를 뜻하는 헬라어 κατεσθίω(*카테스띠오*)는 '제물을 불태우다'는 뜻으로 쓰일 때도 있다(예. 레 9:24; 왕상 18:38; 대하 7:1). 예수님은 옛 율법의 대표적인 제물인 소와 양을 성전에서 몰아내신다. 그 대신 하나님의 어린양(1:29)이신 자신을 불에 태워질 새로운 제물로 드러내신다.

다른 한편, 예수님의 성전 정화는 구약 예언의 성취로 볼 수도 있다.[24] 스가랴 14:21에는 "…그 날에는 만군의 여호와의 전에 가나안 사람이 다시 있지 아니하리라"고 언급되는데, 여기서 '가나안 사람'은 히브리어로 '상인'(잠 31:24)이라는 뜻도 가지고 있다. 예수님이 장사하는 자들을 성전에서 내쫓으신 것은 곧 이 스가랴 말씀의 성취로도 해석될 수 있다. 그리고 말라기 3:1, 3은 주께서 성전에 임하셔서, 바른 예배가 시행될 것이라고 예언한다. "…또

---

22. 이 부분은 Kwon, "Jesus as High Priest in John 17," 89-90를 요약, 정리한 것이다.

23 J. A. Dennis, *Jesus' Death and the Gathering of True Israel: The Johannine Appropriation of Restoration Theology in the Light of John 11.47-52* (Tübingen: Mohr Siebeck, 2006), 172.

24. Köstenberger, *John*, 107.

너희가 구하는 바 주가 갑자기 그의 성전에 임하시리니 곧 너희가 사모하는 바 언약의 사자가 임하실 것이라 … 그들이 공의로운 제물을 나 여호와께 바칠 것이라." 이와 같이 예수님의 성전 정화는 구약에서 예언된 종말론적 사건으로서의 성전 예배 회복과도 연결된다.

교훈과 적용

1. 예수님은 예배 회복을 위해 죽으셨다. 유월절 양으로 돌아가신 예수님은 유월절을 완성하실 뿐만 아니라, 죽음을 통해 하나님을 향한 예배가 회복되게 하셨다. 죽음을 통해 예수님은 성전으로 세워지고, 죽음을 통해 예수님은 영원한 제물이 되셨다. 그러므로 우리는 예수님의 죽음을 의지하여 하나님을 온전히 예배해야 한다. 제물 되시고, 성전 되시고, 제사장 되신 예수님만을 의지하여 하나님을 예배해야 한다.
2. 예수님은 예배 회복을 위해 분노하셨다. 성전이 잘못 사용되는 것에 대해 분노하셨다. 이방인들이 제대로 예배드릴 수 없는 상황에 분노하셨다. 예수님은 바른 예배가 시행되는 것을 열망하셨다. 우리도 예수님처럼 예배가 회복되지 못하는 상황에 대해 거룩한 분노를 가져야 한다. 한국 교회에 바른 예배가 시행되지 못하는 것을 안타까워해야 한다. 이러한 거룩한 분노와 안타까움을 가지고 교회 예배 회복을 위해 기도해야 한다.
3. 예수님은 예배 회복을 위해 예언을 성취하셨다. 하나님의 백성들 사이에 예배가 회복되는 것은 구약에 이미 예언되었다. 예수님은 이러한 구약 예언을 성취하시는 참 메시야시다. 성전을 거룩하게 하시며, 자신을 희생하여, 예배 회복이라는 예언을 성취하셨다. 그러므로 우리도 예수님이 성취하신 예배 회복을 소중히 여기며, 예배 회복을 위해 힘써야 한다. 예배가 드려지는 교회 공동체를 거룩하게 해야 하며, 참 예배가 드려질 수 있도록 겸손히 희생과 섬김의 도리를 다해야 한다.

3. 예수님의 성전 정화 사건(2)(2:18-22)

18 이에 유대인들이 대답하여 예수께 말하기를 네가 이런 일을 행하니 무
슨 표적을 우리에게 보이겠느냐 19 예수께서 대답하여 이르시되 너희가
이 성전을 헐라 내가 사흘 동안에 일으키리라 20 유대인들이 이르되 이

성전은 사십육 년 동안에 지었거늘 네가 삼 일 동안에 일으키겠느냐 하더
라 21 그러나 예수는 성전된 자기 육체를 가리켜 말씀하신 것이라 22 죽은
자 가운데서 살아나신 후에야 제자들이 이 말씀하신 것을 기억하고 성경
과 예수께서 하신 말씀을 믿었더라

1) 성전 파괴와 재건축(2:18-20)

'유대인들'(18절)은 유대의 지도자들, 특히 성전 권력자들을 지칭하는 말이다. '표적'을 보여 달라는 이유는 그들이 선지자 혹은 메시야는 신적 정당성(divine legitimation)을 가지고 일을 한다고 믿었기 때문이다.[25] 즉, 어떤 권위로 이런 일을 하는지 묻고 있는 것이다. 다른 복음서에 따르면, 사람들이 표적을 보여 달라 했을 때, 예수님은 한 번도 이에 응하시는 일이 없고(막 8:11-12), 다만 요나의 표적만을 언급하셨다(마 12:38-39). 예수님은 그러나 이때에 성전을 언급하시며 그의 죽음과 부활을 상징적으로 나타내신다. 예루살렘 성전 예배가 예수님 안에서 드려지는 예배로 대체될 것을 암시하시면서, 성전 파괴와 재건축을 말씀하신다.

여기서 '성전'(19절)을 뜻하는 ναός(*나오스*)는 성전 건물 자체를 가리키며, 성전 전체 구역을 일컫는 ἱερόν(*히에론*, 14절)과 구별된다. 다시 말하면, *나오스*는 예수님이 지성소와 성소가 있는 성전의 핵심 부분이 되신다는 것을 암시한다. 예수님은 대속죄일의 속죄 피가 뿌려지고, 하나님의 강력한 임재가 일어나는 지성소를 자신과 동일시하신다. '헐다'를 뜻하는 λύω(*뤼오*)는 '풀다'의 뜻도 있지만(막 1:7; 눅 3:16), '폭력적으로 파괴시키다'는 의미로도 사용된다(행 27:41; 엡 2:14; 벧전 3:10-12). 즉, 이는 예수님이 폭력적으로 죽임 당하실 것을 암시하기도 한다. '일으키다'(ἐγείρω, *에게이로*)는 자주 부활과 관련하여 신약에서 쓰인다(마 10:8; 막12:26; 요 5:21; 행 5:30). 그러나

25. Köstenberger, *John*, 108.

*에게이로*는 또한 '건물을 세우다'의 의미도 있다(제1에스드라서 5:43; 집회서 49:13). 그래서 유대인들은 예수님이 예루살렘 성전 건물을 다시 세우시는 것인 줄 오해했다(2:20).[26] '사십육 년'은 이 사건이 AD 27/28년경에 일어났다는 것을 가리킨다. 왜냐하면, 요세푸스에 따르면 헤롯은 BC 20/19년에 성전 재건을 시작했기 때문이다(『유대 고대사』 15.380).[27] 한편, 헤롯 성전은 AD 63년까지 완공되지 않았다. 물론, 중간 중간 건축이 중단되기도 했지만, 헤롯 성전이 그만큼 웅장하게 지어졌다는 뜻이기도 하다. 이러한 역사를 가지고 있기 때문에, 유대인들은 사흘 동안에 성전을 다시 세운다는 예수님의 말씀을 좀처럼 믿을 수 없었다.

다른 한편, 성전을 세우시는 예수님의 모습은 그의 메시야적 신분을 증명한다. 스가랴 선지자는 메시야적 인물인 '싹'이 나타나 성전을 건축할 것이라 예언했다(슥 6:12). 다른 유대 문헌도 종말론적 구원자로서 메시야를 성전을 건축하는 인물로 나타낸다(슥 6:12; 시빌의 신탁 5:422-27; 제4에스라 13:6; 미드라쉬 레위기 9:6). 따라서 사흘 만에 성전인 자신의 몸을 일으키겠다는 예수님의 말씀은 자신의 메시야적 정체성을 드러내겠다는 약속이다. 성전 정화 사건을 통해 예수님은 자신을 성전뿐 아니라, 성전 건축가 즉 메시야로 계시하신다.

2) 성전이신 예수님(2:21-22)

예수님이 자신의 육체를 성전이라고 말씀하셨다는 것(21절)은 구약의 모형이 예수님 안에서 성취되었음을 보여준다. 여기서 '육체'(σῶμα, *소마*)가 바

26. 이 부분은 Kwon, "Jesus as High Priest in John 17," 91을 요약, 정리한 것이다.

27. Lincoln, *John*, 140. 이러한 맥락에서 볼 때, 성전 정화 사건이 예수님 생애에 두 번 일어났을 가능성도 배제할 수 없다. 학계에서는 소수 의견이지만, 공생애 첫 해에 요한복음 성전 정화 사건이(AD 27/28), 그리고 셋째 해에 다른 복음서에 나오는 성전 정화 사건이 일어났을 가능성도 있다(AD 29/30). 참고. Köstenberger, *Encountering John*, 76-9.

울 서신에 나오는 그리스도의 몸으로서 교회를 가리킨다는 주장이 있다(예. 고전 6:19). 그러나 예수님 말씀의 핵심 내용은 성육신한 그의 몸이 성전이라는 것이다.[28] 예수님이 새로운 성전이 되신다는 것이다. 예루살렘 성전은 그 역할이 끝나고, 이제 새로운 성전을 통해, 새로운 예배가 드려진다는 뜻이다. 예수님은 성전 정화 사건을 통해 이스라엘의 성전 권력자들에게 심판을 선언하신다. 그리고 그의 몸을 성전으로 제시하심으로써, 새로운 참 예배에 대한 열정을 보여주신다. 참 예배는 이제부터 성전 되신 예수님 안에서 이루어질 것이라는 것을 상징적으로 보여주신다.

구약에서 성전(성막)은 크게 3가지 기능을 가진다.[29] 첫째, 성전은 하나님이 임재하시는 곳이다(출 25:8; 29:44-46). 하나님은 성전에 임재 하셔서 이스라엘과 함께하시고 동행하신다. 둘째, 성전은 하나님의 계시가 이루어지는 곳이다(출 25:22; 레 1:1; 민 12:4; 신 31:14). 성전에서 하나님은 이스라엘에게 말씀하셨다. 셋째, 성전은 하나님을 향한 제사가 드려지는 곳이다(출 29:38-43; 30:7-10). 백성을 위한 속죄의 피가 뿌려지는 곳이다. 성전에서 하나님은 이스라엘의 제사를 받으셨다. 요컨대, 성전은 하나님의 계시와 임재, 그리고 백성들의 제사가 이루어지는 곳이다. 성전을 통해 하나님은 이스라엘에게 찾아오시고, 성전을 통해 백성들은 하나님께 나아간다. 하나님과 백성들이 만나는 곳이 성전이기 때문에, 성막을 다른 이름으로 회막(Tent of Meeting)이라 하였다(출 29:42-43; 40:2).

이러한 성전의 3가지 기능은 요한복음에서 예수님을 통해 성취되고 완성된다: ① 예수님은 하나님이 임재하시는 장소이시다. 하나님이 예수님 안에 계시고, 예수님도 하나님 안에 계신다(14:10, 11). ② 또한 하나님은 예수님 안에서 말씀하시고, 예수님을 통해 계시하신다(17:8). 예수님은 하나님의 계

---

28. Morris, *John*, 175.

29. Palmer, 'Exodus and the Biblical Theology of the Tabernacle', 11-22.

시가 나타나는 장소이다. ③ 그리고 예수님을 통해 백성들은 하나님을 예배할 수 있다. 예수님은 하나님을 향한 예배가 이루어지는 장소이다(4:23-24). 따라서 하나님의 계시와 임재, 백성들의 제사가 이루어지는 예수님은 하나님의 참 성전이시다.

'성경과 예수께서 하신 말씀'(22절)은 무엇을 가리키는가? 성경은 위에서 인용된 시편 69:9을 일컫는 것 같고, 예수님의 말씀은 19절의 말씀을 의미하는 것 같다. 제자들은 예수님이 부활하신 후 성령을 받고 나서, 마침내 예수님의 말씀을 깨달은 것 같다(14:26; 16:14). 부활하신 주님이 주시는 성령이 없이는 아무도 깨달을 수 없다.

교훈과 적용

1. 예수님은 성전이시다. 성전은 하나님이 임재하시는 곳이다. 성전은 하나님의 백성이 예배하는 곳이다. 예수님은 하나님이 임재하시며, 하나님의 백성이 예배하는 성전이시다. 예수님 안에 하나님이 임재하시며, 예수님 안에서 하나님께 예배할 수 있다. 그러므로 우리는 철저하게 예수님만을 의지해야 한다. 예수님 안에서 하나님을 만나야 한다. 예수님 안에서 하나님을 예배해야 한다. 왜냐하면 예수님이 성전이시기 때문이다.
2. 예수님은 성전을 세우신 분이시다. 예수님은 죽음과 부활을 통해서 성전을 세우신 분이시다. 성전은 메시야가 오셔서 다시 건축하시기로 예언되었다. 그런데 예수님이 오셔서 성전이신 자신의 몸이 무너졌을 때, 놀라운 능력으로 그의 몸을 다시 일으키셨다. 성전이신 자신의 몸을 재건축하신 것이다. 메시야의 놀라운 능력을 보여주셨다. 그러므로 우리는 예수님이 성전이시며, 그 성전을 통해 하나님의 백성을 다스리시는 메시야이신 줄 알고, 그분의 다스림에 순종해야 한다.
3. 예수님은 성전을 확장하시는 분이시다. 예수님은 자신을 기초로 하여, 그를 믿는 자들을 성전으로 세우신다. 그러므로 예수님으로부터 교회 공동체로 성전이 확장된다. 예수님은 성령을 주셔서 그의 성전이 더욱더 지상에서 확장되게 하신다. 따라서 우리는 성령의 인도를 받아 그리스도의 복음을 전해 예수님의 성전을 더욱더 확장시켜야 한다. 예수님의 이름으로 성령 안에서 모이는 사람들이 곧 하나님의 성전이기 때문이다.

4. 예수님의 성전 정화 사건(3)(2:23-25)

23 유월절에 예수께서 예루살렘에 계시니 많은 사람이 그의 행하시는 표
적을 보고 그의 이름을 믿었으나 **24** 예수는 그의 몸을 그들에게 의탁하지
아니하셨으니 이는 친히 모든 사람을 아심이요 **25** 또 사람에 대하여 누구
의 증언도 받으실 필요가 없었으니 이는 그가 친히 사람의 속에 있는 것
을 아셨음이니라

1) 사람들의 믿음(2:23)

성전 정화 이후, 예루살렘에서 일어난 일련의 사건들을 요약적으로 설명하고 있는 단락이다. 앞부분과 같은 유월절 상황에서, 예수님은 여기에 기록되지 않은 다른 많은 표적을 예루살렘에서 행하셨고, 사람들은 그의 이름을 믿었다고 한다(23절). 표적을 보고 믿는 것을 부정적으로 볼 필요는 없다. 요한복음의 기록 목적이 표적을 통해, 독자들이 예수님을 믿도록 하는 데 있다(20:30-31). 또한 가나 혼인 잔치에서 제자들은 첫 번째 표적을 보고 예수님을 믿었다고 나와 있다(2:11). 그러나 표적을 보고 믿었다는 것이 항상 참 믿음을 뜻하느냐는 좀 더 살펴보아야 할 문제이다.

2) 예수님의 불신(2:24-25)

예수님은 표적을 보고 믿은 유대인들을 신뢰하지 않으셨는데, 왜냐하면 그들의 믿음이 가짜였기 때문이다(24절).[30] 겉으로는 사람들이 예수님을 믿는다고 하더라도, 예수님은 '사람'들의 마음을 아셨다(24, 25절). 유대 전통에서 하나님은 모든 사람의 마음을 아시고, 그들의 동기를 아신다(왕상

---

30. 일찍이 알렉산드리아의 키릴로스, 아우구스티누스, 몹수에스티아의 테오도르 등과 같은 초대 교부들도 이러한 가짜 믿음을 지적한다. Cyril of Alexandria, *John*, 96; Elowsky ed., *John 1-10*, 106.

8:39). 이는 다음에 나오는 니고데모와의 만남에서 잘 드러난다(3:3). 3장은 니고데모를 '한 사람'(3:1)으로 소개한다. 이는 2:23-25에서 '사람'의 마음을 아시는 예수님과 연결된다. 예수님은 니고데모를 아시지만, 니고데모에게 의탁하지 않으셨음을 암시한다.

한편 πιστεύω(*피스튜오*)라는 똑같은 동사가 쓰여서 대조를 이룬다. 사람들은 예수님을 믿었지만(ἐπίστευσαν, *에피스튜산*-아오리스트/부정과거), 예수님은 자신을 그들에게 의탁하지(ἐπίστευεν, *에피스튜엔*-미완료) 않으셨다. 다시 말하면, 사람들이 예수님을 믿은 것은 과거의 단회적(혹은 진입적) 사건으로 나오지만, 예수님이 그들을 신뢰하지 않은 것은 지속적인 내용으로 묘사되어 있다. 이는 결국 그들의 믿음이 참 믿음이 아니라는 것을 암시하며, 예수님은 그들의 그런 모습을 꿰뚫고 계셨다는 말이다. 예수님은 하나님이시기 때문이다.

유대인들의 거짓된 믿음은 요한복음에 계속해서 등장한다. 오병이어 사건 이후에, 예수님은 그의 살과 피를 먹고 마셔야 영생할 수 있다고 제자들에게 교훈하신다(6:22-59). 그러나 제자들 중에는 예수님의 말씀을 이해하지 못하는 자들이 있었다. 예수님은 그들을 향하여 '믿지 아니하는 자들'이 있다고 하신다(6:64). 그리고 예수님을 따르는 제자들 중 많은 사람들이 그를 떠난다(6:66). 이러한 불신 제자의 모습은 8장에 또 나온다. 예수님의 말씀을 통해 많은 유대인들이 믿음을 가지게 되었다(8:30). 그러나 예수님은 그들에게 다시 복음을 전하신다. 그들에게 그의 말씀에 거하도록 초청하시며, 그래야 참 제자가 될 수 있다고 하신다(8:31). 그러나 결국 이들은 예수님께 마귀의 자녀로 불린다(8:44). 한편, 이러한 불신 제자들은 포도나무 비유에서 열매 없는 가지로 나타난다(15:2). 이들은 포도나무에 붙어 있으나, 열매가 없기 때문에, 결국 하나님의 심판 대상이 된다(15:6). 좀 더 자세한 논의는 추후 각 구절의 주해에서 이어질 것이다.

교훈과 적용

1. 예수님은 표적을 행하는 분이시다. 예수님은 사람들의 믿음을 소중히 여기시며, 그 믿음을 위해 많은 표적을 행하셨다. 자신이 누구인지를 드러내시며, 사람들에게 영생을 주려 하셨다. 예수님이 많은 표적을 행하셨다는 것은 그만큼 사람들의 믿음을 위해 예수님이 애쓰셨다는 말이다. 그러므로 우리는 이렇게 자신을 드러내신 예수님께 감사해야 한다. 그리고 우리도 다른 사람의 믿음을 위해 열심히 봉사하는 자가 되어야 한다.
2. 예수님은 사람의 마음을 아신다. 사람을 속일 수는 있지만, 예수님을 속일 수는 없다. 예수님은 사람의 마음을 꿰뚫고 계신다. 그 사람이 참 믿음으로 나아오는지, 거짓 믿음으로 나아오는지 아신다. 그러므로 우리는 모든 것을 아시는 주님 앞에 겸손해야 한다. 그리고 진실해야 한다. 진실하게 예수님을 믿고, 겸손하게 예수님과 교회를 섬겨야 한다. 사리사욕으로 나아오는 자를 예수님이 알아보시기 때문이다.
3. 예수님은 거짓 믿음을 싫어하신다. 믿는다고 하면서 실제로 믿지 않는 자들이 많다. 예수님은 그러한 자들을 싫어하신다. 오늘날 교회에도 예수님이 싫어하시는 사람들이 많다. 교회 안에 있다고 안심하거나 신뢰하지 말고 진정한 복음을 전해야 한다. 그래서 그들이 예수님이 싫어하시는 자가 아니라, 예수님이 기뻐하시는 자가 되도록 해야 한다. 교회 안의 사람들에게 복음을 전하며 그들의 진정한 회심을 위해 기도하자.

5. 예수님과 니고데모(1)(3:1-8)

1 그런데 바리새인 중에 니고데모라 하는 사람이 있으니 유대인의 지도자
라 2 그가 밤에 예수께 와서 이르되 랍비여 우리가 당신은 하나님께로부
터 오신 선생인 줄 아나이다 하나님이 함께하시지 아니하시면 당신이 행
하시는 이 표적을 아무도 할 수 없음이니이다 3 예수께서 대답하여 이르
시되 진실로 진실로 네게 이르노니 사람이 거듭나지 아니하면 하나님의
나라를 볼 수 없느니라 4 니고데모가 이르되 사람이 늙으면 어떻게 날 수
있사옵나이까 두 번째 모태에 들어갔다가 날 수 있사옵나이까 5 예수께서
대답하시되 진실로 진실로 네게 이르노니 사람이 물과 성령으로 나지 아

니하면 하나님의 나라에 들어갈 수 없느니라 6 육으로 난 것은 육이요 영으로 난 것은 영이니 7 내가 네게 거듭나야 하겠다 하는 말을 놀랍게 여기지 말라 8 바람이 임의로 불매 네가 그 소리는 들어도 어디서 와서 어디로 가는지 알지 못하나니 성령으로 난 사람도 다 그러하니라

예수님과 니고데모의 대화 (1), (2), (3)은 요한복음의 중요 주제 중 하나인 '영생'에 관한 자세한 설명이 포함된 단락이다. 무엇이 영생이며, 그 영생을 어떻게 얻을 수 있는지를 소개하는데, 예수님의 기독론적 계시도 영생과 관련하여 설명되고 있다. 예수님은 하나님께로부터 오신 선생으로서 영생의 비밀, 즉 성령에 의한 출생을 가르치시는 분이다. 예수님은 그를 믿는 자의 영생을 위해 뱀처럼 들리시는 인자시다. 또한 예수님은 그를 믿는 자에게 영생을 주시기 위해 하나님께로부터 보냄 받은 참 빛이시다.

1) 하나님께로부터 오신 선생 예수님(3:1-2)

니고데모가 '유대인의 지도자'(1절)라는 말은 그가 산헤드린 공의회의 일원이었음을 암시한다. 산헤드린은 예수님 당시에 로마 제국으로부터 자치권을 받아, 유대의 종교적, 행정적 문제를 결정하고 재판하는 최고 의사 결정 기구였다. 지방에도 약 23명으로 구성된 소규모 단위의 산헤드린이 있었으나, 예루살렘에는 71명의 회원(주로 사두개인들과 바리새인들)으로 구성된 최고 의결 산헤드린(Great Sanhedrin)이 있었고, 의장은 대제사장이 맡았다.[31] 니고데모는 바리새인이었는데, 그렇다면 1:24과는 달리, 모든 바리새인들이 예수님께 적대적이었던 것은 아니라는 사실을 말해준다.

니고데모가 예수님께 '밤'(2절)에 찾아왔다는 사실에 근거해 전통적으로

31. A. J. Tomasino, *The World of Jesus* (Eugene: Wipf&Stock, 2011), 77; Lohse, "συνέδριον," *TDNT*, 7:860-7.

많은 사람들은 그가 사람들의 이목을 두려워해 몰래 찾아왔다고 해석해왔다.[32] 유대의 관원으로서 높은 사회적 지위를 가지고 있었던 니고데모는 드러내 놓고 예수님을 만나기를 꺼렸다. 왜냐하면 예수님이 대중들의 많은 지지를 받았지만, 사회 지도층과는 대립 관계에 있었기 때문이다. 니고데모는 이러한 민감한 관계를 의식하여 다른 사람들의 눈을 피해 밤에 예수님을 찾아왔다는 것이다. 하지만 최근에 다수의 학자들은 본문에 나오는 밤이 니고데모의 영적 상태를 상징한다고 본다.[33] 요한복음에서 '밤'은 자주 상징적으로 영적 혹은 도덕적 어둠을 의미한다(9:4; 11:10; 13:30).[34] 따라서 학자들은 본문이 빛이신 예수님과 어둠에 있는 니고데모의 모습을 대조하고 있다고 한다(2, 19절). 비록 니고데모가 예수님께 선생이라 호칭하고, 예수님의 표적에 하나님이 함께한다고 고백하지만, 그는 여전히 참 빛이신 예수님께 속하지 않은 인물로 묘사된다. 왜냐하면 예수님이 말씀하시는 영생에 관한 진리를 전혀 이해하지 못하기 때문이다. 그러나 이러한 해석이 전혀 불가능한 것은 아니라 할지라도, 저자는 단지 문자적 의미로 역사적 사실에 초점을 맞췄을 수 있다.[35] 니고데모가 왜 밤에 찾아왔는지는 본문이 구체적으로 밝히지 않는다. 전통적인 해석처럼 사람들의 이목을 두려워했을 수도 있다. 아니면 하루의 일과를 끝내고 자연스럽게 밤에 찾아왔을 수도 있다. 그것도 아니면

---

32. 사람들의 시선을 피하기 위해 니고데모가 예수님께 밤에 찾아왔다고 주장하는 학자들은 다음과 같다. Lincoln, *John*, 149; Morris, *John*, 187; Köstenberger, *John*, 120.

33. 다수의 학자들은 니고데모가 예수님께 밤에 찾아왔다는 것은 그가 어둠에 거하는 자라는 것을 나타낸다고 한다. 밤은 니고데모의 영적 무지를 상징한다고 한다. Carson, *John*, 186; Brown, *John I-XII*, 130; Beasley-Murray, *John*, 47; Borchert, *John 1-11*, 170; Kruse, *John*, 106; 또 다른 학자들은 니고데모가 영적 무지에서 빛이신 예수님께 나아오는 긍정적인 모습을 말한다. Barrett, *John*, 204; Keener, *John 1*, 536; R. Schnackenburg, *The Gospel according to St. John vol. 1*, trans. K. Smyth (London: Burns&Oates, 1968), 365-6; Moloney, *John*, 91; 마이클스는 요한복음 저자가 두 가지 가능성을 다 열어 놓고 있다고 주장한다. Michaels, *John*, 178.

34. Koester, *The Word of Life*, 54, 63-4.

35. 길성남, 『성경이 무엇을 말하느냐?』 (서울: 성서유니온선교회, 2014), 333-4.

조용한 대화를 위해 미리 밤 시간을 약속해 놓고 만났을 수도 있다. 아무튼 예수님과 니고데모가 밤에 만난 역사적 사실을 요한복음 저자가 그대로 기록하고 있다고 볼 수도 있다.

요한복음 전체에서 니고데모가 과연 예수님의 제자가 되었느냐에 대해서는 논란이 있다. 키너에 따르면, 3:1-2과 7:50-51에서 니고데모는 빛이신 예수님께 나오는 모습으로, 19:39-42에서는 마침내 진정한 제자의 모습으로 나타난다고 한다.[36] 그러나 쾨스텐버거는 7:50-52에 니고데모가 긍정적으로 묘사되어있고, 19:39-42에서 예수님께 호의를 보이는 니고데모의 모습을 볼 수 있지만, 그 어떤 것도 니고데모의 제자 됨을 보여주지는 않는다고 한다.[37] 우리는 여기서 요한복음의 니고데모의 신앙 묘사에 대해 확신할 수 없다. 그럼에도 불구하고, 요한복음에서 그가 '예수님의 제자'로 명명된 아리마대 요셉과 같은 선상에서 묘사되고 있고(19:38), 상당한 위험을 무릅쓰고 예수님의 시체에 접근한 것으로 보아, 그의 내적 변화는 의심할 의지가 없어 보인다. 이는 예수님의 다른 핵심 제자 그룹과 대조되는 모습이다. 요한복음은 서서히 변화하는 니고데모의 모습을 보여줌으로, 바람의 기원처럼, 하나님의 사람이 변화하는 신비한 양상을 보여주려 했을 수도 있다(8절). 한편, 신약외경인 니고데모 복음서나 많은 고대 교회 전통들은 니고데모를 성자 혹은 매우 존경스러운 인물로 묘사한다.[38]

2) 하나님 나라를 가르치시는 선생 예수님(3:3-5)

'거듭나다'(3절)는 서론에서 밝혔듯이, '위로부터 태어나다'로 번역하는

---

36. Keener, *John*, 533.
37. Köstenberger, *John*, 118-9.
38. 기독교 역사에서 니고데모를 어떻게 이해하였는지에 대해서는 다음을 참고. G. Renz, "Nicodemus: An Ambiguous Disciple? A Narrative Sensitive Investigation," in *Challenging Perspectives on the Gospel of John*, ed. J. Lierman (Tübingen: Mohr Siebeck, 2006), 255-83.

것이 더 적절하다. 물론 *아노뗀*(ἄνωθεν)이라는 말은 '다시'라는 말로 쓰일 수도 있다. 그래서 니고데모는 '다시 태어나다'를 뜻하는 줄 알고, 모태에 들어갔다 다시 태어나는 것으로 오해했다(4절). 그러나 *아노뗀*은 요한복음에서 모두 '위로부터'라는 뜻으로 사용되었고(3:31; 19:11, 23), 특히 3:31에서 *아노뗀*은 정확하게 '하늘(위)로부터'를 의미하기 위해 쓰이고 있다. 그러므로 '위로부터 다시'라는 뜻으로 보면 좋겠다.

하늘로부터 다시 출생하는 것은 곧 물과 성령으로 출생하는 것을 뜻한다(5절). 여기서 물과 성령이 각각 무엇을 의미하는지에 대해서는 서론에서 밝혔듯이 다양한 제안들이 있다:[39] (1) 혹자는 물은 물 세례를 뜻하고, 성령은 성령 세례를 뜻한다고 한다. 그러나 물 세례를 받지 않는다고 하나님 나라에 들어갈 수 없는 것은 아니다. (2) 다른 사람들은 물은 어머니의 양수를 상징하여 자연적 출생을 뜻한다고 한다. 이 경우 성령은 영적 출생을 뜻한다는 것이다. 그러나 이미 자연적 출생을 한 사람에게 다시 자연적 출생을 영적 출생과 함께 언급하는 것도 어색하다. (3) 또 다른 사람들은 물이 성령을 상징하여, '물과 성령'은 성령에 의한 출생을 강조하는 것이라 한다. 요한복음에서 때때로 물은 성령을 상징하기도 한다(4:14; 7:39). (4) 구약 배경을 통해 물의 역할을 이해하려는 사람들도 있다.[40] 다시 말하면, 이 구절은 에스겔 36:25-27에 나오는 물과 성령의 역할을 반영하는 것이라 한다. 에스겔은 물과 성령으로 새롭게 되는 이스라엘의 모습을 예언하는데, 예수님은 바로 죄 씻음과 성령을 통한 새 창조를 언급하시는 것이다.

'물과 성령'이 관사가 없고(anarthrous), 둘 다 한 전치사에 의해 구를 형성하기 때문에, 하나의 단일한 개념으로 보는 것이 적절할 것 같다.[41] 이 경우 '물과 성령'은 '물, 곧 성령'으로 번역될 수 있다. 따라서 물과 성령으로 출

---

39. Kruse, *John*, 108-9.
40. 대표적인 학자는 그레고리 빌이다. 빌, 『신약성경신학』, 248-9.
41. Kruse, *John*, 109.

생하는 것은 성령으로 태어나는 것을 강조하는 것이라 할 수 있다. 물에 대한 요한복음의 다른 용례도 이를 지지한다(4:14; 7:39). 그러나 다른 한편, 성령에 의한 출생은 '죄 씻음'을 동반한다. 성령은 물이 정결하게 하듯이 신자를 정결하게 하여, 새롭게 태어나게 한다(참고. 딛 3:5). 예수님은 성령을 통해 우리를 새로운 존재로 만드신다. 새로운 생명으로 태어나는 것은 율법과 혈통으로 되는 것이 아니다. 오직 성령의 역사로만 가능하다. 이러한 성령의 역사와 죄 씻음의 관계는 에스겔 36:25-27이 예수님 안에서 성취된다는 것을 보여준다. 이것은 또한 새로운 이스라엘의 창조와 연관이 있다. 거듭난 신자 한 사람 한 사람이 모여 새 이스라엘이 된다. 혈통이나 율법에 의해 세워진 이스라엘이 아니라, 성령으로 세워지는 새 이스라엘이 하나님 나라이다.

'하나님 나라를 보는 것'(3절)은 하나님 나라에 참여하는 것, 즉 하나님 나라에 '들어가는 것'(5절)을 말한다. 요한복음에서 '하나님 나라'라는 용어는 여기에만(3, 5절) 등장하지만, 같은 뜻으로 18:36에도 나타난다. 예수님은 빌라도 앞에서 그의 나라가 이 세상에 속하지 않는다고 말씀하신다. 구약에서 하나님은 왕으로 묘사되며, 그의 나라는 하나님 나라가 된다(출 15:18; 시 93:1; 103:19). 유대인들은 다윗의 자손인 메시야가 올 것을 기대했는데, 이는 그들이 새로운 나라를 기대했음을 의미한다(사 9:1-7; 11:1-5; 겔 34:23-24; 슥 9:9-10). 요한복음은 하나님 나라를 '영생'으로 바꾸어 자주 드러낸다. 동의어로서 하나님 나라와 영생은 마태복음에도 나타난다(마 19:16, 24). 이 하나님 나라는 '물과 성령'(5절)으로 태어나야 들어갈 수 있다. (영생과 하나님 나라에 대해서는 서론을 참조하라)

3) 성령에 의한 출생의 비밀을 설명해 주시는 선생 예수님(3:6-8)

'육으로 난 것'(6절)은 자연적 출생을 가리키며, '영으로 난 것'(6절)은 영적인 출생, 즉 새롭게 태어나는 것을 말한다. 성령으로 태어나는 것은 자연적 출생과 다르다는 말이다. '바람이 임의로 부는 것'(8절)과 '성령으로 난 사람'(8절)이 비교되고 있다. '바람'과 '영(성령)'은 헬라어(πνεῦμα, *프뉴마*)나 히브리어(רוח *루아흐*)에서 같은 단어다. 따라서 성령으로 난 사람의 특성은 바람이 임의로 부는 것과 유비를 이룬다. 특히 그 출발지와 도착지를 알 수 없다는 점에서 이 둘은 공통점을 지닌다. 유대 문헌은 바람의 신비한 기원과 함께 다양한 설명을 하고 있다(예. 전 8:8; 11:5; 에녹1서 41:3; 60:12; 제2바룩서 48:3-4).[42] 여기서는(7-8절) 사람이 성령으로 태어나는 것이 신비한 일이기 때문에 놀랄 필요가 없다는 점을 밝히고 있다. 한편 카슨은 우리가 바람이 불 때 그 소리를 듣거나, 풀이 움직이는 것을 보는 것처럼, 성령이 역사하는 곳에는 우리가 그 영향을 확인할 수 있다고 한다.[43]

교훈과 적용

1. 위로부터 태어나야 하나님 나라에 들어갈 수 있다. 어머니 뱃속에서부터 교회 다녔다고 자동으로 하나님 나라에 들어가는 것이 아니다. 위로부터, 하나님에 의해 태어나야 하나님 나라에 들어갈 수 있다. 하나님의 주권에 의해, 하나님의 은혜로 태어나는 것이다. 그러므로 하나님만을 절대적으로 의존하며 하나님만을 찬양해야 한다. 하나님의 은혜와 주권 아래 겸손해야 한다.
2. 성령으로 태어나야 하나님 나라에 들어갈 수 있다. 성령이 오셔서 사람의 마음을 바꾸시고, 새롭게 하셔야 하나님 나라에 들어갈 수 있다. 사람의 결단이나, 사람의 의지로 하나님 나라에 들어가는 것이 아니다. 성령이 마음속에 역사하셔서 자신을 의지하지 않고, 진심으로 그리스도와 하나님을 의지하는 자가 하나님 나라에 들어간다. 그러므로 나 자신의 거듭남에 감사하며, 복음 전할 때 성령의 능력으로 거듭남의 역사가 일어날 수 있도록 기도하자.
3. 죄 씻음으로 태어나야 하나님 나라에 들어갈 수 있다. 자신의 죄로부터 정결하게 되지 않는 자는 하나님 나라를 볼 수도 없고, 들어갈 수도 없다. 성령께서 역사하실 때, 자신의 죄를 진심으로 뉘우치고, 죄 용서를 받게 된다. 그러므로 예수 그리스도 안에서 성령으로 우리를 정결하게 하시는 하나님의 새 창조의 은혜에 감사

42. Köstenberger, *John*, 125.
43. Carson, *John*, 197.

하며 찬양해야 한다.

6. 예수님과 니고데모(2)(3:9-15)

9 니고데모가 대답하여 이르되 어찌 그러한 일이 있을 수 있나이까 10 예
수께서 그에게 대답하여 이르시되 너는 이스라엘의 선생으로서 이러한
것들을 알지 못하느냐 11 진실로 진실로 네게 이르노니 우리는 아는 것을
말하고 본 것을 증언하노라 그러나 너희가 우리의 증언을 받지 아니하는
도다 12 내가 땅의 일을 말하여도 너희가 믿지 아니하거든 하물며 하늘의
일을 말하면 어떻게 믿겠느냐 13 하늘에서 내려온 자 곧 인자 외에는 하
늘에 올라간 자가 없느니라 14 모세가 광야에서 뱀을 든 것 같이 인자도
들려야 하리니 15 이는 그를 믿는 자마다 영생을 얻게 하려 하심이니라

1) 이스라엘의 선생 니고데모(3:9-10)

니고데모가 어떻게 그러한 일이 일어날 수 있냐고 의아해 하자(9절), 예수님은 그가 이스라엘 선생으로서 이러한 것을 모른다고 질책하신다(10절). '이스라엘의 선생'으로서 니고데모는 2절에 '하늘로부터 온 선생'으로 묘사된 예수님과 대비를 이룬다. 앞서 밝혔듯이 물과 성령으로 태어나는 것은 유대 배경을 가지고 있는데(겔 36:25-27), 이스라엘의 선생인 니고데모가 그것을 깨닫지 못하자 책망을 받고 있다. 요한복음에는 이와 같이 예수님의 역할을 역설적으로 강조하는 표현이 등장한다.[44] 예를 들면, 요한복음에서 예수님은 세상의 권세자들에게 심판을 받는 듯하지만, 사실은 예수님이 진정한 심판자가 되신다(5:19-47; 9:39; 18:28-19:16). 참된 왕이신 예수님은 로마 황

44. 몇몇 학자들은 이것을 '역할 전환의 아이러니'(Role-exchange Irony)라 부른다. K. Scholtissek, "Ironie und Rollenwechsel im Johannesevangelium", *ZNW* 89, no. 3-4 (1998), 235-55; J. P. Heil, "Jesus as the Unique High Priest in the Gospel of John," *CBQ* 57, no. 4 (1995), 729-45.

제의 총독과 대비를 이룬다(18:33-38; 19:3, 12, 14, 19-22). 예수님의 특별한 대제사장 역할은 가야바의 대제사장 역할과 대조를 이룬다. 자기 백성 전체의 속죄를 담당하는 그 해의 대제사장인 가야바는 역설적으로 흩어진 하나님의 자녀들의 하나 됨을 위한 예수님의 죽음을 예언한다(11:45-53). 대제사장 가야바가 해야 할 일을 예수님이 성취하시는 것이다. 마찬가지로 이스라엘 선생인 니고데모의 역할을 이제 예수님이 하신다. 예수님은 하늘에서 온 선생으로서 영적인 진리를 설명하신다.

2) 땅의 일을 말씀하시는 예수님(3:11-13)

'땅의 일'과 '하늘의 일'(12절)이란 각각 무엇인가? '땅의 일'이란 아마도 앞서 나온 '물과 성령으로 태어나는 것'을 가리킬 것이다. 이 영적 출생이 하늘의 일이라 할지 모르나, 분명히 이 땅에서 이루어지는 일이기 때문에, '땅의 일'이라 일컫는 것 같다.[45] 그렇다면 '하늘의 일'이란 무엇인가? 땅의 일이 영적 출생에 관한 기초적 지식을 말한다면, 하늘의 일은 그보다 깊은, 발전된 지식을 가리킬 것이다. 예수님은 '하늘의 일'을 말씀하실 수 있는 분이다. 어느 누구도 이러한 것을 말할 만큼 하늘로 올라가지 못했다. 그러나 예수님은 하늘에서 오신 분이기 때문에, 하늘의 일을 말할 자격이 되신다(13절).

13절에 나오는 완료형 동사들은 마치 예수님이 성육신 이전에 이 땅에 오셔서 하늘에 올라가신 적이 있었던 것처럼 들린다. 그러나 예수님의 성육신이 두 번 일어났다고 보는 것은 무리가 있다. 예수님이 아직 승천하지 않으셨지만, 아마도 요한복음 저자의 입장에서는 이미 과거의 사건이기 때문에 완료형 동사를 사용했을 수 있다. 다른 한편, '외에는'(εἰ μὴ, *에이 메*)이라는 단어는 때때로 '그러나 오직'이라는 뜻으로 해석될 수도 있다(예. 계 21:27). 이에 근거해서 13절을 다음과 같이 번역할 수도 있다. "(하늘의 일을 말하기

---

45. Whitacre, *John*, 89.

위해) 어떤 사람도 하늘에 올라가서 거기 계속 머물러 있지 않았다. 그러나 오직 하늘에서 내려온 인자만이 (그렇게 할 것이다)."[46]

3) 뱀처럼 들림 받으시는 인자 예수님(3:14-15)

14절은 민수기 21:4-9을 배경으로 한다. 백성들은 광야의 길이 불편하고, 물과 음식이 풍족하지 않으므로 하나님과 모세를 원망하였다. 이에 여호와께서 불뱀을 보내 백성들을 죽게 하셨다. 백성들이 뉘우치며 모세에게 기도해 달라고 요청하였고, 여호와께서는 모세의 기도를 들으셨다. 모세에게 놋뱀을 만들어 장대 위에 달게 하고, 그것을 본 자는 살게 하셨다. 이런 구약 이야기를 바탕으로 예수님은 자신을 '인자'라 칭하시고, 광야의 놋뱀처럼 들려야 한다고 하신다(14절). 이 인자를 믿는 자가 영생을 얻는다고 말씀하신다(15절).

'들다'(ὑψόω, *휩소오*)는 요한복음에서 십자가(cross)와 높아짐(exaltation)을 의미한다(8:28; 12:32, 34; 13:31-32). 이러한 모티프는 이사야 52:13-53:12의 고난 받는 종의 노래에도 나타난다. 칠십인경 이사야 53:12은 정확하게 '높아짐'의 의미로 *휩소오*를 사용한다. "보라 내 종이 형통하리니 받들어 높이 들려서(*휩소오*) 지극히 존귀하게 되리라." 고난 받는 종의 죽음과 영광을 노래한다. 이것은 예수님의 죽음과 영광에 대한 예표이다. 인자의 '들림'은 예수님의 죽음과 영광을 암시한다. 다른 복음서에서 예수님의 영광은 그의 고난 뒤에 따라 나온다(막 8:31; 9:31; 10:33). 바울 서신에서 예수님의 영광 이미지는 그의 고난과 죽음에 대한 보상의 성격을 강하게 나타낸다(예. 빌 2:6-11). 반면에 요한복음은 고난과 죽음 그 자체를 영광으로 본다. 다시 말하면, 요한복음에서는 예수님의 죽음과 부활, 높아지심과 영광이 하나로 연결되어 함께 의미를 나타낸다.

---

46. Carson, *John*, 200.

14절에서는 또한 '당위'를 나타내는 헬라어 동사 δεῖ(*데이*)가 사용되었다. '~해야 한다'로 번역될 수 있다. 그를 믿는 자에게 영생을 주시기 위해 인자이신 예수님은 반드시 십자가를 지셔야 했다. 십자가는 그를 믿는 자를 구원하시기 위한 예수님의 필연적 사역이다. 십자가가 없이는 영생이 없다. 이러한 십자가의 필연성은 요한복음에서 *데이*라는 동사와 함께 반복적으로 언급된다(12:32-34). 다른 한편, 요한복음에서는 *데이*라는 동사를 사용하여, 예수님의 다른 필연적 사역도 소개한다. 예수님의 십자가뿐 아니라, 그의 부활도 그의 필연적 구속 사역에 해당된다(20:9). 또한 예수님은 표적으로 자신을 계시하시고(9:4), 말씀으로 백성들을 인도하셔야 했다(10:16). 뿐만 아니라, *데이*라는 동사는 하나님의 자녀에게 필수로 요구되는 것을 나타내기 위해서도 사용된다. 하나님의 자녀는 먼저 하나님에 의해 위로부터 다시 태어나야 한다(3:7). 예수님을 높이는 삶을 살아야 한다(3:30). 건물 성전이 아니라, 영과 진리 안에서 아버지께 예배하여야 한다(4:20, 24).

요컨대, *데이*라는 동사를 통해 요한복음이 말하는 예수님의 필수 사역은 첫째는 십자가 사역이고, 둘째는 부활이다. 그리고 셋째는 그의 계시와 인도 사역이다. 또한 하나님의 자녀에게 필수적으로 있어야 하는 것은 첫째, 물과 성령으로 하나님에 의해 다시 태어나는 것이다. 둘째, 자신을 위해서 사는 것이 아니라 예수님을 높이며 사는 것이다. 그리고 셋째, 영과 진리 안에서 예배하는 삶이다.

'영생'(15절)은 요한복음 전체에서 여기 처음 등장한다. 문자적으로는 '영원한 생명'을 뜻하는데, '영원'은 '오는 시대'(the age to come) 즉, 미래적 개념으로, 부활의 시간을 뜻한다. 그러나 요한복음에는 이 미래적, 부활의 생명이 현재부터 시작된다(5:24; 11:25-26). 3:14-15은 예수님의 죽음과 부활, 승천과 높아짐을 믿을 때 영생을 얻게 된다는 뜻이다.

교훈과 적용

1. 예수님은 영생의 비밀을 알려 주시는 선생님이시다. 세상에는 다양한 지식을 가르쳐 주는 많은 선생님이 있다. 과학이나 철학 지식을 가르쳐 주는 분들도 고마운 분들이다. 그러나 영생에 관한 비밀을 알려 주시는 선생님에 비할 바 아니다. 예수님은 영원한 생명을 얻을 수 있는 비밀을 알려 주신다. 그러므로 우리는 그 예수님의 가르침을 잘 배우고 믿고 따라야 한다.
2. 예수님은 십자가에 달리신 인자시다. 예수님은 사람들에게 영생을 주시기 위해, 십자가에 달리신 분이다. 사람들에게 생명을 주시기 위해 자신의 생명을 버리신 분이다. 사람들을 하늘로 올리기 위해 자신은 땅으로 내려오셨다. 사람들에게 영원한 복을 주시기 위해 자신은 저주를 받으셨다. 그분의 사랑과 은혜를 묵상하며 감사해야 한다.
3. 예수님은 그를 믿는 자에게 영생을 주시는 분이다. 예수님이 가르치신 것을 믿어야 영생을 얻는다. 예수님이 이룩해 놓으신 십자가 사역을 믿어야 영생을 얻는다. 예수님은 자신을 믿는 자에게 영생을 주시는 분이다. 그러므로 십자가를 무시하지 말고, 예수님의 가르침을 지식으로만 받아들이지 말아야 한다. 각 개인이 인격적으로 십자가를 믿고, 그의 가르침을 신뢰해야 한다.

7. 예수님과 니고데모(3)(3:16-21)

16 하나님이 세상을 이처럼 사랑하사 독생자를 주셨으니 이는 그를 믿는
자마다 멸망하지 않고 영생을 얻게 하려 하심이라 **17** 하나님이 그 아들을
세상에 보내신 것은 세상을 심판하려 하심이 아니요 그로 말미암아 세상
이 구원을 받게 하려 하심이라 **18** 그를 믿는 자는 심판을 받지 아니하는
것이요 믿지 아니하는 자는 하나님의 독생자의 이름을 믿지 아니하므로
벌써 심판을 받은 것이니라 **19** 그 정죄는 이것이니 곧 빛이 세상에 왔으되
사람들이 자기 행위가 악하므로 빛보다 어둠을 더 사랑한 것이니라 **20** 악
을 행하는 자마다 빛을 미워하여 빛으로 오지 아니하나니 이는 그 행위가
드러날까 함이요 **21** 진리를 따르는 자는 빛으로 오나니 이는 그 행위가 하

나님 안에서 행한 것임을 나타내려 함이라 하시니라

1) 하나님이 아들을 세상에 보내신 목적(3:16-17)

'세상'을 사랑하시는 하나님의 모습이 나온다(16절). 구약에서 이스라엘을 사랑하시는 하나님의 모습(예. 출 34:6-7; 신 7:7-8; 호 11:1-4)은 이제 세상을 사랑하시는 하나님으로 나타난다.[47] 요한복음에서 세상은 다분히 부정적 모습으로 나오는데, 하나님은 바로 그 죄악 된 세상을 사랑하시어 아들을 주셨다. '독생자'(μονογενής, *모노게네스*)는 1:14에서 설명한 바와 같이, 하나님의 구별된 유일한 아들이라는 뜻이다. 하나님은 그런 특별한 아들을 주셨다. 하나님께서 독생자를 '주심'은 무엇을 의미할까? 예수님의 성육신뿐 아니라, 그의 십자가 죽음까지 암시한다고 보아야 할 것이다.[48] 하나님께로부터 보냄 받은 예수님의 세상 사역은 십자가에서 절정을 이루기 때문이다. 다시 말하면, 세상을 향한 하나님의 사랑은 그의 아들을 세상에 보내실 뿐 아니라, 그의 아들을 십자가로 보내시는 데까지 이른다.

'이처럼'(οὕτως, *후토스*)이 앞선 구절들(14-15절)을 가리키는가, 아니면 뒤에 이어지는 16절의 나머지 부분을 가리키는가에 대해서는 논란이 있다. 전통적으로 *후토스*는 뒤에 이어지는 독생자를 주시는 하나님의 사랑을 가리킨다고 보았다.[49] 하나님이 독생자를 주실 만큼 세상을 사랑하셨다는 것을 강조한다. *후토스*의 이런 비슷한 용례가 21:1에 나온다. 그러나 요한복음에서 *후토스*는 앞에 나온 내용을 근거로, 뒤에서 설명을 이어갈 때 자주 쓰인다(3:8, 14; 4:6; 5:21, 26; 11:48; 12:50; 14:31).[50] 따라서 이스라엘에게 생명을 주시기 위해 모세로 하여금 뱀을 들게 하신 것처럼(14절), 하나님은 그와

---

47. Köstenberger, *John*, 129.
48. Morris, *John*, 203.
49. Keener, *John 1*, 566; BDAG, 742.
50. Kruse, *John*, 116.

같은 방식으로 세상을 사랑하셨다(16절상). 그 사랑은 독생자를 뱀처럼 들리게 하셔서, 십자가에서 희생시키는 사랑이다. 그러나 어떤 쪽으로 해석하든지, 독생자를 주시는 하나님의 사랑이 이 구절에서 강조되고 있다는 사실에 대해서는 이론의 여지가 없다.

'멸망하다'(ἀπόλλυμι, *아폴뤼미*)(16절)는 이 구절에서 '영생'과 반대 개념으로 사용되었다. 예수님을 믿는 자는 멸망하지 않는다. 예수님은 하나님께서 그에게 주신 자들을 절대 멸망하지 않도록 지키시는 분이다(6:39; 17:12; 18:9). 구약에서 *아폴뤼미*는 이스라엘 공동체에서 추방되는 것을 의미하기도 하고(레 7:20), 하나님의 심판으로 죽는 것을 뜻하기도 한다(민 14:12). 특히 칠십인경 민수기 16:33은 모세와 아론을 대적한 고라와 다단과 아비람이 하나님의 심판을 받아 산 채로 스올에 빠지는 것을 언급할 때 이 단어를 사용한다. 그리하여 민수기 16:33은 요한복음 17:12의 배경이 된다. '멸망의 자식'(ὁ υἱὸς τῆς ἀπωλείας, *호 휘오스 테스 아포레이아스*)(17:12)은 가룟 유다를 가리키는데, 이는 유다가 참 이스라엘이 아니라는 말이요, 하나님의 심판의 대상이라는 말이다. 유다는 스올(음부)에 내려가는 심판을 당한다.

'영생'(16절)은 오는 시대에 영원히 누리는 부활의 생명을 가리킨다. 새 하늘과 새 땅에는 하나님과 어린양의 보좌로부터 생명수의 강이 흘러 나와 만국에 생명의 풍성한 역사가 일어난다(계 22:1-2). 어린양의 생명책에 기록된 자만이 이곳에 들어가서 영생을 누린다(계 21:27). 다시는 사망과 고통과 슬픔이 없는 곳에서 영생한다(계 21:4). 예수님은 이러한 영생을 주시기 위해 세상에 오셨다. 하나님은 이러한 영생을 주시기 위해 아들을 보내셨다. 따라서 성령 안에서 아들을 영접한 자는 하나님의 자녀가 되고, 새 하늘과 새 땅에서 영원히 살게 될 것이다. 그런데 요한복음은 이러한 영생을 현재에서부터 부분적으로 누릴 수 있다고 한다(3:36; 5:24; 6:47, 54; 요일 5:13). (영생/생명에 대한 좀 더 자세한 설명은 서론에 나오는 구원론을 참고하라)

멸망이 아니라 영생을 얻기 위해서는 사람들의 '믿음'(16절)이 요구된다.

아들을 주시는 하나님의 사랑에 믿음으로 반응하는 자가 영생을 얻는다. 유다는 멸망의 자식으로 일컬어진다(17:12). 왜냐하면 아들을 주시는 하나님의 사랑에 믿음으로 반응하지 않았기 때문이다. 하나님의 아들을 거절하는 모든 자들은 이와 같이 멸망할 것이다. 이와 달리, 하나님의 아들을 믿음으로 받아들이는 자는 영생을 얻는다. 하나님께로부터 태어나서 하나님의 자녀가 된다는 말이다(1:12-13). 이때 하나님의 아들을 믿는 것은 그의 존재, 그의 사역, 그의 말씀을 받아들이는 것이다. 그래서 그와 그의 말씀을 신뢰하고 그를 보내신 하나님을 믿는 것이다(5:24). (믿음에 대한 좀 더 자세한 설명은 서론의 구원론 부분과 12장의 특주를 참고하라)

비록 아들에게 믿음으로 반응하지 않았을 때 멸망이 찾아오지만, 아들이 세상에 오신 목적은 심판이 아니라 구원이다(17절). 이는 얼핏 요한복음의 다른 구절과 모순되는 것처럼 보인다. 9장에서 예수님은 심판하러 세상에 왔다고 말씀하시기 때문이다: "예수께서 이르시되 내가 심판하러 이 세상에 왔으니 보지 못하는 자들은 보게 하고 보는 자들은 맹인이 되게 하려 함이라 하시니"(9:39). 그러나 다른 곳에서 예수님은 그의 오심의 목적이 심판에 있지 않고 구원에 있으며, 심판은 마지막 날에 있을 것이라고 다시 한 번 강조하신다(12:47-48). 그러므로 9:39의 말씀은 예수님의 오심이 맺은 결과로 볼 수 있다. 즉, 예수님이 오셔서 나타나는 구원은 다른 한편으로, 믿지 않는 사람에게 심판의 결과를 맺는다는 것이다. 예수님이 심판하지 않으실지라도 그들은 불신으로 말미암아 구원 받지 못하게 되고, 이는 곧 심판을 의미하기 때문이다. 다음에 이어질 18절은 이를 더욱 명확하게 말하고 있다.

2) 하나님의 아들을 믿는 자와 믿지 않는 자(3:18-21)

요한복음은 종말론의 이중적 성격을 끊임없이 말하는데, 그 무게 중심은 다분히 현재에 있다. 예수님을 믿지 않는 자는 이미 심판을 받았다는 말은 요한복음 종말론의 현재적 성격을 보여준다(18절). 다시 말하면, 심판의 완료적 성격은 심판이 현 세상에서 일어났다는 것을 뜻하는데, 동시에 심판의 확실성을 말하기도 한다. 예수님이 가져오신 구원은, 그를 믿지 않는 사람에게는 심판을 의미한다. '심판'은 이중적이다. 그들의 불신은 이미 그들을 심판받게 하였고(18절), 또 마지막 날에 심판 받게 할 것이다(5:29; 12:48).

'정죄'(κρίσις, *크리시스*)(19절)는 판결의 과정(judicial process)을 의미한다.[51] 다시 말하면, 재판에서 선고하기 이전에 그 선고를 위한 근거를 제시하는 과정을 말한다. 믿지 않는 자들이 심판을 받는 이유는 그들이 자기들의 행위가 악하므로, 빛이신 예수님보다 어둠을 더 사랑하였기 때문이다. '악을 행하는 자'(20절)와 '진리를 따르는 자'(21절)는 대조된다. '진리를 따르는 자'는 헬라어 원문에서 '진리를 행하는 자(ὁ ποιῶν τὴν ἀλήθειαν, *호 포이온 텐 알레떼이안*)로 나타난다. *호 포이온 텐 알레떼이안*은 유대 문헌에서 신실하고 진실한 삶을 의미할 때 사용되었다(LXX 사 26:10; 토빗 4:6; 13:6; 1QS 1:5; 5:3).[52] 이는 곧 '하나님 안에서 행한 것'(21절)과 같은 의미이다. 즉 사람이 자신의 힘으로 진리를 행하는 것이 아니라 하나님 안에서, 하나님의 힘으로 진리를 행한다. 이것이 곧 구원 얻는 자의 특징이며, 따라서 그 사람에게는 자랑할 것이 없다.

특히 이 단락에는 법정 표현이 자주 나온다. 요한복음 전체에 나타난 이러한 법정 표현은 예수님 안에 있는 하나님의 사람들이 구원 받았음을 공개적으로 보여주며, 또한 불신자들에게 심판을 선언하는 강한 경고의 성격을 띠고 있다. 또한 요한복음에서 강조되는 '증언'/'증언하다'도 법정 표현으로 이해될 수 있다. 다시 말하면, 요한복음은 예수님에 대하여 증언하는데, 그 증언이 참 진리라는 것을 법정적 상황을 빌어 설명하고 있다. 그리하여 요한복음은 서문에서도 '증언'을 언급하며 시작하고(1:7), 결문에서도 '증언'을 언

51. BDAG, 569.

52. Brown, *John I-XII*, 135.

급하며 전체 글을 끝맺는다(21:24).[53] 요한복음 독자들은 세상의 법정에서 판단 받고 정죄 받았을 것이다. 유대의 법정에서 재판 받고 추방당했을 것이다. 그러나 예수 그리스도의 복음은 누구도 부인할 수 없을 만큼 분명한 진리이고, 결국 하나님의 법정에서 옳다고 인정될 것이다.

교훈과 적용

1. 예수님은 심판이 아니라 구원을 위해 오셨다. 죄인을 기다리고 있는 것은 심판이다. 죄인은 하나님의 진노 아래 있기 때문에 하나님의 심판을 받는다. 그러나 예수님은 그 전에 그를 믿는 자를 구원하기 위해 오셨다. 예수님을 믿는 자는 심판을 맛보지 않고, 영원한 생명을 얻는다. 그러나 하나님의 독생자의 구원의 손길을 뿌리친 자에게는 영원한 심판이 기다리고 있다.
2. 예수님은 어둠이 아니라 빛을 위해 오셨다. 죄 가운데 있는 인간은 어둠 속에 사는 것과 같다. 무지와 혼돈과 죄가 그를 덮고 있다. 예수님은 이러한 세상에 빛을 비추셔서, 참된 자유와 기쁨과 행복으로 인도하신다. 무지한 인생을 가르치시고, 죄 많은 인생을 용서하신다. 그리하여 빛이신 예수님의 인도를 받는 사람은 마침내 영원한 생명에 다다르게 된다.
3. 예수님은 거짓이 아니라 진리를 위해 오셨다. 마귀는 끊임없이 사람들을 거짓으로 속여, 하나님께 나아가지 못하게 한다. 그러나 예수님은 오셔서 진리를 가르치시고 거짓을 멀리하게 하신다. 그를 믿는 자들이 진리 안에 행하게 하셔서, 하나님이 기뻐하시는 삶을 살게 하신다. 그러므로 영생의 길을 가는 사람은 하나님의 말씀을 따라, 그리스도의 복음의 진리를 따라 살아야 한다.

---

53. 이에 대한 자세한 설명은 링컨의 책(*Truth on Trial*) 참조.

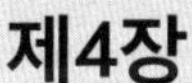

예수님의 가나에서 가나까지의 사역(2)

(3:22-4:54)

본문 개요

앞 장에서 가나에서 가나까지(2:1-4:54) 사이클의 첫 세 에피소드를 살펴보았다. 이제 나머지 에피소드들을 이 장에서 소개하겠다. 먼저 세례 요한이 예수님을 증언한다(3:22-36). 이어서 예수님은 사마리아 여인과의 대화에서 생수와 그녀의 남편, 그리고 예배에 대해 이야기를 나누신다(4:1-26). 또한 사마리아 사람들을 만나시고, 제자들과 대화를 이어가신다(4:27-42). 그리고 마침내 가나에서 왕의 신하의 아들을 고치심으로 두 번째 표적을 나타내신다(4:43-54). 앞서 밝혔듯이, 이러한 에피소드들을 통해 저자는 예수님이 누구신지, 그리고 사람들이 예수님께 어떻게 반응했는지를 보여주며, 독자들의 믿음과 삶을 격려한다.

내용 분해

1. 예수님과 세례 요한의 관계(3:22-36)
   1) 세례 요한과 예수님의 세례(3:22-24)
   2) 세례 요한과 예수님의 관계(3:25-30)
   3) 세례 요한의 예수님 증언(3:31-36)
2. 예수님과 사마리아 여인의 대화(4:1-9)
   1) 사마리아를 통과하시는 예수님(4:1-4)
   2) 사마리아 여인에게 다가가시는 예수님(4:5-9)
3. 예수님과 사마리아 여인의 생수에 관한 대화(4:10-15)
   1) 생수를 주시는 예수님(4:10)
   2) 야곱과 비교되는 예수님(4:11-12)
   3) 영원히 목마르지 않는 생수를 주시는 예수님(4:13-15)

4. 예수님과 사마리아 여인의 남편에 관한 대화(4:16-18)
   1) 여인의 남편을 찾으시는 예수님(4:16)
   2) 여인의 남편 문제를 꿰뚫어 보시는 예수님(4:17-18)
5. 예수님과 사마리아 여인의 예배에 관한 대화(4:19-26)
   1) 유대인과 사마리아인의 예배에 대한 갈등(4:19-22)
   2) 영과 진리로 예배하는 자(4:23-24)
   3) 그리스도와 예배(4:25-26)
6. 예수님과 제자들의 대화(4:27-38)
   1) 예수님의 만남(4:27-30)
   2) 예수님의 양식(4:31-34)
   3) 예수님의 관점(4:35-38)
7. 예수님과 사마리아 여인, 그리고 동네 사람들(4:39-42)
   1) 사마리아 여인의 증언(4:39)
   2) 사마리아인들의 반응(4:40-41)
   3) 사마리아인들의 고백(4:42)
8. 예수님의 가나에서의 두 번째 표적(4:43-54)
   1) 예수님과 선지자의 고향(4:43-45)
   2) 예수님과 왕의 신하의 아들(4:46-53)
   3) 예수님의 가나에서의 두 번째 표적(4:54)

본문 주해

1. 예수님과 세례 요한의 관계(3:22-36)

22 그 후에 예수께서 제자들과 유대 땅으로 가서 거기 함께 유하시며 세

례를 베푸시더라 23 요한도 살렘 가까운 애논에서 세례를 베푸니 거기 물
이 많음이라 그러므로 사람들이 와서 세례를 받더라 24 요한이 아직 옥에
갇히지 아니하였더라 25 이에 요한의 제자 중에서 한 유대인과 더불어 정
결 예식에 대하여 변론이 되었더니 26 그들이 요한에게 가서 이르되 랍비
여 선생님과 함께 요단 강 저편에 있던 이 곧 선생님이 증언하시던 이가
세례를 베풀매 사람이 다 그에게로 가더이다 27 요한이 대답하여 이르되
만일 하늘에서 주신 바 아니면 사람이 아무것도 받을 수 없느니라 28 내
가 말한 바 나는 그리스도가 아니요 그의 앞에 보내심을 받은 자라고 한
것을 증언할 자는 너희니라 29 신부를 취하는 자는 신랑이나 서서 신랑의
음성을 듣는 친구가 크게 기뻐하나니 나는 이러한 기쁨으로 충만하였노
라 30 그는 흥하여야 하겠고 나는 쇠하여야 하리라 하니라 31 위로부터 오
시는 이는 만물 위에 계시고 땅에서 난 이는 땅에 속하여 땅에 속한 것을
말하느니라 하늘로부터 오시는 이는 만물 위에 계시나니 32 그가 친히 보
고 들은 것을 증언하되 그의 증언을 받는 자가 없도다 33 그의 증언을 받
는 자는 하나님이 참되시다는 것을 인쳤느니라 34 하나님이 보내신 이는
하나님의 말씀을 하나니 이는 하나님이 성령을 한량 없이 주심이니라 35
아버지께서 아들을 사랑하사 만물을 다 그의 손에 주셨으니 36 아들을 믿
는 자에게는 영생이 있고 아들에게 순종하지 아니하는 자는 영생을 보지
못하고 도리어 하나님의 진노가 그 위에 머물러 있느니라

본문은 다시 세례 요한과 예수님의 관계로 초점을 맞춘다. 앞서 이 둘의 관계는 빛이신 예수님과 빛을 증언하는 요한(1:4-8), 그리스도이신 예수님과 그리스도의 길을 곧게 하는 요한(1:19-28)으로 나타났다. 이 단락은 다시 예수님을 요한보다 더 탁월하고 우월한 존재로 묘사한다. 요한은 자신을 낮추고 예수님을 높임으로 자신의 겸손한 신앙을 드러낸다. 뿐만 아니라, 예수님이 하늘로부터 오셔서 하나님의 성령으로 하나님의 말씀을 주시는 분으

로 묘사된다.

1) 세례 요한과 예수님의 세례(3:22-24)

예수님은 왜 세례를 베푸셨을까?(22절) 사실 이 세례는 제자들에 의해 베풀어진 것이었다(4:2). 그렇다면 이 세례는 어떤 세례인가? 아마도 이것은 요한의 회개의 세례와 같은 선상에 있었을 것이다. 이 세례는 왜 예수님의 핵심 공생애 사역이 아니었는가? 아마도 유대 정결 예식을 완성하는 것이 더 중요한 사역이었기 때문이었을 것이다. 십자가를 통해 백성들을 온전히 정결하게 하는 것이 그 어떤 정결 사역보다 중요하였을 것이다. 요한의 세례도 결국 예수님의 십자가를 통해 완성된다. 십자가 없는 세례는 무의미하다.

2) 세례 요한과 예수님의 관계(3:25-30)

요한의 제자들이 정결 예식에 관해 유대인과 논쟁을 한 후, 요한에게 와서 사람들이 예수님께 세례 받으러 간다는 것을 보고했다(26절). 모든 요한의 제자들이 안드레와 다른 무명의 제자와 같은 반응을 보였던 것은 아니었다(참조. 1:37). 요한은 시기하는 제자들을 진정시키며, 하늘에서 주신 것이 아니면 사람이 어떤 것도 받을 수 없다고 한다(27절). 여기서 '사람'은 예수님을 가리키는가, 아니면 예수님께 가는 사람들을 말하는가? 하늘에서 주신 것은 예수님께 가는 사람들인가, 아니면 예수님께 가는 사람들의 믿음인가? 다시 말하면, 이 구절은 "하늘에서 사람들을 예수님께 보내 주셨다"(6:37)는 의미도 되고, "하늘에서 예수님께 가는 사람들에게 믿음을 주셨다"(6:65)는 뜻도 된다. 문맥상 전자가 더 가능성이 많아 보인다. 본문은 예수님과 세례 요한을 대조적으로 묘사하기 때문이다. 그러나 어느 쪽이든 의미상의 차이는 그렇게 크지 않다.[1]

---

1. Brown, *John I-XII*, 155.

29절에서 세례 요한은 자신을 신랑의 친구로, 예수님을 신랑으로, 예수님께 가는 사람들을 신부로 명명한다. 당시에 신랑의 친구는 결혼 예식에서 다양한 일들을 담당하는데, 특히 신부를 신랑에게 데리고 가는 역할을 하였다.[2] 이때 그의 모든 역할은 끝나고, 이제 본격적으로 신랑과 신부 중심의 예식이 이루어진다. 이러한 결혼 예식에서 신랑의 친구는 신부를 신랑에게 데리고 가는 자기 역할에 만족하며, 신랑이 주목 받는 것을 기뻐한다. 요한은 자신도 그와 같이 기뻐한다고 고백한다. 구약은 이스라엘 혹은 신실한 자들을 하나님의 신부로 표현한다(예. 사 62:4-5; 렘 2:2; 호 2:16-20). 이제 세례 요한은 자신의 사명을 통해, 그리스도와 그분의 교회로서의 새 이스라엘을 연결시키며, 신랑의 친구처럼 매우 기쁘다고 한다. 헬라어 원문에 따르면 29절에 '기쁨'이라는 말이 3번이나 반복된다. "크게 기뻐하나니"의 헬라어를 직역하면 "(신랑의 친구가) 기쁨으로 기뻐한다"(χαρᾷ χαίρει, *카라 카이레이*)이다. "나는 이러한 기쁨으로 충만하였노라"는 직역하면, "나의 기쁨이 충만해졌다"(ἡ χαρὰ ἡ ἐμὴ πεπλήρωται, *헤 카라 헤 에메 페플레로타이*)이다. 기쁨에 대한 이러한 강조는 사람들이 예수님께 몰리는 것을 세례 요한이 얼마나 기뻐하였는지를 말해준다. 예수님이 주목 받으시는 것이 세례 요한에게는 최고의 기쁨이었다.

한편 요한복음 전체에서 그리스도인의 '기쁨'(*카라*)의 근거로 대략 3가지가 제시된다. 요한의 기쁨에서 알 수 있는 바와 같이, 예수님이 높아질 때, 이것이 그리스도인의 기쁨이 된다(29절). 또한 예수님과의 만남이 있는 곳에 기쁨이 있다(16:22; 20:20). 그리고 그리스도인이 신앙의 삶을 살 때 기쁨이 있다. 이 신앙의 삶은 복음을 전하는 삶이요(4:36), 계명을 지키는 삶이요(15:11), 기도하는 삶이다(16:24). 이 3종류의 기쁨이 요한복음에 나타난 그리스도인이 추구해야 할 기쁨이다.

---

2. Morris, *John*, 213.

'흥하다'(αὐξάνω, *아욱사노*)(30절)는 요한복음에 한 번밖에 등장하지 않는다. 이 단어는 원래 식물이나 사람이 건강하게 성장하는 것을 뜻한다(예. 마 6:28; 13:32; 눅 1:80; 2:40). 그러나 사도행전에서는 이 단어가 자주 교회의 부흥을 묘사할 때 사용된다(행 6:7; 12:24; 19:20). 한편, 바울과 베드로는 이 단어를 주로 개인의 영적 성장을 가리키기 위해 사용한다(고후 10:15; 엡 4:15; 벧전 2:2; 벧후 3:18). 이와 같이 *아욱사노*의 신약 용례는 크게 개인의 자연적 성장, 교회의 성장, 개인의 영적 성장 등으로 요약될 수 있다. 그러나 요한복음은 이 단어를 좀 더 고차원적으로 사용한다. 비록 한 번밖에 쓰이지 않았지만, 신약의 다른 용례들의 최종 목적을 설명한다. *아욱사노*는 예수님의 명성이 높아지는 것을 의미한다. 다시 말하면, 개인과 교회 성장의 궁극적 목적은 예수님의 영광이다. 요한복음은 예수님이 높아지는 것을 묘사하기 위해 *아욱사노*를 사용한다.

'쇠하다'(ἐλαττόω, *엘라토오*)(30절)는 신약성경 전체에서 단 3번 등장한다. 이곳을 제외하면, 히브리서에서 두 번 언급된다. 히브리서 저자는 예수님의 성육신과 고난을 표현하기 위해, 예수님이 천사보다 '못하게 되셨다'(*엘라토오*)고 한다(히 2:7, 9). 이는 원래 시편 8:5에 나오는 내용인데, 히브리서 2:7은 이를 인용하며 기독론적으로 해석하고 있다. 그리고 히브리서 2:9에서 죽음의 고난을 당하신 예수님을 소개하고 있다. 칠십인경에서 *엘라토오*는 사람의 수가 줄어 나라의 국력이 약해지거나(LXX 렘 37:19), 양식이 없어 궁핍한 상황을 묘사하기도 한다(LXX 삼상 2:5; 삼하 3:29; 시 33:11; 렘 51:18). 따라서 우리는 세례 요한의 쇠하여짐을 짐작할 수 있다. *엘라토오*라는 단어를 사용하여, 요한복음은 세례 요한의 고난과 죽음을 암시하고 있다. 그의 낮아짐은 그리스도의 낮아짐을 닮는다. 그의 낮아짐은 결국 그리스도를 높인다.

3) 세례 요한의 예수님 증언(3:31-36)

'증언하다'(μαρτυρέω, *말튀레오*)(32절)는 요한복음의 중요한 모티프 중의 하나다. 이 구절에서 예수님은 자신을 하늘의 일을 증언하는 분으로 나타내시는데(32절), 나중에 빌라도 앞에서는 자신을 진리에 대해 증언하는 왕이라 하신다(18:37). 요한복음 전체에서는 예수님에 대한 다양한 증인들이 나온다. 하나님은 아들을 증언하는 분으로 소개된다(5:37; 8:18). 성령도 아들을 증언하신다(15:26). 성경도 아들을 증언한다(5:39). 세례 요한의 핵심 사역도 하나님의 아들을 증언하는 것으로 설명된다(1:7-8, 15, 34). 심지어 예수님이 하시는 일도 예수님을 증언한다(5:36; 10:25). 예수님의 제자들도 예수님을 증언하는 자이고(15:27), 요한복음의 저자도 증언하는 자이다(21:24). 이러한 예수님에 대한 다양한 증인(증언)들은 예수님의 증언에 신빙성을 더하며(참고. 신 19:15), 그가 증언한 하늘의 진리가 진실임을 나타낸다. 그는 하늘에서 왔기 때문에 하늘의 일을 증언할 수 있는데(31절), 이 예수님의 증언을 받아들이는 것은 결국 그를 증언한 하나님이 참되시다는 것을 증명하는 것이 된다(33절). '인치다'(σφραγίζω, *스프라기조*)(33절)는 다양한 뜻을 가지고 있다. 비밀에 부치다는 뜻도 있고(계 10:4; 22:10), 소유를 나타내기 위한 표시이기도 하다(엡 1:13; 레 7:3). 본문에서는 '증명하다'는 뜻이 적절하다.

하나님께서는 아들에게 성령과 만물을 주셨다. 성령을 주셔서 하나님의 말씀을 하게 하시며(34절), 만물을 주셔서 그에게 오는 자에게 영생을 주게 하신다(35-36절). 36절의 '영생을 가진다'와 '하나님의 진노가 머물러 있다'는 둘 다 현재형이다. 이는 요한복음의 현재적 종말론을 보여주는 표현으로, 요한복음에서 구원과 심판은 현재적으로 나타난다(3:18; 5:24; 6:47 등등). '믿음'과 '불순종'은 반대 개념으로 등장한다(36절). 이 말은 믿음이 곧 순종이라는 뜻이 아니다. 순종은 믿음의 결과요 믿음의 열매다(참고. 15:1-6). 예수님에 대한 믿음은 그에 대한 순종으로 귀결된다. 따라서 불순종은 믿음이 없다는 것을 증명한다. 그래서 불순종하는 자는 그의 믿음 없음 때문에 영생을 얻지 못한다. 영생은 예수님을 영접하는 믿음으로 얻을 수 있다(1:12; 3:16). 예수님을 알고 그를 신뢰하는 자가 구원을 받는다.

교훈과 적용

1. 그리스도인은 예수님이 높아지시는 것을 기뻐해야 한다. 그리스도인은 자신이 주목을 받기 위해 사는 사람이 아니다. 예수님이 주목 받으시는 것을 기뻐하는 사람이다. 세상 사람들은 자신의 영광을 위해 산다. 자신이 사람들 앞에 높아지면 기뻐한다. 그러나 그리스도인의 기쁨은 예수님을 높이는 것으로부터 온다. 비록 내 마음대로 안 되고 내 계획대로 되지 않을지라도, 예수님이 영광 받으시면 기뻐하고 만족해야 한다.
2. 그리스도인은 예수님의 겸손을 따라가야 한다. 그리스도인은 예수님을 높일 뿐만 아니라, 그의 겸손을 본받아야 한다. 예수님을 높인다는 것은 예수님의 겸손을 본받는 것이다. 예수님의 겸손을 따라 고난을 당할 때, 이것이 예수님을 높이는 길이다. 오늘날 많은 사람이 예수님을 높이기 위해 많은 말과 행동을 한다. 그러나 세례 요한은 예수님을 따라 고난의 삶을 사는 것으로 예수님을 높였다.
3. 그리스도인은 예수님의 말씀에 순종해야 한다. 그리스도인은 예수님의 말씀을 믿을 뿐 아니라, 그 말씀에 순종해야 한다. 성령의 도우심으로 순종하는 삶을 살아야 한다. 자신의 욕심을 내려놓고, 순종의 삶으로 하나님과 예수님을 영화롭게 해야 한다. 자기가 주인 된 삶이 아니라, 예수님을 주로 삼고 그분의 다스림을 받는 삶을 살아야 한다. 이것이 곧 하나님이 함께하시는 하나님 나라 백성의 삶이다.

2. 예수님과 사마리아 여인의 대화(4:1-9)

1 예수께서 제자를 삼고 세례를 베푸시는 것이 요한보다 많다 하는 말을
바리새인들이 들은 줄을 주께서 아신지라 **2** (예수께서 친히 세례를 베푸
신 것이 아니요 제자들이 베푼 것이라) **3** 유대를 떠나사 다시 갈릴리로 가
실새 **4** 사마리아를 통과하여야 하겠는지라 **5** 사마리아에 있는 수가라 하

는 동네에 이르시니 야곱이 그 아들 요셉에게 준 땅이 가깝고 **6** 거기 또
야곱의 우물이 있더라 예수께서 길 가시다가 피곤하여 우물 곁에 그대로
앉으시니 때가 여섯 시쯤 되었더라 **7** 사마리아 여자 한 사람이 물을 길으
러 왔으매 예수께서 물을 좀 달라 하시니 **8** 이는 제자들이 먹을 것을 사러
그 동네에 들어갔음이러라 **9** 사마리아 여자가 이르되 당신은 유대인으로
서 어찌하여 사마리아 여자인 나에게 물을 달라 하나이까 하니 이는 유대
인이 사마리아인과 상종하지 아니함이러라

1) 사마리아를 통과하시는 예수님(4:1-4)

예수님과 사마리아 여인의 대화는 앞에 나오는 니고데모와의 대화와 묘한 대조를 이룬다. 니고데모와 사마리아 여인은 여러 가지 면에서 대척점에 있다. 유대인/사마리아인, 남자/여자, 공의회 회원/남편 다섯 있는 여자, 예수님을 찾아옴/예수님이 먼저 말을 거심, 밤에 만나심/낮에 만나심, 니고데모에게 한정된 대화/사마리아 동네 사람들에게까지 확장된 대화 등이 대조를 이루는 내용이다. 이를 통해 요한복음은 예수님의 복음이 특별한 지역이나 성, 인종, 계층에 한정되지 않는 전인류적 구원 메시지가 될 것임을 암시한다. 이는 구체적으로 예수님이 주시는 생수를 누구든지 마실 수 있는 것으로(14절), 누구든지 영과 진리 안에서 예배드릴 수 있는 것으로(23절) 나타난다.

예수님은 바리새인들을 피해 유대에서 갈릴리로 향하신다(1-3절). 아마도 예수님의 세례가 인기 있자 바리새인들이 대적하였는데, 예수님은 이를 피하려 하신 것 같다. 그렇다면 사마리아를 통과해야만 했던 이유는 무엇일까?(4절). 물론 예수님이 선택한 이 길이 유대에서 갈릴리로 여행하는 최단거리였을 것이다. 그러나 당시에 철저한 유대인들은 이런 여행에서 사마리아 지역을 피해서 갔다. 그들은 요단을 건너 사마리아 지역을 둘러 갔다. 그렇다면 예수님은 왜 사마리아 지역을 통과하는 단거리 코스를 택하셨을까?

이는 복음 전도의 긴박성이었을 수도 있고(9:4), 의도적으로 사마리아 지역에 자신을 나타내셨을 수도 있다(10:16).

2) 사마리아 여인에게 다가가시는 예수님(4:5-9)

'야곱의 우물'(6절)은 예루살렘과 갈릴리를 오가는 길에 위치해 있어서, 여행객들이 쉬어가기 좋은 장소였을 것이다. 이때 시각이 '여섯 시'(6절)로 나와 있는데, 아침 6시부터 시작되는 유대의 시간 계산법을 따르면, 오늘날의 정오에 해당된다.[3] 이때 사마리아 여인이 물을 길으러 왔다는 것은 자신의 도덕적 부정 때문에 다른 사람의 눈을 피하기 위함이라는 해석이 있다. 그러나 정오 시간에 물을 긷는 것이 전혀 낯선 일은 아니었다(『유대 고대사』 2.257 이하).[4] 한편, 만약 요한복음이 로마식 시간 계산법을 사용하였다면, 아마도 예수님과 사마리아 여인이 만난 때는 저녁 여섯 시였을 것이다. 예수님은 종일토록 걸으시고, 저녁때쯤 몹시 목이 마르고, 피곤하셨을 것이다. 본문이 말하는 '여섯 시'는 로마식 시간 표현일 가능성이 높은데, 19:14의 주해에서 그 이유를 밝힐 것이다.

예수님은 여인에게 물을 요청하셨다(7절). 미쉬나에 따르면, 사마리아인들을 이방인처럼 부정하게 여겨, 예수님 당시 대부분의 유대인들은 그들과 접촉하는 것을 꺼렸다(*m. Nid.* 4.1).[5] 이런 이유로 사마리아 여인은 자기에게 말을 거시는 예수님께 놀라움을 표현한다(9절).

교훈과 적용

1. 예수님은 사람을 대하실 때, 신분을 차별하지 않으신다. 예수님은 유대 관원인 니고데모에게도 복음을 전하셨지만, 사마리아 여인에게도 영생의 비밀을 말씀하셨다.

---

3. 이 의견에 대한 반대 주장은 다음을 참고. 조석민, 『이해와 설교를 위한 요한복음』.
4. Morris, *John*, 228.
5. Morris, *John*, 229.

그녀를 여인이라 차별하지 않으시고, 사마리아 사람이라 차별하지 않으셨다. 이와 같이 우리도 사람을 차별하지 말아야 한다. 사회적 지위나 재산 정도, 직업이나 외모에 따라 사람을 판단하고 차별하는 것을 조심해야 한다.

2. 예수님은 사람들을 대하실 때, 복음 중심으로 이야기하신다. 예수님이 사마리아 여인을 만난 때는 배고픈 시간이고 목마른 시간이었다. 그러나 먹는 것만을 위해 말씀하지 않으셨다. 오히려 먹는 이야기를 시작으로 생수에 대해, 복음에 대해 말씀하셨다. 예수님은 어떤 환경에서라도 사람들에게 생명의 복음을 전하기 위해 노력하셨다. 이와 같이 우리도 사람들과 세상 사는 이야기에 머물 것이 아니라, 복음을 전하는 데까지 나아가야 하겠다.
3. 예수님은 사람을 대하실 때, 먼저 다가가시는 분이다. 예수님은 사마리아를 지나지 않고 둘러 가실 수도 있었다. 그러나 예수님은 사마리아로 들어 가셨고, 사마리아 여인에게 먼저 말을 거셨다. 사마리아 사람들이 함께 있기를 요청하자, 그들과 함께 머무셨다. 예수님은 복음이 필요한 사람에게 먼저 다가가시는 분이다. 오늘도 우리는 복음이 필요한 사람에게, 먼저 다가가 예수님을 전해야 한다.

3. 예수님과 사마리아 여인의 생수에 관한 대화(4:10-15)

10 예수께서 대답하여 이르시되 네가 만일 하나님의 선물과 또 네게 물 좀
달라 하는 이가 누구인 줄 알았더라면 네가 그에게 구하였을 것이요 그
가 생수를 네게 주었으리라 **11** 여자가 이르되 주여 물 길을 그릇도 없고 이
우물은 깊은데 어디서 당신이 그 생수를 얻겠사옵나이까 **12** 우리 조상 야
곱이 이 우물을 우리에게 주셨고 또 여기서 자기와 자기 아들들과 짐승
이 다 마셨는데 당신이 야곱보다 더 크니이까 **13** 예수께서 대답하여 이르
시되 이 물을 마시는 자마다 다시 목마르려니와 **14** 내가 주는 물을 마시는
자는 영원히 목마르지 아니하리니 내가 주는 물은 그 속에서 영생하도록
솟아나는 샘물이 되리라 **15** 여자가 이르되 주여 그런 물을 내게 주사 목마
르지도 않고 또 여기 물 길으러 오지도 않게 하옵소서

1) 생수를 주시는 예수님(4:10)

'생수'(10절)는 문자적으로는 고여 있는 물이 아닌, 흐르고 있는 신선한 물을 뜻한다. 그러나 예수님은 계속 이 생수를 상징적 의미로 사용하신다. 이 생수는 신자로 하여금 영생에 이르도록 인도한다(14절). 이것은 어떤 대가를 지불하고 받는 것이 아니라 은혜로 받기 때문에 '선물'(δωρεά, *도레아*)(10절)이라 한다. 예수님이 주시는 하나님의 선물은 생수이다.[6] 신약에서 '선물'이라는 뜻으로 가장 많이 쓰이는 단어는 *도론*(δῶρον)이다. *도론*은 신약에서 다양한 의미의 '선물'을 뜻한다. 사람끼리 주고받는 선물을 뜻할 때도 있고(마 2:11; 계 11:10), 제사 예물을 뜻할 때도 있고(마 5:23-24; 8:4; 15:5; 히 5:1; 8:3-4; 9:9), 아주 예외적으로 하나님께서 주시는 선물을 뜻하기도 한다(엡 2:8). 이에 반해, *도레아*는 *도론*보다 비교적 공식적인 의미를 가지는데, 상(award)을 수여한다는 뜻이 암시된다. 신약에서 *도레아*는 하나님 혹은 예수님의 은혜로 인해 주어지는 선물을 뜻하는데(롬 5:15, 17; 고후 9:15; 엡 3:7; 4:7), 사도행전에서는 자주 성령을 가리킨다(행 2:38; 8:20; 10:45; 11:17).

그렇다면 '생수'(10절)는 무엇을 가리킬까? 첫째, 이 생수를 '계시' 혹은 '토라' 또는 '지혜'로 해석하는 학자들이 있다.[7] 잠언에서 지혜는 생명의 샘으로 비유된다(잠 13:14; 18:4). 랍비 문헌에서는 토라가 하나님의 선물이었다(예. *Gen. R.* 6.7).[8] 칠십인경과 쿰란 문헌에서도 토라는 자주 '물'로 표현된다(집회서 24:23-25; 다메섹 문헌들 3:16; 6:4-11; 19:34). 토라는 하나님의 구원 계시로 여겨졌기 때문에, 요한복음에서 하늘의 구원 계시를 전하는 예수님의 모습과 유비를 이룬다(1:18; 3:13). 예수님은 그의 가르침, 곧 말씀을 통해 구원을 주시고 영생을 주신다.

---

6. Kruse, *John*, 130.
7. Whitacre, *John*, 103; Keener, *John 1*, 602-4.
8. Barrett, *John*, 233.

둘째, 생수는 성령을 상징한다고 주장하는 학자들이 있다.[9] 구약에서 물은 자주 성령과 연결되며(겔 36:25이하; 사 32:15이하; 욜 3:1; 슥 12:10), 쿰란 문헌에서도 물은 성령을 상징한다(1QS 4:21).[10] 물과 성령의 연관성은 요한복음 안에서도 계속된다(3:5; 7:37-39). '하나님의 선물'(10절)과 관련하여, 앞서 살펴본 바와 같이, 신약성경은 이 용어를 자주 성령을 가리킬 때 사용한다(행 2:38; 8:20; 히 6:4). 특히 '솟아나다'(ἅλλομαι, *할로마이*)(14절)는 삼손에게 임했던(삿 15:14), 그리고 사울에게 임했던(삼상 10:10) 하나님의 성령의 역사를 칠십인경에서 일컬을 때 사용되었다. 예수님은 그를 믿는 자에게 성령을 통해 영생을 주신다.

그런데 생수가 영생을 가리킨다고 보는 학자들이 있다.[11] 예수님은 영생을 주시기 위해 하나님에 의해 세상에 파송 받으신 분이고, 따라서 예수님을 통해 사람들에게 주어지는 것은 영생이라고 한다. 요한복음에서 예수님은 생명이시며(11:25; 14:6), 또한 생명을 주시는 분으로 묘사되기 때문이다(6:33; 10:28). 특히 하나님의 선물은 하나님께서 주시는 구원으로 볼 수 있는데, 이런 의미에서 영생이 하나님의 선물이며 생수라고 하는 학자들이 있다. 그러나 브라운이 잘 지적했듯이, 엄밀히 말해, 영생은 생수가 아니고 생수를 마신 결과이다.[12] 14절에서 예수님은 생수가 영생에 이르게 한다고 하신다. 다시 말하면, 생수를 통해 신자가 영생하게 된다는 뜻이다.

그렇다면 생수는 성령일까, 말씀일까? 일차적으로 성령을 가리킨다고 보아야 할 것이다. 물이 성령을 상징한다고 하는 다른 요한복음 본문들과 조화를 이루기 때문이다(3:5; 7:37-39). 이 본문들에서 예수님은 성령의 상징으로

---

9. Michaels, *John*, 241; Köstenberger, *John*, 150; Kruse, *John*, 131.
10. G. M. Burge, *The Anointed Community: The Holy Spirit in the Johannine Tradition* (Grand Rapids: Eerdmans, 1987), 97.
11. Carson, *John*, 219; Morris, *John*, 230; Beasley-Murray, *John*, 60.
12. Brown, *John I-XII*, 178.

서 물을 사용하시며, 성령을 통해 영생을 주시는 분으로 자신을 나타내신다. 따라서 예수님이 사마리아 여인에게 언급하신 생수는 성령이며, 그 생수를 통해서 궁극적으로 영생이 주어질 것이다. 그렇다면 계시로서 예수님의 말씀이 생수일 가능성이 없을까? 이차적으로 생수가 말씀을 의미할 수도 있을 것이다. 4장 문맥에서 예수님은 사마리아 여인과 사마리아 사람들에게 말씀으로 자신의 메시야 정체성을 드러내신다. 이러한 예수님의 가르침이 그들을 믿음으로 이끈다. 따라서 성령과 말씀이 신자를 영생으로 인도한다고 볼 수 있을 것이다. 요한복음에서 예수님은 하나님의 계시의 중보자로, 새 언약의 말씀을 주실 뿐 아니라, 친히 성령을 주시므로, 신자들이 성령의 능력으로 살 수 있게 하시는 분이다.[13] 더욱이 말씀과 성령과 생명의 관계는 6:63에서 직접적으로 언급된다.

다른 한편, 예레미야 2:13; 17:13에서는 하나님이 생수의 근원이 되신다. 이제 요한복음에서는 예수님이 이 생수를 주시는 분으로, 생수의 근원으로 묘사된다. 예수님이 계시를 주시고, 성령을 주시는 분이기 때문이다. 예수님이 하나님이시라는 말이다.

2) 야곱과 비교되는 예수님(4:11-12)

사마리아 여인은 예수님과 야곱을 비교한다(11-12절). 요한복음에서 예수님과 야곱을 비교하는 표현은 이미 앞서 언급되었다. 예수님은 하나님의 사자들이 인자 위에 오르락내리락할 것이라 말씀하신다(1:51). 이는 창세기에 나오는 야곱의 환상을 연상케 한다(창 28:10-22). 새 이스라엘로서 예수님의 정체성을 밝혀 주는 표현이다. 이러한 예수님의 정체성은 포도나무와 가지 비유에서도 나타나는데(15:1-17), 포도나무는 구약에서 이스라엘을 상징하는 나무다(시 80:8-15; 사 5:1-7; 렘 2:21; 5:10; 12:10; 겔 15:1-8; 17:1-24;

13. Brown, *John I-XII*, 178-80.

호 10:1). 예수님은 자신을 '참 포도나무'라 밝히시며, 이제 구속사의 진전으로 자신이 참 이스라엘이 된다고 하신다. 또한 자신에게 붙은 가지들이 참 이스라엘에 속하게 될 것임을 나타내신다. 결국 참 이스라엘로서 예수님은 야곱보다 크신 분이다.

여인의 반응(11-12절)은 예수님을 야곱보다 크다고 생각하지 않는 것은 물론이거니와, 예수님의 말씀을 이해하지 못하였음을 나타낸다. 영적인 생수를 말씀하시는 예수님과 달리(10, 13-14절), 여인은 계속해서 문자적 생수를 이야기하고 있다(11-12, 15절). 이러한 여인의 영적 무지는 결국 예수님이 그녀의 아픔을 건드리시므로 점차 깨어지게 된다(16-18절).

3) 영원히 목마르지 않는 생수를 주시는 예수님(4:13-15)

'목마름'(14절)은 '영적 필요'를 뜻하는 다른 성경 본문을 생각나게 한다(예. 시 42:2; 63:1; 143:6; 사 55:1; 마 5:6 등등). 예수님은 자신이 주시는 성령과 말씀을 통해 사람들의 영적 필요가 충족될 것이라 약속하신다. 목마른 자의 갈증을 풀어주시는 예수님의 모습은 요한복음에서 어렵지 않게 볼 수 있다(6:35; 7:37). 예수님은 이러한 은혜를 주시기 위해, 자신이 몸소 목마른 고통을 당하셨다(19:28). 신자의 양식과 음료는 예수님의 고통에 기초한다. 예수님은 우리를 먹이시기 위해 몸소 먹이가 되셨다(6:53). 예수님은 우리가 마시도록 하기 위해, 몸소 목마른 고통을 감당하셨다.

'내가 주는 물'(14절)은 10절에 나오는 '생수'이고 성령을 가리킨다고 할 수 있다. 따라서 '영생하도록 솟아나는 샘물'(14절)은 신자의 내면에 역사하시는 성령을 말할 것이다. '영원히 목마르지 아니하리니'는 신자의 내면에 거하시는 성령은 그를 떠나지 않고 영원히 함께하시며, 따라서 영원한 생명을 주신다는 뜻이다. 이 성령은 또한 신자의 내면에서 말씀으로 역사하시며 영생으로 인도하실 것이다. 15절에 나오는 여인의 반응은 그녀가 전혀 예수님의 가르침을 깨닫지 못하였다는 것을 보여준다. 예수님은 상징적인 물을 말씀하시는데, 그녀는 일상의 물리적인 물로 이해한 것이다. 3장에서 하늘로부터 태어나는 것을 전혀 알아듣지 못했던 니고데모를 생각나게 한다. 니고데모든 사마리아 여인이든 예수님은 그들의 영적 무지에도 불구하고 그들에게 지속적으로 영생의 복음을 설명하신다.

교훈과 적용

1. 예수님은 말씀으로 우리의 영적 필요를 채워 주신다. 말씀을 통해 우리는 영적 생명을 얻는다. 말씀을 통해 우리는 영적으로 풍성해질 수 있다. 따라서 말씀을 듣고, 읽고, 묵상하는 것은 그리스도인에게 꼭 필요한 요소이다. 하나님의 힘과 지혜와 은혜가 말씀의 통로를 통해 그리스도인에게 전달되기 때문이다.
2. 예수님은 성령으로 우리의 영적 필요를 채워 주신다. 영적 목마름으로 죽어가는 인생에게 성령을 통해 생명을 주신다. 예수님은 목마른 자를 성령으로 새롭게 하시고 성령 충만한 삶을 살게 하신다. 이러한 성령 충만을 통해 우리는 그리스도인의 삶을 살 수 있다.
3. 예수님은 야곱보다 크신 분으로 우리의 영적 필요를 채워 주신다. 야곱은 이스라엘 민족을 있게 만든 그들의 위대한 조상이었다. 그는 우물을 통해 자신의 가족을 먹여 살렸다. 이제 예수님은 야곱보다 크신 분으로, 새로운 이스라엘을 있게 하시는 분이다. 그 이스라엘 백성이 영적으로 살도록 생수를 주시는 분이다. 말씀과 성령으로 새 이스라엘 백성의 영적 필요를 채워 주시는 분이다. 그러므로 새 이스라엘인 우리 그리스도인은 예수님으로 살고, 예수님 때문에 자란다.

4. 예수님과 사마리아 여인의 남편에 관한 대화(4:16-18)

16 이르시되 가서 네 남편을 불러 오라 17 여자가 대답하여 이르되 나는
남편이 없나이다 예수께서 이르시되 네가 남편이 없다 하는 말이 옳도
다 18 너에게 남편 다섯이 있었고 지금 있는 자도 네 남편이 아니니 네 말
이 참되도다

1) 여인의 남편을 찾으시는 예수님(4:16)

이어지는 대화의 주제는 '여인의 남편'에 대한 것이다(16-18절). 이는 얼핏 바로 앞의 '생수'에 관한 주제와 관련이 없는 듯하지만, 예수님은 생수와 여인의 영적 필요를 연결하시려는 듯 보인다. 흔히 이 본문을 예수님이 이혼 경력이 많은 즉, 남자가 많았던 여인의 부도덕성을 지적하시는 것으로 해석한다.[14] 그러나 이는 고대 근동의 남성 중심 가부장적 문화와 배치되는 해석이다. 당시 유대 사회에서 이혼의 주도권은 남편에게 있었다. 그러므로 이 여인은 오히려 남편에게 이혼을 여러 번 당한, 버림받은 존재로 해석하는 것이 더 적절할 것이다.[15] 신명기 24:1에 따르면 남편이 아내에게 '수치되는 일'을 발견하면, 이혼증서를 써 주어 이혼할 수 있었다. 예수님 당시에 샴마이 학파는 이것을 엄격히 적용하여, 여인이 간음을 하였을 경우, 이혼할 수 있다고 해석하였다. 그러나 힐렐 학파는 다양한 종류의 문제를 이혼 사유로 해석하며, 여인에게서 자그마한 꼬투리라도 잡으면, 남편이 쉽게 이혼할 수 있는 길을 열어 주었다(예. 아내가 그릇을 깨뜨려도 이혼 사유가 되었다).[16]

이러한 이혼 문화는 이미 구약에도 나온다. 하나님께서는 말라기 선지자를 통해 이스라엘 남자들이 어릴 때 맞이한 아내를 쉽게 버리고, 이방 여인을 새 아내로 맞이한 것에 대해 경고하신다(말 2:10-16). 이러한 남자의 행태는 하나님 앞에 가증한 것이었고(말 2:11), 이스라엘의 여인들은 울며 탄식하게 되었다(말 2:13). 그래서 하나님께서는 그들의 제사를 받지 않고, 그들의 봉헌물을 돌아보지 않겠다고 말씀하신다. 이러한 가부장적 남성 중심의 이혼 문화에서 여인들은 버림받고 고통 당하였다.[17]

---

14. Morris, *John*, 234; Carson, *John*, 220.
15. Kruse, *John*, 132.
16. D. Instone-Brewer, *Divorce and Remarriage in the Bible: The Social and Literary Context* (Grand Rapids: Eerdmans, 2002), 111-2.
17. 자세한 해석은 다음을 참조. 장세훈, 『문맥에서 길을 찾다』 (서울: 토브, 2018), 248-59.

따라서 예수님이 만난 사마리아 여인은 너무나 음란해서 남편을 다섯 명이나 갈아치운 부도덕한 여인이라기보다, 다섯 명의 남편에게 버림받은 아주 비참한 여인일 확률이 더 높다. 그럼에도 불구하고, 지금 여전히 남편은 아니지만 한 남자와 살고 있다(18절). 왜일까? 그렇게 남자에게 버림받았는데 왜 이 여인은 계속 또 다른 남자와 함께 사는 것일까? 아마도 당시 사회에서 여인 혼자 사회, 경제적 주체로 인정받으며 살아갈 수 없었기 때문일 것이다. 그래서 구약에서 가장 불쌍하고 비참한 존재는 고아나 과부였다(예. 신 14:29). 사마리아 여인은 당시 사회에서 가장 비참하고 불쌍한 존재인데, 바로 그녀에게 예수님이 찾아가신 것이다.

2) 여인의 남편 문제를 꿰뚫어 보시는 예수님(4:17-18)

예수님은 여인의 비참한 상황을 정확하게 꿰뚫어 보신다(18절). 예수님은 여인의 버림받은 비참한 상황을 아시고, 그 상처를 건드리신 것이다. 아마도 영생하는 물을 주시기 전에, 먼저 그녀의 상처를 치유하기 원하셨던 것 같다. 그녀의 영적 필요를 채워 주기 전에 그녀의 가장 은밀한 상처 혹은 가장 의지했던 그 부분을 다루기 원하셨던 것 같다. 당시에 남편 없이 살아갈 수 없었던 과부의 비참한 삶, 다섯 명의 남편에게 버림받았지만 여전히 남자를 의지할 수밖에 없는 여인의 비참한 상황을 다루기 원하셨던 것 같다. 이런 상황에서 여인에게는 대개 다음과 같은 고통이 있었을 것이다. 첫째, 남편에 버림받은 상처와 아픔이 있었을 것이다. 둘째, 사람들로부터 손가락질당하는 수치가 있었을 것이다. 그리고 셋째, 이혼 당한 여인이지만 여전히 남자를 의지해야 하는 연약함이 있었을 것이다. 예수님은 이러한 여인의 고통을 드러내셔서, 그녀를 치유하시고, 생수를 주기 원하셨다.

교훈과 적용

1. 예수님은 사람들의 상처를 치유하시는 분이다. 육체의 상처도 치료가 필요하듯이,

내면의 상처도 치유가 필요하다. 내면의 아픔을 가지고 있는 사람은 제대로 된 영적 성숙에 도달할 수 없다. 예수님은 상처 난 사람들로 하여금 자신의 문제에 직면할 수 있게 하시고, 또 그 아픔을 치유해 주신다. 오늘 우리 주위에 상처 입고 아파하는 사람들이 많다. 그 사람들에게 예수님을 소개하여 진정한 평화를 누리도록 도와줘야 한다.

2. 예수님은 사람들의 수치를 제거하시는 분이다. 남편에게 버림받은 부끄러움을 예수님이 감싸 안으신다. 사람들로부터 손가락질당하지만, 예수님은 그녀에게 손을 내미신다. 사람들이 비웃을지라도, 예수님은 그녀에게 먼저 다가가셔서 그리스도 안에서 자존감을 갖게 하신다. 오늘날도 세상의 편견과 비난 때문에 낮은 자존감으로 고통하는 사람들이 있다. 그들이 예수님을 통해 진정한 자유를 누리도록 도와줘야 한다.
3. 예수님은 사람들의 연약함을 품으시는 분이다. 여인은 남자를 의지하지 않으면 도무지 살 수 없는 연약한 존재였다. 여인은 남자에게 버림받으면서도 계속 남자를 필요로 하였다. 예수님은 그런 연약한 인생에게 다가가셔서 남자가 아니라, 예수님이 주시는 생수로 살게 하셨다. 오늘날도 많은 연약한 사람들이 다른 무언가를 의지해서 살아가려 한다. 자신의 존재의 안정을 위해 예수님 아닌 다른 것을 추구한다. 그들이 예수 그리스도 안에서 진정한 안식을 얻도록 그들을 복음 위에 굳게 세우는 것이 필요하다.

5. 예수님과 사마리아 여인의 예배에 관한 대화(4:19-26)

19 여자가 이르되 주여 내가 보니 선지자로소이다 20 우리 조상들은 이 산
에서 예배하였는데 당신들의 말은 예배할 곳이 예루살렘에 있다 하더이
다 21 예수께서 이르시되 여자여 내 말을 믿으라 이 산에서도 말고 예루살
렘에서도 말고 너희가 아버지께 예배할 때가 이르리라 22 너희는 알지 못
하는 것을 예배하고 우리는 아는 것을 예배하노니 이는 구원이 유대인에
게서 남이라 23 아버지께 참되게 예배하는 자들은 영과 진리로 예배할 때
가 오나니 곧 이 때라 아버지께서는 자기에게 이렇게 예배하는 자들을 찾
으시느니라 24 하나님은 영이시니 예배하는 자가 영과 진리로 예배할지

니라 25 여자가 이르되 메시야 곧 그리스도라 하는 이가 오실 줄을 내가 아노니 그가 오시면 모든 것을 우리에게 알려 주시리이다 26 예수께서 이르시되 네게 말하는 내가 그라 하시니라

1) 유대인과 사마리아인의 예배에 대한 갈등(4:19-22)

여기서 여인은 갑자기 대화의 주제를 바꾼다. 왜 갑자기 대화 주제를 바꾸는 것일까? 그 이유를 정확하게 알 수는 없지만, 아마도 선지자인 예수님께 유대인과 사마리아인이 오랫동안 갈등해 왔던 예배 장소(성전)에 관해 상담하는 것일 수도 있을 것이다. 유대인들은 예루살렘을 예배 장소로 보았다. 왜냐하면 예루살렘이 신명기에 나오는 성전 예언을 성취하는 곳이라 믿었기 때문이다(신 12:5). 그래서 그들은 솔로몬 성전이 무너진 후, 스룹바벨 성전도 헤롯 성전도 다 예루살렘에 건축하였다. 그러나 사마리아인들은 신명기에서 말하는 성전 예언을 이해하려면 성전 위치를 모세오경 자체 내에서 찾아야 한다고 보았다. 그들은 아브라함이 약속의 땅에 들어간 후 첫 제단을 쌓았던 세겜이 위치한 그리심산을 바로 그 장소로 보았다(창 12:6-7). 이 산은 또한 이스라엘이 축복 선언을 받았던 곳이기도 하다(신 27:12). 이런 이유로 사마리아인들은 BC 4세기 초에 그리심산에 성소를 세웠다. BC 128년 요한 힐카누스(John Hyrcanus)에 의해 그리심산 성전이 파괴된 후에도, 그들은 종말론적 소망을 품고 그리심산에 모여 외적에 대항하며, 성전을 회복하려 했다(『유대인의 전쟁』 3.307-308; 『유대 고대사』 18.85-87). 이런 배경 하에서 예수님과 사마리아 여인의 대화의 초점은 성전 장소에 관한 것이다. 예수님은 영과 진리로 예배드리는 그곳이 성전이 될 것임을 시사하신다.[18]

예수님은 여인에게 '때'(ὥρα *호라*)를 말씀하신다(21절). 새로운 예배를 드릴 때(*호라*)에 관해 말씀하신다. *호라*는 요한복음에서 예수님의 죽음과

---

18. 이 부분은 Kwon, "Jesus as High Priest in John 17," 92-9를 요약, 정리한 것이다.

부활과 승천을 포괄하는 의미이지만, 그 무게 중심은 다분히 예수님의 죽음에 있다(2:4; 7:30 등). (자세한 설명은 2:4의 주해를 참조하라) 예수님은 그의 죽음을 통해 이제 새로운 예배가 하나님 아버지께 드려질 것이라 하신다. 지금까지는 특정한 장소에서, 특정한 제물을 가지고, 특정한 사람의 도움으로 예배를 드렸다. 그러나 이제부터는 새로운 예배가 드려질 것이라 하신다. 또한 여기서 예수님은 우리의 예배 대상이 '아버지'라고 하신다(21절). '아버지'는 독생자이신 예수님이 하나님을 부르는 호칭이지만, 그의 십자가와 부활 이후 이제 그를 따르는 제자들이 하나님을 부르는 호칭이기도 하다(참고. 20:17; 마 6:9). 아버지를 향한 예배는 결국 예수님 안에서 하나님과 아버지-자녀 관계를 맺은 사람만이 예배드릴 수 있다는 뜻이다. 예수님을 영접한 사람, 예수님의 이름을 믿는 사람은 하나님의 자녀가 된다(1:12). 하나님에 의해 물과 성령으로 태어난 사람이다(1:13; 3:5). 그 사람만이 아버지께 진정한 예배를 드릴 수 있고, 아버지께서는 이러한 예배자를 찾으신다(23절).

모세오경만 인정하는 사마리아인들에 비해 역사서, 시가서, 선지서를 가지고 있는 유대인들은 좀 더 온전한 지식으로 하나님을 예배한다(22절).[19] "구원이 유대인에게서 남이라"(22절)는 메시야가 바로 유대인에게서 나온다는 말이다. 요한복음 전체에서 유대인들은 다분히 부정적으로 묘사되어 있지만, 그럼에도 불구하고 하나님의 계시와 관련하여 유대인들의 우선성은 부인되지 않는다. 다만, 아무리 유대인이라 할지라도 예수님을 영접하지 않는 자들은 결국 심판을 받게 된다. 반면에, 아무리 이방인이라 할지라도 예수님을 영접하는 자는 영생에 이르게 된다.

2) 영과 진리로 예배하는 자(4:23-24)

예수님은 영과 진리로 예배하는 자를 하나님이 찾으신다고 하신다(23절).

---

19. Morris, *John*, 238.

하나님은 예루살렘이든 그리심산이든 상관하지 않으시고, 영과 진리로 예배하는 자를 찾으신다는 말이다. 다시 말하면, 장소에 제한을 받지 않는 새로운 예배 방식을 제시하신 것이다. 앞서 2장에서 이미 예수님은 자신을 새로운 성전으로 제시하신 바 있다(2:17-19). 즉, 예루살렘 성전이 아니라 죽음과 부활로 세워지는 예수 성전이 사람들의 새로운 예배 장소가 된다. 같은 맥락에서 예수님은 사마리아 여인에게 새로운 예배에 대해 말씀하신다. 그것은 영과 진리로 예배하는 것이다. 그렇다면 '영과 진리로'(ἐν πνεύματι καὶ ἀληθείᾳ, *엔 프뉴마티 카이 알레떼이아*) 예배한다는 것은 무엇을 뜻하는가? 일찍이 개역한글은 '신령과 진정으로'라고 번역하였다. 공동번역은 '영적으로 참되게', 현대인의 성경은 '영적인 진실한'이라 해석한다. 그리하여 예전에는 하나님이 찾으시는 예배는 '마음과 정성을 다해, 진실하게' 드리는 예배로 이해하였다. 그러나 이는 '영과 진리'를 잘못 해석하는 데서 비롯되었다.

본문이 말하는 '영'은 '성령'으로 해석되어야 한다. 만약 예배자의 마음의 태도를 나타내기 위해서라면, καρδία(*카르디아*, LXX 시 9:2; 85:12; 110:1; 137:1; 118:7)나 ψυχή(*프쉬케*, LXX 시 118:175; 145:1)가 사용되었을 것이다.[20] '영'은 요한복음에서 예수님의 영(11:33; 13:21; 19:30)이나, 혹은 성령(1:32; 3:5 등 약 21회)을 가리키기 위해 사용되었다. 그런데 예수님의 영을 가리킬 때는 모두 예수님이 주어의 역할을 하는 문장에서다(11:33; 13:21; 19:30). 따라서 본문에 나오는 '영'은 성령으로 보는 것이 가장 자연스럽다. 아마도 '영과 진리'는 두 단어가 관사 없이 한 전치사의 지배를 받기 때문에 중언법(hendiadys)으로 볼 수 있을 것이다. 그러므로 '영과 진리'는 '진리의 영'(14:17; 15:26; 16:13)을 가리킬 확률이 높다.[21] 그렇다면 영과 진리로 드리

---

20. Keener, *John 1*, 615.

21. Brown, *John I-XII*, 180; Michaels, *John*, 253. 설사 '영과 진리'를 중언법(hendiadys)으로 보지 않더라도, 최종 결론은 대동소이하다. 영은 성령을 말하고, 진리는 예수님과 깊이 연관되어 있기 때문에, 새로운 예배는 결국 성령과 예수님 안에서 드리는 예배라고 할 수 있다.

는 예배란 결국 진리의 영으로 드리는 예배를 말한다.

'진리'는 요한복음에서 주로 예수님께 속한 것이다(1:14, 17). 또한 예수님은 진리의 전달자이시며(8:40), 진리 자체다(5:33; 14:6). 예수님의 말씀이 진리이다(17:17). 다른 한편, 진리의 영이신 성령은 진리이신 예수님을 드러내고(15:26), 진리이신 예수님의 말씀을 생각나게 한다(14:26). 따라서 영과 진리로 드리는 예배는 진리의 영으로 인도를 받아, 예수님 안에서 드리는 예배이다. 이것이 아버지께서 찾으시는 예배이다. 앞서 2장에서 새로운 예배는 예수님이라는 새로운 성전에서 드려진다는 것을 알 수 있었다(2:17-19). 이제 예수님은 사마리아 여인과의 대화에서 이제 참된 예배자는 진리의 영이신 성령이 드러내시는 예수님이라는 성전에서 온전히 예배할 수 있다고 하신다.

'하나님은 영이시니'(24절)는 하나님의 존재 방식을 가리키는데, 하나님이 자신을 '영'(영적인 존재)으로 나타내신다는 말이다.[22] 즉, 하나님은 장소의 제한을 받으시는 물질적인 존재가 아니라는 뜻이다. 그는 어디에나 계시는 보이지 않는 영적인 존재시다. 그래서 예배자가 예루살렘이나 그리심산 같은 특정한 장소에 얽매여서 예배드리지 않아도 된다. 진리의 영 안에서 예수님을 통해 어디서든 영이신 하나님께 예배드릴 수 있다. 이 구절을 포함해서 요한문헌은 ϵἰμί(*에이미*) 동사를 사용하여 하나님의 3가지 속성을 특징적으로 나타낸다. 요한일서에 따르면, 하나님은 빛이시고(요일 1:5), 사랑이시다(요일 4:8, 16). 따라서 하나님은 영이시고, 빛이시고, 사랑이시다. 그런데 이러한 하나님의 속성은 그를 믿는 자가 어떻게 반응하며 살아야 하는지를 알려 준다. 다시 말하면, 빛이신 하나님을 믿는 자는 어둠에 거하지 않고 빛 가운데서 행해야 한다(요일 1:6-7). 죄를 멀리하고 거룩한 삶을 살아야 한다. 또한 하나님이 사랑이신 것을 믿는 자는 사랑하며 살아야 한다(요

---

22. Carson, *John*, 225.

일 4:7). 그리고 하나님이 영이신 것을 믿는 자는 영과 진리로 예배해야 한다. 특정한 장소에 얽매이는 것이 아니라 어느 곳에서든지 진리의 영으로 예수님 안에서 예배해야 한다.

24절에 사용된 헬라어 동사 δεῖ(*데이*)는 '당위'의 의미를 가지는데, 우리말로 '(반드시) ~해야 한다'로 번역할 수 있다. 다시 말하면, 하나님의 자녀의 예배는 반드시 영과 진리 안에서 이루어져야 한다. 진리의 영으로 인도를 받아, 예수님 안에서 예배해야 한다. 동사 *데이*는 요한복음에서 그리스도인의 삶과 관련하여 추가 사항 두개를 제시한다. 하나님의 자녀는 반드시 하나님에 의해 위로부터 다시 태어나야 한다(3:9). 그리고 자신을 위해서가 아니라, 예수님을 높이는 삶을 살아야 한다(3:30). 뿐만 아니라, *데이*는 기독론적 표현을 위해서도 사용된다. 그를 믿는 자에게 영생을 주시기 위해 인자이신 예수님은 반드시 십자가를 지셔야 했다(3:14; 12:32-34). 또한 십자가와 함께, 부활도 그의 필연적 구속 사역에 해당된다(20:9). 좀 더 자세한 설명은 3:14의 주해를 참고하라.

3) 그리스도와 예배(4:25-26)

사마리아 여인은 예수님으로부터 영과 진리로 드리는 예배에 대해 들은 후, 메시야를 언급한다. 메시야가 와서 성전과 예배에 관한 모든 것을 알려줄 것이라 한다(25절). 이 여인이 언급한 메시야는 아마도 사마리아 오경에 나오는 '모세와 같은 선지자'(신 18:15-18)로서의 메시야일 것이다. 사마리아인들은 이 메시야를 '타헵'(Taheb)이라 불렀는데, 이 메시야가 와서 성전과 예배에 대해 가르쳐 줄 것이라 믿었다.[23] 예수님은 여인의 말에, 그 메시야가 바로 자신이라 하신다(26절). 칠십인경에서 하나님의 자기 계시 표현으로 사용된 *에고 에이미*(신 32:39; 사 41:4; 43:10, 25; 45:18-19)를 사용하여, 자신

---

23. Köstenberger, *John*, 157-8.

이 하나님의 아들로서 사마리아인들의 기대까지도 충족시킬 수 있는 메시야임을 나타내신다. (*에고 에이미*에 관한 자세한 설명은 서론을 참고)

교훈과 적용

1. 하나님은 아버지께 예배하는 자를 찾으신다. 오직 하나님을 아버지로 모시는 하나님의 자녀만이 예배할 수 있다. 예수님을 통해 우리는 하나님의 자녀가 되고, 하나님은 우리의 아버지가 되신다. 이러한 아버지-자녀의 관계 속에서 우리는 하나님께 참 예배를 드릴 수 있다. 아무리 형식이 다양하고, 장소가 웅장해도 이러한 친밀한 관계가 없으면 온전한 예배를 하나님께 드릴 수 없다. 그러므로 하나님께 참된 예배를 드리기 원하는 사람은 예수님 안에서 하나님과의 관계를 먼저 점검하자.
2. 하나님은 예수님 안에서 예배하는 자를 찾으신다. 하나님은 예수님을 통해 그에게 나아오는 자를 기뻐하신다. 죄 가운데서, 죄를 가지고 오는 것이 아니라, 예수님을 통해 정결한 백성이 그에게 나아오기를 원하신다. 예수님을 통해 생명을 얻은 자만이 하나님을 예배할 수 있고, 그런 자들의 예배를 하나님이 찾으신다.
3. 하나님은 성령 안에서 예배하는 자를 찾으신다. 하나님이 찾으시는 예배는 성령께서 예배 가운데 충만하게 역사하는 예배이다. 성령은 예배하는 사람들을 예수님께 인도하신다. 그래서 그들이 예수님을 의지하여 하나님께 나아가게 한다. 성령은 예배하는 사람들이 예수님의 말씀을 기억하게 한다. 그래서 그들이 예수님의 말씀을 의지하여 하나님께 나아가게 한다. 하나님은 바로 이렇게 성령 안에서 예배하는 자를 찾으신다.

6. 예수님과 제자들의 대화(4:27-38)

27 이 때에 제자들이 돌아와서 예수께서 여자와 말씀하시는 것을 이상히
여겼으나 무엇을 구하시나이까 어찌하여 그와 말씀하시나이까 묻는 자
가 없더라 **28** 여자가 물동이를 버려 두고 동네로 들어가서 사람들에게 이
르되 **29** 내가 행한 모든 일을 내게 말한 사람을 와서 보라 이는 그리스도
가 아니냐 하니 **30** 그들이 동네에서 나와 예수께로 오더라 **31** 그 사이에 제

자들이 청하여 이르되 랍비여 잡수소서 32 이르시되 내게는 너희가 알지
못하는 먹을 양식이 있느니라 33 제자들이 서로 말하되 누가 잡수실 것을
갖다 드렸는가 하니 34 예수께서 이르시되 나의 양식은 나를 보내신 이의
뜻을 행하며 그의 일을 온전히 이루는 이것이니라 35 너희는 넉 달이 지
나야 추수할 때가 이르겠다 하지 아니하느냐 그러나 나는 너희에게 이르
노니 너희 눈을 들어 밭을 보라 희어져 추수하게 되었도다 36 거두는 자
가 이미 삯도 받고 영생에 이르는 열매를 모으나니 이는 뿌리는 자와 거
두는 자가 함께 즐거워하게 하려 함이라 37 그런즉 한 사람이 심고 다른
사람이 거둔다 하는 말이 옳도다 38 내가 너희로 노력하지 아니한 것을
거두러 보내었노니 다른 사람들은 노력하였고 너희는 그들이 노력한 것
에 참여하였느니라

1) 예수님의 만남(4:27-30)

제자들은 예수님이 사마리아 여인과 대화하시는 것에 놀란다(27절). 유대인 남자가 사마리아 여자와 대화하는 것은 당시로서는 이상하고 낯선 광경이었기 때문이다. 또한 앞서 밝힌 대로, 이 사마리아 여인은 여러 명의 남자에게 버림받은, 상처 입은 여인이다. 예수님은 당시 유대 사회가 멸시했던 여인을 만나셨으며, 사람들에게 버림받은 여인에게 다가가셨다. 물론 제자들은 여인의 그런 상황을 몰랐을 것이다. 아무튼 예수님은 겉으로 보기에는 이상한 만남을 통해 생수의 복음을 전하셨다.

그런데 예수님과 만난 여인은 과연 그를 메시야로 확신했을까? 그녀가 자기 마을에 돌아가 예수 그리스도에 대해 증언한 것은 해석상의 논란이 있다(29절). 헬라어 원문에는 부정적 뉘앙스가 있기 때문이다. μήτι οὗτός ἐστιν ὁ χριστός;(*메티 후토스 에스틴 호 크리스토스?*)를 직역하면, '이 사람은 그리스도가 아니지 않은가?' 혹은 '이 사람이 그리스도인가?'가 된다(브라운, 마이클스). 왜냐하면 μήτι(*메티*)는 거의 항상 부정적 대답을 기대할 때 쓰는

말이기 때문이다(예. 마 7:16; 막 4:21; 눅 6:39; 요 8:22; 18:35; 행 10:47). 물론 다수의 학자들은 여기서 지나치게 부정적인 뉘앙스보다는 여인의 주저하는 모습을 발견한다(카슨, 쾨스텐버거, 비슬리-머리, 바레트, 키너, 휘태크). 문맥에 비춰볼 때, 여인의 말을 좀 더 긍정적으로 해석해야 한다고 이 학자들은 주장한다. 그래서 '이 사람은 그리스도이지 않은가?' 정도로 번역한다. 그러나 사람들의 부정적인 반응을 기대하든, 아니면 여인 자신이 좀 주저하는 모습이든, 어쨌든 이 여인에게 강한 확신이 있었던 것은 아닌 것 같다. 다시 말하면, 우리가 흔히 상상하듯, 예수님의 메시야 정체성에 대한 온전한 확신을 갖고, 이웃 복음화를 위한 뜨거운 열정으로 전도한 것은 아니라는 말이다.

그럼에도 불구하고, 그녀의 증언은 마을 사람들을 긍정적으로 자극하였고, 사람들은 동네를 떠나 예수님을 만나기 위해 왔다(30절). 그리고 자신의 지난 삶에 대한 예수님의 통찰력을 여인이 증언하자, 많은 사람들이 예수님을 믿게 된다(39절). 따라서 본문이 여인의 증언에 어느 정도 초점을 맞추고 있지만, 우리는 좀 더 본질적인 본문의 강조에 주목할 필요가 있다. 다시 말하면, 본문에서 사마리아 여인의 전도의 열심을 찾기 이전에, 그러한 부족한 인생을 사용하시는 하나님(예수님)의 섭리에 주목할 필요가 있다. 완전하지 않은 헌신과 충성일지라도 하나님께서는 그것을 사용하셔서 그분의 뜻을 성취하시는 분이다.

물론 이러한 하나님의 섭리에 대한 강조는 인간의 역할을 무시하거나 폄하하지 않는다. '와서 보라'(δεῦτε ἴδετε, *듀테 이데테*)(29절)는 요한복음에서 대표적인 복음 전도 메시지 중의 하나이다. 예수님은 세례 요한의 두 제자가 관심을 보이자, '와 보라'(ἔρχεσθε καὶ ὄψεσθε, *엘케스떼 카이 욮세스떼*)고 하시면서 자신에게 초대하신다(1:39). 예수님을 만난 빌립이 나다나엘을 예수님께 초대할 때도 '와 보라'(ἔρχου καὶ ἴδε, *엘쿠 카이 이데*)라고 한다(1:46). 물론 1:39, 46절과 헬라어 표현이 다르지만, 본문이 의도하는 메시지는 분명하다. 예수님께 와서 예수님을 실제 보라는 뜻이다. 예수님의 말씀을 듣고 그가 누구신지 깨달으라는 말이다. 사마리아 여인은 완전한 확신이 있었던 것은 아니지만, 이러한 전도를 통해 사마리아 사람들을 예수님과 연결한다. 그러나 전도자의 열심보다는 예수님의 열심이 더욱 크다는 것을 기억해야 한다. 이러한 주제는 39절 주해에서 좀 더 다뤄질 것이다.

2) 예수님의 양식(4:31-34)

제자들이 마을에서 구해온 음식을 예수님은 거절하신다(32절). 그리고 그의 '양식'(βρῶσις, *브로시스*)을 소개하신다. 그의 양식은 하나님의 뜻을 행하고 하나님의 일을 온전히 이루는(τελειόω, *텔레이오오*) 것이다(34절). '하나님의 뜻'은 무엇이고 '하나님의 일'은 무엇인가? '하나님의 뜻'은 예수님을 믿는 자들이 영생을 얻게 하는 데 있다(6:39-40). '하나님의 일'은 사람들에게 영생을 얻게 하기 위해 하신 그의 사역을 일컫는다. 그래서 예수님은 십자가에서 그 일을 모두 이루었다고 하신다(19:30, τελέω, *텔레오*).

따라서 예수님의 양식은 사람들의 영생을 위해, 진리를 증언하고, 십자가의 속죄 사역을 행하는 것이다. 십자가에서 죄인들을 위한 하나님의 사랑을 드러내는 것이다. 바로 이렇게 사명을 완수하시는 것이 예수님의 양식이었다. 예수님에게는 이러한 양식이 그의 삶의 원동력이었다. 예수님이 이 땅에서 추구하신 것은 하나님의 일을 행하여 하나님의 뜻을 성취하는 것이었다. 이를 통해 예수님은 하나님을 영화롭게 하셨는데, 이것이 그가 이 땅에 계실 때 추구한 삶이었다(17:4).

요한복음에서 예수님은 자신을 생명의 떡이라 하시며, 그의 살과 피를 제자들에게 양식으로 주신다(6:27, 55). 또한 성령의 생수를 약속하신다(4:14; 7:37-39). 영원히 목마르지 않는 생수인 성령을 통해, 그를 믿는 자들이 살 수 있다고 하신다. 그리고 이 본문에서 자신의 양식을 소개하시며, 제자들에게도 사명 수행이 양식이 될 수 있음을 교훈하신다(34절). 따라서 요한복음에서 제자들에게 말하는 삶의 원동력으로서 양식은 세 종류가 있다. 첫째, 그리스도인은 예수님의 '십자가 은혜'(살과 피)로 살 수 있다. 예수님의 십자가를 통해 나타난 속죄의 은혜가 생명이 된다. 십자가에 나타난 하나님의 사랑으로 살 수 있다는 말이다. 둘째, 그리스도인은 성령으로 살 수 있다. 하나님의 성령이 없이는 살아도 산 것이 아니다. 성령을 통해 생명을 얻고 살아갈 수 있는 에너지를 얻는다. 셋째, 그리스도인은 하나님께로부터 받은 사명으로 살 수 있다. 그리스도인은 사명을 따라 사는 자이다. 하나님의 뜻을 이루고, 하나님의 사명을 수행하는 것이 그리스도인을 살게 한다. 요컨대, 그리스도인은 예수님의 속죄의 은혜를 먹고, 성령의 생수를 마시며, 하나님이 주신 사명을 먹고 사는 자이다. 이것이 그리스도인의 양식이다.

3) 예수님의 관점(4:35-38)

"넉 달이 지나야 추수할 때가 이른다"(35절)는 말은 유대 격언으로서, 아직 때가 남았다는 뜻일 수 있다.[24] 그러나 그 출처를 정확하게 알 수 없다. 만약 예수님의 이 말씀이 문자적 의미라면, 예수님이 말씀하시는 때가 12월이나 1월이라는 것을 암시한다. 왜냐하면 보통 밀 추수는 3월에서 5월에 이루어지기 때문이다.[25] '뿌리는 자'와 '거두는 자'가 함께 즐거워하는 모습(36절)은 아모스 9:13을 생각나게 한다: "여호와의 말씀이니라 보라 날이 이를지라 그 때에 파종하는 자가 곡식 추수하는 자의 뒤를 이으며 포도를 밟는 자가 씨 뿌리는 자의 뒤를 이으며 산들은 단 포도주를 흘리며 작은 산들은 녹으리라." 이러한 하나님의 종말론적 회복 약속이 예수님 안에서 완성된다. 그리고 예수님의 제자들이 계속 그의 사역을 수행하게 된다. 예수님의 제자들은 거두는 자이면서 동시에 뿌리는 자이다. 구약의 선지자들이 뿌려 놓은 것을 추수하여 거두는 자이다. 그러나 동시에 하나님 나라 복음을 지속적으로 전

---

24. Burge, *John*, 149.
25. Köstenberger, *John*, 161.

하는 뿌리는 자이다. 예수님 안에서 뿌리는 자와 거두는 자가 함께 기뻐하는 모습이 성취된다. 거두는 자가 이미 삯을 받을 만큼, 종말론적 성취가 이루어졌다는 말이다. 그리고 또 다른 영적 원리가 있다. 원래 일반적으로 곡식을 뿌리는 것은 힘들고, 거두는 것은 즐거운 일이다. 그러나 이 영적 추수의 원리는, 뿌리는 자와 거두는 자 모두 즐거워한다.[26]

앞의 구절과는 약간 다른 의미로, 심는 것과 거두는 것을 구분한다(37절). 제자들은 거두는 자로 묘사되고, 예수님과 세례 요한 등 앞선 이들은 노력하여 심는 자로 묘사된다(38절). 예수님의 제자들은 앞선 선구자들의 종말론적 사역에 동참한다. 예수님 안에서 완성된 종말론적 구원 사역이 제자들을 통해 계승된다. 제자들은 종말론적 구원 역사가 이루어지는 것을 보며 즐거워하게 된다.

교훈과 적용

1. 그리스도인에게는 특별한 만남이 있다. 예수님은 상처 입고, 소외된 자를 만나셨다. 세상 사람들은 자신에게 도움이 되는 사람을 만나고 싶어 한다. 자신에게 이익을 가져다주는 사람을 만나고 싶어 한다. 그러나 예수님은 자신을 도와줄 사람이 아니라, 자신의 도움을 필요로 하는 사람을 만나셨다. 예수님처럼, 우리도 아프고 약한 사람들에게 손을 내밀어야 한다. 도움을 받기 위해서가 아니라, 도움을 주기 위해서 사람을 만나야 한다.
2. 그리스도인에게는 특별한 양식이 있다. 예수님은 하나님의 일을 하는 것을 삶의 원동력으로 여기셨다. 세상 사람들은 많이 가지면 힘을 얻고, 높이 올라가면 힘을 얻고, 널리 알려지면 힘을 얻는다. 그러나 예수님은 하나님께서 주신 사명을 이 땅에 실현해 가는 것을 자기 삶의 보람으로 여기셨다. 예수님처럼, 우리도 하나님이 나에게 맡겨주신 사명을 따라 살아야겠다. 가정과 교회와 직장에서 하나님의 일을 행함으로 삶의 보람을 느끼고 활력을 얻어야겠다.
3. 그리스도인에게는 특별한 관점이 있다. 예수님은 영적인 세계관으로 모든 것을 판

---

26. Carson, *John*, 230.

단하셨다. 세상 사람들은 눈에 보이는 것에 집중한다. 사람들이 나를 어떻게 보는가에 예민하다. 그래서 사람들의 눈에 잘 띄는 외모에, 소유에, 학벌에 신경을 쓴다. 그러나 예수님은 사람들의 영혼에 관심을 가지셨다. 영적 추수를 중요하게 생각하셨다. 우리도 예수님처럼 사람들의 영생에 주목해야 하겠다. 그들의 영혼을 살리는 데에 우리의 힘을 쏟아야 할 것이다.

7. 예수님과 사마리아 여인, 그리고 동네 사람들(4:39-42)

39 여자의 말이 내가 행한 모든 것을 그가 내게 말하였다 증언하므로 그
동네 중에 많은 사마리아인이 예수를 믿는지라 **40** 사마리아인들이 예수
께 와서 자기들과 함께 유하시기를 청하니 거기서 이틀을 유하시매 **41** 예
수의 말씀으로 말미암아 믿는 자가 더욱 많아 **42** 그 여자에게 말하되 이
제 우리가 믿는 것은 네 말로 인함이 아니니 이는 우리가 친히 듣고 그가
참으로 세상의 구주신 줄 앎이라 하였더라

1) 사마리아 여인의 증언(4:39)

사마리아 여인은 증언하는 사람으로 묘사된다(39절; 참조. 29절). 예수님이 자신에게 어떤 일을 행하시고, 어떤 말씀을 하셨는지를 증언한다. 요한복음에서는 세례 요한도 증언자로 나온다(1:7-9, 15, 32, 34). 예수님도 증언하는 분이시다(3:32-33). 하나님 아버지께서도 아들을 증언하신다(5:37). 비록 강한 확신에서 비롯된 증언은 아니라 할지라도, 사마리아 여인의 증언은 많은 사람들이 예수님을 믿는 데 결정적 역할을 한다(39절). 이와 같이 요한복음에서 증언은 예수님을 믿는 사람에게 나타나는 자연스러운 삶의 모습이다. 예수님이라는 나무에서 나온 가지들의 자연스러운 삶의 열매이다(참고. 15:27).

한편 사마리아 여인을 한 사람의 증인으로 만드는 예수님의 열심이 4장

전체에 분명하게 나타난다. 사마리아 여인은 고달픈 인생을 사는 상처 입은 여인이었다. 바로 그런 여인에게 예수님은 의도를 갖고 접근하셨다(4절). 그러나 생수의 복음을 전해도 여인은 이해하지 못했다(15절). 심지어 예수님이 그녀의 은밀한 상처를 끄집어내셔도, 여인은 예수님을 단지 선지자로 고백한다(19절). 예배 장소에 대한 신앙적 그리고 신학적인 통찰력을 제공해도 여인은 여전히 예수님에 대한 참 믿음이 없었다. 예수님이 앞에 계셨지만 알아보지 못하고, 그리스도를 기다린다고 한다(25절). 이에 예수님은 자신이 그리스도시라는 것을 공개적으로 드러내신다(26절). 그럼에도 불구하고, 여인은 마을 사람들에게 완전한 확신이 없이 그리스도를 전한다(29절). 그러나 예수님은 그런 부족한 인생을 통해서라도 역사하셨다. 이윽고 온 마을 사람들이 나와서 예수님을 만나 참 믿음을 갖게 된다(42절). 이처럼 예수님과 사마리아 여인의 만남에서는 여인의 더딘 변화와 예수님의 적극적인 열심이 비교된다. 여인은 아주 더디게 그리고 불충분하게 변화된다: 고달픈 인생 ⇨ 영적 무지 ⇨ 선지자로 고백 ⇨ 예수님을 앞에 두고 다른 그리스도를 기다림 ⇨ 완전한 확신이 없이 그리스도를 전함. 이에 반해, 예수님은 적극적으로 다가오셔서 은혜를 베푸신다: 의도를 가지고 접근하심 ⇨ 여인의 은밀한 상처를 건드리심 ⇨ 자신을 그리스도로 드러내심 ⇨ 여인의 불완전한 확신을 사용해서 사마리아에 복음을 전하심.

따라서 사람들에게 복음을 전하는 선교는 사람의 일이기 전에 먼저 하나님의 일이요, 예수님의 일이다. 하나님은 사람들에게 영생을 주시기 위해 아들을 세상에 보내신 분이다. 아들 예수님은 세상에 와서 사람들에게 진리를 증언하시고, 십자가로 하나님의 사랑을 드러내셨다. 성령은 예수님과 함께하셔서 그의 선교 사역에 함께하셨고, 제자들에게 역사하셔서 예수님의 선교 사역을 계승하게 하신다. 이와 같이 선교는 삼위 하나님의 사역이다. 교회의 선교는 이러한 삼위 하나님의 사역에 동참하는 것이다. 삼위 하나님은 교회를 선교로 초대하시며, 선교하도록 교회를 격려하시며 권면하신다. 그러므로 교회는 삼위 하나님을 의지하고 순종하여 선교에 동참할 수 있다.

2) 사마리아인들의 반응(4:40-41)

사마리아인들은 예수님이 자기들과 함께 머무시기를 청한다(40절). '머물다, 유하다, 거하다'(μένω, *메노*)는 요한복음에서 이중적 의미로 쓰인다. 문자적으로 예수님과 함께 머무는 것이지만, 동시에 제자를 가리키는 말이기도 하다. 예수님의 제자는 그 안에, 그리고 그의 말씀과 사랑 안에 머문다(8:31; 15:5, 10). 예수님의 말씀을 통해, 더 많은 사람이 예수님을 구주로 믿었다(41절). 사마리아인들은 제일 처음에 사마리아 여인의 증언을 통해 예수님을 알았다. 그런데 이제 예수님을 직접 만나서 그로부터 말씀을 듣고 그를 믿게 되었다.

3) 사마리아인들의 고백(4:42)

선교의 최종 목적은 선교 대상자들이 직접 하나님을 만나게 하는 것이다. 직접 예수님을 경험하게 하는 것이다. 사마리아 여인의 소개를 받은 사람들은 이제 자신들의 개인적 신앙 고백을 한다(42절). 여인의 증언을 넘어, 이제 직접 예수님을 세상의 구주로 알고 경험한 것이다. '구주'(σωτήρ, *소테르*)는 요한복음에서 오직 이 구절에서만 등장한다. 그러나 같은 어원의 단어인 '구원하다'(σῴζω, *소조*)는 예수님의 구원 사역과 관련하여, 여러 차례 사용되고 있다(5:34; 10:9; 12:47). 구약에서 *소테르*는 하나님의 칭호였다(LXX 신 32:15; 삼상 10:19; 사 45:15). 또한 사사들도 이스라엘의 구원자로 명명되었다(LXX 삿 3:9, 15). 특히 칠십인경 이사야 19:20은 하나님께서 부르짖는 이스라엘에게 한 구원자(직역: 구원할 사람)를 보내실 것이라 한다. 이러한 구약 배경은 세상의 구주로서 예수님의 정체성의 근거가 된다. 예수님은 이제 이스라엘의 구원자일 뿐 아니라, 그 지평을 이방인에게까지 확대하여, 세상을 구원할 주님이 되신다.

다른 한편, 쾨스터는 '세상의 구주'는 1세기 당시 유대인이나 사마리아인들의 메시야 사상에는 좀처럼 찾아 볼 수 없는 고백이라고 한다.[27] 이는 흔히 로마 황제에게 붙여졌던 호칭인데, 이제 요한복음에서는 황제가 아니라, 예수님이 '세상의 구주'이신 것이 강조되고 있다고 한다. 그러나 앞서 살펴본 바와 같이, 구약 배경은 세상의 구주로서 예수님의 정체성을 지지한다. 따라서 '세상의 구주'라는 예수님의 타이틀은 일차적으로 유대 배경에서 하나님께서 세상의 구원을 위해 보내신 구원자를 뜻할 것이다. 또한 이차적으로 로마 배경에서 황제와 대비되는 세상을 구원하는 왕이라는 의미가 될 수 있을 것이다.[28]

이러한 사마리아인들의 믿음은 사도행전에 나오는 사마리아 복음화의 예고 성격을 가진다(행 1:8; 8:4-25). 사도들의 사마리아 선교는 예수님의 사마리아 복음 전도에 기초한다.[29] 다시 말하면, 이들의 선교는 예수님 사역의 연장선상에 있다. 3장에서 유대인 니고데모에게 복음을 전하신 예수님은, 4장에서 사마리아인들에게 복음을 전하시고, 그리고 10:16; 12:20-32에서는 이방인을 위한 복음 전파를 암시하신다. 11:47-52에서는 요한복음 저자가 가야바의 예언을 해설하며, 예수님의 죽음이 유대인과 이방인의 구원과 하나 됨을 이끌 것이라 한다.

교훈과 적용

1. 예수님은 세상을 구원하는 주님이시다. 세상은 죄로 말미암아, 하나님께로부터 심판의 위기에 직면해 있다. 그런 세상을 구원하시는 분은 예수님밖에 없다. 세상의 죄를 용서하며, 세상에 생명을 주시는 분은 예수님밖에 없다. 많은 사람이 예수님 외에, 다른 곳에서 살 길을 찾는다. 예수님 당시에는 황제를, 이방신들을, 율법을 통해 구원을 얻으려는 사람들이 많았다. 오늘날에는 재물을, 세상 문화를, 나를 도와

---

27. C. R. Koester, "'The Savior of the World'(John 4:42)," *JBL* 109, no 4 (1990), 665-80.
28. B. Salier, "Jesus, the Emperor, and the Gospel According to John," in *Challenging*, 292.
29. Köstenberger, *John*, 164.

줄 후원자를 통해 구원을 얻으려 한다. 예수님이 세상의 구주이며, 너와 나의 구주시라는 것을 굳게 믿고 살아야 한다.

2. 예수님은 한 사람을 통해 공동체를 구원하는 주님이시다. 예수님은 한 사마리아 여인에게 복음을 전하시고, 그녀가 속한 공동체의 변화를 꿈꾸셨다. 나라와 민족의 복음화는 그렇게 거창하지 않다. 내 주위의 한 사람 한 사람에게 복음을 전해, 그 사람을 통해 또 다른 사람이 예수님을 믿는 꿈을 꾸는 것이다. 한 사람을 통해 그 가정의 변화를, 한 학생을 통해 그 학교의 변화를, 한 성도를 통해 그가 속한 일터의 변화를 꿈꾸는 것이 진정한 부흥의 꿈이다.
3. 예수님은 앞서 행하며 사람을 구원하는 주님이시다. 사마리아 선교 하면, 주로 사도행전을 떠올린다. 복음이 예루살렘과 유다와 사마리아와 온 땅에 전파되는 모습이 사도행전에 나온다. 그러나 예수님은 본격적인 사마리아 선교가 시작되기 전에, 미리 사마리아 마을에 복음을 전하시고 선교의 초석을 닦으셨다. 우리 예수님은 앞서 행하는 분이시다. 앞서 행하는 주님을 의지하며, 오늘도 담대하게 복음을 전해야 한다.

8. 예수님의 가나에서의 두 번째 표적(4:43-54)

43 이틀이 지나매 예수께서 거기를 떠나 갈릴리로 가시며 **44** 친히 증언하
시기를 선지자가 고향에서는 높임을 받지 못한다 하시고 **45** 갈릴리에 이
르시매 갈릴리인들이 그를 영접하니 이는 자기들도 명절에 갔다가 예수
께서 명절중 예루살렘에서 하신 모든 일을 보았음이더라 **46** 예수께서 다
시 갈릴리 가나에 이르시니 전에 물로 포도주를 만드신 곳이라 왕의 신
하가 있어 그의 아들이 가버나움에서 병들었더니 **47** 그가 예수께서 유대
로부터 갈릴리로 오셨다는 것을 듣고 가서 청하되 내려오셔서 내 아들의
병을 고쳐 주소서 하니 그가 거의 죽게 되었음이라 **48** 예수께서 이르시되
너희는 표적과 기사를 보지 못하면 도무지 믿지 아니하리라 **49** 신하가 이
르되 주여 내 아이가 죽기 전에 내려오소서 **50** 예수께서 이르시되 가라 네
아들이 살아 있다 하시니 그 사람이 예수께서 하신 말씀을 믿고 가더니 **51**

내려가는 길에서 그 종들이 오다가 만나서 아이가 살아 있다 하거늘 **52** 그
낫기 시작한 때를 물은즉 어제 일곱 시에 열기가 떨어졌나이다 하는지라
53 그의 아버지가 예수께서 네 아들이 살아 있다 말씀하신 그 때인 줄 알
고 자기와 그 온 집안이 다 믿으니라 **54** 이것은 예수께서 유대에서 갈릴리
로 오신 후에 행하신 두 번째 표적이니라

가나에서 가나까지 사이클(2:1-4:53)은 마지막으로 가나에서 행하신 예수님의 두 번째 표적으로 끝을 맺는다. 브라운에 따르면, 두 가지 면에서 이 단락은 중요한 성격을 띠고 있다.[30] 가나에서 가나까지 사이클에 나오는 '믿음'이라는 주제를 이 단락이 결론적으로 잘 요약하고 있다. 또한 5장부터 10장까지 이어지는 '생명'이라는 주제를 이 단락이 미리 보여준다. 브라운의 말이 일리가 없는 것은 아니지만, 다음의 두 가지 이유 때문에 그의 주장은 쉽게 받아들이기 힘들다. 먼저, 본문에서 무엇보다 강조되는 주제는 사람들의 믿음의 반응 이전에, 예수님의 너그럽고 풍성한 은혜이다. 사람을 살리는 예수님의 모습이 강조된다. 따라서 예수님의 정체성과 성품이 먼저고, 그 다음이 사람들의 믿음이다. 그런데 이러한 예수님의 모습은 비단 가나에서 가나까지 사이클에만 등장하는 것은 아니다. 요한복음 전체가 이러한 예수님의 모습을 보여준다. 이런 의미에서 브라운의 견해를 반대하는 두 번째 이유가 생긴다. 사실 '믿음'과 '생명'이라는 주제는 요한복음의 어느 특정 단락에 국한되는 것이 아니다. 요한복음 전체가 이 주제를 포함한다. 왜냐하면 이것이 요한복음의 기록 목적이기 때문이다(20:30-31).

따라서 본 단락에는 요한복음 전체의 주제인 예수님의 메시야 정체성, 그리고 생명과 믿음이 상징적으로 잘 드러나 있다고 보는 것이 적절할 것이다.

---

30. Brown, *John I-XII*, 197.

1) 예수님과 선지자의 고향(4:43-45)

이 장면은 요한복음에 자주 등장하는 역설적인 모습이다.[31] 얼핏 표면적으로 보면 모순되어 보이는데, 자세히 살펴보면 깊은 뜻이 있다는 말이다. "선지자가 고향에서는 높임을 받지 못한다"(44절)는 말과 "갈릴리인들이 그를 영접했다"(45절)는 사실은 서로 일치하지 않는 것처럼 보인다. 그러나 이는 결국 갈릴리인들의 영접이 진실한 믿음이 아님을 증명한다. 예수님은 유월절 기간 중에 예루살렘에서 다양한 사역을 하셨다. 갈릴리인들은 예수님의 그러한 사역을 보고, 그를 환영하였다(참조. 2:23). 그러나 그들은 잘못된 메시야상을 가지고, 예수님을 영접했던 것 같다. 다시 말하면, 예수님이 자신들의 육체적 요구를 만족시켜 주며, 눈앞의 민족적 위기로부터 구원해 줄 것이라 믿었던 것 같다. 그러나 예수님의 메시야 사역은 십자가와 부활을 통해 하나님 나라를 세우는 것이었다.

2) 예수님과 왕의 신하의 아들(4:46-54)

예수님이 가나에 도착하셨을 때, 왕의 신하가 가버나움에서 왔다. 자신의 아들의 병을 고쳐달라고 요청하기 위해서였다. 예수님은 말씀으로 그 아들이 나았다고 선언하신다(50절). 왕의 신하가 가버나움 집으로 돌아가는 도중에 자기 집에서 오는 종을 만난다. 자기 아들이 나았다는 것이다. 어제 일곱 시, 즉 예수님이 나았다고 선언하셨던 시간이었다(52-53절). 이 표적으로

---

31. 이것을 '아이러니'라 부르며 다양한 주장을 제기하는 학자들이 있다. 다음을 참조. R. A. Culpepper, *Anatomy of the Fourth Gospel: A Study in Literary Design* (Philadelphia: Fortress Press, 1983), 165-80. 요단 역간, 『요한복음 해부』; P. D. Duke, *Irony in the Fourth Gospel* (Atlanta: John Knox Press, 1985); Culpepper, "Reading Johannine Irony," in *Exploring the Gospel of John: In Honor of D. Moody Smith*, ed R. A. Culpepper, C. C. Black (Louisville: Westminster John Knox press, 1996), 193-207; G. W. MacRae, "Theology and Irony in the Fourth Gospel," in *The Gospel of John as Literature: An Anthology of Twentieth-Century Perspectives*, ed M. W. G. Stibbe (Leiden: Brill, 1993), 103-14; G. R. O'Day, *Revelation in the Fourth Gospel: Narrative Mode and Theological Claim* (Minneapolis: Fortress Press, 1986), 1-32.

왕의 신하와 그 온 가족이 예수님을 믿게 되었다.

이 단락에서 왕의 신하는 예수님을 환영하는 갈릴리 사람들(45절)의 전형으로 볼 수도 있다. 그래서 '너희'(48절)는 왕의 신하를 포함한 갈릴리 사람들을 가리킨다고 보아야 할 것이다. 예수님의 말씀 자체를 믿지 않고, 표적과 기사를 의지하는 그들의 자세를 비판하신 것이다. 그러나 요한복음 저자는 예수님이 행하시는 가나 표적을 통해, 왕의 신하와 그 가족이 참 믿음에 이르게 되었음을 묘사하려 한 것 같다(53절). 그렇다면 50절에 나오는 왕의 신하의 믿음을 어떻게 해석할 수 있을까? 50절에 나오는 믿음은 아들의 병이 나았다는 사실에 대한 믿음을 의미한다. 예수님의 말씀을 믿고 돌아갔을 때, 왕의 신하와 그 가족들은 아들이 실제로 나은 것을 보게 된다. 마침내 표적을 보고, 왕의 신하와 그 가족들은 진정한 믿음에 도달하게 되었다(53절). 예수님이 보여주신 표적이 사람들을 참된 믿음으로 이끈다. 물론 표적을 보았다고 항상 참 믿음을 가지는 것은 아니다(예. 11:45-46). 그럼에도 불구하고 표적은 사람들의 믿음을 위한 예수님의 주요한 사역이며, 요한복음의 기록 목적이다(20:30-31).

'가나에서 가나까지' 단락(2:1-4:54)에서, 예수님의 표적에 대한 사람들의 믿음은 두 종류로 나뉜다. 가나에서 행하신 첫 번째 표적(2:1-11)과 두 번째 표적(4:46-54)을 통한 믿음은 긍정적으로 묘사되는데 반해, 유대에서 행하신 표적에 대한 사람들의 믿음(2:23-25)은 부정적으로 묘사되기 때문이다. 이는 당시에 유대인들이 가졌던 편견 혹은 선입견과 대조된다. 다시 말하면 당시 유대인들은 갈릴리를 무시하며, 메시야는 갈릴리에서 나올 수 없다고 생각했다(1:46; 7:41, 52). 이에 반해, 요한복음에서는 예수님의 갈릴리 사역 첫 번째와 두 번째 표적에 대한 갈릴리 제자들의 반응을 긍정적으로 묘사한다. 다수의 갈릴리 사람들은 믿지 않았지만, 제자들과 왕의 신하의 가족들 같은 소수의 믿는 사람들이 갈릴리에서 나왔다. 그러나 예수님이 예루살렘에서 많은 표적을 행하셨고 사람들은 그를 믿었으나, 그들의 믿음은 참 믿음이 아니었다. 예수님은 그들을 믿지 않으셨다(2:23-25).

그렇다면 이들 믿음의 차이점은 무엇인가? 이는 요한복음 전체에서 설명되고 있다. 참 믿음은 말로만 고백하는 것이 아니라, 진정으로 예수님의 말씀을 신뢰하는 것이다(8:31). 참 믿음은 열매로 드러나야 한다(15:1-17). 반면에 거짓 믿음은 예수님의 말씀보다 자신의 욕심을 앞세우는 것이다(6:26). 자기 욕심의 관점으로 예수님을 판단하고 따라가는 것이다(6:63). 그들은 얼핏 예수님을 믿는 제자처럼 보이지만 실제는 예수님과 상관이 없다(15:2). 그래서 결국은 하나님의 심판의 대상이 된다(15:6). 이 주제에 대해서는 추후에 다시 논의가 이어질 것이다.

다른 한편, 본문에 나오는 예수님의 치유 사건은 새 창조를 암시하는 표적으로 볼 수 있다.[32] 병을 치유하시는 사건이지만 '죽다'와 '살다'라는 말이 반복적으로 사용된다(47, 49, 50, 51, 53절). 이러한 용어 사용은 생명이라는 주제와 연결될 수 있다. 특히 예수님은 말씀으로 병자에게 생명을 주신다. 이러한 예수님의 모습은 앞서 1장에 나오는 말씀에 의한 창조와 연결될 수 있다(1:3-5). 창세기 1장의 말씀에 의한 천지창조가 요한복음 1장의 주요한 배경이 되는데, 그 주제가 두 번째 표적 사건에서도 이어지는 것이다. 따라서 표적을 통해 예수님이 죽은 자를 살리시는 창조주라는 사실이 상징적으로 묘사된다. 물론 이러한 예수님의 모습은 11장에 나오는 나사로 부활 사건에서 더욱 분명히 나타나지만, 병든 자를 살리시는 두 번째 표적의 주요한 주제이기도 하다.

교훈과 적용

1. 참된 믿음은 자신의 생각을 내려놓고, 예수님에 대해 바르게 알고 믿는 것이다. 갈릴리 사람들은 예수님을 환영하였지만 바르게 알지 아니하였다. 예수님에 대해 호

---

32. 권해생, "요한복음의 새 창조 모티프," 146-7.

의를 가지고 있었지만, 자기들의 방식으로 예수님을 생각하고 있었다. 우리도 내가 생각하는 예수님에 대한 생각이나 선입견을 내려놓고, 성경이 말씀하는 예수님을 배우고 알도록 힘써야 한다. 예수님을 나의 야망이나 욕심에 맞추어서는 곤란하다. 예수님께 나를 맞추어야 한다.

2. 참된 믿음은 말로만 고백하는 것이 아니라, 예수님을 신뢰하는 것이다. 교회를 출석한다고 참된 믿음이 있는 것이 아니다. 교인의 의무를 행한다고 참된 믿음이 있는 것이 아니다. 예수님을 진심으로 받아들이고, 예수님의 말씀에 동의하며 신뢰해야 한다. 외형적인 종교 생활보다 진심에서 우러나오는 신뢰가 참된 믿음의 요소이다.
3. 참된 믿음은 사람들의 반응을 뒤로 하고, 오직 나에게 주어진 길을 묵묵하게 걸어가는 믿음의 열매로 드러난다. 예수님은 사람들의 반응에 상관없이 묵묵히 자신의 길을 가셨다. 비록 고향 사람들이 자신을 믿지 않더라도, 예수님은 자신에게 주어진 사역을 꿋꿋하게 해 나가셨다. 사람들의 반응에 일희일비하지 않으셨다. 우리도 사람들의 반응에 너무 민감하지 말고, 하나님께서 주신 사명을 충성스럽게 감당해야 하겠다.

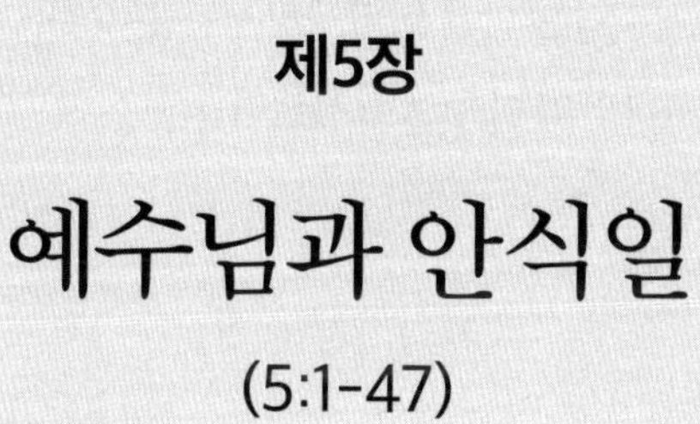

제5장

예수님과 안식일

(5:1-47)

본문 개요

유대 절기와 관련하여, 예수님의 정체성이 드러나는 본문이다. 안식일에도 일하시는 하나님과 비교되어, 예수님이 누구신지가 드러난다. 예수님은 안식을 완성하시며, 참된 안식을 주시는 분이다. 사람의 생명과 죽음이 하나님의 주권에 속했는데, 이제 그 권한이 하나님으로부터 예수님에게로 위임된다. 예수님은 그러한 권한을 행사하시며, 자신이 누구인지를 나타내신다. 그러므로 5장에서 예수님은 안식을 완성하시는 분으로, 그리고 하나님의 권한을 위임 받으신 하나님의 아들로 묘사된다.

내용 분해

1. 예수님의 안식일 치유(5:1-16)
   1) 예수님의 치유(5:1-9상)
   2) 유대인들의 비난(5:9하-13)
   3) 유대인들의 박해(5:14-16)
2. 예수님의 생명 주시고, 심판하시는 권한(5:17-29)
   1) 아버지의 권한과 아들의 권한(5:17-20)
   2) 아들의 생명과 심판에 대한 권한(5:21-29)
3. 예수님에 대한 증언(5:30-47)
   1) 예수님에 대한 하나님과 요한의 증언(5:30-35)
   2) 예수님에 대한 세 가지 증언(5:36-39)
   3) 예수님에 대한 증언을 배척하는 유대인들(5:40-47)

본문 주해

1. 예수님의 안식일 치유(5:1-16)

1 그 후에 유대인의 명절이 되어 예수께서 예루살렘에 올라가시니라 2 예
루살렘에 있는 양문 곁에 히브리 말로 베데스다라 하는 못이 있는데 거
기 행각 다섯이 있고 3 그 안에 많은 병자, 맹인, 다리 저는 사람, 혈기 마
른 사람들이 누워 [물의 움직임을 기다리니 4 이는 천사가 가끔 못에 내려
와 물을 움직이게 하는데 움직인 후에 먼저 들어가는 자는 어떤 병에 걸
렸든지 낫게 됨이러라] 5 거기 서른여덟 해 된 병자가 있더라 6 예수께서
그 누운 것을 보시고 병이 벌써 오래된 줄 아시고 이르시되 네가 낫고자
하느냐 7 병자가 대답하되 주여 물이 움직일 때에 나를 못에 넣어 주는 사
람이 없어 내가 가는 동안에 다른 사람이 먼저 내려가나이다 8 예수께서
이르시되 일어나 네 자리를 들고 걸어가라 하시니 9 그 사람이 곧 나아서
자리를 들고 걸어가니라 이 날은 안식일이니 10 유대인들이 병 나은 사람
에게 이르되 안식일인데 네가 자리를 들고 가는 것이 옳지 아니하니라 11
대답하되 나를 낫게 한 그가 자리를 들고 걸어가라 하더라 하니 12 그들이
묻되 너에게 자리를 들고 걸어가라 한 사람이 누구냐 하되 13 고침을 받은
사람은 그가 누구인지 알지 못하니 이는 거기 사람이 많으므로 예수께서
이미 피하셨음이라 14 그 후에 예수께서 성전에서 그 사람을 만나 이르시
되 보라 네가 나았으니 더 심한 것이 생기지 않게 다시는 죄를 범하지 말
라 하시니 15 그 사람이 유대인들에게 가서 자기를 고친 이는 예수라 하
니라 16 그러므로 안식일에 이러한 일을 행하신다 하여 유대인들이 예수
를 박해하게 된지라

1) 예수님의 치유(5:1-9상)

'유대인의 명절'(1절)이 어떤 절기인지에 대해서는 논란이 많다. 그러나 본문이 정확하게 말하지 않은 것은 본문의 초점이 이 절기의 종류에 있지 않다는 것이다. 또한 이 사건이 일어난 때가 안식일이었다는 사실도 이 단락 후반부에 언급된다(9절). 따라서 예수님과 안식일의 관계도 본문이 우선적으로 나타내려는 것이 아닐 것이다. 물론 이어지는 논쟁(9절하-16절)에서 예수님이 안식일과 관련하여 어떤 존재인지를 알 수 있다. 다만, 앞부분에 나오는 베데스다 기적 사건(1-9절상)은 안식일과 관련 없이 어떤 메시지를 담고 있는 듯하다.

'양문 곁'에 있는 '베데스다'(2절)는 당시에 양을 제물로 바치기 전에, 깨끗하게 씻는 장소로 알려져 있다. '베데스다'의 정확한 이름과 의미에 대해서는 논란이 많다. 먼저 사본학적 논란이 있다. 사본에 따라, '벳자다'(Bethzatha), '벨제다'(Belzetha), '벳새다'(Bethsaida), '베데스다'(Bethesda) 등으로 표기되기 때문이다. UBS(United Bible Societies) 4판의 편집 위원들은 '벳자다'를 선호하지만, C등급을 매겨 그 확실성이 매우 낮다고 판단하였다.[1] 한편 '벳새다'가 좀 더 많은 고대 사본의 지지를 받고 있지만, 벳새다는 갈릴리에 있는 도시 이름이다(12:21). 따라서 많은 학자들은 필사자가 이름을 혼동해서 '벳새다'로 잘못 기록하였을 가능성을 제기한다.[2] 그러나 동일한 이름의 두 장소가 있을 개연성도 충분하다. 예를 들면, 베다니라는 지명도 요한복음에서 두 지역을 가리키기 위해 사용된다(1:28; 11:1, 18; 12:1). 원래 '벳새다'라 기록되었는데, 아마도 후대 필사자들이 이를 정정하기 위해 뱃새다를 '벳자다', '벨제다', '베데스다' 등으로 바꾸었을 수도 있다.[3] 그러나 쿰란 문서(Qumran Copper Scroll)의 기록에 따라, '베데스다'의 가능성을 더 높게

---

1. 링컨도 시내산 사본이 지지하는 '벳자다'가 더 가능성이 높다고 주장한다. Lincoln, *John*, 191.
2. Borchert, *John 1-11*, 231.
3. Michaels, *John*, 289.

보는 학자들도 있다.[4] 이 문서에는 '베데스다'의 복수형인 '베데쉬타인'이 사용되었는데, '두 개의 우물의 집'(house of double outpouring)이라는 뜻을 나타낸다. 물론 '베데스다'를 히브리어 *헤세드*(자비)와 연결하여 '자비의 집'으로 해석하는 사람도 있다.[5] 이 경우, '베데스다'는 하나님의 자비를 기다리는 병자들의 상황을 잘 설명해 주는 이름일 수 있다.

괄호 안에 들어 있는 "[물의 움직임을 기다리니 이는 천사가 가끔 못에 내려와 물을 움직이게 하는데 움직인 후에 먼저 들어가는 자는 어떤 병에 걸렸든지 낫게 됨이러라]"라는 표현은 사본학적 논란이 있는 본문이다. 만약 괄호 안 내용이 '자비의 집'이라 불리는 베데스다 연못가의 상황을 설명해 주는 것이라면, 이는 아이러니한 모습이다. 왜냐하면 하나님의 자비를 바라는 사람들이 가장 자비 없는 행동을 해야 하기 때문이다. 다른 사람보다 먼저 들어가야 고침 받는다는 믿음 때문에, 이기적인 욕심으로 가득 찬 연못가의 모습을 짐작할 수 있다. 따라서 자비의 집에 자비가 없는 아주 역설적인 상황이 벌어진 것이다. 이는 요한복음의 다른 역설적인 모습을 생각나게 한다. 성전과 가장 가까이 있는 대제사장들이 진정한 성전이신 예수님과는 가장 멀리 있다. 율법을 가장 귀하게 여기는 바리새인들이 진정한 말씀이신 예수님을 귀하게 여기지 않는다. 자신들을 구원할 왕을 기다렸던 유대인들은 진정한 왕이신 예수님을 거부한다. 이런 모순된 모습이 베데스다 안에서 일어나고 있다. 그런데 예수님은 힘없는 한 병자의 오래된 병을 고쳐주시며 진정한 자비를 나타내신다.

'양문'(2절)은 10장에 나오는 양의 문으로서 예수님을 생각나게 한다(10:7). 예수님은 양의 문이시기 때문에, 우리는 그를 통해서 구원을 얻고 생명을 얻는다(10:9). 병자가 38년 동안 앓아 왔다는 사실이 이스라엘의 광야

---

4. Carson, *John*, 241; Morris, *John*, 267.
5. Köstenberger, *John*, 178.

생활을 암시한다고 보는 학자들도 있다(5절). "물이 움직이다"(7절)는 표현이 출애굽을 암시한다고 한다(시 77:17). 그러나 그렇게 볼 만한 근거가 충분하지 않다. 한편 다른 복음서에서는 많은 병자들이 예수님을 찾고, 예수님은 자신을 찾아온 병자들을 치유하신다(예. 막 2:1-12). 그러나 이 본문에서는 예수님이 먼저 한 병자를 찾아가신다. 예수님의 의도가 있는 치유 사건이라는 것을 말해준다. 또한 예수님은 병자에게 낫고자 하는지 물으신다(6절). 예수님은 왜 물으셨을까? 아마도 예수님은 이 병자의 믿음을 물으셨던 것 같다. 앞 장에 예수님께 간절히 매달렸던 왕의 신하와 달리(4:47), 이 병자는 자신의 신세를 한탄하며 불평한다(7절). 분명한 신앙 고백도, 분명한 믿음도 등장하지 않는다. 그럼에도 불구하고, 예수님은 치유하여 주셨다(9절상). 예수님의 풍성한 자비를 알 수 있는 대목이다. 자비의 집인데 사람들에게는 자비가 없었다. 예수님은 이런 자비 없는 세상을 배경으로 병자에게 자비를 베푸셨다. 비록 그에게 분명한 믿음이 보이지 않지만, 예수님은 너그러이 자비를 베풀어주셨다.

그런데 본문에서는 자비의 모습 외에, 물의 역할과 관련하여 예수님의 메시야 정체성이 계시된다. 물은 고대 근동에서 자주 치료와 관련되었는데, 구약도 물과 치료의 관계를 언급한다(예. 출 15:22-26; 왕하 5:1-19; 겔 47:8-9). 병자들은 바로 이러한 물의 치유 기적을 믿었던 것 같다. 그런데 본문은 물이 아니라, 바로 예수님이 치유하셨음을 보여준다. 요한복음은 물의 다양한 역할을 예수님이 대체하고 완성하신다고 묘사한다. 예수님은 유대 정결 예식의 물을 대체하신다(2:6). 야곱의 우물도 풍성한 영적 생수로 대체하신다(4:14). 초막절의 물이 상징하는 바, 하나님의 풍성한 생명과 은혜도 성령으로 대체하고 완성하신다(7:37-39). 이제 이 베데스다 기적에서 예수님은 물이 가져오는 치유의 능력도 그가 대체하고 완성한다는 것을 보여주신다.[6]

---

6. Keener, *John 1*, 638.

2) 유대인들의 비난(5:9하-13)

예수님이 병자를 치유하신 날은 안식일이다(9절). 예수님은 병자를 치유하셔서 그를 안식의 세계로 초대하신다. 예수님 안에 참된 안식이 있음을 보여주신다. 그러나 유대인들은 병 나은 사람에게 시비를 걸며 그를 비난한다. 이러한 그들의 비난은 안식일 준수 규칙과 관련 있다(10, 16절). 이 규칙은 구약에 나와 있는 것이 아니라, 미쉬나에 나오는 안식일 시행 세칙을 일컫는다. 안식일에 물건을 다른 곳으로 옮기는 것은 금지되었었다(*m. Šabb.* 7.2). 유대인들은 처음에 자리를 들고 가는 병 나은 사람을 비난한다(10절). 병 나은 사람이 자기를 고쳐준 사람이 말한 대로 자리를 들고 간다고 하자, 이제 유대인들은 이런 명령을 한 사람에게 비난의 화살을 돌린다(11-12절). 유대인들은 안식일의 의미라든가, 그 병자의 회복에 관심이 없다. 오직 안식일 규정을 어긴 사람을 비난하는 것에 관심이 있다. 하나님에게도 사람에게도 관심이 없고, 오직 인간이 정한 규율에 관심이 있다. 율법을 지킨다고 생각하지만, 정작 율법의 정신에는 관심이 없다. 율법의 참 정신은 하나님을 사랑하고, 사람을 사랑하는 데 있다(마 22:34-40; 막 12:28-34; 눅 10:25-28).

3) 유대인들의 박해(5:14-16)

"다시는 죄를 범하지 말라"(14절)는 예수님의 말씀은 죄와 병의 연관성을 간접적으로 시사한다. 모든 병이 죄로 말미암은 것은 아니다. 그래서 요한복음의 다른 본문은 병이 하나님의 영광을 나타내기 위함이라고 한다(9:3; 11:4). 그러나 성경은 또한 인간의 병이 죄로부터 온다는 것을 부인하지 않는다(왕상 13:4; 왕하 1:4; 대하 16:12; 고전 11:29-30). 유대인들은 자신들이 만든 안식일 전통을 지키느냐 안 지키느냐에 관심이 있었지만, 예수님의 관심은 다른 데 있었다. 예수님은 한 사람이 그를 믿고 영육 간에 온전하게 되는 것을 바라신다. 그 사람의 육체적인 온전함 외에, 거룩한 삶에 관심을 가지신다. 물론 그의 육체적 건강이 그의 거룩한 삶과 연관이 있기 때문이지만, 그러나 그의 거룩한 삶이 무엇보다 중요하기 때문이기도 하다. 그의 믿음이 삶으로 드러나야 한다. 그의 거룩한 삶이 곧 그의 믿음을 증명한다. 그러므로 그에게 참 믿음에 거하라고 요구하신다.

그런데, 이 병 나은 사람의 다음 행위를 어떻게 해석해야 할까? 그는 곧 유대인들에게 가서 자신을 낫게 한 이가 예수님이라 한다(15절). 그의 행위를 유대인들을 향한 복음 선포로 보는 사람들도 있다(예. 브로디).[7] 반면에 그의 행위는 일종의 배신이고, 자비를 받은 사람의 부적절한 행동으로 보는 학자들도 있다(예. 키너).[8] 다른 한편, 이것은 양 극단의 행위라기보다, 그의 단순하면서도 순진한 행동으로 보는 시각도 있다(예. 브라운).[9] 우선, 본문의 헬라어는 그의 행위를 규정하는 데 결정적이지 않다. 그 사람이 유대인들에게 말하는 데 쓰인 헬라어는 ἀναγγέλλω(*아낭겔로*)인데, '복음을 전하다'는 의미도 있고(행 20:20), '어떤 사건을 보고하다'는 의미도 있다(행 14:27). 따라서 그 행위의 성격을 규정하기 위해서는 문맥을 살펴볼 필요가 있다. 이어진 구절은 고침 받은 사람의 말을 듣고, '그러므로'(διὰ τοῦτο, *디아 투토*) 유대인들이 예수님을 핍박했다고 한다(16절). *디아 투토*는 직역하면 '이 때문에'라는 뜻이다. 고침 받은 사람의 말을 듣고, 유대인들은 그 사람이 아니라 예수님을 핍박했다고 한다. 따라서 고침 받은 사람의 행동은 부정적으로 읽혀질 수 있다. 한편, 요한복음 전체에서 이렇게 자비를 경험한 사람 혹은 믿는다고 하는 사람들의 부정적인 행동은 다시 언급된다(11:45-46; 참조. 6:66).

교훈과 적용

1. 참된 안식은 예수님 안에서 완성된다. 하나님은 본인도 안식하셨고, 그의 백성도 안

---

7. T. L. Brodie, *The Gospel According to John: A Literary and Theological Commentary* (New York: Oxford University Press, 1997), 238.
8. Keener, *John 1*, 644.
9. Brown, *John I-XII*, 209.

식하기를 원하셨다. 따라서 이스라엘 백성들은 창조의 원리에 따라, 그리고 구속의 원리에 따라 안식일을 지켜야 했다. 모든 일로부터 쉬며 하나님을 예배해야 했다. 이제 하나님께서 주시려고 했던 안식은 예수님 안에서 완성된다. 다시 말하면, 예수님을 믿음으로 받아들이는 자에게 참된 안식이 주어진다. 왜냐하면 예수님 안에서 새롭게 창조되고 구원을 얻기 때문이다.

2. 참된 안식은 사람들을 판단하는 기준이 된다. 유대인들은 다른 사람들이 안식일 시행 세칙을 철저하게 지키는가에 관심이 있었다. 안식일의 참된 정신에는 관심이 없었다. 사람을 함부로 판단하거나 비판하였다. 그러나 우리는 안식을 기준으로 사람을 바라보아야 한다. 안식이 필요한 사람에게 예수님의 안식을 전해야 한다. 아무리 많이 가진 사람이라도, 아무리 종교적 열심이 있는 사람이라도, 참된 안식이 그 사람에게 없다면, 그를 불쌍히 여겨야 한다.
3. 참된 안식은 사람의 삶을 변화시킨다. 예수 그리스도 안에서 안식을 누리는 사람은 삶의 열매로 그 안식이 나타난다. 하나님의 은혜를 입은 자는 그 삶에 믿음이 드러난다. 병이 치유되고 기도가 응답되고 특별한 체험을 하는 것이 다가 아니다. 내 삶에 참 안식이 있고, 그 안식이 삶의 변화로 나타나는 것이 중요하다. 안식은 마음의 평화에 그치는 것이 아니라, 안식의 모습이 이웃과의 관계 속에서 삶의 행동이나 말로 드러나야 한다.

2. 예수님의 생명 주시고 심판하시는 권한(5:17-29)

17 예수께서 그들에게 이르시되 내 아버지께서 이제까지 일하시니 나도
일한다 하시매 **18** 유대인들이 이로 말미암아 더욱 예수를 죽이고자 하니
이는 안식일을 범할 뿐만 아니라 하나님을 자기의 친 아버지라 하여 자기
를 하나님과 동등으로 삼으심이러라 **19** 그러므로 예수께서 그들에게 이
르시되 내가 진실로 진실로 너희에게 이르노니 아들이 아버지께서 하시
는 일을 보지 않고는 아무것도 스스로 할 수 없나니 아버지께서 행하시
는 그것을 아들도 그와 같이 행하느니라 **20** 아버지께서 아들을 사랑하사
자기가 행하시는 것을 다 아들에게 보이시고 또 그보다 더 큰 일을 보이
사 너희로 놀랍게 여기게 하시리라 **21** 아버지께서 죽은 자들을 일으켜 살

리심 같이 아들도 자기가 원하는 자들을 살리느니라 **22** 아버지께서 아무
도 심판하지 아니하시고 심판을 다 아들에게 맡기셨으니 **23** 이는 모든 사
람으로 아버지를 공경하는 것 같이 아들을 공경하게 하려 하심이라 아들
을 공경하지 아니하는 자는 그를 보내신 아버지도 공경하지 아니하느니
라 **24** 내가 진실로 진실로 너희에게 이르노니 내 말을 듣고 또 나 보내신
이를 믿는 자는 영생을 얻었고 심판에 이르지 아니하나니 사망에서 생명
으로 옮겼느니라 **25** 진실로 진실로 너희에게 이르노니 죽은 자들이 하나
님의 아들의 음성을 들을 때가 오나니 곧 이 때라 듣는 자는 살아나리라
26 아버지께서 자기 속에 생명이 있음 같이 아들에게도 생명을 주어 그 속
에 있게 하셨고 **27** 또 인자됨으로 말미암아 심판하는 권한을 주셨느니라
28 이를 놀랍게 여기지 말라 무덤 속에 있는 자가 다 그의 음성을 들을 때
가 오나니 **29** 선한 일을 행한 자는 생명의 부활로, 악한 일을 행한 자는 심
판의 부활로 나오리라

1) 아버지의 권한과 아들의 권한(5:17-20)

"내 아버지께서 이제까지 일하시니"(17절)는 안식일에도 하나님은 여전히 일하신다는 유대 사상을 반영한다. 왜냐하면 창세기 2:4이 말하는 하나님의 쉼은 그의 창조 사역으로부터 쉬시는 것이지, 피조 세계를 보존하는 사역으로부터 쉬신다는 말이 아니기 때문이다. 또한 안식일에도 사람의 출생과 사망이 나타나는데, 이는 곧 하나님이 여전히 인간의 생사화복을 주관하시며 일하신다는 증거이다. 하나님은 사람에게 생명을 주기도 하시고, 또한 사람에게 죽음의 심판을 하기도 하신다(Gen. Rab. 11:10; *b. Ta'an.* 2a).[10] 이러한 하나님의 일을 이제 예수님이 하신다. 따라서 다음 단락(21-29절)에 나오는 예수님의 핵심 사역은 생명을 주시는 사역과 심판하는 사역이다. 그러

---

10. Gale A. Yee, *Jewish Feasts and the Gospel of John* (Eugene: Wipf&Stock, 1989), 38.

므로 안식일에 사람을 치유하시는 예수님의 모습은 하나님 아버지의 모습과 같다. 하나님께서 사람에게 생명을 주시듯이, 예수님은 병자를 새롭게 하는 사역을 하신다. 하나님을 아버지라 부르는 예수님의 이러한 언급은 유대인들을 분노케 했다. 안식일 규정 위반보다 더 유대인들이 예수님께 분노한 이유는 예수님이 자신을 하나님의 아들이라 일컬었기 때문이다(18절). 유대인들은 이를 신성모독으로 여겼다.

예수님의 일과 하나님의 일의 연속성을 계속해서 말씀하신다(19-20절). 아버지께서 하시는 일을 아들이 계속해서 하신다. 아들은 아버지께서 하시는 것을 본 대로 행하신다. 아버지께서는 자기의 일을 아들에게 보여주셔서, 아들로 그것을 행하게 하신다. 그렇다면 그 일은 무엇인가? 다음 단락에서 이에 대한 설명이 이어진다.

2) 아들의 생명과 심판에 대한 권한(5:21-29)

예수님이 말씀하시는 아버지의 일과 아들의 일은 무엇인가? 어떤 연속적인 일이 아버지와 아들 사이에 있는가? 먼저 예수님은 아버지의 생명과 심판에 대한 권한이 자기에게 위임되었음을 밝히신다. 아들을 통해 영생이 주어지고(21절), 아들을 통해 심판이 나타난다고 하신다(22절). 아버지는 아들에게 심판하는 권한을 주셨다(27절). 아들은 아버지의 권한을 가지고 심판을 행하신다. 또한 아버지는 아들에게 영생을 주는 권한을 주셨다. 영생은 다니엘 12:1-2에 예언된 내용이 이제 예수님 안에서 성취됨을 보여준다.[11] 종말론적 구원의 표시로서 신자는 영생을 소유한다. 24절에는 예수님의 말씀을 듣고 하나님을 믿는 자에게 주어진 세 가지 특권이 소개된다. 먼저, 영생을 가진다. 개역개정 번역은 마치 과거 표현인 것처럼 오해될 소지가 있다. 그러나 헬라어 원문은 영생을 가지는 것을 분명히 현재 시상으로 소개한다. 영생의

---

11. 빌, 『신약성경신학』, 145-8.

현재적 의미가 강조된다. 예수님을 믿을 때부터 영원한 생명을 소유한 새 사람이 된다는 뜻이다. 하나님을 믿는 자의 두 번째 특권은 심판에 이르지 않는 것이다. 심판의 기준은 믿음이다. 원문은 현재 시상인데, '심판에 들어가지 않는다'로 번역될 수 있다. 마찬가지로 심판도 현재적 의미가 강조된다. 믿는 자가 최종 심판을 받지 않는 것은 이미 지금부터 시작되었다는 뜻이다. 영생과 심판의 현재적 의미는 세 번째 특권에서 좀 더 분명하게 나타난다. 예수님의 말씀을 듣고 하나님을 믿는 자는 사망에서 생명으로 옮겼다. 헬라어 완료형이 쓰여, 신자가 현재 영생의 상태에 있다는 것을 강조한다. 이것은 물론 영적 부활을 가리키며(실현된 종말론), 28-29절에 나오는 육체의 부활과 조화를 이룬다(미래 종말론).

아버지께서 아들에게 생명과 심판의 권한을 주신 것은 아들로 하여금 아버지처럼 공경 받게 하도록 하심이다(23절). 이러한 아버지의 뜻을 따라 아들을 공경하는 자를 아버지께서 귀하게 여기신다(12:26). '공경하다'(23절)와 '귀하게 여기다'(12:26)는 같은 헬라어 단어다(τιμάω, *티마오*). 그러나 아들을 공경하지 않는 자는 아버지께 속한 자가 아니다(8:47, 49). 따라서 하나님의 생명과 심판의 권한을 행사하시는 아들을 믿고 순종하는 것이 곧 아들과 아버지를 공경하는 것이다. 그러한 자들을 아버지께서 귀하게 여기시고 높이신다.

예수님이 인자가 되신 것과 심판하는 권한은 무슨 관계가 있을까?(27절) 다니엘 7:13-14에 의하면 인자는 아버지 하나님으로부터 권세와 영광과 나라를 받으시는 분이다. 이러한 영광스런 신분이 그의 심판하는 권세와도 연결된다. 요한복음에서 '인자'는 하늘로부터 세상에 오셔서, 죽음을 통해 영광을 받으신다. 다수의 '인자' 본문은 예수님의 '죽음'과 '영광'을 동시에 말하고 있다(3:13-14; 8:28; 12:23, 34; 13:31-32). 하나님께서는 죽음으로 아버지를 영화롭게 한 인자를 영화롭게 하신다. 그에게 심판하는 권세를 주셔서 그를 영접하지 않는 자들을 심판하실 것이다. 물론 심판의 권세는 아들에게 이미 주어졌지만, 아들은 그 심판을 마지막 날에 행사하실 것이다(28-29절).

아들이 주시는 영생은 부활과 긴밀히 연결된다. 그런데 이 부활은 이중적이다. 현재적이면서 미래적이다.[12] 예수님의 음성을 듣고, 믿는 자는 지금 영적으로 부활하여 영생을 가지고 있다(24-25절). 또한 신자에게는 미래적 부활이 있다. 예수님의 사람은 마지막 날에 육체의 부활과 함께 영원한 생명에 이르게 된다(28-29절). 한편, 바울은 현재적 부활과 미래적 부활을 성령의 사역과 연결시킨다(롬 8:9-11). 그리스도 안에서 성령의 역사로 말미암아 성도는 현재에 영적으로 부활하고, 미래에 육체도 부활할 것이다. 이와 달리, 요한복음에서는 성령에 대한 언급 없이 하나님의 아들, 그리스도 예수 안에서 일어난 부활에만 초점이 맞춰진다. 예수님은 자신을 통해 일어나게 될 성도의 영적, 육체적 부활을 설명하신다. 이러한 예수님 안에서의 부활과 영생은 예수님 중심의 새 창조의 다른 말이다.[13] 그리스도를 통해 일어나는 새 창조는 성도의 영적 부활을 통해 현재에 시작되어서, 성도의 육체 부활과 함께 완성된다.

'선한 일'(τά ἀγαθὰ, *타 아가따*)을 행하는 것과 '악한 일'(τά φαῦλα, *타 파울라*)을 행하는 것은 무엇인가?(29절). 이것은 행함으로 구원 받는다는 것이 아니라, 신자의 믿음이 행함이라는 열매로 드러난다는 말이다.[14] 그러므로 선한 일을 행한 자는 예수님을 믿고 순종하는 삶을 산 사람들을 가리킨다. 반면에 악한 일을 행한 자는 예수님을 믿지 않고, 불순종한 자들을 가리킨다. 물론 선한 일은 신자의 완전한 삶을 의미하지 않는다. 예수 그리스도를 믿는 믿음 위에서 말씀을 순종하는 신자의 노력을 하나님께서 선한 것으

12. Brown, *John I-XII*, 218-21.

13. 빌, 『신약성경신학』, 146-7. 5장의 안식일 배경은 이러한 부활과 생명, 그리고 새 창조가 안식과 긴밀하게 연결되어 있음을 보여준다. 따라서 예수님의 일은 생명을 위한 일이면서 동시에 안식을 위한 일이다.

14. 존 칼빈, 『요한복음』, 박문재 역 (고양: 크리스챤다이제스트, 2012), 212.

로 인정해 주시는 것이다. 또한 신자의 믿음뿐만 아니라 그의 행함도 하나님의 은혜와 자비가 없이는 불가능하다. 신자는 하나님께서 그리스도 예수 안에서 주시는 성령의 능력으로 선한 열매를 맺을 수 있다. 신자는 하나님 안에서 선한 일을 할 수 있다(3:21).

요컨대, 이 단락에 나타난 예수님 말씀의 핵심은 자신의 사역이 하나님의 사역이라는 것이다. 하나님께서 생명을 주시고, 또 사망의 심판을 하시듯이, 예수님도 생명과 심판의 권한을 가지신다. 이는 예수님이 신성을 가지신 하나님의 아들이라는 말이다.

교훈과 적용

1. 예수님은 하나님처럼 사람에게 생명을 주신다. 예수님을 통해 생명을 얻는다. 하나님께서 사람의 생명을 창조하시고 주관하시는 것처럼, 이제 예수님이 그 일을 하신다. 그리스도 밖에서 죽었던 자에게 생명을 주시어 영생의 사람이 되게 하신다. 그리스도 안에 있는 자는 누구든지 새로운 피조물이 된다. 그러므로 이런 예수님을 믿는 것이 영생을 누리는 길이다.
2. 예수님은 하나님처럼 사람들을 심판하신다. 심판하시는 하나님의 권세와 능력이 예수님께 있다. 그러므로 그 권위에 합당한 영광을 올려 드려야 한다. 구약에 등장하는 모든 선지자나 다른 종교의 모든 중보자들보다 탁월하신 예수님의 위대함이 여기에 있다. 그분은 하나님으로서 생명을 주실 뿐 아니라, 사망의 심판을 행하실 수 있는 분이다.
3. 예수님은 하나님처럼 사람들의 예배의 대상이 되신다. 예수님은 하나님처럼 생명을 주시고, 하나님처럼 심판을 행하시는 분이다. 그러므로 예수님은 하나님처럼 믿음의 대상이요 경배의 대상이시다. 하나님을 믿고 예배하는 자는 하나님이 보내신 아들 예수님을 믿고 예배한다. 왜냐하면 이것이 아들을 보내신 하나님의 뜻이기 때문이다. 예수님을 경외하는 자, 그가 곧 하나님을 경외하는 자이다.

3. 예수님에 대한 증언(5:30-47)

30 내가 아무것도 스스로 할 수 없노라 듣는 대로 심판하노니 나는 나의
뜻대로 하려 하지 않고 나를 보내신 이의 뜻대로 하려 하므로 내 심판은
의로우니라 31 내가 만일 나를 위하여 증언하면 내 증언은 참되지 아니하
되 32 나를 위하여 증언하시는 이가 따로 있으니 나를 위하여 증언하시는
그 증언이 참인 줄 아노라 33 너희가 요한에게 사람을 보내매 요한이 진리
에 대하여 증언하였느니라 34 그러나 나는 사람에게서 증언을 취하지 아
니하노라 다만 이 말을 하는 것은 너희로 구원을 받게 하려 함이니라 35
요한은 켜서 비추이는 등불이라 너희가 한때 그 빛에 즐거이 있기를 원
하였거니와 36 내게는 요한의 증거보다 더 큰 증거가 있으니 아버지께서
내게 주사 이루게 하시는 역사 곧 내가 하는 그 역사가 아버지께서 나를
보내신 것을 나를 위하여 증언하는 것이요 37 또한 나를 보내신 아버지께
서 친히 나를 위하여 증언하셨느니라 너희는 아무 때에도 그 음성을 듣지
못하였고 그 형상을 보지 못하였으며 38 그 말씀이 너희 속에 거하지 아
니하니 이는 그가 보내신 이를 믿지 아니함이라 39 너희가 성경에서 영생
을 얻는 줄 생각하고 성경을 연구하거니와 이 성경이 곧 내게 대하여 증
언하는 것이니라 40 그러나 너희가 영생을 얻기 위하여 내게 오기를 원하
지 아니하는도다 41 나는 사람에게서 영광을 취하지 아니하노라 42 다만
하나님을 사랑하는 것이 너희 속에 없음을 알았노라 43 나는 내 아버지의
이름으로 왔으매 너희가 영접하지 아니하나 만일 다른 사람이 자기 이름
으로 오면 영접하리라 44 너희가 서로 영광을 취하고 유일하신 하나님께
로부터 오는 영광은 구하지 아니하니 어찌 나를 믿을 수 있느냐 45 내가
너희를 아버지께 고발할까 생각하지 말라 너희를 고발하는 이가 있으니
곧 너희가 바라는 자 모세니라 46 모세를 믿었더라면 또 나를 믿었으리니
이는 그가 내게 대하여 기록하였음이라 47 그러나 그의 글도 믿지 아니하

거든 어찌 내 말을 믿겠느냐 하시니라

1) 예수님에 대한 하나님과 요한의 증언(5:30-35)

예수님은 자신을 위해 증언하지 않으신다(31절). 왜냐하면 자기 자신을 위해 스스로 증언하는 것은 법적으로 효력이 없기 때문이다. 우리말 번역 "내 증언은 참되지 아니하되"는 "내 증언은 효력이 없되"로 바꾸는 것이 좋다. 또한 예수님께는 요한의 증언도 필요가 없다(34절). 사람의 증언은 한계가 있기 때문이다. 요한의 증언이 사람들을 예수님께로 이끄는 데 좋은 역할을 할지라도, 예수님이 신뢰하시는 증언은 아버지의 증언이다(32절). 따라서 예수님은 자신의 증언이나 요한의 증언보다 아버지의 증언에 초점을 맞추신다. 이는 얼핏 자신의 증언을 내세우는 8:18과 모순되어 보인다. 8:18에서는 예수님이 2가지 증언을 내세우시는데, 자신의 증언과 아버지의 증언이다. 그런데 여기 31절에서는 자신의 증언이 효력이 없다고 하신다. 이것을 어떻게 해석해야 할까?

먼저 31절에서, 자신의 증언이 효력이 없다고 하신 이유는 예수님 자신이 스스로 말씀하시는 것이 아니라는 뜻이다. 자신의 말씀의 기원이 아버지께 있다는 것을 강조하신다. 이런 해석은 30절과 관련하여 자연스럽다. 그렇다면 8:18에서 자신의 증언을 강조하신 이유는 무엇인가? 이는 예수님의 수사법이다. 즉 유대인들이 믿지 못하자, 모세의 율법을 들어 자신의 계시를 강조하시는 것이다. 율법에 두세 증인이 필요하다고 했기 때문에(신 19:15), 아버지와 아들의 증언이 함께 일치한다고 하신다. 즉 아들의 증언이 아버지와 일관성이 있고, 율법을 충족시키는 신뢰할 만한 증언이라는 것을 강조하신다. 이런 이유로 31절과 8:18은 서로 모순되지 않는다.

2) 예수님에 대한 세 가지 증언(5:36-39)

5장에서 예수님이 내세우시는 증언은 총 세 가지이다. 첫째, 예수님이 하시는 '역사'(ἔργα, *에르가*)가 예수님을 위한 효력 있는 증언이 된다(36절). 이는 표적을 포함하여, 예수님이 하시는 다양한 공생애 사역을 총괄한다(4:34; 6:38-40; 17:4). 예수님의 계시 사역과 속죄 사역을 포괄한다.[15] 이러한 사역의 완성은 십자가에서 이루어진다(19:30). 둘째, 하나님께서 친히 아들을 증언하신다(37절). 하나님의 어느 특정한 증언을 가리킨다고 보는 사람들도 있다. 혹자는 예수님이 세례 받으실 때 나오는 하늘의 음성이라고 보기도 하고(막 1:11), 또는 성령의 내적 증거(요일 5:7-8) 혹은 아버지께서 신자의 내면에 증거하시는 것(요일 5:9-10)을 뜻한다고 보는 사람도 있다. 그러나 본문이 정확하게 말하지 않기 때문에, 특정한 증언으로 보기보다는 아들에 대한 하나님의 포괄적 증언으로 보는 것이 낫다. 여기에는 하나님의 다양한 구속 사역, 선지자들을 통한 예언 사역, 심지어 복음서에 나오는 하나님의 생생한 음성도 포함될 수 있다. 그리고 셋째, 성경이 예수님을 증언한다(39절). 요한복음은 지속적으로 예수님의 사역이 구약의 증언에 바탕을 두고 있음을 밝힌다(예. 1:45; 2:22; 3:10; 5:45-46; 12:41; 20:9).

예수님이 이런 세 증언을 내세우시는 이유는 아마도 두세 증인의 증언이 효력이 있다는 율법의 말씀을 염두에 두었던 것 같다(신 19:15; 참고. 마 18:15-16; 고후 13:1). 유대인들에게 그 자신에 대한 분명한, 효력 있는 증언이 있다는 것을 강조하시는 것 같다.

3) 예수님에 대한 증언을 배척하는 유대인들(5:40-47)

5장은 베데스다 기적 사건으로 시작하지만, 이 장에 나오는 예수님의 말씀 대부분은 유대인과의 안식일 논쟁에서 나온다. 예수님이 안식일 계명을 지키지 않는다고 유대인들은 비난하지만, 예수님은 그들이 실상은 하나님보다 사람으로부터 영광을 취하려 한다고 비판하신다(44절). 그들은 하나님

---

15. Kwon, "Jesus as High Priest in John 17," 169-71.

을 사랑하지 않을 뿐 아니라(42절), 하나님의 이름으로 오신 예수님을 영접하지 않는다(43절). 그 대신 그들은 자기 이름으로 온 사람을 영접한다. 다시 말하면, 자기 이름을 드러내기 위해 온 사람을 영접한다. 사람의 영광을 좋아하고, 사람에게 오는 영광을 추구하는 사람이다. 그는 세상과 코드가 맞기 때문에 세상 사람들이 그를 좋아하고 영접한다.

결론적으로 본문은 모세와의 비교를 통해, 예수님이 어떤 분이신지를 소개하고 있다(45-47절). 물론 이 주제는 6장에서 본격적으로 나오지만, 5장 자체에서도 결국 예수님은 모세보다 뛰어난 하나님의 말씀의 전달자요 하나님의 율법의 완성자로 묘사된다. 안식일 율법이 모세를 통해서 왔으나, 모세보다 탁월한 예수님이 완성된 율법을 계시하신다. 또한 모세가 전달하였던 그 계시의 정점에 바로 예수님이 계신다. 모세의 성경은 결국 예수님을 드러낸다(39절). 그러므로 예수님을 믿지 않고 배척하는 유대인들은 사실상 모세의 율법도 받아들이지 않는 것이 된다.

다른 한편, 요한복음 전체에서 예수님은 모세보다 탁월하고 우월하신 분으로 묘사된다. 예수님의 은혜는 모세의 율법보다 더 은혜롭다(1:17). 모세는 예수님을 예언하고 기록한 자이다(1:45; 5:46). 광야에서 이스라엘을 위해 모세가 행한 구원 사역은 예수님의 구원 사역에 대한 예표이다(3:14). 이윽고 6장에서 예수님은 생명의 떡을 주셔서 사람들에게 영생을 주시는 분으로 묘사되는데, 이는 광야에서 모세를 통해 만나가 내려진 것과 비교된다(6:14, 32, 48-50).

교훈과 적용

1. 예수님이 하나님의 아들이라는 증거는 그가 하시는 사역이다. 그가 이루신 기적들은 하나님의 아들이 아니고서는 불가능하다. 그의 성육신, 그의 십자가와 부활은 그가 하나님의 아들이라는 것을 증명한다. 이러한 예수님의 사역들이 예수님의 신분을 증명한다. 따라서 예수님은 우리가 믿을 만한 확실한 하나님의 아들이시다.
2. 예수님이 하나님의 아들이라는 증거는 구약에 나오는 다양한 예언들의 성취이다.

구약에 나오는 예언들이 예수님 안에서 성취되는 것을 볼 때, 우리는 그가 하나님의 아들이라는 것을 알 수 있다. 구약에 등장한 메시야 예언을 예수님이 성취하신다. 구약에는 메시야 탄생과 탄생 장소, 그의 대속 사역이 예언되어 있다. 복음서는 일관되게 다양한 구약의 예언들이 예수님 안에서 어떻게 성취되었는지를 보여준다. 따라서 예수님은 우리가 믿을 만한 확실한 하나님의 아들이시다.

3. 예수님이 하나님의 아들이라는 증거는 하나님의 확증이다. 하나님께서는 예수님이 자신의 아들이라는 것을 성경을 통해, 성령을 통해, 세례 요한과 사역자들을 통해 나타내신다. 하나님은 성령을 통해 우리 마음에 예수님에 대한 믿음을 일으키신다. 성경의 증언을 깨닫게 하신다. 사역자들에게 예수님을 증언하라고 하신다. 따라서 예수님은 우리가 믿을 만한 확실한 하나님의 아들이시다.

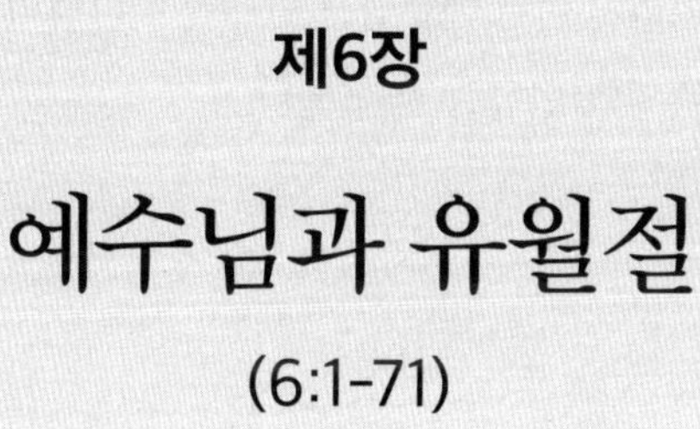

제6장

예수님과 유월절

(6:1-71)

본문 개요

요한복음에서 유월절은 비단 오병이어 사건의 배경만 되는 것은 아니다. 요한복음 전체에서 예수님에 대한 이야기가 전개되어 갈 때, 유월절이 그 핵심 배경이 된다. 본장에서 예수님은 유월절을 배경으로 오병이어 기적을 행하시고, 이어서 길게 강화하신다. 이를 통해 자신이 누구인지를 드러내신다. 예수님은 하나님이시며, 왕이시며, 모세와 같은 이스라엘의 지도자이시며, 생명의 떡이시다. 따라서 이런 예수님을 믿으면 하나님의 백성이 되고, 새 이스라엘이 되며, 예수님과 연합한 자가 된다.

내용 분해

1. 오천 명을 먹이시는 예수님(6:1-15)
   1) 오병이어 사건과 유월절(6:1-4)
   2) 오병이어 사건에 나타난 빌립과 안드레의 믿음(6:5-9)
   3) 오병이어 사건에 대한 사람들의 반응(6:10-15)
2. 물 위를 걸으시는 예수님(6:16-21)
   1) 예수님이 없는 제자들(6:16-18)
   2) 예수님이 가까이 오시다(6:19)
   3) 예수님이 함께하시다(6:20-21)
3. 생명의 떡이신 예수님(6:22-51)
   1) 영생하도록 있는 양식(6:22-29)
   2) 하늘에서 온 생명의 떡(6:30-40)
   3) 유대인들이 생명의 떡을 먹지 못하는 이유(6:41-51)
4. 살과 피를 주시는 예수님(6:52-59)

1) 인자의 살과 피, 그리고 영생(6:52-55)
2) 인자의 살과 피, 그리고 연합(6:56-59)

5. 영생의 말씀을 가지신 예수님(6:60-71)
1) 예수님으로부터 나오는 성령과 말씀, 그리고 생명(6:60-65)
2) 예수님을 떠나는 제자들(6:66)
3) 예수님께 남아있는 제자들(6:67-71)

본문 주해

1. 오천 명을 먹이시는 예수님(6:1-15)

1 그 후에 예수께서 디베랴의 갈릴리 바다 건너편으로 가시매 2 큰 무리가
따르니 이는 병자들에게 행하시는 표적을 보았음이러라 3 예수께서 산에
오르사 제자들과 함께 거기 앉으시니 4 마침 유대인의 명절인 유월절이
가까운지라 5 예수께서 눈을 들어 큰 무리가 자기에게로 오는 것을 보시
고 빌립에게 이르시되 우리가 어디서 떡을 사서 이 사람들을 먹이겠느냐
하시니 6 이렇게 말씀하심은 친히 어떻게 하실지를 아시고 빌립을 시험
하고자 하심이라 7 빌립이 대답하되 각 사람으로 조금씩 받게 할지라도
이백 데나리온의 떡이 부족하리이다 8 제자 중 하나 곧 시몬 베드로의 형
제 안드레가 예수께 여짜오되 9 여기 한 아이가 있어 보리떡 다섯 개와 물
고기 두 마리를 가지고 있나이다 그러나 그것이 이 많은 사람에게 얼마
나 되겠사옵나이까 10 예수께서 이르시되 이 사람들로 앉게 하라 하시니
그 곳에 잔디가 많은지라 사람들이 앉으니 수가 오천 명쯤 되더라 11 예수
께서 떡을 가져 축사하신 후에 앉아 있는 자들에게 나눠 주시고 물고기
도 그렇게 그들의 원대로 주시니라 12 그들이 배부른 후에 예수께서 제자

들에게 이르시되 남은 조각을 거두고 버리는 것이 없게 하라 하시므로 13
이에 거두니 보리떡 다섯 개로 먹고 남은 조각이 열두 바구니에 찼더라 14
그 사람들이 예수께서 행하신 이 표적을 보고 말하되 이는 참으로 세상에
오실 그 선지자라 하더라 15 그러므로 예수께서 그들이 와서 자기를 억지
로 붙들어 임금으로 삼으려는 줄 아시고 다시 혼자 산으로 떠나 가시니라

1) 오병이어 사건과 유월절(6:1-4)

오병이어 사건은 디베랴 바다, 즉 갈릴리 바다 건너편에서 일어났다(1절). '갈릴리'와 '디베랴' 모두 소유격으로 '바다'를 수식한다(τῆς Γαλιλαίας τῆς Τιβεριάδος, *테스 갈릴라이아스 테스 티베리아도스*). 다시 말하면, 갈릴리 바다는 곧 디베랴 바다라는 말이다. 갈릴리 바다의 다른 이름인 디베랴 바다는 오직 요한복음에만 나온다(21:1). AD 20년쯤에 헤롯 안티파스는 로마 황제 티베리우스(Tiberius)의 이름을 따서 갈릴리 해변에 디베랴(Tiberias)라는 도시를 건설하였다. 그리고 점차 사람들은 갈릴리 바다를 디베랴 바다라고 부르기도 하였다. 누가복음에는 특이하게 오직 '게네사렛 호수'라는 명칭만 나온다(눅 5:1). 당시 갈릴리 바다 서쪽에는 게네사렛이라는 도시도 있었고, 게네사렛이라는 평야도 있었다(마 14:34; 막 6:53). 한편, 게네사렛은 구약에서 '긴네렛'이라 불렸다(민 34:11; 수 13:27).

그런데 디베랴(갈릴리) '바다'일까? 아니면, 디베랴(갈릴리) '호수'일까? 6장에서는 디베랴 바다라고 하지만, 21장에서는 디베랴 호수로 나온다(21:1). 그러나 이것은 개역개정 번역에서만 다르고, 원문에는 기본적으로 '바다'를 뜻하는 θάλασσα(*딸라사*)이다. 개역개정 마태복음과 마가복음에도 '바다'와 '호수'가 번갈아 나오는데, 원문은 모두 *딸라사*이다. 다만 누가복음은 '게네사렛 호수'라고 하여, '호수'를 뜻하는 λίμνη(*림네*)를 사용한다. 아마도 의사 누가는 좀 더 정확하게 '호수'를 나타내기 위해, 바다로 이해될 수 있는 *딸라*

사 대신에 *림네*를 사용한 것 같다.[1]

'갈릴리 바다 건너편'(1절)이라는 말은 보통 갈릴리 바다 동쪽, 즉 요단강 동쪽을 가리킨다. 누가복음에 따르면 오병이어 사건은 갈릴리 바다 북동쪽에 위치한 벳새다에서 일어났다(눅 9:10).[2] 물론 벳새다라는 도시 한 가운데서 이 사건이 일어나지는 않았을 것이다. '빈 들'(마 14:13) 혹은 '한적한 곳'(막 6:32)이라 명명된 이곳은 아마도 벳새다 근처의 '산'이었을 것이다(3절). 다수의 학자들은 이곳을 오늘날 골란고원(Golan Heights)으로 알려진 요단강 동쪽 지역으로 본다.[3] 예수님의 많은 표적에 매료된 큰 무리는 요단강 동쪽, 그것도 외딴 산까지 예수님을 따라왔다(2절).

오병이어 사건은 사복음서 모두에 기록되었다(마 14:13-21; 막 6:30-44; 눅 9:10-17). 그러나 오직 요한복음만이 이 사건과 유월절의 관계를 언급한다(4절).[4] 요한복음에서 유월절 주제가 발전적으로 전개된다는 것은 앞서 밝힌 바 있다. 어린양 모티프(1:29)에서 십자가 죽음(19:36)까지 유월절은 예수님

---

1. D. L. Bock, *Luke 1:1-9:50*, BECNT (Grand Rapids: Baker, 1994), 454. 부흥과 개혁사 역간, 『누가복음 1』.
2. 오병이어 사건의 장소에 대해서는 마가복음과 누가복음이 모순되는 것처럼 보인다. 누가복음 9:10은 그 장소를 벳새다라고 하는데, 마가복음 6:45은 오병이어 기적 후에 예수님이 급하게 제자들을 벳새다로 보냈다고 기록하기 때문이다. 또한 요한복음은 제자들이 배를 타고 가버나움으로 갔다고 한다(6:17). 그래서 혹자는 예수님 당시에 두 개의 벳새다가 있었을 것이라 추측하기도 한다. 갈릴리 바다 북동쪽, 즉 요단강 동쪽에 위치한 벳새다가 있고, 다른 한편 요단강 서쪽에 또 다른 벳새다가 있다고 한다. 심지어 요 12:21이 '갈릴리 벳새다'라고 명명하기 때문이다. 참고. R. T. France, *The Gospel of Mark*, NIGTC (Grand Rapids: Eerdmans, 2002), 264. 새물결플러스 역간, 『마가복음』. 그러나 오병이어 사건이 벌어진 곳은 벳새다 근처의 외딴 언덕이었기 때문에, 제자들은 그곳에서 벳새다를 거쳐 가버나움으로 이동했을 가능성도 있다. 또한 벳새다가 비록 요단강 동쪽 헤롯 빌립 영역에 있을지라도, 갈릴리하고 거리가 가까워 그 경계가 모호했을 수도 있다. 실제로 요세푸스는 로마에 저항 운동을 한 유다를 설명하면서 요단강 동쪽 가울로니티스(Gaulonitis) 사람이라고도 하고, 갈릴리 사람이라고도 한다(『유대 고대사』 18.4; 『유대 전쟁사』 2.118).
3. Köstenberger, *John*, 200.
4. 오병이어 기사에 대한 요한복음과 다른 복음서의 차이점에 대해서는 다음을 참조. 유상섭, "오병이어 기적에 대한 네 복음서의 관점," 「신약연구」 6/1 (2007), 1-49.

의 사역과 깊이 관련되어 있다. 출애굽을 기념하는 유월절이 예수님의 오병이어 사건의 배경이 된다는 것은 무엇을 의미하는가? 요한복음은 예수님이 오병이어 기적을 의도하셨다는 것을 암시한다(6절). 또한 이러한 기적을 표적이라 한다(14절). 따라서 요한복음은 유월절과 오병이어 표적, 그리고 예수님의 의도를 함께 기술하여, 어떤 신학적 메시지를 던지고 있다. 기본적으로 오병이어 기적은 예수님이 세우실 하나님 나라를 상징한다. 이 사건의 구원론적, 기독론적 그리고 교회론적 의미를 살펴보자.

먼저 오병이어 사건의 구원론적 의미는 다음과 같다. 출애굽을 통해 하나님께서 이스라엘을 이집트에서 구원하셨듯이, 이제 예수님이 자신을 믿고 따르는 자들을 구원하신다. 그를 믿는 자들을 죄와 사망으로부터 구원하셔서 영생으로 인도하신다. 하나님의 심판으로부터 구원하셔서 멸망하지 않고 영생을 누리게 하신다. 따라서 오병이어 사건은 예수님을 믿는 자들이 누릴 하나님 나라의 풍성한 생명, 풍성한 은혜를 상징한다.

둘째로 오병이어 사건의 교회론적 의미인데, 예수님을 믿는 자들이 이제 새 이스라엘이 된다는 뜻이다. 출애굽을 통해 이스라엘이라는 나라가 본격적으로 세워졌듯이, 생명의 떡이신 예수님을 통해 새로운 이스라엘, 새로운 나라가 세워진다. 오병이어 표적은 예수님의 공동체가 구원 받은 새 이스라엘이며, 예수님의 죽음을 통해 세워지는 하나님 나라 공동체임을 보여준다.

마지막으로 오병이어 사건의 기독론적 의미는 이 사건을 통해 예수님이 누구신지가 드러난다는 데 있다. 유월절을 배경으로 예수님의 정체성이 더 분명하게 드러난다. 그분은 모세와 같은 선지자시며(14절), 세상의 왕과 구분되는 참 왕(메시야)이시다(15절). 그분은 생명의 떡이시며(35절), 자신을 믿는 자의 영생을 위해 살과 피를 주시는 인자시다(53절). 하나님이 이스라엘에게 만나를 공급하신 것처럼, 예수님은 하나님 나라를 위해 자신의 몸을 바치는 하나님의 아들이시다(57절).

그러므로 예수님은 사람들에게 영생을 주시고, 새 이스라엘이라는 하나님 나라 공동체를 세우시는 하나님의 아들 메시야시다. 이런 이유로 사람들은 유월절이 가까이 왔는데도 불구하고 예루살렘이 아니라 예수님께 나아간다. 여기서 우리는 유월절이 예수 그리스도 안에서 완성되는 것을 알 수 있다.[5] 예수님은 그의 죽음과 부활을 통해 유월절의 모든 의미를 성취할 것을 보여주시며, 사람들을 영생의 하나님 나라로 초대하신다.

2) 오병이어 사건에 나타난 빌립과 안드레의 믿음(6:5-9)

예수님이 빌립을 시험하고자 질문을 하셨다(5-6절). 부정적 의미의 '시험'이 아니라, 빌립이 예수님에 대해 바르게 이해하는지 알아보기 위한 시험이었다.[6] 물론 예수님은 질문이나 대답의 과정을 거치지 않아도 사람의 생각을 아시는 분이다. 다만, 이런 과정은 예수님을 위한 것이 아니라 사람을 위한 것이다. "우리가 어디서 떡을 사서 이 사람들을 먹이겠느냐"(5절)는 예수님의 질문을 받은 사람이 자신의 무력함을 깨닫고 예수님을 바라보도록 하기 위해서이다. 현실을 직시하되, 소망을 예수님께 두게 하기 위함이다. 그래서 예수님은 빌립에게 큰 무리를 먹일 수 있는 방법을 질문하신다.

"친히 어떻게 하실지를 아시고"(6절)는 예수님은 이미 큰 무리의 사람들을 위한 표적을 계획하고 계셨다는 것을 암시한다. 유월절을 배경으로 그가 누구신지를 나타내고, 하나님 나라의 풍성한 생명으로 사람들을 초대할 계획을 가지고 계셨다는 말이다. 흔히 이 사건을 '헌신'의 관점에서 해석하는 경향이 있다. 보리떡 다섯 개와 물고기 두 마리를 내어 놓은 아이를 주목하며 주님께 드리는 헌신을 강조한다. 헌신의 의미가 없는 것은 아니지만, 본문의 기본적인 강조점은 표적을 통해 하나님 나라 영생을 드러내시는 예수님의 정체성에 있다. 예수님은 사람들이 표적을 보고 그가 하나님의 아들이시

---

5. J. Schubert, *The Gospel of John: Question by Question* (Mahwah: Paulist Press, 2008), 59.
6. Borchert, *John 1-11*, 253.

며, 하나님 나라의 왕이라는 것을 믿기 원하셨다. 그들이 그런 예수님을 믿고 영생의 은혜를 누리길 원하셨다. 그래서 표적을 계획하셨다.

다른 복음서들은 오병이어 사건의 등장인물을 제자들 혹은 사도들이라 하였으나, 요한복음에는 빌립(5절)과 안드레(8절)의 이름이 구체적으로 언급된다. 이러한 기술은 본문의 역사적 사실성을 강조할 뿐 아니라, 독자들로 하여금 인물들의 특성도 알 수 있게 한다. 요한복음은 빌립을 매우 현실적인 인물로 묘사한다(7절). 데나리온은 노동자의 하루 품삯에 해당되는데, 따라서 이백 데나리온은 굉장히 큰돈이다. 사람들의 수가 많기 때문에 이백 데나리온이나 되는 큰돈도 그들을 먹이기에 부족할 것이라는 게 빌립의 생각이었다. 빌립의 대답은 매우 현실적이며 지극히 당연한 것이었다. 그러나 그의 대답에는 예수님에 대한 믿음과 기대가 없다. 예수님을 주목하지 않고, 현실에만 매몰되어 있다.

빌립과 함께 안드레도 매우 현실적인 인물로 나온다(8-9절). 그는 1장에 이어 여기서도 사람을 예수님께 연결하는 인물로 등장한다(1:41-42; 참고. 12:22). 물론 빌립도 요한복음 전체에서 사람들을 예수님과 연결시킨다(1:46; 12:21-22). 우리말로 '아이'(9절)로 표현된 헬라어 παιδάριον(*파이다리온*)은 어린아이를 가리킬 수도 있지만, 적어도 청소년기에 접어든 아이를 가리킬 수도 있다. 창세기 37장에서는 요셉을 가리킬 때, 다니엘 1장에서는 다니엘과 그의 친구들을 가리킬 때 이 단어가 사용되었다(LXX 창 37:30; 단 1:7). 아이가 가지고 있던 것은 보리떡 다섯 개와 물고기 두 마리였다(9절). '보리떡'은 당시에 가난한 자들의 일반적인 음식이었다. '물고기'는 아마도 말린 것이거나 절인 것이어서 다른 음식과 함께 먹도록 만들어진 것일 것이다.[7] 빌립과 함께 안드레도 매우 이성적이며 합리적인 말을 한다. 왜냐하면 누가 보더라도 보리떡 다섯 개와 물고기 두 마리로 이 많은 사람을 먹일 수

---

7. Köstenberger, *John*, 202.

는 없기 때문이다(9절).

3) 오병이어 사건에 대한 사람들의 반응(6:10-15)

예수님을 따르던 오천 명쯤 되는 무리는 대략 이만 명 정도일 것으로 추측된다(10절). 왜냐하면 앉은 '사람'들을 나타내기 위해 사용된 헬라어 ἀνήρ(*아네르*)는 주로 성인 남자를 가리키기 때문이다(10절). 사람을 나타낼 때 일반적으로 쓰이는 ἄνθρωπος(*안뜨로포스*)와 구분된다. 당시 사회에서 여자와 어린아이는 사람의 수에 좀처럼 들지 않았기 때문에, 성인 남자의 수만 오천 명쯤 된다는 말이다. 따라서 여자와 어린이를 합하면 대략 이만 명쯤 되는 무리가 예수님을 좇았을 것이다(참고. 마 14:21; 막 6:44; 눅 9:14).

원문에 따르면 11절에는 '그렇게'(ὁμοίως, *호모이오스*) 다음에 '또한'을 뜻하는 καί(*카이*)라는 말도 있다. 떡과 함께 물고기도 그들이 원하는 대로 풍족하게 주셨다는 것을 나타낸다. 예수님은 왜 먹고 남은 조각을 거두게 하셨을까?(12절) 아마도 그들이 원하는 대로 마음껏 먹고도 12바구니에 찰 만큼 음식이 풍성하게 제공되었다는 것을 보여주시기 위해서였을 것이다(13절). 빌립과 안드레는 오병이어로 이 많은 사람을 도무지 먹일 수 없다고 하였다(7, 9절). 이것이 현실적이며 합리적인 생각이다. 그러나 예수님의 풍성한 은혜는 인간의 이성을 뛰어넘는다. 예수님은 우리가 생각하는 것보다 더 풍성히 우리를 채우실 수 있는 분이다. 예수님이 누구신지를 깨닫지 못하고, 현실만 주목하여 부정적인 말을 하는 제자들에게 예수님은 하나님 나라의 풍성한 은혜를 맛보게 하신다. 먹고 남은 떡이 12바구니에 찼다는 것은 12제자가 남은 떡을 풍성하게 거두었다는 뜻일 것이다. 보리떡 다섯 개로 이만 명이 되는 사람들이 배불리 먹고도 12제자의 바구니를 채울 만큼 하나님 나라의 풍성한 은혜가 예수님을 통해 주어졌다는 말이다.

다른 한편, 보체트는 '버리는 것이 없게 하라'(12절)는 예수님의 말씀은 새 이스라엘을 보존하라는 뜻이라 한다.[8] 12바구니의 떡은 12제자로 대표되는 새 이스라엘 공동체(영적 12지파)를 나타내기 때문이다. '버리는 것'(12절)을 위해 사용된 헬라어 ἀπόλλυμι(*아포뤼미*)는 '잃다' 혹은 '멸망시키다'를 뜻한다. 따라서 예수님의 말씀은 잃어버리는 것이 없게 하라는 뜻인데, 새 이스라엘을 보존하겠다는 예수님의 의도를 나타낸다. 왜냐하면 6:39과 17:12은 같은 동사(*아포뤼미*)를 사용하여 제자들을 잃지 않으시고 보존하시는 예수님의 모습을 보여주기 때문이다.

그러나 보체트의 해석은 2가지 면에서 쉽게 받아들이기 어렵다. 첫째, 12바구니의 떡이 12제자를 상징한다고 하는데, 사실 예수님의 12제자는 아직 전면에 등장하지 않는다. 67절에 가서야 예수님이 12제자를 선택하셨다고 한다. 따라서 이 단락에서 12바구니의 떡이 12제자를 상징하고, 새 이스라엘 12지파를 나타낸다고 하는 것은 무리가 있다.[9] 12바구니의 떡은 다른 복음서도 동일하게 증언하는 바인데, 열 두 제자가 남은 떡을 풍성하게 거두었다는 것을 의미하는 역사적 사실일 것이다. 둘째, 12바구니의 떡이 사람을 비유하는 것도 쉽게 설명하기 어려운 부분이다. 물론 예수님이 생명의 떡으로 비유되시기도 하지만, 제자들이 떡으로 비유된 다른 용례는 요한복음에 등장하지 않는다.[10] 따라서 남은 떡을 보존하라고 하신 것은 어떤 특별한 상징적인 의미를 나타낸다기보다, 나중을 위해 보관하라는 의미로 보는 것이 적절할 것이다. 예수님의 사역은 자연 질서를 무시하고 늘 기적을 통해서만 진행되는 것은 아니다. 표적을 위해 오병이어 기적을 일으키셨지만, 예수님은 남은 떡을 나중을 위해 보관하라고 하신다.

예수님의 오병이어 표적을 본 후, 사람들은 예수님을 세상에 오실 그 선

---

8. Borchert, *John 1-11*, 254; 링컨도 비슷하게 주장한다. Lincoln, *John*, 213; 구체적이지는 않지만 쾨스텐버거의 간단한 언급도 보체트의 주장을 지지하는 것처럼 보인다. Köstenberger, *John*, 203.
9. Michaels, *John*, 351.
10. Keener, *John 1*, 669.

지자라 한다(14절). 이는 '모세와 같은 선지자'를 생각나게 한다(신 18:15-19). 실제로 모세가 출애굽한 백성에게 만나를 주었던 것처럼, 예수님은 자신을 생명의 떡으로 주신다. 한편 이 선지자를 엘리사와 비교하는 학자들도 있다.[11] 엘리사는 보리떡 20개로 100명을 먹이는 기적을 보여주었다(왕하 4:42-44). 또한 호렙산에서 하나님의 계시를 받은 엘리야는 모세와 비교되기도 하기 때문에, 엘리사는 엘리야의 후임자로서 모세와 연결되기에 충분하다. 따라서 여기서 예수님을 선지자로 여긴 것은 모세와 엘리야-엘리사의 연합적 인물로 여긴 것으로 보인다.[12]

사람들은 또한 예수님을 억지로 자기들의 왕으로 삼으려 했다(15절). 그러나 예수님이 이를 피하신다. 왜냐하면 사람들이 생각하는 왕의 모습과 예수님이 보여주고자 하시는 모습이 다르기 때문이다. 그의 나라는 이 세상에 속한 것이 아니었기 때문이다(18:36-37). "다시 혼자 산으로 떠나가시니라"(15절)는 기도하러 가셨다는 말인데(마 14:23; 막 6:46), 예수님은 사람들의 주목과 열광을 뒤로 하고 산으로 가셨다. 조용한 곳에서 기도하시며 자신의 사명을 다시 가다듬으셨을 것이다.

교훈과 적용

1. 예수님은 모세와 같이 자기 백성을 구원하시는 분이시다. 하나님의 중보자로서 자기 백성에게 생명의 양식을 공급하신다. 자기 백성을 인도하시며, 세상 나라와 구별된 새로운 하나님 나라를 보여주신다. 하나님의 종 모세를 거역하면 약속의 땅에 들어갈 수 없었던 것처럼, 예수님의 말씀을 받아들이지 않으면 하나님의 구원에 들어갈 수 없다. 왜냐하면 예수님은 모세보다 더 뛰어난 하나님의 아들이시기 때문이다.
2. 예수님은 유월절을 완성하신 분이다. 이스라엘을 향한 하나님의 구원이 유월절을 완성하신 예수님 안에서 성취된다. 유월절을 통해 하나님께서는 이스라엘을 구원

---

11. 요 6장과 열하 4장의 자세한 비교는 다음을 참조. M. A. Daise, *Feasts in John: Jewish Festivals and Jesus' 'Hour' in the Fourth Gospel* (Tübingen: Mohr Siebeck, 2007), 116.
12. Brown, *John I-XII*, 234-5; Köstenberger, *John*, 203.

하시고, 광야에서 그들을 인도하시며 먹이셨다. 이제 예수님 안에서 이스라엘을 향한 하나님의 공급과 인도하심이 이루어진다. 그러므로 예수 그리스도 안에 있는 자는 하나님의 구원, 하나님의 공급, 하나님의 인도를 경험하게 된다.

3. 예수님은 그를 믿는 자들을 새 이스라엘 백성이 되게 하신다. 그리스도인은 이제 새로운 하나님의 백성이요 하나님의 나라이다. 혈통이나 언어나 지역에 상관없이, 예수님을 믿는 사람은 하나님의 백성으로 편입된다. 새로운 이스라엘 공동체이다. 하나님의 말씀과 하나님의 언약이 이 백성에게 있다. 그러므로 자부심을 가지고 오직 예수 그리스도만을 소망하며 살아야 한다.

2. 물 위를 걸으시는 예수님(6:16-21)

16 저물매 제자들이 바다에 내려가서 **17** 배를 타고 바다를 건너 가버나움
으로 가는데 이미 어두웠고 예수는 아직 그들에게 오시지 아니하셨더니
18 큰 바람이 불어 파도가 일어나더라 **19** 제자들이 노를 저어 십여 리쯤 가
다가 예수께서 바다 위로 걸어 배에 가까이 오심을 보고 두려워하거늘 **20**
이르시되 내니 두려워하지 말라 하신대 **21** 이에 기뻐서 배로 영접하니 배
는 곧 그들이 가려던 땅에 이르렀더라

1) 예수님이 없는 제자들(6:16-18)

오병이어 기적은 사복음서가 다 기록하고 있지만(마 14:13-21; 막 6:30-44; 눅 9:10-17), 예수님이 물 위를 걸으신 이 기사는 누가를 제외한 마태와 마가만 기록하고 있다(마 14:22-27; 막 6:45-52). 마태와 마가에 의하면, 오병이어 기적 사건 후, 예수님은 제자들을 재촉하시어, 갈릴리 바다 건너편으로 가게 하셨다(마 14:22; 막 6:45). 그 이유가 명확하게 기록되어 있지 않지만, 요한복음에 의하면 오병이어 기적을 경험한 유대인들이 예수님을 그들의 왕으로 삼고자 했기 때문이다(15절). 이에 예수님은 제자들을 급히 다른 곳으로 향하게 하셨고, 자신은 기도하러 산에 가셨다(마 14:23; 막 6:46). 이

를 종합하여 보건대, 예수님은 유대인들이 원하는 세상적, 정치적 나라를 거부하신 것 같다. 그리고 제자들도 그러한 관점에 영향을 받을까봐 급하게 막으셨다. 그리고 본인은 자신의 사명을 다시 가다듬기 위해 홀로 하나님 앞에 머무는 시간을 가지신 것이다.

한편 요한복음 본문은 이러한 예수님의 재촉이나 기도를 생략하고, 제자들이 바다에서 어려움 당하는 모습만을 기록한다. 아마도 요한복음의 관심은 예수님이 없는 제자들의 모습과, 제자들에게 예수님이 어떤 모습으로 자신을 계시하셨는지에 있는 것 같다. 제자들의 상황은 2가지로 요약된다. 어두운 밤(17절)과 파도가 일어나는 상황(18절)이다. 제자들은 자신의 행동의 주체로 나타난다. 바다로 내려가서 배를 타고 바다를 건너는 주체는 제자들 자신이다. 그런데 어두움과 거친 파도를 만난다.

2) 예수님이 가까이 오시다(6:19)

제자들은 바람과 파도 속에서 십여 리쯤 노를 저으며 갔다(19절). '십여 리'는 '25 혹은 30스타디온'을 번역한 것이다. 1스타디온은 약 192미터이다.[13] 그러므로 대략 5킬로미터의 거리이다. 풍랑 속에서 노를 저어 5킬로미터를 간다는 것은 결코 쉬운 일도, 짧은 시간도 아니다. 더욱이 이때는 날이 어두울 때였다. 아무리 어부 출신의 제자들이 있었다고는 하지만, 그들은 무척 당황하고 힘들었을 것이다. 바로 이런 고통스러운 순간에 예수님이 그들을 찾아오셨다.

그러나 예수님이 가까이 오시는데도, 제자들은 두려워한다. 예수님을 알아보지 못한 것이다. 아마도 유령인 줄 착각한 것 같다(마 14:26; 막 6:49). 오병이어 기적을 경험했지만, 제자들은 예수님이 이런 기적적인 방법으로 그들에게 다가오실 줄 전혀 생각하지 못한 것이다. 바다 위를 걸을 만한 어

---

13. BDAG, 940.

떤 다른 인물도 생각해 내지 못하고, 이것을 단지 유령이라 생각했다. 상식적으로 밤이 되어 어두웠기 때문에, 제자들이 예수님을 몰라봤다고 할 수 있다. 그러나 제자들은 영적 어두움 때문에, 예수님의 전능하심을 알지 못하고 두려워했다고 볼 수도 있다. 따라서 영적인 무지는 예수님이 가까이 계시는데도, 두려움이라는 결과를 낳는다. 다른 말로 하면, 예수님에 대한 참된 지식이 우리 안에 있는 두려움을 몰아낸다. 그러나 믿음이 없으면, 즉 영적으로 무지하면, 두려움이 가득하게 된다. 환경을 두려워하고(19절), 사람을 두려워한다(9:22).

3) 예수님이 함께하시다(6:20-21)

다른 복음서와 달리, 요한복음은 바다 위를 걸으시는 예수님 이야기를 오병이어 사건(1-15절)과 생명의 떡 강화(22-71절) 사이에 위치시킨다. 이는 이 단락이 단순히 예수님이 바다 위를 걸으시는 기적을 이야기하는 것이 아니라, 앞뒤 단락의 빛 아래에서 해석되어야 함을 암시한다. 다시 말하면 오병이어 기적의 빛 아래에서, 유월절-출애굽 모티프의 빛 아래에서, 예수님이 바다 위를 걸으신 사건이 이해되어야 한다는 말이다.[14]

출애굽을 배경으로 노래하는 시편 77편은 하나님께서 어떻게 홍해에서 자신을 나타내셨는지를 묘사하고 있다(시 77:16, 19). 자연을 움직이시는 전능하신 하나님께서 바다에 길을 만드시고 그의 백성을 인도하셨다는 것을 노래한다. 따라서 만약 시편 77편에 나오는 '유월절'(출애굽)-'바다'-'계시'라는 주제가 이 단락의 주요 배경이 된다면, 예수님이 하나님과 비교된다고 할 수 있겠다. 예수님은 큰 바람이나 파도에도 불구하고 바다 위를 걸으시며, 자연을 초월하는 분으로 자신을 나타내신다. 그리고 두려워하는 제자들에게 '내니'(*에고 에이미*)라고 말씀하신다(20절). 이러한 *에고 에이미*는 다

---

14. Carson, *John*, 273; Brown, *John I-XII*, 255.

른 복음서에도 나오지만(마 14:27; 막 6:50), 요한복음에서는 예수님의 독특한 자기 계시 표현으로 이해된다(4:26; 8:24, 28, 58; 13:19; 참고 출 3:14; 사 43:10).[15] 즉, 예수님은 물 위를 걸어오시면서, 자신의 신적 정체성을 드러내신 것이다. 앞 단락의 오병이어 사건에 비해 예수님의 신성이 좀 더 분명하게 드러난다. 예수님은 자기 백성을 구원하셔서, 그들을 새 이스라엘로 세우시는 하나님으로 자신을 계시하신다.

이윽고 제자들은 예수님을 알아보고 기쁨으로 영접한다(21절). 예수님을 영접한 후 그들은 곧 그들이 가려던 땅에 도착하였다. 예수님에 대한 무지와 참된 지식의 결과가 확연히 차이가 난다. 예수님을 제대로 알기 전에는 제자들에게 두려움이 있었다. 그러나 예수님을 알고 난 후에는 기꺼이 예수님과 함께하며, 그들이 가려던 땅에 도착한다. 마치 이스라엘이 홍해를 건너고, 광야를 지나 가나안 땅에 들어갈 때와 비슷하다. 하나님에 대한 참 믿음이 없었을 때, 그들은 원망하고 불평하며 두려워했다(출 14:10; 15:24; 17:3). 그러나 하나님께서는 포기하지 않으시고, 자신을 이스라엘에게 드러내셨다. 마침내 이스라엘은 하나님을 온전히 믿고 가나안 땅에 들어갈 수 있었다(히 11:30).

교훈과 적용

1. 어려운 환경은 우리를 힘들게 한다. 살아가면서 늘 편안하고 좋은 일만 일어나는 것은 아니다. 거친 파도나 풍랑이 일어날 때가 있다. 이러한 어려운 외부 환경은 사람을 지치게 하고 힘들게 한다. 그리스도인이라고 예외는 아니다. 그러나 우리는 어려운 환경이 아니라, 이러한 환경 너머에 계시는 예수님을 주목해야 한다. 하나님께서 이 모든 상황을 보고 계시며, 그분의 선하신 뜻을 따라 이 상황을 주도적으로 이끌고 가신다는 것을 믿어야 한다.
2. 예수님의 부재는 우리를 힘들게 한다. 어려운 환경은 누구에게나 일어날 수 있다. 그러나 어려운 환경보다 우리를 더 힘들게 하는 것은 예수님이 함께하지 않으실 때

15. Beasley-Murray, *John*, 89-90; H. C. Waetjen, *The Gospel of the Beloved Disciple: A Work in Two Editions* (London: Continuum, 2005), 203-4.

다. 예수님과 동행하지 않을 때, 우리는 어려운 환경을 이겨낼 수 없다. 우리는 고통이 찾아올 때, 전능하신 하나님을 찾고 우리를 도와주실 예수님을 찾아야 한다. 늘 예수님과 동행하기를 힘써야 한다. 말씀과 기도로 예수님을 늘 가까이 해야 한다.

3. 영적 무지는 우리를 힘들게 한다. 전능하신 예수님이 나와 함께하시는데도, 나의 영적 무지 때문에 그것을 깨닫지 못하면 두려움이 찾아온다. 예수님의 전능하심을 알지 못할 때 두려워하고 불안해한다. 그러므로 예수님을 바르게 알기를 힘써야 한다. 예수님에 대한 참 믿음 갖기를 힘써야 한다. 참 믿음이 두려움을 내쫓고, 우리 삶에 평화를 가져온다. 영적으로 깨어 있기를 힘쓰며, 영안을 열어 주님이 나와 함께하심을 보아야 한다.

3. 생명의 떡이신 예수님(6:22-51)

22 이튿날 바다 건너편에 서 있던 무리가 배 한 척 외에 다른 배가 거기 없
는 것과 또 어제 예수께서 제자들과 함께 그 배에 오르지 아니하시고 제
자들만 가는 것을 보았더니 **23** (그러나 디베랴에서 배들이 주께서 축사하
신 후 여럿이 떡 먹던 그 곳에 가까이 왔더라) **24** 무리가 거기에 예수도 안
계시고 제자들도 없음을 보고 곧 배들을 타고 예수를 찾으러 가버나움으
로 가서 **25** 바다 건너편에서 만나 랍비여 언제 여기 오셨나이까 하니 **26** 예
수께서 대답하여 이르시되 내가 진실로 진실로 너희에게 이르노니 너희
가 나를 찾는 것은 표적을 본 까닭이 아니요 떡을 먹고 배부른 까닭이로
다 **27** 썩을 양식을 위하여 일하지 말고 영생하도록 있는 양식을 위하여 하
라 이 양식은 인자가 너희에게 주리니 인자는 아버지 하나님께서 인치신
자니라 **28** 그들이 묻되 우리가 어떻게 하여야 하나님의 일을 하오리이까
29 예수께서 대답하여 이르시되 하나님께서 보내신 이를 믿는 것이 하나
님의 일이니라 하시니 **30** 그들이 묻되 그러면 우리가 보고 당신을 믿도록
행하시는 표적이 무엇이니이까, 하시는 일이 무엇이니이까 **31** 기록된 바
하늘에서 그들에게 떡을 주어 먹게 하였다 함과 같이 우리 조상들은 광야

에서 만나를 먹었나이다 32 예수께서 이르시되 내가 진실로 진실로 너희
에게 이르노니 모세가 너희에게 하늘로부터 떡을 준 것이 아니라 내 아버
지께서 너희에게 하늘로부터 참 떡을 주시나니 33 하나님의 떡은 하늘에
서 내려 세상에 생명을 주는 것이니라 34 그들이 이르되 주여 이 떡을 항
상 우리에게 주소서 35 예수께서 이르시되 나는 생명의 떡이니 내게 오는
자는 결코 주리지 아니할 터이요 나를 믿는 자는 영원히 목마르지 아니하
리라 36 그러나 내가 너희에게 이르기를 너희는 나를 보고도 믿지 아니하
는도다 하였느니라 37 아버지께서 내게 주시는 자는 다 내게로 올 것이요
내게 오는 자는 내가 결코 내쫓지 아니하리라 38 내가 하늘에서 내려온
것은 내 뜻을 행하려 함이 아니요 나를 보내신 이의 뜻을 행하려 함이니
라 39 나를 보내신 이의 뜻은 내게 주신 자 중에 내가 하나도 잃어버리지
아니하고 마지막 날에 다시 살리는 이것이니라 40 내 아버지의 뜻은 아들
을 보고 믿는 자마다 영생을 얻는 이것이니 마지막 날에 내가 이를 다시
살리리라 하시니라 41 자기가 하늘에서 내려온 떡이라 하시므로 유대인
들이 예수에 대하여 수군거려 42 이르되 이는 요셉의 아들 예수가 아니냐
그 부모를 우리가 아는데 자기가 지금 어찌하여 하늘에서 내려왔다 하느
냐 43 예수께서 대답하여 이르시되 너희는 서로 수군거리지 말라 44 나를
보내신 아버지께서 이끌지 아니하시면 아무도 내게 올 수 없으니 오는 그
를 내가 마지막 날에 다시 살리리라 45 선지자의 글에 그들이 다 하나님의
가르치심을 받으리라 기록되었은즉 아버지께 듣고 배운 사람마다 내게
로 오느니라 46 이는 아버지를 본 자가 있다는 것이 아니니라 오직 하나
님에게서 온 자만 아버지를 보았느니라 47 진실로 진실로 너희에게 이르
노니 믿는 자는 영생을 가졌나니 48 내가 곧 생명의 떡이니라 49 너희 조
상들은 광야에서 만나를 먹었어도 죽었거니와 50 이는 하늘에서 내려오
는 떡이니 사람으로 하여금 먹고 죽지 아니하게 하는 것이니라 51 나는 하
늘에서 내려온 살아 있는 떡이니 사람이 이 떡을 먹으면 영생하리라 내가

줄 떡은 곧 세상의 생명을 위한 내 살이니라 하시니라

1) 영생하도록 있는 양식(6:22-29)

무리가 예수님과 제자들을 찾아 바다 건너편에 다다랐다(22-24절). 예수님은 그들에게 표적을 보지 못하고, 배부르기 위해 자신을 찾는 자들이라 하신다(26절). 그들은 예수님의 오병이어 표적을 깨닫지 못하고, 오로지 자신들의 육체적 필요를 해결하기 위해 예수님을 좇은 것이다. 예수님은 그들이 표적을 보고, 하나님 나라 영생을 위해 믿을 것을 기대하셨다. 하지만 그들은 예수님을 자신들의 왕으로 추대하여, 세상의 양식으로 자신들의 배를 채우기 원했다.

그러므로 예수님은 그들에게 썩을 양식을 위해 일할 것이 아니라, 영생하도록 있는 양식을 위해 일하라고 하신다(27절). 썩을 양식은 무엇이고, 영생하도록 있는 양식은 무엇인가? 썩을 양식을 위해 일하는 것은 곧 이 세상의 양식을 추구하는 삶을 말한다. 이 세상의 양식을 삶의 목적으로 삼는 것이다. 그러나 이 세상의 양식은 썩을 양식이다. 다시 말하면, 영원하지 않다. 이 세상이 끝나면 없어질 양식이다. 오는 세상에서 아무 소용이 없다. '영생하도록 있는 양식'은 영생을 주는, 없어지지 않는 영원한 양식을 말하는데, 곧 예수 그리스도시다. 따라서 예수님의 말씀은 세상이 아니라 예수님을 추구하라는 뜻이다. 왜냐하면 그것이 곧 영원히 사는 길이기 때문이다. 지금 세상과 오는 세상에서 영생할 수 있는 길이다.

예수님은 친히 양식이 되시면서, 또한 이 양식을 주시는 인자시다(27절). '인자'는 요한복음에서 십자가와 관련하여 사용되었다(3;14; 6:53; 8:28; 12:23, 24). 그를 믿는 자에게 영생을 주시기 위해 죽으시는 고난 받는 종으로 나타난다. 동시에 인자는 하나님께로부터 와서 하나님께로 돌아가는 하나님의 아들로서 예수님의 신적 권위를 나타내기도 하신다(3:13; 6:62). 따라서 인자 예수님은 자신의 죽음과 부활에 기초해서 그를 믿는 자에게 영생을 주시는 하나님의 아들이시다.

예수님은 인자로서 하나님께로부터 인침을 받았다(27절). 여기서 사용된 '인치다'(σφραγίζω, *스프라기조*)(27절)는 다양한 뜻을 가지고 있다. 비밀에 부치는 것을 뜻할 수도 있고(계 10:4; 22:10), 소유를 나타내기 위한 표시기도 하다(엡 1:13; 레 7:3). 3:33에서는 '증명하다/인정하다'는 뜻으로 쓰이기도 했다. 그렇다면 본문에서 예수님이 인자로서 하나님께로부터 인침을 받았다는 것은 무슨 뜻일까? 영생을 주는 아들의 권위를 하나님께로부터 인정받았다는 뜻이다.[16] 하나님은 세례를 통해 성령으로 아들의 권위를 공개적으로 인정하셨다(1:31-34; 5:37).[17] 따라서 하나님처럼 예수님도 사람들에게 영생을 주신다.

무리가 예수님께 다시 묻는다. 어떻게 하면 하나님의 '일들'(ἔργα, *에르가*)을 할 수 있는지 묻는다(28절). 어떤 일들이 하나님을 만족시켜 자신들이 영생에 이를 수 있는지에 대한 질문이다. 예수님은 하나님께서 보내신 자를 믿는 것이 하나님의 '일'(ἔργον, *에르곤*)이라 하신다(29절). 무리들은 하나님을 위해 여러 가지 일들을 할 것처럼 복수로 묻는다(*에르가*). 그러나 예수님은 인자를 믿는 한 가지 일을 언급하시며 단수로 말씀하신다(*에르곤*). 믿음만이 영생에 이르는 길이다. 하나님께 유의미한 모든 일은 믿음에 기초해야 한다.

2) 하늘에서 온 생명의 떡(6:30-40)

무리들은 하나님께서 보내신 자를 믿을 수 있도록 만나와 같은 표적을 보여 달라고 한다(30-31절). 유대인들은 계속 표적을 요구한다(2:18; 4:47-48). 예수님이 모세와 같은 선지자라면, 모세가 광야에서 자기 조상들에게 만나

---

16. Lincoln, *John*, 226.
17. Kruse, *John*, 167.

를 준 것처럼, 자신들에게도 그런 표적을 보여 달라고 하는 것이다. 그들은 오병이어 기적을 경험하고도 계속 하늘에서 오는 표적을 요구한다. 여기서 예수님은 2가지를 단호하게 교정하신다. 첫째, 모세가 광야에서 이스라엘에게 만나를 내린 것이 아니다(32절상). 하나님께서 주셨다. 출애굽기 16:15에서 모세가 직접 만나를 가리켜 여호와께서 주신 양식이라 한다. 예수님은 유대인들의 생각을 교정하시며, 그들이 모세가 아니라 하나님께 주목하도록 하신다. 둘째, 그런데 이제 만나가 아니라, 하나님께서 참 떡을 주신다(32절하). 그것은 세상에 영생을 주시기 위한 하나님의 떡이다(33절). 출애굽 때는 하나님께서 이스라엘에게 만나를 주셨지만, 이제 '세상'의 생명을 위해 떡을 주신다. 하나님의 생명의 양식의 대상이 세상으로 확대된다.

예수님은 자신을 하늘에서 내려온 생명의 떡이라 말씀하신다(35절). 생명의 떡이신 예수님을 믿을 때, 믿는 자는 결코 주리거나 목마르지 않게 된다. 하나님 나라에는 배고픔이나 목마름이 없다. 이런 하나님 나라의 모습은 구약에 이미 예언되었다(사 55:1). 그리고 종말에 성취될 하나님 나라의 모습이다(계 7:14-16). 바로 이러한 하나님 나라의 복음을 예수님은 그의 공생애 기간에 전하셨으며(마 5:6; 눅 6:21), 오병이어 기적을 통해 하나님 나라의 실재를 맛보게 하셨다(35절). 예수님께 오는 자는 배고픔이나 목마름이 없다(35절; 7:37-39). 왜냐하면 예수님 안에서 성령으로 말미암아 하나님 나라 영생을 누리기 때문이다. 하나님 나라의 실재가 예수님 안에서 성령으로 말미암아 현재에 시작된다.

'아버지께서 내게 주시는 자'와 '내게 오는 자'는 같은 사람들이다(37절). 아버지께서 허락하시는 자만이 예수님께 나아올 수 있다. 하나님께서 허락지 않으면 믿음이란 불가능하다. 그렇다면 하나님께서 허락하신 자를 어떻게 알 수 있는가? 그들이 예수님께 나아오는 것을 보면 알 수 있다. 예수님을 믿는다는 것은 그가 바로 하나님께서 허락하신 자라는 표시이다. 이것이 신앙의 역설이다. 따라서 이러한 신앙의 원리는 우리를 나태하게 만들지 않는다. 더욱 예수님을 찾게 만든다. 또한 나의 믿음이 하나님께로부터 온 것인 줄 알고 감사하고 겸손하게 된다.

마지막 날에 예수님은 믿는 자들을 살리실 것이다(39-40절). 이것이 하나님의 뜻이다. 아들을 믿는 자에게 영생을 주실 것이다. 하나님께서 아들에게 허락하신 모든 자에게 영생을 주시는 것이다. 다시 말하면, 하나님께서는 그가 작정하신 모든 자에게 아들을 통해서 영생을 주신다. 이러한 아버지의 뜻을 성취하는 것이 아들 예수님의 사명이다. 영생에 이를 때까지, 그를 믿는 자를 결코 내쫓지 않으시며(37절), 잃어버리지 않으신다(39절). 한편 유대 문헌에서 '만나'는 자주 율법을 상징한다. 모세를 통해 율법이 주어지고, 이는 곧 하나님께서 생명을 주시는 것으로 비유된다(잠 9:5; Exod. Rab. 29:9).[18] 그러나 예수님은 이제 하늘에서 온 참 떡인 자신이 생명을 주겠다고 하신다. 율법이 아니라 하나님의 아들이 친히 생명을 주겠다고 하신다.

3) 유대인들이 생명의 떡을 먹지 못하는 이유(6:41-51)

유대인들이 생명의 떡을 먹지 못하는 이유가 설명된다. 그들이 예수님을 믿지 못하는 이유는 6장에서 크게 2가지로 나타난다. 첫째, 무리들은 예수님의 영적 메시지를 이해하지 못하기 때문이다. 그들은 계속해서 자신들을 배부르게 할 물질적인 떡을 생각한다(26, 34절). 이는 앞서 중생의 의미를 깨닫지 못하던 니고데모를 생각나게 한다(3:4). 또한 생수의 의미를 깨닫지 못하던 사마리아 여인을 생각나게 한다(4:15). 니고데모와 사마리아 여인은 어느 정도 변화를 보이는데 반해, 무리들은 예수님을 끝까지 알지 못한다. 마침내 그들은 예수님이 하늘로부터 왔다는 것을 믿지 못한다. 예수님의 육신의 가족을 알기 때문이다(41-42절).

둘째, 예수님은 하나님께서 인도하시지 않으면, 아무도 믿음을 가질 수 없

18. Carson, *John*, 286; Köstenberger, *John*, 210.

다고 하신다. 하나님께 인도함을 받은 자만이 구원을 받는다. 그러므로 우리의 구원이 철저히 하나님께 달려 있다는 뜻이다(37, 39, 44절). 하나님께서 우리 구원에 대한 절대적 권위를 가지신다. 우리 구원을 위한 하나님의 주권을 알 수 있다. 하나님의 은혜로 예수님을 믿는 자는 마지막 날에 부활을 경험한다(39, 40, 44절). 동시에 지금 이 생명의 떡이신 예수님을 믿는 자는 죽지 않는다. 지금 영생을 얻게 된다(47, 50절). 그러므로 이 단락 전체에서 구원/부활/영생은 이중적으로 나타난다. 미래적 종말론(future eschatology)과 현재적 종말론(realized eschatology)이 함께 나타난다. 믿는 자는 이 땅에서 이 구원을 경험한다(35, 40, 51, 54, 56, 58절). 동시에 미래에 이 구원이 온전히 이루어진다. 마지막 때에 예수님이 이들을 부활시켜 영원히 살게 한다(39, 40, 44, 54절).

51절에서 예수님은 지금까지 자신의 생명의 떡 강화를 3가지로 요약하신다. 첫째, 예수님은 하늘에서 내려온 살아있는 떡이시다. 생명의 떡으로서 예수님은 하늘에서 오셨다(33, 41, 50절). 하나님께서 보내신 떡이라는 말이다. 그래서 우리에게 영생을 주기에 충분한 떡이다. 둘째, 예수님은 자신의 살을 주는 생명의 떡이시다. '주다'는 예수님의 죽음을 암시하는데, '살'에 관해서는 53-59절에 좀 더 자세하게 설명된다. '~을 위한'에는 요한복음의 다른 ὑπέρ(휘페르) 구문과 같이 예수님의 희생적 죽음이 암시되어 있다(10:11, 15; 11:51-52; 15:13; 17:19; 18:14). 셋째, 예수님의 생명 사역의 대상은 세상이다. 어느 특정 지역이나 사람에게 한정된 것이 아니다. 남녀노소, 인종, 지역과 계층을 불문하고, 세상 모든 사람들을 생명으로 초대하신다. 이러한 예수님의 사역의 대상은 요한복음 초반부터 명확하게 나타난다(1:29; 3:16).

교훈과 적용

1. 예수님만을 추구하는 삶은 세상적 복과 어울리지 않는다. 세상적 복을 바라고 예수님을 믿는 태도를 지양해야 한다. 오직 예수님만을 추구하며 믿어야 한다. 이러한 신

앙생활에 때로는 이 땅에서의 복이 올 수도 있지만 고난이 올 수도 있다. 중요한 것은 예수 그리스도만을 믿고 바라는 것이다.

2. 예수님만을 추구하는 삶이 옳았다는 것은 최후의 순간에 증명된다. 예수님만을 추구하는 삶은 부활로 열매를 맺는다. 예수님만을 추구하는 삶이 현세에서는 손해 볼 수도 있고, 심지어 핍박을 당할 수도 있다. 그러나 최후에 이러한 삶이 옳았다는 것이 증명된다. 그러므로 우리는 마지막 날에 예수님이 우리를 인정해 주실 때까지 믿음을 지키며 살아야 한다.
3. 예수님만을 추구하는 삶은 하나님의 은혜로 가능하다. 믿음을 지키는 삶은 우리의 의지나 노력 이전에, 하나님의 은혜가 있어야 한다. 하나님이 인도해 주셔야만 우리가 참 믿음 생활을 할 수 있다. 그러므로 하나님의 은혜를 구하고, 내 믿음에 대해 교만하지 말아야 한다. 예수님만을 추구하며 하나님의 은혜만을 의지해야 한다.

4. 살과 피를 주시는 예수님(6:52-59)

52 그러므로 유대인들이 서로 다투어 이르되 이 사람이 어찌 능히 자기 살
을 우리에게 주어 먹게 하겠느냐 53 예수께서 이르시되 내가 진실로 진실
로 너희에게 이르노니 인자의 살을 먹지 아니하고 인자의 피를 마시지 아
니하면 너희 속에 생명이 없느니라 54 내 살을 먹고 내 피를 마시는 자는
영생을 가졌고 마지막 날에 내가 그를 다시 살리리니 55 내 살은 참된 양
식이요 내 피는 참된 음료로다 56 내 살을 먹고 내 피를 마시는 자는 내 안
에 거하고 나도 그의 안에 거하나니 57 살아 계신 아버지께서 나를 보내시
매 내가 아버지로 말미암아 사는 것 같이 나를 먹는 그 사람도 나로 말미
암아 살리라 58 이것은 하늘에서 내려온 떡이니 조상들이 먹고도 죽은 그
것과 같지 아니하여 이 떡을 먹는 자는 영원히 살리라 59 이 말씀은 예수
께서 가버나움 회당에서 가르치실 때에 하셨느니라

1) 인자의 살과 피, 그리고 영생(6:52-55)

예수님의 희생적 죽음은 살을 주신다는 말씀에 이미 암시되었다(51절). 인자의 살과 피는 이러한 희생적 죽음을 반복적으로 강조한다(53절). 앞에서 살펴본 바와 같이, '인자'라는 예수님의 타이틀은 그의 모든 메시야 사역을 포괄하지만, 특히 그의 죽음과 관련하여 나타난다. 한편, 인자의 살과 피를 먹고 마시는 것은 '믿음'을 의미한다. 예수님의 희생적 죽음을 믿음으로 받아들이는 자에게 생명을 약속하신다. 그런데 이것은 영생의 현재적 모습이지만, 또한 미래적 부활을 보증한다. 그래서 54절에 현재적 영생과 미래적 부활이 함께 나타난다(54절). 구원의 현재적/미래적 측면이 동시에 부각되며 강조되지만, 상대적으로 현재적 의미가 더 빛난다.

자기 백성의 영생을 위해 자신의 살과 피를 주신 예수님, 그는 사람들의 양식이 되신다(55절). 그는 사람들의 양식이 되셔서 사람들에게 먹히시는 모습으로, 자기 죽음을 암시하신다. 사람들은 먹는 것에 관심을 가진다. 무엇을 먹을까 걱정한다. 그들이 찾는 것은 영생을 위한 양식이 아니라, 단지 세상에서 잘 살기 위한 양식이다. 그러나 예수님은 영생을 위한 양식이 되신다. 그분은 사람들의 영생을 위해, 기꺼이 자신이 먹히시는 것을 허용하신다. 사람들은 먹기 위해 살지만, 그는 먹히기 위해 사신다. 그러므로 그를 먹는 것은 그의 죽음에 대한 사람들의 믿음이다.

2) 인자의 살과 피, 그리고 연합(6:56-59)

또한 인자의 살과 피를 마시는 자는 인자 안에 거하고, 인자도 그 안에 거한다(56절). 믿음을 통한 그리스도와의 연합을 일컫는 본문이다. 신자가 어떻게 영생을 얻을 수 있는가? 생명이신 그리스도와 연합하기 때문에, 그 생명이 신자 안에 있게 되어 영생을 얻는다(요일 5:11-12). 신자와 그리스도의 연합은 곧 아버지와 아들이 가지신 친밀한 연합을 닮는다(57절). 다시 말하면, 아버지와 아들이 가진 친밀한 연합처럼, 신자가 그리스도의 살과 피를 먹을 때 그리스도와 친밀하게 연합하게 된다. 그러므로 다음과 같은 질문과 답이 성립된다. 우리는 어떻게 그리스도와 연합할 수 있는가? 인자의 살과 피를 먹을 때 그와 연합한다. 그리스도의 희생적 죽음에 대한 참 믿음으로 우리는 그리스도와 연합하게 된다.

다른 한편, '거하다'(μένω, *메노*)에 기초한 믿음과 연합의 개념은 요한복음 여기저기에 나타난다. 예수님은 제자들에게 '내 안에 거하라'(15:4)고 하신다. 예수님 안에 거하는 것은 어둠에 거하지 않고, 생명의 빛 안에 거하는 것이다(12:46). 말씀 안에 거하는 것이다(8:31). 말씀이 그 안에 거하는 것이다(15:7). 이에 반해 불신자는 말씀이 그 안에 거하지 않는다(5:38). 그러나 예수님을 믿는 자는 성령이 그 안에 거한다(14:17).

한편, 이 단락을 성찬식과 연결하여 해석하는 사람들이 있다. 다시 말하면, 그들은 성찬의 관점으로 이 본문을 이해하여, 성찬의 떡과 잔에 참여하는 자가 영생을 얻는다고 주장한다.[19] 그러나 신약에서 '살'이 성찬과 관계하여 사용된 적이 없다. 또한 이 본문은 일차적으로 예수님의 실제적 죽음을 가리키는 것이지 성찬 예식 자체를 의미하는 것 같지 않다. 그럼에도 불구하고, 이 본문은 이차적으로 성찬과 연결될 수도 있다. 왜냐하면 성찬이 예수님의 죽음, 즉 그의 살과 피를 기념하기 때문이다. 독자들이 이 본문을 읽을 때에, 예수님의 죽음을 기념하는 성찬을 떠올리는 것은 전혀 이상하지 않으며, 저자의 간접적 의도일 수도 있다.

교훈과 적용

1. 예수님의 제자는 예수님 안에 거하는 자이다. 곧 예수님의 살과 피를 먹고 마시는 자이다. 예수님의 희생적 죽음을 온전히 믿는 자이다. 자신의 죄를 고백하며, 예수님의 희생을 기억하는 자가 예수님의 제자이다. 또한 믿음을 통해 예수님과 연합한 자이다. 예수님의 희생적 죽음을 믿을 때, 우리는 예수님과 연합할 수 있다. 그래서

19. Schnackenburg, *John 2* (New York: Seabury, 1980), 61.

그의 죽음이 우리의 죽음이 되고, 그의 부활이 우리의 부활이 된다. 이런 사람이 예수님 안에 거하는 자이다.

2. 예수님의 제자는 예수님의 희생적 죽음을 통해 2가지 은혜를 받는다. 하나는 현재적 영생이고, 다른 하나는 미래적 부활이다. 믿는 순간부터 영원한 생명을 소유하게 된다. 이 땅에서 그의 영생이 시작된다. 또한 장차 부활하여 영과 육이 영원한 생명을 누릴 것이다. 그러므로 이러한 자는 영원히 죽지 않는다.
3. 예수님의 제자는 예수님처럼 희생적 삶을 산다. 예수님의 희생적 죽음을 믿는 자, 곧 예수님의 제자는 그 또한 희생적 삶으로 예수님의 은혜에 보답한다. 예수님이 살과 피를 주시며 사람들의 양식이 되셨듯이, 희생적 섬김의 삶으로 다른 사람을 사랑하는 삶을 살아야 한다. 예수님의 살과 피를 먹는 자는 이제 세상의 욕심을 먹는 것이 아니라, 자신을 희생하여 세상 사람들의 삶을 이롭게 하는 자가 되어야 한다.

5. 영생의 말씀을 가지신 예수님(6:60-71)

60 제자 중 여럿이 듣고 말하되 이 말씀은 어렵도다 누가 들을 수 있느냐
한대 61 예수께서 스스로 제자들이 이 말씀에 대하여 수군거리는 줄 아시
고 이르시되 이 말이 너희에게 걸림이 되느냐 62 그러면 너희는 인자가 이
전에 있던 곳으로 올라가는 것을 본다면 어떻게 하겠느냐 63 살리는 것은
영이니 육은 무익하니라 내가 너희에게 이른 말은 영이요 생명이라 64 그
러나 너희 중에 믿지 아니하는 자들이 있느니라 하시니 이는 예수께서 믿
지 아니하는 자들이 누구며 자기를 팔 자가 누구인지 처음부터 아심이러
라 65 또 이르시되 그러므로 전에 너희에게 말하기를 내 아버지께서 오게
하여 주지 아니하시면 누구든지 내게 올 수 없다 하였노라 하시니라 66
그 때부터 그의 제자 중에서 많은 사람이 떠나가고 다시 그와 함께 다니
지 아니하더라 67 예수께서 열두 제자에게 이르시되 너희도 가려느냐 68
시몬 베드로가 대답하되 주여 영생의 말씀이 주께 있사오니 우리가 누구
에게로 가오리이까 69 우리가 주는 하나님의 거룩하신 자이신 줄 믿고 알

왔사옵나이다 70 예수께서 대답하시되 내가 너희 열둘을 택하지 아니하
였느냐 그러나 너희 중의 한 사람은 마귀니라 하시니 71 이 말씀은 가룟 시
몬의 아들 유다를 가리키심이라 그는 열둘 중의 하나로 예수를 팔 자러라

1) 예수님으로부터 나오는 성령과 말씀, 그리고 생명(6:60-65)

예수님의 긴 강화(22-59절)를 듣고 난 후, 제자들은 '이 말씀'이 어렵다고 한다(60절). 과연 누가 이 말씀을 이해할 수 있을지 서로 수군거린다(61절). '이 말씀'이 구체적으로 무엇을 가리키는지를, 쾨스텐버거는 3가지로 설명한다: ① '이 말씀'은 예수님이 하늘에서 오셨다는 말씀이다. ② '이 말씀'은 예수님의 죽음에 기초해서 신자가 영생을 얻는다는 말씀이다. ③ '이 말씀'은 영생을 위해 인자의 살을 먹고 피를 마셔야 한다는 말씀이다.[20] 제자들은 왜 이 말씀을 이해하지 못했을까? 아마도 영적인 세계를 이해하지 못하고, 자신들의 이성적인 관점으로 예수님의 말씀을 이해하려 했기 때문일 것이다. 그들의 육적인 관점으로는 하늘에서 오신 예수님을 받아들일 수 없었다. 죽음으로 생명을 주시는 메시야의 비밀을 깨달을 수 없었다. 영생을 위해 살과 피를 먹고 마셔야 한다는 영생의 비밀을 알아들을 수 없었다. 그들은 이렇게 지극히 자연적이며, 이성적인 관점에 머물러 있었다.

게다가 그들의 육적인 관점은 또한 육체적 욕망으로 가득 차 있었다. 그들은 오병이어 기적으로 배불렀기 때문에 예수님을 따른 것이지, 표적을 보고 예수님을 믿은 것이 아니었다(참고. 26절). 그래서 십자가를 통해서 생명을 주시는 예수님의 영생의 비밀을 이해하지 못했다. 오병이어 기적이 상징하는 영생을 위한 살과 피를 알지 못했다. 단지 보이는 것, 배를 채우는 것만 알고 그 이상의 영적인 비밀을 깨닫지 못했다.

"인자가 이전에 있던 곳으로 올라가는 것"(62절)은 십자가와 부활을 통한

---

20. Köstenberger, *John*, 218.

예수님의 승천(하늘로 올라가심)을 가리킨다. 따라서 예수님이 승천하실 때, 제자들은 예수님이 하늘에서 오셨다는 것을 분명히 알게 될 것이다. 또한 예수님의 죽음 예고에 혼란스러워하는 제자들은 그의 부활과 승천을 보고, 참된 이해와 믿음을 가지게 될 것이다. 요한복음에서 '인자'는 자주 십자가와 관련하여 사용되었다(3;14; 6:53; 8:28; 12:23, 24). 그를 믿는 자에게 영생을 주기 위해 죽으시는 고난 받는 종으로 나타난다. 그러나 죽음이 끝이 아니다. 하나님께로부터 하늘에서 오신 예수님은 부활하셔서 하나님께로 돌아가시는 인자시다(참고. 3:13). 따라서 십자가는 인자가 하늘의 영광으로 돌아가는 것이기 때문에 '영화롭게 되는 것'이다(12:23-24; 13:31-32; 17:1)

"살리는 것은 영이니 육은 무익하니라"(63절)에서 '영'은 성령을 가리킨다. 따라서 본문은 성령에 의한 출생을 강조한다(3:6). '육'(σάρξ, *사륵스*)은 앞선 단락에 나오는 '살'(*사륵스*)을 떠올리게 한다(51-56절). 그런데 앞 단락에서는 *사륵스*가 긍정적 의미로 사용되었는데, 이 구절에서는 부정적으로 나온다. 인자의 *사륵스*를 먹어야 영생을 얻을 수 있다. 그런데 예수님은 다시 이 구절에서 *사륵스*는 무익하다고 하신다. 아마도 예수님의 희생적인 죽음이 영생을 위해 필수지만, 성령의 역사 없이는 누구도 영생을 얻을 수 없다는 것을 강조하시는 것 같다. 또한 본문에 나오는 *사륵스*가 성령과 반대되는 의미로서 비영적인(unspiritual) 의미를 담고 있을 수도 있다. 다시 말하면, 성령이 없는 인간의 이성으로는 새 창조의 비밀을 깨달을 수 없다는 것이다.[21] 인간적인, 세상적인, 육적인 관점을 뜻한다.

새 창조의 영으로서 성령에 대한 언급은 구약에 이미 나온다(창 2:7; 겔 37:1-14). 이런 구약 본문을 배경으로, 요한복음에서는 부활하신 예수님이 제자들에게 숨을 내시며 성령을 주신다(20:22). 한편, 성령에 의한 출생은 말씀에 의한 출생과 같다(63절; 참고. 3:34; 5:24). '말'(ῥήματα, *레마타*)은 헬라어

---

21. Köstenberger, *John*, 219.

ῥῆμα(*레마*)의 복수형이 쓰여, 직역하면 '말씀들'이 된다. 이는 예수님이 공생애 기간 동안에 하신 모든 말씀들을 통칭한다. 예수님의 말씀을 통해 계시가 전달되고, 그 말씀을 받아들일 때 영생을 얻는다. 말씀과 창조의 관계 또한 구약 배경을 가지고 있다(창 1:3, 6, 9, 11 등등). 말씀과 생명의 관계에 대해서는 다른 신약성경도 동일하게 증언하고 있다(예. 약 1:18, 21; 벧전 1:23; 요일 3:9). 예수님은 성령과 말씀으로 사람에게 영생을 주신다.

예수님을 따르는 제자들 중에 믿지 않는 자들이 있었다(64절). 심지어 예수님을 팔 자도 있었다. 예수님은 이 모든 사실을 알고 계셨다. 그들은 제자이지만 제자가 아니었다. 믿는다고 하지만 참 믿음을 가진 것이 아니었다. 예수님을 따르는 제자들의 이러한 불신앙은 2:23-25을 생각나게 한다. 예수님은 자신을 믿는 유대인들을 신뢰하지 않으셨는데, 왜냐하면 예수님은 그들의 마음을 아셨기 때문이었다. 그런데 또 하나 분명한 점은 믿음은 하나님의 선물이요 하나님의 주권에 속한다는 것이다. 사람의 구원에 있어서 하나님의 절대적인 역할이 다시 언급된다(65절; 참고. 37, 44절). 하나님의 역사가 아니면, 아무도 예수님께로 올 수가 없다. 하나님의 주권이요, 하나님의 은혜이다.

2) 예수님을 떠나는 제자들(6:66)

많은 제자들이 예수님을 떠났다(66절). 그들이 떠난 이유는 무엇인가? 먼저, 예수님의 말씀을 이해하지 못하는 그들의 영적 무지 때문이다(60절). 예수님이 전하시는 하늘의 진리를 깨닫지 못했다. 예수님이 하늘에서 오셨다는 것도, 그의 죽음을 믿어야 영생을 얻는다는 사실도 그들은 이해하지 못했다. 둘째, 그들이 예수님을 떠난 이유는 욕심 때문이었다. 그들이 생각하는 나라와 예수님이 세우시는 나라는 달랐다. 오병이어의 기적을 경험한 그들은 예수님을 그들의 왕으로 세우려 했다(15절). 그러나 그들이 예수님을 따랐던 이유는 표적으로 말미암는 참 믿음 때문이 아니었다. 떡을 먹고 배부르기 위해서였다(23절). 그래서 예수님은 그들을 피하셨다. 그의 나라는 육으로 세워지는 것이 아니라 인자의 살과 피, 즉 그의 죽음을 통해 세워진다고 하셨다(53절). 그의 나라는 육으로 세워지는 것이 아니라, 영으로 세워진다고 하셨다(63절). 마침내 이에 실망한 제자들은 예수님을 떠났다. 이와 같이, 예수님의 말씀을 제대로 깨닫지 못하고, 자신들의 세상적인 기대와 관점으로 예수님과 예수님의 나라를 판단했기 때문에 그들은 예수님을 떠났다. 예수님의 기준에 자신들을 맞춘 것이 아니라, 자신들의 기준에 예수님을 맞추려 했다. 결국 뜻대로 되지 않자 그를 떠난 것이다.

여기서 우리는 요한복음이 '제자'(μαθητής, *마떼테스*)라는 단어를 이중적으로 사용한다는 것을 알 수 있다. 참 제자와 거짓 제자를 구분하고 있다. 오늘날 우리는 '제자'라는 말을 '구원 받은 하나님의 자녀' 혹은 '예수님께 헌신하는 구원 받은 자'에게 사용한다. 그러나 요한복음은 제자 중에 예수님을 따르지만, 참 믿음이 없고 단지 세상적인 욕망으로 가득한 자가 있다고 한다. 이러한 자는 제자라 불리지만 제자가 아니다. 이는 마치 요한복음이 '믿음'이라는 말을 이중적으로 사용하는 것과 같다(2:23-25; 8:31). 결국 이는 열매 맺는 가지와 열매 없는 가지로 나누는 예수님의 말씀에서 분명해진다(15:1-17). (자세한 설명은 15장의 주해를 참고하라)

3) 예수님께 남아있는 제자들(6:67-71)

예수님을 떠나는 제자들과 달리, 베드로는 예수님께 '영생의 말씀'(68절)이 있다고 고백한다. '영생의 말씀'(ῥήματα ζωῆς αἰωνίου, *레마타 조에스 아이오니우*)은 무엇을 가리키는가? 일차적으로 63절에서 예수님이 그의 '말'(*레마타*)이 곧 생명이라고 하셨기 때문에, 그에 대한 응답일 것이다. 말씀에 의해 창조(영적 출생)가 일어난다. 말씀에 의해 영원한 생명이 주어진다. '영생'은 하늘의 개념이며, 하나님께 속한 것이다. 따라서 예수님께 영생의 말씀이 있다는 것은, 예수님이 말씀으로 사람들을 하늘 아버지께 인도하신다는 뜻이다. 이런 의미에서, 예수님은 아버지께로 가는 길이 되신다(14:6). 그는 진리의 말씀으로 사람들에게 생명을 주신다(14:6).

또한 베드로는 예수님을 '하나님의 거룩하신 자'(69절)로 고백한다. 본문에 사용된 헬라어 형용사 ἅγιος(*하기오스*, '거룩한')는 다른 요한복음 본문에 4번 등장한다. 아버지 하나님을 가리킬 때 한 번 등장하고(17:11), 거룩하신 영인 성령을 세 번 가리킨다(1:33; 14:26; 20:22). 하나님은 거룩하신 분이며, 하나님의 영도 거룩하시다. 따라서 '거룩'은 하나님의 속성을 의미한다. 이런 의미에서, '하나님의 거룩하신 자'로서 예수님은 하나님의 아들이시다. 하나님의 아들이신 예수님은 세상에 보내져서(10:36), 진리를 계시하시고(18:37), 사람들을 영생으로 인도하신다(14:6). 우리는 진리의 말씀을 통해 하늘 아버지의 나라에서 영원한 생명을 누리게 된다.

또한 '거룩'(69절)은 제의적 배경과 관련이 있다. 예수님은 거룩하게 된 하나님의 성전이요, 제사장이요, 제물이시다(10:36; 17:19). 구약에서는 하나님의 사명을 위해 구별된 자를 가리킬 때, 거룩한 자라 하였다. 특히 아론은 '여호와의 거룩한 자'로 명명된다(시 106:16). 그래서 예수님은 하나님의 거룩하신 자로서 다른 사람들을 거룩하게 하신다. 이런 의미에서, 예수님은 사람들을 아버지께로 인도하시기 위해, 친히 희생적 죽음을 감당하신다. 예수님의 희생적 죽음을 통해, 사람들은 아버지의 사랑을 알게 되고, 진리를 깨닫게 된다. 그러므로 베드로의 고백은 예수님을 거룩한 중보자이신 하나님의 아들로 묘사한다. 그를 통해 사람들은 영적으로 다시 태어나고, 영생을 얻는 거룩한 백성이 된다.

예수님을 '하나님의 거룩하신 자'(69절)로 인정하는 베드로의 고백은 다른 복음서에 나오는 그의 빌립보 가이사랴 고백과 비교된다(마 16:16; 막 8:29; 눅 9:20). 다른 복음서들은 베드로가 예수님을 '그리스도'로 고백하는 것에 초점을 맞춘다. 이와 달리, 요한복음은 베드로가 예수님을 '하나님의 거룩하신 자'로 고백하였다고 한다. 다른 복음서들은 '그리스도'라는 이름이 뜻하는 예수님의 왕적인 신분, 그리고 그를 통해 세워지는 '하나님 나라'를 강조하는 듯하다. 요한복음은 위에서 밝힌 바와 같이, 하나님의 아들로서 예수님의 신성과 사역을 강조한다. 예수님의 신적인 신분과 함께, 하나님과 사람을 중재하는 그의 거룩한 사역을 나타낸다. 예수님은 말씀을 통해 사람들로 하여금 하나님께로부터 오는 영생을 얻게 하신다. 그 영생의 말씀의 핵심 사역은 십자가를 통한 하나님의 사랑과 용서의 계시이다.

베드로가 믿음을 고백하자 예수님은 그의 선택을 말씀하신다(70절). 열두 제자는 예수님이 선택하신 자들이다. 구약에서 이스라엘은 하나님의 선택을 받은 자들이었다(신 7:7-8; 10:15; 참고. 행 13:17). 하나님의 선택은 이스라엘의 노력이나 행함으로 말미암지 않았다. 언약에 신실하신 하나님의 사랑에 의해 그들은 선택을 받았다. 신약에서 열두 사도는 예수님의 선택을 받은 자로 묘사된다(눅 6:70; 행 1:2). 또한 교회는 예수 그리스도 안에서 하나님의 선택을 받은 사람들이다(엡 1:4; 살전 1:4; 벧전 2:9). 요한복음에서 제자들은 예수님의 선택을 받은 자들로 일컬어진다. 특히 제자들이 예수님을 선택한 것이 아니라, 예수님이 그들을 선택하셨다는 것이 강조된다(15:16).

이 단락에서도 그러한 의미가 나타난다. 하나님의 주권적인 선택에 대해서는 65절에 이미 언급되었고, 70절에서 다시 강조된다. 헬라어 본문도 그런 뉘앙스를 띤다. 69절에 나오는 베드로의 고백에서는 인칭 대명사 ἡμεῖς(*헤메이스*, '우리가')가 추가되어, 제자들의 믿음이 강조된다. 그러나 70절에서 예수님은 ἐγώ(*에고*, '내가')라는 인칭 대명사와 함께, 그의 선택이 중요하다는 것을 강조하신다. 베드로의 신앙 고백이 흡사 그의 위대한 믿음으로 보일 수 있으나, 예수님은 베드로의 믿음이 사실은 예수님의 선택의 결과임을 나타내신 것이다. 이러한 제자들에 대한 예수님 혹은 하나님의 주권적 선택에 대한 강조는 다른 복음서들도 일관되게 증언한다(마 16:17). 따라서 구약과 신약은 한 목소리로 하나님의 주권적이면서도 은혜로운 선택을 강조한다. 믿음은 내가 선택하고, 결단하는 것이지만, 근원적인 의미에서 이것은 하나님의 선택이요, 하나님의 선물이다(참고. 엡 2:8-9).

이러한 예수님의 선택은 목적이 있다. 예수님의 선택은 그의 구원의 다른 말이다. 예수님께 택함을 받았다는 것은 그에 의해 구원을 받았다는 말이다. 그러나 예수님의 선택은 구원 이상이다. 예수님은 그의 복음을 위해, 그의 교회를 위해, 그의 나라를 위해 사람을 선택하신다(행 15:7; 고전 1:27; 벧전 2:9-10). '선택하다'를 뜻하는 헬라어 ἐκλέγω, *에크레고*)는 신약에서 거의 항상 중간태 형태를 취한다. 능동태 형태는 없고, 수동태 형태로 한 번 등장한다(눅 9:35). 따라서 중간태 형태인 ἐκλέγομαι(*에크레고마이*)는 기본적으로 선택하는 '주체를 위한'(for oneself)이라는 뜻이 암시되어 있다. 요한복음에서 *에크레고마이*의 주어는 항상 예수님이신데(6:70; 13:18; 15:16, 19), 이는 두 가지 사실을 나타낸다. 첫째, 구약에서 이스라엘을 택하시고, 성전을 택하시고, 사역자들을 택하신 분은 하나님이셨다. 그러나 이제 예수님이 제자들을 택하시는 주체로 등장하신다. 예수님이 곧 하나님이라는 뜻이다. 둘째, 중간태 동사의 주어로서 예수님은 결국 그 자신을 위해 제자들을 선택하신 것이다. 다시 말하면, 예수님은 그의 제자들을 목적을 가지고 선택하신 것이다. 그 목적이란, 그의 제자들이 열매를 맺어 하나님께 영광을 돌리는 것이다(15:6). 아버지와 아들을 세상에 드러내기 위해 제자들을 택하신 것이다(17:20-26). 그의 양들을 먹이기 위해 베드로를 택하신 것이다(21:15-17). 그리스도 안에는 의미 없는 인생이 없다. 그 인생을 향하여 예수님은 목적을 가지고 계신다.

'너희 중 한 사람'(70절)은 가룟 유다를 가리킨다. 유다를 '마귀'(διάβολος, *디아볼로스*)라고 한 것은 그가 마귀의 일을 하기 때문이다. 마귀는 요한계시록에 따르면, 옛 뱀이라고도 하며 사탄이라고도 한다(계 12:9; 20:2). 예수님의 대적자로서 마귀는 예수님의 공생애 기간에 그를 멸망시키려 한다. 유다는 예수님을 배신하고, 그를 유대인들에게 넘겨줌으로 마귀가 원하는 것을 한다(13:2, 27).

'가룟 시몬의 아들'(71절)에서 '가룟'은 여러 가지 해석이 가능하다. (가룟을 단검을 소유한 암살자를 뜻하는 '시카리오스'와 연결시키는 주장도 있는데, 여기에 대한 비판은 12:4의 주해를 참고하라) 다만 대부분의 최근 학자들은 '가룟'을 '그리욧(Kerioth) 사람'으로 해석한다.[22] 그리욧은 유대 땅에 있는 지명일 수도 있고(수 15:25), 모압 지역에 있는 지명을 가리킬 수도 있다(렘 48:24). 만약 이 해석이 맞다면, 유다는 12제자 중에서 유일하게 비(非)갈릴리 출신일 것이다. 또한 다른 복음서의 증언에 따르면, 일찍이 유다는 하나님 나라 사역에 동참하여, 병을 고치고 귀신을 쫓아내는 일도 하였다(마 10:1; 눅 9:1). 그러나 겉으로 드러난 모습과 달리, 그는 탐욕의 사람이요 마귀의 사람이었다.

'팔다'(71절)를 위해 쓰인 헬라어 παραδίδωμι(*파라디도미*)는 '넘겨주다'는 뜻이 있다. 요한복음에서 이 단어는 15회 등장한다. 주로 유다의 배신을 의미할 때나(6:64; 12:4; 13:2; 18:2), 유대인들이 예수님을 재판에 넘길 때 사용된다(18:30, 35; 19:11). 또한 빌라도가 예수님을 재판한 후, 그를 십자가에 못 박도록 넘겨주었다는 의미를 위해서도 사용된다(19:16). 다른 한편, 예수님이 십자가에서 숨을 거두시는 장면을 묘사할 때도 이 단어가 쓰인다(19:30). 예수님이 그의 영을 넘겨주셨다. 가룟 유다와 유대인들, 그리고 빌라도는 예수님을 파멸시키기 위해 그를 넘겨주었지만(*파라디도미*), 정작 예수님은 스스로 그의 영을 넘기심으로(*파라디도미*) 장렬하게 희생적 죽음을 맞이하셨다. 그들은 자기들의 욕심을 따라 예수님을 죽음에 넘겼지만, 예수님은 하나님의 뜻을 따라 스스로 자기 목숨을 넘기셨다. 사람들을 구원하시기 위해 자신의 영을 넘기셨다(자세한 내용은 19:30 주해를 참고하라).

다른 복음서에 따르면, 가룟 유다는 돈을 받고 예수님을 대제사장들에게 넘겨주었다(마 26:14-16; 막 14:10-11; 눅 22:3-6). 마태복음은 가룟 유다가 은

---

22. Brown, *John I-XII*, 298.

삼십에 예수님을 넘겨주었다고 증언한다(마 26:15). 따라서 '넘겨주다'는 의미의 *파라디도미*를 '팔다'로 해석할 수 있다. 요한복음은 유다를 가리켜 '도둑'이라 한다(12:6). 그는 열두 제자 중 재정을 맡았다(13:29). 그런데 재정을 정직하게 관리한 것이 아니라, 부정하게 공금을 빼돌리고 유용했다. 그의 탐욕의 절정은 예수님을 은 삼십에 대제사장들과 장로들에게 팔았을 때이다. 유다는 대제사장들의 하수인들과 로마 군대를 예수님께 안내하여, 그들이 예수님을 체포하는 것을 돕는다(18:3). 예수님의 제자로 있으면서, 예수님을 이용하여 자신의 배를 불린 탐욕스런 인간이었다. 이제 더 많은 탐욕을 채우기 위해 예수님을 파는 데까지 이른다. 결국 유다는 자신의 행동을 후회하고, 대제사장들과 장로들에게 그가 받은 돈을 돌려준다. 그리고 양심의 가책을 이기지 못하여 목을 매고 최후를 맞이한다(마 26:3-10).

이 단락(67-71절)에는 세 종류의 사람들이 등장한다. 첫째, 예수님을 떠나는 자이다. 자신의 관점에 따라 예수님을 믿고 따르던 자이다. 예수님이 자기가 생각한 것과 다르자, 예수님을 떠난다. 예수님 앞에 자신의 생각을 내려놓는 것이 아니라, 자신의 생각으로 예수님을 판단한다. 예수님의 생각보다는 자기 생각을 더 중요하게 여기는 자이다. 예수님을 떠나는 제자들이 이 부류에 속한다(67절). 둘째, 예수님을 파는 자이다. 예수님을 떠나지 않고 옆에 있으면서 자신의 욕심을 채우는 사람이다. 예수님을 따르는 이유는 그를 이용하여 더 많은 세상적 이익을 얻기 위해서이다. 예수님의 소망보다는 자기 욕심을 더 중요하게 생각하는 자이다. 가룟 유다가 이 부류에 속한다(71절). 셋째, 예수님을 따르는 자이다. 예수님을 따르는 목적이 세상적인 욕심 때문이 아니라 영생을 얻기 위해서이다. 세상에서 손해를 보고 고통이 따르더라도 주님을 묵묵히 따라간다. 베드로를 포함한 열한 제자가 여기에 속한다(68절). 그러나 사실 이러한 참 믿음은 예수님의 선택이요 주권적인 은혜의 결과이다(69절). 따라서 자랑할 것이 아니라 감사할 제목이다.

교훈과 적용

1. 예수님의 제자는 영생을 위해 예수님을 따른다. 하나님께 보냄 받으신 예수님은 영생의 말씀을 주셨다. 제자는 하나님의 아들이 전해 주신 영생을 추구하는 자이다. 세상의 욕심 때문에 예수님을 따르는 자가 아니다. 자기 이성으로 이해되기 때문에 예수님을 따르는 자가 아니다. 하나님의 아들이 전해준 하늘의 진리를 믿고 예수님을 따른다. 하나님의 아들이 전해준 하나님 아버지에 대한 계시를 믿고 예수님을 따른다.
2. 예수님의 제자는 예수님에 의해 선택을 받았다. 사람이 주도적으로 영생의 말씀을 받아들이고 믿는 것처럼 보인다. 그러나 예수님의 은혜롭고 주권적인 선택 때문에 우리는 믿을 수 있다. 예수님이 선택하시지 않으면 우리는 영생의 말씀을 깨달을 수 없다. 그러므로 우리는 믿은 후에 영광을 예수님께 돌려야 한다. 예수님의 선택 때문에 내가 믿을 수 있었노라고 고백해야 한다. 이러한 은혜의 고백이 있는 자가 곧 예수님의 제자이다.
3. 예수님의 제자는 목적을 위해 선택을 받았다. 예수님은 우리를 구원 받기 위해 부르셨지만, 그것이 다가 아니다. 예수님의 부르심에는 더 깊고 높은 뜻이 있다. 그것은 우리로 하여금 그분의 나라와 영광을 위해 살도록 하는 것이다. 예수님의 제자로 선택 받은 사람은 그분의 사역을 이 땅에서 계승하는 자이다. 예수님의 모범을 따라 진리와 사랑으로 하나님을 세상에 드러낸다. 그의 양들을 돌보며 지킨다. 이러한 목적을 위해 우리는 예수님께 선택을 받았다.

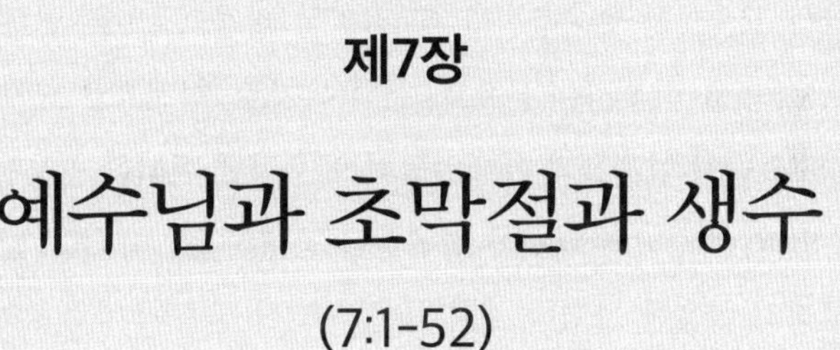

제7장

예수님과 초막절과 생수

(7:1-52)

본문 개요

계속해서 유대 절기와 관련하여 예수님의 정체성이 소개되고 있다. 초막절을 맞이해 예수님은 예루살렘을 방문하시는데, 벌써 세 번째다(2:13; 5:1; 7:10). 초막절에서 수전절까지 대략 2개월 정도 예루살렘에 머무셨던 같다(10:22). 예수님은 초막절을 배경으로 초막절의 종말론적 기대를 성취하는 분으로 자신을 나타내신다. 또한 수전절을 배경으로 자신 안에서 수전절의 의미가 완성되는 것을 보여주신다. 두 절기를 배경으로 예수님은 생수를 주시는 분으로, 빛을 비추시는 분으로, 선한 목자로, 성전으로 묘사되신다. 먼저 7장은 예수님의 형제들과 유대인들이 예수님께 어떠한 반응을 보였는지 기록하고 있다. 예수님의 메시야 정체성을 긍정하는 사람들도 있었지만, 대부분은 부정적 반응을 보였다. 예수님은 이러한 반응에 아랑곳하지 않으시고, 초막절의 종말론적 기대를 성취하는 분으로 자신을 나타내신다.

내용 분해

1. 예수님과 형제들(7:1-9)
   1) 예수님에 대한 형제들의 반응(7:1-5)
   2) 형제들에 대한 예수님의 반응(7:6-9)
2. 예수님과 유대인들(7:10-24)
   1) 예수님에 대한 유대인들의 반응(7:10-13)
   2) 예수님의 유대인들을 향한 가르침(7:14-24)
3. 예수님과 예루살렘 사람들과 유대 지도자들(7:25-36)
   1) 예수님에 대한 예루살렘 사람들의 반응(7:25-31)
   2) 예수님에 대한 유대 지도자들의 반응(7:32-36)

4. 예수님의 위대한 초청과 사람들의 반응(7:37-52)

1) 예수님의 초청(7:37-39)

2) 무리들의 논쟁(7:40-44)

3) 유대 지도자들의 논쟁(7:45-52)

*특주: 7:37-39에 나오는 3가지 신학적 이슈

본문 주해

1. 예수님과 형제들(7:1-9)

1 그 후에 예수께서 갈릴리에서 다니시고 유대에서 다니려 아니하심은 유
대인들이 죽이려 함이러라 2 유대인의 명절인 초막절이 가까운지라 3 그
형제들이 예수께 이르되 당신이 행하는 일을 제자들도 보게 여기를 떠나
유대로 가소서 4 스스로 나타나기를 구하면서 묻혀서 일하는 사람이 없
나니 이 일을 행하려 하거든 자신을 세상에 나타내소서 하니 5 이는 그 형
제들까지도 예수를 믿지 아니함이러라 6 예수께서 이르시되 내 때는 아
직 이르지 아니하였거니와 너희 때는 늘 준비되어 있느니라 7 세상이 너
희를 미워하지 아니하되 나를 미워하나니 이는 내가 세상의 일들을 악하
다고 증언함이라 8 너희는 명절에 올라가라 내 때가 아직 차지 못하였으
니 나는 이 명절에 아직 올라가지 아니하노라 9 이 말씀을 하시고 갈릴리
에 머물러 계시니라

1) 예수님에 대한 형제들의 반응(7:1-5)

여기서부터 초막절을 배경으로 이야기가 전개된다. (초막절에 관한 설명은 37절의 주해를 참고하라) 이 단락은 예수님의 육신의 형제들이 그를 믿지

않는 장면이다. 다른 복음서들도 육신의 가족들이 예수님을 불신했다고 기록한다(마 12:46-50; 막 3:31-35; 눅 8:19-21). 요한복음에서는 형제들이 예수님께 초막절에 예루살렘으로 올라가 자신을 드러내라고 말한다(2-3절). 왜냐하면 그들은 예수님이 자신을 드러내지 않았기 때문에 세상이 그를 알지 못한다고 생각했던 것 같다(4절). 그러나 여기서 예수님의 형제들의 무지가 보인다. 그들은 예루살렘 권력자들이 예수님께 가지는 반감을 알지 못했다(1절). 또한 그들은 사람들이 예수님을 메시야로 인정하지 않는 것이 사람들의 불신이 아니라 예수님이 자신을 드러내지 않으셨기 때문이라고 본다. 그러나 사람들이 예수님을 메시야로 인정하지 않는 것은 그들의 불신이요 영적 무지 때문이다. 심지어 예수님의 형제들도 그를 믿지 않았다(5절). 이들의 불신은 곧 하나님의 가족의 구성원은 믿지 않는 육신의 형제들이 아니라 믿는 제자들이라는 것을 보여준다.

이러한 '하나님의 가족'이라는 모티프는 요한복음 전체에 걸쳐 나타나는 주요 주제이다. 요한복음에서 하나님은 '아버지'로, 예수님은 그 아버지의 아들로 나타나신다. 요한복음만큼 하나님과 예수님의 관계를 아버지-아들 개념으로 설명하는 성경이 없다. 또한 예수님의 제자들은 하나님 아버지의 자녀로 일컬어진다(1:12). 이때 예수님은 하나님의 가족 안에서 '독생자'가 되시고, 제자들은 복수로서 '자녀'가 된다(1:12, 14). 하나님의 가족에 들어가는 조건은 혈연이 아니라 믿음이고. 하나님께로부터 태어나야 한다(1:13). 하나님은 그의 자녀들을 성령으로 태어나게 하신다(3:3-5). 따라서 이러한 믿음에 의한 출생, 성령에 의한 출생에는 혈연이 거할 자리가 없다. 마침내 부활하신 예수님은 제자들을 가리켜 '형제'라 부르시고, 하나님께서 그들의 '아버지'가 되신다고 선포하신다(20:17).

다른 한편, 하나님의 가족 개념은 신약성경 전체에서 교회론을 구성하는 중요한 기둥이다. 예수님은 자신을 찾아온 육신의 가족을 거부하며, 하나님 아버지의 뜻을 행하는 자가 진정한 자신의 형제요 자매요 어머니라 하신다

(마 12:50; 막 3:35; 눅 8:21). 바울도 에베소 교회 성도들을 하나님의 가족이라 부른다(엡 2:19). 또한 에베소에서 목회하는 디모데에게 '하나님의 집'에서 어떻게 행해야 하는지 알도록 하기 위해 편지를 쓴다고 고백한다(딤전 3:15). 이때 '집'으로 번역된 헬라어 οἶκος(*오이코스*)는 건물을 뜻하는 '집'(house)이라는 의미도 있고, 관계에 기초한 '가족'(household)이라는 뜻도 된다. 대부분의 영어성경이 그렇게 하듯이, 여기서는 '가족'이라고 번역하는 것이 더 적절할 것이다. 이와 같이 하나님의 가족은 신약성경이 말하는 교회의 핵심 모습이다.

2) 형제들에 대한 예수님의 반응(7:6-9)

예수님의 형제들은 예수님께 유대 지역으로 가라고 했으나, 예수님은 그의 '때'(καιρός *카이로스*)가 아직 이르지 아니하였다고 하신다(6, 8절). 여기 쓰인 *카이로스*라는 말은 요한복음에서 유일하게 이 단락에만 등장한다. 일반적으로 χρόνος(*크로노스*)는 자연적인 시간을, *카이로스*는 지정된 시간을 가리킨다. 다시 말하면, 예수님은 자신이 본격적으로 예루살렘에 위엄 있게 등장할 적당한 때가 지금은 아니라고 하신 것이다. 이런 이유로 나중에 예수님은 예루살렘에 비밀리에 가신다(10절). 예수님은 하나님의 때에 맞춰, 자신의 사역을 진행한다는 것을 보여주신다. 반면 형제들에게, "너희 때(*카이로스*)는 늘 준비되어 있느니라"(6절)고 하신다. *카이로스*는 지정된, 어떤 특별한 때를 가리키니, 그때가 늘 있다는 것은 곧 그 특별한 시간이 없다는 말이다. 이는 형제들은 아무 때나 예루살렘에 올라갈 수 있다는 말인데, 또 다른 의미가 함축되어 있다. 그들은 하나님께서 예수 그리스도를 통해 이루시는 구속사의 영역 밖에 있다는 말이다. 물론 그들이 구원 받지 못한다는 것을 뜻하지 않는다. 다만 이 시점에서, 하나님께서는 예수 그리스도의 사역을 통해 이루시는 구속사에 초점을 맞추고 계시다는 말이다. 이어서 예수님의 형제들이 이렇게 예수 그리스도의 구속 사역에서 제외된 이유가 밝혀지고 있다. "세상이 너희를 미워하지 아니하되"(7절)라고 말씀하신다. 그들이 믿음이 없기 때문에 세상의 일부분이 되었다는 말이다. 그러므로 세상으로부터 미움을 받지 않는다. 그렇지만 세상은 예수님을 미워한다(7절). 또한 믿음의 사람, 예수님께 속한 사람들도 세상으로부터 미움을 받는다(16:33).

한편, 이 단락에 나오는 *카이로스*가 요한복음 다른 본문에 나오는 '때'(*호라*)와 유사한 의미인지에 대해서는 논란이 있다. 브라운은 마태복음 26:18, 45절을 예로 들며, 요한복음에서도 *카이로스*와 *호라*가 같은 의미로 사용되었다고 한다.[1] 두 단어는 구원을 위한 결정적인 시간을 가리키며, 요한복음에서는 십자가를 중심으로 한 그의 영광의 사역을 가리킨다고 한다. 이 경우, 예수님의 *카이로스*는 특정한 시간이지만, 형제들의 *카이로스*는 일반적인 시간을 가리킨다고 보았다. 그러나 본문에 나오는 *카이로스*가 꼭 예수님의 죽음을 가리키는지에 대해서는 의문의 여지가 있다. 본문에서 예수님이 말씀하시는 자신의 때는 하나님의 구속사의 시간이지만, 일차적으로 자신이 예루살렘에 위엄 있게 등장하시는 때를 가리키는 것으로 보아야 한다. 물론 이러한 등장이 결국 그의 죽음과 연관이 없는 것은 아니다. 따라서 넓은 의미에서 *카이로스*와 *호라*는 예수 그리스도를 통해 이루실 하나님의 구속 사역의 때를 동일하게 가리킨다. 하지만, *호라*는 예수님의 죽음을 통한 그의 영광의 때를 암시하는 반면에, *카이로스*는 예수님이 위엄 있게 예루살렘에 자신을 나타내시는 때를 가리킨다고 볼 수 있겠다. 그럼에도 불구하고, 잊지 말아야 할 것은 요한복음에서 그의 죽음을 포함한 예수님의 모든 사역은 하나님의 때에 맞춰져 있다는 사실이다(4:1-3; 9:4, 14; 11:6-10).[2] 따라서 구체적 지시 내용은 각각 다르지만, *카이로스*와 *호라*는 구속 사역을 위한 하나님의 때요 그리스도의 때라 할 수 있다.

---

1. Brown, *John I-XII*, 306.
2. Michaels, *John*, 427.

교훈과 적용

1. 예수님께 속한 사람이 참 하나님의 가족이다. 육신의 형제라고 예수님의 가족이 되는 것이 아니다. 믿음으로 예수님께 속한 사람이 예수님의 형제요 예수님의 가족이다. 믿음이 없이 영적으로 무지한 사람은 오히려 예수님을 이해하지 못하고 예수님의 사역을 방해한다. 그러나 믿음으로 예수님과 연합한 사람은 하나님의 가족이 되어 하나님의 가족답게 살아간다. 그러므로 우리는 하나님의 가족이라는 자존감을 가지고 하나님께 순종하는 삶을 살아야 한다.
2. 예수님께 속한 사람은 하나님의 때를 믿어야 한다. 예수님은 하나님이 정하신 때를 따라 가시고 죽으시고 부활하셨다. 마찬가지로 예수님께 속한 사람에게는 하나님께서 정하신 때가 있다. 내가 하나님께서 정하신 것을 좌지우지하려 해서는 안 된다. 겸손하게 인내하면서 하나님의 때를 기다려야 한다. 그러므로 어렵고 힘든 순간에도 조급해 하거나, 당황하지 말고, 기다리고 인내하자.
3. 예수님께 속한 사람은 세상으로부터 미움을 받는다. 세상은 어두움 가운데 있기 때문에 어두움의 일을 좋아한다. 그러나 우리가 빛 가운데서 행하면, 세상은 우리를 싫어하고 미워한다. 다시 말하면, 우리가 세상으로부터 미움을 받는다는 것은 우리가 빛의 자녀라는 뜻이요, 예수님께 속한 사람이라는 뜻이다. 예수님도 세상으로부터 미움을 받으셨다. 그러므로 세상에서 환난을 당하더라도, 오히려 기뻐하고 당당하게 살아가자.

2. 예수님과 유대인들(7:10-24)

10 그 형제들이 명절에 올라간 후에 자기도 올라가시되 나타내지 않고 은
밀히 가시니라 11 명절중에 유대인들이 예수를 찾으면서 그가 어디 있느
냐 하고 12 예수에 대하여 무리 중에서 수군거림이 많아 어떤 사람은 좋
은 사람이라 하며 어떤 사람은 아니라 무리를 미혹한다 하나 13 그러나 유
대인들을 두려워하므로 드러나게 그에 대하여 말하는 자가 없더라 14 이
미 명절의 중간이 되어 예수께서 성전에 올라가사 가르치시니 15 유대인
들이 놀랍게 여겨 이르되 이 사람은 배우지 아니하였거늘 어떻게 글을 아
느냐 하니 16 예수께서 대답하여 이르시되 내 교훈은 내 것이 아니요 나

를 보내신 이의 것이니라 17 사람이 하나님의 뜻을 행하려 하면 이 교훈이
하나님께로부터 왔는지 내가 스스로 말함인지 알리라 18 스스로 말하는
자는 자기 영광만 구하되 보내신 이의 영광을 구하는 자는 참되니 그 속
에 불의가 없느니라 19 모세가 너희에게 율법을 주지 아니하였느냐 너희
중에 율법을 지키는 자가 없도다 너희가 어찌하여 나를 죽이려 하느냐 20
무리가 대답하되 당신은 귀신이 들렸도다 누가 당신을 죽이려 하나이까
21 예수께서 대답하여 이르시되 내가 한 가지 일을 행하매 너희가 다 이로
말미암아 이상히 여기는도다 22 모세가 너희에게 할례를 행했으니 (그러
나 할례는 모세에게서 난 것이 아니요 조상들에게서 난 것이라) 그러므
로 너희가 안식일에도 사람에게 할례를 행하느니라 23 모세의 율법을 범
하지 아니하려고 사람이 안식일에도 할례를 받는 일이 있거든 내가 안식
일에 사람의 전신을 건전하게 한 것으로 너희가 내게 노여워하느냐 24 외
모로 판단하지 말고 공의롭게 판단하라 하시니라

1) 예수님에 대한 유대인들의 반응(7:10-13)

예수님은 은밀히 예루살렘에 올라가신다(10절). 아마도 예수님은 명절에 예루살렘 순례자의 거대한 무리 가운데(참고. 눅 2:44) 자신을 드러내기를 원하지 않으셨던 것 같다. 군중들 중에서 지나치게 자신이 드러나, 하나님의 때에 맞는 사역이 방해 받는 것을 차단하신 것이다. 다시 말하면, 예수님은 군중들과 함께 당당하게 예루살렘 입성하실 때를 위해(12:12-19), 지금 은밀하게 행동하고 계신다. 하나님이 예비하신 자신의 사역의 클라이맥스를 위해, 지금 자신을 절제하고 계신 것이다. 이것이 앞서 예수님이 "내 때가 이르지 아니하였다"고 강조하신 이유이다(6, 8절; 참조. 2:4; 8:20).

명절에 예루살렘에 올라온 무리들 사이에 예수님에 대한 다양한 반응이 있었다. 긍정적, 부정적 반응이 있었다(12절). 예수님의 가르침에 놀라는 자들도 있었다(14-15절). 예수님을 귀신 들렸다고 하는 자들도 있었다(20절).

예수님의 안식일 치유 사건을 보고, 화를 내는 자들도 있었다(23절). 한편 7장 전체에서 '유대인들'은 이중적인 의미로 사용되었다. 어떤 때는 일반 유대인들을 가리킬 때 사용되었고(15절), 다른 때는 유대 권력자들을 가리킨다(11, 13절). 일반인들인지, 권력자들인지 모호할 때도 있다(35절). 일반인들을 가리키는 다른 용어는 '무리'(12, 20, 31, 32, 40, 43, 49절)라는 말이 있다. 권력자들을 가리키는 다른 용어는 '그들'(25, 26, 30절), '당국자들'(26, 48절), '대제사장들과 바리새인들'(32, 45, 47, 48절) 등이 있다.

"유대인들을 두려워하기 때문에"(διὰ τὸν φόβον τῶν Ἰουδαίων, *디아 톤 포본 톤 유다이온*)라는 표현은 요한복음에서 3번 등장한다(7:13; 19:38; 20:19). 이는 유대 권력자들을 두려워한다는 말이다. 믿음에 가장 큰 장애물 중의 하나가 '두려움'이라는 것을 말해주고 있다. 유대 관리들 중에도 믿는 사람이 많았으나, 두려움 때문에 자신의 믿음을 숨기고 있었다(12:42. 실제 헬라어 본문에는 '두려움' 때문이라는 말이 없다. 다만 문맥으로 짐작할 수 있다). 그 중에 아리마대 요셉도 있었다(19:38). 예수님의 제자들도 두려움 때문에 숨어 지냈다(20:19). 또한 9장에서 맹인이었던 사람의 부모도 유대인들을 두려워하여(φοβέω, *포베오*), 그 아들이 어떻게 눈을 떴는지 상세하게 말하지 않는다(9:22). 본문에서 유대인들은 곧 대제사장들과 바리새인들을 가리킨다. 한편 예수님은 풍랑 속에서, 자신을 유령인 줄로 알고 두려워하는 제자들에게 '두려워하지 말라'고 하신다(6:19-20).

2) 예수님의 유대인들을 향한 가르침(7:14-24)

예수님이 성전에서 가르치신다(14절). 유대인들은 예수님의 가르침에 놀란다(15절). 그러나 그뿐이다. 이들의 놀람은 예수님을 향한 믿음이나 예배로 연결되는 것이 아니라, 그의 출신에 대한 의문으로 귀결된다. 예수님은 다음의 2가지 이유 때문에 유대인들이 예수님을 알아보지 못한다고 하신다.

첫째, 유대인들이 하나님의 뜻을 행하려는 마음이 없기 때문에 자신을 알아보지 못한다고 하신다(17절). 하나님의 뜻에 관심이 없기 때문에, 하나님께로부터 온 자를 알아보지 못하는 것이다. 하나님께로부터 온 자는 자기의 영광을 구하는 것이 아니라, 하나님의 영광을 구한다(18절). 그가 누구의 영광을 구하는지를 보면, 그 사람의 교훈이 어디로부터 왔는지를 알 수 있다. 그러나 유대인들은 하나님의 뜻에도, 하나님의 영광에도 관심이 없다. 그래서 예수님을 알아보지 못한다.

둘째, 유대인들이 공의롭게 판단하지 않고 외모로 판단하기 때문에 자신을 알아보지 못한다고 하신다(19-24절). 하나님의 관점에서 판단하지 않고 자신의 기준대로 판단하기 때문에, 하나님께로부터 오신 예수님을 알아보지 못한다. 심지어 그들은 예수님을 죽이려 하는데, 이것은 그들이 모세에게서 받은 율법을 어기는 것이다(19절). 살인하지 말라는 율법을 어기는 것이기 때문이다.[3] 유대인들은 예수님을 귀신이 들렸다고 비난한다(20절). 이것은 예수님이 미쳤다고 비난한 것이다(참고. 10:20).[4] 유대인들이 자신들은 예수님을 죽이려 한 적이 없다고 시치미를 떼자, 예수님은 안식일 치유 사건을 언급하신다(21절). '한 가지 일'(21절)은 아마도 5:1-9에 나오는 안식일 치유를 가리킨다. 유대인들은 예수님이 안식일을 지키지 않고, 하나님을 아버지라 부르는 신성모독을 저질렀으므로 죽이려 한다(5:16-18). 예수님은 유대인들이 하나님의 관점으로 판단하지 않고, 겉으로 드러나는 것으로만 판단한다고 비판하신다.

이윽고 예수님은 그들이 모세(혹은 조상)의 법을 지키기 위해, 할례를 안식일에 행하는 것을 지적하신다(22-23절). 할례의 기원은 사실 모세가 아니라 아브라함 때까지 거슬러 올라간다(창 17:9-14). 할례는 생후 8일째 받게 하였다(창 17:12; 레 12:3; *m. Šabb.* 18.3). 그런데 안식일에 태어난 아기는

3. Michaels, *John*, 432.

4. Klink III, *John*, 367.

8일째 되는 날이 안식일과 겹친다. 유대인들은 할례가 아기를 온전하게 한다고 생각하여 안식일에도 할례를 행하였다. 그러므로 메시야가 오셔서 사람의 온 몸을 온전하게 하는 것도 안식일에 허용될 수 있다는 것이 예수님의 말씀이다. 예수님은 단순히 드러난 외적 모습만 보고 판단하지 말고, '공의롭게' 판단해야 한다고 하신다(24절). 일찍이 '공의로운 판단'(righteous judgment)은 이스라엘이 지켜야 할 중요한 하나님의 명령이었으나(신 16:18-19), 그들은 판결을 굽게 하여 하나님의 책망을 받았다(슥 7:9). 예수님도 사람을 함부로 판단하는 것에 대해 경고하셨다(마 7:1-5). 이에 반해, 예수님은 공의롭게 판단하시는 분이었다. 왜냐하면 하나님의 뜻을 추구하며 판단하셨기 때문이다(5:30). 이 단락에서도 마찬가지다. 유대인들은 하나님의 뜻이나 영광에 관심이 없기 때문에 예수님을 외모로 판단하였다. 그들은 예수님을 통해 드러나는 하나님의 영광이나 예수님 안에서 성취되는 하나님의 뜻에 관심이 없었다. 따라서 공의롭게 판단하는 것은 하나님의 뜻을 따라 판단하는 것이고, 하나님의 영광을 추구하며 판단하는 것이다.

교훈과 적용

1. 두려움은 믿음에 방해가 된다. 그 대신 하나님을 경외해야 한다. 사람을 두려워하면 온전한 믿음에 이르지 못한다. 사람의 눈치를 살피게 되고 하나님의 말씀을 망각하게 된다. 예수님 당시 많은 유대인들이 두려움 때문에 참 믿음을 갖지 못했다. 오늘날도 여러 가지 두려움이 믿음을 갖지 못하게 만들거나, 믿는 사람을 성장하지 못하게 한다. 그러므로 하나님을 확신하고, 하나님이 주신 지혜를 의지하여, 판단하고 행동하도록 힘써야 하겠다.
2. 자기 영광을 구하는 것은 믿음에 방해가 된다. 그 대신 하나님의 영광을 추구하면서 살아야 한다. 자신의 영광을 구할 때 믿음에서 멀어지고, 하나님 나라와 멀어진다. 자기 영광을 추구하면, 하나님을 알지 못하고 예수님을 외면하게 된다. 자기의 영광을 버리고 하나님의 영광을 추구할 때, 진정 하나님을 경험할 수 있다. 그러므로 우리는 말할 때 하나님을 높여야 한다. 행동할 때 하나님이 주시는 힘으로 한다는 것을 고백하며 하나님을 드러내야 한다.

3. 외모로 판단하는 것은 믿음에 방해가 된다. 그 대신 하나님의 관점으로 생각하고 판단해야 한다. 겉모습만 보고 외형적인 규칙만을 가지고 판단해서는 안 된다. 규칙을 위해 사람이 존재하는 것처럼 사람을 판단해서는 안 된다. 사람의 지위나 겉모습을 보고, 그의 속사람을 판단해서는 안 된다. 하나님의 뜻에 따라, 그의 영광을 추구하며 판단해야 한다. 하나님을 사랑하고, 이웃을 사랑하는 관점으로 생각하고, 말하고, 행동해야 한다.

3. 예수님과 예루살렘 사람들과 유대 지도자들(7:25-36)

25 예루살렘 사람 중에서 어떤 사람이 말하되 이는 그들이 죽이고자 하는
그 사람이 아니냐 **26** 보라 드러나게 말하되 그들이 아무 말도 아니하는도
다 당국자들은 이 사람을 참으로 그리스도인 줄 알았는가 **27** 그러나 우리
는 이 사람이 어디서 왔는지 아노라 그리스도께서 오실 때에는 어디서 오
시는지 아는 자가 없으리라 하는지라 **28** 예수께서 성전에서 가르치시며
외쳐 이르시되 너희가 나를 알고 내가 어디서 온 것도 알거니와 내가 스
스로 온 것이 아니니라 나를 보내신 이는 참되시니 너희는 그를 알지 못
하나 **29** 나는 아노니 이는 내가 그에게서 났고 그가 나를 보내셨음이라 하
시니 **30** 그들이 예수를 잡고자 하나 손을 대는 자가 없으니 이는 그의 때
가 아직 이르지 아니하였음이러라 **31** 무리 중의 많은 사람이 예수를 믿고
말하되 그리스도께서 오실지라도 그 행하실 표적이 이 사람이 행한 것보
다 더 많으랴 하니 **32** 예수에 대하여 무리가 수군거리는 것이 바리새인들
에게 들린지라 대제사장들과 바리새인들이 그를 잡으려고 아랫사람들을
보내니 **33** 예수께서 이르시되 내가 너희와 함께 조금 더 있다가 나를 보
내신 이에게로 돌아가겠노라 **34** 너희가 나를 찾아도 만나지 못할 터이요
나 있는 곳에 오지도 못하리라 하시니 **35** 이에 유대인들이 서로 묻되 이
사람이 어디로 가기에 우리가 그를 만나지 못하리요 헬라인 중에 흩어져
사는 자들에게로 가서 헬라인을 가르칠 터인가 **36** 나를 찾아도 만나지 못

할 터이요 나 있는 곳에 오지도 못하리라 한 이 말이 무슨 말이냐 하니라

1) 예수님에 대한 예루살렘 사람들의 반응(7:25-31)

사람들이 예수님을 그리스도로 믿기 어려운 가장 큰 이유 중의 하나는 그들이 예수님의 출신을 알기 때문이다. 예루살렘 사람들은 그리스도께서 오실 때는 어디에서 오시는지 아는 사람이 없을 것이라 한다(27절). 예루살렘 사람들은 과연 메시야가 어디에서 나실지 몰랐을까? 그렇지 않다. 그들은 메시야가 베들레헴에 날 것을 알고 있었다(41-42절; 참조. 미 5:2; 마 2:4-6). 그렇다면 그들은 왜 그리스도께서 어디에서 오시는지 아는 사람이 없을 것이라 할까? 왜냐하면 몇몇 유대 묵시 문학과 랍비 문헌에는 메시야의 오심이 그 기원을 알 수 없는, 감춰진 것으로 묘사되어 있기 때문이다(예. 제4에스라 7:28; 제2바룩서 29:3; *m. Sanh.* 97a).[5] 한편 이 구절은 요한복음의 역설적인 표현 중의 하나다. 예루살렘 사람들은 그리스도가 오실 때, 어디서 오셨는지 알 수 없을 것이라 한다. 그리고 그들은 예수님의 출신을 알고 있기 때문에 예수님은 그리스도가 아니라 한다. 그러나 정작 그들은 예수님이 어디서 오셨는지 알지 못한다. 왜냐하면 예수님은 하나님께로부터 오신 분이기 때문이다(28-29절). 그들은 예수님이 갈릴리에서 오신 사실을 알고 있으나, 정작 하나님께서 그를 보내신 줄을 알지 못했다. 그러므로 역설적이게도 유대인들의 말(27절)은 예수님이 그리스도시라는 것을 증명한다.

한편, 요한복음 전체에서 예수님이 '외치다'(κράζω, *크라조*)는 표현은 세 번 등장한다(28절; 7:37; 12:44). 앞서 살펴본 바와 같이 첫째, 예수님은 본인이 하나님께로부터 왔다는 것을 강조하며 외치셨다(28-29절). 예수님은 그의 말씀의 권위를 강조하셨다. 사람들이 그의 권위를 인정하고, 하나님의 말씀을 듣기를 간절히 원하셨다. 둘째, 예수님은 목마른 자들을 초청하시며 그

---

5. Morris, *John*, 365.

들에게 성령을 주겠다는 약속을 하실 때 외치셨다(37-39절). 예수님은 사람들의 구원과 삶을 위해서는 성령이 필요하다는 것을 역설하셨다. 그리고 세 번째, 예수님은 그를 믿는 것이 곧 하나님을 믿는 것이기 때문에, 하나님께서 영생을 주실 것이라 외치셨다(12:44-50). 그의 말을 듣지 않으면 하나님이 심판하신다는 것을 경고하셨다. 심판이 아니라 영생의 길을 갈 것을 촉구하셨다. 이와 같이, 예수님의 세 번의 외침은 ① 사람들이 그의 말씀을 듣도록, ② 그리고 그의 말씀을 듣고 성령을 받도록, ③ 그래서 결국 심판이 아니라 영생을 얻도록 하기 위한 것이었다.

예수님이 자신은 하나님께로부터 왔다고 하자, 몇몇 예루살렘 사람들은 예수님을 잡으려 한다(29-30절). 그러나 어떤 사람도 예수님께 손을 대는 자가 없었으니, 왜냐하면 예수님의 때(*호라*)가 아직 이르지 않았기 때문이다(30절). 예수님을 잡으려는 유대인들의 계속되는 시도는 번번이 성공하지 못한다. 그들은 예수님께 손을 댈 수 없었다. 왜냐하면 예수님의 때가 아직 이르지 않았기 때문이다(30, 44절; 8:20; 10:39). 이는 예수님이 하나님께서 정하신 구속 사역의 계획에 따라 살아가시고 사역하신다는 사실을 증명한다. 예수님의 때가 가리키는 그의 죽음조차도 하나님의 계획 안에 있다는 말이다. 예수님의 고난도 하나님의 전능하신 주권 아래 있다.

다른 한편, 예수님의 말씀을 듣고 그가 하신 표적을 듣고 본 많은 사람들이 예수님을 믿었다(31절). 같은 말씀을 듣고 같은 표적을 본 사람일지라도, 어떤 사람들은 예수님을 잡으려 한 반면에, 어떤 사람들은 그를 믿었다. 물론 이들의 믿음이 참 믿음인지, 그리고 이들이 깊은 믿음의 단계로까지 나아간 사람들인지 본문은 밝히지 않는다. 그럼에도 불구하고, 앞에 예수님께 부정적으로 반응한 사람들과 대조를 이루는 것은 분명하다. 예수님께 적대적인 사람들이 있지만, 동시에 긍정적으로 반응하는 사람도 있다는 말이다(12, 41절).

2) 예수님에 대한 유대 지도자들의 반응(7:32-36)

대제사장들과 바리새인들이 예수님을 잡기 위해 아랫사람들을 보낸다(32절). 대제사장들과 바리새인들은 서로 그렇게 가까이 지내는 사이는 아니었다(행 23:7-8). 대제사장이 복수로 나오는 것은 아마도 전(前) 대제사장들과 현(現) 대제사장을 합한 것 같다. 실제로 18:12-24은 전(前) 대제사장인 안나스와 현(現) 대제사장인 가야바가 함께 나온다. 대제사장은 아마도 사두개파였을 것이다(참고 행 5:17). 그러므로 사두개인들과 바리새인들이 예수님의 주요 대적자로 나오는데, 이는 다른 복음서의 기록과 일치한다(마 16:1, 12). 이들은 산헤드린 공의회의 주요 회원들이었을 뿐 아니라, 백성들의 생활과 사상에 큰 영향을 미치는 사람들이었다. 이 두 부류의 지도자들이 일치하여, 예수님을 잡으러 아랫사람들을 보낸 것이다. '아랫사람들'(32절)은 성전을 지키는 경비병일 것이다. 초막절 기간에 예수님은 성전에서 가르치셨다(14, 28절). 성전은 특별히 대제사장의 관할 구역이기 때문에 성전을 지키는 레위 지파 출신의 경비병들을 동원하여 체포하려 했을 것이다.[6]

이때 예수님은 세상에 조금 더 머물다가 그를 보내신 이에게 돌아가겠다고 하신다(33절). 하나님께로부터 오신 예수님은 하나님의 때에 다시 하나님께로 가겠다고 하신다. 아무리 그들이 예수님을 체포하려 해도, 예수님은 자신을 잡히도록 내어주지 않으셨다. 왜냐하면 하나님의 때에 맞게 사역하시다가, 하나님의 때에 맞춰 잡혀 죽으시기 때문이다. 여기서 예수님의 가심은 그의 죽음의 또 다른 말이다. 예수님께 죽음이란 끝이 아니라, 아버지께 돌아가는 영광스러운 것이다(17:5). 세상 사람들은 (심지어 제자들도 일시적으로) 예수님이 가시는 곳, 예수님이 계실 곳에 올 수 없다(34절; 13:33).

그러나 유대인들은 예수님의 오고 가심을 전혀 이해하지 못한다(35-36절). 본문은 유대 지도자들의 무지를 드러내고 있다. 심지어 그들은 예수님

---

6. Carson, *John*, 319.

이 디아스포라 유대인들에게 가서 헬라인들을 가르칠 것이냐고 묻는다(35절). 그들은 예수님의 오심과 가심에 대해 알지 못하는 영적 어두움에 속한 자들이었다(36절). 한편 이것은 또한 요한복음의 역설적인 모습이다.[7] 요한복음을 읽는 독자들이 디아스포라 지역에 있는 유대인과 헬라인 개종자들이기 때문이다. 유대인들은 부지중에 예수님이 승천해서 하실 일을 말하고 있다. 그것은 승천하신 예수님이 성령을 보내셔서 사도들을 통해 복음이 디아스포라 유대인과 헬라인에게 전해지도록 하시는 것이다.

교훈과 적용

1. 하나님의 돌보심이 중요하다. 하나님의 돌보심이 세상의 공격보다 크다. 세상이 아무리 그리스도를 삼키려 하더라도, 그리스도는 그들의 손에 넘어가지 않으셨다. 마찬가지로 세상이 아무리 그리스도인들을 삼키려 해도, 하나님께서 허락하지 않으시면 손 하나 댈 수 없다. 하나님의 때에 하나님께서 그리스도인을 지키신다. 그러므로 우리는 이러한 하나님의 절대 주권, 절대 돌보심을 믿고, 세상에서 담대하게 살아야 한다.
2. 믿음이 중요하다. 이름 없는 무리들은 예수님이 하신 표적을 보고 믿는다. 그러나 소위 유대의 이름 있는 권력자들은 예수님을 거절할 뿐 아니라 그를 대적한다. 대제사장들과 바리새인들은 성전에서 사역하며 율법을 가까이 하는 자들이었다. 그러나 성전과 율법이 가리키는 바, 그 예수님을 믿지 않는다. 아무리 사람들의 주목을 받고, 아무리 종교 의식에 익숙하더라도 참 믿음이 없으면 아무 소용이 없다. 그러므로 우리는 믿음의 관점으로 판단하고, 믿음을 기준으로 살아가야 한다.
3. 최후의 영광이 중요하다. 예수님의 죽음과 영광은 그리스도인이 바라보아야 할 소망이다. 예수님은 죽음을 통해 영광스럽게 아비지께로 돌아가셨다. 예수님에게 죽음은 끝이 아니라, 아버지께 돌아가는 영광이었다. 그리스도인에게도 죽음은 끝이 아니다. 하나님께 가는 영광스러운 것이다. 그러므로 죽음을 두려워하거나, 죽음에 절망할 것이 아니다. 죽음을 통해 하나님께 가는 것을 소망하고 기대해야 한다. 최후의 영광을 소망하며, 이 땅에서 담대하게 살아야 한다.

---

7. W. Carter, *John: Storyteller, Interpreter, Evangelist* (Grand Rapids: Baker, 2006), 120.

4. 예수님의 위대한 초청과 사람들의 반응(7:37-52)

37 명절 끝날 곧 큰 날에 예수께서 서서 외쳐 이르시되 누구든지 목마르거
든 내게로 와서 마시라 **38** 나를 믿는 자는 성경에 이름과 같이 그 배에서
생수의 강이 흘러나오리라 하시니 **39** 이는 그를 믿는 자들이 받을 성령을
가리켜 말씀하신 것이라 (예수께서 아직 영광을 받지 않으셨으므로 성령
이 아직 그들에게 계시지 아니하시더라) **40** 이 말씀을 들은 무리 중에서
어떤 사람은 이 사람이 참으로 그 선지자라 하며 **41** 어떤 사람은 그리스도
라 하며 어떤 이들은 그리스도가 어찌 갈릴리에서 나오겠느냐 **42** 성경에
이르기를 그리스도는 다윗의 씨로 또 다윗이 살던 마을 베들레헴에서 나
오리라 하지 아니하였느냐 하며 **43** 예수로 말미암아 무리 중에서 쟁론이
되니 **44** 그 중에는 그를 잡고자 하는 자들도 있으나 손을 대는 자가 없었
더라 **45** 아랫사람들이 대제사장들과 바리새인들에게로 오니 그들이 묻되
어찌하여 잡아오지 아니하였느냐 **46** 아랫사람들이 대답하되 그 사람이
말하는 것처럼 말한 사람은 이 때까지 없었나이다 하니 **47** 바리새인들이
대답하되 너희도 미혹되었느냐 **48** 당국자들이나 바리새인 중에 그를 믿
는 자가 있느냐 **49** 율법을 알지 못하는 이 무리는 저주를 받은 자로다 **50**
그 중의 한 사람 곧 전에 예수께 왔던 니고데모가 그들에게 말하되 **51** 우
리 율법은 사람의 말을 듣고 그 행한 것을 알기 전에 심판하느냐 **52** 그들
이 대답하여 이르되 너도 갈릴리에서 왔느냐 찾아 보라 갈릴리에서는 선
지자가 나지 못하느니라 하였더라

1) 예수님의 초청(7:37-39)

본문에 나오는 명절은 초막절이다(2절). 초막절은 이스라엘이 하나님의 인도를 받아 애굽에서 나와 광야에서 지내던 때를 기념하는 절기이다(출 23:33-43; 민 29:12-39; 신 16:13-15). 백성들은 일곱째 달 십오일(유대력)부

터 7일 동안 나뭇가지로 만든 초막에서 지내며 광야에서 베푸신 하나님의 은혜를 기억하는 시간을 가졌다. 이러한 초막절 끝날 곧 큰 날에 예수님은 사람들을 생수의 세계로 초청하신다(37-38절). '끝날 곧 큰 날'이 초막절의 일곱째 날인지, 여덟째 날인지에 대해서는 논란이 있다. 초막절 의식은 보통 7일 동안 진행되었지만(레 23:34, 41-42), 여덟째 날은 특별한 날로서 안식일처럼 거룩하게 지켜졌기 때문이다(레 23:36; 느 8:18). 특히 칠십인경 느헤미야 8:18은 여덟째 날을 가리켜 '종결'이라는 의미를 지닌 헬라어 ἐξόδιος(*엑소디오스*)를 사용한다. 따라서 본문이 말하는 '끝날 곧 큰 날'은 여덟째 날일 가능성이 높다.[8] 예수님은 사람들이 초막절 절기를 다 지킨 후에 새로운 초막절을 제시하신다. 사람들이 초막절을 기념하여 그 의미를 되새긴 후 여덟째 날에, 예수 그리스도 안에서 성취될 새로운 초막절로 사람들을 초대하신다.

초막절의 중요한 상징 중의 하나가 물이다. 7일 동안 제사장들은 실로암에서 물을 길어, 성전 제단 옆에 있는 항아리에 채운다(*m. Sukk.* 4.9). 그러면 항아리와 연결된 가는 관을 통해 그 물은 제단 아래로 흘러가게 된다.[9] 이러한 예식을 통해 그들은 광야에서 하나님께서 자기 조상들에게 물을 공급하여 주신 것을 기억하였다(출 15:22-27; 17:1-7). 그리고 앞으로 자신들의 삶에도 물을 공급하여 주실 것을 기대하였다. 특히 초막절은 추수가 끝나는 시기와 맞물린다(레 23:39; 신 16:13). 추수가 끝난 다음, 이스라엘은 물을 공급하여 주신 하나님께 감사하고, 앞으로도 물을 통해 풍성한 수확을 주실 것을 기대하였다. 따라서 초막절의 물은 생명을 위한 하나님의 공급(provision)을 상징한다. 바로 이러한 초막절을 배경으로, 예수님은 이제 자신이 물을 공급하겠다고 선언하신다. 이는 자신이 성령을 주시겠다는 말이다(39절). 초막절의 종말론적 성격과 물의 연결은 구약에 이미 나타난다(슥 14:7-8, 16). 종

---

8. 변종길, 『성령과 구속사』 (서울: 개혁주의신행협회, 2014), 137-8.

9. Morris, *John*, 372.

말론적 풍성한 생명의 상징인 물이 이제 예수님 안에서 성령으로 나타난다. 예수님은 초막절의 종말론적 기대를 성취하시며, 그의 백성에게 성령을 공급하셔서 풍성한 영적 생명을 주신다. 성령과 생명은 앞서 이미 예수님과 니고데모의 대화에(3:1-5), 그리고 사마리아 여인과의 대화(4:14)에 나왔다. 우리는 성령에 의해 다시 태어난다. 성령에 의해 목마름이 해결되고, 다시 목마르지 않는 영생을 누린다. 따라서 성령은 생명의 영이요, 새 창조의 영이다.

39절 하반절에 따르면, 예수님이 영광을 받으시는 것과 제자들이 성령을 받는 것이 연결된다. '영광'(δόξα, 독사)은 기본적으로 하나님의 임재와 계시, 능력이 나타날 때와 관련이 있다. 이 구절에서는 동사 '영화롭게 하다'(δοξάζω, *독사조*)의 수동태가 사용되었는데, 예수님이 영화롭게 되는 것은 예수님의 십자가와 부활과 승천을 포괄하는 말이다. 십자가를 지시고 부활하신 예수님이 영광 가운데 계시는 것을 말한다. 그때 예수님은 성령을 세상에 보내시고, 성령은 제자들과 영원히 함께하신다. 예수님은 공생애 기간에 이런 사실을 이미 언급하셨고(15:26), 성령 받은 사도들도 증언하였다(행 2:33).

2) 무리들의 논쟁(7:40-44)

사람들은 예수님의 정체성에 대해 논쟁을 벌인다(40-44절). 어떤 이들은 예수님을 '그 선지자'로 보았고(신 18:15), 어떤 이들은 '그리스도'라 하였다. 그러나 다른 사람들은 예수님이 갈릴리 출신이기 때문에 그리스도일 리가 없다고 하였다(41절). 이러한 반응들은 앞서 유대인들이 세례 요한에게 던진 질문과 비슷하다(1:19-23). 예루살렘으로부터 보냄 받은 제사장들과 레위인들이 세례 요한의 정체성에 대해 물었다. 요한이 '그리스도'인지 '엘리야'인지, 아니면 '그 선지자'인지 물었다. 이로 보건대 당시 유대인들은 자신들을 구원해 줄 종말론적 구원자를 기다리고 있었음을 알 수 있다. 뿐만 아니라, 그들은 구원자가 다윗의 후손이며, 베들레헴에서 태어날 것이라는 것도 알고 있었다(42절). 마태복음도 이것을 증언한다. 헤롯은 동방 박사들의 방문을 받은 후, 대제사장들과 서기관들을 동원하여 예수님의 탄생지를 파악한다(마 2:5-6). 그리하여 베들레헴과 그 지경 안에 있는 두 살 이하의 남아들을 학살한다(마 2:16).

예수님이 종말론적 구원자로서 복음의 메시지를 선포하시지만, 사람들은 그를 알지 못한다. 그들은 서로 쟁론한다(43절). '쟁론'(σχίσμα, *스키스마*)은 '분리'(division)의 뜻을 가지고 있다. 다시 말하면, 예수님의 복음 선포는 주위 사람들을 분리시켰다. 그에게 호의적인 사람과 적대적인 사람으로 나눈다. 적대적인 사람 중에는 예수님을 체포하려는 사람들도 있었다(44절). 이렇게 사람들을 분리시키는 장면은 요한복음에서 특징적으로 나타난다. 예수님의 말씀 후에 유대인들의 반응은 분리되어 나타난다(43절; 9:16; 10:19). 또한 다음 단락(7:45-52)도, *스키스마*라는 단어가 사용되지는 않았지만, 유대 지도자들 사이에 논쟁이 있음을 나타낸다. 대부분의 산헤드린 공의회 회원들은 예수님에 대해 적대적 태도를 취하지만, 니고데모는 오히려 예수님에게 호의적인 반응을 보인다. 한편, 바울은 이 단어를 교회의 분쟁을 나타낼 때 사용한다(고전 1:10; 11:18; 12:25). 바울은 고린도 교회에게 그리스도의 몸인 교회는 '분리'가 없어야 한다고 권면한다. 복음으로 하나 된 예수님의 교회는 분열이 없어야 한다. 요약하자면, 예수님의 복음은 '분리'(*스키스마*)와 관련하여, 교회 밖과 교회 안에 각각 다른 결과를 낳는다. 복음은 교회 밖의 사람들을 분리시킨다. 그러나 예수님의 복음은 교회 안의 사람들을 분리되지 않게 한다.

3) 유대 지도자들의 논쟁(7:45-52)

앞서 예수님을 체포하기 위해 대제사장들과 바리새인들로부터 보냄 받았던 아랫사람들은 빈손으로 산헤드린에 돌아온다(32, 45절). 대제사장의 아랫사람들인 성전 경비병들은 예수님의 말씀에 감탄하여 그를 체포하지 않았다

(46절). '당국자들과 바리새인'(48절)은 '대제사장들과 바리새인들'의 다른 말이다. '당국자들'이란 '지도자'(ruler) 혹은 '권력자'(authority)를 뜻하는 ἄρχων(*알콘*)의 복수형인데, 당시 산헤드린 공의회의 주요 권력을 장악했던 대제사장들을 일컫는 말이다. 특히 이들은 성전을 관할하는 권력자들이었다. 그래서 성전 경비병들을 보내 성전에서 가르치시는 예수님을 체포하려 한 것이다. 한편, 대제사장들과 협력하여 예수님을 체포하려 했던 바리새인들은 율법 해석에 권위를 가진 대제사장들과 바리새인들이 아무도 예수님을 믿지 않는데도 예수님의 말씀에 감탄한 아랫사람들을 나무란다(47-48절).

"율법을 알지 못하는 이 무리"(49절)는 누구를 말할까? 카슨에 따르면, 이들은 당시 랍비들에 의해 '땅의 백성'(*암 하아레츠*)이라 불린 이스라엘 일반 대중을 가리킨다.[10] 원래 이 말은 이스라엘 전체 민족을 가리키는 호칭이었으나(겔 22:29), 점차 지도자와 구분되는 일반 백성을 가리키는 호칭이 되었다(렘 1:18). 예수님 당시 랍비들은 거들먹거리는 태도로 율법을 체계적으로 배우지 않거나 율법을 잘 모르는 일반 백성을 이렇게 부르며 무시하였다.[11] "저주를 받은 자로다"(49절)는 아마도 율법을 어긴 자를 저주하는 신명기 27:26; 28:15; 시편 119:21을 배경으로 할 것이다.[12] 바리새인들은 지금 예수님의 말씀에 감탄하는 경비병들에게 '땅의 백성'과 같다고 분풀이를 하고 있다. 성전에서 예수님의 가르침을 듣던 사람들이 그를 믿고(32절), 어떤 사람들은 그를 '그 선지자' 혹은 '그리스도'라 하자(40-41절), 예수님을 대적하던 대제사장들과 바리새인들은 매우 분노하였던 것이다.

대제사장들과 바리새인들은 율법과 매우 관련이 깊다. 대제사장의 감독

---

10. Carson, *John*, 331.

11. 율법을 제대로 배우지 않은 일반 백성(*암 하아레츠*)을 비하하는 다양한 예들이 당시 랍비 문헌과 쿰란 문헌에 나온다(*m. Abot.* 2.6; 1QS 10:19-21). Carson, *John*, 332; Michaels, *John* 472; Keener, *John 1*, 733. 예를 들어, 랍비 힐렐은 "야만적인 사람은 죄를 두려워하지 않고, *암 하아레츠*는 경건할 수 없다."고 하였다.

12. Brown, *John I-XII*, 306.

을 받는 제사장들은 성전 제사의 직무를 감당하는 것 외에, 백성들에게 율법을 가르치는 것 또한 주요 직무였다(대하 15:3; 느 8:1-4; 학 2:11; 말 2:7). 제사장들이 성전을 중심으로 율법을 가르쳤다면, 바리새인은 회당을 중심으로 율법을 가르쳤다. 바리새인들은 철저한 율법 준수를 최고의 덕목으로 여기며, 율법과 함께 미쉬나(구전 율법)를 중요하게 여겼다. 그러나 율법에 정통한 대제사장들과 바리새인들이지만 정작 그들은 예수님을 알지 못했다. 율법이 가르치는 하나님의 뜻과 영광을 알지 못하고, 예수님을 대적한다. 그래서 오히려 그들이 저주를 받은 사람들이 된다. 요한복음에 자주 나오는 역설적인 모습이다.

이런 와중에, 일전에 예수님께 왔던 니고데모는 긍정적인 인물로 묘사된다. 유대 지도자들 앞에서 예수님을 변호한다(50-51절). 영적 어두움으로 예수님을 알지 못했던 니고데모는 서서히 예수님이라는 빛 가운데로 나아가게 된다(3:1-21; 19:39-40). 니고데모는 율법의 어느 부분을 말하는가?(51절) 아마도 공정한 재판을 위해 재판관이 양쪽의 의견을 차별 없이 잘 듣고 판단하는 것을 가리키는 것 같다(신 1:16-17; 19:16-19). 율법을 가지고 백성들을 저주하는 대제사장들과 바리새인들에게 맞서, 니고데모는 율법을 가지고 반박한다. 이러한 니고데모의 변화는 매우 놀랍다. 비록 니고데모가 예수님을 믿는다는 표현은 없지만, 예수님에 대한 호의적인 태도를 엿볼 수 있다. 니고데모는 요한복음에서 세 번 등장한다. 예수님과 처음 만났을 때는 도무지 예수님의 말씀을 이해하지 못하는 영적 무지 가운데 있었다(3:1-21). 그러나 이 단락에서 예수님에 대한 긍정적인 태도를 보인다. 예수님을 대적하는 산헤드린 공의회 회원들을 반박하며 예수님 편을 든다. 마침내 예수님의 십자가 사건 이후에, 예수님의 장례를 위해 몰약과 침향 섞은 것을 가지고 온다(19:39). 빌라도에게 예수님의 시신을 요구한 예수님의 제자 아리마대 요셉과 연결되어 니고데모도 예수님의 제자 중 하나가 되었음을 암시하는 대목이다(19:38).

한편, 니고데모의 변호에도 불구하고, 갈릴리 출신이신 예수님은 유대 지도자들에게 철저하게 외면당하신다(52절). 7장 초반부터 계속해서 유대인들이 예수님께 부정적 반응을 보였다는 사실이 나열되고 있다. 물론 일부 긍정적 반응도 있었다. 그러나 대부분, 형제들에게, 유대인들에게, 예루살렘 지도자들에게 예수님은 배척당하시고 외면당하신다. 그들은 예수님을 메시야, 즉 종말론적 구원자로 인정하지 않는다. 그러나 예수님은 초막절을 배경으로 자신이 종말론적 구원을 이루기 위해서 온 메시야임을 드러내신다.

"갈릴리에서는 선지자가 나지 못하느니라"(52절)는 갈릴리에 대한 유대인들의 부정적인 모습을 다시 한 번 더 보여준다. 그러나 앞서 가나에서 가나 사이클에서 보았듯이, 예수님은 갈릴리 가나에서 첫 번째, 두 번째 표적을 행하셨고 제자들은 예수님을 믿었다. 심지어 가나 출신 나다나엘조차도 "갈릴리에서 무슨 선한 것이 나겠느냐"고 하였지만, 예수님은 자신의 메시야 정체성을 갈릴리에서 드러내시고, 하나님 나라의 풍성한 생명을 보여주셨다(1:43-2:11). 그리고 21장 전체는 갈릴리 호수와 그 호숫가에서 자신을 드러내시고 위대한 사명을 맡기시는 예수님의 모습이 나온다. 이와 달리, 예루살렘에서는 많은 대적자들이 예수님을 거부하고 비난하였다. 심지어 믿는다고 하지만 그들의 믿음은 진실한 믿음이 아닌 것으로 묘사된다(2:23-25).

※ 특주: 7:37-39에 나오는 3가지 신학적 이슈

예수님의 초막절 초대 선언(7:37-38)에는 3가지 학문적 논쟁이 있다.[13] 첫째는 마침표를 어디에 두느냐에 따라 해석이 달라진다는

13. 구체적인 논의는 Kwon, "Jesus as High Priest in John 17," 119-27을 참조. 요 7:37-39이 교회 역사에서 어떻게 해석되어 왔고, 주석적으로 어떤 함의를 지니는지에 대해서는 다음을 참조. 변종길, 『성령과 구속사』.

것이다. 전통적으로 이 본문은 "누구든지 목마르거든 내게로 와서 마시라. 나를 믿는 자는 성경에 이름과 같이, 그 배에서 생수의 강이 흘러나오리라"로 번역되어 왔다. 그러나 브라운(Brown) 이래로 많은 학자들은 이 본문을 "누구든지 목마르거든 그를 내게로 오게 하고, 나를 믿는 그에게 마시게 하라. 성경에 이름과 같이, 그 배에서 생수의 강이 흘러나오리라"로 번역한다. 즉, 믿은 후에 마시게 될 성령을 강조한다. 그러나 여기서 '마시다'는 일차적으로 믿음을 일컫는다(6:35-56). 그러므로 믿는 자에게 다시 믿게 하는 다소 부자연스러운 번역이 된다. 또한 가장 오래된 사본(P^{66})이 전통적 번역을 지지한다.

둘째, '그 배'는 누구의 배를 가리키느냐는 것이다. 전통적으로 이는 믿는 자에게 나타나는 성령의 역사를 가리킨다고 여겨졌다. 그러나 새 번역은 이를 '예수님의 배'로 해석한다. 그래서 예수님이 성령의 원천이 되시며, 성령의 수여자이심을 강조하는 표현이라 한다. 그리하여 십자가에서 예수님의 옆구리로부터 나오는 물이 곧 성령을 상징한다고 한다(19:34). 그러나 이는 본문을 지나치게 신학적으로 해석하는 것이다. 일단 십자가 위에서 예수님이 쏟으신 물이 성령을 상징하는지는 논란의 여지가 있다. 더욱이 예수님의 '옆구리'(19:34)와 그의 '배'(7:38)는 헬라어 단어나 표현이 일치하지 않는다. 오히려 사람이 예수님을 믿을 때 성령을 받아, 그 성령께서 신자 속에서 끊임없이 솟아나는 이미지는 이미 앞서 언급된 바 있다(4:14). 또한 39절에서 "이는 그를 믿는 자들이 받을 성령을 가리켜 말씀하신 것이라"고 말하는 것은, 곧 7:37-38이 신자가 받을 성령을 강조하고 있다고 보는 것이 자연스럽다.

세 번째 논쟁은 '성경에 이름과 같이'에서, '성경'이 구체적으로 어느 본문을 가리키느냐에 대한 것이다. 구약 어디에도 요한복음의 이 구절을 정확하게 언급하는 본문은 없다. 새 번역을 주장하는 학자들은 구약에서 성전으로부터 물이 흘러나오는 장면을 이 구절의 근거 본문으로 제시한다(겔 47:1-12; 사 12:3; 슥 14:8). 왜냐하면 요한복음만큼 예수님의 성전 되심을 강조하는 복음서는 없기 때문이다. 그러나 이는 또한 성전 되신 예수님이 신자 속에 거하시기 때문에, 신자로부터 성령이 넘쳐흐른다고 볼 수도 있다.

그러므로 새로운 번역 시도가 전통적인 해석에 나름대로 신선한 도전을 가져온 것이 사실이지만, 전통적 견해를 바꿀 만한 설득력 있는 해석은 아니다. 오히려 이 본문은 성전 되신 예수님을 통해, 초막절의 종말론적 기대가 성취되는 본문으로 보아야 한다. 예수님을 통해 하나님의 풍성한 은혜가 성도에게 주어지는데, 이는 성도가 받을 성령이다. 이와 같이, 성령의 오심은 바로 예수님의 기독론적 기초 위에 이루어진다.

교훈과 적용

1. 초막절의 축복은 예수님 안에서 나타난다. 예수님은 하나님의 초막절 축복을 완성하신 분이다. 초막절이 상징하는 생명을 위한 하나님의 풍성한 공급이 예수님 안에서 완성된다. 하나님은 예수님을 통해 풍성한 생명을 공급해 주신다. 그러므로 이스라엘이 하나님을 바라보며, 그분의 풍성한 생명의 은혜를 기대하였듯이, 우리는 예수님을 바라보며 기대해야 한다. 예수님을 의지할 때 하나님의 풍성한 생명을 경험할 것이다.
2. 초막절의 축복은 성령을 통해 나타난다. 예수님의 초막절 축복은 성령 안에서 완성된다. 예수님은 성령을 통해 우리로 하여금 그분의 풍성한 생명을 경험하게 하신

다. 성령을 통해 하나님은 생명과 지혜와 다양한 축복을 공급해 주신다. 그러므로 예수님 안에서 성령의 은혜 받기를 갈망해야 한다. 성령을 통해 참된 생명과 은혜를 풍성하게 경험하게 될 것이다.

3. 초막절의 축복은 믿음으로 받아들이는 자에게 나타난다. 믿음이 없는 자는 영적으로 목마른 자이다. 예수님의 복음 안에서 성령을 마시지 않으면, 그 사람은 영적으로 목말라 죽는다. 예수님의 초대에 믿음으로 반응하는 자만이 초막절의 은혜를 누릴 수 있다. 예수님께 나아가는 자, 성령을 마시는 자, 그 사람만이 영생을 가질 수 있다. 그러므로 믿음으로 예수님께 나아가며, 믿음으로 성령을 사모하자.

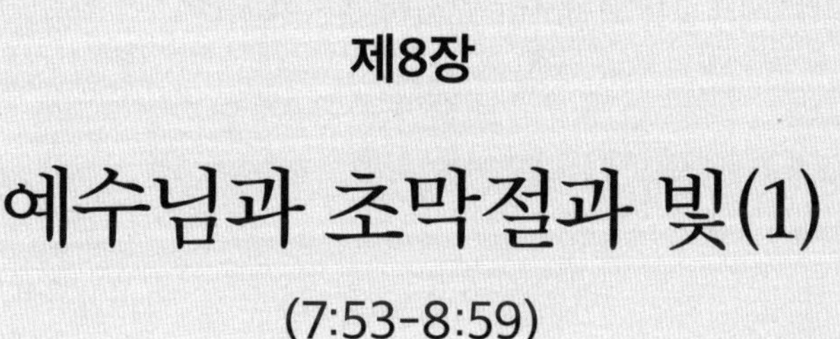

제8장

예수님과 초막절과 빛(1)

(7:53-8:59)

본문 개요

7장에 이어, 8장도 초막절을 배경으로 예수님이 어떤 분이신지 소개하고 있다. 무엇보다 빛이신 예수님께 초점을 맞추고 있다. 빛이신 예수님은 그 백성을 인도하시는 분이다. 빛이신 예수님이 그 백성을 죄로부터 거룩한 삶으로 인도하신다. 예수님은 진리를 증언하심으로 그 백성을 인도하신다. 진리로 그 백성을 자유롭게 하신다. 그러나 유대인들은 이러한 예수님의 증언을 믿지 않는다. 예수님을 거절하며, 심지어 죽이려 한다.

내용 분해

1. 죄를 용서하시는 예수님(7:53-8:11)
   1) 시험 당하시는 예수님(7:53-8:6상)
   2) 지혜롭게 답하시는 예수님(8:6하-9)
   3) 여인을 용서하시는 예수님(8:10-11)
2. 빛을 비추시는 예수님(8:12-20)
   1) 빛이신 예수님(8:12)
   2) 예수님의 증언이 믿을 만한 이유(8:13-18)
   3) 아들을 통한 아버지의 계시(8:19-20)
3. 아버지께서 주신 사명을 이루시는 예수님(8:21-30)
   1) 죄 가운데 있는 사람들을 구원하시는 예수님(8:21-24)
   2) 아버지의 말씀대로 증언하시는 예수님(8:25-27)
   3) 죽음을 통해 더 분명하게 계시하시는 예수님(8:28-30)
4. 진리로 자유롭게 하시는 예수님(8:31-38)
   1) 진리에 의한 자유(8:31-32)

2) 아들에 의한 자유(8:33-38)

*특주: 진리

5. 유대인의 실상을 말해주시는 예수님(8:39-47)

1) 아브라함의 자손이 아니라 마귀의 자손이다(8:39-41상)

2) 하나님의 자손이 아니라 마귀의 자손이다(8:41하-45)

3) 진리가 아니라 거짓을 듣는 마귀의 자손이다(8:46-47)

6. 아브라함보다 크신 예수님(8:48-59)

1) 귀신 들린 것이 아니라 아버지를 공경하시는 예수님(8:48-50)

2) 영원한 생명을 주시는 예수님(8:51-52)

3) 아브라함보다 먼저 계신 예수님(8:53-59)

본문 주해

1. 죄를 용서하시는 예수님(7:53-8:11)

53 [다 각각 집으로 돌아가고 **1** 예수는 감람 산으로 가시니라 **2** 아침에 다
시 성전으로 들어오시니 백성이 다 나아오는지라 앉으사 그들을 가르치
시더니 **3** 서기관들과 바리새인들이 음행중에 잡힌 여자를 끌고 와서 가
운데 세우고 **4** 예수께 말하되 선생이여 이 여자가 간음하다가 현장에서
잡혔나이다 **5** 모세는 율법에 이러한 여자를 돌로 치라 명하였거니와 선
생은 어떻게 말하겠나이까 **6** 그들이 이렇게 말함은 고발할 조건을 얻고
자 하여 예수를 시험함이러라 예수께서 몸을 굽히사 손가락으로 땅에 쓰
시니 **7** 그들이 묻기를 마지 아니하는지라 이에 일어나 이르시되 너희 중
에 죄 없는 자가 먼저 돌로 치라 하시고 **8** 다시 몸을 굽혀 손가락으로 땅
에 쓰시니 **9** 그들이 이 말씀을 듣고 양심에 가책을 느껴 어른으로 시작하

여 젊은이까지 하나씩 하나씩 나가고 오직 예수와 그 가운데 섰는 여자만 남았더라 10 예수께서 일어나사 여자 외에 아무도 없는 것을 보시고 이르시되 여자여 너를 고발하던 그들이 어디 있느냐 너를 정죄한 자가 없느냐 11 대답하되 주여 없나이다 예수께서 이르시되 나도 너를 정죄하지 아니하노니 가서 다시는 죄를 범하지 말라 하시니라]

1) 시험 당하시는 예수님(7:53-8:6상)

예수님과 간음한 여인의 이야기를 다루는 이 본문은 사본학적 지지가 약하다. 많은 고대 사본이 이 사건을 언급하지 않지만, 그럼에도 불구하고 아우구스티누스나 암브로시우스, 히에로니무스와 같은 교부들은 이 본문을 지지한다.[1] 밤이 되자 예수님은 감람산으로 가셔서, 거기서 밤을 나시는 것으로 묘사되어 있다(1절; 눅 21:37). 그리고 아침에 다시 성전에서 가르치신다. 그때, 서기관들과 바리새인들이 간음한 여인을 끌고 온다(3절). 현장에서 잡혀온 여인을 어떻게 처리해야 하는지 예수님께 묻는다(4-5절). 모세의 율법대로 이 여인을 돌로 쳐야 하는지, 아니면 놓아주어야 하는지를 묻는다. 이들의 꾐에 예수님은 난감하실 수 있었다. 신명기 22:23-24에 따르면 약혼한 여자가 다른 남자와 동침하면, 두 남녀는 모두 돌로 쳐 죽임을 당했다. 또한 결혼한 여자도 다른 남자와 동침하면, 두 남녀 모두를 목 졸라 죽였다(레 20:10; 신 22:22; *m. Sanh.* 7.4). 그러나 모세의 율법대로 하라고 하면, 예수님은 사형을 명하는 것이 된다. 이는 곧 로마 정부의 권위에 도전하는 것이 된다.[2] 로마법은 피지배 민족 스스로 사형을 집행하는 것을 금한다(18:31). 특히 간음죄로는 사형하지 못하게 한다. 그렇다고 놓아주라 하면, 모세의 율법을 어기는 것이 된다. 이런 올무를 놓아, 서기관들과 바리새인들은 어떻게든 예수님

---

1. 본문이 가지는 역사적 그리고 신학적 의의는 다음을 참조. 송영목, "간음하다 잡힌 여자 사건에 나타난 예수님의 선지자로서의 정체성," 「신약연구」 12/3 (2013), 517-46.

2. Keener, *John 1*, 737; Barrett, *John*, 591-2.

을 고발하려 한다(6절상). 이는 마치 가이사에게 세금을 바치는 일로 예수님을 시험한 바리새인과 헤롯당을 생각나게 한다(마 22:15-22; 막 12:14-15; 눅 20:20-26).

2) 지혜롭게 답하시는 예수님(8:6하-9)

예수님은 땅에 무엇을 적으신다(6, 8절). 예수님이 무엇을 쓰셨는지에 대해서는 논란이 많다. 예레미야 17:13이 쓰였을 것이라 말하는 사람이 있다: "무릇 여호와를 떠나는 자는 흙에 기록이 되오리니 이는 생수의 근원이신 여호와를 버림이니이다." 또한 예수님이 십계명을 쓰셨을 것이라는 사람도 있고, 십계명 중에 7계명을 쓰셨을 것이라고도 한다. 혹은 10번째 계명을 쓰셨을 것이라 한다. 10번째 계명은 탐심을 다루는데, 누구든지 이 탐심이 있기 때문이다(참조. 마 5:28). 그러나 예수님이 땅에 쓴 것이 중요했다면, 왜 본문을 친히 밝히지 않았겠는가? 또한 혹자는 신명기 13:9이나 17:7을 쓰셨을 것이라 한다. 이 구절들은 그 범죄의 증인이 먼저 돌을 들어 치되, 그 증인은 그 범죄에 참여하지 않은 사람이어야 한다고 말한다. 또한 다른 이들은 신명기 17:4과 19:18이라 한다. 이 구절들은 재판장이 증인의 증언을 자세히 참고하고 조사할 것을 말하는 본문들이다. 그러나 이 네 구절들은 모두 우상숭배자들을 향한 단죄이다. 그러므로 우리는 저자가 밝히지 않은 부분에 대해 너무 상상할 필요는 없다. 본문의 초점은 거기에 있지 않다. 예수님의 말씀에 그 초점이 있다. 예수님은 죄 없는 자가 먼저 돌로 치라고 하신다(7절). 예수님의 대답은 "가이사의 것은 가이사에게, 하나님의 것은 하나님께 바치라"(마 22:21; 막 12:17; 눅 20:25)하신 말씀을 생각나게 한다. 그만큼 지혜롭게 악한 자들의 궤계를 무너뜨리신 것이다. 양심의 가책을 느낀 사람들이 하나둘씩 떠난다(9절). 그리고 오직 예수님과 그 여인만 남는다.

3) 여인을 용서하시는 예수님(8:10-11)

모두가 떠나자, 예수님은 여자를 정죄하시지 않으며, 다시는 죄를 짓지 말라고 하신다(11절). 예수님은 심판하기 위해 오신 것이 아니라, 구원하기 위해 오셨다는 말씀을 생각나게 한다(3:17; 12:47). 본문의 초점은 예수님의 죄 용서에 있다. 서기관들과 바리새인들의 관심은 예수님을 고발하는 데 있었다. 또한 죄를 정죄하며, 사람을 심판하는 것을 먼저 생각하였다. 그러나 예수님은 죄를 용서하시며, 그 사람의 거룩한 삶에 관심이 있으셨다(11-12절). 율법을 넘어서는 하나님의 사랑과, 율법이 지향하는 온전한 거룩이 예수님을 통해서 드러난다. 그러므로 이 이야기는 예수님의 우선순위가 사람의 구원과 거룩에 있다는 것을 보여준다.

또한 본문은 예수님이 어떤 분이신지를 나타낸다. 예수님은 하나님이시요, 모세보다 뛰어난 분이기 때문에 죄를 용서하실 수 있다. 다른 복음서들도 죄를 용서하시는 예수님의 모습을 일관되게 증언한다(마 9:1-8; 막 2:1-12; 눅 5:17-26). 예수님은 하나님 외에 아무도 할 수 없는 죄 용서를 하시는 분이다(막 2:7). 예수님의 신적 권위를 알 수 있다. 또한 예수님은 신적 권위를 가지신 하나님 아들 그리스도이시기 때문에 거룩하게 하는 사역을 하신다. 다시 죄짓지 말라고 하시면서, 여인을 거룩한 삶으로 인도하신다(11절). 다시 말하면, 죄 용서 사역은 바로 예수님의 메시야적 신적 권위와 관계가 있다. 7장부터 계속 예수님의 메시야 되심이 부정되고 있는데, 예수님은 더욱 분명하게 자신의 권위를 드러내신 것이다. 예수님은 하나님께로부터 보냄 받은 분이고(10:36), 아버지를 대신하시는 분이다(14:9). 예수님은 하나님의 아들이시다.

그렇다면, 이 본문이 왜 초막절 배경 속에 들어가 있을까? 죄 용서와 초막절은 어떤 관계가 있을까? 본 단락이 초막절 이후에 일어난 사건일 수도 있지만, 사람들은 초막절 행사가 끝난 이후에도 초막절의 의의를 되새겼을 것이다. 구약성경 스가랴 14장에 따르면, 초막절은 종말론적 사건과 연관이 있다(슥 14:16-21). 종말에 이방 나라들이 예루살렘에 올라와서 초막절을 지키게 된다. 이방인들이 생명을 위한 하나님의 공급하심과 인도하심을 고백하며, 하나님을 섬기게 되는 것이다. 초막절을 지키지 않는 자들은 심판을 받게 된다. 그리고 예루살렘에는 거룩한 성결이 있게 된다. 말 방울까지, 그리고 모든 솥까지 거룩하게 된다(슥 14:20-21). 이러한 초막절의 의의를 배경으로, 예수님은 간음한 여인을 용서하시고, 그녀에게 죄를 멀리하라고 교훈하신다. 이는 그의 죽음이 가져올 거룩의 열매를 암시한다고 할 수 있다. 왜냐하면 예수님의 죽음은 결국 제자들의 거룩을 위한 것이기 때문이다(17:19). 또한 참 빛이신 그로 말미암아 여인에게 있었던 어두움이 물러간 사건으로 볼 수 있다. 왜냐하면 이어지는 단락은 빛이신 예수님을 묘사하기 때문이다(12절).

교훈과 적용

1. 예수님이 원하시는 것은 죄인을 용서하는 것이다. 예수님은 죄인을 판단하기보다 죄인을 용서하기 원하신다. 예수님은 그 사람을 용서하여 그가 다시 한 번 일어서기를 원하신다. 사람들은 정죄하며 심판하는 데 관심이 있다. 그러나 예수님은 사람의 잘못을 너그럽게 용서하시는 분이다. 물론 이러한 예수님의 용서와 사랑을 가벼이 여기는 자는 더 큰 심판을 받을 것이다. 다만 예수님이 풍성한 사랑으로 용서하신다는 것을 잊지 말고, 그에게 나아와 죄를 고백하며 용서를 구해야 한다.
2. 예수님이 원하시는 것은 죄인이 거룩하게 사는 것이다. 예수님은 용서 받은 죄인이 거룩한 삶을 살기를 원하신다. 예수님의 관심은 그 사람을 용서하는 데 머물지 않는다. 그는 우리가 거룩한 삶으로 그를 닮기 원하신다. 그러므로 우리는 예수님의 사랑과 용서를 기억하고, 내 삶이 그의 말씀에 합당하도록 노력해야 한다. 죄를 용서하신 분의 뜻에 합당하게 죄를 떠나는 삶을 살아야 할 것이다. 이러한 거룩한 삶이 진정 예수님이 원하셨던 용서의 열매이다.
3. 예수님이 원하시는 것은 죄인이 그의 지혜를 닮는 것이다. 예수님은 용서 받은 죄인이 그의 지혜를 닮기를 원하신다. 예수님은 지혜로운 말씀으로 세상의 공격을 막아 내셨다. 오늘날 우리도 세상에서 다양한 질문이나 공격을 당한다. 때로는 그리

스도인을 난처하게 만드는 질문도 있다. 당황스러운 상황에서도 지혜롭게 대답하신 예수님을 본받아야 한다. 예수님의 지혜를 구하며, 우리도 세상에 지혜롭게 말하고 행동하는 것이 필요하다.

2. 빛을 비추시는 예수님(8:12-20)

12 예수께서 또 말씀하여 이르시되 나는 세상의 빛이니 나를 따르는 자는
어둠에 다니지 아니하고 생명의 빛을 얻으리라 13 바리새인들이 이르되
네가 너를 위하여 증언하니 네 증언은 참되지 아니하도다 14 예수께서 대
답하여 이르시되 내가 나를 위하여 증언하여도 내 증언이 참되니 나는 내
가 어디서 오며 어디로 가는 것을 알거니와 너희는 내가 어디서 오며 어
디로 가는 것을 알지 못하느니라 15 너희는 육체를 따라 판단하나 나는 아
무도 판단하지 아니하노라 16 만일 내가 판단하여도 내 판단이 참되니 이
는 내가 혼자 있는 것이 아니요 나를 보내신 이가 나와 함께 계심이라 17
너희 율법에도 두 사람의 증언이 참되다 기록되었으니 18 내가 나를 위하
여 증언하는 자가 되고 나를 보내신 아버지도 나를 위하여 증언하시느
니라 19 이에 그들이 묻되 네 아버지가 어디 있느냐 예수께서 대답하시
되 너희는 나를 알지 못하고 내 아버지도 알지 못하는도다 나를 알았더
라면 내 아버지도 알았으리라 20 이 말씀은 성전에서 가르치실 때에 헌금
함 앞에서 하셨으나 잡는 사람이 없으니 이는 그의 때가 아직 이르지 아
니하였음이러라

1) 빛이신 예수님(8:12)

물 외에, 초막절의 또 다른 상징은 빛(불)이다. 초막절 기간, 매일 저녁 제사장들은 여러 개의 큰 초를 가져다가 성전 안에 있는 여인의 뜰을 환하게 밝힌다(*m. Sukk.* 5.2-3). 이러한 의식은 광야에서 자기 조상들을 빛으로 보

호하시고 인도하셔서 생명을 주신 하나님을 기념하기 위해서다. 동시에 앞으로도 자신들을 인도해 주실 것을 기원하기 위해서다. 그러므로 초막절과 빛의 관계는 분명하다. 하나님께서 이스라엘의 빛이시고, 이스라엘의 인도자가 되신다는 것이다. 그런데, 이제 이 초막절을 배경으로 예수님이 자신을 빛으로 선포하신다(12절상). 빛이신 예수님을 믿고 따르는 자는 그러므로 어둠과 분리된다. 예수님을 따르는 자는 생명을 얻게 된다. 예수님은 생명을 주시기 위해 이 땅에 오셨다. 사람들에게 빛을 비추셔서 생명을 얻게 하신다. 예수님의 모든 말씀이 빛이다. 예수님의 모든 사역이 빛이다. 예수님 자신이 빛 자체시다.

그런데 예수님은 '세상'의 빛이시다(12절상). 단지 유대인만을 비추는 빛이 아니라, 모든 사람을 비추는 세상의 빛이시다. 요한복음에서 예수님의 사역의 대상은 항상 세상이다. 유대인과 이방인을 포함하는 모든 세상 사람들이다. 다른 복음서들이 전략적으로 유대인 사역에 집중하시는 예수님의 모습을 보여준다면(마 10:6; 15:24; 막 7:28), 요한복음은 세상 모든 사람들을 위한 예수님의 모습을 처음부터 강조한다(예. 3:16).

예수님이라는 빛을 따르는 자는 어둠에 다니지 않는다(8절하). 어둠은 생명과 반대되는 죽음을 상징한다. 진리를 모르는 영적 무지를 나타내기도 한다. 거룩하지 않은 죄/악을 뜻하기도 한다. 예수님을 따르지 않으면, 영적 무지와 죄 가운데서 죽음을 향해 갈 수밖에 없다. 그러나 예수님을 믿는 자는 이러한 어둠과 결별하고, 생명의 빛을 받아 영생을 소유한 자가 된다. 예수님이 우리를 생명으로 인도하는 빛이 되시기 때문이다.

2) 예수님의 증언이 믿을 만한 이유(8:13-18)

바리새인들이 예수님의 증언은 신뢰할 수 없다고 비난한다(13절). 그러나 예수님은 자신의 증언이 믿을 만한 2가지 이유를 제시하신다. 첫째, 예수님은 자신이 어디서 와서 어디로 가는지를 알고 계시기 때문에 그의 증언은 참되다(14절). 둘째, 율법에 따르면 두 사람의 증언이 유효하다고 하였는데(신 19:15), 예수님과 하나님이 증언하시기 때문에 예수님의 증언은 믿을 만하다(17-18절; 참조. 5:31). 이렇게 자신의 증언이 확실하기 때문에 이 단락에서 예수님의 빛 되심이 훨씬 강조되고 있다. 예수님은 세상의 빛이시다. 하나님께서 이스라엘의 빛으로서 이스라엘을 인도하셨다면, 이제는 예수님이 이스라엘을 넘어 온 세상의 빛이 되신다. 유대인뿐 아니라 이방인 중에도 빛이신 예수님을 따르는 자가 있다면, 그는 구원을 얻는다. 예수님이 그의 인도자가 되시며, 그는 어둠에 거하지 않게 된다.

3) 아들을 통한 아버지의 계시(8:19-20)

빛이신 예수님은 어떻게 사람들에게 빛을 비추시는가? 자기 계시를 통해 자신을 드러냄으로 빛을 비추신다. 말씀으로 자기를 계시하신다. 사람들에게 말씀의 빛을 비추셔서 그들을 생명으로 인도하신다. 이러한 예수님의 자기 계시는 결국 하나님을 드러내는 계시이다. 다시 말하면, 빛이신 예수님을 알 때 하나님을 알게 된다(19절). 예수님을 믿고 따를 때 하나님 아버지를 알게 된다(14:9). 예수님이 아버지를 계시하시기 때문이다.

예수님은 그의 때가 이르기까지 계속해서 말씀으로 자신을 계시하시고 아버지를 세상에 드러내신다(20절). 그래서 계시를 믿는 자들이 생명에 이르게 하신다. '그의 때'(20절)는 요한복음에 계속 나오는 예수님의 죽음-부활-승천의 때를 가리킨다(7:30; 8:20; 12:23; 13:1; 17:1). 그러나 그 초점은 다분히 그의 십자가에 맞춰져 있다. 예수님을 잡으려는 유대인들의 계속되는 시도는 번번이 성공하지 못한다. 왜냐하면 예수님의 때가 아직 이르지 않았기 때문이다(7:30, 44; 8:20; 10:39). 예수님이 하나님께서 정하신 구속 사역의 계획에 따라 살아가시고, 사역하신다는 것을 보여준다. 예수님의 때가 가리키는 그의 죽음조차도 하나님의 계획 안에 있다는 말이다.

교훈과 적용

1. 예수님은 생명으로 인도하는 빛이시다. 구약에서 하나님께서 이스라엘을 생명으로 인도하셨듯이, 이제 예수님은 그를 믿는 자들을 영생으로 인도하신다. 하나님께서 이스라엘을 약속의 땅으로 인도하셨듯이, 예수님은 그리스도인들을 영원한 하늘 나라로 인도하신다. 그러나 예수님을 따르지 않으면 어둠이고 죽음이다. 영원한 심판이 불신자들을 기다리고 있다. 그러므로 빛이신 예수님을 믿고 순종하며 따라가야 한다.
2. 예수님은 말씀을 전하는 빛이시다. 예수님은 말씀을 통해 그의 백성을 인도하신다. 말씀을 사용하셔서 그를 믿는 자들을 영생의 길로 인도하신다. 그가 증언하시는 말씀은 믿을 만하다. 왜냐하면 하나님이 친히 그를 인정해 주시고, 성령께서 그의 말씀에 함께하시기 때문이다. 그러므로 우리는 예수님의 말씀을 듣고 신뢰함으로 그의 인도를 받아야 한다. 말씀하시는 예수님을 믿고 따라가야 한다.
3. 예수님은 아버지를 나타내는 빛이시다. 예수님은 하나님께로부터 오셔서 하나님을 드러내신다. 하나님께 들은 말씀을 전하신다. 예수님 자신을 통해 사람들이 하나님을 만나도록 하신다. 사람들에게 아버지를 계시하셔서 그들이 진정으로 구원받기를 원하신다. 왜냐하면 하나님을 만나는 것이 진정한 구원이고 영원한 생명이기 때문이다. 빛이신 예수님은 궁극적으로 하나님과 사람들을 중보하신다. 아버지를 나타내셔서 사람들을 아버지께로 인도하신다.

3. 아버지께서 주신 사명을 이루시는 예수님(8:21-30)

21 다시 이르시되 내가 가리니 너희가 나를 찾다가 너희 죄 가운데서 죽겠
고 내가 가는 곳에는 너희가 오지 못하리라 **22** 유대인들이 이르되 그가 말
하기를 내가 가는 곳에는 너희가 오지 못하리라 하니 그가 자결하려는가
23 예수께서 이르시되 너희는 아래에서 났고 나는 위에서 났으며 너희는
이 세상에 속하였고 나는 이 세상에 속하지 아니하였느니라 **24** 그러므로
내가 너희에게 말하기를 너희가 너희 죄 가운데서 죽으리라 하였노라 너
희가 만일 내가 그인 줄 믿지 아니하면 너희 죄 가운데서 죽으리라 **25** 그
들이 말하되 네가 누구냐 예수께서 이르시되 나는 처음부터 너희에게 말

하여 온 자니라 26 내가 너희에게 대하여 말하고 판단할 것이 많으나 나를
보내신 이가 참되시매 내가 그에게 들은 그것을 세상에 말하노라 하시되
27 그들은 아버지를 가리켜 말씀하신 줄을 깨닫지 못하더라 28 이에 예수
께서 이르시되 너희가 인자를 든 후에 내가 그인 줄을 알고 또 내가 스스
로 아무것도 하지 아니하고 오직 아버지께서 가르치신 대로 이런 것을 말
하는 줄도 알리라 29 나를 보내신 이가 나와 함께하시도다 나는 항상 그
가 기뻐하시는 일을 행하므로 나를 혼자 두지 아니하셨느니라 30 이 말씀
을 하시매 많은 사람이 믿더라

1) 죄 가운데 있는 사람들을 구원하시는 예수님(8:21-24)

예수님이 자신의 떠남을 언급하시는데, 이것은 그의 죽음을 가리킨다(21절). 요한복음에서는 예수님의 죽음이 '떠남' 혹은 '아버지께로 돌아감'으로 묘사된다. 유대인들은 그러한 예수님과 함께 가지 못한다. 왜냐하면 그들은 자신들의 죄 가운데 죽을 것이기 때문이다. '죄'(sin)는 단수로 사용되어 아마도 예수님을 영접하지 않는 그들의 불신을 가리킬 것이다.[3] 24절에서는 '죄'(sins)가 복수로 사용되었는데, 예수님을 믿지 않을 때 생기는 다양한 인간의 죄를 가리킬 것이다. 유대인들은 이런 죄와 죄들 가운데서 죽을 것이다. 따라서 예수님의 길과 유대인의 길이 나뉜다. 예수님은 아버지께로 돌아가시고, 유대인들은 그들의 죄 때문에 심판을 받을 것이다.

다른 한편, 예수님의 떠남을 이해하지 못하는 유대인의 모습은 7:33-34을 생각나게 한다. 7장에서 예수님은 자신의 떠남에 대해 말씀하시며, 유대인들이 자신을 찾지도 못하고 그가 있는 곳에 오지도 못할 것이라 하신다. 이에 그들은 예수님이 디아스포라 유대인들에게 가서 헬라인을 가르칠 것으로 오해한다(7:35). 8장 이 단락에서도 유대인들은 여전히 예수님의 떠남을 이

---

3. Borchert, *John 1-11*, 299.

해하지 못하고, 그의 말씀을 '자결'과 연결시킨다(22절). '자결하려는가'(22절)는 부정의 대답을 기대하는 의문사 μήτι(*메티*)가 사용되었다. 유대인들도 예수님이 자결할 것이라고는 보지 않았다. 그럼에도 불구하고, 예수님과 자결을 연결시킴으로써 그들은 예수님을 모욕하고 있다. 자결은 유대 사회에서 혐오스러운 행동으로서 미친 짓으로 평가 받았기 때문이다(『유대 전쟁사』, 3.375).[4] 이것은 매우 역설적인 모습이다. 유대인들은 예수님의 수치스러운 죽음을 언급하지만, 사실은 그들이 자신들의 죄 가운데서 수치스럽게 죽을 것이기 때문이다(21절).[5]

'아래'와 '위'의 구분은 무슨 뜻인가?(23절) '아래'는 이 세상을 가리키며, '위'는 이 세상과 반대되는 하늘을 가리킨다. 우리말 번역에는 '나다'와 '속하다'로 되어 있지만, 헬라어 원문에는 동일하게 전치사 ἐκ(*에크*)가 사용된다. 따라서 아래에서 났다는 것은 이 세상에서 났다는 말이다. 그래서 이 세상에 속한 것이다. '세상'은 요한복음에서 다양하게 사용되지만, 부정적으로는 빛이신 예수님을 거부하는 주체로 사용된다(1:10; 3:19). 이것이 하나님과 관계없는 세상 사람들의 특징이다. 반면에, 예수님은 위로부터 오신 분이다(3:31). 하늘에서 오신 분이다(6:38). '위'와 '하늘'은 하나님을 대신하는 표현이다. 결국 예수님은 하나님께로부터 보냄을 받으셨다는 말이다. 이러한 표현은 또한 하나님의 자녀들의 소속을 나타내기도 한다. 하나님의 자녀는 위로부터 태어나며, 하나님께로부터 태어난다(1:13; 3:1-11). 이러한 위와 아래, 그리고 하늘과 세상의 대조는 요한복음 전체에 걸쳐 나타난다. 그래서 예수님의 나라는 이 세상에 속한 것이 아니고, 하늘에 속한 하나님의 나라이다(18:36).

또한, 이 단락에는 요한복음에 나오는 예수님의 대표적인 자기 계시 표현

---

4. Klink III, *John*, 410.
5. Michaels, *John*, 486.

인 '나는 …이다'(*에고 에이미*) 표현이 등장한다(24, 28절). 우리말 번역은 '내가 그다'이지만, 헬라어 원문을 문자적으로 번역하면, 보어가 빠진다. 즉 '나는 …이다'가 된다. 이는 약간 어색한 표현이지만, 이사야서에서 주로 여호와 하나님의 자기 계시 표현으로 사용되었다(사 41:4; 43:10, 13, 25; 46:4; 48:12): '내가 그다'(אני הוא, *아니 후*). 헬라어 구약성경인 칠십인경은 히브리어 *아니 후*를 *에고 에이미*로 번역하였다. 따라서 *에고 에이미*는 칠십인경에서 하나님의 자기 계시 표현이었다. 이는 곧 출애굽에 나타난 전능하신 하나님을 암시하는 표현으로서(출 3:14), 동일하신 그 하나님(출애굽의 하나님)께서 이사야에게 이스라엘을 회복시키겠다는 약속을 주신 것이다. 이스라엘을 크신 능력으로 이집트에서 건져내신 것처럼, 이 백성을 다시 구원하시고 회복시키시겠다는 말씀이다.

이제 예수님은 하나님의 구원과 회복이 자신을 통해 드러날 것임을 계시하신다. 이것을 믿을 때에 구원을 얻지만, 믿지 않으면 죄 가운데 죽게 된다(21, 24절). 또한 십자가와 부활과 승천이라는 그의 구속 사역을 통해, 사람들은 결국 예수님을 깨닫고 믿게 될 것이라는 것을 암시하신다(28절). 이러한 일련의 *에고 에이미* 계시는 결국 새로운 영적 출애굽(new spiritual Exodus)을 함축한다. 다시 말하면, 예수님이 왕이 되셔서 새로운 나라, 새로운 이스라엘을 세우겠다는 약속이다. 그를 믿는 자들을 죄와 사망에서 해방하여 하나님의 나라, 메시야의 나라로 인도하겠다는 말씀이다.

2) 아버지의 말씀대로 증언하시는 예수님(8:25-27)

13-18절에 이어 다시 한 번, 왜 예수님의 증언이 참되고 믿을 만한지를 이 단락에서 밝히고 있다. 그것은 예수님은 아버지께로부터 오셔서, 아버지께 들은 말씀을 전하기 때문이다(26, 28절). 유대인들은 예수님과 논쟁하면서 그의 정체성에 대해 질문한다(25절). 앞서 예수님은 위에서 나서, 다시 위로 가는 분으로 자신을 묘사하셨다(21-23절). 이제 예수님은 그의 정체성을 묻

는 유대인들에게 두 가지로 대답하신다. 먼저 그는 자신을 가리켜 '말씀하는 이'라 하신다(25절; 참고. 28절). 아버지께 들은 말씀을 사람들에게 전하시는 분이다. 둘째, 예수님은 자신을 '보냄 받은 이'라 하신다(26절). 그러나 유대인들은 이러한 예수님의 정체성을 깨닫지 못한다(27절). 유대인들은 예수님이 아버지로부터 오셨다는 사실을 알지 못할 뿐 아니라, 그가 아버지로부터 받은 말씀을 전한다는 사실도 알지 못한다. 예수님은 자신의 말씀의 권위를 아버지의 진실 됨에서 찾으신다(26절). 자신을 보내신 아버지께서 진실하시기 때문에, 그에게 들은 말씀을 전하는 자신의 증언도 진실 된 것이다.

3) 죽음을 통해 더 분명하게 계시하시는 예수님(8:28-30)

한편, 예수님은 그가 십자가에 달리신 후에, 유대인들이 그를 알게 될 것이라 하신다(28절). 그러나 이는 얼핏 모순되어 보인다. 예수님은 유대인들이 죄 가운데서 죽고, 예수님이 가는 곳에 오지 못하리라 하셨다(21절). 그런데 이제 예수님은 그가 십자가에 달리신 후에 사람들이 그를 알게 될 것이라 하신다(28절). 이는 아마도 자신의 말씀을 듣는 유대인 중에, 나중에 돌이켜 믿음을 가질 사람이 있음을 암시하는 것 같다.

'인자를 들다'는 이중적 의미가 있다. 유대인들이 예수님을 십자가에 못 박는 것을 의미하지만(사 53:5), 십자가로 인해 높아지실 예수님을 암시하기도 한다(사 52:13). 유대인들은 예수님을 심판한다고 하였지만, 예수님은 이를 통해 하나님의 아들로 높아지신다. 이러한 고난 받는 종의 모습을 통해 예수님은 자신이 백성들의 구원과 회복을 가져올 하나님의 아들이시라는 것을 보여주신다.

교훈과 적용

1. 예수님은 아버지의 말씀으로 복음을 전하셨다. 예수님은 말씀을 전하기 위해서 아버지로부터 보냄 받은 분이다. 예수님은 말씀을 통해 아버지를 계시하시고, 사람들

을 진리 가운데로 인도하신다. 그러므로 우리는 말씀을 통해 예수님을 믿고, 하나님을 알 수 있다. 말씀을 통해 진리를 깨닫고, 자유를 누릴 수 있다. 말씀이 우리에게 복음이다.

2. 예수님은 죽음을 통해 더 분명히 복음을 전하셨다. 예수님은 자신이 전하는 말씀의 진리를 죽음을 통해 더 분명하고 정확하게 하셨다. 예수님의 죽음은 말씀의 핵심이며, 하나님 계시의 정점이다. 그러므로 우리는 예수님의 죽음을 통해 예수님이 누구신지 알 수 있으며, 하나님을 믿을 수 있다. 예수님의 죽음에 나타난 하나님의 사랑을 알고, 하나님을 위해 살 수 있다.
3. 예수님은 사람들을 죄로부터 구원하기 위해 복음을 전하셨다. 예수님의 말씀과 죽음을 통해 하나님을 믿지 않으면, 사람들은 죄 가운데 죽는다. 죄 가운데 죽는 것은 곧 심판이요 멸망을 뜻한다. 그러한 심판과 멸망으로부터 구원 받는 길은 예수님이 전하신 말씀을 믿는 것이요, 그분의 죽음을 통해 죄 용서를 받는 것이다. 그러므로 우리는 죄로 말미암아 죽을 수밖에 없는 인생이라는 것을 자각하고, 예수님의 복음을 믿어야 한다.

4. 진리로 자유롭게 하시는 예수님(8:31-38)

31 그러므로 예수께서 자기를 믿은 유대인들에게 이르시되 너희가 내 말
에 거하면 참으로 내 제자가 되고 32 진리를 알지니 진리가 너희를 자유롭
게 하리라 33 그들이 대답하되 우리가 아브라함의 자손이라 남의 종이 된
적이 없거늘 어찌하여 우리가 자유롭게 되리라 하느냐 34 예수께서 대답
하시되 진실로 진실로 너희에게 이르노니 죄를 범하는 자마다 죄의 종이
라 35 종은 영원히 집에 거하지 못하되 아들은 영원히 거하나니 36 그러므
로 아들이 너희를 자유롭게 하면 너희가 참으로 자유로우리라 37 나도 너
희가 아브라함의 자손인 줄 아노라 그러나 내 말이 너희 안에 있을 곳이
없으므로 나를 죽이려 하는도다 38 나는 내 아버지에게서 본 것을 말하고
너희는 너희 아비에게서 들은 것을 행하느니라

1) 진리에 의한 자유(8:31-32)

본문은 예수님이 자신을 믿은 유대인들에게 하시는 말씀이다(31절). 이는 바로 앞 단락을 배경으로 한다(8:12-30). 예수님은 자신을 하늘에서 온 하나님의 아들로 나타내시고, 또한 자신이 하나님의 구원과 회복을 실현할 것이라고 하셨다. 이에 유대인들이 믿었다(30절). 본 단락은 바로 그 유대인들에게 교훈하시는 내용이다. 예수님은 그들에게 참 제자가 되는 방법을 가르치신다. '참으로'(ἀληθῶς, *알레또스*)라는 말은 거짓 제자, 거짓 믿음이 있다는 것을 암시한다. 예수님을 믿는다고 하지만 사실은 거짓 믿음이다. 예수님을 따른다고 하지만 사실은 거짓 제자이다. 이러한 거짓 믿음에 대해서 이미 2:23-25에서 다룬 바 있다. 예수님이 행하신 많은 표적을 보고 유대인들이 예수님을 믿었지만, 예수님은 그들을 신뢰하지 않으셨다. 그들의 믿음이 참 믿음이 아니었기 때문이다. 또한 예수님의 제자가 되었지만 예수님을 떠나는 제자들도 있었다(6:66). 왜냐하면 그들은 참 제자가 아니었기 때문이다. 15장에 나오는 포도나무와 가지 비유에는 이러한 거짓 믿음, 거짓 제자가 열매 맺지 않는 가지로 나온다(15:2). 나무에 붙어 있어 마치 살아있는 가지처럼 보이지만, 결국 열매를 맺지 않는 죽은 가지이다. 이와 같이 요한복음에는 거짓 믿음과 참 믿음, 거짓 제자와 참 제자가 구분된다. 예수님이 자신을 믿은 유대인들에게 참 제자에 대해 말씀하시는 이유는 그들의 믿음이 참 믿음이 아니기 때문이다.

예수님은 그의 말씀 안에 거하는 자가 참 제자라고 하신다(31절). '~ 안에 거하다'(μένω ἐν, *메노 엔*)는 요한문헌에서 가장 기본적으로 '연합'(unity) 혹은 '친밀한 관계'(intimate relationship)를 뜻한다. 먼저 하나님 아버지와 아들 예수님 사이의 상호 거주(reciprocal indwelling), 친밀한 연합을 나타낸다(14:10-11). 아버지는 아들 안에, 아들은 아버지 안에 거하신다. 이런 친밀한 연합은 아들 예수님과 제자의 관계에서도 나타난다(17:21, 23). 따라서 '~ 안에 거하다'는 친밀한 인격적 연합을 가리킨다고 할 수 있다.

특히 제자가 예수님 안에 거한다는 것은 그의 참된 믿음을 통한 연합을 가리킨다. 15장 주해에서 좀 더 설명하겠지만, "내 안에 거하라"는 예수님의 말씀은 참된 믿음으로의 초대이다. 예수님을 참되게 알고 그를 지속적으로 신뢰하는 것이다. 말로만 고백하는 형식적인 믿음은 참된 믿음이 아니다. 이런 의미에서 "내 말에 거하는 것"은 "내 안에 거하는 것"의 다른 표현이라 할 수 있다. 예수님을 믿고 신뢰하는 것은 그의 말씀을 진심으로 믿고 꾸준하게 신뢰하는 것이다. 이것은 또한 예수님의 말씀이 그 사람에 거하는 것이다(15:7). 예수님의 말씀이 그 사람 안에 있지 않은 것은 그 사람이 예수님을 믿지 않기 때문이다(5:38).[6] 그러므로 31절에서 "너희가 내 말에 거하면"은 유대인들을 참된 믿음의 세계로 초대하는 예수님의 초청이라고 할 수 있다. 다른 한편, 예수님의 말씀 안에 거하지 않는 자는 어둠에 거하는 것이다(12:46). 죄 가운데 거하는 자이다(21, 24, 34절). 그러므로 하나님의 진노가 그들 위에 거한다(3:36). 왜냐하면 그들에게는 하나님의 말씀이 거하지 않기 때문이다(5:38). 그들은 죄 가운데서 죽기 때문이다(21, 24절).

32절에서 예수님은 그의 말씀 안에 거하는 참 제자는 진리와 자유를 만난다고 하신다. 말씀을 참되게 믿는 예수님의 참 제자는 진리를 알게 되고 자유롭게 된다. "진리를 안다"는 것은 어떤 추상적인 진리에 대한 지적인 앎을 이야기하는 것이 아니다. '알다'(γινώσκω, *기노스코*)에는 지적인 개념을 넘어서는 관계적 개념이 있다. 아버지와 아들은 서로를 아시는 분이다(10:15). 이와 같이 목자이신 예수님과 그의 양인 우리도 서로를 안다(10:14). 그러므로 "진리를 안다"는 것은 먼저 진리를 깨닫고 신뢰하는 것이다. 진리를 믿고 의지하는 것이다. 이렇게 진리와 관계를 맺을 때, 우리는 진정 죄로부터 자

---

6. 크루즈는 예수님의 말씀 안에 거하는 것을 순종으로 해석한다. Kruse, *John*, 207. 그러나 말씀 안에 거하는 것은 말씀을 진실하게 믿는다는 뜻이고, 그러한 진실한 믿음에는 순종이라는 열매가 따라온다고 해석하는 것이 옳을 것이다; 다른 한편, 카슨과 키너는 말씀 안에 거하는 것을 '인내'로 본다. 지속적인 인내가 참된 믿음의 표시라 한다. Carson, *John*, 348; Keener, *John 1*, 747.

유로울 수 있다.

그렇다면, '진리'(ἀλήθεια, *알레떼이아*)(32절)란 무엇인가? 요한복음에서 진리는 삼위 하나님과 관련이 있다. 하나님은 진리이시고, 진리는 하나님의 속성이다(3:33). 그래서 하나님께 진리의 기원이 있는데, 하나님의 말씀이 진리다(17:17). 또한 예수님은 진리가 충만하신 분이다(1:14). 예수님의 말씀은 진리이고(8:45), 예수님 자체가 진리시다(14:6). 36절에는 아들 예수님이 우리를 죄로부터 자유롭게 하신다고 한다. 따라서 진리로 인해 자유롭게 되는 것은 곧 아들로 인해 자유롭게 되는 것이다. 아들 예수님과의 인격적인 관계가 우리를 자유롭게 한다. 예수님의 은혜를 깨닫고 그를 신뢰하는 것이다. 그를 믿고 의지하는 것이다. 이러한 관계가 우리를 죄로부터 자유롭게 한다. 다른 한편, 요한복음은 성령을 '진리의 영'(14:17; 15:26; 16:13)이라 한다. 따라서 진리로 인해 자유롭게 되는 것은 성령으로 인한 자유를 포함한다. 바울도 성령과 자유를 연결시킨다(고후 3:17). (진리에 대한 좀 더 자세한 설명은 아래 특주를 참고하라)

구약에서 이스라엘은 하나님을 아는 '지식'(ἐπίγνωσις, *에피그노시스* / γνῶσις, *그노시스*)이 없어 책망을 받는다(호 4:1, 6). 지식이 없는 이스라엘은 하나님의 심판의 대상이다(호 4:6). 그러므로 호세아 선지자는 이스라엘 백성들에게 여호와를 힘써 알자고 권면한다(호 6:3). 왜냐하면 하나님은 제사보다는 인애를, 번제보다는 하나님 아는 것을 원하시기 때문이다(호 6:6). 이러한 하나님을 아는 지식은 그의 은혜를 깨닫고 그를 신뢰하는 믿음이다. 이러한 지식이 없으면 망한다. 이런 맥락에서 요한복음은 아버지 하나님과 아들 예수님에 대한 지식이 곧 영생이라 한다(17:3). 하나님과 예수님에 대한 지식이 없으면 멸망한다.

'자유롭게 하다'(ἐλευθερόω, *엘류떼로오*)(32절)는 죄와 죽음으로부터의 자유를 뜻한다. 같은 헬라어 단어가 바울 서신에서는 '해방하다'로 번역되었다(롬 6:18, 22; 8:2, 21; 갈 5:1). 이는 예수님의 제자로서 그리스도인이 결코 죄를 짓지 않는다는 말이 아니다. 혹은 죄를 지으면서 자유를 느낀다는 말도 아니다. 이 '자유'는 그리스도인이 죄와 죽음의 영역으로부터 벗어나는 것을 뜻한다. 죄와 죽음의 권세로부터 벗어나는 것이다. 왜냐하면 죄의 결국은 죽음이기 때문이다(21, 24절). 이렇게 죄와 죽음의 영역에서 자유롭게 되는 자는 영생을 얻는다. 따라서 기독교적 의미에서 절대 자유란 있을 수 없다. 어느 것에도 종속되지 않고 내 마음대로 하는 자유란 없다. 만약 내 마음대로 한다면, 그 사람은 결국 자기 욕심의 종이 되는 것이고, 죄의 종이 된다(36절). 성경적 의미에서 자유롭게 되는 자는 결국 예수님과 예수님의 말씀 안에 거하는 자이다.

요컨대, 예수님이 이러한 진리와 자유에 대한 말씀을 자신을 믿었던 자들에게 하셨다는 것은 무엇을 뜻할까?(31절). 결국 당시 예수님을 믿는다고 하는 자들 중에 참 믿음이 아니라, 거짓 믿음을 가진 자들이 있었다는 것을 암시한다. 겉으로는 믿는 것처럼 보이고 예수님을 따라 다니지만, 진정한 내면의 깨달음이나 예수님에 대한 신뢰가 없는 명목상 그리스도인을 일컫는다. 그들은 진리를 알지 못하고, 죄의 종으로 살고 있었다. 그래서 예수님은 진리와 자유에 이르는 길을 소개하신 것이다. 그것은 예수님의 말씀 안에 거하는 것이다. 참 제자가 되는 것이다.

2) 아들에 의한 자유(8:33-38)

유대인들은 자신들이 아브라함의 자손이기 때문에 종이 아니라 자유인이라 한다(33절). 그러나 예수님은 그들이 죄를 행하기 때문에 죄의 종이라 하신다(34절). 이러한 '죄의 종' 개념은 바울 신학에도 등장한다. 바울은 예수님의 구속 사역으로 말미암아 우리가 죄의 종에서 벗어나 의롭게 되는 길이 열렸다고 한다(롬 6:6-7). 예수님을 믿을 때에 우리는 그리스도와 연합한 자가 되고, 그래서 죄에 대하여 죽고, 예수님 안에서 산 자가 되었다(롬 6:11). 그러므로 그리스도인은 그리스도의 교훈을 받아 믿기 때문에 죄의 종이 아니라 의의 종이다(롬 6:17-18). 이는 곧 그리스도인의 삶으로 연결된다. 그리스도인은 그 신분에 맞게 더 이상 죄를 지어 죄의 종이 될 것이 아니라, 의에게 순종하여 의의 종이 되어야 한다(롬 6:15-16). 따라서 바울 신학에서 '죄의 종'이란 구원론적 개념이면서 동시에 윤리적 개념이다. 다시 말하면, 바울에게 구원과 윤리는 밀접하게 연결된다. 그렇다면 요한복음은 어떠한가? 요한복음에서도 구원과 윤리는 매우 밀접하게 연결된다. 진정한 제자는 예수님의 말씀 안에 거하는 자이다. 예수님의 말씀을 듣고 믿으며, 순종으로 말씀의 열매를 맺는 자가 진정한 제자이다. 이와 반대로 말씀을 듣지 않고, 말씀을 순종하지 않는 자는 죄를 짓는 자요 죄의 종이다.

한편 이러한 아브라함의 자손 이야기는 창세기 내러티브를 생각나게 한다(창 16:15; 21:9-21).[7] 두 아들이 나오는데, 하나는 자유의 아들이고, 다른 하나는 종의 아들이다. 자유의 아들 이삭은 영원히 아브라함의 가족이지만, 종의 아들 이스마엘은 결국 아브라함의 가족을 떠난다. 이와 같이 예수님은 영원한 하나님의 아들이고, 그를 대적하는 유대인들은 실상은 하나님의 가족이 아니다(35절). 개역개정이 '집'으로 번역한 헬라어 οἰκία(*오이키아*)는 건물로서의 집을 뜻하기도 하고(11:31), 가족으로서의 집을 뜻하기도 한다(4:53). NIV가 잘 의역하였듯이 여기서는 가족을 의미한다고 보는 것이 낫다.

하나님의 가족 안에서 예수님은 아들로서 종을 자유롭게 하신다. 하나님 아버지의 상속자로서 예수님은 종을 자유롭게 하는 권위를 가지신다(36절). 어떻게 종들을 자유롭게 하시는가? 말씀을 통해서 하신다. 진리의 말씀을 전하시고, 그 말씀 안에 거하는 자를 자유롭게 하신다. 그러나 그 말씀을 믿지 않는 자는 영원히 자유롭게 되지 못한다(37절). 따라서 진리에 의한 자유와 아들에 의한 자유는 결국 같은 말이다. 예수님과 예수님의 말씀이 진리이기

7. Lincoln, *John*, 271.

때문이다(1:17; 8:40; 14:6; 18:37).

이 점에서 우리는 요한복음에 나오는 '말씀'의 역할에 주목할 필요가 있다. 먼저, 말씀을 통해 우리는 하나님을 믿고 영생을 얻을 수 있다(5:24). 예수님은 말씀을 통해 하나님을 계시하신다. 그러한 예수님의 말씀을 믿는 자는 생명을 얻는다(6:63). 둘째, 말씀은 우리를 예수님의 참된 제자가 되게 한다(31절). 말씀을 듣고 믿을 때 우리는 하나님께 속한 자가 된다(47절). 이와 달리, 유대인들은 예수님의 말씀을 들어도 깨닫지 못한다(10:6). 왜냐하면 그들은 예수님의 참 제자가 아니기 때문이다(6:60). 반면에 예수님의 제자는 영생의 말씀을 붙들고, 영생의 말씀을 주시는 예수님을 따라간다(6:71). 셋째, 말씀은 우리를 거룩하게 한다(17:17). 우리는 말씀을 통해 정결하게 되고(15:3), 말씀을 지키며 성화의 삶을 살게 된다(14:24). 따라서 말씀은 우리의 구원과 신분과 성화를 위한 결정적 역할을 한다.

※ 특주: 진리

요한복음만큼 진리를 강조하는 성경이 있을까? '진리'라는 명사(ἀλήθεια, *알레떼이아*) 외에 형용사(ἀληθής, *알레떼스* / ἀληθινός, 알레띠노스)와 부사(ἀληθῶς, *알레또스*)까지, 진리 어군이 요한복음의 시작과 끝은 물론이거니와 요한복음 전체에 퍼져있다. 브라운이 요한문헌에 나오는 진리 어군의 용례에 대해 잘 조사하였는데, 진리(*알레떼이아*)는 신약 전체 109회 중 요한문헌에 45회가 나오고, 형용사 두 개(*알레떼스*/ *알레띠노스*)는 각각 26회 중 17회, 28회 중 23회 나온다.[8] 요한문헌 전체에서 '진리'라는 주제가 얼마나 강조되고 있는지를 알 수 있다.

---

8. Brown, *John I-XII*,, 499.

1. 진리의 개념

진리는 굉장히 유명하고 익숙한 말이지만, 그 개념을 정의하는 것은 결코 쉽지 않다. 헬라어 *알레떼이아*는 감춰졌다가 드러난 사실(fact)을 일컫는다. 불트만이나 다드 등에 따르면, 요한복음에 나오는 진리는 인간의 실재와 구분되는 신적 실재를 가리킨다.[9] 이들은 이 신적 실재에 대한 지식이 요한복음에서 말하는 영생에 이르는 길이라고 한다. 따라서 헬라 관점에서 보는 요한복음의 진리는 지적이며 형이상학적인 개념이다. 하늘에 속한 신비한 실재에 대한 고차원적인 지식이 구원을 가져다준다고 한다.

그러나 최근에 많은 학자들은 진리의 유대 배경에 주목한다. 일찍이 요한복음에 나타난 진리는 헬라 배경이 아니라 유대 배경에서 이해해야 한다고 주장한 슈나켄버그는 요한복음과 쿰란 문헌을 비교하며 두 가지 주요 이유를 들었다.[10] 첫째, 요한복음에 나오는 "진리를 행한다"는 개념(3:21; 참고. 요일 1:6)은 헬라 사상에서 전혀 찾아볼 수 없는 개념이며, 오히려 쿰란 문헌에 등장한다(1QS 1:5; 5:3; 8:2). 둘째, 빛과 어둠, 진리와 거짓이라는 두 상반된 개념이 쿰란 문헌에 등장한다(1QpHab 2:2; 5:11; Damasc 20:15). 이러한 유사성은 요한복음 진리 개념이 유대 배경과 연관이 깊다는 것을 드러낸다고 한다. 다른 한편, 린제이는 요한복음의 주요 진리 구절이 구약성경에 기반한다는 것을 논증한다: 요한복음 1:14과 출애굽기 34:6, 요한복음 3:21과 잠언 12:12, 요한복음 4:23과 여호수아 24:14, 요한복

---

9. R. K. Bultmann, *The Gospel of John*, trans. Beasly-Murray (Oxford: B. Blackwell, 1971), 74-75, 434-45. 성광문화사 역간, 『요한복음서 연구』; C. H. Dodd, *The Interpretation of the Fourth Gospel* (Cambridge: Cambridge University Press, 1968), 170-1.

10. Schnackenburg, *John 2*, 225-37.

음 8:30-47과 역대하 18:15, 요한복음 14:6과 예레미야 10:10, 요한복음 14:17과 열왕기상 22:22이하, 요한복음 17:17과 사무엘하 7:28.[11]

유대 배경에서 진리는 관계적 개념이다. *알레떼이아*로 번역된 히브리어 אמת(*에메트*)는 오늘날 보통 '신실함'(faithfulness)으로 번역되는데, 우리가 '믿고 의지할 수 있는 확실함/견고함'(trustworthy steadfastness)이란 의미가 있다.[12] 진리는 하나님께 속한 것으로서 우리가 믿을 수 있는 확실한 대상이다.[13] 그러나 진리는 이러한 관계적 개념만으로 온전히 설명되지 않는다. 하나님께 속한 진리는 예수 그리스도 안에 계시된다. 진리로 충만하신 예수님은 그분의 말씀과 사역을 통해 진리를 계시하신다. 우리는 성령으로 이 진리의 계시를 깨달을 수 있다. 따라서 진리에는 관계의 개념과 계시의 개념이 함께 들어있다.[14] 다시 말하면, 진리는 우리가 믿고 의지할 수 있는 신실하신 삼위 하나님과 그 계시이다.

2. 진리와 삼위 하나님

진리는 하나님께 속한 것이며 하나님께로부터 온다. 은혜와 진리가 예수 그리스도를 통해서 온다는 말은 하나님께로부터 예수님을 통해서 온다는 말이다(1:17). 은혜와 진리의 기원이 하나님이라는 뜻이다. 하나님은 참되신 분인데, 여기에는 하나님은 진리 되신

---

11. Lindsay, "What is truth?," 129-45.
12. D. J. Hawkin, "The Johannine Concept of Truth and Its Implications for a Technological Society," *Ev.Q* 59, no 1 (1987), 6.
13. 이영헌, "요한복음서의 진리 개념에 대한 성서적 고찰,"「신학전망」146 (2004), 4.
14. 참고. Barrett, *John*, 167; Lindsay, "What Is Truth?," 129-45.

다는 뜻이 함축되어 있다(3:33).[15] 하나님이 참되신 분이라는 사실은 계속 반복된다(7:28; 8:25; 17:3). 진리를 증언하신 예수님은 위로부터 오신 분인데, 곧 예수님은 하나님께로부터 보냄 받은 분이며, 진리의 기원은 하나님께 있다는 뜻이다(18:36-37). 하나님의 말씀이 진리이다(17:17).

진리는 또한 예수님과 관련이 있다. 예수님은 하나님께 진리를 들어서, 사람들에게 진리를 말하시는 분이다(8:40, 45). 예수님은 진리로 충만하신 분이며, 진리의 전달자시다(1:14, 17). 예수님은 진리를 증언하기 위해 세상에 오셨으며, 그 진리로 하나님 나라를 세우셨다(18:37). 예수님 자신이 진리시다(14:6).

성령은 진리의 영이시다(14:17; 15:26; 16:13). 진리의 영으로서 성령은 사람들을 진리로 인도하신다(16:13). 성령은 예수님을 증언하시고(15:26), 예수님이 하신 말씀을 기억나게 하신다(14:26). 왜냐하면 예수님도 진리시고, 예수님의 말씀도 진리시기 때문이다. 진리의 영이신 성령은 진리를 드러내시는 분이다. 그리고 성령이 곧 진리시다(요일 5:6).

이와 같이 요한복음이 전하는 삼위 하나님은 진리시다. 삼위 하나님께로부터 나오는 말씀도 진리이다. 삼위 하나님과 그 말씀은 우리가 믿고 신뢰할 수 있는 견고한 진리이다.

3. 진리의 윤리적 성격

진리는 삶과 밀접하게 연결되어 있다. 헬라 배경에서 진리는 지

---

15. 유지운, "요한복음에 나타나는 대안적 '삶의 세계'로서의 '진리'," 「횃불트리니티 저널」 17/1 (2014), 18.

적 영역에 속한다. 그래서 사실이나 실재에 대한 지식이 강조된다. 그러나 유대 배경에서 진리는 관계적 영역이다. 그래서 견고함에 대해 믿고 의지하는 것이 중요하다. 이러한 신뢰 관계는 행동으로 이어진다. 행동이 그 신뢰를 증명한다. 따라서 진리에는 윤리적 성격이 있다. 이것이 요한복음이 말하는 진리와 윤리의 관계이다. 진리를 행한다는 것은 하나님과의 신실한 관계 속에서 그분을 믿고 의지하며 순종하는 것이다. 진리를 행하는 자는 거짓말을 하지 않고, 어둠에 거하지 않는다(요일 1:6). "진리를 행하는 것"(3:21)은 하나님의 신실하심에 우리의 신실함으로 반응하는 것이다.

교훈과 적용

1. 예수님의 말씀을 듣고 믿을 때 참 제자가 된다. 겉으로 예수님을 따르는 것 같지만, 참된 지식과 굳은 신뢰가 없다면 예수님의 참 제자가 아니다. 예수님의 제자는 말씀을 깨닫고 신뢰하는 사람이다. 어떠한 형편이든지 꾸준하게 말씀을 믿고 의지한다. 이런 사람이 예수님의 말씀 안에 거하는 자이다. 그러므로 우리 자신이 이러한 말씀 안에 거하는 자가 되길 힘써야 한다. 그리고 형제자매들이 이런 사람이 되도록 힘써 도와야 한다.
2. 예수님의 말씀을 듣고 믿을 때 자유가 온다. 자기가 하고 싶은 대로 하는 것이 자유가 아니다. 그것은 오히려 자기 욕심의 종이 되는 것이다. 죄의 종이 되는 것이다. 예수님을 믿는다고 하면서 내면의 각성과 말씀에 대한 신뢰가 없으면, 그는 여전히 죄의 종이다. 그에게는 자유와 영생이 없다. 자신들의 신앙 전통이나 유산을 자랑할지라도, 예수님과 예수님의 말씀을 신뢰하지 않으면 그들은 죄의 종들이다. 따라서 진정한 자유를 얻기 위해 진심으로 말씀을 믿고 신뢰해야 한다.
3. 예수님의 말씀을 듣고 믿을 때 하나님의 가족이 된다. 하나님께 속한 자는 예수님의 말씀을 듣고 믿는 자이다. 예수님이 진리를 말씀하시기 때문에, 그 말씀 안에 거하는 자가 하나님의 가족이다. 하나님께서 그들의 아버지가 되신다. 만약 하나님을 아버지라 부르면서, 그 말씀 안에 거하지 않는다면, 진정한 하나님의 가족이라

할 수 없다. 하나님의 말씀을 소중히 여기며, 예수님의 명령을 신뢰하는 자가 하나님의 가족이다.

5. 유대인의 실상을 말해주시는 예수님(8:39-47)

39 대답하여 이르되 우리 아버지는 아브라함이라 하니 예수께서 이르시
되 너희가 아브라함의 자손이면 아브라함이 행한 일들을 할 것이거늘 40
지금 하나님께 들은 진리를 너희에게 말한 사람인 나를 죽이려 하는도다
아브라함은 이렇게 하지 아니하였느니라 41 너희는 너희 아비가 행한 일
들을 하는도다 대답하되 우리가 음란한 데서 나지 아니하였고 아버지는
한 분뿐이시니 곧 하나님이시로다 42 예수께서 이르시되 하나님이 너희
아버지였으면 너희가 나를 사랑하였으리니 이는 내가 하나님께로부터
나와서 왔음이라 나는 스스로 온 것이 아니요 아버지께서 나를 보내신 것
이니라 43 어찌하여 내 말을 깨닫지 못하느냐 이는 내 말을 들을 줄 알지
못함이로다 44 너희는 너희 아비 마귀에게서 났으니 너희 아비의 욕심대
로 너희도 행하고자 하느니라 그는 처음부터 살인한 자요 진리가 그 속에
없으므로 진리에 서지 못하고 거짓을 말할 때마다 제 것으로 말하나니 이
는 그가 거짓말쟁이요 거짓의 아비가 되었음이라 45 내가 진리를 말하므
로 너희가 나를 믿지 아니하는도다 46 너희 중에 누가 나를 죄로 책잡겠
느냐 내가 진리를 말하는데도 어찌하여 나를 믿지 아니하느냐 47 하나님
께 속한 자는 하나님의 말씀을 듣나니 너희가 듣지 아니함은 하나님께 속
하지 아니하였음이로다

1) 아브라함의 자손이 아니라 마귀의 자손이다(8:39-41상)

유대인들은 이러한 예수님의 초청을 이해하지도 못할 뿐더러 결국 거절한다. 그들은 자신들을 아브라함의 자손이라 한다(33, 39절). 그러나 예수님

은 그들이 실상은 죄의 종이고(8:34), 마귀의 자녀라 하신다(38, 41, 44절). 왜냐하면 그들은 죄를 범하는 자요 하나님의 가족에 속하지 않기 때문이다(34-35절). 예수님의 말씀을 마음으로 받아 신뢰하지 않는다. 하나님께로부터 와서 하나님의 진리를 전하는 예수님을 죽이려 한다(37, 40절). 만약 그들이 아브라함의 자손이면, 진리를 전하는 예수님을 죽이려 하지 않을 것이다. 오히려 아브라함처럼 하나님의 말씀을 믿고 순종하였을 것이다. 따라서 아브라함과 달리, 믿음으로 반응하지 않는 그들은 아브라함의 자손이 아니라 마귀의 자손이다.

2) 하나님의 자손이 아니라 마귀의 자손이다(8:41하-45)

예수님을 따르지 않는 유대인들의 신분이 좀 더 분명하게 서술된다. 유대인들은 자신들을 하나님의 자손이라 한다(41절). 그러나 진리를 말씀하시는 예수님을 사랑하지 않고(42절), 오히려 예수님을 거부하기 때문에, 그들은 마귀의 자녀이다(8:44). 마귀는 거짓을 말하는데, 유대인들은 진리를 말씀하시는 예수님을 따르지 않고 거짓의 아비 마귀를 따른다(8:44). 그는 처음부터 살인자였다. 아마도 마귀를 특징짓는 '거짓'과 '살인'의 배경은 창세기 에덴동산일 것이다.[16] 마귀는 거짓으로 하와를 유혹하였을 뿐만 아니라, 결과적으로 인간의 죽음을 가져왔다(창 3:19; 롬 5:12). 마귀는 뱀의 모습으로 하와에게 "너희가 결코 죽지 아니하리라"하고 거짓말을 하였다(3:4). "반드시 죽으리라"(2:17)는 하나님의 말씀을 왜곡시켰다. 다른 한편, 브라운은 가인과 아벨 이야기가 본문의 배경일 것이라고 주장한다(창 4:8).[17] 실제로 요한일서는 가인이 악한 자에게 속하여 아벨을 죽였다고 한다(요일 3:12). '악한

---

16. Barrett, *John*, 349; 키너는 에덴동산 이야기가 가인과 아벨 이야기보다 더 가능성이 높다고 본다. 왜냐하면 에덴동산에는 마귀가 직접 출현하여 결과를 낳지만, 가인은 마귀의 행동을 따라하였기 때문이다. Keener, *John 1*, 761.

17. Brown, *John I-XII*, 358.

자'는 마귀의 다른 호칭으로서, 아벨을 살해한 가인의 배후에 마귀가 있었다는 것을 말해준다. 여기서 우리는 이 두 이야기를 굳이 분리할 필요가 없다. 사탄의 거짓과 살인은 에덴동산에서부터 가인과 아벨 이야기까지 관통한다고 볼 수 있다.[18]

'마귀'(44절)라는 말은 요한복음에서 세 번 등장한다(6:70; 8:44; 13:2). '사탄'이라는 말도 한 번 등장하는데(13:27), 요한계시록에 따르면 '마귀'와 '사탄'은 동일한 대상이다(계 12:9; 20:2). 요한복음에서는 이 존재가 특히 가룟 유다의 활동과 깊이 연관을 맺는다. 마귀가 가룟 유다에게 역사하여 예수님을 팔게 하고 예수님을 죽음으로 몰고 간다(6:70; 13:2, 27). 다시 말하면 마귀는 예수님과 대척점에 있다. 이런 맥락에서 8장은 거짓과 진리, 생명과 죽음(살인), 마귀와 예수님, 마귀와 하나님을 대조하여 설명하고 있다. ('마귀/사탄'에 대한 자세한 설명은 13장의 특주를 참고하라)

3) 진리가 아니라 거짓을 듣는 마귀의 자손이다(8:46-47)

하나님께 속한 자는 진리의 말씀을 듣고, 마귀에게 속한 자는 진리를 듣지 않는다(47절; 10:4-5). '하나님께 속한 자'는 하나님의 주권을 강조하는 말이다. 요한복음에서 그리스도인은 '아버지(하나님)의 것'으로 명명되며(17:9), 그래서 '아버지께서 아들에게 주신 것'으로 나타난다(17:6). 따라서 그리스도인은 세상에 속한 자가 아니라(15:9), 하나님께 속한 자이다. 하나님께 속한 자는 무엇으로 그 정체성을 드러내는가? 진리의 말씀을 듣는 자가 하나님으로부터 온 자요 하나님께 속한 자요 하나님의 것이다. 반대로, 진리의 말씀을 거부하는 자는 세상에 속한 자요 마귀로부터 온 자이다.

따라서 하나님의 자녀와 마귀의 자녀를 구분하는 기준은 분명하다. 예수님이 전하시는 하나님의 말씀을 듣는 자는 하나님의 가족이다. 반면에 그 말

---

18. Borchert, *John 1-11*, 305-6; Burge, *John*, 262; Kruse, *John*, 212.

씀을 듣지 않고 거부하는 자는 하나님의 가족이 아니다. 그는 마귀의 가족이다. 믿음은 예수님의 말씀 안에 거하는 것이다(31절). 예수님의 말씀이 그 안에 거하는 것이다(37절). 이는 곧 말씀을 깨닫고 신뢰하는 인격적 관계를 의미한다. 말씀을 믿고 예수님을 신뢰하는 자, 그가 곧 진정한 아브라함의 자손이요 예수님의 제자요 하나님의 가족이다.

다른 한편, 요한일서에도 이러한 하나님의 자녀와 마귀의 자녀 개념이 나온다(요일 3:8-10). 그런데 요한일서는 특별히 죄를 짓지 않는 거룩한 행위에 초점을 둔다. 마귀에게 속한 자는 죄를 짓는 자요, 하나님께로부터 난 자는 죄를 짓지 않는다. 마귀의 자녀는 의를 행하지 않으며 형제를 사랑하지 않는다. 이와 달리, 하나님의 자녀는 의의 열매를 맺는 자요 형제를 사랑하는 자이다. 예수님의 말씀을 듣고 하나님의 가족이 된 하나님의 자녀는 말씀의 열매, 성화의 열매를 맺는다. 이와 같이 성도의 믿음과 신분, 그리고 행함은 긴밀하게 연결되어 있다. 예수님의 말씀 안에 거하는 자는 예수님의 말씀을 참되게 믿는 자인데, 결국 말씀이 그 사람의 삶을 변화시킨다는 것을 요한복음과 요한일서가 조화롭게 보여주고 있다.

교훈과 적용

1. 예수님의 말씀을 거부하면 마귀의 가족이 된다. 하나님의 자녀는 예수님의 말씀을 받아들인다. 그러나 마귀의 자녀는 예수님의 말씀을 듣지 않는다. 예수님의 말씀을 듣지 않는 것은 곧 마귀의 말을 듣는 것이다. 그래서 하나님의 가족이 아니라 마귀의 가족이 된다. 따라서 예수님의 말씀은 사람을 두 부류로 나눈다. 그 말씀을 받아들이느냐에 따라, 하나님의 가족과 마귀의 가족으로 나뉜다.
2. 예수님의 말씀을 거부하면 거짓의 가족이 된다. 예수님은 진리를 말씀하시기 때문에, 그 말씀을 거부하는 것은 결과적으로 거짓을 추구하는 것이 된다. 마귀의 가족의 특징은 진리를 거부하고 거짓을 추종한다는 것이다. 마귀 자체가 거짓으로 가득 차 있다. 마귀가 사람들을 거짓으로 속일 뿐 아니라, 마귀의 가족들 서로서로 거짓으로 속이는 공동체가 된다. 이런 거짓의 가족 안에는 생명도 없고 평화도 없다.
3. 예수님의 말씀을 거부하면 멸망의 가족이 된다. 예수님의 말씀을 듣지 않으면 우선

에 승승장구할 수도 있다. 거짓이 잠깐 승리하는 것처럼 보일 수 있다. 마귀의 유혹이 잠깐 달콤할 수 있다. 그러나 마귀의 최후는 영원한 멸망이다. 거짓의 최후는 영원한 부끄러움이다. 예수님의 말씀을 거부하는 사람은 이러한 멸망과 부끄러움에 빠질 것이라는 것을 명심해야 한다.

6. 아브라함보다 크신 예수님(8:48-59)

48 유대인들이 대답하여 이르되 우리가 너를 사마리아 사람이라 또는 귀
신이 들렸다 하는 말이 옳지 아니하냐 49 예수께서 대답하시되 나는 귀신
들린 것이 아니라 오직 내 아버지를 공경함이거늘 너희가 나를 무시하는
도다 50 나는 내 영광을 구하지 아니하나 구하고 판단하시는 이가 계시니
라 51 진실로 진실로 너희에게 이르노니 사람이 내 말을 지키면 영원히 죽
음을 보지 아니하리라 52 유대인들이 이르되 지금 네가 귀신 들린 줄을 아
노라 아브라함과 선지자들도 죽었거늘 네 말은 사람이 내 말을 지키면 영
원히 죽음을 맛보지 아니하리라 하니 53 너는 이미 죽은 우리 조상 아브
라함보다 크냐 또 선지자들도 죽었거늘 너는 너를 누구라 하느냐 54 예수
께서 대답하시되 내가 내게 영광을 돌리면 내 영광이 아무것도 아니거니
와 내게 영광을 돌리시는 이는 내 아버지시니 곧 너희가 너희 하나님이라
칭하는 그이시라 55 너희는 그를 알지 못하되 나는 아노니 만일 내가 알지
못한다 하면 나도 너희 같이 거짓말쟁이가 되리라 나는 그를 알고 또 그
의 말씀을 지키노라 56 너희 조상 아브라함은 나의 때 볼 것을 즐거워하다
가 보고 기뻐하였느니라 57 유대인들이 이르되 네가 아직 오십 세도 못되
었는데 아브라함을 보았느냐 58 예수께서 이르시되 진실로 진실로 너희
에게 이르노니 아브라함이 나기 전부터 내가 있느니라 하시니 59 그들이
돌을 들어 치려 하거늘 예수께서 숨어 성전에서 나가시니라

1) 귀신 들린 것이 아니라 아버지를 공경하시는 예수님(8:48-50)

예수님에 대한 유대인들의 배척 정도는 그를 불신하는 데 그친 것이 아니다. 예수님을 사마리아 사람이라 하고, 그에게 귀신 들렸다고 비난한다(48절). 카슨에 따르면, 아마도 예수님이 그들을 마귀의 자녀라 했기 때문에 이런 반응이 나왔을 것이다.[19] 어떤 사람의 아버지가 누구인지에 대해 논하는 것은 굉장히 민감한 문제이고, 심지어 상대방을 비하하는 것이기 때문에, 유대인들은 예수님을 정상적인 유대인이 아니라 생각했던 것 같다. 그래서 유대인이 몹시 싫어하는 사마리아 사람을 언급하며 귀신 들렸다고 비난하였다. 그러나 본문에 나오는 유대인의 비난에는 좀 더 깊은 역설적인 의미가 있다.

예수님이 사마리아 사람으로 간주된 것은 복음서 중 여기가 유일하다. 4장에서 살펴본 바와 같이, 당시 유대인과 사마리아인 사이에는 극심한 갈등이 있었다(4:9, 20). 따라서 예수님에게 사마리아인이라고 공격한 것은 굉장한 적대감의 표현이라고 할 수 있다. 그러나 여기에 나오는 유대인들의 비난은 일반적인 적대감을 넘어선다. 사마리아 사람과 귀신 들림을 연결시켰기 때문이다. 유대인들에게 사마리아 사람은 우상숭배자의 대명사였고, 예배와 관련하여 유대인과 갈등을 빚고 있었다(4:20). 또한 사마리아에는 귀신을 섬기는 주술이 유행하였다(행 8:9-11). 유대인들은 전통적으로 우상숭배의 배후에 귀신이 있다고 믿었다(참고. 시 106:36-37; 희년서 19:28-29).[20] 그래서 유대인들은 귀신 들린 것과 사마리아 사람을 연결시킨 것이다. 예수님이 유대인들의 유일신 사상(monotheism)에 정면 도전했기 때문에, 그들은 예수님을 우상숭배자, 사마리아 사람으로 간주하였다.

'귀신 들리다'(48절)는 직역하면 "귀신을 가지고 있다"는 말이다. 예수님

19. Carson, *John*, 355.
20. Klink III, *John*, 421.

이 귀신 들렸다고 공격받으신 것은 여기가 처음이 아니다(7:20; 참고. 10:20-21). 귀신 들렸다는 것은 미쳤다는 말과 거의 동의어로 쓰인다(10:20). 마가복음 3:21에 따르면, 예수님의 가족들은 그가 미쳤다고 생각하고 붙잡으러 다녔다. 다른 복음서에 따르면, 예수님은 심지어 귀신의 왕 바알세불이 들렸고, 바알세불을 힘입어서 귀신을 쫓아낸다는 비난을 받으셨다(마 12:24; 막 3:22; 눅 11:15). 한편, 요한복음의 문맥에서는 축사 사역과 관계가 없이 예수님은 귀신 들렸다는 말을 들으신다(7:20; 8:48; 10:20). 특히 하나님을 아버지라 부르며, 자신을 하나님의 아들이라 주장하는 문맥에서 이런 취급을 받으신다(42절; 10:18). 앞서 사마리아 사람이라는 호칭에서도 설명되었듯이, 이러한 예수님의 하나님 아들 계시는 하나님을 한 분 참 하나님으로 섬기는 유대 유일신 사상에 대한 도전으로 간주되었다. 이것을 유대인들은 우상숭배로 보았다. 그리고 우상숭배의 배후에는 귀신이 있기 때문에, 결국 예수님이 귀신 들렸다는 비판을 받으신 것이다.

따라서 '유일신 사상 도전', '사마리아 사람', '귀신 들림'이 차례로 연결되어 예수님에 대한 유대인들의 비난 수위가 굉장히 높다. 하지만 여기에 역설적 함의가 있다. 유대인들은 예수님이 귀신 들렸다고 비난하지만, 사실은 그들이 거짓의 아비 마귀의 자녀이다. 예수님이 귀신을 따르는 것이 아니라, 그들이 마귀에게 속아 순종하는 자들이다. 진리를 거부하며 거짓을 믿고, 진리를 말씀하시는 예수님을 죽이려 한다.

예수님은 자신의 귀신 들림을 부인하시며, 자신의 말과 행동이 아버지를 공경하는 데서 비롯되었다고 하신다(49절). 따라서 예수님을 사마리아 사람이라고 부르고, 그에게 귀신 들렸다고 하는 것은 그를 모욕하는 것이다. 개역개정이 '무시하다'로 번역한 헬라어 ἀτιμάζω(*아티마조*)는 '모욕하다' 혹은 '능욕하다'가 좀 더 정확한 번역이다. 예수님은 또한 아버지를 공경하는 것은 자신의 영광을 구하는 것이 아니라, 자신을 보내신 아버지의 영광을 구하는 것이라 하신다(50절). 자기 스스로 말하는 자는 자기 영광을 구하되,

보내신 이의 말을 하는 자는 보내신 이의 영광을 구한다(7:18). 따라서 예수님의 말씀은 하나님께로부터 온 말씀이고, 우리가 믿을 만한 참된 말씀이다. 그러나 사람들은 이러한 예수님의 말씀을 거절하며, 예수님께는 물론이거니와 하나님을 영화롭게 하지 않는다.

2) 영원한 생명을 주시는 예수님(8:51-52)

예수님은 그의 말씀을 지키면 영원히 죽음을 보지 않는다고 하신다(51절). '지키다'를 뜻하는 헬라어 τηρέω(*테레오*)는 다양한 뜻으로 쓰일 수 있지만, 본문에서는 믿음의 열매로서 '순종하다'를 의미한다. 비슷한 의미로 55절에서 예수님은 하나님의 말씀을 지키시는 분으로 나타난다. 이는 곧 예수님은 하나님께 순종하신다는 뜻이다(55절). 요한복음에는 이와 유사한 다른 용례도 있는데, 계명을 지킨다는 것은 계명을 순종한다는 말이다(14:15, 21; 15:10). 이런 맥락에서, 예수님은 그의 말씀을 지키는 자가 곧 그를 사랑하는 자라 하신다(14:23-24; 15:20). 이는 예수님의 말씀에 대한 순종을 가리킨다(참고. 17:6). 그러므로 사람이 예수님의 말씀을 지킨다는 것은 예수님의 가르침을 따르는 것, 곧 믿음을 따라 예수님의 말씀에 순종하는 것을 뜻한다.

예수님은 그의 말씀을 순종하는 자에게 영생을 약속하신다(51절). "영원히 죽음을 보지 않는다"는 이중 강조로 되어 있다. '영원히'라는 말과 함께, οὐ μὴ(*우 메*)라는 두 개의 부정어가 부정의 의미를 강조한다. 요한복음에서 영생은 예수님을 믿는 자에게 약속된다(3:16; 6:47). 또한 예수님의 말씀은 영생의 말씀이다(6:68). 따라서 본문은 예수님과 예수님의 말씀을 믿는 자가 순종이라는 믿음의 열매를 맺는 것을 가리킬 것이다(3:36; 15:5). 예수님을 믿는 것과 그에게 순종하는 것은 아주 긴밀하게 연결되어 있다.

3) 아브라함보다 먼저 계신 예수님(8:53-59)

아브라함보다 크냐는 유대인들의 질문에 예수님은 자기 '영광'을 부인하신다(54절). 예수님은 자신을 높이기 위해 영생의 비밀을 이야기하는 것이 아니라는 뜻이다. 예수님은 자신의 영광을 구하지 아니하시고 판단을 하나님께 맡기신다(50절). 결국 하나님이 예수님을 판단하시고 그를 영화롭게 하신다(54절).

아브라함이 예수님의 때 볼 것을 즐거워하였다는 것은 무슨 말인가?(56절) '나의 때(날)'는 언제를 일컫는가? 그리고 아브라함은 언제 그때를 보았고, 언제 기뻐하였는가? '때'(ἡμέρα, *헤메라*)는 '날'이라 할 수 있는데, 예수님의 날이란 그의 생애 전체(성육신-고난-죽음-부활)를 가리킬 수도 있지만, 특별히 그의 성육신을 의미할 수 있다.[21] 만약 예수님의 성육신을 가리킨다면, 아브라함은 아마도 이삭의 출생을 통해 메시야의 출생을 기대했다고 볼 수 있다.[22] 랍비 문헌은 하나님께서 아브라함에게 미래를 계시하셨다고 기록한다(Gen. Rab. 44:22). 이 경우 아브라함이 즐거워하고 기뻐한 것은 창세기에 나오는 '웃음'을 뜻한다(창 21:6; 필로 *De Mustatione Nominum* 154-165; 희년서 16:15-19).[23]

한편, 아브라함이 죽은 후, 하늘에서 메시야의 날을 보고 기뻐하였다는 유대 전통도 있다. 아브라함은 종말론적 제사장으로서 메시야가 출현하여 하나님의 구원을 이룰 것을 보고 즐거워하였다(열두 족장의 유언서 중 레위 유언 18:14). 이 전통에 따르면, 아브라함은 하늘에서 예수님의 성육신을 보고, 메시야가 올 것이라는 약속이 성취된 것을 보고 기뻐하였다.[24]

예수님은 *에고 에이미* 말씀을 사용하여, 그의 선재성을 나타내실 뿐 아니라, 하나님으로서 자신의 정체성을 드러내신다(58절). 아브라함이 태어나기 전에 예수님이 계셨다는 것은 요한복음 서문을 읽은 독자들에게는 이미 익

21. Köstenberger, *John*, 272.
22. Kruse, *John*, 215.
23. Whitacre, *John*, 230-1.
24. Whitacre, *John*, 231.

숙하다. 예수님은 *로고스*로서 태초에 하나님과 함께 계신 분이기 때문이다(1:1). *에고 에이미*는 요한복음에서 예수님이 자신의 신적 정체성을 드러내는 대표적인 표현 방법이기 때문에(4:26; 6:20; 8:24), 예수님은 자신을 선재하신 하나님으로 계시한다고 보아야 한다.

교훈과 적용

1. 예수님의 계시는 하나님의 영광을 위한 것이다. 예수님은 하나님의 영광을 위해 자신을 계시하신다. 예수님은 자신의 영광을 위해 자신을 드러내신 것이 아니다. 자신의 영광을 구하지 않고, 하나님의 영광을 위해 자신을 계시하셨다. 하나님은 그러한 예수님에게 영광을 돌리심으로 예수님의 계시를 확증하셨다. 모름지기 주님의 일을 하는 사람은 이와 같은 예수님의 자세를 본받아야 한다. 하나님의 인정만을 바라보며, 자신의 영광이 아니라 하나님의 영광을 구해야 한다.
2. 예수님의 계시는 사람들의 영생을 위한 것이다. 예수님은 사람들의 영생을 위해 자신을 계시하신다. 예수님은 자신의 유익이 아니라, 사람들의 영생을 위해 자신을 드러내셨다. 사람들을 죽음에서 살리며 죄에서 건지기 위해 자신을 희생하셨다. 진리를 전하시고, 십자가를 지신 것은 사람들에게 영생의 복된 소식을 알리기 위해서였다. 이와 같이 주님의 일을 하는 사람은 다른 사람의 유익을 위해 살아야 한다. 다른 사람이 영생을 얻고 하나님을 깊이 사랑하도록 그들을 돕고 섬겨야 한다.
3. 예수님의 계시는 하나님께 순종하기 위한 것이다. 예수님은 하나님께 순종하기 위해 자신을 계시하신다. 예수님은 자신의 욕심을 따라, 자기 마음대로 하신 분이 아니다. 하나님의 말씀에 순종하여 세상에 오셨다. 하나님의 말씀을 따라 자신을 계시하셨다. 하나님의 말씀을 드러내기 위해 십자가를 지셨다. 오직 하나님께 순종하며 묵묵히 사명을 감당하셨다. 그러므로 주의 종은 자신이나 사람에게 순종할 것이 아니라 오로지 하나님께 순종해야 한다.

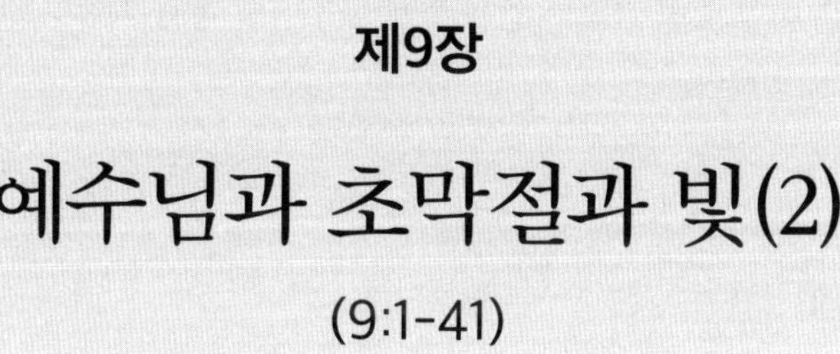

제9장

예수님과 초막절과 빛(2)

(9:1-41)

본문 개요

초막절의 빛을 배경으로 하는 예수님의 두 번째 이야기이다. 예수님은 한 맹인의 눈을 치유하신 사건을 통해 그 자신이 누구인지를 계시하신다. 육체적인 눈을 치유하시는 사건을 통해 영적 메시지를 선포하신다. 예수님은 사람들의 눈을 밝혀 영생의 길로 인도하는 빛이시다. 또한 예수님의 인도를 받지 않는 자들은 육체적으로는 볼 수 있을지 몰라도, 영적으로는 맹인에 불과하다. 9장은 이렇게 한 표적 사건을 통해 예수님의 정체성과 영적인 봄에 대한 논의를 진행한다.

내용 분해

1. 맹인을 고치시는 예수님(9:1-12)
   1) 맹인 됨의 목적(9:1-5)
   2) 맹인의 치유(9:6-7)
   3) 맹인이었던 사람의 증언(9:8-12)
2. 맹인이었던 사람을 심문하는 바리새인들(9:13-34)
   1) 맹인이었던 사람을 심문함(9:13-17)
   2) 맹인이었던 사람의 부모를 심문함(9:18-23)
   3) 맹인이었던 사람을 다시 심문함(9:24-34)
3. 누가 맹인인가?(9:35-41)
   1) 인자에 대한 믿음(9:35-38)
   2) 보는 것의 역설(9:39)
   3) 눈 뜬 맹인들(9:40-41)

본문 주해

1. 맹인을 고치시는 예수님(9:1-12)

1 예수께서 길을 가실 때에 날 때부터 맹인 된 사람을 보신지라 2 제자들
이 물어 이르되 랍비여 이 사람이 맹인으로 난 것이 누구의 죄로 인함이
니이까 자기니이까 그의 부모니이까 3 예수께서 대답하시되 이 사람이나
그 부모의 죄로 인한 것이 아니라 그에게서 하나님이 하시는 일을 나타
내고자 하심이라 4 때가 아직 낮이매 나를 보내신 이의 일을 우리가 하여
야 하리라 밤이 오리니 그 때는 아무도 일할 수 없느니라 5 내가 세상에
있는 동안에는 세상의 빛이로라 6 이 말씀을 하시고 땅에 침을 뱉어 진흙
을 이겨 그의 눈에 바르시고 7 이르시되 실로암 못에 가서 씻으라 하시니
(실로암은 번역하면 보냄을 받았다는 뜻이라) 이에 가서 씻고 밝은 눈으
로 왔더라 8 이웃 사람들과 전에 그가 걸인인 것을 보았던 사람들이 이르
되 이는 앉아서 구걸하던 자가 아니냐 9 어떤 사람은 그 사람이라 하며 어
떤 사람은 아니라 그와 비슷하다 하거늘 자기 말은 내가 그라 하니 10 그
들이 묻되 그러면 네 눈이 어떻게 떠졌느냐 11 대답하되 예수라 하는 그 사
람이 진흙을 이겨 내 눈에 바르고 나더러 실로암에 가서 씻으라 하기에
가서 씻었더니 보게 되었노라 12 그들이 이르되 그가 어디 있느냐 이르되
알지 못하노라 하니라

1) 맹인 됨의 목적(9:1-5)

태어날 때부터 맹인 된 사람이 등장한다(1절). 제자들이 예수님께 이 사람의 맹인 됨이 무엇 때문인지 묻는다. 자신의 죄 때문인지, 그의 부모의 죄 때문이지 묻는다(2절). 이런 질문은 유대인들의 전통적인 관념에서 비롯되었다. 구약은 죄로 말미암아 인간에게 죽음이 왔다고 한다(창 2:17; 겔 18:20).

죄로 말미암아 고통이 온다(예. 민 12:10; 시 89:32; 107:10-11). 신약도 죄 때문에 질병 혹은 죽음의 심판이 있음을 부인하지 않는다(예. 행 5:1-11; 고전 11:30; 요일 5:16). 심지어 요한복음 자체도 사람의 질병이 그의 죄 때문일 수 있다는 것을 암시한다(5:14). 그렇다면 이 사람은 태어날 때부터 맹인이었는데, 그는 언제 그리고 어떻게 죄를 지을 수 있었을까? 아마도 그가 어머니의 뱃속에 있었을 때 어머니가 우상숭배를 했다면, 그녀의 태아도 우상숭배에 참여한 것으로 간주하는 유대 전통 해석이 있다(Cant. Rab. 1.6.3).[1] 혹은 유대인들은 야곱과 에서가 어머니의 뱃속에서 다투었기 때문에(창 25:22), 태아가 뱃속에서도 죄를 지을 수 있다고 생각했다(Gen. Rab. 63:6). 그러나 이 맹인의 고통의 원인에 대해서 예수님은 다르게 말씀하신다. 그에게 '하나님이 하시는 일'(직역-하나님의 일들)을 나타내기 위함이라 하신다(9:3).

'하나님의 일들'이란 무엇인가?(3절) 이어지는 문맥으로 볼 때, 이는 예수님의 능력으로 말미암아 맹인이 시력을 회복하는 것이라 할 수 있다. 그러나 요한복음 전체에서 볼 때, 결국 예수님 자신과 하나님 아버지를 계시하여, 사람들로 하여금 믿고 영생을 얻게 하는 것이다(10:37-38; 14:10-11; 3:16). 이러한 일은 원래 하나님이 하시는 일이었다. 이제 하나님은 이 일을 아들에게 보이사 아들로 이 일을 하게 하셨다(5:20). 그래서 이 일은 곧 예수님의 사명이 되었고, 예수님의 삶의 원동력이 되었다(4:34). 그리고 마지막에 이 모든 일을 다 이루셨다고 선포하신다(17:4; 19:30). 실제 9장 끝에 맹인이었던 사람은 예수님을 믿고 받아들인다(9:35-38). 따라서 예수님이 맹인의 눈을 뜨게 하신 사건은 일종의 상징적 행위로 볼 수 있다. 세상의 빛이신 예수님이 사람들 안에 있는 영적 어두움을 몰아내고, 그들을 영생으로 인도하실 분이라는 것이다. 그러므로 9장 전체의 핵심은 바로 영적 시력의 유무라 할 수 있다. 눈은 뜨지만 예수님을 모르면 결국 영적인 맹인 즉 죄인이 되는 것이다.

---

1. Carson, *John*, 362.

반면 설령 육체적인 시력이 없을지라도, 그에게 예수님을 받아들이는 믿음이 있다면 그는 영적으로 보는 자이다.

예수님은 자신이 세상에 있는 시간이 제한되어 있다고 말씀하신다(4절). 자신이 세상에 있을 때는 '낮'이다. 왜냐하면 예수님이 빛이기 때문이다(5절). 이때가 일할 수 있는 시간이다. 여기서 말하는 '밤'이란 예수님이 죽으신 후 성령이 오시기 전을 가리킨다.[2] 이때가 바로 밤이며, 아무도 일할 수 없는 시간이다.

2) 맹인의 치유(9:6-7)

예수님은 침으로 진흙을 이겨 맹인의 눈에 바르셨다(6절). 그리고 실로암 못에 가서 씻으라고 하셨다(7절). 예수님은 왜 이런 행동과 말씀을 하셨을까? 말씀만으로 치유하실 수 있었을 텐데, 왜 이런 방법을 택하셨을까? 예수님이 치유하실 때 침을 사용하신 것은 이번이 처음은 아니다(막 7:33; 8:23). 고대 사회에서 침은 자주 치료제로 사용되었으며(타키투스, 『역사』 4:81), 유대 전통에도 이런 모습이 나온다(솔로몬의 유언 7:3).[3] 그러나 침은 또한 부정한 것으로 간주되었다(레 15:8; 민 12:14). 유대인들에게는 사람의 몸에서 나오는 것(예. 대소변, 모유, 정액, 생리 피 등)은 부정하다는 관념이 있었다.[4] 그러나 이러한 부정한 것들도 때로는 의식적으로 합당한 범위 내에서 정결과 치유를 위해 사용되었다. 이런 이유로 피는 정결을 위해, 침은 치유를 위해 사용되었다. 그렇다면 이 본문은 비록 부정한 물질이지만, 예수님은 그것을 통해 하나님의 일을 나타내신다는 것을 보여준다. 부정한 것들이 예수님의 손을 통해 거룩한 도구로 쓰임 받는 것이다. 예수님은 왜 흙을 사용하셨을까? 이레네우스 이래로 예수님의 이러한 치유는 일종의 창조 행위를 나타내

2. Carson, *John*, 363.
3. Keener, *John 1*, 780.
4. Carson, *John*, 364.

는 것으로 이해되어 왔다(참고. 창 2:7).[5] 평범한 흙이 예수님의 손을 통해 창조의 도구가 된다. 예수님은 침과 흙을 통해 새 창조 행위를 하신다. 부정한 것도, 평범한 것도 예수님께 붙들린 바 되면 하나님의 도구가 된다.

실로암에 가서 씻으라는 예수님의 명령은 본문의 문맥에서 자연스럽다(7절). 왜냐하면 눈에 묻은 흙을 씻어내야 하기 때문이다. 동시에 이러한 기적적 치유는 맹인의 믿음과 순종을 통해 나타난다는 것을 보여준다. 마치 구약에서 엘리사가 나아만 장군의 병을 즉시 고치지 않고, 그의 믿음과 순종을 통해 기적이 일어나도록 한 것과 비슷하다(왕하 5:10-13). 그러나 여기에는 또 다른 상징적 해석이 가능하다. 왜 실로암일까? 물론 치유 사건이 실로암 가까이에서 벌어졌을 수도 있다. 그러나 여기에는 또한 신학적 함의가 있다. 실로암은 본문이 밝힌 대로 '보냄을 받았다'는 뜻이다(7절). '실로암'(Σιλωάμ)은 히브리어 '실로아'(שלח)의 헬라어식 표현인데, 예루살렘 남서쪽에 위치하였다(참고. 사 8:6). 기드론 골짜기의 기혼 샘으로부터 물길을 통해 물을 받아 연못이 형성되었다. 아마도 실로암의 뜻이 '보냄을 받았다'는 것은 결국 기혼 샘으로부터 이 물이 보냄 받았다는 뜻일 것이다. 그런데 요한복음에서는 실로암의 뜻이 곧 예수님께 해당된다.[6] 예수님은 하나님께로부터 보냄 받으신 분이다(10:36; 17:18; 20:21). 한편, 7절 본문을 이사야 8:6과 창세기 49:10과 연결할 수도 있다.[7] 이사야는 이스라엘의 불신을 실로아의 물을 거절하는 모습으로 묘사한다. 실로아와 같은 어원의 단어인 '실로'가 창세기에서는 메시야적 의미로 사용된다(창 49:10). 신약의 관점에서 볼 때, 실로암은 메시야의 구원과 이스라엘의 거절을 암시한다고 볼 수 있겠다. 다시 말하면, 유대인은 불신하고 배척하지만, 결국 메시야 예수님이 사람들에게 치유와 구원을 가져다 줄 것이 본문에 함축되어 있다.

---

5. Michaels, *John*, 545-6; Morris, *John*, 427.
6. Köstenberger, *John*, 284.
7. Carson, *John*, 365.

본문은 또한 초막절 배경과도 연결된다. 초막절에 실로암에서 물을 길어 성전 마당 항아리에 가득 채우는 예식이 있었기 때문이다. 하나님께서 광야에서 이스라엘에게 물을 공급하신 것을 기념하고, 앞으로도 그런 공급을 하여 주시기를 기원하는 예식이다. 이때 예수님은 이제 자신이 물을 공급하실 것이라 말씀하신다. 이것은 예수님이 새 이스라엘에게 주실 성령을 일컫는다(7:37-39). 따라서 실로암 물로 눈을 씻는 것은 곧 예수님이 주실 성령을 통해 영적 어두움이 벗겨지는 것을 상징한다고 볼 수도 있다.

3) 맹인이었던 사람의 증언(9:8-12)

맹인이 시력을 회복하자, 어떤 사람들은 그를 알아보지 못한다(8-9절상). 자신이 맹인이었던 그 사람이라고 그는 자신을 드러낸다. 사람들이 어떻게 시력을 회복할 수 있었냐고 묻자, 그는 예수님이 자신에게 어떻게 하셨는지를 설명한다(11절). 맹인이었을 때 예수님의 명령에 순종하였던 이 사람은, 이제 사람들 앞에 예수님이 자신에게 행하신 일을 증언한다.

교훈과 적용

1. 고통을 통해 우리는 예수님이 어떤 분인지를 알게 된다. 맹인의 고통은 결국 예수님이 하나님의 보냄을 받은 분인 것을 드러낸다. 그가 어두움을 물리치고 참 구원의 빛을 비추시는 분임을 드러낸다. 예수님이 성령을 통해 구원할 것임을 드러낸다. 맹인의 고통은 이렇게 하나님이 예수님을 통해 일하시기 위해 주어진 것이다.
2. 고통을 통해 우리는 예수님이 어떻게 일하시는지를 알게 된다. 맹인의 고통을 치유하기 위해, 예수님은 흙을 사용하여 새 창조의 역사를 하신다. 부정한 침이지만, 예수님에게 사용되어 사람을 치유하는 거룩한 도구가 된다. 맹인의 고통은 예수님이 일하시는 방법을 보여준다.
3. 고통을 통해 예수님은 나의 믿음과 순종을 요구하신다. 예수님은 맹인의 고통을 치유하기 위해, 맹인에게 믿음과 순종을 요구하신다. 예수님이 치유하시지만, 맹인의 순종을 통해 그 치유를 완성하신다. 고통을 받는 자는 예수님의 치유에 믿음으로 순종하는 것이 필요하다.

2. 맹인이었던 사람을 심문하는 바리새인들(9:13-34)

13 그들이 전에 맹인이었던 사람을 데리고 바리새인들에게 갔더라 14 예
수께서 진흙을 이겨 눈을 뜨게 하신 날은 안식일이라 15 그러므로 바리새
인들도 그가 어떻게 보게 되었는지를 물으니 이르되 그 사람이 진흙을 내
눈에 바르매 내가 씻고 보나이다 하니 16 바리새인 중에 어떤 사람은 말하
되 이 사람이 안식일을 지키지 아니하니 하나님께로부터 온 자가 아니라
하며 어떤 사람은 말하되 죄인으로서 어떻게 이러한 표적을 행하겠느냐
하여 그들 중에 분쟁이 있었더니 17 이에 맹인되었던 자에게 다시 묻되 그
사람이 네 눈을 뜨게 하였으니 너는 그를 어떠한 사람이라 하느냐 대답하
되 선지자니이다 하니 18 유대인들이 그가 맹인으로 있다가 보게 된 것을
믿지 아니하고 그 부모를 불러 묻되 19 이는 너희 말에 맹인으로 났다 하
는 너희 아들이냐 그러면 지금은 어떻게 해서 보느냐 20 그 부모가 대답
하여 이르되 이 사람이 우리 아들인 것과 맹인으로 난 것을 아나이다 21 그
러나 지금 어떻게 해서 보는지 또는 누가 그 눈을 뜨게 하였는지 우리는
알지 못하나이다 그에게 물어 보소서 그가 장성하였으니 자기 일을 말하
리이다 22 그 부모가 이렇게 말한 것은 이미 유대인들이 누구든지 예수를
그리스도로 시인하는 자는 출교하기로 결의하였으므로 그들을 무서워함
이러라 23 이러므로 그 부모가 말하기를 그가 장성하였으니 그에게 물어
보소서 하였더라 24 이에 그들이 맹인이었던 사람을 두 번째 불러 이르되
너는 하나님께 영광을 돌리라 우리는 이 사람이 죄인인 줄 아노라 25 대답
하되 그가 죄인인지 내가 알지 못하나 한 가지 아는 것은 내가 맹인으로
있다가 지금 보는 그것이니이다 26 그들이 이르되 그 사람이 네게 무엇을
하였느냐 어떻게 네 눈을 뜨게 하였느냐 27 대답하되 내가 이미 일렀어도
듣지 아니하고 어찌하여 다시 듣고자 하나이까 당신들도 그의 제자가 되
려 하나이까 28 그들이 욕하여 이르되 너는 그의 제자이나 우리는 모세의

제자라 29 하나님이 모세에게는 말씀하신 줄을 우리가 알거니와 이 사람
은 어디서 왔는지 알지 못하노라 30 그 사람이 대답하여 이르되 이상하다
이 사람이 내 눈을 뜨게 하였으되 당신들은 그가 어디서 왔는지 알지 못
하는도다 31 하나님이 죄인의 말을 듣지 아니하시고 경건하여 그의 뜻대
로 행하는 자의 말은 들으시는 줄을 우리가 아나이다 32 창세 이후로 맹
인으로 난 자의 눈을 뜨게 하였다 함을 듣지 못하였으니 33 이 사람이 하
나님께로부터 오지 아니하였으면 아무 일도 할 수 없으리이다 34 그들이
대답하여 이르되 네가 온전히 죄 가운데서 나서 우리를 가르치느냐 하고
이에 쫓아내어 보내니라

1) 맹인이었던 사람을 심문함(9:13-17)

맹인이었던 사람의 이웃과 전에 그가 구걸하던 것을 본 사람들은 그의 시력 회복에 놀랐다. 그리고 그를 바리새인에게 데리고 갔다(13절). 그들은 왜 그를 바리새인들에게 데리고 갔을까? 다른 복음서에 따르면, 예수님은 나병 환자들을 치료하신 후, 그 회복된 몸을 제사장에게 보이라고 하신다(참고. 마 8:4; 막 1:44; 눅 5:14; 17:14). 제사장은 회복 유무를 판단한 다음, 회복된 환자가 공동체에 잘 복귀하도록 돕는 역할을 하였다(레 13-14장). 맹인도 성전 예배에 참석하지 못하였는데(LXX 삼하 5:8), 그렇다면 사람들은 맹인이었던 사람을 제사장에게 데리고 가지 않고, 왜 바리새인들에게 데리고 갔을까? 율법 교사인 서기관들은 주로 바리새인들이었는데, 아마도 그들에게 율법에 관한 자문을 구했을 수 있다.[8]

5장에 이어 안식일이 다시 논쟁의 주제가 된다(14절). 바리새인이 그를 심문하자, 그는 자신이 어떻게 보게 되었는지를 설명한다(15절). 그러자 어떤 이는 예수님이 안식일을 지키지 않았기 때문에 하나님이 보내신 자가 아니

8. Carson, *John*,, 366.

라 하고, 다른 이는 예수님의 기적을 보니 맞다고 한다(16절). 맹인이었던 자는 그들에게 예수님을 '선지자'로 고백한다(17절). 이는 사마리아 여인의 고백과 비슷하다(4:19). 메시야의 의미로 고백된 6:14과는 구별된다. 그러나 이 사람이 정확히 어떤 의미로 예수님을 '선지자'로 고백했는지는 의견이 분분하다. 다만 쾨스텐버거가 지적한 대로, 예수님에 대한 그의 인식 혹은 믿음의 발전은 분명하다.[9] 그는 제일 처음에 '예수라 하는 그 사람'이라고 한다(11절). 이어서 '선지자'라 하고(17절), 또 마치 자신을 예수님의 제자로 여기는 듯한 발언도 한다(27절). 그리고 예수님이 하나님께로부터 왔음을 인정한다(33절). 결국 예수님을 주님으로 고백하고 그를 경배한다(38절). 따라서 예수님을 '선지자'로 고백하는 그의 모습을 긍정적이라 할 수 있다.

2) 맹인이었던 사람의 부모를 심문함(9:18-23)

유대인들은 맹인이었던 사람의 증언을 믿지 않고, 그의 부모를 불러 심문한다(18절). 그의 부모는 자신의 아들이 맹인이었던 것을 증언하지만, 그가 어떻게 시력을 회복했는지는 모른다고 한다. 아들이 장성했으니 그에게 물어보라 한다(20-21절). 왜냐하면 그들은 자신들이 유대교로부터 출교 당할까 두려웠기 때문이다(22절). 이는 그 부모가 예수님의 기적을 알고 있었으나, 아직 출교를 감당할 만한 믿음에 이르지 않았음을 보여준다.

한편 이 구절은 많은 학자들에 의해, 요한복음이 기록될 당시의 상황을 알려주는 본문으로 이해되어 왔다. 기원후 90년 얌니아 종교 회의에서 유대인들은 18가지 축복 선언을 결정하였다. 그중에 유대교 이단(기독교를 포함하여)을 대상으로 하는 선언이 있었다. 다시 말하면 축복 선언 중에 이단자들(기독교인들)을 대상으로 저주를 선포하는 내용이 있었다. 이때 이 저주 선언을 하면 유대교에 머물러 있는 것이고, 이단자들(기독교인들)에게 저주

9. Köstenberger, *John*, 287.

를 선언하지 못하면 이단으로 분류되어 유대교로부터 출교 당했다. 이러한 역사적 배경이 요한복음에 깔려 있다고 보는 학자들이 있다. 이런 학자들은 본문에 나오는 출교 상황이 예수님 당시 상황이 아니라, 요한복음이 기록될 당시 상황이라 주장한다. 그래서 요한복음 저자는 자기 당대 상황을 요한복음에 투영시켰다고 한다.[10] 그러나 이러한 유대교로부터 출교의 위협은 어느 한 특수한 상황이라기보다, 초대 교회 때부터 기독교가 유대교로부터 당한 핍박의 전형적인 특징이다(막 8:37; 눅 12:8-9; 행 4:5-22; 살전 2:14). 그러므로 쉽게 하나의 특수한 역사 상황과 연결 짓는 것을 조심해야 한다.

3) 맹인이었던 사람을 다시 심문함(9:24-34)

유대인들은 다시 맹인이었던 사람을 불러 심문한다(24절). 그들은 예수님을 죄인이라 한다. 예수님에 대한 맹인의 인식과 유대인의 인식에 엄청난 차이가 있음을 보여준다. 앞서 밝힌 대로, 예수님에 대한 맹인의 인식은 점차 발전해 간다: '예수라 하는 그 사람'(11절) ⇨ '선지자'(17절) ⇨ 마치 자신을 예수님의 제자로 여기는 듯한 발언(27절) ⇨ 예수님이 하나님께로부터 왔음을 인정(33절) ⇨ 마침내 예수님을 주님으로 고백하고 그를 경배(38절). 그러나 유대인들은 예수님을 죄인이라 정죄할 뿐 아니라, 결국 맹인도 심하게 정죄한다(34절). 반면에 예수님은 빛으로(5절), 창조자로(6절), 인자로(35절) 자신을 계시하신다.

유대인들은 맹인이었던 사람에게 병이 낫게 된 것으로 인해, 온전히 '하나님께 영광 돌리라'고 한다(24절). 이들은 정말 하나님의 영광을 구하는 사람들이었을까? 이는 요한복음의 역설적인 모습이다. 실상은 맹인이었던 사람은 하나님이신 예수님께 영광을 돌리고 있었다. 반면에 유대인들은 예수

---

10. 이 학설을 주장한 대표적인 학자는 루이스 마틴이다. J. L. Martyn, *History and Theology in the Fourth Gospel* (Louisville: Westminster John Knox Press, 1968).

님을 거부하였기 때문에, 하나님께 영광을 돌리지 않는 사람들이었다. 온갖 종교적 모습과 하나님의 이름으로 자신의 말과 행동을 꾸미고 있지만, 그들은 예수님을 거부하였다. 그러므로 하나님께 영광을 돌리지 않은 것이다. 가장 종교적인 사람들이 가장 비신앙적 행동을 한 것이다.

그러나 맹인이었던 사람은 자신이 맹인이었다가 보게 되었으므로, 유대인들의 주장을 받아들이지 않는다. 오히려 그들이 자꾸 심문하자, 그들도 예수님의 제자가 되려 하느냐고 반문한다(27절): "당신들도 그의 제자가 되려 하나이까?" 이는 자신이 예수님의 제자임을 암시하는 듯한 말투이다. 그리고 예수님은 죄인이 아니라 경건하고 하나님의 뜻대로 행하시는 분이라 한다(31절). 맹인의 눈을 뜨게 하신 예수님은 하나님께로부터 오신 분이라 한다(33절). 맹인이었던 사람은 매우 단호하게 유대인들에게 맞서며, 예수님을 적극적으로 변호한다.

맹인이었던 사람과는 대조적으로, 유대인들은 맹인이었던 사람의 증언을 전혀 받아들이지 않는다(28-29절). 오히려 자신은 모세의 제자라 하며, 출신이 불분명한 예수님을 믿을 수 없다고 한다. 자칭 모세의 제자라고 하는 자들에 대한 예수님의 반박은 이미 앞서 언급된 바 있다. 예수님은 유대인들에게 모세를 믿었다면 자신을 믿지 않을 수 없다고 하신다(5:46). 왜냐하면 모세가 예수님에 대해 기록했기 때문이다(5:47; 참고. 1:47). 따라서 본문은 비록 유대인들이 자신들을 모세의 제자로 여기고 있으나, 실상은 모세의 제자가 아니라는 것을 말해준다. 유대인들의 이러한 자기 정체성 착각은 요한복음 여기저기에 나타난다. 그들은 자신들이 아브라함의 자손이라고 하며(8:33), 하나님의 자손이라고도 한다(8:41). 그러나 예수님은 그들이 실상은 마귀의 자손이라 하신다(8:44).

한편, 본문에서는 '경건한 것'과 '하나님의 뜻대로 행하는 것'이 병렬을 이루고 있다(31절). '경건한'을 뜻하는 헬라어 θεοσεβής(*떼오세베스*)는 다른 신약 본문에는 등장하지 않는다. 칠십인경에는 5번 나오는데, 그중에 욥을 가리키는 데 3번 사용된다(1:1, 8; 2:3). 하나님을 경외하는 욥을 묘사하기 위해 사용된다. 같은 어군의 단어인 θεοσέβεια(*떼오세베이아*)도 신약에서 한 번 등장하는데(딤전 2:10), '하나님을 경외하는 것'으로 번역된다. 그런데 디모데전서에도 *떼오세베이아*는 '선행'과 병렬을 이룬다. 요한복음에서는 맹인이었던 사람이 예수님을 묘사하면서 *떼오세베스*를 사용하지만, 디모데전서에서는 그리스도인을 묘사하기 위해 *떼오세베이아*가 사용된다. 그러므로 요한복음 본문은 신자의 경건(하나님을 경외하는 것)과 행함이 밀접하게 연결된다는 것을 보여준다.

유대인들은 마침내 맹인이었던 사람을 죄인으로 정죄하며, 자신들을 그에게서 분리시킨다(34절). 특히 "네가 온전히 죄 가운데서 나서"는 유대인들이 이 사람이 날 때부터 맹인이었다는 것을 인정함과 동시에, 죄와 질병을 굳게 연결시키고 있음을 보여준다. 또한 '온전히'(ὅλος, *호로스*)라는 말은 유대인들이 맹인이었던 사람을 얼마나 무시하는지 잘 보여주는 단어이다. 예수님은 맹인이었던 사람의 고통이 하나님의 일을 위한 것이라 하셨지만(3절), 유대인들은 그가 죄인으로서 마땅히 받아야 할 형벌이라고 말한다.

교훈과 적용

1. 종교 형식을 극복하고 참 믿음으로 나아가야 한다. 유대인들은 종교적 모습으로 가득하였지만 정작 예수님을 거부하였다. 안식일은 소중히 여기는 듯했지만, 정작 참된 안식을 주시는 예수님은 거부했다. 종교적 형식은 다 갖추고 있었지만, 정작 가장 중요한 내용인 믿음이 없었다. 예수님 중심의 신앙이 아니라, 종교적 형식이나 모양에 치우치는 것을 조심해야 한다. 오늘날 우리도 종교 행위에만 몰두하여 정작 참된 믿음을 소홀히 하는 일이 없어야 한다.
2. 두려움을 극복하고 참 믿음으로 나아가야 한다. 맹인의 부모는 자신의 아들에 대해 어느 정도의 사실은 증언하지만 더 나아가지 않았다. 왜냐하면 두려움 때문이었다. 자기가 속한 공동체에서 소외당하는 것을 두려워했다. 두려움은 참 신앙으로 나아가는 데 방해가 된다. 그러므로 하나님에 대한 확신을 가지고, 예수님에 대한 참된 믿음으로 나아가야 한다. 믿음이 두려움을 압도하도록 말씀과 기도로 무

장해야 한다.

3. 자만심을 극복하고 참 믿음으로 나아가야 한다. 유대인들은 모세의 제자라는 자만심으로 예수님의 가르침을 무시하였다. 유대인들은 의인이라는 자만심으로 맹인을 죄인이라 무시하였다. 이러한 자만심은 믿음에 방해가 될 뿐 아니라 믿음의 적이다. 자기를 자랑하는 자만심으로는 예수님을 만나지 못하고, 예수님의 가르침대로 살 수 없다. 자만심을 극복하고 겸손하게 예수님을 영접하는 자만이 참 믿음을 가질 수 있다.

3. 누가 맹인인가?(9:35-41)

35 예수께서 그들이 그 사람을 쫓아냈다 하는 말을 들으셨더니 그를 만나
사 이르시되 네가 인자를 믿느냐 **36** 대답하여 이르되 주여 그가 누구시오
니이까 내가 믿고자 하나이다 **37** 예수께서 이르시되 네가 그를 보았거니
와 지금 너와 말하는 자가 그이니라 **38** 이르되 주여 내가 믿나이다 하고
절하는지라 **39** 예수께서 이르시되 내가 심판하러 이 세상에 왔으니 보지
못하는 자들은 보게 하고 보는 자들은 맹인이 되게 하려 함이라 하시니
40 바리새인 중에 예수와 함께 있던 자들이 이 말씀을 듣고 이르되 우리
도 맹인인가 **41** 예수께서 이르시되 너희가 맹인이 되었더라면 죄가 없으
려니와 본다고 하니 너희 죄가 그대로 있느니라

1) 인자에 대한 믿음(9:35-38)

예수님이 맹인이었던 사람을 만나셨다. 그가 (회당에서) 쫓겨났다는 소식을 듣고, 그를 찾아 가신 것이다. 그에게 "네가 인자를 믿느냐?"고 물으셨다(35절). 앞서 설명한대로, '인자'는 예수님의 메시야적 자기 계시 표현이다. 예수님을 '주여'라고 부르며(36절), 그는 '인자'가 누구인지 묻는다. 이 부분에서 예수님을 하나님으로 고백하는 것 같지는 않다. 다만 그럼에도 불구하고, 이 구절의 '주여'는 단순히 선생님을 부르는 호칭 이상이다.

예수님 자신이 그 인자 곧 메시야라고 말씀하시자(37절), 이제 그는 예수님을 다시 주님으로 고백하며 경배한다(38절). 우리말로 '절하다'는 표현은 '예배하다'는 뜻이다. 마침내, 시력을 회복한 이 사람은 예수님을 메시야로 고백하며 예배한다. 요한복음에서 '예배하다'(προσκυνέω, *프로스퀴네오*)의 모든 용례는 하나님을 예배하는 것을 가리킨다(4:20-24; 12:20). 그러므로 여기서 맹인이었다가 치유 받은 이 사람이 예수님을 주님으로 고백한 것은 하나님으로 고백한 것이며, 예수님을 예배한 것은 하나님으로 예배하였다는 것을 강하게 암시한다.[11] 맹인이었던 사람의 이러한 고백은 부활하신 예수님을 만난 도마의 고백에 견줄 만하다(참고. 20:28). 결국 9장 앞부분에 나오는 하나님이 하시는 일의 결론을 여기서 발견할 수 있다(3절). 그것은 맹인이었던 사람이 육체적 시력을 회복하는 것에 그치는 것이 아니라, 궁극적으로 예수님을 만나 그를 하나님으로 예배하는 자가 되는 것이다.

2) 보는 것의 역설(9:39)

예수님은 자신이 이 땅에 오신 목적을 설명하신다. 그는 심판하러 오셨다. 이는 얼핏 요한복음의 다른 부분에서 예수님이 하신 말씀과 모순되어 보인다(3:17). 그러나 이어지는 3:18-21에 따르면, 예수님의 구원은 필연적으로 심판을 동반한다. 다시 말하면 예수님의 구원의 복음을 받아들이는 사람은 구원을 얻지만, 거절한 사람은 심판을 받게 된다는 말이다. 이러한 심판과 구원의 동일한 의미가 39절에도 나타나 있다. 예수님을 받아들인 사람들은 영적인 시력을 가진 사람들이다. 심지어 육체적 맹인일지라도 영적으로 눈을 뜬 사람이다. 반면에 그를 거부하는 사람들은 영적인 맹인이다. 비록 육체적으로 볼 수 있는 사람일지라도, 영적으로는 맹인인 것이다. 이것이 곧 예수님의 심판이 된다. 그를 믿는 믿음에 따라, 영적으로 맹인인지 아닌지 심판

11. Lincoln, *John*, 287.

을 받게 되는 것이다.

한편 예수님이 이 세상에 오신 목적은 요한복음에서 다양하게 설명된다. 예수님은 양에게 풍성한 생명을 주시기 위해 오셨다(10:10). 예수님은 그를 믿는 자가 어두움에 다니지 않고, 구원을 얻게 하시려고 오셨다(12:46-47). 예수님은 진리를 증언하시기 위해 이 세상에 오셨다(18:37). 예수님의 이러한 사명은 이 구절에서 '심판'이라는 말로 나타났는데, 이는 앞에서 말한 대로 구원의 다른 모습이다.

'보는 것'과 '보지 못하는 것'의 표현은 구약 배경을 가지고 있다.[12] 특히 이사야서에 따르면 맹인이 보게 되는 것은 하나님의 구원이요 하나님의 선물이다(사 29:18; 35:5; 42:7). 반면에 거역하는 사람들에겐 보지 못하는 심판을 주신다(사 6:9-10; 42:19; 참조. 12:40 주해를 참고하라). 예레미야서에서는 하나님을 거역하는 사람들은 눈이 있어도 보지 못하는 자로 일컬어진다(렘 5:21). 그레고리 빌에 따르면, 하나님의 심판은 우상을 섬기는 자가 섬기는 우상을 닮도록 하는 데 있다.[13] 이스라엘이 보지도 듣지도 못하는 나무나 돌 형상의 우상을 섬기자, 하나님은 그들이 보지도 못하고 듣지도 못하게 하셨다(예. 시 115:4-8). 반면에, 하나님을 예배하는 자는 하나님을 닮게 된다(엡 5:1). 하나님의 성품을 반영하는 사람이 된다. 하나님을 보고, 그의 말씀을 들으며, 그의 영광을 드러낸다(사 29:18). 참 빛이신 예수님을 따르며, 빛의 자녀들이 되어, 빛을 비추게 된다(12:35-36; 마 5:14-16).

3) 눈 뜬 맹인들(9:40-41)

바리새인들은 자신들이 볼 줄 안다고 생각한다(40절). 예수님은 그래서 그들의 죄가 그대로 남아 있다고 하신다(41절). 무슨 말인가? 자신들의 영적

12. Barrett, *John*, 365-6.

13. 그레고리 빌, 『예배자인가, 우상숭배자인가?』, 김재영, 성기문 역 (서울: 새물결플러스, 2014), 52-103.

무지를 자각하고 빛이신 예수님께로 나온다면, 그들은 영적으로 눈을 떴을 것이다. 그러나 그들은 본다고 생각하고, 예수님께 나아오지도, 예수님을 받아들이지도 않았다. 그러므로 그들은 여전히 어두움 가운데 있는 자요 영적 맹인이다. 그들은 죄인 그대로 있는 것이다. 그들은 육체적으로 눈 뜬 자들이나, 영적으로는 눈 먼 자들이다. 눈 뜬 맹인들이다.

교훈과 적용

1. 믿는 자는 예수님을 예배하는 자이다. 믿음은 예수님을 하나님으로 고백하며 예배하는 것으로 나타난다. 어떤 신비한 체험이나 기적보다, 예수님을 예배하는 것이 믿음의 가장 큰 증거다. 참 믿음은 참 예배로 연결된다. 그러므로 오늘 우리가 누구를, 무엇을 예배하는지 잘 살펴보아야 한다. 누구에게, 무엇에게 무릎 꿇는지를 살펴보아야 한다.
2. 믿는 자는 영적인 눈을 뜬 자이다. 믿음은 자신의 영적 맹인 됨을 알고, 빛이신 예수님께 나아가는 것이다. 이렇게 자신의 영적 가난과 영적 무지를 깨닫고, 예수님께로 나아가는 자가 구원을 얻는다. 신앙이 없는 자는 자신이 무지한지, 자신이 어두움에 있는지를 깨닫지 못한다. 믿음의 눈이 있어야만 자신의 영적 무지와 어두움을 깨달을 수 있다. 그리고 빛이신 예수님을 만나 영적인 눈을 뜨게 된다. 하나님의 은혜와 영광을 보게 된다.
3. 믿는 자는 심판에서 구원 받은 자이다. 사람의 구원과 심판을 구분하는 기준은 예수 그리스도이다. 예수님을 받아들이는 자에게는 구원이, 예수님을 거부하는 자에게는 심판이 있다. 그러므로 예수님을 믿는 자는 심판으로부터 구원 받은 자이다. 구원은 받으면 좋고, 안 받으면 그냥 그런 것이 아니다. 구원은 심판으로부터의 구원이기 때문에, 구원 받지 않으면 심판을 받는 것이다. 이런 이유로 믿는 자에게 주시는 구원은 말할 수 없이 값진 것이다.

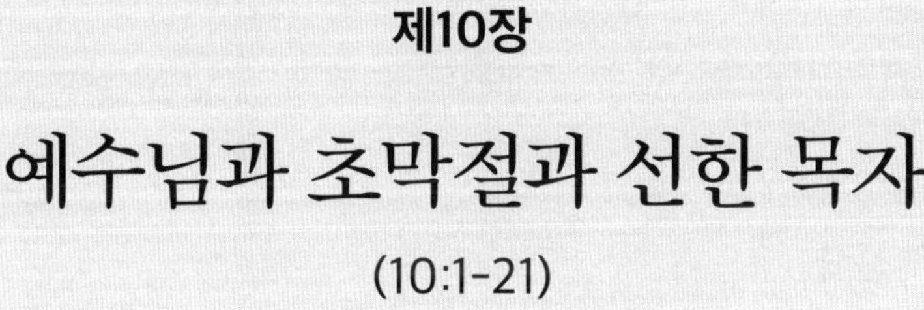

제10장

예수님과 초막절과 선한 목자

(10:1-21)

본문 개요

'양과 목자' 이야기는 앞서 나온 초막절 사건의 연장선상에 있다. 이는 마지막 부분에서(10:19-21), 맹인의 눈을 뜨게 한 사건이 다시 언급된 것으로 보아 알 수 있다. 세상의 빛이신 예수님이 어둠에 있는 백성들을 인도하신다는 주제가 '양과 목자' 이야기에서 반복 혹은 강조되고 있다. 목자가 양을 인도하듯이, 예수님은 자기 양을 인도하는 선한 목자시다. 한편, 동일한 주제가 수전절 이야기에도 나타나는 것으로 보아(10:26-28), '양과 목자' 이야기는 두 배경을 어느 정도 포괄적으로 함축한다고 볼 수도 있다.

내용 분해

1. 양의 우리 비유(10:1-6)
   1) 문으로 들어가는 양의 목자(10:1-2)
   2) 양을 불러내는 목자(10:3)
   3) 앞서 가서, 양을 인도하는 목자(10:4-6)
2. 양의 문이며 선한 목자이신 예수님(10:7-18)
   1) 양의 문이신 예수님(10:7-10)
   2) 양을 위해 죽는 선한 목자 예수님(10:11-15)
   3) 다른 양들을 위해 죽는 선한 목자 예수님(10:16-18)

   *특주: 목자 기독론
3. 둘로 나뉜 사람들(10:19-21)
   1) 유대인들 중에 일어난 분쟁(10:19)
   2) 유대인들의 부정적 반응(10:20)
   3) 유대인들의 긍정적 반응(10:21)

본문 주해

1. 양의 우리 비유(10:1-6)

1 내가 진실로 진실로 너희에게 이르노니 문을 통하여 양의 우리에 들어
가지 아니하고 다른 데로 넘어가는 자는 절도며 강도요 2 문으로 들어가
는 이는 양의 목자라 3 문지기는 그를 위하여 문을 열고 양은 그의 음성을
듣나니 그가 자기 양의 이름을 각각 불러 인도하여 내느니라 4 자기 양을
다 내놓은 후에 앞서 가면 양들이 그의 음성을 아는 고로 따라오되 5 타인
의 음성은 알지 못하는 고로 타인을 따르지 아니하고 도리어 도망하느니
라 6 예수께서 이 비유로 그들에게 말씀하셨으나 그들은 그가 하신 말씀
이 무엇인지 알지 못하니라

1) 문으로 들어가는 양의 목자(10:1-2)

양의 우리(fold)에 문을 통해 들어가는 양의 목자와, 문을 통하지 않고 다른 데로 넘어가는 절도와 강도를 대조시키고 있다(1-2절). 양과 목자는 누구이며, 절도와 강도는 누구를 가리키는 것일까? 먼저 양의 '우리'(αὐλή, *아울레*)는 무엇이며, 그 '문'(θύρα, *뛰라*)은 무엇을 비유하는지 살펴보자. 브런슨에 따르면, '문'은 시편 118:19-20에 나오는 '의의 문'/'여호와의 문'을 반영한다.[1] 시편 118편은 성전 예배를 위한 노래이다. 성전 문을 통하여 들어가서, 여호와의 구원을 찬양하는 내용이다(시 118:21). 미쉬나에 따르면, 초막절에 사람들은 버드나무 가지를 흔들며 제단을 돌면서 시편 118:25을 불렀다(*m. Sukk.* 4.5). 이런 유대 배경에서 브런슨은 시편 118:15의 '장막'과 118:27에 나

1. A. C. Brunson, *Psalm 118 in the Gospel of John: An Intertextual Study on the New Exodus Pattern in the Theology of John* (Tübingen: Mohr Siebeck, 2003), 317-50.

오는 '빛' 모티프는 118편과 초막절의 긴밀한 관계를 잘 보여준다고 한다.[2] 특히 요한복음은 시편 118편과 주제와 언어에 있어서 유사성을 띤다: 여호와의 집, 들림, 빛, 구원, 문에 들어감 등. 그러나 브런슨이 직접 밝혔듯이, 시편 118편과 요한복음 10장의 단어 유사성은 그렇게 높지 않다.[3] '문'이라는 명사와 '들어가다'는 동사가 118:19-20와 요한복음 10:7, 9에 동시에 나올 뿐이다. 물론 브런슨이 말한 대로, 시편 118편은 메시야의 오심을 강조하는데(시 118:26), 요한복음 10장은 대조 용법을 통해 메시야 목자의 오심을 매우 강조하고 있다(10:8, 10).[4] 이와 같이, 시편 118편과 요한복음 10장에 나오는 초막절 배경이나 단어와 주제의 유비는 이 단락에 나오는 '문'이 성전 문을 가리킬 가능성을 높여주지만 아주 명확해 보이지는 않는다.

그럼에도 불구하고 만약 브런슨의 견해가 설득력이 있다면, 초막절을 배경으로 하는 요한복음 10장의 목자와 양 이야기에서 양의 우리(fold)를 뜻하는 *아울레*는 독자들에게 성전(성막) 뜰을 생각나게 할 수도 있다.[5] *아울레*는 두 가지 뜻이 있는데, 하나는 '양의 우리'(sheepfold)이고, 다른 하나는 '뜰'(courtyard)이다. 요한복음에서는 10장 이외에, *아울레*의 다른 용례가 18:15에 나오는데, 대제사장의 집 뜰을 가리킨다. *아울레*가 항상 성전 뜰을 가리키는 것은 아니지만, 구약에서는 제의적 상황에서 자주 성전 뜰을 가리키는 단어였다(예. LXX 출 27:9; 레 6:9; 민 3:26; 왕상 6:36; 대하 16:29; 느 8:16; 시 28:2).

7-9절은 이 '문'이 또한 예수님이라고 한다. 예수님이라는 문을 통해 들어갈 때, 구원을 얻는다고 한다. 즉, 예수님이 성전의 문으로서, 하나님이 계

---

2. Brunson, *Psalm 118*, 57-9.

3. Brunson, *Psalm 118*, 327-30. LXX는 이 문을 *풀레*(πύλη)로 말하는 반면, 요한복음은 *뛰라*라 한다. 물론 두 단어는 동일한 히브리어의 번역으로서 서로 바꿔 쓸 수 있었다. 행 3:2, 10장에는 두 단어가 동일한 성전 문을 가리킨다. 따라서 *풀레*와 *뛰라*의 의미상 차이는 크지 않다고 할 수 있다.

4. Brunson, *Psalm 118*, 330-4.

5. Waetjen, *Beloved Disciple*, 261.

신 성전에 들어가는 유일한 출입 통로가 되는 것이다. 이때 '양의 우리'는 하나님의 성전이 된다. 예수님은 성전이시면서, 또한 성전에 들어가는 문이 되신다. 예수님은 양들이 거할 수 있는 우리(fold)이시면서 동시에 성전이시다. 이를 종합해 보면, 예수님은 하나님의 성전이시고, 그 성전으로 가는 문이시며, 또한 그의 백성들이 거하는 우리(fold)가 되신다. 그리하여, 예수님과 연합한 교회는 곧 하나님의 성전이며, 양의 우리(fold)이다. 예수님이 문이 되셔서, 그 문을 통과한 자는 하나님의 교회의 일원이며 진정한 예수님의 양이 된다.

'양'과 '목자'(2절)는 구약에서 이스라엘과 하나님을 가리키는 대표적인 표현이다. 하나님은 이스라엘의 목자로 묘사된다(창 48:15; 49:24; 시 23:1; 28:9; 77:20; 78:52; 80:1; 사 40:11; 렘 23:3; 31:10; 50:19; 겔 34:11-31). 이 중에 시편 80:1은 하나님을 이스라엘의 목자이시면서, 빛을 비추시는 분으로 설명한다. 이 구절은 요한복음 9장과 10장을 연결하는 초막절 주제를 동시에 언급하는 구약 본문이다. 또한 구약에서 이스라엘은 그의 초원의 양으로 묘사된다(시 74:1; 78:52; 79:13; 95:7; 100:3; 렘 23:1; 겔 34:31). 특히 에스겔 34장의 종말론적 관점은 양과 목자의 비유의 주요한 배경이 된다. 당시 이스라엘의 지도자들은 백성을 돌보지 않고, 자기 잇속 챙기기에 바빴다. 마치 제 양을 돌보지 않는 목자와 같았다. 그들은 양들의 약함과 상처를 돌보아 주지 않았다. 그러므로 양들은 흩어져서, 들짐승의 밥이 되었다. 이에 하나님은 자신이 이스라엘의 목자가 되어 주겠다고 약속하신다(겔 34:15). 하나님께서 잃어버린 자를 찾으시며, 약하고 병든 자를 고쳐주겠다고 하신다. 양들을 구원하며, 좋은 꼴을 먹이겠다고 하신다. 그리고 다윗을 이스라엘의 목자로 세우겠다고 약속하신다(겔 34:23-24). 요한복음 10장에서 예수님이 말씀하시는 '양과 목자'의 비유는 바로 이런 구약 배경 위에서 하신 말씀이다. 예수님은 종말론적 다윗으로, 이제 새 이스라엘을 인도하는 목자가 되신다. 예수님이 양들을 구원하시며, 양들에게 꼴을 먹이시며, 양들을 인도하신다.

그렇다면 '절도'와 '강도'는 누구를 가리키는 것일까?(1절) '절도'(κλέπτης, *클레프테스*)는 은밀하게 와서 훔치는 자요, '강도'(λῃστής, *레스테스*)는 폭력적으로 탈취하는 자를 암시한다. 그러나 두 단어는 서로 같은 의미로 자주 사용된다.[6] 10절에는 '도둑'(*클레프테스*)만 나오고, 12절에는 '이리'가 나오지만, 그 기능은 비슷하다. 7장부터 이어지는 초막절 배경 이야기에서 예수님의 주요 대적자들은 바리새인들과 대제사장들이었다(7:32, 45; 9:13, 40). 그러므로 절도와 강도는 이스라엘 백성을 제대로 돌보지 않고, 자기의 잇속만 챙기는 바리새인들과 대제사장들을 가리킨다고 볼 수 있다.[7] 한편 가룟 유다는 도둑(*클레프테스*)이라 명명되고(12:6), 유대인들은 예수님보다 강도(*레스테스*)인 바라바를 선택하였다(18:40). 다시 말하면, '절도'와 '강도'는 요한복음에서 예수님과 예수님의 교훈을 대적하는 사람들을 포괄적으로 가리킨다고 볼 수도 있다.

2) 양을 불러내는 목자(10:3)

'문지기'(3절)는 목자를 위해 문을 연다. 문지기가 있다는 것은 아마도 양의 우리(fold)가 굉장히 크다는 것을 암시한다. 많은 양들의 무리가 안전하게 거할 수 있는 넉넉한 장소라는 것을 의미한다. 그리고 목자는 그의 양의 이름을 각각 불러낸다. 목자가 양의 이름을 각각 불러낸다는 것은 2가지 상징적 의미가 있다. 첫째, 이름을 부른다는 것은 소유권을 의미한다. 양이 목자에게 소속되어 있음을 나타낸다. 그렇기 때문에 양은 목자에게 순종하며, 목자는 양을 지키며 책임진다. 둘째, 이름을 부른다는 것은 친밀함을 의미한다. 각각의 양의 이름을 부르는 것은 목자가 개개인과 친밀한 관계를 맺고 있다는 말이다. 각각의 이름을 기억하고 부를 정도로 목자는 양에 대한 관심

---

6. Köstenberger, *John*, 300.
7. Carson, *John*, 382.

과 애정을 가지고 있다(참고. 14절). 키너에 따르면, 당시 팔레스타인 지역에는 한 가정에 약 백 마리 정도의 양이 있었는데, 목자들은 양들의 특징이나 생김새에 따라 별명을 지어주고, 그 별명을 부르곤 했다.[8]

이에 양은 그의 목자의 음성을 듣고, 그 목자를 따라 나간다. 구약에서 하나님은 율법과 선지자들을 통해 그의 백성과 소통하셨다. 하나님의 음성은 시내산 언약에 나타났고, 이스라엘은 하나님의 음성을 청종해야 했다(출 15:26; 19:5). 요한복음은 예수님의 말씀을 듣는 것을 강조한다(5:24; 18:37). 그의 음성을 듣는 자는 부활하게 된다(5:25, 28).

3) 앞서 가서 양을 인도하는 목자(10:4-6)

양은 목자의 음성을 안다. 그러나 타인의 음성은 알지 못한다. '안다'(4절)는 표현은 앞서 시력이 회복된 자가 예수님을 알아가는 과정에 자주 사용되었다(9:12, 20-21, 25, 31). 목자와 양의 이야기에서 '안다'는 것은 목자와 양의 친밀한 관계를 나타낸다(4-5, 14-15, 27절). 목자는 양을 앞서 가며, 그의 목소리로 양을 인도한다. 양은 그의 친밀한 음성을 알기 때문에 그를 따라간다. 앞서 가시는 하나님의 모습은 구약에서 종종 언급된다. 이스라엘은 광야에서 구름 기둥과 불기둥의 인도를 받았다(출 13:21; 민 9:17). 성막이 이스라엘을 가나안 땅으로 인도한다(민 10:17). 제사장들이 메고 가는 법궤를 따라서 이동한다(민 10:33; 수 3:6). 구약에 나오는 이러한 모습들은 하나님이 이스라엘의 인도자가 되신다는 말이다. 하나님이 이스라엘을 위해 광야에 길을 내신다. 하나님이 앞서 가시며, 이스라엘의 적을 물리치신다. 그리하여, 이스라엘은 하나님을 따를 때, 하나님의 약속을 받을 수 있었다. 이제 예수님이 하나님처럼 새 이스라엘의 인도자가 되겠다고 말씀하신다. 새 이스라엘로서 그의 백성은 예수님의 음성을 따라갈 때 생명과 구원을 얻을 수 있다.

---

8. Keener, *John 1*, 805.

그러나 타인의 낯선 음성은 따라가지 않고 오히려 도망한다. 양은 자신이 알지 못하는 음성을 좇아가지 않는다. 양과 목자는 서로 신뢰와 친밀함을 바탕으로 관계를 형성한다. 예수님의 말씀을 듣고 믿고 따라간다는 것은 그를 신뢰한다는 뜻이다. 그와 친밀한 관계를 형성한다는 말이다. 예수님 외에 다른 무언가를 따라간다는 것은 그것에게 신뢰와 친밀함을 가진다는 뜻이기 때문에, 생명과 구원에 이르지 못한다.

교훈과 적용

1. 목자 예수님은 양들의 이름을 각각 부르시는 분이다. 예수님은 그의 양들과 인격적 관계를 맺으신다. 한 사람 한 사람의 처지와 형편을 아시고, 그들과 일대일로 관계를 맺으신다. 거창한 구호를 외치며 위대한 비전을 떠들지만, 사람 자체에 관심이 없는 세상 지도자와 다르시다. 그러므로 우리는 이러한 목자 예수님이 사람을 대하시는 방법을 알고, 그를 신뢰해야 한다. 예수님이 그의 소유된 백성을 이해하시고, 각각에게 친절하신 분이라는 것을 기억해야 한다.
2. 목자 예수님이 앞서 가시며 우리를 인도하신다. 목자 예수님은 친히 양들을 앞서 가시며, 양들의 길을 안내하신다. 목자이신 그분이 앞서 가시며 위험을 물리치신다. 앞서 가시며, 좇아오는 양들을 위해 길을 내신다. 예수님은 바로 우리 삶의 이정표요 안내자가 되신다. 그러므로 우리는 목자 예수님을 따라 가야 한다. 다른 음성을 좇아가거나 유혹에 넘어가서는 안 된다. 오직 목자 예수님의 음성이 생명이요 구원인 것을 알고 거기에 집중해야 한다.
3. 목자 예수님은 우리를 지도하는 새로운 다윗이시다. 세상 지도자들의 억압 속에 고통 받는 백성들을 위해, 하나님은 새로운 다윗을 보내 주셔서 백성들을 구원하신다. 예수님은 바로 그러한 새 목자이시며 새 다윗이시다. 다윗처럼 예수님은 새로운 나라를 세우시고, 그의 백성들의 목자가 되셨다. 따라서 목자 예수님을 따르는 것은 예수님의 나라의 백성이 된다는 뜻이다. 우리는 예수님만을 섬기는 예수님 나라 백성이 되어야 한다.

2. 양의 문이며 선한 목자이신 예수님(10:7-18)

7 그러므로 예수께서 다시 이르시되 내가 진실로 진실로 너희에게 말하노
니 나는 양의 문이라 8 나보다 먼저 온 자는 다 절도요 강도니 양들이 듣지
아니하였느니라 9 내가 문이니 누구든지 나로 말미암아 들어가면 구원을
받고 또는 들어가며 나오며 꼴을 얻으리라 10 도둑이 오는 것은 도둑질하
고 죽이고 멸망시키려는 것뿐이요 내가 온 것은 양으로 생명을 얻게 하고
더 풍성히 얻게 하려는 것이라 11 나는 선한 목자라 선한 목자는 양들을 위
하여 목숨을 버리거니와 12 삯꾼은 목자가 아니요 양도 제 양이 아니라 이
리가 오는 것을 보면 양을 버리고 달아나나니 이리가 양을 물어 가고 또
헤치느니라 13 달아나는 것은 그가 삯꾼인 까닭에 양을 돌보지 아니함이
나 14 나는 선한 목자라 나는 내 양을 알고 양도 나를 아는 것이 15 아버지
께서 나를 아시고 내가 아버지를 아는 것 같으니 나는 양을 위하여 목숨
을 버리노라 16 또 이 우리에 들지 아니한 다른 양들이 내게 있어 내가 인
도하여야 할 터이니 그들도 내 음성을 듣고 한 무리가 되어 한 목자에게
있으리라 17 내가 내 목숨을 버리는 것은 그것을 내가 다시 얻기 위함이
니 이로 말미암아 아버지께서 나를 사랑하시느니라 18 이를 내게서 빼앗
는 자가 있는 것이 아니라 내가 스스로 버리노라 나는 버릴 권세도 있고
다시 얻을 권세도 있으니 이 계명은 내 아버지에게서 받았노라 하시니라

1) 양의 문이신 예수님(10:7-10)

요한복음에 나오는 예수님의 전형적인 자기 계시 표현인 '나는 …이다'(*에고 에이미*)를 통해 '양의 문'(7절)과 '선한 목자'(11절)이신 예수님이 소개되고 있다. '나는 …이다'는 구약에서 여호와 하나님의 자기 계시의 표현이었다(예. 출 3:14; 사 43:10). 그러므로 요한복음에 나오는 '나는 …이다' 말씀

은 아들 예수님이 아버지 하나님을 보여준다는 뜻이다.[9] 다시 말하면, 하나님을 계시하는 하나님의 아들로서의 예수님의 정체성은 '나는 …이다' 표현을 통해 구체화된다. 뿐만 아니라, 예수님은 단순히 아버지를 드러내는 아들에 그치지 않고, 그가 곧 하나님이심을 나타내신다. 구약의 여호와 하나님의 모습이 새 언약에서 예수님의 모습으로 나타난다는 말이다. 구약에서 하나님은 여호와의 문으로 들어오는 자에게 구원이 되신다(시 118:20-21). 이제 예수님이 양의 문이 되셔서, 그에게 오는 자에게 구원이 되신다. 구약에서 하나님은 이스라엘을 인도하는 목자셨다(시 23:1). 이제 예수님이 선한 목자가 되셔서, 그를 믿는 자를 구원으로 인도하신다.

'절도'와 '강도'(8절)의 정체성에 대해서는 1절의 주해를 참조하라. 양의 문이신 예수님을 통해 들어가면, 우리는 구원을 받고 꼴을 얻는다(9절). '문'을 통과하는 것과 구원의 관계는 시편 118:19-20을 생각나게 한다. 시편 기자는 예배를 통해 하나님의 임재 가운데 들어가는 모습을 '의의 문'(여호와의 문)으로 들어간다고 한다. 하나님이 그의 백성을 인도하는 빛이시며(시 118:27), 그들을 대적자들로부터 구원하신다(시 118:14). 그러므로 하나님의 백성들은 하나님께 나아가, 그에게 구원이 있음을 고백하며 찬송한다(시 118:25). 특히 초막절을 배경으로 하는 본문은 이스라엘의 초막절 성전 행사를 기억나게 한다. 초막절에 이스라엘은 할렐(시 113-118장)을 부르며 하나님을 예배한다.[10] 성전에서 하나님의 공급하심과 인도하심을 기리며 기념한다. 바로 이러한 초막절을 배경으로 요한복음 10장은 '문', '생명', '인도', '목자'등을 예수님과 연결시킨다.

'문'(9절)을 통과하는 것은 앞서 1절 주해에서 밝힌 바와 같이 하나님의 성전에 들어가는 것, 또한 천국에 들어가는 것과 관련이 있을 가능성이 있다

---

9. Ball, *"I Am" in John's Gospel*, 23-41.

10. A. Kerr, *The Temple of Jesus' Body: The Temple Theme in the Gospel of John*, LNTS (London: T&T Clark, 2002), 340.

(예. 마 7:13-14; 25:10).[11] '꼴'(νομή, 노메)은 구약에서 이스라엘에 대한 종말론적 회복과 안식을 묘사할 때 사용되기도 했다(사 49:9-10; 겔 34:12-15).[12] 예수님을 통해 종말론적 회복과 안식이 주어진다. 구약에 약속되었던 구원의 약속이 양의 문이신 예수님을 통해 성취된다. 종말론적 '꼴'을 언급하는 이사야와 에스겔은 둘 다 '꼴'과 함께 '물'도 언급한다(사 49:10; 겔 34:18-19). 양에게 구원을 가져오는 것은 '꼴'과 '물'이다. '꼴'과 '물'은 양이 먹는 양식인데, 이 양식이 양에게 생명을 준다. 예수님은 요한복음에서 '생명의 떡'으로(6:35), '생명의 물'(생수)을 주시는 분으로(4:14; 7:37-39) 묘사된다. 또한 예수님의 말씀이 생명과 연결된다(6:63). 따라서 예수님은 자신과 성령을 통해, 그리고 그의 말씀을 통해 구원과 생명을 주신다. 그래서 9절에서는 이 '꼴'을 '구원'과 연결시키고, 10절에서는 '생명'과 연결시킨다. '문'이신 예수님을 통해 하나님의 성전에 들어가는 것은 곧 '구원'을 얻는 것이요, '생명'이 풍성한 천국에 들어간다는 뜻이다. 이 구원과 생명은 요한복음에서 계속 언급된 영생이다. 내세에서 누릴 영원한 생명이면서, 동시에 현재부터 이미 시작된 그리스도의 구원이다(5:24). 구원의 문이 열린다는 뜻이다. 양들은 양의 문이신 예수님을 통해 생명을 얻되 풍성히 얻는다(10절). 다른 한편, 여기에는 예수님의 목자 역할도 암시되어 있다. 결국 양들이 문을 통과하여 꼴을 얻을 때 목자의 인도를 받기 때문이다(참고. 시편 23:1-2). 예수님은 풍성한 생명을 위해 양을 먹이는 목자이시다.

2) 양을 위해 죽는 선한 목자 예수님(10:11-15)

지금까지 양의 문이요 선한 목자이신 예수님과 대조된 인물은 절도와 강도였다(1, 8, 10절). 이제 이 단락에서 선한 목자와 삯꾼이 대조된다. 선한 목

11. Köstenberger, *John*, 303.

12. Brunson, *Psalm 118*, 344.

자는 양들을 위해 목숨을 버리지만(11절), 삯꾼은 양을 버리고 달아난다(12절). '목숨을 버리다'(τίθημι τὴν ψυχήν, *티데미 텐 프쉬켄*)는 표현이 10장에서 반복해서 나타난다(11, 15, 17, 18절). 뿐만 아니라, 요한복음 전체에서도 예수님의 죽음을 묘사하기 위해 이 표현이 반복된다(13:37: 15:13). 요한일서는 이 표현을 통해 예수님의 사랑을 그리고 있는데, 이는 또한 그의 제자 된 우리가 실천해야 할 형제사랑의 모습이다(요일 3:16). 뿐만 아니라, 본문에서는 예수님의 죽음을 묘사하기 위해 ὑπέρ(*휘페르*) 구문이 사용된다(10:11, 15). 이 구문은 요한복음에서 자주 그의 희생적 죽음을 묘사한다(6:51; 11:50-52; 15:13; 17:19; 18:14). 이러한 *휘페르* 구문은 1:29과 연결하여 해석할 때, 결국 우리의 속죄를 위한 예수님의 대속적 죽음으로 이해할 수 있다.

구약에서 다윗은 자기 목숨을 걸고 양을 지킨다(삼상 17:34-37). 그는 또한 목숨을 걸고 이스라엘을 지킨다(삼상 17:45-49). 또한 하나님은 새로운 다윗이 와서 새 이스라엘을 인도할 것이라 약속하신다(겔 34:23-24; 37:24). 메시야의 목숨을 건 희생은 종종 구약에서 언급된다. 고난 받는 종은 자기를 희생해서 많은 사람을 죄 용서의 길로 인도한다(사 53:12). 스가랴에 나오는 목자의 희생은 예수님의 죽음과 연결된다(슥 13:7; 마 26:31; 막 14:27). 메시야의 희생을 노래한 또 다른 본문도 나온다(슥 12:10; 계 1:7).

양들을 위해 목숨을 바치는 목자와는 반대로, 삯꾼은 자기 욕심 때문에 양을 포기한다. 자기 목숨을 잃을까 두려워 위기에 처한 양을 돌보지 않는다(12절). 이리가 양을 공격하고 해칠지라도, 삯꾼은 자기 안위만을 생각한다. 왜냐하면 그 양들이 자기 것이 아니기 때문이다. 앞서 나온 절도와 강도가 양을 멸망시키는 적극적인 악인의 역할을 한다면, 삯꾼은 양이 위험에 처해 있는 것을 무시하는 소극적인 악인의 모습을 보인다. 본문의 구약 배경으로 알려진 에스겔 34장은 거짓 목자를 언급한다. 거짓 목자들은 양들이 먹는 것에 신경 쓰지 않고, 오로지 자기만 먹는다(겔 34:1). 양들의 고통에 무관심하며, 오히려 포악하게 양들을 다스린다(겔 34:4). 양들은 흩어지고 들짐승의 밥이 된다(겔 34:5). 이런 맥락에서 하나님은 자신이 이스라엘의 목자가 되시며(겔 34:15), 다윗과 같은 목자를 세우겠다고 약속하신다(겔 34:23). 요한복음에 나오는 삯꾼은 거짓 목자들의 이러한 특성 중, 특히 무관심과 무책임의 모습을 보인다. 양들의 안전에는 관심이 없다. 양들이 자기 소유가 아니기 때문에 자신의 책임이 없다고 생각한다. 이러한 삯꾼이 구체적으로 누구였는지에 대해서는 여러 의견이 있을 수 있으나, 당시 유대 지도자들을 포괄적으로 일컫는 말 같다.

그렇다면 '이리'(λύκος, *뤼코스*)의 행위는 무엇을 상징하는가?(12절) 신약에서는 하나님의 사람을 괴롭히는 세상을 이리(*뤼코스*)와 연결시킨다(마 10:16). 예수님은 70명의 제자들을 세상에 파송하시면서, 어린양을 이리(*뤼코스*) 가운데로 보내는 것과 같다고 하셨다(눅 10:3). 세상 사람들이 제자들을 법정에 넘기기도 하고, 회당에 채찍질하기도 할 것이 때문이다(마 10:17). 이러한 세상 사람들은 유대인들을 의미하며, 또한 로마인들도 포함할 것이다. 사도 바울은 에베소 교회 장로들과 작별 인사를 하면서 이리(*뤼코스*)를 언급한다(행 20:28-30). 바울은 에베소 교회에 침투하여 잘못된 가르침으로 사람들을 교묘하게 유혹하는 거짓 교사들을 가리켜 '사나운 이리'라 한다. 따라서 요한복음 10장에서 이리(*뤼코스*)가 의미하는 것은 아마도 세상의 위협이나 거짓 가르침일 것이다. 예수님은 그런 어려움으로부터 목숨을 걸고 자신의 양들을 지키는 선한 목자이시다. 제자들을 위협과 거짓으로부터 지키셨다.

이런 의미에서 10장에서 선한 목자이시며 양의 문이신 예수님과 대조되는 인물들은 다음과 같다: 절도와 강도, 도둑, 삯꾼, 이리. 이 중에서 절도와 도둑은 같은 헬라어 단어의 다른 번역이다. 절도와 강도와 이리는 다분히 위협적이며 폭력적으로 양들을 힘들게 하고, 공동체를 파괴한다. 이와 달리, 삯꾼은 양들에게 무관심하며 무책임하다. 이렇게 대조되는 인물들과 달리, 예수님은 목숨을 다해 양들을 지키며 기르시는 분이다. 그리하여 양들이 생명과 구원을 얻도록 하신다.

3) 다른 양들을 위해 죽는 선한 목자 예수님(10:16-18)

'다른 양들'(16절)은 누구인가? '다른 양들'은 이방인을 가리키며, 이는 이방인 선교를 암시한다. 구원이 처음에는 유대인으로부터 시작하였지만, 사마리아인들이 예수님을 믿었고(4:39), 이제 이방인들도 본격적으로 하나님의 양떼에 속하게 될 것임을 암시한다(참고 11:49-52). 이방인들도 예수님의 음성을 듣는다. 예수님이 이방인들도 인도하신다. 그리하여 유대인 양떼와 이방인 양떼가 한 목자이신 예수님 안에서 '하나'가 된다.

'한 무리'와 '한 목자'는 구약적 배경을 가지고 있다(겔 34:23; 37:24). 유대와 이스라엘의 통일을 예언한 에스겔 34:15-23은 단순히 민족의 하나 됨을 일컫는 데 그치지 않는다. 이는 새로운 다윗을 통해 하나 될 하나님 나라를 가리킨다(겔 37:24). 메시야 예수로 말미암아 하나님께서 하나 됨의 역사를 이룰 것임이 약속되어 있다. 요한복음 10장에 나오는 양들의 하나 됨은 바로 이러한 구약적 배경을 가지고 있다. 예수님은 이방인들까지 그의 음성을 듣고, 그의 우리에 들게 될 것을 말씀하신다(16절). 다시 말하면, 예수님의 공동체는 유대인과 이방인이 연합하는 우주적 공동체가 될 것을 말씀하는 것이다(참고. 엡 2:14-18).

뿐만 아니라, 요한복음의 다른 구절도 교회의 하나 됨을 강조한다. 11:49-52은 가야바의 예언을 통해 예수님의 죽음이 가져올 하나 됨을 말해주고 있다. 예수님의 죽음은 유대 민족과 흩어진 하나님의 자녀들을 하나 되게 하는 결과를 낳는다. 예수님 안에서 유대인과 이방인이 하나 되는 연합 공동체로서의 교회의 모습을 의미한다. 또한 예수님은 고별 강화를 마치시고 행한 그의 마지막 기도에서 교회의 하나 됨을 매우 강조하신다. 그의 제자들이 아버지와 아들의 하나 됨을 닮아 일치를 이루도록 기도하신다(17:20-26). 이러한 일치가 궁극적으로 아버지와 아들을 드러내는 선교적 역할을 할 것임을 말씀하신다(17:21, 24).

이에 다른 양들을 위해서도 예수님이 목숨을 버린다는 사실을 언급하신다(17절). 예수님은 하나님과 사랑의 관계 속에서 그에게 순종하신다. 그 순종은 십자가를 통한 희생적 죽음이다. 예수님의 부활은 하나님으로부터 말미암은 것이지만, 동시에 예수님이 스스로 버리고, 스스로 다시 얻으신 것이기도 하다(18절). 이는 곧 예수님의 신적 권위를 나타낸다.

※ 특주: 목자 기독론

목자로서 예수님(Jesus as the Shepherd)의 정체성은 신약성경에 나오는 중요한 기독론적 타이틀 중의 하나다. 메시야 목자는 구약에서부터 예언된 예수님의 타이틀이다. 구약에서 목자는 이스라엘 지도자들에게 붙여진 타이틀이었는데, 그들은 백성들을 돌보지 않고 오히려 착취하였다. 이에 하나님께서 친히 이스라엘의 목자가 되어 주셔서 양 떼를 먹이고 인도하시며, 어린 양을 그 팔로 안을 것이라 하신다(사 40:10-11). 흩어진 양들을 찾으며, 그들에게 좋은 꼴을 먹이며, 상한 자를 치유할 것이라 하신다(겔 34:9-16). 흩어진 양들을 모으고 앞서 가며 길을 열 것이라 하신다(미 2:12-13). 또한 하나님께서는 다윗을 그들을 목양할 목자로 보내주셔서, 백성들이 하나님의 율례를 행하게 하실 것이다(겔 34:23; 37:24). 그들에게 영원히 거주할 땅을 주실 것이요, 화평의 언약을 세우고, 여호와의 성소를 세워 영원히 함께하실 것이다(겔 37:25-28). 그 목자는 베들레헴에서 나실 것이고(미 5:2), 양들을 위해 하나님의 심판을 받을 것이다(슥 13:7).

이런 구약 본문을 배경으로 목자 기독론이 신약성경 여기저기에 등장한다. 예수님은 양들의 큰 목자(히 13:20), 혹은 목자장으로 불리신다(벧전 5:4). 그분은 우리 영혼의 목자와 감독이 되신다(벧전 2:25). 그분은 하늘에서 우리를 생명수 샘으로 인도하는 목자이시며, 그때에 하나님께서는 우리 눈에 있는 모든 눈물을 닦아 주실 것이다(계 7:17).

요한복음 외에 목자 기독론을 가장 적극적으로 보여주는 신약성경은 마태복음이다. 마태복음은 미가 5:2와 사무엘하 5:2를 인용하여, 이스라엘을 다스릴 목자로서 예수님이 베들레헴에 태어나셨다는 것을 초반부에 소개한다(마 2:6). 그리고 마태복음 전체에서 목자 예수님의 특징을 다음과 같이 묘사한다. 첫째, 예수님은 목자 없는 양같이 고통 받는 백성들을 불쌍히 여기시는 긍휼의 목자시다(마 9:36; 참고. 막 6:34). 둘째, 길 잃은 한 마리 양을 찾는 목자처럼 한 영혼을 소중히 여기시는 분이다(마 18:12; 참고. 마 10:6; 15:24). 셋째, 스가랴 13:7을 인용하여 예수님의 고난을 목자의 고난으로 설명한다(마 26:31; 참고. 막 14:27). 다시 말하면, 예수님은 양들을 위해 고난 당하는 목자시다. 그리고 넷째, 예수님은 목자가 양과 염소를 구분하듯이, 마지막 날에 모든 민족을 구분하여 심판하실 것이다(마 25:32).

뿐만 아니라, 마태복음은 예수님이 다윗의 자손이라는 것을 강조한다(마 1:1; 9:27; 12:23; 15:22; 20:30 등). 결국 에스겔서에서 하나님께서 다윗을 목자로 보내셔서 이스라엘을 먹이겠다고 하신 약속이 다윗의 자손인 예수 그리스도 안에서 성취되는 것을 볼 수 있다(겔 34:23; 37:24). 하나님께서 이스라엘의 목자가 되셔서 그들을 쉬게 할 것이라 하셨는데(LXX 겔 34:15), 그러한 안식에 관한 약속이 예수 그리스도 안에서 성취된다(마 11:28-30). 예수님은 다윗 목자가 되셔서 양들의 상처를 치유하시고, 그들에게 하나님의 율례를 가르쳐서 지키게 하신다(마 4:23; 9:35).

요한복음 목자 기독론의 특징은 다음과 같다. 먼저, 양의 인도자로서 목자 예수님의 모습이 부각된다. 예수님은 자신의 음성으로 양들을 생명으로 인도하는 목자시다(10:2-5). 그는 친밀하게 자신의 양들의 이름을 각각 부르며 우리에서 불러내어 인도한다. 양은 목자의 음성을 알고, 다른 음성을 좇아가지 않으며, 오직 자신의 목자의 음성을 따라간다(10:27). 양을 인도하는 메시야 목자의 모습은 구약의 예언을 성취한다(사 40:10-11). 둘째, 요한복음 목자 기독론은 예수님이 양들을 위해 목숨을 바치는 선한 목자라는 것을 강조한다(10:15, 17, 18). 목자 메시야의 죽음은 스가랴 12:10과 13:7에서 복합적으로 예언되었는데, 예수님은 목숨을 바치면서까지 자신의 양을 빼앗기지 않으며 지켜내는 분이다(10:28). 목숨을 거는 예수님의 손에서 아무도 그의 양의 생명을 빼앗을 수 없다. 그리고 셋째, 요한복음 목자 기독론은 예수님이 양들을 한 무리로 모으는 선한 목자라는 것을 밝힌다(10:16). 유대인과 이방인이 한 목자 아래에서 한 무리가 되어 우주적인 양 무리 공동체를 이룬다. 에스겔은 북 이스라엘과 남 유다의 하나 됨을 언급하지만(겔 37:15-23), 이러한 하나 됨의 비전은 예수 그리스도 안에서 영적 이스라엘의 하나 됨으로 발전된다.

그런데 여기서 우리는 요한복음 목자 기독론의 또 다른 특징을 하나 더 살펴볼 필요가 있다. 그것은 양을 먹이는 목자의 모습이다. 요한복음 10장에는 양을 먹이는 목자의 모습이 분명하게 나오지는 않는다. 그러나 9절에 양의 문이신 예수님을 통해 들어가며 나오며 꼴을 얻는다는 표현이 있다. 이것은 목자이신 예수님의 인도로 양들이 꼴을 얻는다는 의미가 내포되어 있다고 볼 수 있다. 양들은 문이신 예수님을 통과하여, 목자이신 예수님의 인도를 받아 꼴을 얻는다(참고. 시 23:2). 양들은 목자이신 예수님이 공급하시는 꼴을 통해 풍성한 생명을 얻는다. 앞선 주해에서 밝힌 바와 같이, 예수님은 다음과 같은 꼴을 주신다: 자신을 생명의 떡으로(6:35), 성령을 생수로(4:14; 7:37-39), 말씀을 생명으로(6:63). 이것은 이사야 40:11과 에스겔 34:14, 23의 성취일 수 있다. 이러한 목자 예수님의 역할은 나중에 베드로에게 위임 된다(자세한 설명은 21:15-17 주해를 참고하라).

요컨대, 요한복음 목자 기독론에서 예수님은 양들의 생명을 위해 그들을 인도하시며, 먹이시며, 목숨을 다해 지키시는 분으로 나온다. 그리고 유대인과 이방인을 모아 하나 되게 하시는 목자로 나온다.

교훈과 적용

1. 우리는 예수님이라는 문을 통해 생명을 얻는다. 예수님을 통해 하나님의 성전에 들어갈 수 있다. 예수님을 통해서 천국에 들어갈 수 있다. 많은 사람들이 와서 구원과 안식을 이야기할지라도 속지 말아야 한다. 예수님 외에 다른 문으로는 생명의 근원이신 하나님께 나아갈 수 없다. 참된 안식을 얻을 수 없다. 생명의 풍성함에 도달할 수 없다. 오직 예수님을 통해 생명의 풍성한 꼴을 먹을 수 있다. 그러므로 우리는 오직 예수님만을 믿으며, 따르며, 의지해야 한다.
2. 우리는 예수님의 희생적 죽음을 통해 구원을 얻는다. 예수님은 자기 백성을 위해 목숨을 버리신 분이다. 다른 이들은 자기 욕심을 위해 우리를 위하는 척한다. 그러나 그들은 진정으로 우리를 위하는 것이 아니다. 그들은 우리를 버리고 우리를 무시한다. 그러나 예수님은 자기 백성을 목숨으로 지키신다. 예수님은 우리를 포기하지 않

으신다. 그러므로 우리가 마지막까지 의지하고 신뢰해야 할 분은 예수님밖에 없다.

3. 우리는 예수님의 인도를 통해 다른 사람과 하나 된다. 예수님의 말씀을 듣고 따라갈 때, 그의 양들은 하나 된다. 유대인과 이방인이 하나 된다. 남자와 여자, 종과 자유인이 목자이신 예수님을 따라갈 때 하나 된다. 목자이신 예수님을 온전히 좇을 때, 우리는 하나 될 수 있고, 하나 되어야 한다. 그러나 이 말은 무조건 하나가 되어야 한다는 말은 아니다. 오직 목자이신 예수님의 인도를 받을 때 하나 될 수 있다. 예수님 밖에서는 하나 될 수 없다.

3. 둘로 나뉜 사람들(10:19-21)

19 이 말씀으로 말미암아 유대인 중에 다시 분쟁이 일어나니 **20** 그 중에 많
은 사람이 말하되 그가 귀신 들려 미쳤거늘 어찌하여 그 말을 듣느냐 하
며 **21** 어떤 사람은 말하되 이 말은 귀신 들린 자의 말이 아니라 귀신이 맹
인의 눈을 뜨게 할 수 있느냐 하더라

1) 유대인들 중에 일어난 분쟁(10:19)

앞서 예수님은 양들을 하나 되게 하시는 분으로 묘사되었다(16절). 그러나 이 단락에서는 예수님의 말씀으로 인해 '분쟁'이 있다고 한다(19절). '분쟁'(σχίσμα, *스키스마*)이 있다는 것은 곧 '분리'(division)가 있다는 말이다. 요한복음은 예수님의 복음의 말씀이 선포되는 곳에 '분리'가 있다고 기록한다(7:43; 9:16). 예수님께 긍정적으로 반응하는 사람도 있고, 그에게 적대적인 사람도 있다는 말이다. 이것이 예수님의 복음의 특징이다. 예수님의 복음의 말씀은 교회 안의 사람들을 하나 되게 한다. 그러나 교회 밖의 사람들을 분리시킨다. 이런 이유로 사도 바울은 '분쟁'(*스키스마*)이 있는 고린도 교회 성도들을 향하여 하나 될 것을 강력하게 권고한다(고전 1:10; 11:18; 12:25). 그러나 그가 복음을 전했을 때, 교회 밖의 사람들에게는 분리가 일어난다(예. 행 14:1-2; 23:7).

앞서 나온 '유대인'은 예수님을 반대하는 부정적 의미로 사용되었지만(7:11, 13), 이 본문에 나오는 '유대인'은 다소 모호하게 그려진다(참고. 7:15). 예수님의 말씀이 유대인들을 갈라놓았다. 따라서 모든 분쟁의 상황을 비관적으로 볼 필요는 없다. 참된 복음이 선포되는 곳에 진리로 인한 분리가 있다. 이러한 분리는 요한계시록이 말하는 종말론적 현상이다(계 20:1-15). 동시에 요한복음도 종말론적 분리를 계속 언급하고 있다(참고. 5:29). 이는 신약의 일관된 사상이다. 마태복음의 열 처녀 비유나(마 25:1-13), 양과 염소 비유(마 25:31-46) 등이 이를 증언한다.

2) 유대인들의 부정적 반응(10:20)

어떤 유대인들은 예수님을 가리켜, 귀신 들려 미쳤다(μαίνομαι, *마이노마이*)고 한다. 이는 처음 나온 말이 아니라, 예수님에 대한 유대인들의 계속되는 부정적 반응이다(7:20; 8:48). '미친 것'과 '귀신 들린 것'의 연관은 고대 사회에서 흔히 있는 일이었다(참고. 막 3:21-22). 자신을 하나님과 같은 위치로 두는 예수님을 유대인들은 미쳤다고 생각했다. 한편, 바울도 미쳤다는 소리를 듣는다. 베스도 총독과 아그립바 왕 앞에서 복음을 전하자, 베스도는 그를 미쳤다(*마이노마이*)고 한다(행 26:24).

예수님과 예수님의 진리는 세상의 그릇으로 담을 수가 없다. 그들이 이해할 수 없는 진리이고, 그들이 받아들일 수 없는 거룩이다. 그들은 어둠 가운데 있어서 빛을 거부한다. 그들은 거짓에 속하기 때문에 진리를 깨닫지 못한다. 그래서 진리를 증언하는 사람을 향하여 미쳤다고 한다.

3) 유대인들의 긍정적 반응(10:21)

반면에 다른 유대인들은 맹인의 눈을 뜨게 한 예수님의 기적을 근거로, 그가 미쳤을 리가 없다 한다. 이는 마치 "사탄이 어찌 사탄을 쫓아낼 수 있느냐?"(막 3:23)라고 반문하신 예수님의 말씀을 생각나게 한다. 요한복음에서도 예수님은 그가 아버지 안에, 아버지가 그 안에 있는 것을 믿지 못하겠거든, 예수님이 행하는 그 사역을 통해 믿음을 가지라고 권고하신다(10:37-38; 14:11). 부정적 유대인들은 선입견을 가지고 예수님을 대했다. 자기들 전통의 관점으로 예수님을 평가했다. 안식일의 관점으로 예수님을 대했다. 유일신의 관점으로 예수님을 평가했다. 그리하여 예수님의 사역에 나타난 분명한 계시를 깨닫지 못했다. 그러나 다른 사람들은 예수님이 보여주신 표적을 통해, 그의 정체성에 조금씩 눈을 떠가는 모습이다.

교훈과 적용

1. 예수님의 진리가 있는 곳에는 분리가 있다. 진리가 선포될 때, 거짓과 구분된다. 그러므로 진리를 따르는 자들과 거짓을 따르는 자들이 구분된다. 그리스도인들이 세상을 살아갈 때, 온유하고 겸손해야 하지만, 진리의 문제에 있어서는 타협하지 말아야 하겠다. 교회와 세상의 분리는 필연적인 것이다.
2. 예수님의 진리는 세상이 이해할 수 없다. 복음의 진리가 선포될 때, 어두움과 거짓은 진리를 이해하지 못한다. 이 말은 세상 사람들이 이해하도록 돕지 말라는 뜻이 아니다. 그들에게 복음을 잘 이해시키며 소개해야 한다. 그러나 복음의 진리는 세상의 가치관으로는 도저히 담을 수 없다. 세상의 잣대로는 복음의 진리를 이해할 수 없다.
3. 예수님의 진리는 그의 사역이 증명한다. 예수님의 모든 사역은 예수님의 정체성을 뒷받침한다. 예수님이 보여주신 표적은 그가 누구신지를 드러낸다. 그가 하신 일들은 구약에 예표된 하나님의 일이요 메시야의 일이다. 그러므로 예수님의 사역을 통해 우리는 그분이 하나님이시요 메시야이신 것을 알 수 있다.

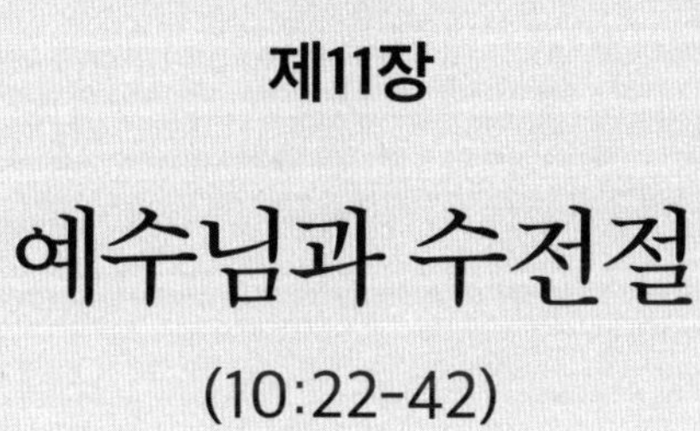

제11장

예수님과 수전절

(10:22-42)

본문 개요

예수님과 유대 절기와의 관계는 이제 이 단락에서 수전절 배경으로 나타난다. 앞선 유월절이나 초막절과 달리, 수전절 배경은 강하게 드러나지는 않는다. 그럼에도 불구하고 요한복음의 중요한 주제인 성전 되신 예수님의 모습이 수전절을 배경으로 하여 강화되고 있음을 볼 수 있다. 또한 예수님은 자신을 악한 세상 지도자들과 대조되는 선한 목자로, 하나님의 아들로 계시하신다.

내용 분해

1. 수전절에 나타나신 선한 목자(10:22-30)
   1) 수전절에 성전에 나타나신 예수님(10:22-23)
   2) 수전절과 선한 목자 예수님(10:24-27)
   3) 하나님과 하나이신 예수님(10:28-30)
2. 수전절에 나타나신 하나님의 아들(10:31-42)
   1) 하나님의 아들이신 예수님(10:31-39)
   2) 많은 사람들이 믿는 예수님(10:40-42)

*특주: 예수님과 유대 절기들

본문 주해

1. 수전절에 나타나신 선한 목자(10:22-30)

22 예루살렘에 수전절이 이르니 때는 겨울이라 **23** 예수께서 성전 안 솔로
몬 행각에서 거니시니 **24** 유대인들이 에워싸고 이르되 당신이 언제까지
나 우리 마음을 의혹하게 하려 하나이까 그리스도이면 밝히 말씀하소서
하니 **25** 예수께서 대답하시되 내가 너희에게 말하였으되 믿지 아니하는
도다 내가 내 아버지의 이름으로 행하는 일들이 나를 증거하는 것이거늘
26 너희가 내 양이 아니므로 믿지 아니하는도다 **27** 내 양은 내 음성을 들
으며 나는 그들을 알며 그들은 나를 따르느니라 **28** 내가 그들에게 영생을
주노니 영원히 멸망하지 아니할 것이요 또 그들을 내 손에서 빼앗을 자가
없느니라 **29** 그들을 주신 내 아버지는 만물보다 크시매 아무도 아버지 손
에서 빼앗을 수 없느니라 **30** 나와 아버지는 하나이니라 하신대

1) 수전절에 성전에 나타나신 예수님(10:22-23)

'수전절'(修殿節, Feast of Dedication)은 헬라 왕 안티오쿠스 4세에 의해 더럽혀진 성전 제단을 회복한 것을 기념하는 절기이다.[1] 이 절기는 히브리어로 חנכה(*하누카*)라 하였는데, 이는 '봉헌'(Dedication)이라는 뜻이다. 안티오쿠스 4세는 자신을 스스로 신(神)이라 일컬었다(마카비하 9:12). 또한 그를 통해 신이 나타났다 하여, '신현'(神顯, theophany)이라는 뜻으로 에피파네스(Epiphanes)라 불렀다. BC 169년 안티오쿠스 4세는 제국의 일치를 위한다는 명목 하에, 피지배민들의 종교와 관습을 금지하였다. 따라서 유대인들의 성전 제사와 안식일 준수는 금지되었다. 또한 예루살렘 성전 안에 있는

1. 수전절 배경 이야기는 Kwon, "Jesus as High Priest in John 17," 129-32를 요약, 정리한 것이다.

기구들을 탈취하여 자기 성으로 가져갔다. BC 167년에는 성전에 이방 신상을 세웠을 뿐 아니라 성전 제단에 돼지 피를 바쳐, 이스라엘 사람들이 가장 가증하게 여기는 일을 하였다(마카비상 1:41-61). 분노한 이스라엘 사람들은 마침내 BC 164년에 이방인들을 예루살렘에서 몰아내고, 성전을 회복하였다(마카비상 4:41-58). 성전 제단을 거룩하게 하여 다시 바쳤는데, 이것을 기념하여 해마다 수전절을 지키기로 하였다(마카비상 4:59).

예수님은 바로 이러한 수전절을 배경으로 성전에 나타나셨다(22-23절). 유대인들과의 논쟁 중에 자신이 누구며 어떤 일을 하는지 드러내신다.

2) 수전절과 선한 목자 예수님(10:24-27)

민족의 구원을 기념하는 절기에 유대인들은 정작 자신들의 구원자를 믿지 못한다. 그들은 예수님이 그리스도인지 아닌지를 더 정확하게 말씀하실 것을 요구한다(24절). 그러나 예수님은 자신이 계속해서 계시하였지만, 유대인들이 믿지 않았음을 지적하신다(25절). 그들이 예수님을 거부하는 것은 그들의 선택이지만, 이는 동시에 그들이 예수님께 속한 양이 아니기 때문이라고 하신다(26절). 그들이 예수님께 속한 것인지를 나타내는 증거는 그들의 믿음과 순종이다. 그들이 예수님께 속한 양이라면, 그들은 목자이신 예수님의 음성을 듣게 되어 있기 때문이다(27절). 그들은 예수님의 양이 아니기 때문에 예수님을 따르지 않는다.

3) 하나님과 하나이신 예수님(10:28-30)

도둑은 양을 죽이고 멸망시키기 위해 온다(10절). 이리는 양을 훔치고 해친다(12절). 그러나 예수님은 양에게 생명을 주고 양을 지키신다(28절). 이는 곧 아버지의 구원과 동등시 된다. 예수님의 손에서 그리고 아버지의 손에서 아무도 양을 빼앗을 수 없다. 여기서 '빼앗다'(ἁρπάζω, *하르파조*)는 이리가 양을 훔칠 때 쓰인 동사이기도 하다(12, 28절). 이리는 양을 훔치려 하지만, 예수님께 속한 양은 절대 훔칠 수 없다. 왜냐하면 예수님이 영원히 지키시기 때문이다. 이는 마치 하나님이 그의 양을 영원히 지키시는 것과 같다(29절). 이스라엘은 하나님이 기르시는 백성이요, 그의 손이 돌보는 양이었다(시 95:7). 이제 예수님을 따르는 자들이 새 이스라엘로서 하나님과 예수님이 돌보시는 양이 된다. 양을 돌보시는 예수님은 하나님 아버지와 같은 역할을 하신다. 이는 예수님의 신성을 암시한다. 급기야 예수님은 그와 아버지가 하나라고 말씀하신다(30절). 예수님과 하나님의 하나 됨은 제자들의 하나 됨의 근거가 되고, 모델이 된다(17:22). 예수님과 하나님은 한 뜻을 가지고 같은 사역을 하신다. 그 일치된 사역의 정점에 양을 돌보시는 사랑이 있다.

교훈과 적용

1. 예수님은 새 이스라엘의 구원자이시다. 마카비 지도자들이 이스라엘을 이방 민족으로부터 구원한 것과는 비교되지 않을 정도로, 예수님은 새 이스라엘인 그분의 교회를 구원하신다. 그분의 교회는 예수님에 의해 죄와 사망으로부터 구원 받았다.
2. 예수님은 능력의 손으로 우리를 보호하신다. 이리의 공격으로부터 양을 보호하는 목자처럼, 예수님은 능력의 손으로 그의 양인 우리를 지키신다. 아무도 하나님의 손에서 그 백성을 빼앗을 수 없듯이, 예수님의 손에 있는 우리를 넘보지 못한다.
3. 예수님은 하나님과 하나 되어 일하신다. 예수님은 하나님의 뜻을 이 땅에 실현하러 오셨다. 예수님은 하나님의 능력으로 일하셨다. 그러므로 그분은 하나님이셨고, 하나님과 함께 일하셨다. 그러므로 예수님은 찬양과 존귀를 받으시기에 합당하다.

2. 수전절에 나타나신 하나님의 아들(10:31-42)

31 유대인들이 다시 돌을 들어 치려 하거늘 **32** 예수께서 대답하시되 내가
아버지로 말미암아 여러 가지 선한 일로 너희에게 보였거늘 그 중에 어
떤 일로 나를 돌로 치려 하느냐 **33** 유대인들이 대답하되 선한 일로 말미
암아 우리가 너를 돌로 치려는 것이 아니라 신성모독으로 인함이니 네가

사람이 되어 자칭 하나님이라 함이로라 **34** 예수께서 이르시되 너희 율법
에 기록된 바 내가 너희를 신이라 하였노라 하지 아니하였느냐 **35** 성경은
폐하지 못하나니 하나님의 말씀을 받은 사람들을 신이라 하셨거든 **36** 하
물며 아버지께서 거룩하게 하사 세상에 보내신 자가 나는 하나님의 아들
이라 하는 것으로 너희가 어찌 신성모독이라 하느냐 **37** 만일 내가 내 아버
지의 일을 행하지 아니하거든 나를 믿지 말려니와 **38** 내가 행하거든 나를
믿지 아니할지라도 그 일은 믿으라 그러면 너희가 아버지께서 내 안에 계
시고 내가 아버지 안에 있음을 깨달아 알리라 하시니 **39** 그들이 다시 예
수를 잡고자 하였으나 그 손에서 벗어나 나가시니라 **40** 다시 요단 강 저
편 요한이 처음으로 세례 베풀던 곳에 가사 거기 거하시니 **41** 많은 사람
이 왔다가 말하되 요한은 아무 표적도 행하지 아니하였으나 요한이 이 사
람을 가리켜 말한 것은 다 참이라 하더라 **42** 그리하여 거기서 많은 사람
이 예수를 믿으니라

1) 하나님의 아들이신 예수님(10:31-39)

유대인들은 하나님을 아버지라 일컬으며, 하나님과 하나 됨을 주장하는 예수님의 말씀을 신성모독으로 간주하였다(33절). 왜냐하면 이것은 곧 자신이 하나님이라는 말이기 때문이다. 이에 예수님은 율법에 "내가 너희를 신이라 하였노라"라는 말씀이 있다는 것으로 대응하셨다(34절). 여기서 '율법'은 구약 전체를 가리키며, 예수님은 칠십인경으로부터 정확하게 시편 82:6을 인용하셨다. 이 시편 구절("내가 말하기를 너희는 신들이며 다 지존자의 아들들이라 하였으나")은 하나님 외에 다른 존재가 신으로 불렸다는 것을 의미한다. 시편 본문이 말하는 '신들'은 누구를 일컫는가?

모리스는 본문이 말하는 신들이 이스라엘의 재판관들을 가리킨다고 한

다.[2] 무엇보다 시편 89:1-5은 불공평한 재판을 하는 자들을 하나님이 책망하시는 장면이다. 이스라엘에게 재판은 하나님의 영역에 속한 것이며, 재판관들은 하나님의 대리자였기 때문에(신 1:17), 그들은 '신들'이라 불린다(시 89:6). 그러나 카슨은 요한복음 10장에서 예수님은 이 신들을 '하나님의 말씀을 받은 사람들'이라 명명하시기 때문에(35절), 이 신들이 재판관을 가리킬 가능성이 낮다고 본다. 그 대신 그는 이 신들이 이스라엘을 가리킨다고 주장한다.[3] 시내산에서 하나님의 말씀이 이스라엘에게 임했고, 그 이전에 그들은 하나님의 장자로 불리었기 때문이다(출 4:21-22). 또한 예수님이 이러한 이스라엘을 성취하신 분으로 이미 요한복음에서 언급되었다.

그러나, 시편 89편이 기본적으로 가리키는 것이 재판관 외의 다른 존재라고 보기 힘들다. 재판관은 다윗 왕권 이전에 이스라엘의 지도자였으며, 다윗 시대에는 왕이 이러한 재판관의 역할을 같이 수행하였다. 또한 재판관은 하나님의 대리자로서 재판을 할 뿐 아니라, 하나님의 말씀(율법)을 받아 그대로 재판한다. 요한복음에서 예수님은 메시야시며, 또한 최고의 재판관(judge par excellence)으로 나타난다(8:15-16). 구약에 나오는 재판관의 모델이 예수님에게서 완성되었다고 볼 수 있다.[4] 재판관이신 예수님은 하나님의 말씀 자체시기 때문에 충분히 하나님의 아들이시며, 하나님이라 불릴 자격이 있다. 또한 수전절 배경에서, 자신을 참 하나님으로 드러내시는 예수님은 '신'이라 불린 헬라 왕 안티오쿠스 4세와 대조된다. 예수님은 자신을 진정한 왕이요 진정한 하나님으로 드러내신다.

예수님은 성경의 권위를 믿었고, 성경 말씀을 근거로 사역하셨다(35절). 이러한 사상은 그의 다른 언급이나(마 5:18), 바울과 베드로의 언급에서도 나타난다(딤후 3:16; 벧후 1:20-21). 성경의 권위를 존중하는 사상은 예수님

---

2. Morris, *John*, 467-8.

3. Carson, *John*, 397-8.

4. Brown, *John I-XII*, 410.

의 동시대 유대인들이 충분히 이해할 만한 것이었다. 이것을 근거로 예수님은 유대인들의 주장을 반박하신 것이다. 성경에 '하나님의 재판관'을 '신'이라 하였다면, 예수님이 자신을 가리켜 하나님의 아들이라 한 것은 전혀 신성모독이 아니라는 것이다.

한편, 하나님이 거룩하게 하신 이로서 예수님의 정체성은 그의 성전 되심과 연결된다(36절). 예수님은 수전절에 자신을 나타내시는데(22절), 아버지에 의해 거룩하게 되어 세상에 보내진 아버지의 아들로 나타내신다. 수전절은 이방인에게 더럽혀진 성전 제단을 거룩하게 하여 성전을 회복한 사건이다. 특히 수전절을 가리키는 헬라어 ἐγκαίνια(*에그카이니아*)는 '봉헌'(dedication)을 뜻하는데, 스룹바벨 성전을 봉헌할 때 사용되었다(스 6:16-17; 느 12:27). 또한 이와 같은 어원의 단어가 구약에서 성전이나 성전 제단의 봉헌을 위해 사용되었다(민 7:10-11, 84; 왕상 8:63; 대하 7:5). 뿐만 아니라, '거룩하게 하다'는 뜻의 헬라어 ἁγιάζω(*하기아조*)는 구약에서 성전이나 제물, 혹은 제사장을 구별할 때 자주 사용되었다. 따라서 수전절을 배경으로 하는 예수님의 말씀에서 '거룩하게 되신 예수'를 구별된 성전으로 인식하는 것은 전혀 낯설지 않다(참조. 1:14; 2:19; 4:20-24). 이런 거룩하게 된 성전 개념은 예수님의 기도에서 예수님 자신과 그의 공동체를 가리킬 때 다시 등장한다(17:17-19).

예수님의 행함이 예수님이 누구신지를 증명한다는 것은 요한복음에서 계속 등장한다(25절; 14:11). 그러므로 사람들은 예수님의 사역을 통해 그분의 정체성을 믿고, 그분의 말씀을 따를 수 있다(37-38절). 예수님의 사역을 통해, 그분의 말씀을 통해, 우리는 성전이신 예수님에게 아버지 하나님의 임재가 있다는 것을 알 수 있다. 예수님은 아버지 안에서 역사하고, 아버지 하나님은 예수님 안에서 역사하신다(38절).[5] 아버지와 아들은 하나다(30절).

---

5. Keener, *John 1*, 822.

2) 많은 사람들이 믿는 예수님(10:40-42)

예수님은 이제 유대 지역을 떠나 요한이 세례 주던 곳(아마도 요단강 동편 바타네아 지역)으로 옮기신다(40절: 참고 1:28). 그곳은 유대 지도자들의 힘이 제대로 미치지 못하는 지역이다. 39절에 따르면, 예수님과 논쟁하던 유대인들은 마침내 예수님을 체포하려 했다. 유대인들 입장에서 아마도 신성모독을 일삼는 예수님을 그냥 그대로 두고 볼 수 없었을 것이다. 예수님이 하나님을 아버지라 부르시며, 아버지와 하나라고 하시자, 예수님을 돌로 치려하였다(31절). 계속해서 자신을 하나님이 보내신 아들이라고 하자, 마침내 예수님을 체포하려 하였다(39절). 예수님이 요단강 건너편으로 간 것은 아마도 유대인들의 위협 때문이었을 것이다(40절).

유대인들은 예수님의 피신을 그들의 승리로 생각했을 것이다. 유대인들 입장에서는 예수님의 사역이 실패했다고 볼 수도 있다. 지경을 확장해서 사역을 성공적으로 수행해야 하는데, 뒤로 물러간 듯이 보이기 때문이다. 그러나 돌아간 그 지역에서 많은 믿는 자들이 나온다(42절). 이것은 하나님 나라의 한 원리를 보여준다. 하나님 나라는 현재 사람의 눈에 보이는 것이 전부가 아니다. 사람의 눈에는 위축되고 실패하는 것처럼 보여도, 하나님 나라는 결코 실패하지 않는다. 하나님의 섭리 속에 믿는 자들은 더욱 늘어 갔다. 유대인들을 피해 피신한 그곳에 더 많은 복음의 열매가 맺혔다.

한편, 본문은 또한 예수님이 복음의 진리를 선포하시자, 사람들이 두 종류로 나뉘는 것을 보여준다. 예수님의 증언에 분노하여 예수님을 돌로 치려하거나(31절), 그를 잡으려고 하는 사람들이 있었다(39절). 그런데 이 단락에서는 예수님을 믿는 많은 사람들이 언급된다(42절). 이는 요한복음이 계속 드러내는 예수님의 증거의 결과로서 '분리'이다(19-21절; 7:43; 9:16).

※ 특주: 예수님과 유대 절기들[6]

요한복음에는 세 유대 절기들이 예수님과 관련을 맺고 있다: 유월절, 초막절, 수전절. 세 절기들은 원래 하나님께서 이스라엘 백성에게 베푸신 은혜를 기념하기 위한 것이었다. 이스라엘은 대대로 이 의식을 행하여 하나님을 기억하고, 또 하나님께서 베푸실 은혜를 기대하였다. 이제 종말론적 구원자로서 예수님이 오시고, 요한복음은 예수님 안에서 유대 절기들을 해석한다. 다시 말하면, 요한복음은 유대 절기들이 메시야 안에서 어떻게 성취되는지를 설명한다.

1. 예수님과 유월절

요한복음에서 '유월절'(πάσχα, *파스카*)이라는 말은 예수님의 죽음이 직, 간접적으로 언급되는 곳에 등장한다(2:13, 23; 6:4; 11:55; 12:1; 13:1; 18:28, 39; 19:14). 예수님이 최초로 자신의 죽음과 부활을 예언하신 성전 정화 사건을 전후해 '유월절'이 언급된다(2:13, 23). 예수님이 자신을 생명의 떡으로 계시하시며, 자신의 살과 피를 준다고 약속하시는 장면에도 '유월절'이 나온다(6:4). 나사로의 죽음과 부활, 그리고 예수님의 죽음에 대한 가야바의 예언도 '유월절'이라는 절기와 문맥에서 이어진다(11:55). 마리아가 향유를 예수님의 발에 붓고, 예수님의 죽음이 암시되는 에피소드도 유월절을 배경으로 한다(12:1). 세족을 통해 죽기까지 섬기시는 예수님의 모습을 보여주는 장면도 유월절과 관계있다(13:1). 그리고 예수님의 체포와 재판, 그리고 죽음이 나오는 일련의 사건들에서도 '유월절'이 언급된다(19:14). 비록 '유월절'이라는 말이 언급되지 않더라도, 세례 요한

---

6. 이 부분은 Kwon, "Jesus as High Priest in John 17," 114-32를 요약, 정리한 것이다.

이 말하는 '세상 죄를 지고 가는 하나님의 어린양'(1:29)은 예수님의 유월절 어린양으로서 정체성을 짐작하게 한다.

한편 예수님이 유월절 양으로 죽으셨다는 사실을 가장 직접으로 표현한 구절은 19:36이다. 로마 병사들은 관례에 따라, 십자가에서 죽은 사람들의 다리를 꺾어 확인 사살해야 했다. 그러나 예수님은 이미 죽은 것이 확실해서 다리를 꺾지 않았는데, 요한복음은 이를 성경의 성취로 보았다. 출애굽기 12:46과 민수기 9:12에 따르면, 유월절 규례는 어린양을 잡은 후 그 뼈를 꺾지 않도록 했다. 물론 19:36이 시편 34:20에 나오는 의인의 죽음과 연결될 수도 있지만, 요한복음에 나오는 강한 유월절 배경은 출애굽기와 민수기 본문을 무시하지 못하게 한다. (좀 더 자세한 설명은 19:36 주해를 참고하라) 따라서 요한복음은 예수님이 유월절 어린양으로서 돌아가신 것을 강조하고 있음에 틀림없다.

유월절은 어린양의 피를 통해 이스라엘이 하나님의 심판으로부터 구원 받은 사건을 기념하는 절기이다. 이집트 땅 종 되었던 집에서 구원 받은 것을 기억하는 절기이다. 이스라엘은 출애굽을 통해 독립적인 이스라엘 공동체로서 자리매김하게 된다. 그렇다면 예수님이 유월절 어린양으로 돌아가셨다는 것은 무엇을 뜻하는가? 예수님을 믿는 그리스도인은 이제 하나님의 심판으로부터 구원을 받았다는 말이다. 죄와 사망에서 구원 받았다는 말이다. 예수님 안에서 심판이 아니라 구원이, 죽음이 아니라 영생이 은혜로 주어졌다는 말이다. 에스겔 45:21에는 종말론적 새 성전에서 하나님의 백성이 유월절을 지키는 것이 예언되었는데, 이제 참 성전이신 예수님 안에서 유월절이 성취된다. 성전도 유월절도 예수님이 성취하셔서, 예수님 안에서 하나님의 구원이 온전히 실현된다. 그리하여 예수 그리스도 안에서 구원 받은 하나님의 교회가 새로운 이스라엘이 된다.

2. 예수님과 초막절

'초막절'(σκηνοπηγία, *스케노페기아*)은 출애굽한 이스라엘 백성들이 광야에서 하나님의 도우심을 경험한 것을 기억하고, 앞으로도 하나님이 도우실 것을 기대하는 기념 절기이다. 특히 초막절은 추수가 끝난 후 7일 동안 지키는 절기로서, 한 해 추수에 대한 감사 절기이기도 하다(레 23:33-42). 예수님 당시 초막절의 대표 행사는 두 가지였다. 첫째, 성전 제단 옆에 있는 항아리에 실로암에서 길어온 물을 채워, 작은 관을 통해 그 물이 제단 아래로 흘러가게 하였다(*m. Sukk.* 4.9).[7] 제사장들이 물을 성전 제단에 바치는 것은 이스라엘의 광야 생활과 관련이 있다. 즉, 광야에서 이스라엘에게 물을 공급하여 주신 하나님을 기억하고, 또 한 해 동안 물을 공급하여 주셔서 풍성한 소출을 맺게 하신 것에 감사하였다. 뿐만 아니라 앞으로도 하나님이 공급하여 주실 것을 기대하고 기도하는 절기였다. 예수님은 바로 이러한 초막절 배경에서 목마른 자들을 초청하신 것이다(7:37-39). 그러나 예수님이 주시는 것은 물질적인 물이 아니라 영적인 물이었다. 자신에게 오는 자마다 성령을 주셔서, 그 사람이 성령으로 살게 되는 영생을 약속하셨다.

초막절의 두 번째 행사는 밤마다 성전 마당(여인의 뜰)에 여러 개의 큰 촛대를 세우고, 불을 밝혀 대낮처럼 환하게 하는 것이었다(*m. Sukk.* 5.2-3). 이런 행사를 통해 광야에서 이스라엘을 불기둥으로 보

7. Morris, *John*, 372.

호하시고 인도하신 것을 기념하였다. 동시에 올 한 해에 빛을 주셔서 곡식을 잘 자라게 하신 하나님께 감사하였다. 예수님은 바로 이런 초막절 행사를 배경으로 자신이 빛임을 선언하신다(8:12). 과거에 하나님이 빛을 주셔서 이스라엘을 인도하시고, 또한 풍성한 소출을 얻게 하셨다면, 이제는 예수님이 그 일을 하겠다고 하신다. 다만 예수님은 물질적인 빛이 아니라, 진리에 이르는 영적인 빛을 비추신다. 그래서 예수님이라는 빛을 따라가는 자는 영적 무지나 죄에 빠지지 않고, 영생하는 진리에 이르게 된다.

예수님 안에서 성취되는 이러한 초막절의 의미는 이미 스가랴 선지자를 통해 예언되어 있었다. 마지막 날에 예루살렘에서 생수가 솟아날 것이고, 어두움을 비추는 빛이 있을 것이라 한다(슥 14:7-8). 이방 민족들까지 예루살렘에 여호와 하나님을 예배하기 위해 올 것이요, 그들이 초막절을 지킬 것이라 한다(슥 14:16). 이 종말의 때에 하나님의 성전에 있는 모든 것이 거룩할 것이고, 심지어 말 방울까지 거룩하게 될 것이다(슥 14:20). 하나님의 성전 개념이 단순히 건물에 한정된 것이 아니라, 성령으로 말미암아 여호와께 나아오는 모든 민족에까지 미친다. 모든 민족이 거룩하게 될 것이다. 요한복음은 이러한 초막절의 종말론적 의미가 예수님 안에서 성취된다는 것을 보여준다. 예수님을 통해 성령이 오셔서 그의 백성들이 거룩하게 되는 것이다. 이 거룩한 공동체에서 유대인과 이방인이 하나 되어 하나님을 예배할 것이다.

3. 예수님과 수전절

'수전절'(ἐγκαίνια, *에그카이니아*)은 성전 제단을 수리하여 거룩하게 한 후, 다시 하나님께 봉헌한 것을 기념하는 절기다. 헬라 왕 안티오쿠스 4세는 이스라엘을 침공하여 예루살렘 성전에 있는 기구들을 탈취했다(BC 169). 뿐만 아니라, 성전 제단에 제우스(Zeus) 신상을 세우고 돼지 피를 바쳤다(BC 167). 이것이 곧 '멸망의 가증한 것'이었다(막 13:14). 이에 분노한 유대인들은 유다 마카비와 그의 가족들을 중심으로 독립 운동을 조직적으로 전개한다. 결국 그들은 헬라인들을 예루살렘에서 축출하고, 성전 제단을 수리하여 거룩하게 하였다(BC 164). 이렇게 성전 제단을 거룩하게 회복한 사건을 기념한 것이 수전절이다(마카비상 4:41-59). 그러므로 유대인들에게 수전절은 이방인에게 더렵혀진 성전 제단을 거룩하게 회복한 날이었다. 바로 이러한 수전절 배경에서 예수님은 자신을 아버지께서 거룩하게 하사 세상에 보내신 아들로 묘사한다(10:36).

이는 앞서 성전으로서 예수님의 정체성을 언급한 요한복음의 다른 구절들과 함께(1:14, 51; 2:19-21; 4:23-24), 성전 기독론이라는 요한복음의 대표적인 신학을 강조하는 구절로 사용될 수 있다. 예수님은 아버지 하나님이 거하시는 하나님의 성전이시며, 사람들이 하나님께 예배드릴 수 있는 장소시다. 따라서 우리는 예수님 안에서 하나님과 만나며, 예수님 안에서 하나님의 계시를 받는다. 예수님 안에서 죄를 용서 받고, 예수님 안에서 하나님을 예배한다.

교훈과 적용

1. 예수님은 하나님의 거룩한 성전으로 사역하셨다. 하나님은 그의 아들 안에서 사람들을 만나시기 위해, 그의 아들을 성전으로 세상에 보내셨다. 그래서 예수님 안에 하나님의 임재가 있다. 우리는 예수님을 통해 하나님을 만날 수 있다. 예수님을 통

해 죄를 용서 받고, 예수님을 통해 하나님의 복을 받을 수 있다. 그러므로 우리는 예수님을 증거하여 세상이 하나님을 만나도록 해야 한다. 예수 그리스도 안에서 세상이 하나님께 죄 용서 받고 은혜를 받도록, 그를 드러내야 한다.

2. 예수님은 하나님의 말씀의 권위를 근거로 사역하셨다. 예수님의 말씀과 사역은 성경이 뒷받침한다. 예수님은 성경이 예언하는 그분이시며, 성경을 성취하기 위해 말하고 행동하셨다. 예수님은 성경의 성취자로서 항상 성경 중심이셨다. 심지어 예수님은 자신을 비난하는 사람들에게조차 성경으로 답변하셨다. 그러므로 우리 사역의 목적과 근거가 성경 말씀이 되어야 하겠다. 우리는 성경을 통해 우리 삶의 목적과 방향을 이해하도록, 더욱 말씀을 소중히 여겨야 한다.
3. 예수님은 하나님의 섭리 속에서 사역하셨다. 사람들은 눈에 보이는 대로 생각하고 판단한다. 그러나 예수님은 하나님의 계획 아래 사역하셨다. 사람들은 예루살렘에서 물러나신 예수님을 실패자라 생각할 수 있다. 그러나 하나님의 섭리는 예수님이 물러가신 그곳에서 복음의 역사를 일으키는 것이었다. 거기서 더 많은 신자들이 생겼다. 이와 같이 하나님의 사역자는 세상의 판단과 달리, 하나님의 섭리와 인도로 사역한다.

제12장

예수님의 죽음과 부활에 대한 사역(1)

(11:1-57)

본문 개요

11장과 12장은 예수님의 죽음을 본격적으로 예고하는 13장의 문턱에 위치한다. 죽은 나사로를 살리심으로, 예수님은 자신의 신적 능력을 드러내신다. 뿐만 아니라, 나사로의 죽음과 부활을 통해 예수님 자신의 죽음과 부활을 암시적으로 드러내신다. 이를 통해 생명과 부활로서 그의 정체성을 계시하신다. 그러므로 예수님을 믿는 자들은 그를 통해 영생할 수 있음을 확신하게 된다.

내용 분해

1. 나사로의 죽음과 예수님의 영광(11:1-16)
   1) 나사로가 병들었다는 소식을 들으신 예수님(11:1-4)
   2) 나사로에게 가시려는 예수님(11:5-10)
   3) 나사로를 살리시려는 예수님(11:11-16)
2. 마르다에게 자신을 계시하시는 예수님(11:17-27)
   1) 많은 유대인들의 위문(11:17-19)
   2) 마르다의 하소연(11:20-22)
   3) 예수님의 계시(11:23-27)
3. 마리아의 눈물과 예수님의 눈물(11:28-37)
   1) 마리아를 부르시는 예수님(11:28-31)
   2) 마리아의 눈물(11:32-33)
   3) 예수님의 눈물(11:34-37)
4. 나사로를 부활시키시는 예수님(11:38-44)
   1) 예수님의 명령(11:38-40)

2) 예수님의 기도(11:41-42)

3) 예수님의 살리심(11:43-44)

5. 나사로의 부활에 대한 반응들(11:45-57)

1) 목격자들의 반응들(11:45-46)

2) 공회원들의 반응들(11:47-53)

3) 유월절 순례자들의 반응들(11:54-57)

본문 주해

1. 나사로의 죽음과 예수님의 영광(11:1-16)

1 어떤 병자가 있으니 이는 마리아와 그 자매 마르다의 마을 베다니에 사
는 나사로라 2 이 마리아는 향유를 주께 붓고 머리털로 주의 발을 닦던 자
요 병든 나사로는 그의 오라버니더라 3 이에 그 누이들이 예수께 사람을
보내어 이르되 주여 보시옵소서 사랑하시는 자가 병들었나이다 하니 4
예수께서 들으시고 이르시되 이 병은 죽을 병이 아니라 하나님의 영광을
위함이요 하나님의 아들이 이로 말미암아 영광을 받게 하려 함이라 하시
더라 5 예수께서 본래 마르다와 그 동생과 나사로를 사랑하시더니 6 나사
로가 병들었다 함을 들으시고 그 계시던 곳에 이틀을 더 유하시고 7 그 후
에 제자들에게 이르시되 유대로 다시 가자 하시니 8 제자들이 말하되 랍
비여 방금도 유대인들이 돌로 치려 하였는데 또 그리로 가시려 하나이까
9 예수께서 대답하시되 낮이 열두 시간이 아니냐 사람이 낮에 다니면 이
세상의 빛을 보므로 실족하지 아니하고 10 밤에 다니면 빛이 그 사람 안에
없는 고로 실족하느니라 11 이 말씀을 하신 후에 또 이르시되 우리 친구 나
사로가 잠들었도다 그러나 내가 깨우러 가노라 12 제자들이 이르되 주여

잠들었으면 낫겠나이다 하더라 13 예수는 그의 죽음을 가리켜 말씀하신
것이나 그들은 잠들어 쉬는 것을 가리켜 말씀하심인 줄 생각하는지라 14
이에 예수께서 밝히 이르시되 나사로가 죽었느니라 15 내가 거기 있지 아
니한 것을 너희를 위하여 기뻐하노니 이는 너희로 믿게 하려 함이라 그러
나 그에게로 가자 하시니 16 디두모라고도 하는 도마가 다른 제자들에게
말하되 우리도 주와 함께 죽으러 가자 하니라

1) 나사로가 병들었다는 소식을 들으신 예수님(11:1-4)

베다니에 사는 나사로와 마리아, 마르다 가족이 등장한다(1절). 베다니는 예루살렘에서 동쪽으로 오 리쯤(약 2.9킬로미터) 떨어진 곳이다(18절). 이곳은 일찍이 예수님이 세례를 베푸셨던 베다니와는 구별되는 다른 장소이다(1:28).[1] 다른 복음서에 따르면, 예수님은 예루살렘에 입성하셔서 사역을 하신 후, 저녁이 되면 베다니로 와서 머무셨던 것 같다(마 21:17; 막 11:11). 그리고 마지막에 승천하실 때에도 베다니 근처에서 제자들을 축복하신 후 하늘로 올라가셨다(눅 24:50).

마르다와 마리아는 일찍부터 예수님을 따랐던 것 같다(눅 11:38-42). 마리아가 예수님의 발에 향유를 붓고 머리털로 발을 씻긴 사건은 12장에 기록되어 있다. 이것을 2절에서 언급한 것은 아마도 이 사건은 당시에 많이 알려져서 독자들이 잘 알고 있었기 때문일 것이다.[2] 또한 11장과 12장을 연결시키려는 저자의 의도도 엿보인다. 개역개정에서 나사로를 마리아의 '오라버니'로 번역한 것은 문제가 있다(2절). 11장에는 '오라버니' 혹은 '오라비'라는 말이 여러 차례 등장한다(2, 19, 21, 23, 32절). 우리말 '오라버니'는 오빠의 높임말이고, '오라비'는 '오라버니'의 낮춤말이다. 그러나 헬라어 원문에

---

1. Köstenberger, *John*, 325.
2. Morris, *John*, 478.

는 단지 형제를 뜻하는 ἀδελφός(*아델포스*)로 되어 있어, 오빠인지 남동생인지 알 수 없다. 3절에도 '그 누이들'이라고 하는데, '누이'는 남자가 여자 형제를 가리킬 때 사용되며, 주로 손아래 여자 동생을 가리킨다. 그러나 헬라어 원문에는 '자매'를 뜻하는 ἀδελφή(*아델페*)라고 되어 있다. 따라서 '그 누이들'이라기보다는 '그 자매들'이라는 뜻이다. 또한 마리아는 마르다의 동생이라고 하는데(5절), 헬라어 원문에는 자매를 뜻하는 *아델페*이다. 따라서 마르다와 마리아 중 누가 언니인지 헬라어 표현 자체로는 알 수 없다. 누가복음 10:39-40에도 마리아가 마르다의 동생으로 나오는데, 이 역시 원문에는 *아델페*로 되어 있다. 따라서 정확한 번역은 '자매'이다. 다만, 5절에서 마르다-마리아-나사로 순서로 삼 남매의 이름이 나오기 때문에 마르다가 첫째이고, 마리아가 둘째, 그리고 나사로가 막내일 가능성이 높다.

또한 나사로를 가리켜 주님의 '사랑하시는 자'라 한다(3절). 이러한 호칭은 요한복음의 저자인 예수님의 '사랑하시는 자'(13:23)를 떠올리게 한다. 그래서 어떤 사람들은 나사로를 요한복음의 저자로 본다. 그러나 이것은 대부분의 학자들에게 거부되며, 아마도 '예수님의 친구' 개념과 관련이 있는 듯하다. 예수님의 친구는 예수님이 사랑하시고, 예수님으로부터 비밀의 말씀을 받은 자이다(15:12-17). (자세한 설명은 15장 주해를 참조하라) 물론 나사로가 예수님의 제자로서 그가 사랑하시는 자이지만, 또한 예수님과 나사로 간의 남다른 관계도 놓치지 말아야 할 것이다. 아마도 예수님이 자주 베다니 마르다/마리아/나사로의 집에 머무시면서, 이 가족과 특별한 관계를 맺으신 듯하다.

예수님은 나사로의 병을 가리켜 '하나님의 영광'을 위함이라 하신다(4절). 하나님의 영광이란 그의 영광스런 신적 능력이 가시적으로 드러나는 것을 뜻한다.[3] 하나님의 영광이 그의 아들을 통해 드러난다. 죽은 나사로를 살리

3. Brown, *John I-XII*, 503.

는 아들의 사역을 통해 하나님의 영광이 계시된다. 이렇게 아들을 통해 하나님의 영광이 계시되는 방식은 일찍이 예수님의 성육신에도 있었고(1:14-18), 그의 가나 표적 사건에서도 언급되었다(2:11).[4] 그래서 아들로 하여금 사람들에게 높임을 받게 한다. 이것이 하나님의 아들이 영광을 받는 것이다. 그러나 예수님이 영광을 받는 것은 단지 나사로를 살리는 사건에 국한되지 않는다. 나사로를 살린 사건은 결국 예수님을 죽음으로 내몰리게 한다. 죽음은 예수님이 영광을 받으시는 그의 공생애 사역의 절정이다. 따라서 나사로를 살린 사건은 하나님의 영광이 드러나는 것이고, 동시에 하나님의 아들이 영화롭게 되는 사건이다. 다른 한편, 사람의 고통이 하나님의 영광을 위한 수단으로 사용되는 것은 앞서 이미 맹인이 보게 되는 사건에서 다룬 바 있다(9:3).[5]

2) 나사로에게 가시려는 예수님(11:5-10)

예수님이 마르다, 마리아, 나사로를 사랑하셨다는 것은 그들과 얼마나 친밀한 관계를 맺고 계셨는지 보여준다(5절). 그러나 예수님은 나사로가 병들었다는 소식을 들으시고도 즉시 베다니로 출발하시지 않는다. 2일을 더 머물다 가신다. 왜 그러셨을까? 나사로가 병들었다는 소식이 처음 예수님께 도달했을 때 나사로는 죽지 않았던 것 같다(4절). 그런데 2일이 지나자, 이제 예수님은 나사로가 죽었다고 하신다(11절). 그리고 마침내 베다니로 향하신다. 베다니에 도착했을 때, 나사로는 죽은 지 4일이 되었다고 한다. 요단강 동쪽, 예수님이 머무셨던 바타네아 지역에서 베다니까지 거리는 약 150킬로미터인데, 이는 건강한 성인이 당시에 약 4일 정도 걸려서 도착할 수 있는 거리였다.[6] 따라서 예수님은 나사로가 병들었다는 소식을 처음 접하고 2일을 더 머무신 후, 그가 죽었다는 것을 아시고 베다니로 출발하셨다

4. Klink III, *John*, 497.
5. Borchert, *John 1-11*, 350.
6. Carson, *John*, 409; Köstenberger, *John*, 328.

는 말이다. 예수님은 왜 이렇게 나사로가 죽은 다음에 출발하셔서, 죽은 지 나흘 후에 도착하셨을까? 나사로의 죽음과 부활의 확실성을 보여주기 위함은 아니었을까? 나사로가 죽은 지 얼마 되지 않아서 그를 살리셨다면, 사람들은 아마도 나사로의 죽음을 의심했을 수도 있다. 그러나 4일이 지난 주검이 다시 살아난다면, 그의 죽음과 부활은 분명한 사실로 증명될 수 있었을 것이다(아래 17절 주해를 참고하라).

앞서 예수님은 예루살렘에서 유대인들이 자신을 죽이려 하자, 요단강 동쪽으로 피하셨다(10:40). 이제 예수님은 나사로의 소식을 듣고, 다시 유대 지역으로 가고자 하신다(7절). 이에 제자들은 위험한 유대 지역으로 다시 가시려는 예수님을 말린다(8절). 그러나 예수님은 지금은 일해야 할 때라고 말씀하신다(9절). "낮이 열두 시간이 아니냐"는 말은 하루에 열두 시간 정도는 낮이고, 그때는 사람들이 일해도 아무 지장이 없다는 말이다. 즉, 예수님이 예루살렘에 올라가서 사역을 해도 아무런 문제가 없을 것이라는 말이다. '밤'이 오는데, 그때는 잘 보이지 않기 때문에 사람들이 일할 수 없다.

본문에 나오는 '낮'(9절)과 '밤'(10절)은 상징적인 뜻도 가지고 있다. 다시 말하면, 빛이신 예수님이 활동하시는 시간이 곧 낮이다. 또한 빛이신 주님이 없는 시간이 밤이다. '밤'에 다니는 것은 곧 그 사람 안에 빛이신 예수님이 없다는 말이다(10절). 요컨대, 예수님은 자신이 세상의 빛이심을 드러내시며, 지금은 빛 되신 주님이 일해야 할 때임을 제자들에게 상기시키신다(9절). 이 일은 물론 자신을 계시하시며, 하나님께로 가는 길, 그래서 영생을 얻는 길을 제시하시는 것이다(8:12; 9:4-5). 이 빛을 따라가는 자는 어둠에 거하지 않고, 밤에 다니지 않는 자이다.

3) 나사로를 살리시려는 예수님(11:11-16)

예수님은 나사로를 친구라 부르신다(11절). 예수님과 나사로의 친밀한 관계를 엿볼 수 있는 대목이다. 예수님의 '친구'(φίλος, *필로스*)는 예수님의 사랑을 받고, 그의 계명을 따라 서로 사랑하는 자이다(15:13-14). 또한 예수님으로부터 계시를 받은 자이다(15:15). 한편 세례 요한은 자신을 신랑의 친구로 표현한다(3:29). 결혼식에서 신랑이 사람들의 주목을 받아도, 신랑 친구는 기뻐한다. 이와 같이 세례 요한은 자신이 신랑이신 예수님의 음성을 듣고 그가 주목 받는 것을 기뻐하는 친구라 한다. 그러나 빌라도는 가이사의 친구가 되기 위해 무죄한 예수님을 죽였다(19:12). 우리말로 번역된 '충신'이라는 말은 원문에서는 *필로스*이다. 빌라도는 예수님의 친구가 되는 길을 버리고, 자신을 위해 가이사의 친구가 되는 길을 선택하였다(19:16).

예수님은 나사로의 죽음을 잠으로 표현하시는데, 제자들은 그것을 이해하지 못한다(12-13절). 죽음을 잠으로 표현한 것은 예수님이 처음이 아니다. 열왕기와 역대기에 이스라엘 왕들이 "그의 조상들과 함께 자다"라는 표현이 자주 등장한다(예. 왕상 11:43; 대하 9:31). 그리고 죽음에서의 부활을 잠에서부터 깨어나는 것으로 비유한 구약의 구절도 있다(단 12:2). 예수님은 나사로가 죽었다는 것을 분명히 말씀하시며(14절), 그를 살리러 간다는 것을 간접적으로 드러내신다. 이렇게 나사로를 살리시는 것은 사람들의 믿음을 위한 것이었다(15절). 다시 말하면, 나사로를 살리는 사건을 통해, 예수님은 자신이 하나님의 아들임을 드러내시고, 이를 통해 사람들이 참 믿음을 갖기 원하셨다. 이것은 요한복음의 기록 목적이기도 하다(20:30-31). 결국 나사로 사건은 예수님의 기독론적 자기 계시 사건이요, 이를 통해 사람들에게 영생을 주시려는 구원론적 사건이기도 하다.

예수님의 말씀을 이해하지 못하는 제자들의 모습은 도마의 말에도 나타난다(16절). "주와 함께 죽으러 가자"는 말은 얼핏 담대한 결단처럼 보인다. 당시 예수님을 향한 예루살렘 유대인들의 반감이 매우 컸다는 것도 알 수 있다(참고. 7:1; 8:59; 10:39). 따라서 제자들이 예수님을 따라 나사로가 있는 예루살렘 인근 베다니로 가는 것은 목숨의 위험을 무릅쓰는 일이었을 것이다. 그러나 도마는 죽은 나사로를 살려서 제자들을 믿게 하려는 예수님의 의도를 전혀 이해하지 못하였다. 도마의 몰이해는 이후에도 계속된다. 예수님이 가시는 길을 알지 못한다(14:5). 예수님이 부활하셨다는 다른 제자들의 증언을 듣고도 믿지 못한다(20:25). 그러나 예수님은 그런 도마에게 다시 나타나셔서 부활하신 그의 몸을 보여주시고 도마의 믿음을 격려하신다(20:27). 영적 무지와 의심 가운데 있던 도마는 마침내 부활하신 주님을 목격하고 그를 주님과 하나님으로 고백한다(20:28).

교훈과 적용

1. 예수님은 하나님의 영광을 위해 일하셨다. 사람들은 나사로의 죽음 때문에 슬퍼하고 절망하였다. 그러나 예수님은 나사로의 죽음을 통해 하나님의 영광을 드러내셨다. 죽음을 이기시고, 생명을 주시는 하나님의 능력을 드러내셨다. 우리의 삶에도 하나님의 능력이 나타나기를 소망하자. 우리의 사역에도 하나님의 역사하심이 나타나기를 소망하자. 슬픔이 기쁨으로, 절망이 소망으로, 사망이 생명으로 바뀌어서 하나님의 영광이 드러나도록 하자.
2. 예수님은 자신을 계시하기 위해 일하셨다. 예수님은 나사로의 죽음과 부활을 통해 그가 하나님의 아들 그리스도이심을 드러내셨다. 그가 죽음의 권세를 이기는 분이라는 것을 보여주셨다. 나사로의 죽음과 부활을 통해 자신의 죽음과 부활을 암시하셨다. 그를 통해서 우리가 하나님을 알고 하나님께 갈 수 있다는 것을 계시하셨다. 따라서 우리의 사역도 하나님의 중보자로서 예수님을 드러내는 사역이 되도록 하자.
3. 예수님은 사람들의 믿음을 위해 일하셨다. 예수님 자신이 누구인지 드러내셔서, 사람들이 믿음을 갖게 하셨다. 하나님의 영광을 나타내시어, 사람들이 예수님을 믿어 하나님의 영광을 보게 하셨다. 사람들의 믿음을 위해 예수님은 말씀하시고, 기도하시고, 기적을 행하셨다. 따라서 우리 사역의 목적도 예수님을 드러내는 것과 함께 사람들의 믿음에 초점을 맞추어야 한다. 사람들이 부활이요 생명이신 예수님을 믿어 영생에 이르도록 사역해야 할 것이다.

2. 마르다에게 자신을 계시하시는 예수님(11:17-27)

17 예수께서 와서 보시니 나사로가 무덤에 있은 지 이미 나흘이라 **18** 베다
니는 예루살렘에서 가깝기가 한 오 리쯤 되매 **19** 많은 유대인이 마르다와
마리아에게 그 오라비의 일로 위문하러 왔더니 **20** 마르다는 예수께서 오
신다는 말을 듣고 곧 나가 맞이하되 마리아는 집에 앉았더라 **21** 마르다가
예수께 여짜오되 주께서 여기 계셨더라면 내 오라버니가 죽지 아니하였
겠나이다 **22** 그러나 나는 이제라도 주께서 무엇이든지 하나님께 구하시
는 것을 하나님이 주실 줄을 아나이다 **23** 예수께서 이르시되 네 오라비가
다시 살아나리라 **24** 마르다가 이르되 마지막 날 부활 때에는 다시 살아날
줄을 내가 아나이다 **25** 예수께서 이르시되 나는 부활이요 생명이니 나를
믿는 자는 죽어도 살겠고 **26** 무릇 살아서 나를 믿는 자는 영원히 죽지 아
니하리니 이것을 네가 믿느냐 **27** 이르되 주여 그러하외다 주는 그리스도
시요 세상에 오시는 하나님의 아들이신 줄 내가 믿나이다

1) 많은 유대인들의 위문(11:17-19)

나사로가 죽은 지 나흘 되었다는 것은 그만큼 나사로의 죽음이 확실하다는 것을 증명한다(17절). 나사로가 잠시 정신을 잃었다거나, 죽은 것을 위장했다는 이견에 대한 확실한 반박이다. 유대인들은 죽은 당일 시체를 묻는 관습이 있다. 그러므로 나사로가 무덤에 있은 지 나흘 되었다는 것은 죽은 지 나흘 되었다는 말과 같다. 랍비 전통에 따르면, 유대인들은 죽은 이후 영혼이 다시 몸에 들어가기 위해 사흘 동안 시체 주위를 맴돈다고 믿었다(Lev. Rab. 18:1).[7] 그들은 시체가 부패하기 시작하는 나흘째에 영혼이 육체를 완

7. Carson, *John*, 411. 물론 이러한 랍비 문헌은 후대 기록이기 때문에 예수님 당시 유대인들이 반드시 이런 생각을 가지고 있었다고 말할 수는 없다.

전히 떠난다고 생각하였다. 따라서 유대인들은 예수님이 완전히 죽은 나사로를 살리셨다는 것을 부인할 수 없었을 것이다. 탈무드에 따르면, 유대인들은 7일 동안 깊은 애도의 시간을 갖고, 그리고 30일 동안은 가볍게 애도한다(*b. Moced Qat.* 27b).[8]

베다니와 예루살렘의 거리가 '한 오 리쯤'(18절)이라고 하는데, 헬라어 원문에는 '15 스타디온'이라고 되어 있다. 1스타디온이 약 192미터인데, 따라서 15스타디온은 3킬로미터 조금 못되는 거리라 할 수 있다.[9] 예루살렘으로부터 많은 유대인들이 마르다와 마리아에게 조문하러 왔다는 것은 나사로의 가족이 유대 사회에서 꽤 알려졌으며, 좋은 사회적 관계를 맺고 있음을 보여준다(19절).[10] 이것은 결과적으로 많은 유대인들이 예수님의 기적을 볼 수 있는 계기가 된다.

'오라비'(19, 23절)나 '오라버니'(21절)는 2절 주해에서 자세히 밝힌 바와 같이 형제를 뜻하는 헬라어 *아델포스에* 대한 잘못된 번역이다. 따라서 오빠인지 남동생인지 알 수 없다. 다만, 5절에 삼 남매의 이름이 마르다-마리아-나사로 순서로 되어 있기 때문에, 나사로가 동생일 것으로 추정된다.

2) 마르다의 하소연(11:20-22)

예수님이 오신다는 소식을 듣고, 마르다는 그를 맞이하러 나오는 반면에, 마리아는 집에 계속 앉아 있다(20절). 유대 관습에 따르면, 장례에서 유족들은 집안에 머물며 방문객들의 조문 인사를 받는다.[11] 따라서 마리아는 전통적인 유대 장례식 관습을 따르고 있음을 알 수 있다. 이와 달리, 마르다는 예수님을 맞이하러 집 밖으로 나오는데, 그녀의 행동은 예수님을 특별하게 환대

---

8. Köstenberger, *John*, 334.
9. BDAG, 940. 좀 더 정확하게는 192×15=2,880미터이다.
10. Carson, *John*, 411.
11. Keener, *John 2*, 843.

하는 것으로 해석할 수 있다. 이때 마리아도 예수님이 오신다는 소식을 들었는지는 정확하지 않다. 그녀가 예수님의 오심을 듣고도 계속 집안에 머물러 있었을 수도 있고, 듣지 못하여 계속 조문객을 맞이하였을 수도 있다.

마르다는 예수님을 만나자, 지금이라도 예수님이 하나님께 구하면 하나님께서 역사하실 것이라 한다(22절). 마치 나사로가 이미 죽었음에도, 당장에 예수님이 기도하시면, 하나님의 역사로 나사로가 일어날 것을 기대하는 모습이다. 이는 얼핏 마지막 날에 일어날 부활만을 믿는 이어지는 그녀의 고백과 배치되는 것처럼 보인다(24절). 또한 예수님이 무덤의 돌을 옮겨 놓으라 하자, 마르다는 당장의 부활을 전혀 기대하지 않는 것처럼 말한다(39절). 그러나 이 구절을 다음과 같은 뜻으로 이해할 수도 있다: "당신이 여기 있었더라면, 내 오라버니가 죽지 않았을 겁니다. 그러나 나는 지금도 압니다. 당신이 하나님께 구하는 것마다 하나님이 주실 것이라는 것을." 이는 꼭 지금 당장의 부활을 기대한다기보다는, 예수님의 능력을 여전히 신뢰한다는 일반적 신앙 고백 표현으로 볼 수도 있다.[12] 아마도 자신은 가족을 잃었지만, 예수님의 기도를 통해서 하나님께서 가장 선한 길로 인도해 주실 것이라는 믿음을 표현한 것 같다.[13]

3) 예수님의 계시(11:23-27)

예수님이 나사로의 부활을 말씀하시자(23절), 마르다는 마지막 날의 부활로 이해한다(24절). 마르다는 아마도 종말론적 부활에 대한 믿음을 가지고 있었던 것 같다. 그러나 예수님은 "나는 …이다"(*에고 에이미*)라는 관용어구를 사용하셔서, 부활에 대한 새로운 계시를 주신다. 자신을 계시하셔서, 마르다가 부활에 대해 온전히 이해하도록 하신다. 예수님은 자신을 부활이

12. Kruse, *John*, 247.

13. Carson, *John*, 412.

요 생명이라 하신다(25절). 사람이 예수님을 믿으면, 그는 영적으로 부활하게 된다. 육체가 죽을지라도 그의 영혼은 산다. 죽어도 죽는 것이 아니다. 왜냐하면 이 땅에서 지금부터 영적으로 부활하여 영생을 가지기 때문이다(26절). 따라서 예수님을 믿는 사람은 영원히 죽지 않는다. 이러한 현재적 영생의 개념은 요한복음 종말론의 가장 큰 특징 중 하나다. 부활이라는 내세의 개념이 현재부터 시작되기 때문이다(참고. 5:24). 물론 요한복음에는 미래적 부활 개념도 나타난다. 마지막 날에 무덤 속에 있던 자들이 하나님의 아들의 음성을 듣고 부활하여 심판을 받을 것이다. 선인과 악인, 즉 신자와 불신자가 생명의 부활과 심판의 부활로 나뉠 것이다(5:27-29).

이 단락은 마르다의 신앙 고백으로 끝난다. 그녀는 예수님이 하나님의 아들이시며, 그리스도이신 것을 믿는다고 고백한다(27절). '하나님의 아들'과 '그리스도'라는 요한복음이 밝히는 예수님의 두 가지 정체성이 함께 나타난다(20:30-31). 앞서 안드레와 사마리아 여인도 예수님을 '그리스도'(메시야)로 고백한다(1:41; 4:29). 또한 나다나엘은 예수님을 '하나님의 아들'로 고백한다(1:49). 이제 두 개의 타이틀이 마르다의 신앙 고백에서 함께 나타난다. 그녀의 믿음이 예수님의 정체성에 대한 정확한 지식에 바탕을 두고 있음을 말해준다. 한편, 비슬리-머리에 따르면, '세상에 오시는 하나님의 아들'은 시편 118:26을 생각나게 한다.[14] 시편 기자는 여호와의 구원을 성취하기 위해, 메시야가 주의 이름으로 올 것을 기대하고 있다(참고. 마 11:3; 요 12:13). 마르다의 신앙 고백에서 바로 이러한 메시야의 구원에 관한 신앙을 읽을 수 있다.

교훈과 적용

1. 예수님은 그를 믿는 자를 지금 부활시키신다. 부활이요 생명이신 예수님은 이 세상

---

14. Beasley-Murray, *John*, 192.

에서부터 그를 믿는 자를 영적으로 부활시키신다. 그를 믿는 자들은 현재부터 영원한 생명을 가진다. 영원히 죽지 않는다. 육신은 비록 잠시 죽을 수 있으나, 그의 영혼은 영원토록 산다. 왜냐하면 예수님에게 영원한 생명이 있고, 믿는 자들은 그와 연합하기 때문이다. 따라서 예수님은 모든 죽음의 문제를 해결하시고, 생명의 풍성함으로 그를 믿는 자들을 채우신다.

2. 예수님은 그를 믿는 자를 마지막 날에 부활시키신다. 부활이요 생명이신 예수님은 죽은 자들의 육신을 살리셔서 영원한 하나님 나라를 완성하신다. 마지막 날에 세상에 오셔서 살아 있는 자들은 죽음을 맛보지 않게 하신다. 이미 죽은 자들은 그들의 육체까지 부활시켜, 영원한 하나님 나라에 살게 하신다. 따라서 예수님은 현재적 부활과 미래적 부활 둘 다 주시는 분이다. 우리는 고난 중에도 이러한 부활 신앙으로 살아야 한다.
3. 예수님은 그를 믿는 자를 부활시키기 위해 세상에 오셨다. 예수님은 하나님의 구원을 성취하시기 위해 세상에 오셨다. 하나님의 사람들에게 영생을 주기 위해 세상에 오셨다. 그를 믿는 자를 부활시키기 위해 세상에 오신 하나님 아들 그리스도이시다. 예수님이 세상에 오시지 않았으면, 부활도 없고 영생도 없다. 하늘 보좌의 영광을 떠나실 필요가 없으셨지만, 예수님은 우리를 위해 친히 세상에 오셨다. 그러므로 하나님의 아들 메시야 예수님은 찬송을 받기에 합당하신 분이다.

3. 마리아의 눈물과 예수님의 눈물(11:28-37)

28 이 말을 하고 돌아가서 가만히 그 자매 마리아를 불러 말하되 선생님
이 오셔서 너를 부르신다 하니 **29** 마리아가 이 말을 듣고 급히 일어나 예
수께 나아가매 **30** 예수는 아직 마을로 들어오지 아니하시고 마르다가 맞
이했던 곳에 그대로 계시더라 **31** 마리아와 함께 집에 있어 위로하던 유대
인들은 그가 급히 일어나 나가는 것을 보고 곡하러 무덤에 가는 줄로 생
각하고 따라가더니 **32** 마리아가 예수 계신 곳에 가서 뵈옵고 그 발 앞에
엎드리어 이르되 주께서 여기 계셨더라면 내 오라버니가 죽지 아니하였
겠나이다 하더라 **33** 예수께서 그가 우는 것과 또 함께 온 유대인들이 우
는 것을 보시고 심령에 비통히 여기시고 불쌍히 여기사 **34** 이르시되 그를

어디 두었느냐 이르되 주여 와서 보옵소서 하니 **35** 예수께서 눈물을 흘리
시더라 **36** 이에 유대인들이 말하되 보라 그를 얼마나 사랑하셨는가 하며
37 그 중 어떤 이는 말하되 맹인의 눈을 뜨게 한 이 사람이 그 사람은 죽지
않게 할 수 없었더냐 하더라

1) 마리아를 부르시는 예수님(11:28-31)

예수님이 직접 마리아를 부르셨다는 말은 없다. 마르다가 마리아에게 한 말을 통해, 예수님이 마리아를 부르셨음을 짐작할 수 있다(28절). '가만히'(λάθρᾳ, *라뜨라*)라는 말은 다른 사람 몰래 비밀스럽게, 마르다가 마리아에게 메시지를 전했다는 말이다. 예수님은 마을로 들어가지 않으시고, 마르다를 만났던 곳에서 계셨다(30절). 이러한 일련의 모습은 아마도 예수님이 공개적으로 드러나는 것을 막기 위한 것처럼 보인다. 예수님이 자신의 때가 아직 이르지 않았기 때문에 스스로 조심하셨는지, 아니면 마르다가 예수님을 보호하기 위해 이렇게 한 것인지는 분명하지 않다.

아무튼 마르다의 시도는 실패했다. 많은 조문객들이 마리아를 따라 나섰다(31절). 그들은 마리아가 무덤에 곡하러 가는 줄 알고 그녀를 따라갔다. 결과적으로 많은 사람들은 예수님이 나사로를 일으킨 사건에 대한 증인이 되었다. 이는 나사로의 부활 사건이 많은 사람들의 증언에 바탕을 둔 역사적 사실이라는 것을 의미한다.

2) 마리아의 눈물(11:32-33)

마리아도 예수님 앞에 와서 울고, 그를 따라오던 유대인들도 울었다(32절). 이에 예수님은 심령에 비통히 여기시고 불쌍히 여기셨다(33절). '심령에 비통히 여기셨다'(33, 38절)는 표현은 번역 논란이 있다. 왜냐하면 헬라어 동사 ἐμβριμάομαι(*엠브리마오마이*)는 원래 '경고하다' 혹은 '화내다'는 뜻을 가지고 있기 때문이다. 신약성경에서는 요한복음에 나온 2번의 용례

외에, 3번 더 쓰였다. 3번 모두 '경고하다'는 뜻을 나타낸다(마 9:30; 막 1:43; 14:5). 따라서 본문에서는 예수님이 마리아와 유대인들이 우는 것을 보고 분노하셨다는 의미일 가능성이 높다. 그렇다면 예수님은 왜 이렇게 화가 나셨을까? 학자들은 대개 두 가지 이유를 제시한다.[15] 첫 번째 가능성은, 예수님이 마리아와 유대인들의 부족한 믿음 때문에 화가 나셨을 수도 있다. 그들이 하나님의 아들의 부활의 능력을 알지 못하고, 믿지 않기 때문에 예수님은 분노하셨다. 이는 38절의 *엠브리마오마이* 용례에서 더 분명해지는데, 왜냐하면 37절에서 예수님을 원망하는 듯한 유대인의 언급이 나오기 때문이다. 두 번째는, 이들을 슬프게 만든 죄와 죽음의 권세에 대해 예수님이 화를 내셨을 수도 있다. 마리아와 유대인들이 슬퍼한 것은 장례식의 자연스러운 현상이다. 그러므로 그들에게 화를 내시기보다, 그들을 슬프게 한 죄와 죽음의 권세에 대해 분노하셨을 수도 있다. 카슨의 주장처럼, 이 두 가지가 다 가능할 수 있겠다.[16] 예수님은 영생의 현재성에 대해 지속적으로 말씀하셨지만, 믿지 못하는 그들에게 화가 나셨을 수도 있다. 그리고 그들을 근원적으로 그렇게 만든 죽음의 권세에 대해서 분노하셨을 수도 있다.

'불쌍히 여기사'(33절)라는 표현을 위해서 헬라어 동사 ταράσσω(*타라쏘*)가 쓰였는데, 재귀 대명사가 목적어로 쓰여, 문자적인 뜻은 '그 자신을 괴롭히다'이다. 그러므로 예수님이 마리아와 유대인들이 우는 모습을 보시고, 심히 괴로우셨다는 뜻이다. 한편으로는 분노하시고, 다른 한편으로는 괴로울 정도로 그들을 불쌍히 여기셨다는 뜻이 된다. 헬라어 *타라쏘*를 사용하여 예수님의 괴로움을 표현한 요한복음의 또 다른 용례도 있다(12:27; 13:21). 예수님은 자신의 십자가를 생각하실 때 괴로우셨고(12:27), 또 그의 제자 중 한 명이 그를 배신할 것을 생각하실 때 괴로우셨다(13:21). 이를 통해 예수님이

15. 브라운, 키너, 바레트, 쾨스텐버거, 슈나켄버그 등 여러 학자들이 다 이 둘 중 하나 혹은 둘 다를 언급하지만, 여기서는 카슨이 정리한 내용을 요약해 본다. Carson, *John*, 415-6.

16. Carson, *John*, 416.

마리아와 사람들의 눈물을 보시고, 얼마만큼 괴로우셨는지를 알 수 있다. 그만큼 예수님은 그들의 슬픔을 불쌍히 여기시고 동정하셨다. 이렇게 동정하시며 함께 슬퍼하시고 아파하시는 예수님의 모습은 요한복음을 읽는 독자에게 큰 위로가 되었을 것이다.

3) 예수님의 눈물(11:34-37)

이어지는 구절에서 예수님이 눈물을 흘리셨다는 표현이 나온다(35절). 이 눈물의 의미는 무엇일까? 성경에는 예수님이 우셨다는 표현이 약 세 번 정도 기록되어 있다(눅 19:41; 요 11:35; 히 5:7).[17] 물론 이 말은 예수님이 이 땅에 계실 때 세 번만 우셨다는 뜻은 아닐 것이다. 다만, 세상에 계실 때 예수님이 우셨다는 사실이 성경에 세 번 정도 언급되었다는 말이다. 예수님은 예루살렘 성을 보시며, 다시 말하면 그 성안에 있는 유대인들을 위해 우셨다(눅 19:41-42). 그들이 평화를 주기 위해 오신 예수님을 배척했기 때문이다. 예수님은 그들이 자신을 받아들이지 않고, 하나님의 뜻을 거역하는 것에 대해 안타까워하셨다. 그리고 히브리서는 예수님이 지상에 계실 때, 심한 통곡과 눈물로 하나님께 간구하셨다고 언급한다(히 5:7). 이는 예수님의 겟세마네 기도를 가리키는 것으로 보이는데, 죄와 사망 때문에 하나님께 버림받는 영적 고통을 두려워하셨던 것 같다(마 27:46; 막 15:34). 그러나 인간으로서 자신의 연약함을 내려놓고, 하나님의 뜻이 이루어지기를 원하는 기도였다. 그리고 이제 요한복음에서 예수님은 나사로의 죽음과 사람들의 눈물 속에서 눈물을 보이신다(35절). 예수님이 흘리신 눈물의 의미는 무엇일까?

전통적으로 여기에 나오는 예수님의 눈물은 자신이 아끼는 사람들을 위

---

17. 요한복음은 δακρύω(*다크뤼오*), 히브리서는 그 명사형인 δάκρυον(*다크뤼온*)을 사용한다. 소리를 크게 내지 않지만, 눈물을 흘리며 우는 것을 가리킨다. 이에 반해 누가복음의 κλαίω(*클라이오*)는 크게 소리 내어 우는 것을 뜻한다.

한 것으로 여겨졌다.[18] 자신이 아끼는 사람들이 슬퍼할 때, 함께 아파하시는 예수님의 모습이다. 다음 구절에서 유대인들은 예수님이 사랑하는 친구 나사로의 죽음을 슬퍼하였기 때문에 눈물을 흘렸을 것이라고 추측한다(36절). 물론 유대인의 증언을 믿을 수 없다고 이의를 제기하는 학자들도 있다. 그러나 이는 요한복음의 일관된 진술임을 잊지 말아야 한다(3, 5절). 예수님은 그의 사랑하시는 친구 나사로의 고통을 슬퍼하셨다. 또한 예수님은 지인의 사망으로 슬퍼하는 마리아와 유대인들을 불쌍히 여기셨기 때문에(33절), 눈물을 흘리셨을 수도 있다. 그러나 나사로는 곧 부활할 것인데, 예수님이 과연 나사로와 그 친지들의 슬픔 때문에 눈물을 흘리셨을지 의문을 제기하는 사람들이 많다. 하지만 예수님의 치유에 안타까움과 슬픔이 함께 나타나는 것은 전혀 낯설지 않다(막 7:34). 예수님은 곧 치유와 회복이 올지라도, 사람들이 현재 당하는 고통에 함께 아파하시는 분이다.

첫 번째 해석을 반대하는 사람들은 예수님이 사람들의 영적인 무지를 안타까워하며 우셨을 거라고 추측한다.[19] 자신과 그토록 가까운 마리아가 영생의 비밀을 알지 못하고, 구약과 그렇게 가까운 유대인들이 메시야와 부활의 의미를 제대로 알지 못하고, 예수님은 매우 안타까우셨던 것이다. 예수님을 하나님의 아들로 믿지 못하는 그들의 불신을 안타까워하셨다. 33절에서 마리아와 유대인들이 우는 것을 보시고, 예수님이 심령에 비통히 여기셨다고 나온다. 앞서 '비통히 여기다'를 가리키는 헬라어 *엠브리마오마이*는 분노의 뜻을 함축한다고 하였다. 다시 말하면, 예수님은 그들의 영적 무지에 대해서 화가 나실 정도로 답답해 하셨다. 그리고 '불쌍히 여기다'를 가리키는 헬라어 *타라쏘*는 예수님의 괴로움을 암시한다고 하였다. 이러한 예수님의 감정 표현은 그가 사람들의 영적 무지에 대해 얼마나 안타깝고 답답해 하셨는지

18. Keener, *John 2*, 847; Brown, *John I-XII*, 426; Waetjen, *Beloved Disciple*, 280.
19. Morris, *John*, 495; Carson, *John*, 416.

를 보여준다. 눈물을 흘리실 정도로 예수님은 그들의 무지를 슬퍼하셨다. 이러한 예수님의 슬픔은 앞서 설명한 예루살렘 성을 향하여 흘리신 예수님의 눈물과 일맥상통한다(눅 19:41-42: 참고. 막 8:12).

한편 예수님 자신에게 다가오는 죽음을 인하여 눈물을 흘리셨다는 주장도 있다.[20] 예수님은 나사로의 죽음을 통해 자신의 임박한 죽음을 예지하시고, 그 죽음을 통해 하나님 아버지와 분리되는 엄청난 고통 앞에 눈물을 흘리셨다고 볼 수도 있다(참고. 12:27; 마 27:46; 막 15:34). 실제로 나사로를 살리신 사건은 예수님의 죽음과 부활을 예고하는 표적의 역할을 한다(47절).[21] 이러한 주장은 히브리서 5:7에 나오는 예수님의 눈물에 의해 지지를 받는다. 여기서 우리는 예수님의 눈물을 어느 하나의 의미로 제한하기보다는 다양한 의미가 함축되어 있다고 볼 수 있다. 그의 눈물에는 친구의 고통에 대한 슬픔, 백성들의 영적 무지에 대한 안타까움, 그리고 자신과 하나님 아버지와의 이별에 대한 고뇌 등이 종합적으로 담겨져 있다고 볼 수 있다.

교훈과 적용

1. 다른 사람의 영적 무지를 안타까워해야 한다. 예수님은 사람들의 불신과 영적 어둠에 대해 답답해 하시고 비통해 하셨다. 우리도 사람들의 불신을 불쌍히 여겨야 한다. 안타까움으로 하나님께 기도해야 한다. 나의 신앙이나 영적 지식을 자랑하지 말고, 겸손하고 간절하게 그들을 위해 기도해야 한다. 사랑의 마음을 가지고 그들을 돕고 섬겨야 한다. 뜨거운 열정으로 그들을 가르쳐야 한다.
2. 다른 사람의 슬픔을 함께 슬퍼해야 한다. 예수님은 마리아의 눈물을 불쌍히 여기셨다. 우리도 우는 자들과 함께 울어야 한다. 고통하는 자들의 아픔을 싸매어 주고, 상처 입은 자들을 치료해 주어야 한다. 마음으로 그들의 슬픔에 동참하며, 한 마음으로 동정해야 한다. 이런 마음으로 그들을 섬기고 기도해야 한다.

---

20. Culpepper, *Anatomy*, 111; Schnackenburg, *John 2*, 337.
21. 나사로의 죽음/부활과 예수님의 죽음/부활과의 관계에 대해서는 다음을 참조. R. Eklund, *Jesus Wept: The Significance of Jesus Laments in the New Testament* (London: Bloomsbury, 2015), 38-9.

3. 다른 사람들 속에 역사하는 죽음의 권세에 대해 분노해야 한다. 예수님은 마르다, 마리아, 나사로 가족을 뒤덮고 있는 죽음의 권세에 분노하셨다. 죄와 사망의 권세가 사람들을 힘들게 하는 것에 분노하셨다. 우리도 이러한 죄와 죽음의 권세에 분노하며, 그 권세 아래 있는 사람을 불쌍히 여겨야 하겠다. 이러한 분노와 불쌍히 여기는 마음으로 생명의 복음을 전하며 기도해야 한다.

4. 나사로를 부활시키시는 예수님(11:38-44)

38 이에 예수께서 다시 속으로 비통히 여기시며 무덤에 가시니 무덤이 굴
이라 돌로 막았거늘 39 예수께서 이르시되 돌을 옮겨 놓으라 하시니 그 죽
은 자의 누이 마르다가 이르되 주여 죽은 지가 나흘이 되었으매 벌써 냄
새가 나나이다 40 예수께서 이르시되 내 말이 네가 믿으면 하나님의 영광
을 보리라 하지 아니하였느냐 하시니 41 돌을 옮겨 놓으니 예수께서 눈을
들어 우러러 보시고 이르시되 아버지여 내 말을 들으신 것을 감사하나이
다 42 항상 내 말을 들으시는 줄을 내가 알았나이다 그러나 이 말씀 하옵
는 것은 둘러선 무리를 위함이니 곧 아버지께서 나를 보내신 것을 그들로
믿게 하려 함이니이다 43 이 말씀을 하시고 큰 소리로 나사로야 나오라 부
르시니 44 죽은 자가 수족을 베로 동인 채로 나오는데 그 얼굴은 수건에
싸였더라 예수께서 이르시되 풀어 놓아 다니게 하라 하시니라

1) 예수님의 명령(11:38-40)

예수님이 이 땅에 계실 때, 직접 죽은 자를 살리신 경우는 세 번 있었다. 나인성 과부의 아들을 살리시고(눅 7:11-17), 회당장 야이로의 딸을 살리시며(마 9:18-26; 막 5:21-43; 눅 8:40-56), 그리고 나사로를 살리신 것이다. 예수님은 나사로의 무덤 앞에 와서, 무덤을 막고 있는 돌을 옮겨 놓으라고 명령하신다(39절). 팔레스타인 지역의 무덤은 동굴을 팠으며, 때로는 자연 동굴이

었다.[22] 유가족들은 고인이 된 날, 그 시신을 동굴에 옮겨 놓고, 돌로 무덤 입구를 막았다. 그렇다면 예수님은 왜 돌을 옮겨 놓으라고 하셨을까? 죽은 자를 살리시는 분이 돌은 움직일 수 없으셨을까? 아마도 예수님은 이 놀라운 기적을 사람들의 순종을 통해 이루려 하신 것 같다. 하나님의 놀라운 능력으로 부활의 역사가 일어나지만, 그러나 인간의 순종을 통해서 더 온전하게 하시려는 듯하다. 요한복음에서는 하나님의 주권이 강조되지만(예. 6:65), 하나님께서 인간을 통해서, 인간과 함께 일하시는 분이라는 사실도 강조된다. 가나 혼인 잔치에서 예수님은 그의 놀라운 능력을 나타내실 때 마리아의 믿음과 하인들의 순종을 통해 드러내셨다(2:1-11). 오병이어 기적에서 예수님은 한 아이의 헌신을 사용하여 놀라운 표적을 보여주셨다(6:1-15). 예수님은 하나님의 아들로서 처음부터 끝까지 직접 혼자 이 모든 것을 다 하실 수 있는 분이다. 그러나 인간으로 하여금 그분의 거룩하고 위대한 하나님 나라 사역에 동참하게 하신다. 그리하여 때로는 그 사역을 직접 목도하고 증언하게 하시고, 때로는 그 사역으로 말미암는 복을 누리게 하신다.

한편, 모리스는 크리소스토무스의 해석을 언급하기도 한다.[23] 즉 돌을 옮겨 놓는 것은 결국 유대인들인데, 그들이 나사로가 살아났다는 것을 확실히 보게 하기 위해, 이렇게 돌을 옮겨 놓는 일에 참여하게 했다는 것이다.

죽은 지 나흘이 되었다는 것이 17절에 이어 다시 언급되고 있다(39절). 그만큼 나사로의 죽음의 확실성을 강조하는 것처럼 보인다. 돌을 옮겨 놓으라는 예수님의 명령을 마르다는 만류한다. 이는 앞서 믿음을 고백하였던 27절과 대조를 이룬다. 삶이 고백을 따라가지 못하는 마르다의 모습은 독자들에게 자신을 돌아보게 하는 기회를 제공한다. 우리의 신앙 고백은 그에 합당한 삶이 뒷받침 되어야 한다. 만류하는 마르다에게 예수님은 믿으면 '하나님의

22. Morris, *John*, 496.

23. Morris, *John*, 497.

영광'을 볼 것이라 말씀하신다(40절). 앞서 4절 주해에서 밝힌 바와 같이, 하나님의 영광은 하나님의 신적 능력이 드러나는 것이다. 예수님이 나사로를 살리시는 것은 죽음을 이기는 하나님의 권세와 능력을 보여준다. 또한 나사로의 부활은 예수님의 부활을 예표하는데, 부활은 하나님의 영광스러운 능력이 나타나는 절정의 순간이다. 나사로의 부활 이야기(11:1-44)에서 '하나님의 영광'은 인클루지오(inclusio)를 형성하고 있다(4, 40절).

다른 한편, 요한복음 전체는 '영광'으로 시작해서, '영광'으로 끝맺고 있다. 다시 말하면, 예수님의 성육신에 나타난 '독생자의 영광'에서 시작하여(1:14), 베드로의 삶을 통해 '하나님께 영광'을 돌리는 것으로 끝난다(21:19). '영광'은 두 가지 뜻이 있다. 하나는 계시의 측면에서 신적인 위엄과 능력이 나타나는 것이고, 다른 하나는 이름과 명예를 높여주는 것이다. 예수님은 하나님의 영광을 드러내기 위해서 이 땅에 오셨고(물론 이것을 통해 예수님은 하나님께 영광을 돌리셨다), 그의 제자들은 이제 하나님께 영광 돌리는 삶을 살아야 한다. 결국 '영광' 모티프는 예수 그리스도 안에 나타난 하나님의 계시를 말해주고, 또한 그 계시를 받은 예수님의 제자가 살아야 할 삶의 목표를 제시해 주는 역할을 한다. ('영광'에 대한 자세한 설명은 17장의 특주를 참고하라)

2) 예수님의 기도(11:41-42)

나사로를 일으키시기 전에, 예수님은 하나님께 기도하신다. 감사 기도를 먼저 하시며(41절), 그가 기도하는 목적도 말씀하신다(42절). 예수님의 감사 기도는 하나님께서 그의 기도를 들으신 것에 대한 것이다. 하나님은 항상 예수님의 기도를 들으셨다(42절상). 이는 첫째, 아버지와 아들의 친밀한 관계를 드러낸다. 둘째, 예수님의 기도에 관한 교훈을 생각나게 한다. 예수님의 이름으로 기도할 때마다 항상 들으심을 얻는데, 이는 결국 하나님의 영광을 위한 기도이기 때문이다(14:13). 따라서 나사로를 일으키는 기도도 결국 하나님의 영광과 관계있음을 암시한다.

예수님은 또한 사람들을 위한 그의 기도의 목적에 대해 말씀하신다(42절 하). 예수님은 하나님께 기도하시고 나사로를 일으키신다. 이는 자신이 하나님께로부터 보내심을 받은 사람이고, 하나님의 능력으로 이 일을 한다는 것을 보여주시기 위함이다. 자신을 낮추고 하나님을 드러내시는 예수님의 모습이다. 하나님의 영광과 능력을 나타내신다. 기도를 통해서 하나님의 영광을 계시하시는 것이다(참고. 40절). 요약하자면, 나사로를 일으키시기 전에 행한 예수님의 기도는 첫째, 그가 하나님께로부터 보내심을 받았다는 그의 정체성을 드러낸다. 둘째, 하나님께 의존하는 것을 통해 자신을 낮추고 하나님을 높인다. 셋째, 그가 얼마나 하나님과 친밀한 관계에 있는가를 보여준다.

3) 예수님의 살리심(11:43-44)

44절에 나오는 나사로의 얼굴을 쌓던 '수건'(σουδάριον, *수다리온*)은 예수님의 무덤에 남겨진 수건(20:7)을 떠올리게 한다. 나사로의 죽음과 예수님의 죽음의 연관성을 암시하고 있다. 그러나 나사로의 부활은 다시 죽을 수밖에 없는(mortal) 삶으로 돌아가는 것이지만, 예수님의 부활은 불멸의(immortal) 삶으로 살아가는 것이다.

교훈과 적용

1. 그리스도인은 신앙 고백과 행동이 일치하는 삶을 살아야 한다. 마르다는 예수님의 능력을 믿는다고 하면서, 막상 돌을 옮겨 놓으라는 예수님의 명령에 주저한다. 이와 같이 우리 삶에도 신앙 고백과 삶이 일치하지 않는 모습은 없는지 되돌아보아야 하겠다. 종교적 행위는 잘 하고 있지만, 일상적인 삶 속에서 믿음의 삶을 살지 않는다면, 우리의 이중적인 모습을 회개해야 한다. 삶 속에서 주님을 고백하며 순종하는 삶을 살아야 하겠다.
2. 그리스도인은 기도를 통해 하나님을 드러내는 삶을 살아야 한다. 예수님은 기도를 통해 자신을 낮추고 하나님을 높이셨다. 하나님의 능력으로 나사로를 살리셔서, 하

나님의 영광을 드러내셨다. 이와 같이 우리도 기도를 통해 하나님의 능력을 구함으로 하나님을 드러내도록 해야 한다. 하나님이 주신 능력과 지혜로 하나님의 일을 한다는 것을 자신도 기억할 뿐 아니라 다른 사람에게 나타내야 한다.

3. 그리스도인은 순종과 기도로 예수님과 동역하는 삶을 살아야 한다. 예수님은 모든 것을 혼자 하실 수 있었다. 그러나 사람들의 순종과 기도를 사용하셔서, 하나님의 위대한 일을 함께하길 원하셨다. 예수님은 지금도 교회를 통해 하나님 나라의 역사를 이루어 가신다. 따라서 교회인 우리는 예수님께 순종하고, 예수님의 사역을 위해 기도하며, 예수님의 위대한 사역에 동참해야 하겠다.

5. 나사로의 부활에 대한 반응들(11:45-57)

45 마리아에게 와서 예수께서 하신 일을 본 많은 유대인이 그를 믿었으나
46 그 중에 어떤 자는 바리새인들에게 가서 예수께서 하신 일을 알리니라
47 이에 대제사장들과 바리새인들이 공회를 모으고 이르되 이 사람이 많
은 표적을 행하니 우리가 어떻게 하겠느냐 48 만일 그를 이대로 두면 모든
사람이 그를 믿을 것이요 그리고 로마인들이 와서 우리 땅과 민족을 빼앗
아 가리라 하니 49 그 중의 한 사람 그 해의 대제사장인 가야바가 그들에
게 말하되 너희가 아무것도 알지 못하는도다 50 한 사람이 백성을 위하여
죽어서 온 민족이 망하지 않게 되는 것이 너희에게 유익한 줄을 생각하지
아니하는도다 하였으니 51 이 말은 스스로 함이 아니요 그 해의 대제사장
이므로 예수께서 그 민족을 위하시고 52 또 그 민족만 위할 뿐 아니라 흩
어진 하나님의 자녀를 모아 하나가 되게 하기 위하여 죽으실 것을 미리
말함이러라 53 이 날부터는 그들이 예수를 죽이려고 모의하니라 54 그러
므로 예수께서 다시 유대인 가운데 드러나게 다니지 아니하시고 거기를
떠나 빈 들 가까운 곳인 에브라임이라는 동네에 가서 제자들과 함께 거기
머무르시니라 55 유대인의 유월절이 가까우매 많은 사람이 자기를 성결
하게 하기 위하여 유월절 전에 시골에서 예루살렘으로 올라갔더니 56 그

들이 예수를 찾으며 성전에 서서 서로 말하되 너희 생각에는 어떠하냐 그
가 명절에 오지 아니하겠느냐 하니 57 이는 대제사장들과 바리새인들이
누구든지 예수 있는 곳을 알거든 신고하여 잡게 하라 명령하였음이러라

1) 목격자들의 반응들(11:45-46)

나사로를 살리신 예수님의 표적을 본 사람들이 두 부류로 나뉜다. 죽은 자가 살아나는 놀라운 표적을 보고 믿은 유대인들이 많았다(45절). 그러나 어떤 유대인들은 믿지 않고, 단지 나사로의 부활 사건을 바리새인들에게 보고했다(46절). 물론 이 보고는 예수님의 표적을 긍정적 의도로 전달한 것이 아니다. 이어지는 단락에서 대제사장들과 바리새인들이 예수님을 죽일 모의를 하는 것으로 보아, 이러한 보고는 부정적 보고였을 것이다. 나사로의 부활 사건으로 많은 유대인들이 믿었으나, 다른 한편, 부정적 반응을 보인 유대인들도 있었다는 말이다. 죽은 사람이 살아나는 놀라운 표적을 직접 보고 경험했지만, 그들은 참 믿음을 가지지 못했다.

2) 공회원들의 반응들(11:47-53)

'공회'(συνέδριον, *쉬네드리온*)는 대제사장들과 사두개인들, 바리새인들이 모인 산헤드린 공의회를 일컫는다. *쉬네드리온*이라는 말은 요한복음에는 한 번밖에 등장하지 않지만, 다른 복음서와 사도행전은 자주 언급하고 있다(마 5:22; 10:17; 26:59; 막 13:9; 14:55; 15:1; 눅 22:66; 행 4:15; 5:21; 6:12; 22:30; 23:1; 24:20). 산헤드린은 예수님 당시에 로마 제국으로부터 자치권을 받아 유대의 종교적, 행정적 문제를 결정하고 재판하는 최고 의사 결정 기구였다. 지방에도 약 23명으로 구성된 소규모 단위의 산헤드린이 있었으나, 예루살렘에는 71명의 회원(주로 사두개인들과 바리새인들)으로 구성된 최고 의결 산헤드린(Great Sanhedrin)이 있었고, 의장은 대제사장이 맡았

다.[24] 아마도 마태복음 5:22; 10:17은 지방 산헤드린(local Sanhedrin)을 일컫는 것 같고, 예수님을 체포하거나 살해하기로 모의하는 '공회'(47절; 마 26:59; 막 14:55; 15:1; 눅 22:66)는 예루살렘에 위치한 최고 의결 산헤드린을 가리킬 것이다.[25]

요한복음에서 대제사장들과 바리새인들은 지속적으로 예수님을 대적하는 세력으로 나온다(7:32, 45). 이들이 예수님이 행하신 많은 '표적들' 때문에 걱정하는 것으로 보아, 나사로가 살아난 사건만이 이들에게 유일한 위협은 아닌 것 같다. 그러나 나사로의 부활 사건이 아마도 결정적인 사유가 되었던 것은 분명해 보인다. 그들은 모든 사람이 예수님을 믿을 것을 걱정하고, 로마인들이 땅과 민족을 빼앗을 것을 걱정한다(48절). '땅'(τόπος, *토포스*)은 자주 성전을 언급하는 용어로 사용된다(4:20; 14:2-3).[26] 그러나 산헤드린에 모인 성전 권력자들은 진정한 성전이신 예수님을 알아보지 못한다.

그해의 대제사장인 가야바가 예언을 한다(49-50절). '그 해의 대제사장'이라는 말은 가야바가 예수님이 죽으신 바로 그해의 대제사장이었다는 뜻일 수 있다. 다른 한편, 유대 대제사장직은 종신직이었지만, 로마에 의해 자주 교체되었기 때문에, 예수님 당시에는 여러 명의 대제사장들이 있었다. 그래서 47절에는 대제사장이 복수로 되어 있다. 그럼에도 불구하고 당시 안나스 가문의 힘은 대단했던 것 같다. 안나스의 재임 시기(AD 6-15)는 비록 가야바(AD 18-36)보다 짧지만, 실제 막후에서 권력을 행사했던 것 같다.[27] 이것은 예수님에 대한 유대 재판을 안나스가 집전한 것을 보면 알 수 있다(18:13).

예수님이 이스라엘과 흩어진 하나님의 자녀들을 위해 죽으실 것을 예언한다. 예수님의 죽음은 유대 민족과 흩어진 하나님의 자녀들을 하나로 모을

---

24. Tomasino, *The World of Jesus*, 77; *TDNT*, 7:860-7.

25. A. J. Saldarini, "Sanhedrin," *ABD*, 5:976.

26. Moloney, *John*, 343.

27. Borchert, *John 1-11*, 364.

것이라 한다. 여기서 흩어진 하나님의 자녀들은 이방인을 가리킨다고 볼 수 있다. 이방인이 예루살렘에 모이는 하나님의 종말론적 약속이 예수 그리스도 안에서 성취되는 것이다(사 56:8; 66:18; 렘 3:17 등). 따라서 예수님의 죽음이 유대인과 이방인의 하나 됨을 위한 것이라는 것을 알 수 있다.[28] 예수님과 '하나 됨'의 모티프는 여기만 등장하는 것은 아니다(참고. 10:16; 17:21). 그러나 이 본문만큼 '하나 됨'이 예수님의 죽음과 긴밀하게 연결되는 곳은 없다. 구약에서부터 유대인들은 성전 제사를 통해 하나 됨을 지켰다(예. 수 22:10-34; 시 133:1-3; 집회서 50:16-21). 특히 요한복음에서 강조되고 있는 유월절은 디아스포라 유대인까지 모이는 큰 절기였다. 이때 대제사장은 이 모든 예식을 지휘하고 주관한다. 그런데 하나 되는 제사를 주관해야 할 대제사장 가야바는 역설적이게도 예수님이 그 하나 됨을 위한 사역을 할 것이라 예언한다. 진정한 성전이요 대제사장이신 예수님을 통해 유대인뿐만 아니라 이방인까지도 구원을 받아, 유대인과 이방인이 하나 될 것이다.[29]

한편 대제사장과 '예언'의 기능은 유대 문헌에서도 종종 언급된다.[30] 대제사장은 우림과 둠밈을 통해 신탁을 받아, 이스라엘에게 하나님의 뜻을 전달한다(출 28:30; 레 8:8; 민 27:21; 삼상 14:36-42). 제사장 사독은 또한 선견자로서 이스라엘에게 선지자 역할을 한다(삼하 15:27; 탈굼 삼상 9:9, 19; 삼하 24:11). 요세푸스도 대제사장의 예언 기능을 기록하고 있다(『유대 고대사』 6.6.3; 11.8.4; 13.10.7). 따라서 요한복음에 나오는 대제사장의 예언 기능은 이스라엘의 역사적 전통에 전혀 어색하지 않다.

---

28. 여기에 대한 자세한 논의는 다음의 글을 참고하라. 권해생, "요한복음 11:47-53에 나타난 예수 죽음의 배경과 목적: 성전과 유월절, 그리고 하나 됨," 「신약연구」 20/1 (2021), 152-87.
29. Kwon, "Jesus as High Priest in John 17," 225-8.
30. Kwon, "Jesus as High Priest in John 17," 134-7.

3) 유월절 순례자들의 반응들(11:54-57)

예수님이 유대인들의 위협으로부터 피신한 '에브라임'(54절)이 구체적으로 어느 지역을 가리키는지는 확실치 않다. 다만 유월절이 가까웠기 때문에 예루살렘에서 너무 멀리 가지는 않았을 것으로 추정된다. 이 단락에는 유월절이 요한복음에서 세 번째로 언급된다(55절; 참고. 2:13, 23; 6:4). 아마도 예수님의 공생애 3년째 되는 해였을 것이다. 유월절 전에 사람들은 여러 가지 부정한 것으로부터 자신을 성결케 할 필요가 있었다(레 7:21; 민 9:6; 대하 30:17-18). 보통 유월절 일주일 전에 예루살렘에 올라와서 자신을 정결하게 하는 것이 관례였다.[31]

예루살렘에 온 유대 순례자들도 이미 예수님의 이야기를 들었기 때문에 예수님을 찾았다(56절). 그들은 예수님이 행하신 많은 표적 이야기를 들었을 것이다. 그래서 그들은 유대 권력자들의 위협 속에 예수님이 과연 명절에 예루살렘에 올지 궁금해 하고 있었다(56-57절). 유대 권력자들과 달리, 이들은 적의를 가지고 예수님을 찾은 것은 아니었다. 호기심에 가득 차서 예수님을 찾았던 것 같다. 물론 이 호기심은 믿음과는 다르다. 사람들은 정작 자신들을 성결케 하실 수 있는 분을 알지 못하고 믿지 않았다. 유월절을 완성하시는 분이 오셨는데, 옛 언약의 방식대로 유월절을 지키고 있었다.

교훈과 적용

1. 기적을 보아도 믿지 않는 사람들이 있다. 죽은 사람이 살아나는 기적을 보고도 예수님에 대한 참 믿음을 갖지 않는다. 그러므로 기적에 의존하는 신앙생활을 조심해야 한다. 오직 하나님의 말씀을 듣고 믿는 것에 집중해야 한다. 성령께서 마음속에 참 믿음을 주시도록 소망해야 한다. 기적이 아니라 말씀과 성령을 의지하는 삶을 살아야 한다.
2. 종교인들이라 해도 믿지 않는 사람들이 있다. 성전과 가장 가까이 있는 대제사장들

31. Köstenberger, *John*, 355.

은 예수님을 믿지 않았다. 속죄의 의미를 가장 잘 알고 있는 대제사장들이 예수님의 속죄를 받아들이지 않았다. 우리도 내가 교회의 직분자라는 것을 너무 신뢰하지 말아야 한다. 목사, 장로, 권사, 집사라는 직분에 얽매이지 말고, 겸손하게 하나님의 은혜를 구하는 믿음을 가져야 한다.

3. 종교 생활을 잘해도 믿지 않는 사람들이 있다. 유월절을 지키기 위해 멀리에서 예루살렘에 올라 온 순례자들도 예수님을 믿지 않았다. 귀한 제물을 바치면서도 예수님을 믿지 않았다. 우리도 교회에 출석하지만, 참 믿음을 가지지 않을 수 있다. 겉으로 드러난 종교 생활 외에, 내면의 변화와 삶의 성숙이 있는 믿음을 지향해야겠다.

제13장

예수님의 죽음과 부활에 대한 사역(2)

(12:1-50)

본문 개요

이 장에서는 예수님의 죽음에 대한 암시가 더 노골적으로 묘사된다. 비록 예루살렘에 영광스럽게 입성하는 기록이 있지만, 예수님은 마리아가 향유를 붓는 것을 그의 죽음과 연관시키신다. 또한 직접 인자의 죽음과 영광을 언급하신다. 그리하여 그의 제자들이 인자의 참된 정체성을 믿도록 촉구하신다.

내용 분해

1. 나사로의 부활에 대한 계속적인 반응들(12:1-11)
   1) 마리아의 헌신적 반응(12:1-3)
   2) 가룟 유다의 반응과 예수님의 반응(12:4-8)
   3) 유대인들의 반응(12:9-11)
2. 예수님의 예루살렘 입성(12:12-19)
   1) 이스라엘 왕으로 찬양 받으시는 예수님(12:12-13)
   2) 어린 나귀를 타시는 예수님(12:14-16)
   3) 표적으로 인해 찬양 받으시는 예수님(12:17-19)
3. 인자의 죽음과 영광(1)(12:20-26)
   1) 이방인의 방문(12:20-22)
   2) 인자의 영광과 한 알의 밀알(12:23-24)
   3) 제자들의 섬김(12:25-26)
4. 인자의 죽음과 영광(2)(12:27-36)
   1) 아버지의 영광을 위한 예수님의 괴로움(12:27-30)
   2) 예수님의 죽음의 의미(12:31-33)
   3) 인자와 빛(12:34-36)

5. 사람들의 불신과 심판(12:37-50)
   1) 표적을 믿지 못하는 사람들(12:37-41)
   2) 표적을 믿으나, 두려워하는 사람들(12:42-43)
   3) 믿음과 불신, 그리고 마지막 날의 심판과 영생(12:44-50)
   *특주: 믿음

본문 주해

1. 나사로의 부활에 대한 계속적인 반응들(12:1-11)

1 유월절 엿새 전에 예수께서 베다니에 이르시니 이 곳은 예수께서 죽은
자 가운데서 살리신 나사로가 있는 곳이라 2 거기서 예수를 위하여 잔치
할새 마르다는 일을 하고 나사로는 예수와 함께 앉은 자 중에 있더라 3 마
리아는 지극히 비싼 향유 곧 순전한 나드 한 근을 가져다가 예수의 발에
붓고 자기 머리털로 그의 발을 닦으니 향유 냄새가 집에 가득하더라 4 제
자 중 하나로서 예수를 잡아 줄 가룟 유다가 말하되 5 이 향유를 어찌하
여 삼백 데나리온에 팔아 가난한 자들에게 주지 아니하였느냐 하니 6 이
렇게 말함은 가난한 자들을 생각함이 아니요 그는 도둑이라 돈궤를 맡고
거기 넣는 것을 훔쳐 감이러라 7 예수께서 이르시되 그를 가만 두어 나의
장례할 날을 위하여 그것을 간직하게 하라 8 가난한 자들은 항상 너희와
함께 있거니와 나는 항상 있지 아니하리라 하시니라 9 유대인의 큰 무리
가 예수께서 여기 계신 줄을 알고 오니 이는 예수만 보기 위함이 아니요
죽은 자 가운데서 살리신 나사로도 보려 함이러라 10 대제사장들이 나사
로까지 죽이려고 모의하니 11 나사로 때문에 많은 유대인이 가서 예수를
믿음이러라

1) 마리아의 헌신적 반응(12:1-3)

계속되는 유월절 언급은(11:55;1절) 예수님의 죽음이 유월절과 관련 있음을 암시한다. 특히 본문은 예수님의 장례(7절)가 언급되어, 더욱 이 암시를 강조한다. 다른 복음서에 따르면, 본문은 베다니 시몬의 집에서 일어난 사건에 관한 이야기이다(마 26:6-13; 막 14:3-9).[1] 나병환자였던 시몬이 예수님께 치유를 받아, 잔치를 배설한 것 같다(마 26:6; 막 14:3). 그러나 요한복음에서는 시몬에 대한 언급이 없다. 오히려 베다니는 예수님이 나사로를 살리신 곳이라는 사실을 강조한다(1절). 본문에는 나사로와 함께, 마르다와 마리아도 등장한다. 마태복음과 마가복음은 향유를 부은 여인의 이름을 밝히지 않은 반면(마 26:7; 막 14:3), 요한복음은 나사로의 누이 마리아가 향유를 부었다고 한다(3절). 뿐만 아니라, 요한복음만이 마르다는 예수님을 위한 잔치에서 일을 하는 것으로 묘사한다(2절). 이는 이 단락이(1-11절) 11장의 연속선상에서 해석되어야 함을 암시하는 것이다. 다시 말하면 본문이 말하는 예수님의 죽음 암시는 앞 장에 나오는 나사로의 죽음/부활과 연결되어 있다는 뜻이다.

한편 마태복음과 마가복음은 향유가 예수님의 머리에 부어졌다고 기록한 반면(마 26:7; 막 14:3), 요한복음은 마리아가 향유를 예수님의 발에 부었다고 한다(3절). 아마도 실제로는 예수님의 몸 전체에 향유를 부은 것 같다(참고. 막 14:8).[2] 마리아가 향유를 예수님의 발에 붓고, 자기 머리털로 예수님의 발을 닦은 것은 그녀의 겸손한 헌신을 나타낸다. 그녀는 종의 위치에서 겸손히 예수님을 섬기고 있는 것이다. 여자의 영광이라고 할 수 있는 머리털로 겸손히 예수님의 발을 닦는 모습을 보여주고 있다.[3] 앞서 11장에 나

---

1. 한편 이 사건은 눅 7:36-50에 나오는 바리새인 시몬의 집에서 죄를 지은 한 여자가 자기 머리털로 예수님의 발을 닦는 사건과 구별된다. 비록 '시몬'이라는 이름과 여자의 머리털로 예수님의 발을 닦는 장면이 공통으로 등장하지만, 사건의 내용과 주제는 다르다.
2. Morris, *John*, 509.
3. Keener, *John 2*, 863-4.

온 나사로 사건에 대한 감사에서 이러한 겸손한 헌신이 나왔을 것이다. '나드'는 굉장히 값비싼 향유인데, 그 한 근이 삼백 데나리온이라 한다(5절). 이는 노동자의 일 년 품삯에 해당한다. '한 근'은 로마의 중량 단위로, 약 327 그램의 무게이다.[4]

2) 가룟 유다의 반응과 예수님의 반응(12:4-8)

마리아를 책망하는 가룟 유다의 이중성이 묘사되어 있다. 그는 마치 가난한 자를 생각하는 것처럼 말한다. 그러나 가난한 자들을 생각한 것이 아니라 물질에 대한 탐욕 때문이다(6절). 예수님은 가룟 유다가 자신을 배신할 것을 진작 알고 계셨다(6:70-71). 가난한 자들을 생각하지 않는 유다의 모습은 양을 돌보지 않는 삯꾼의 모습과 유사하다(10:13). '생각하다'(6절)와 '돌보다'(10:13)는 같은 헬라어 단어의 번역이다(μέλω, *멜로*).[5] 그는 또한 도둑으로 묘사되는데, 10장에서 양을 헤치는 자도 도둑으로 묘사된다(10:10). 따라서 유다는 예수님을 따르지만 예수님을 배반하고, 가난한 자를 생각하는 것 같지만 결국 양들을 헤치는 자라는 것이 본문에 암시되어 있다.

다른 한편, 가룟 유다가 열심당원 출신이라고 주장하는 사람들이 있다.[6] 가룟(Ἰσκαριώθ, *이스카리오뜨*)이라는 말은 단검을 소유한 암살자를 뜻하는 *시카리오스*(σικάριος)에서 왔다고 주장한다. 사도행전 21:38에 이 말이 나오는데, 개역개정은 '자객'이라 번역하였다. 로마 제국으로부터 유대의 독립을 꿈꾸던 무장 민족주의 운동을 가리킨다. 그러나 *시카리오스*라는 말은 50년대가 되어서야 본격적으로 드러나기 시작했는데, 이렇게 이른 시기에

---

4. Morris, *John*, 511.
5. Keener, *John 2*, 864; Morris, *John*, 513.
6. O. Cullmann, *The Christology of the New Testament* (Philadelphia: Westminster John Knox Press, 1980), 124. 나단 역간, 『신약의 기독론』; 자세한 설명은 다음을 보라. M. J. Wilkins, *Following the Master: A Biblical Theology of Discipleship* (Grand Rapids: Zondervan, 2010), 164. 국제제자훈련원 역간, 『제자도 신학』.

유다에게 적용되었을 가능성이 높지 않다.[7] 또한 가룟이라는 이름은 이미 그의 아버지에게 붙여졌는데, 아마도 그의 아버지 때부터 살았던 그의 출신지를 가리킬 가능성이 높다. 다수의 최근 학자들은 '가룟'을 '그리욧(Kerioth) 사람'으로 해석한다.[8] 그리욧은 유대 땅에 있는 지명일 수도 있고(수 15:25), 모압 지역에 있는 지명을 가리킬 수도 있다(렘 48:24). 뿐만 아니라, 예수님의 제자 중에 시몬은 열심당이라고 분명히 밝히는데, 왜 유다는 당시에 알려지지 않았던 *시카리오스*라는 호칭이 붙여졌는지 설명하기가 쉽지 않다. 따라서 가룟 유다를 열심당원이라고 보는 견해는 좀처럼 지지받을 수 없다.

복음서들은 가룟 유다의 탐욕에 주목한다. 그의 정치적인 성향에 대한 언급을 하지 않고, 다만 그의 부도덕한 욕심 때문에 예수님을 배신한 것이라 한다. 요한복음은 그가 도적이며, 돈궤를 맡아서 돈을 훔쳐간다고 기록한다(12:6). 다른 복음서에 따르면, 그는 은 삼십에 예수님을 대제사장들에게 넘겨주었다(마 26:15; 막 14:11; 눅 22:5). 따라서 그는 처음에 예수님을 통해 세상적인 욕심을 채우려했고, 그것이 여의치 않자 마침내 돈을 받고 예수님을 팔았다고 추측할 수 있다. 그가 얼마나 탐욕스러웠는지에 대해 요한복음은 이 본문에서 마리아의 헌신과 비교 대조 시키고 있다.

마리아가 예수님의 발에 향유를 부은 것은 예수님의 장례와 무슨 관계가 있는가?(7절) 헬라어 본문 해석이 간단하지 않다. 흔히 이 구절을 예수님이 "나의 장례 때까지 그 향유의 나머지를 간직하도록 그녀를 가만 두어라"고 말씀하신 것으로 이해한다. 그러나 가능성이 희박하다. 왜냐하면 이미 마리아는 그 향유를 거의 다 사용한 것으로 보이기 때문이다(3, 5절). 그래서 이 구절의 뜻을 "그녀를 가만 두어라. 그녀는 지금까지 나의 장례를 위해 이것을 팔지 않고 잘 간직하였다"로 볼 수 있다.[9] 물론 그녀는 이러한 의도 없이,

---

7. Wilkins, *Following the Master*, 164; Hengel, *The Zealots*, 47-8.
8. Brown, *John I-XII*, 298.
9. Carson, *John*, 429; Köstenberger, *John*, 364.

단지 자신의 겸손한 헌신을 예수님께 드러내었을 것이다. 그러나 무의식중에 예수님의 대속적 죽음을 예언한 가야바처럼(11:49-52), 이 여인도 부지중에 그리스도의 죽음을 예비하게 되었다.[10] 여인의 겸손한 헌신을 하나님께서는 섭리 중에 사용하셔서, 그리스도의 죽음을 예비하는 위대한 사역이 되게 하셨다.

3) 유대인들의 반응(12:9-11)

나사로의 죽음과 부활 사건을 들은 많은 유대인들이 그를 보고 믿음에 이르렀다. 그러나 대제사장들은 나사로를 죽일 생각을 한다. 왜냐하면 나사로 때문에 많은 사람들이 예수님을 믿었기 때문이다. '모의하다'(βουλεύω, *불류오*)는 요한복음에서 2번 등장하는데, 모두 나사로의 죽음과 관련 있다(11:53; 12:10). 예수님이 나사로를 살리신 후, 유대 권력자들은 산헤드린 공의회로 모여, 예수님을 죽일 모의를 하기 시작했다(11:53). 또한 많은 사람들이 살아난 나사로를 보기 위해 모여들자, 예수님뿐 아니라 나사로까지 죽이려 모의한다(12:10). 나사로 때문에 많은 사람들이 예수님을 믿었지만, 반면에 예수님에 대한 죽음의 위협은 더 늘어났다. 그러므로 이 단락은 예수님의 복음이 사람들을 두 종류로 나뉘게 한다는 사실을 다시 강조하고 있다(참고. 7:43; 9:16; 10:19; 11:45-46).

교훈과 적용

1. 마리아의 겸손한 헌신이 우리의 헌신을 돌아보게 한다. 마리아의 헌신이 하나님 구원 역사의 귀한 한 부분을 차지하고 있다. 마리아는 겸손하게 예수님을 사랑하는 태도를 보였다. 예수님은 그녀의 그런 섬김을 사용하셔서, 그의 죽음을 예고하신다. 우리 한 사람 한 사람의 섬김과 충성도 하나님이 그렇게 사용하실 것이다. 거창한 모습이나 화려한 헌신이 아니더라도, 오늘 나에게 주어진 사명에 충성할 때, 하나님

---

10. Carson, *John*, 430; Contra Lincoln, *John*, 340.

은 그것을 사용하셔서 그분의 뜻을 나타내실 것이다.

2. 가룟 유다의 이중적 모습이 우리의 신앙을 돌아보게 한다. 그는 가난한 자들을 생각하는 것 같았지만, 실상은 탐욕으로 가득 찬 자였다. 이는 우리의 신앙도 겉만 번지르르하게 포장하는 신앙은 아닌지 반성하게 한다. 기도를 유창하게 하는 등 사람들이 보기에는 거룩한 것처럼 보이지만, 실상 내면은 영적으로 빈약하기 짝이 없는 모습은 아닌지 우리 자신을 살펴보게 한다. 그러므로 내면의 참된 믿음으로부터 삶의 변화로 이어지는 일관된 신앙 모습을 갖추어야 할 것이다.
3. 대제사장들의 영적인 어리석음이 우리의 삶을 돌아보게 한다. 종교적으로 가장 하나님의 역사에 민감해야 할 대제사장들이 오히려 역행하는 모습을 보여준다. 계속 예수님의 적대자로 등장한다. 더욱이 이제 나사로까지 죽이려한다. 우리도 가장 종교적인 모습 속에 가장 영적으로 무지한 내면이 자리 잡고 있지나 않은지 자신을 점검해야 한다. 영적 민감성을 잃어버리면, 나도 모르게 불의의 병기로 쓰이게 된다. 항상 영적으로 깨어서, 진정한 하나님의 사람이 되도록 노력해야 할 것이다.

2. 예수님의 예루살렘 입성(12:12-19)

12 그 이튿날에는 명절에 온 큰 무리가 예수께서 예루살렘으로 오신다는
것을 듣고 13 종려나무 가지를 가지고 맞으러 나가 외치되 호산나 찬송하
리로다 주의 이름으로 오시는 이 곧 이스라엘의 왕이시여 하더라 14 예수
는 한 어린 나귀를 보고 타시니 15 이는 기록된 바 시온 딸아 두려워하지
말라 보라 너의 왕이 나귀 새끼를 타고 오신다 함과 같더라 16 제자들은
처음에 이 일을 깨닫지 못하였다가 예수께서 영광을 얻으신 후에야 이것
이 예수께 대하여 기록된 것임과 사람들이 예수께 이같이 한 것임이 생각
났더라 17 나사로를 무덤에서 불러내어 죽은 자 가운데서 살리실 때에 함
께 있던 무리가 증언한지라 18 이에 무리가 예수를 맞음은 이 표적 행하심
을 들었음이러라 19 바리새인들이 서로 말하되 볼지어다 너희 하는 일이
쓸 데 없다 보라 온 세상이 그를 따르는도다 하니라

1) 이스라엘 왕으로 찬양 받으시는 예수님(12:12-13)

유월절을 맞아 예루살렘으로 온 무리들이 예수님을 환대하며 열광하는 장면이다. '종려나무 가지'(13절)는 예수님의 승리의 입성을 나타내는데, 다른 복음서에는 등장하지 않고(마 21:1-11; 막 11:1-11; 눅 19:28-40), 오직 요한복음에만 나온다. 레위기 23:40에 따르면 종려나무 가지는 초막절에 사용되는 식물이다. 그러나 유대 전통에 따르면, 초막절이 아닌 다른 절기에도 종려나무가 사용되었고, 특히 승리를 상징하는 식물이 되었다(마카비상 13:51; 마카비하 10:7). 사람들이 종려나무 가지를 가지고 예수님을 맞이한 이유는 바로 승리의 왕, 메시야를 환영하기 위해서였다. '호산나'(13절)는 히브리어 혹은 아람어로 '구원하소서!'라는 뜻으로, 시편 118:25에서 왔다. '주의 이름으로 오시는 이'는 시편 118:26에서 인용한 것인데, 사람들은 '이스라엘 왕'이신 메시야가 이스라엘을 회복시켜 주실 것이라는 소망을 담고 외치고 있다. 앞서 나다나엘도 예수님을 이스라엘의 왕으로 호칭했고(1:49), 오병이어 기적 후 사람들은 예수님을 왕으로 삼으려 했다(6:15). 그때 당시 예수님은 사람들을 피하셨으나, 이제는 더 이상 피하지 않으신다. 왜냐하면 그의 십자가 시간이 가까웠기 때문이다.

2) 어린 나귀를 타시는 예수님(12:14-16)

예수님이 어린 나귀를 타시는 이유는 스가랴 9:9 말씀을 성취하기 위해서다. '시온의 딸'(15절)은 예루살렘 주민을 일컫는 말이다. 왕과 나귀 새끼는 어울리지 않는 모습이다. 왕은 용맹스런 전투마나 화려한 마차를 탈 것으로 기대되지만, 예수님은 나귀 새끼를 타신다. 스가랴 9:9은 그 이유를 메시야의 겸손함에서 찾는다. 이렇게 겸손한 왕은 오셔서, 전쟁을 그치게 하고 평화를 주신다(슥 9:10). 이러한 메시야의 겸손함과 평화 주심은 요한복음에서

묘사하는 예수님의 모습이기도 하다(13:1-20; 14:27).[11]

제자들은 처음에 예수님의 이 일을 깨닫지 못했다. “예수께서 영광을 얻으신 후”(16절)에 예수님의 행동과 구약 예언을 이해할 수 있었다. 이러한 표현은 일찍이 2:22에도 등장하는데, 예수님이 “죽은 자 가운데서 살아나신 후”에 제자들이 깨달았다고 한다. 따라서 “예수께서 영광을 얻으신 후”(16절)와 예수님이 “죽은 자 가운데서 살아나신 후”(2:22)는 같은 의미인 것 같다. 이는 결국 예수님이 죽으시고 부활하여, 성령을 주신 후 깨달았다는 의미이기도 하다(16:13). 제자들은 그 당시에 깨닫지 못하고, 나중에 예수님의 부활 후 성령의 조명을 통해 예수님의 계시를 온전히 이해하게 된다.

3) 표적으로 인해 찬양 받으시는 예수님(12:17-19)

예수님이 나사로를 일으키신 것을 본 사람들의 증언이 많은 무리를 열광케 했다. 예수님의 예루살렘 입성을 환영하며, 메시야가 이루실 이스라엘의 회복을 기대하였다. 그러나 그들은 표적(18절)이 가리키는 정확한 의미를 알지 못했다. 표적의 참 뜻을 알지 못하고, 그들의 관점에 따라 예수님을 판단하고 환영하였다. 표적이 가리키는 고난은 보지 않고, 영광만을 바라보았다. 복음의 온전함을 보지 못한 것이다. 일찍이 예수님은 성전 정화를 통해 그의 죽음과 부활을 말씀하셨다. 나사로를 살리시면서 그의 죽음과 부활을 내다보셨다. 그러나 무리들은 메시야의 영광만을 바라보았다.

교훈과 적용

1. 예수님은 왕으로서 이스라엘을 구원하셨다. 그는 죄에 승리하셨고 사망에 승리하셨다. 그래서 그를 믿는 자를 죄와 사망에서 구원하시는 분이다. 이스라엘은 자기 민족의 구원을 기대했지만, 예수님은 죄와 사망이라는 인간의 더 근원적이고 본질적인 문제로부터 구원하셨다. 따라서 이스라엘의 왕이신 예수님은 찬양과 경배를

---

11. Köstenberger, *John*, 371.

받으시기에 합당하다.

2. 예수님은 겸손함으로 이스라엘을 구원하셨다. 사람들은 예수님을 위대한 왕으로 환영하고, 그가 군사를 동원하여 물리력으로 승리할 것이라 기대하였다. 그러나 예수님은 겸손히 십자가를 지심으로, 우리 구원에 필요한 모든 필요를 채우셨다. 하나님의 아들이 겸손히 죄인의 자리에 오셔서, 우리를 위한 구원 요건을 충족시키셨다. 따라서 겸손한 예수님은 찬양과 경배를 받으시기에 합당하다.
3. 예수님은 평화를 주시며 이스라엘을 구원하셨다. 영생을 주시는 예수님은 믿는 자로 하여금 영원히 평화를 누리게 하셨다. 세상은 물질적 어려움이 없으면 평화라고 하지만, 예수님이 주시는 평화는 물질적 어려움 너머에 있는 하나님의 평화이다. 천상에서 누리는 평화를 이 땅에서부터 누릴 수 있게 하셨다. 이 세상에서 여러 가지 어려움을 당하지만, 신자들은 예수님이 주시는 평화의 힘으로 이것을 견디게 하신다. 따라서 평화의 왕이신 예수님은 찬양과 경배를 받으시기에 합당하다.

3. 인자의 죽음과 영광(1)(12:20-26)

20 명절에 예배하러 올라온 사람 중에 헬라인 몇이 있는데 **21** 그들이 갈릴
리 벳새다 사람 빌립에게 가서 청하여 이르되 선생이여 우리가 예수를 뵈
옵고자 하나이다 하니 **22** 빌립이 안드레에게 가서 말하고 안드레와 빌립
이 예수께 가서 여쭈니 **23** 예수께서 대답하여 이르시되 인자가 영광을 얻
을 때가 왔도다 **24** 내가 진실로 진실로 너희에게 이르노니 한 알의 밀이
땅에 떨어져 죽지 아니하면 한 알 그대로 있고 죽으면 많은 열매를 맺느
니라 **25** 자기의 생명을 사랑하는 자는 잃어버릴 것이요 이 세상에서 자기
의 생명을 미워하는 자는 영생하도록 보전하리라 **26** 사람이 나를 섬기려
면 나를 따르라 나 있는 곳에 나를 섬기는 자도 거기 있으리니 사람이 나
를 섬기면 내 아버지께서 그를 귀히 여기시리라

1) 이방인의 방문(12:20-22)

본문에 등장하는 헬라인들은 유월절을 지키기 위해, 예루살렘을 방문한

사람들이다(20절). '헬라인들'(20절)은 헬라 문화권에서 온 이방인들을 가리키는 말이고, 아마도 그 이방인들 중에서 하나님을 경외하는 자들이 예수님을 찾아 왔다는 뜻일 것이다.[12] 이방인으로서 하나님을 경외하는 자들은 신약성경 곳곳에 등장한다(눅 7:2-5; 행 13:43; 17:17). 이들이 예수님을 뵙고자 빌립을 찾는다(21절). 빌립은 벳새다 사람이며, 베드로와 안드레도 벳새다에서 태어났다(1:44). 벳새다는 갈릴리 북쪽의 도시인데, 아마도 이 이방인들은 갈릴리 북쪽 인근에서 온 듯하다. 결국 빌립이 그들을 안드레에게 소개하고, 안드레와 빌립이 예수님께 그들에 관해 이야기한다(22절).

2) 인자의 영광과 한 알의 밀알(12:23-24)

"인자가 영광을 얻다"(23절)는 것은 무엇을 뜻하는가? 16절의 해설에서, "예수께서 영광을 얻다"는 그의 죽음과 부활을 포괄한다고 언급한 바 있다. 그러나 여기서는 문맥에서 볼 때, "인자가 영광을 얻다"는 다분히 예수님의 죽음과 깊이 연관이 있음을 알 수 있다. 왜냐하면 요한복음에서 '때'(23절)는 예수님의 죽음과 부활, 승천을 포괄하지만, 특별히 그의 죽음에 초점을 맞추고 있기 때문이다. 둘째, 24절부터 지속적으로 예수님의 죽음을 강조하고 있기 때문이다(24, 25, 27-28, 32-33, 34절). 이전에 그 '때'는 아직 오지 않았다고 하였지만(7:30; 8:20), 이제 '때'가 왔다는 것은 그만큼 예수님의 죽음의 때가 가까이 왔다는 뜻이다.

그렇다면 헬라인들이 예수님을 찾아 온 것과 인자의 영광은 어떤 관련이 있는가? 예수님의 죽음을 통해, 하나님의 구원이 유대인뿐 아니라 이방인까지 포함하는 우주적 영역에서 이루어질 것임을 암시한다(참고. 11:52; 사 49:6; 52:15).[13] 또한 당시 유대교에서 이방인들은 유대인들처럼 자유롭게 성

12. Keener, *John 2*, 872; Köstenberger, *John*, 377.

13. Schnackenburg, *John 2*, 382; Köstenberger, *John*, 377.

전에 들어갈 수 없었다. 오직 이방인의 뜰에서만 하나님을 예배할 수 있었다. 그러나 이제 참된 성전이신 예수님께 나아오게 된다. 예수님을 통해 진정한 예배를 드릴 수 있게 된다(4:23-24).

한 알의 밀이 죽는다는 것은 예수님의 죽음을 암시한다(24절). 그렇다면 많은 열매를 맺는다는 것은 무슨 의미일까? 이는 곧 예수님의 죽음을 통해 많은 사람에게 구원의 은혜가 돌아갈 것임을 암시한다(24절). 앞의 구절과 연결하면, '많은 열매'는 유대인과 이방인을 포함한 많은 사람들에게 주어질 영생의 열매를 뜻한다고 볼 수 있다.

3) 제자들의 섬김(12:25-26)

24절에서 예수님의 기독론적, 구원론적 죽음에 초점이 맞춰졌다면, 이제 25절에서는 제자들의 죽음으로 그 초점이 옮겨진다. 25절에서는 죽음을 무릅쓴 제자들의 믿음을 언급한다. 예수님보다 자기 생명을 사랑하는 자는 생명을 잃어버릴 것이다. 믿음을 위해서 자기 생명을 미워하는 자는 영생을 얻을 것이다. 이러한 십자가 정신은 다른 복음서에도 동일하게 나온다(마 10:39; 막 8:35; 눅 9:24). '미워하다'(μισέω, *미세오*)는 요한복음에서 신자와 불신자를 구분하는 중요한 단어다. 불신자의 특징은 예수님을 미워하는 것이다(7:7). 예수님을 사랑하지 않는 것이다(8:42). 이는 곧 예수님을 보내신 아버지를 미워하는 것이다(15:23). 또한 예수님과 아버지를 믿는 신자들도 불신자들로부터 미움을 당한다(15:18-19; 17:14). 이에 반해 신자들의 특징은 자신의 목숨을 미워하는 것이다(25절). 왜냐하면 자신의 목숨보다 주님을 더 사랑하기 때문이다(14:21). 그리하여 영생에 이르도록 하나님이 그를 보전하신다. 비록 신자들은 세상에서 불신자들로부터 미움을 당하지만, 하나님이 그들을 지키신다.

예수님의 죽음을 통해 구원 받은 그의 제자는 그를 섬기는 자이며 그를 따르는 자이다(26절). 오직 예수님께 초점을 맞추며 십자가 정신으로 그를 믿는 것이다. 어떤 위험이나 희생이 따르더라도 믿음을 포기하지 않고 예수님을 따라가는 것이다. 이런 자들을 하나님께서 인정해 주실 것이다. 예수님의 종으로서 자신을 낮추면 하나님께서 그를 높이실 것이다.

교훈과 적용

1. 예수님의 죽음으로 많은 열매가 맺힌다. 예수님은 자신의 죽으심으로 많은 사람을 살리셨다. 영생의 열매가 유대인과 이방인을 포함해서 그를 믿는 모든 사람에게 주어졌다. 예수님 자신이 고통 당하심으로 많은 사람을 치유하셨다. 자신을 희생하셔서 많은 사람들이 행복하게 하셨다. 그러므로 예수님의 죽음을 믿는 자는 그가 낳으신 생명의 열매요 구원의 열매이다.
2. 예수님의 죽음으로 많은 이방인들이 참된 성전으로 모여든다. 유대교 아래에서 이방인들은 성전 예배에 온전히 참여할 수 없었다. 이방인의 뜰에서 부분적으로 참여했을 뿐이다. 이제 예수님의 죽음으로 이방인들까지 진정으로 예배드릴 수 있는 길이 열렸다. 이방인들도 참된 성전이신 예수님 안에서 하나님께 직접 나아갈 수 있게 되었다.
3. 예수님의 죽음으로 많은 사람이 예수님의 종이 된다. 예수님을 믿는 사람들은 그를 섬기는 종이 된다. 세상에서 핍박을 당하고 고난을 겪더라도 믿음을 포기하지 않고 예수님을 따른다. 비록 낮아지고 초라해지더라도 예수님께 초점을 맞추며 예수님을 섬긴다. 하나님은 이러한 종들을 높이시고, 귀하게 여기실 것이다.

4. 인자의 죽음과 영광(2)(12:27-36)

27 지금 내 마음이 괴로우니 무슨 말을 하리요 아버지여 나를 구원하여 이
때를 면하게 하여 주옵소서 그러나 내가 이를 위하여 이 때에 왔나이다
28 아버지여, 아버지의 이름을 영광스럽게 하옵소서 하시니 이에 하늘에
서 소리가 나서 이르되 내가 이미 영광스럽게 하였고 또다시 영광스럽게
하리라 하시니 29 곁에 서서 들은 무리는 천둥이 울었다고도 하며 또 어
떤 이들은 천사가 그에게 말하였다고도 하니 30 예수께서 대답하여 이르

시되 이 소리가 난 것은 나를 위한 것이 아니요 너희를 위한 것이니라 **31**
이제 이 세상에 대한 심판이 이르렀으니 이 세상의 임금이 쫓겨나리라 **32**
내가 땅에서 들리면 모든 사람을 내게로 이끌겠노라 하시니 **33** 이렇게 말
씀하심은 자기가 어떠한 죽음으로 죽을 것을 보이심이러라 **34** 이에 무리
가 대답하되 우리는 율법에서 그리스도가 영원히 계신다 함을 들었거늘
너는 어찌하여 인자가 들려야 하리라 하느냐 이 인자는 누구냐 **35** 예수께
서 이르시되 아직 잠시 동안 빛이 너희 중에 있으니 빛이 있을 동안에 다
녀 어둠에 붙잡히지 않게 하라 어둠에 다니는 자는 그 가는 곳을 알지 못
하느니라 **36** 너희에게 아직 빛이 있을 동안에 빛을 믿으라 그리하면 빛의
아들이 되리라 예수께서 이 말씀을 하시고 그들을 떠나가서 숨으시니라

1) 아버지의 영광을 위한 예수님의 괴로움(12:27-30)

십자가의 길은 예수님에게 고통의 때이다(27절). 그래서 예수님은 그때를 피하고 싶으셨다. "아버지여 나를 구원하여 이때를 면하게 하여 주옵소서"는 번역 논란이 있다. 이와 같이 기도문으로 번역하는 학자들도 있고(비슬리-머리, 카슨, 보체트), 아니면 "아버지여 나를 구원하여 이때를 면하게 하여 주옵소서라고 할까?"로 의문문으로 번역하는 학자들도 있다(브라운, 쾨스텐버거, 클링크). 다수의 영어성경은 의문문으로 해석한다(NIV, NASB, ESV 등). 그러나 다른 복음서에 비춰봤을 때, 예수님은 실제로 이런 기도를 하셨을 가능성이 높다(마 26:39, 42; 막 14:36; 눅 22:42). 따라서 개역개정 번역대로 이해하는 것이 좋겠다. 예수님은 이렇게 기도할 정도로 무척 괴로우셨지만 아버지의 이름을 영화롭게 하기 위해, 그때를 기꺼이 받아들이신다(27절하-28절상). 다시 한 번 예수님의 죽음과 하나님의 영광이 긴밀히 연결된다(28절하). "이미 영광스럽게 하였다"(δοξάζω, *독사조*의 아오리스트/부정과거)는 예수님의 성육신과 그의 지상 사역을 통해 하나님의 영광이 드러난 것을 가리킨다(1:14; 2:11; 11:40). "또다시 영광스럽게 하리라"(*독사조*의 미래)

는 예수님의 십자가를 통해, 그리고 이어지는 그의 부활과 승천을 통해 하나님의 영광이 드러나는 것을 말한다. 그러므로 예수님은 성육신으로부터 그의 죽음과 부활, 승천에 이르기까지 평생을 하나님의 이름을 영화롭게 하기 위해 사셨다. 하나님은 예수님의 삶을 통해 자신의 이름을 영화롭게 하셨다.

하늘에서 난 소리를 곁에 선 사람들은 정확하게 이해하지 못한다(29절). 천둥소리 혹은 천사의 소리로 이해한다. 그러나 예수님은 소리의 목적을 말씀하시는데, 그를 위한 것이 아니라 곁에 선 무리들을 위한 것이라 하신다(30절). 예수님과 하나님의 친밀한 관계는 이러한 공개적인 기도 응답이 필요 없었다. 하나님이 예수님의 기도를 들으신다는 것을 무리들에게 보여주시기 위해 하늘에서 소리가 들렸다(참고. 11:41-42).[14] 비록 무리들이 하늘의 소리를 정확하게 이해하지 못할지라도, 천둥소리나 천사의 소리 같이 들린 하늘의 소리는 예수님과 하나님의 친밀한 관계를 확증해 주기에 충분했다.[15] 예수님의 말씀의 권위를 증명해 주기에 충분했다. 따라서 무리들은 이어지는 예수님의 말씀을 더 겸손하게 청종해야 했다.

2) 예수님의 죽음의 의미(12:31-33)

예수님의 죽음, 곧 하나님의 이름이 영화롭게 되는 때는 곧 이 세상에 대한 심판의 때이기도 하다(31절). 예수님의 죽음이 세상에 대한 심판과 무슨 관계가 있는가? 예수님의 십자가는 사람들의 구원을 위한 속죄가 일어나는 곳이다. 그러나 이는 동시에 하나님을 대적하고 거절하는 사람들의 죄가 드러나는 곳이다. 그들은 예수님을 거절하고 십자가에 못 박으므로, 자신의 죄를 핑계하지 못하게 되었다. 그런데, 그들의 죄는 그들이 곧 하나님의 심판의 대상이라는 것을 증명한다. '이 세상의 임금'(31절)은 사탄을 일컫는다

---

14. Kruse, *John*, 267.
15. Lincoln, *John*, 352.

(14:30; 16:11). 십자가는 또한 사탄이 쫓겨나는 사건이다(31절). 얼핏 보면 예수님이 패배하고 사탄이 승리한 것 같다. 그러나 사실은 예수님이 승리하셨다. (사탄, 곧 마귀에 대해서는 13장의 특주를 참고하라)

예수님은 십자가에서 다음과 같은 점에서 사탄(마귀)을 이기셨다. 첫째, 예수님은 십자가를 통해 죄인을 구원하려는 자신의 목적을 성취하신다. 죄와 사망의 속박에서 자유롭게 하시고, 사람들의 죄를 용서하시려는 그의 목적이 성취된다. 반면에 사람들을 멸망시키려는 사탄의 계획은 실패한다(19:30). 따라서 십자가는 예수님이 마귀의 계획을 이긴 사건이다. 둘째, 예수님은 십자가에서 죽음을 무력화하셨다. 자신의 죽음을 통해 더 이상 죽음이 사람에게 왕 노릇 하지 못하게 하셨다. 죽음으로 세상을 지배하던 사탄은 더 이상 힘을 발휘할 수 없다(히 2:14). 십자가에서 영적인 통치자들과 권세들은 완전히 무장 해제되어 구경거리가 되었다(골 2:13-15). 따라서 십자가는 예수님이 마귀의 죽음의 힘을 이긴 사건이다. 셋째, 십자가에서 예수님은 사람들의 조롱과 모욕, 하나님과 분리되는 고통 속에서도, 마귀의 유혹을 물리치고 하나님께 순종하셨다. 예수님은 십자가에서 걸어 내려오실 수도 있었고, 열두 군단도 더 되는 천사들로부터 보호 받으실 수도 있었다. 그러나 그러한 힘과 권리를 쓰지 않고 순종하셨다. 심지어 자신을 못 박는 사람들을 용서하시고 사랑하시므로 끝까지 선으로써 악을 이기셨다. 따라서 십자가는 예수님이 마귀의 유혹을 이긴 사건이다.[16] 요컨대, 십자가는 예수님이 마귀의 계획과 죽음의 힘, 그리고 유혹을 이긴 사건이다.

예수님의 죽음은 다시 '땅에서 들리다'로 표현된다(32절; 참고. 3:14; 8:28). '들다'(ὑψόω, *휘소오*)는 요한복음에서 십자가(cross)와 높아짐(exaltation)을 의미한다. 이러한 모티프는 이사야 52:13-53:12의 고난 받는 종의 노래에

16. 이러한 주장에 대한 자세한 설명은 다음을 참고. 존 스토트, 『그리스도의 십자가』, 황영철 역 (서울: IVP, 2007), 433-55.

도 나타난다. 칠십인경 이사야 52:13은 정확하게 '높아짐' 단어를 사용한다. "보라 내 종이 형통하리니 받들어 높이 들려서(*휩소오*) 지극히 존귀하게 되리라." 따라서 예수님이 땅에서 들리는 것은 영화롭게 되는 것이다. 예수님의 들림은 십자가 죽음이지만, 이는 동시에 영화롭게 되시는 것이다. 그가 땅에서 들리는 목적은 모든 사람들을 자신에게 이끌기 위함이다. 이는 물론 모든 사람들 개개인이 다 구원 받는다는 의미는 아니다. 다만 그리스도의 구원이 유대인과 이방인을 포함하여, 우주적이며 포괄적이라는 뜻이다.

한편, 십자가의 승리와 관련하여 이사야 53:12은 중요한 모티프를 제공한다. 이사야 52:13-53:12의 고난 받는 종의 노래 마지막 구절에 종의 죽음과 승리가 역설적으로 묘사되어 있다: "그러므로 내가 그에게 존귀한 자와 함께 몫을 받게 하며 강한 자와 함께 탈취한 것을 나누게 하리니 이는 그가 자기 영혼을 버려 사망에 이르게 하며 범죄자 중 하나로 헤아림을 받았음이니라 그러나 그가 많은 사람의 죄를 담당하며 범죄자를 위하여 기도하였느니라"(사 53:12). 이 구절에는 사람들의 죄를 담당해 고난 받는 종의 모습과 전쟁의 전리품을 받는 승리한 종의 모습이 함께 나온다.[17] 이사야는 죽음을 통해 승리하는 메시야의 모습을 예언하고 있다.[18] 이것이 바로 52:13에 나오는 높이 들리는 종의 모습이다. 52:13-53:12은 수미상관 구조를 이루어, 메시야가 죽음을 통해 승리하여 영광에 들어갈 것을 말해주고 있다. 이와 같이, 예수님도 십자가에서 이 세상의 임금인 마귀를 멸하시고 영화롭게 되신다. 따라서 십자가는 고난이요 승리요 영광이다.

32절과 34절은 인자의 들림을 반복적으로 언급하는데, 34절은 '당위'를 나타내는 헬라어 동사 δεῖ(*데이*)를 사용한다. 이 단어는 '~해야 한다'로 해석될 수 있다. 십자가는 그를 믿는 자를 구원하시기 위한 예수님의 필연적 사

---

17. Oswalt, *Isaiah 40-66*, 406.
18. 한정건, 『이사야의 메시야 예언 II』 (서울: CLC, 2012), 214.

역이다. 이러한 십자가의 필연성은 요한복음에서 *데이* 동사와 함께 앞서 이미 언급되었다(3:14). 한편, 요한복음에서는 *데이* 동사를 사용하여, 예수님의 다른 필연적 사역도 소개한다. 예수님의 십자가뿐 아니라, 그의 부활도 그의 필연적 구속 사역에 해당된다(20:9). 또한 예수님은 표적으로 자신을 계시하시고(9:4), 말씀으로 백성들을 인도하셔야 했다(10:16). 다른 한편, *데이* 동사는 하나님의 자녀에게 필수로 요구되는 것을 나타내기 위해서도 사용된다. 하나님의 자녀는 먼저 하나님에 의해 위로부터 다시 태어나야 한다(3:7). 예수님을 높이는 삶을 살아야 한다(3:30). 건물 성전이 아니라, 영과 진리 안에서 아버지께 예배하여야 한다(4:20, 24).

요컨대, *데이* 동사를 통해 요한복음이 말하는 예수님의 필수 사역은 첫째는 십자가 사역이고, 둘째는 부활이다. 그리고 셋째는 그의 계시와 인도 사역이다. 또한 하나님의 자녀에게 필수적으로 있어야 할 것은 첫째, 물과 성령으로 하나님에 의해 다시 태어나는 것이다. 둘째, 자신을 위해서 사는 것이 아니라 예수님을 높이며 사는 것이다. 그리고 셋째, 영과 진리 안에서 예배하는 삶이다.

3) 인자와 빛(12:34-36)

"그리스도가 영원히 계신다"는 율법은 어디를 말하는가?(34절) '율법'이라는 것은 구약성경 전체를 가리킨다고 봐야 하는데, 이사야 9:6이나 시편 110:4은 메시야의 영원성에 대해 언급하고 있다(참고. 에녹1서 41:1; 제2바룩서 40:3 등).[19] 무리들은 이러한 율법의 언급과 인자의 들림이 일치하지 않는다고 의문을 제기한다. 그리고 그 인자가 누구인지 질문한다(34절). 그러나 예수님은 그 질문에 직접적으로 대답하지 않으신다. 그 대신, 예수님은 "아직 빛이 너희 중에 있다"고 말씀하신다(35절). '빛'은 하나님을 계시하는 예

---

19. Keener, *John 2*, 881.

수님의 사역 혹은 예수님 자신을 가리킨다. 따라서 이 단락은 인자의 죽음과 인자의 계시를 함께 언급하고 있다고 보아야 한다. 인자는 들림을 통해 백성들의 죄를 사하며 하나님을 영화롭게 한다. 그런데 인자는 또한 세상의 빛으로서, 사람들을 진리 가운데로 인도한다. 예수님의 계시를 믿고 따르는 사람은 빛의 아들이 되고, 어둠에 잡히지 않는다(35절하-36절). 여기서 '어둠'이라는 것은 요한복음 전체에서 죄와 무지, 그리고 예수님을 인정하지 않는 불신을 종합하는 말이다(1:4-9; 3:19-21; 8:12 등등). 따라서 어둠에 다니는 자는 예수님을 알지 못하고, 믿지 못하여, 죄 가운데 행하는 자라 할 수 있다. 예수님은 그러한 길로 가지 말고, 빛을 믿고, 빛의 길로 가라 하신다. 이는 예수님을 믿고 예수님의 말씀을 따라 사는 삶을 말한다. 예수님이 "잠시 동안 빛이 너희 중에 있다"(35절) 말씀하신 것은 그의 죽음이 임박했다는 뜻이다. 그의 죽음 후가 아니라, 지금 당장 믿으라고 말씀하신다. 이는 아마도 예수님의 죽음의 임박성과 함께, 복음을 들을 때 즉시 믿음으로 반응하라는 촉구인 것 같다.

교훈과 적용

1. 예수님의 죽음은 모든 사람을 그에게로 이끌었다. 예수님의 십자가는 유대인과 이방인 사이에 있는 벽을 허무셨다. 유대인과 이방인이 한 새 사람이 된다. 다시 말하면 새로운 이스라엘로 하나 된 공동체가 된다. 차별이 없고, 소외가 없고, 함께 더불어 하나님 나라를 이루게 된다. 따라서 우리도 예수님의 죽음이 이루신 결과를 소중히 생각하며, 하나 된 새 공동체를 이루도록 힘써야 한다. 교회 안에 차별과 분열을 없애고, 더불어 섬기는 하나 된 공동체를 세워가야 한다.
2. 예수님의 죽음은 하나님을 영화롭게 하였다. 예수님은 태어날 때부터, 그리고 이 세상을 떠나면서도 하나님의 이름을 영화롭게 하셨다. 자신의 성육신을 통해, 그리고 거절하고 싶었던 십자가를 통해서, 하나님을 이 땅에서 영화롭게 하셨다. 그러므로 그분을 믿는 우리도 희생과 섬김을 통해 하나님을 영화롭게 하는 삶을 살아야 한다.
3. 예수님의 죽음은 악한 세력의 멸망을 뜻한다. 예수님은 죽음을 통해 하나님의 구원을 성취하셨다. 예수님을 죽여서 그 성취를 막아 보려던 자들은 오히려 실패하

였다. 십자가를 통해 사탄은 패배하였고, 이 세상은 심판을 받았다. 따라서 우리들 은 십자가에서 사탄과 죄와 사망이 심판 받았다는 것을 믿고, 오늘도 승리의 기쁨 으로 살아야 한다.

5. 사람들의 불신과 심판(12:37-50)

37 이렇게 많은 표적을 그들 앞에서 행하셨으나 그를 믿지 아니하니 **38** 이
는 선지자 이사야의 말씀을 이루려 하심이라 이르되 주여 우리에게서 들
은 바를 누가 믿었으며 주의 팔이 누구에게 나타났나이까 하였더라 **39** 그
들이 능히 믿지 못한 것은 이 때문이니 곧 이사야가 다시 일렀으되 **40** 그
들의 눈을 멀게 하시고 그들의 마음을 완고하게 하셨으니 이는 그들로 하
여금 눈으로 보고 마음으로 깨닫고 돌이켜 내게 고침을 받지 못하게 하려
함이라 하였음이더라 **41** 이사야가 이렇게 말한 것은 주의 영광을 보고 주
를 가리켜 말한 것이라 **42** 그러나 관리 중에도 그를 믿는 자가 많되 바리
새인들 때문에 드러나게 말하지 못하니 이는 출교를 당할까 두려워함이
라 **43** 그들은 사람의 영광을 하나님의 영광보다 더 사랑하였더라 **44** 예수
께서 외쳐 이르시되 나를 믿는 자는 나를 믿는 것이 아니요 나를 보내신
이를 믿는 것이며 **45** 나를 보는 자는 나를 보내신 이를 보는 것이니라 **46**
나는 빛으로 세상에 왔나니 무릇 나를 믿는 자로 어둠에 거하지 않게 하
려 함이로라 **47** 사람이 내 말을 듣고 지키지 아니할지라도 내가 그를 심판
하지 아니하노라 내가 온 것은 세상을 심판하려 함이 아니요 세상을 구원
하려 함이로라 **48** 나를 저버리고 내 말을 받지 아니하는 자를 심판할 이
가 있으니 곧 내가 한 그 말이 마지막 날에 그를 심판하리라 **49** 내가 내 자
의로 말한 것이 아니요 나를 보내신 아버지께서 내가 말할 것과 이를 것
을 친히 명령하여 주셨으니 **50** 나는 그의 명령이 영생인 줄 아노라 그러므
로 내가 이르는 것은 내 아버지께서 내게 말씀하신 그대로니라 하시니라

1) 표적을 믿지 못하는 사람들(12:37-41)

유대인들은 예수님이 행하신 많은 표적을 보고도 믿지 않았다(37절). 요한은 본 단락에서 이사야서 구절 두 개를 인용하여, 그들의 불신을 설명한다. 먼저 이사야 53:1이 인용되었다(38절). 이사야 53장의 바로 앞, 즉 52장 마지막 부분에는 사람들이 고난 받는 종을 거절하지만, 하나님이 그를 높이 드셨다는 내용이 나온다(사 52:13-15). 이에 53:1부터 선지자는 사람들의 거절을 좀 더 구체적으로 설명한다. 사람들은 선지자가 전하는 메시지를 거절했다. '주의 팔'은 주님의 능력이 나타나는 것을 가리키는데, 요한복음에서 이것은 예수님의 표적으로 나타난다.[20] 따라서 요한복음에서는 고난 받는 종에 대한 사람들의 거절이 예수님의 말씀과 표적을 거절하는 것과 비교된다. 많은 표적을 보고도 사람들이 예수님을 믿지 않는 것은 이러한 성경 예언을 이루기 위함이었다(38절상). 그래서 사람들은 예수님을 능히 믿지 못하였다(39절상). 37절에서는 믿지 않은 사람들의 행위가 강조된다면, 38절과 39절에서는 사람들의 불신에 대한 하나님의 주권이 강조된다.

이러한 하나님의 주권에 대한 강조는 이사야 6:10의 인용을 통해 더 강화된다(40절). 하나님께서는 이사야 선지자가 하나님의 소명을 따라 말씀을 선포하게 하신다. 그들이 선지자의 선포를 듣고도 알지도 못하고 깨닫지도 못할 것이라 선포하게 하신다. 그리하여 결국 사람들의 마음은 더 완악해져서 회개하지 못하게 된다. 이러한 선지자의 선포는 하나님께 범죄한 사람들에 대한 심판 선언이며, 동시에 심판에 이르도록 그들을 돌이키지 못하게 한다. 하나님의 심판과 주권의 메시지가 이 본문에 녹아 있는데, 요한복음은 이 구절을 인용하여 예수님을 거절하는 유대인들을 비판한다.

한편, 그레고리 빌은 이사야 6:10을 이스라엘의 우상숭배에 대한 하나님의 심판 선언으로 보고, 요한복음은 이사야 6:10을 인용하여 예수님을 거부

---

20. Carson, *John*, 448.

하는 유대인들, 그리고 그들의 우상숭배를 비판한다고 한다.[21] 그들은 많은 표적을 보고도 예수님을 믿지 않고 자신들의 우상에 사로잡혀 있는 사람들이다. 그렇다면 예수님 당시 유대인들은 어떤 우상을 숭배하고 있었을까? 빌은 43절에 언급된 하나님의 영광보다 사람의 영광을 더 사랑하는 것이 곧 우상숭배를 보여준다고 한다.[22] 이사야는 주의 영광을 보고 주의 영광을 반영하는 자인데, 반면에 이스라엘은 사람의 영광을 따랐다(41절; 사 6:1-10). 이제도 예수님의 제자들은 빛이신 예수님을 만나 빛을 따르는 자들이지만, 유대인들은 빛보다 어둠을 더 사랑하는 자들이다(35-36절).

41절에 따르면 이사야가 일찍이 주(예수님)의 영광을 보았다고 한다. 그러나 이사야 선지자는 만군의 여호와를 뵈었다고 고백한다(사 6:5). 물론 칠십인경은 '주'(κύριος)라고 하지만 이 호칭은 하나님을 가리키는 말이다. 그렇다면 요한복음 저자는 왜 이사야가 주(예수님)를 보았다고 하였을까? 아마도 아버지 안에서 아들을 보았고, 아들 안에서 아버지를 보았을 수도 있기 때문이다. 아버지와 아들은 친밀한 연합으로 함께 계신다. 그래서 아버지를 보여 달라는 빌립에게 예수님은 아들 안에 아버지가, 아버지 안에 아들이 있다고 하신다(14:8-10). 따라서 아들을 본 자는 아버지를 본 것이다(14:9). 아버지 하나님의 영광을 본 이사야는 아버지의 영광을 통해 아들의 영광을 보았을 수 있다.

2) 표적을 믿으나, 두려워하는 사람들(12:42-43)

유대인 관리 중에 믿는 사람이 많다고 한다. 그러나 바리새인들을 두려워하여 공개적으로 자신의 믿음을 드러내지 않았다고 한다(42절). 헬라어 원문에는 '두려워하다'는 표현이 없다. 다만 "출교를 당하지 않기 위해, 바리

---

21. 빌, 『예배자인가, 우상숭배자인가?』, 260-6.
22. 빌, 『예배자인가, 우상숭배자인가?』, 265.

새인들 때문에 공개적으로 (믿음을) 고백하지 못하였다"라고 되어 있다. 그러나 문맥에서 유대 관리들이 바리새인들을 두려워했다는 것을 어렵지 않게 알 수 있다.

한편, 출교를 두려워하는 유대 관리들의 모습은 9:22에 나오는 맹인의 부모의 모습을 생각나게 한다. 이러한 출교 상황을 예수님 당시의 현상으로 보지 않고, 요한복음이 기록될 당시의 상황으로 보는 견해는 옳지 못하다. 이러한 주장을 하는 학자들은 요한복음 저자가 자신의 상황을 요한복음에 투영하였다고 본다.[23] 그러나 믿음 때문에 자신이 원래 속했던 공동체에서 추방되는 것은 어느 특정한 시기에 한정된 것이 아니라, 초대 교회 때부터 기독교가 유대교로부터 당한 핍박의 전형적인 특징이다(막 8:37; 눅 12:8-9; 행 4:5-22; 살전 2:14). 따라서 출교를 두려워한 관리들의 모습은 예수님 당시부터 일어난 현상으로 보아야 한다. 그들은 두려움 때문에 자신의 믿음을 드러내지 못했다(42절).

저자는 이들이 하나님의 영광보다 사람의 영광을 더 사랑하였다고 한다(43절). 그렇다면 이것은 참된 믿음인가, 아니면 거짓 믿음인가? 다수의 학자들은 이것을 거짓 믿음으로 본다. 다른 본문에서 하나님의 영광보다 세상의 영광을 사랑한 사람들이 예수님에 의해 책망을 받기 때문이다(3:19; 5:44). 그러나 이들의 믿음은 애매모호한 믿음이다. 그 자체로는 참 믿음인지, 거짓 믿음인지 구분할 수 없다. 결국 공개적으로 자신의 믿음을 고백하는 그 열매를 보고, 그들의 제자 됨을 알 수 있다(예. 19:38). (자세한 설명은 아래에 나오는 특주를 참조)

3) 믿음과 불신, 그리고 마지막 날의 심판과 영생(12:44-50)

예수님에 대한 신앙은 세 가지 면에서 하나님에 대한 신앙으로 연결된다.

---

23. 루이스 마틴이 대표적이다. Martyn, *History and Theology*.

첫째, 예수님을 믿는 자는 그를 보내신 하나님을 믿는 것이다(44절). 세상에 빛으로 오신 예수님은 그를 믿는 자를 하나님께 인도하여, 어둠에 거하지 않게 하신다(46절). 둘째, 예수님을 보는 자는 그를 보내신 하나님을 보는 것이다(45절). 우리는 예수님을 통해 하나님을 볼 수 있다(14:9). 예수님을 통해 하나님이 어떤 분이지 알 수 있다. 그리고 셋째, 예수님의 말씀을 듣는 자는 그를 보내신 하나님의 말씀을 듣는 자이다(49-50절). 예수님은 하나님께 들은 말씀을 우리에게 전해주신다. 여기서 하나님의 말씀은 특히 '명령'으로 표현되는데, 하나님께서 예수님이 무엇을 말해야 할지를 명령하셨다. 영생에 필요한 말씀일 것이다. 십자가에 대한 말씀일 것인데, 앞서 12:20-33에 자세히 나와 있다. 그러나 요한복음 전체에 나타난 예수님의 하나님 계시 전체를 의미할 것이다. 이러한 예수님의 계시의 말씀을 듣고 받아들이는 자가 영생을 얻는다. 그러나 예수님의 말씀을 거부하는 자는 마지막 날에 심판을 받을 것이다(48절).

여기서 예수님이 모세와 같은 선지자라는 것이 묘사된다. 일찍이 하나님께서는 모세에게 다음과 같은 메시야 약속을 주셨다. "내가 그들의 형제 중에서 너와 같은 선지자 하나를 그들을 위하여 일으키고 내 말을 그 입에 두리니 내가 그에게 명령하는 것을 그가 무리에게 다 말하리라"(신 18:18). 이제 예수님 안에서 이 약속이 성취된다. 모세가 하나님께 말씀을 받아 이스라엘에게 전하여 주었듯이, 예수님은 아버지께 보고 들은 바를 전파하시는 하나님의 아들이시요, 참 선지자시다.

※ 특주: 믿음

믿음이란 무엇인가? 칼빈은 당시 로마 카톨릭의 맹목적 믿음을 비판하며, 참된 믿음은 무지가 아니라 지식에 근거해야 한다고 주장한다. 믿음은 하나님과 그의 아들 예수 그리스도를 아는 지식이며, 하나님의 말씀을 근거로 우리를 향하신 그의 선하심을 아는 확고하고도 분명한 지식이다. 이러한 지식이 성령으로 말미암아 우리 마음에 인쳐져서 그의 선하심을 의지하게 한다고 한다(『기독교 강요』, 3.2.1-7). 믿음에 관한 칼빈의 정의를 「하이델베르크 요리문답」은 확실한 지식과 굳은 신뢰로 정리한다. "참된 믿음은 하나님께서 그의 말씀 안에서 우리에게 계시하신 모든 것을 참된 것으로 여기는 확실한 지식일 뿐 아니라, 성령께서 복음으로써 내 마음 속에 일으키신 굳은 신뢰이다"(21문답). 여기서 우리는 입술로만 믿음을 고백하는 맹목적인 믿음, 진정한 신뢰가 없이 피상적 지식만 추구하는 믿음을 경계해야 한다는 교훈을 배운다. 그렇다면 요한복음이 정의하고, 지향하는 참된 믿음은 무엇일까?

요한복음에서 '믿다'를 뜻하는 πιστεύω(*피스튜오*)는 98회 등장한다. 신약 전체에서 241회 등장하는데, 이는 요한복음이 얼마나 *피스튜오*를 강조하는지 보여준다. 물론 논란은 있다. *피스튜오*가 바로 여격 목적어를 취하느냐, 아니면 εἰς(*에이스*)라는 전치사와 함께 대격(목적격) 목적어를 취하느냐에 따라 뜻이 달라진다고 하는 사람들이 있다. 이들에 의하면, 전자는 어떤 대상이나 사실에 단순히 동의하거나 받아들이는 것을 의미하고, 후자는 그 대상이나 사실을 진정으로 신뢰하고 받아들이는 믿음을 의미한다. 그러나 이러한 수상은 2:23과 5:24 등에 의해 무력화된다. 2:23은 *에이스* 전치사와 함께 사용되지만, 진실한 믿음이라고 보기 어렵다(자세한 설명은 이어지는 내용을 보라). 또한 5:24은 여격 목적어를 취하지만 진실한 믿

음을 나타낸다.[24]

한편, 요한복음 전체에서 믿음과 관련하여, 사람들은 크게 세 부류로 나뉜다. 진실한 믿음으로 영생을 가진 사람들이 있는 반면, 거짓된 믿음으로 예수님을 배반하는 사람도 있다. 이러한 두 종류의 믿음과 달리, 애매한 믿음의 소유자들도 있는데, 그들은 두려움 때문에 자기의 믿음을 숨기는 자들이다.

1. 진실한 믿음

'믿음'은 요한복음의 기록 목적이다. 요한복음 저자는 그의 예수님 계시가 독자들의 믿음을 위한 것이라고 분명히 밝힌다(20:30-31). 예수님이 이 세상에 오신 것은 그를 믿는 자에게 영생을 주시기 위함이다(3:16). 그를 영접하고 그의 이름을 믿는 자는 하나님의 자녀가 된다(1:12). 그를 믿는 자는 죽어도 살고, 살아서 믿는 자는 영원히 죽지 않는다(11:25-26). 이러한 영생과 구원을 위해 예수님은 표적을 주시고 말씀을 주신다. 제자들은 표적을 보고 예수님을 믿는다(2:11). 표적들의 절정에는 십자가와 부활이 있다. 이러한 표적을 보고 도마는 예수님을 나의 주님이시요, 나의 하나님이라 고백한다(20:28). 또한 제자들은 예수님의 말씀을 통해 하나님을 믿는다(5:24). 예수님을 믿는 것은 곧 하나님을 믿는 것이다(14:1). 따라서 진실한 믿음이란 예수님의 말씀과 사역을 통해 그를 알고 영접하고 의지하는 것이다. 예수님에 대한 확실한 지식과 굳은 신뢰를 가진 자가 영생을 얻는다(17:3).

그런데 진실한 믿음에는 그에 합당한 행동이 뒤따른다. 예수님을

24. 요한복음의 믿음에 관한 자세한 설명은 다음을 참고. 유상섭, "요한복음에서 믿음 개념," 240-68.

진실하게 믿는 자는 순종이라는 믿음의 열매를 맺는데, 그 열매가 믿음을 증명한다(3:36). 물론 이것은 행위 구원을 말하지 않고, 완벽한 삶을 의미하지 않는다. 다만, 예수님을 믿고 영생을 얻은 자는 삶의 변화가 따라 온다는 뜻이다. 즉, 믿음으로 예수 그리스도와 연합하여, 그 안에서 열매 맺는 삶을 산다는 뜻이다(15:1-7; 참고. 요일 1:6-7).

다른 한편, 진실한 믿음을 논하면서 우리는 요한복음이 강조하는 하나님의 주권, 성령의 역사, 그리고 예수님의 주도권을 기억해야 한다. 먼저, 요한복음은 우리의 믿음을 위한 하나님의 주권을 강조한다. 예수님은 표적을 보고도 믿지 않는 유대인들을 책망하신다(6:35-36). 그런데 그들의 불신앙은 아버지께서 그들에게 허락하지 않으셨기 때문이다(6:37, 44, 65). 예수님께 오는 자마다 결코 주리거나 목마르지 않을 것이다. 다만, 아버지께서 오게 하여 주시지 않으면 아무도 예수님께로 올 수 없다.

둘째, 성령으로 거듭난 자만이 예수님을 믿고 하나님 나라에 들어갈 수 있다(3:3, 5). 이것은 하나님께로부터 태어나는 것이다(1:13). 하나님은 그의 성령을 통해 신자를 부르시고, 거듭나게 하신다. 성령으로 신자의 내면에 믿음을 일으키셔서 예수님을 영접하게 하신다(1:12). 신자는 성령으로 자신의 죄와 비참을 깨닫고 예수님을 받아들이며 의지한다. 따라서 믿음은 하나님의 역사이고, 성령의 역사이다.

셋째, 신자의 열매 맺는 성화의 삶도 그 주도권이 예수님께 있다는 것을 잊지 말아야 한다. 예수님은 제자들에게 열매 맺는 삶이 중요하다는 것을 말씀하시면서, "내 안에 거하라"고 하신다(15:4). 예수님 안에 거하는 것은 참된 믿음으로 예수님과 연합하는 것이다. 열매를 맺을 수 있는 원천이 가지 자체에게 있는 것이 아니라, 가지가 붙어 있는 나무에 있음을 알 수 있다. 가지는 나무에 붙어 있어, 나무로부터 생명을 받아 열매를 맺는다. 그러므로 우리는 열매 맺기 위해 끊임없이 예수님과의 관계에 집중해야 한다. 예수님을 참되게 믿으며, 예수님을 꾸준히 신뢰하고 의지할 때, 우리는 풍성한 열매를 맺을 수 있다. 그런데 이러한 열매 맺는 삶에는 하나님과 성령의 역사도 있다. 농부이신 아버지께서 가지가 더 열매 맺도록 하기 위해 깨끗하게 해 주신다(15:2). 보혜사 성령께서 예수님의 말씀을 생각나게 하여서 가지로 하여금 끊임없이 나무 안에 거하고, 열매 맺게 한다(14:26; 16:13). (열매 맺는 삶을 위한 삼위 하나님의 역할에 대해서는 각 구절 주해를 참고하라)

따라서 이러한 하나님의 주권, 성령의 역사, 예수님이 주도하시는 신앙은 신자로 하여금 믿음이 자신에게 주어진 선물인 줄 알고, 겸손하게 삼위 하나님을 경외하게 한다. 은혜로 받은 믿음에 감사하며 삼위 하나님을 의지하여 믿음에 합당한 삶을 살게 한다.

2. 거짓 믿음

유대인들의 거짓된 믿음에 대해서는 요한복음에 계속해서 등장한다. 2:23-25에서 유대인들은 표적을 보고 예수님의 이름을 믿었으나, 예수님은 그들을 신뢰하지 않았다고 한다. 요한복음 저자는 의도적으로 πιστεύω(*피스튜오*)라는 동사를 반복적으로 사용하여, '믿음'이라는 주제를 부각시킨다. 표적을 보고 믿은 유대인들은 흡사 표적을 보고 믿은 제자들과 차이가 없다(2:11). 예수님의 이름을 믿는 것은 하나님의 자녀가 되는 필수 요건이다(1:12). 따라서 표면적으로 유대인들의 믿음은 전혀 잘못된 것이 없다. 그러나 24절에 나오는 예수님의 불신은 유대인들의 믿음이 결국 거짓 믿음이라는 것을 암시한다. 예수님은 모든 사람을 아시고, 그들 중 누구의 증언도 받으실 필요가 없었다(25절). 특히 저자는 '사람'의 속을 아시는 주님을 설명한 뒤(25절), 니고데모라는 '사람'을 소개한다(3:1). 니고데모의 불신(3:11-12)은 표적을 보고 믿는다고 하는 유대인들이 실상은 믿지 않는다는 것을 보여준다. 물론 이것은 니고데모의 변화의 가능성마저 부인하는 것은 아니다. 니고데모는 실제로 점차 변화하여, 예수님의 십자가 사건 후, 불신에서 벗어났다고 볼 수 있다(19:39).

예수님을 따르는 제자들 중 많은 사람들이 그를 떠난다(6:66). 예수님의 제자들인데, 예수님을 떠나서 다시는 그와 함께 다니지 않는다고 한다. 다시 말하면 예수님의 제자들 중에도 거짓 제자들이 있다는 말이다. 그래서 예수님은 유대인 중 그를 믿은 신자들에게 참 믿음의 길로 나아올 것을 요청하신다(8:31). 이는 그를 믿는다고 하는 자들 중에 진정한 믿음을 소유하지 않는 거짓 신자들이 있다는 말이다. 예수님은 이런 거짓 신자들을 가리켜 마귀의 자녀라 하신다(8:44).

이들은 포도나무 비유에서 열매 없는 가지로 나타난다(15:2). 15:2에 나오는 "내게 붙어 있어 열매를 맺지 아니하는 가지"는 직역하면 "열매를 맺지 않는 내 안에 있는 가지"가 된다. 예수님은 이러한 자들을 비판하신다. 이들은 포도나무에 붙어 있으나, 열매가 없기 때문에, 결국 하나님의 심판의 대상이 된다(15:6). 그런데, 예수님 안에 있는 가지가 어떻게 열매가 없을 수 있을까? 결국 이들은 예수님 안에 있는 것같이 보이지만, 실상은 예수님 안에 있는 것이 아니라는 말이다. 믿는다고 말은 하지만 진정한 믿음을 소유한 자가 아니다. 제자라고 하면서 진정으로 예수님을 따르지 않는 것이다.

3. 애매모호한 믿음

진실한 믿음인지 거짓 믿음인지 구별하기 어려운 애매모호한 믿음도 있다. 예수님을 믿지만 출교를 당할까봐 두려워하는 관리들의 숨기는 믿음을 가리킨다(12:42). 이들을 가리켜 흔히 '숨은 신자들'(crypto-believers)이라 한다.[25] 이들은 두려움 때문에 공개적인 신앙 고백을 꺼린다. 헬라어 원문에는 '두려워하였다'는 표현이 없지만, 문맥에서 관리들이 두려워하였다는 것을 어렵지 않게 알 수 있다. 요한복음은 이들을 가리켜 사람의 영광을 하나님의 영광보다 더 사랑하였다고 한다(12:43). 이러한 부정적인 평가는 이들의 믿음까지도 의심하게 한다. 왜냐하면 일찍이 예수님은 하나님의 영광보다 세상의 영광을 사랑한 사람들의 불신을 책망하셨기 때문이다(3:19; 5:44). 이것은 그들이 사실은 하나님의 영광을 보지 못하는 눈먼 자로서, 이사야와 반대되는 인물이라는 것을 암시할 수도 있다(12:40-41). 그러나 12:42 초반에 쓰인 ὅμως(*호모스*)라는 접속사는 우리말 성경이 '그러나'로 번역한 것처럼, 앞의 내용과 반대(adversative)를 의미한다. 다시 말하면, 사람들의 완고함과 하나님의 심판을 언급한 12:37-41에 이어, 12:42은 '그러나' 예수님을 믿는 자들이 있다는 것을 강조하는 것 같다. 이것은 1:11-12에 나오는 영접하지 않는 자와 영접하는 자의 대조를 떠올리게 한다.

이렇게 볼 때, 12:42 자체만으로는 정확하게 판단하기 쉽지 않다. 관리들의 믿음이 영적 어린아이와 같은 미성숙한 믿음인지, 아니면 앞서 다른 곳에서도 언급된 진실하지 않은 피상적 믿음인지 알기 어렵다. 다만, 19:38의 아리마대 요셉 이야기에서 요한복음 저자가 의

25. Köstenberger, *John*, 392.

도하는 바를 짐작할 수 있다. 아리마대 요셉도 예수님의 제자였지만, 두려움 때문에 자기의 믿음을 숨기던 자였다. 그러나 예수님의 고난과 십자가를 보고, 이제 담대하게 빌라도에게 가서 예수님의 시신을 달라고 한다. 마침내 두려움을 극복하고, 자신의 믿음을 행동으로 드러낸다. 다시 말하면, 진실한 믿음이 지향해야 할 바를 보여준다. 그것은 진심으로 예수님을 믿고, 그 믿음에 합당한 열매를 맺는 것이다 (15:1-6; 참고. 마 7:20).

교훈과 적용

1. 참된 믿음은 하나님의 주권으로 말미암는다. 예수님을 믿는 주체는 나지만, 이것은 또한 하나님의 주권에 속한 것이다. 하나님께서 허락하시고, 하나님께서 주시지 않으면, 믿을 수 없다. 그러므로 나의 믿음은 하나님의 주권으로부터 온 것임을 알고, 하나님께 감사해야 한다. 내가 탁월해서 스스로 믿음을 가진 것이 아니라, 하나님이 주권적인 은혜로 나에게 믿음을 주셨다는 것을 기억하자.
2. 참된 믿음은 두려움을 이겨낸다. 두려움은 믿음에 방해가 된다. 참된 믿음은 두려움을 딛고 담대하게 실천하는 모습으로 나아간다. 두려워하여 움츠려드는 것이 아니라, 담대하게 말씀을 듣고 순종하는 것이다. 진심으로 예수님을 믿고, 그의 말씀을 신뢰하며, 순종이라는 믿음의 열매를 맺는 것이다. 그러므로 오직 하나님의 사랑을 기억하며 믿음을 고백하자. 오직 하나님을 사랑하는 마음으로 순종하자. 하나님만을 주목하여 두려움을 이겨내자.
3. 참된 믿음은 예수님의 말씀에 대한 믿음이다. 예수님의 말씀은 다른 말로 하면, 하나님의 명령이다. 우리의 구원에 필요한 하나님의 계시의 말씀이 곧 예수님의 말씀이다. 참된 믿음은 이러한 말씀을 듣고 신뢰하는 것이다. 순종의 열매로 이어진다. 이러한 믿음이 참된 믿음이요, 영생을 가져오는 믿음이다. 그러나 말씀을 거부하는 사람은 마지막 날에 심판을 받을 것이다. 또한 겉으로는 말씀을 듣는 것 같지만, 실상 진정한 회개나 말씀에 대한 신뢰가 없는 사람은 결국 하나님의 심판을 받을 것이다.

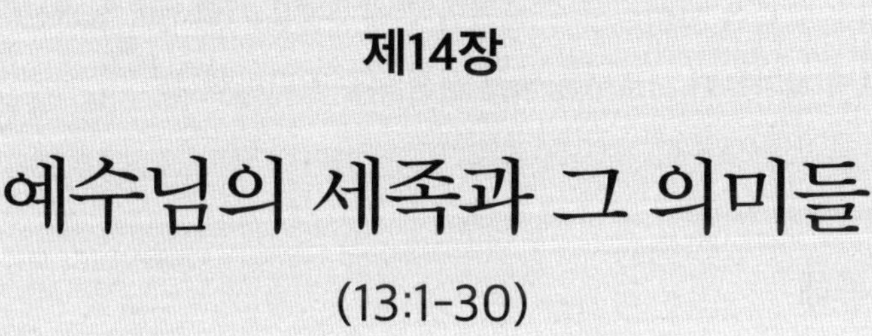

제14장

예수님의 세족과 그 의미들

(13:1-30)

본문 개요

예수님의 세족은 두 가지 주요 의미를 가진다. 하나는 정결이다(13:1-11). 예수님은 제자들의 발을 씻기시며, 특히 베드로와의 대화를 통해 그의 세족이 가지는 정결의 의미를 말씀하신다. 이 정결은 그의 십자가 죽음이 기독론적, 구원론적, 교회론적 의미를 가지고 있음을 나타낸다. 두 번째 주요 의미는 겸손한 섬김이다(13:12-30). 예수님은 위대한 메시야시지만, 자신을 낮추어 섬기는 모습을 보여주신다. 죽기까지 제자들을 사랑하며 섬기신다. 이를 통해 그의 제자들이 서로 사랑하고 섬기도록 권면하신다.

내용 분해

1. 예수님의 세족의 첫 번째 의미(13:1-11)
   1) 예수님의 세족의 배경(13:1-2)
   2) 예수님의 세족과 정결(13:3-8)
   3) 예수님의 정결케 하시는 방법들(13:9-11)
2. 예수님의 세족의 두 번째 의미(13:12-17)
   1) 예수님의 겸손한 섬김의 본(13:12-15)
   2) 제자들의 위치와 겸손(13:16-17)
3. 예수님의 죽음(13:18-30)
   1) 예수님의 죽음 암시(13:18-20)
   2) 예수님의 유다의 배신 예고(13:21-30)

*특주: 마귀 혹은 사탄

본문 주해

1. 예수님의 세족의 첫 번째 의미(13:1-11)

1 유월절 전에 예수께서 자기가 세상을 떠나 아버지께로 돌아가실 때가
이른 줄 아시고 세상에 있는 자기 사람들을 사랑하시되 끝까지 사랑하시
니라 2 마귀가 벌써 시몬의 아들 가룟 유다의 마음에 예수를 팔려는 생각
을 넣었더라 3 저녁 먹는 중 예수는 아버지께서 모든 것을 자기 손에 맡
기신 것과 또 자기가 하나님께로부터 오셨다가 하나님께로 돌아가실 것
을 아시고 4 저녁 잡수시던 자리에서 일어나 겉옷을 벗고 수건을 가져다
가 허리에 두르시고 5 이에 대야에 물을 떠서 제자들의 발을 씻으시고 그
두르신 수건으로 닦기를 시작하여 6 시몬 베드로에게 이르시니 베드로가
이르되 주여 주께서 내 발을 씻으시나이까 7 예수께서 대답하여 이르시
되 내가 하는 것을 네가 지금은 알지 못하나 이 후에는 알리라 8 베드로가
이르되 내 발을 절대로 씻지 못하시리이다 예수께서 대답하시되 내가 너
를 씻어 주지 아니하면 네가 나와 상관이 없느니라 9 시몬 베드로가 이르
되 주여 내 발뿐 아니라 손과 머리도 씻어 주옵소서 10 예수께서 이르시되
이미 목욕한 자는 발밖에 씻을 필요가 없느니라 온 몸이 깨끗하니라 너희
가 깨끗하나 다는 아니니라 하시니 11 이는 자기를 팔 자가 누구인지 아심
이라 그러므로 다는 깨끗하지 아니하다 하시니라

1) 예수님의 세족의 배경(13:1-2)

본문의 배경에는 '유월절'(1절)이 있다. 그리고 예수님의 '죽음'이 있다. 요한복음에서 유월절은 자주 예수님의 죽음이 언급되는 장면의 배경이 된다(2:13; 6:4; 11:55; 12:1; 18:28, 39; 19:14). 이 단락에서도 죽음이라는 직접적인 말은 없지만, '세상을 떠나다', '아버지께로 돌아가다' 등의 표현은 죽음

을 암시하기에 충분하다. 그러므로 우리는 예수님의 세족이 예수님의 유월절 죽음과 긴밀하게 연결되어 있다는 것을 알 수 있다. 유월절 절기가 의미하는 하나님의 구원을 성취하시기 위해 예수님은 유월절 어린양으로 죽임을 당하신다. 19:36에 따르면, 유월절 어린양의 뼈를 꺾지 않는 전통이 예수님의 시신에 적용된다(자세한 설명은 19:36의 주해를 참고하라). 1:29에 나오는 세례 요한의 외침에서부터 19:36의 예수님의 시신 처리에 이르기까지 요한복음은 예수님이 유월절 희생을 당하셨다고 묘사한다.

그의 임박한 죽음에도 불구하고, 예수님은 자신의 제자들을 끝까지 사랑하셨다(1절). '끝까지'(εἰς τέλος, *에이스 텔로스*)는 이중적인 의미가 있다.[1] *텔로스*는 시간적인 의미에서 '끝'이라는 뜻을 가지고 있다. 따라서 십자가를 지실 때까지 끝까지 자신의 제자들을 사랑하시는 예수님의 모습을 볼 수 있다. 그러나 이 단어는 강조의 의미에서 '최종 목적'이라는 뜻도 가지고 있다. 이 경우, 자신의 구속 사역의 목적을 완성하시기까지 자신의 제자들을 사랑하시는 예수님의 모습이 나타난다. 실제로 예수님은 십자가상에서 그 '목적'(*텔로스*)을 '다 이루었다'(τετέλεσται, *테텔레스타이*)고 하신다(19:30). *텔로스*의 두 가지 의미 모두 예수님의 십자가 사건을 그 절정에 두고 있다. 아마도 이 구절은 예수님이 십자가에서 그의 구속 사역을 성취하기까지 제자들을 사랑하셨다는 것을 암시하는 것 같다.

예수님의 세족이 그의 죽음과 깊이 관련 있다는 것은 가룟 유다에 대한 마귀의 역사를 통해 더욱 잘 나타난다(2절). 마귀는 가룟 유다로 하여금 예수님을 배신하려는 생각을 하게 하였던 것이다. 이후 마귀(사탄)는 유다의 속에 들어가고, 유다는 본격적으로 예수님을 팔게 된다(13:27). 요한복음에서 마귀는 예수님을 배신하는 일과 관련이 있다(6:70; 13:2, 27). 또한 살인과 거짓을 일삼는 하나님의 대적자이다(8:44). 따라서 배신과 거짓, 살인을 하는

---

1. D. Wenham, "Paradigms and Possibilities in the Study of John's Gospel," in *Challenging*, 10-2.

자들은 마귀에게 속한 자이다. 그러므로 '유월절', '예수님의 떠남', '아버지께로 돌아감', '끝까지 사랑하심', '마귀와 유다의 음모' 등은 모두 예수님의 죽음과 연결된다. 이는 본 단락에 나오는 예수님의 세족이 결국 그의 죽음과 깊이 연결되어 있음을 의미한다.

유대 전통에서 '세족'은 크게 두 가지 경우에 시행되었다.[2] 유대인들은 성전에 들어갈 때, 자신의 손과 발을 깨끗하게 씻어야 했다. 제사장들은 회막에 들어가기 전, 물두멍에서 자신의 손과 발을 정결하게 하였다(출 30:17-21; 40:30-32). 일반 유대인들도 제물을 제단에 드릴 때, 자신의 손과 발을 씻어 정결하게 해야 했다(『유대 고대사』 3.261-265). 따라서 이러한 정결 예식은 성전 출입의 필수 요소였다. 세족의 또 다른 전통은 가정 방문 정결 예식이다. 어떤 방문객이 한 집을 방문할 때, 집 주인은 발 씻을 물을 제공하며 환대한다(창 18:4; 19:2; 24:32; 눅 7:36-50). 이때 주인은 그 종들로 하여금 방문객의 발을 씻도록 하여, 환영의 인사를 극대화한다(삼상 25:41). 이와 같이 세족은 가정 환대의 중요한 요소였다. 물을 제공하여 방문객들로 하여금 자신을 깨끗하게 할 수 있는 기회를 제공하였다. 세족을 통해 그 가정이 이 방문객을 얼마나 환대하는지 보여주었다.

이러한 유대 배경에서 우리는 예수님의 세족을 해석할 수 있다. 세족은 자신의 죽음을 통해 제자들을 정결케 하시는 예수님의 십자가 사역을 암시한다(아래에 3-8절 주해를 참고하라). 이렇게 정결케 된 제자들은 하나님의 성전 공동체의 일원이 되며, 그러한 공동체는 동시에 하나님의 가족이 된다. 세족을 통해 성전에 들어가듯이, 십자가 정결을 통해 하나님의 성전에 들어간다는 말이다. 세족을 통해 새로운 가정에 들어가듯이, 십자가 정결을 통해 하나님의 새로운 가족에 들어간다는 말이다. 따라서 예수님의 세족은 십자가

2. 권해생, "예수의 세족(요 13:1-17)에 나타난 성전과 가족으로서의 예수 공동체 모습," 「교회와 문화」 32 (2014), 45-68.

사역을 통한 구원을 의미하며, 동시에 하나님의 성전 혹은 하나님의 가족으로 제자들을 인도하는 환대 예식이라 할 수 있다.

2) 예수님의 세족과 정결(13:3-8)

일반적인 세족은 식사 전에 이루어진다. 그런데 예수님은 '저녁 먹는 중'(3절-헬라어 원문은 2절)에 세족을 시행하신다. 예수님의 행동이 의도적이라는 것을 알 수 있다. 혹자는 여기서 제자들의 이기적인 모습을 지적한다. 식사 전에 제자들은 아무도 발을 씻을 물을 준비하지 않고, 서로에게 미루기만 하였다. 이에 예수님은 식사 중에 직접 섬기는 본을 보여주신 것이다. 물론 이러한 주장이 전혀 개연성이 없는 것은 아니다. 그러나 본문에서 예수님은 겸손한 섬김뿐만 아니라, 그의 죽음의 정결적인 목적도 설명하신다. 한편으로는 제자들의 정결을 위한 그의 십자가의 의미를 알려 주시고, 다른 한편으로는 죽기까지 사랑하고 섬기는 겸손한 모습을 보여주신다. 따라서 세족식을 겸손한 섬김의 관점에서만 해석하려는 시도는 적절하지 않다. 겸손한 섬김이라는 주제가 분명히 있으나, 그럼에도 불구하고 십자가 죽음을 통한 정결이 본문의 또 다른 핵심 주제라는 것을 놓치지 말아야 한다.

예수님은 자신의 죽음이 가까이 온 것을 아시고, 세족을 시행하기 위해 일어나신다(4절). 그러나 베드로가 예수님의 세족을 만류한다(6절). 자신의 발을 씻지 못할 것이라 한다(8절). 베드로가 이렇게 반대한 이유는 당시에 발을 씻어 주는 것은 주로 낮은 자가 높은 자를 섬기는 예이기 때문이었을 것이다. 한 집안의 종들이 주인이나 손님의 발을 씻어 주었기 때문이었을 것이다(예. 삼상 25:41). 그러나 예수님은 베드로가 끝내 세족을 거부하면, 그가 예수님과 '상관'(μέρος, *메로스*)이 없을 것이라 하신다(8절). 예수님과 상관이 없다는 것은 무엇인가? 앞서 예수님의 세족은 곧 예수님의 십자가 죽음을 암시하고 기대케 한다고 했다. 따라서 세족을 통해 예수님과 관련이 있는 것은 곧 예수님과 연합하는 것을 뜻한다. 예수님의 죽음에 믿음으로 연합

하여 정결케 되는 것을 의미한다. 그리하여 예수님으로부터 영생을 얻고, 그와 교제하는 것이다.[3]

구원론적 의미 외에, 본문은 교회론적 의의도 가지고 있다. 앞서 언급한 세족의 배경 연구에 비춰 본문을 해석한다면, 세족은 예수님의 제자들이 그의 십자가 정결을 통해 하나님의 성전 혹은 하나님의 가족으로 세워지는 것을 상징한다. 십자가를 통해 죄로부터 정결하게 되어 거룩한 하나님의 성전의 구성원이 된다. 예수님의 죽음으로 그를 믿는 자들은 죄로부터 정결하게 되어 하나님의 가족의 구성원이 된다. 따라서 예수님의 교회는 믿음으로 예수님과 연합하여 영생을 얻고, 그와 교제하는 가족이며 성전이다. 요컨대 세족이 없으면, 즉 세족이 지향하는 십자가의 정결이 없으면, 구원도 없고 교회도 없다. 예수님은 베드로에게 이것을 말씀하시는 것이다.

3) 예수님의 정결케 하시는 방법들(13:9-11)

예수님의 말씀을 듣고, 베드로는 온 몸을 씻어 달라고 한다(9절). 그러나 예수님은 베드로가 이미 온 몸을 씻어 깨끗하다고 하신다(10절). 따라서 베드로는 발만 씻으면 된다고 하신다. 베드로는 어떻게 온 몸을 씻었을까? '깨끗한'(καθαρός, *카따로스*)이라는 표현은 요한복음에서 세 번 사용된다(10, 11절; 15:3). 이 단락을 제외하면, 15:3에 유일하게 그 용례가 나온다. 예수님은 제자들에게 그들이 예수님의 말씀으로 깨끗하여졌다고 하신다. 따라서 요한복음은 두 종류의 정결을 소개한다. 하나는 예수님의 세족이 가리키는 십자가 죽음을 통한 정결이다. 예수님의 죽음이 그를 믿는 자에게 정결을 통한 구원을 가져온다. 다른 하나는 계시의 말씀을 통한 정결이다. 예수님이 주시는 진리의 말씀을 통해 정결케 되어 영생을 얻는 것이다.

목욕과 세족은 요한복음이 말하는 두 가지 정결 방법이지만, 궁극적으로

---

3. 권해생, "예수의 세족," 59-60.

는 하나로 통합된다. 예수님의 계시의 말씀은 진리이신 그리스도를 드러내는데, 그 진리이신 그리스도의 핵심 사역이 십자가이기 때문이다. 예수님의 계시 사역의 정점에 십자가가 있기 때문이다. 따라서 우리의 이해를 위해서는 십자가와 말씀으로 나눠지지만, 실제 십자가와 말씀은 예수 그리스도의 구원 사역 안에 통합적으로 나타난다.

여기서 주의해야 할 것은, 목욕과 세족 간에 우열을 두지 말아야 한다는 것이다. 목욕이 정결의 주요 방법이고, 세족은 부수적이라 생각하는 것은 본문을 잘못 이해하는 것이다. 목욕과 세족은 정결의 두 가지 종류를 나열한 것이다. 십자가와 말씀은 그 자체에 어떤 우열이 있는 것이 아니다. 예수님의 구속 사역을 포괄적으로 드러내는 두 가지 종류에 불과하다.

교훈과 적용

1. 예수님의 십자가 죽음은 우리를 예수님과 연합시킨다. 우리가 예수님의 죽음을 믿을 때, 우리는 그 안에 거하게 되고, 그는 우리 안에 거하게 된다. 우리는 예수님과 연결되어 영생을 얻는다. 예수님 안에 있는 풍성한 생명이 우리 안에 역사하여 나타난다. 우리가 예수님 안에 거하여 그와 동행하는 길은 그의 십자가 죽음을 통해 연합하는 것이다.
2. 예수님의 십자가 죽음은 우리를 깨끗하게 한다. 죄로 말미암아 부정하게 된 우리는 하나님 앞에 설 수 없다. 부정한 우리는 하나님의 교회에 속할 수 없다. 영생도 없고 구원에서 멀어지게 된다. 오직 예수님의 십자가 죽음을 믿을 때 죄로부터 깨끗하게 된다. 하나님 앞에 나아갈 수 있고 영생을 얻게 된다. 십자가 보혈로 깨끗하게 되어 하나님의 자녀가 될 수 있다.
3. 예수님의 십자가 죽음은 우리를 하나님의 새로운 성전과 가족에 들어가도록 준비시킨다. 우리가 예수님을 믿을 때, 우리는 하나님이 임재하시는 성전이 된다. 우리가 예수님의 십자가를 믿을 때, 우리는 하나님의 자녀가 되어 그의 가족에 편입된다. 십자가를 통과하지 않는 자는 하나님이 함께하지 않으신다. 하나님과 상관이 없고, 하나님과 원수가 된다.

2. 예수님의 세족의 두 번째 의미(13:12-17)

12 그들의 발을 씻으신 후에 옷을 입으시고 다시 앉아 그들에게 이르시되
내가 너희에게 행한 것을 너희가 아느냐 13 너희가 나를 선생이라 또는
주라 하니 너희 말이 옳도다 내가 그러하다 14 내가 주와 또는 선생이 되
어 너희 발을 씻었으니 너희도 서로 발을 씻어 주는 것이 옳으니라 15 내
가 너희에게 행한 것 같이 너희도 행하게 하려 하여 본을 보였노라 16 내
가 진실로 진실로 너희에게 이르노니 종이 주인보다 크지 못하고 보냄을
받은 자가 보낸 자보다 크지 못하나니 17 너희가 이것을 알고 행하면 복
이 있으리라

1) 예수님의 겸손한 섬김의 본(13:12-15)

발 씻는 것을 마치신 후, 예수님은 직접 세족의 또 다른 의미를 설명하신다. 그것은 '겸손'과 '섬김'이다. 예수님은 제자들에게 겸손한 섬김의 본을 보여주시기 위해 제자들의 발을 씻기셨다. 예수님은 '선생' 혹은 '주'로 제자들에게 나타나셨다(13절). 그런 예수님이 제자들의 발을 씻으신 것처럼, 제자들도 서로의 발을 씻어주어야 한다고 하신다(14절). 따라서 예수님의 세족은 일종의 '본'(ὑπόδειγμα, *휘포데이그마*)이었다(15절).[4] *휘포데이그마*는 마카비 시대, 다른 사람이 본받아야 할 순교적 삶을 표현할 때 사용되었다(마카비하 6:28, 31). 이로 보건대, 예수님은 죽음에 이르기까지 다른 사람을 사랑하는 본을 보여주셨다고 볼 수 있다. 예수님은 십자가를 통해 그를 따르는 제자들이 다른 사람을 어떻게 겸손히 섬겨야 하는지 보여주신 것이다.

또한 *휘포데이그마*와 같은 어원의 단어인 *파라데이그마*(παράδειγμα)는 구약에서 성전의 모형을 가리킬 때 사용되었다(출 25:9; 대상 28:11). *파라*

4. 자세한 논의는 다음을 참고. 권해생, "예수의 세족," 65-6.

*데이그마*는 성전 건축을 위한 일종의 건축 모형인 셈이었다. 성전 건축가들은 이 모형을 보고 성전을 짓는다. 따라서 예수님이 본을 보여주셨다는 것은 예수님이 새 성전의 모델이 되어 주셨다는 뜻이다. 예수님은 새 성전으로서, 성전 된 그의 제자 공동체가 어떻게 살아야 하는지 모범을 보여주셨다. 예수님처럼, 성전으로서 그의 교회도 겸손한 섬김으로 서로를 사랑해야 한다(참고. 13:34).

2) 제자들의 위치와 겸손(13:16-17)

종과 주인을, 그리고 보냄을 받은 자와 보낸 자를 왜 비교하실까?(16절). 주인이신 예수님이 이렇게 겸손하게 섬겼다면, 종은 어떻게 해야 하는지를 반문하신 것이다. 보낸 자이신 예수님이 이렇게 낮은 자세로 보냄 받은 자들을 섬겼다면, 그 보냄 받은 자들은 어떻게 해야 하는지를 말씀하시는 것이다. 당연히 주인이고 보낸 자이신 예수님을 본받아야 한다. 그의 모범을 따라 겸손하게 섬겨야 한다.

예수님은 이렇게 겸손하게 섬기는 자를 복되다고 하신다(17절). '복되다'(μακάριος, *마카리오스*)는 예수님의 팔복 선언에 나오는 유명한 표현으로(마 5:3-11), 요한복음에는 두 번 등장한다. 예수님과 도마의 대화에도 나오는 말씀이다(20:29). 직접 예수님의 손과 옆구리를 만져 보고, 그제야 믿겠다고 하는 도마에게, 예수님은 "보지 못하고 믿는 자들은 복되도다."라고 하신다. 따라서 요한복음이 말하는 복된 자는 직접 예수님의 부활을 보지 않았지만, 그분을 주님으로 믿는 자이다. 그리고 그분을 닮아 겸손히 다른 사람을 섬기는 자이다. 왜 이 두 부류의 사람들이 복될까? 왜 보지 않고 믿는 것이, 그리고 겸손히 섬기는 자가 복될까? 왜냐하면 예수님을 주님으로 믿는 자가 영생을 가지기 때문이다. 또한 예수님을 따라 겸손히 섬기는 것은 자신이 영생을 가졌다는 것을 증명하기 때문이다. 이런 자에게 하나님의 인정과 칭찬이 있을 것이다.

교훈과 적용

1. 겸손한 섬김은 하나님의 성전인 그리스도인의 삶의 원리이다. 참 성전이신 예수님이 겸손한 섬김의 본을 보이신 것처럼, 새 성전인 교회는 겸손하게 서로를 섬겨야 한다. 하나님의 성전으로서 교회는 겸손한 섬김을 통해 세워진다. 만약 겸손한 섬김 외에, 자기주장이나 자기 영광이 교회를 지배한다면, 이는 하나님의 성전의 모습이 아니다. 그러므로 교회 안에서 내가 어떻게 겸손하게 섬길지를 고민하고 실천해야 한다.
2. 겸손한 섬김은 예수님의 종인 그리스도인의 순종의 원리이다. 주인이신 예수님이 겸손하게 섬기는 모습으로 자신을 낮추셨다면, 예수님의 종인 우리는 말할 필요도 없다. 주인이신 예수님께 순종하며 자신의 믿음을 겸손한 섬김으로 증명해야 한다. 주인이신 예수님을 따르는 사람으로서 우리의 제자도를 겸손한 섬김으로 나타내야 한다. 자기를 높이고자 하는 욕망을 내려놓아야 한다.
3. 겸손한 섬김은 하나님의 백성인 그리스도인의 진정한 행복의 원리이다. 사람들은 행복해지기 위해 자신을 꾸미고 드러낸다. 그러나 하나님이 복 주시는 진정한 행복의 비결은 다른 사람을 겸손하게 섬기는 것이다. 이런 삶이 예수님과 가장 흡사한 삶이기 때문에 하나님이 인정하신다. 나중에 하나님의 인정을 받고, 상을 받는 것이 가장 행복한 삶이다. 비록 지금은 겸손한 섬김이 정당한 평가를 받지 못한다 할지라도, 하나님께서 인정하시고 복을 주실 것이다.

3. 예수님의 죽음(13:18-30)

18 내가 너희 모두를 가리켜 말하는 것이 아니니라 나는 내가 택한 자들이
누구인지 앎이라 그러나 내 떡을 먹는 자가 내게 발꿈치를 들었다 한 성경
을 응하게 하려는 것이니라 19 지금부터 일이 일어나기 전에 미리 너희에
게 일러 둠은 일이 일어날 때에 내가 그인 줄 너희가 믿게 하려 함이로라
20 내가 진실로 진실로 너희에게 이르노니 내가 보낸 자를 영접하는 자는
나를 영접하는 것이요 나를 영접하는 자는 나를 보내신 이를 영접하는 것
이니라 21 예수께서 이 말씀을 하시고 심령이 괴로워 증언하여 이르시되
내가 진실로 진실로 너희에게 이르노니 너희 중 하나가 나를 팔리라 하시

니 **22** 제자들이 서로 보며 누구에게 대하여 말씀하시는지 의심하더라 **23**
예수의 제자 중 하나 곧 그가 사랑하시는 자가 예수의 품에 의지하여 누웠
는지라 **24** 시몬 베드로가 머릿짓을 하여 말하되 말씀하신 자가 누구인지
말하라 하니 **25** 그가 예수의 가슴에 그대로 의지하여 말하되 주여 누구니
이까 **26** 예수께서 대답하시되 내가 떡 한 조각을 적셔다 주는 자가 그니라
하시고 곧 한 조각을 적셔서 가룟 시몬의 아들 유다에게 주시니 **27** 조각을
받은 후 곧 사탄이 그 속에 들어간지라 이에 예수께서 유다에게 이르시되
네가 하는 일을 속히 하라 하시니 **28** 이 말씀을 무슨 뜻으로 하셨는지 그
앉은 자 중에 아는 자가 없고 **29** 어떤 이들은 유다가 돈궤를 맡았으므로
명절에 우리가 쓸 물건을 사라 하시는지 혹은 가난한 자들에게 무엇을 주
라 하시는 줄로 생각하더라 **30** 유다가 그 조각을 받고 곧 나가니 밤이러라

1) 예수님의 죽음 암시(13:18-20)

본 단락은 유다의 배신과 예수님의 죽음을 암시하고 있다. 그런데 이것은 성경을 성취하는 것이다(18절). "내 떡을 먹는 자가 내게 발꿈치를 들었다"는 시편 41:9을 인용한 것이다. 구약에서 다윗은 예수님을 예표한다. 다윗의 모든 행동이나 삶이 메시야를 예표하는 것은 아니지만, 신약의 저자들은 다윗이 당한 시련들이 예수님의 고통을 예표한다고 보았다(예. 마 27:34; 막 15:34; 요 15:25). 랍비 문헌에 따르면, 이 구절은 다윗의 모사였던 아히도벨이 압살롬을 도와, 다윗을 반역했던 일을 배경으로 한다(삼하 15:12).[5] 예수님은 유다의 배신을 아시고, 다윗이 예표했던 메시야의 고통이 이제 성취될 것이라 하신다. 그리고 그의 배신으로 말미암아 예수님이 죽임을 당하실 때, 예수님이 메시야라는 것이 증명된다(19절). '내가 그이다'(19절)는 요한복음의 *에고 에이미* 표현이다. 예수님은 구약에 나오는 여호와 하나님의 자기 계

---

5. 참고. *b. Sanh.* 106b; Köstenberger, *John*, 411.

시 표현을 사용하여(사 43:9-10), 자신이 바로 하나님의 아들, 메시야(그리스도)이심을 드러내신다. 다시 말하면, 예수님의 죽음을 통해 자신이 곧 구약에 예언된 그 메시야이심이 증명된다. 유다의 배신은 예수님의 자기 계시를 위해 사용된 것이다. 사탄은 예수님을 멸망시키고 죽이려 하였지만(13:2, 27), 예수님은 그것을 통해 자신의 메시야 정체성을 드러내신다.

예수님은 또한 하나님의 보내신 자로 묘사된다(20절). 이런 이유로 예수님을 영접하지 않는 것은 곧 하나님을 영접하지 않는 것이다. 따라서 유다의 배신행위는 곧 하나님에 대한 배신이다. 이는 하나님께로부터 보냄 받은 예수님이 배신을 당했듯이, 예수님으로부터 보냄 받은 그의 제자들도 이러한 경험을 할 수 있음을 암시한다. 보냄 받은 자로서 예수님과 제자들의 유비는 요한복음에서 자주 언급된다(예. 17:18; 20:21).

2) 예수님의 유다의 배신 예고(13:21-30)

예수님은 앞 단락보다 더 분명하게 자신의 제자 중 하나가 자신을 배신할 것이라 말씀하신다(21절). 제자들은 끝까지 유다의 배신에 대한 예수님의 언급을 이해하지 못한다(22, 28-29절). 심지어 자신이 떡 조각을 건네는 그 자가 배신자라고 예수님이 말씀하셨음에도 불구하고, 제자들은 깨닫지 못한다(26절). 예수님은 자신의 죽음과 제자의 배신 때문에 심히 괴로우셨으나, 제자들은 예수님의 그러한 고통을 전혀 눈치채지 못한다. 요한복음에서 헬라어 ταράσσω(*타라쏘*)의 수동태는 '마음이 괴롭다'는 표현을 위해 사용된다. 예수님은 나사로의 무덤 앞에서 괴로워하셨다(11:33, 능동태이지만 재귀대명사를 목적어로 취했음). 그리고 십자가 죽음을 생각하시며 괴로워하셨다(12:27). 이제 이 단락에서는 유다의 배신을 통해, 자신에게 죽음이 다가오고 있음을 아시고 괴로워하신다. 그러나 그는 제자들에게 괴로워하지 말라고 계속 말씀하신다(14:1, 27). 자신은 죽음으로 고통 당하시면서, 제자들에게는 평안을 주시는 분이다.

요한복음 전체에서 '예수님이 사랑하시는 제자'라는 표현이 여기서 처음 등장한다(23절). 이 제자는 예수님의 주요한 사건에 증인으로 나타난다. 예수님이 십자가에서 고난 당하실 때(19:26), 부활하신 주님이 갈릴리 바닷가에 나타나셨을 때(21:7), 그리고 예수님이 베드로에게 마지막 사명을 주실 때에 그가 있었다(21:20). 이 외에, '예수님이 사랑하시는 제자'라는 표현은 없지만, 18:15에 나오는 무명의 제자도 바로 이 '예수님이 사랑하시는 제자'일 것으로 추측된다. 본 단락은 베드로와 예수님이 사랑하시는 제자가 예수님을 배신할 자가 누군지 그에게 물어보는 내용이다. 예수님이 가룟 유다를 가리키지만(26절), 그들은 예수님의 말씀을 전혀 이해하지 못한다(28-29절).

30절에 나오는 '밤'(*νύξ*, *눅스*)은 요한복음에서 6번 등장하는데, 상징적인 뜻을 가지고 있을 때가 있다. 요한복음은 빛과 어둠의 대조를 통해 예수님과 예수님의 복음을 묘사한다. 예수님은 빛으로 인도하시는 분이며, 빛 자체시다(1:9; 8:12; 12:35, 46). 이 빛에 거하는 자만이 생명을 얻을 수 있다(12:36). 이와 반대로, 예수님을 반대하는 세력이나, 예수님에 대해 영적으로 무지한 것을 어둠이라 한다(8:12; 12:35, 46). '밤'은 어둠을 암시하는 말로 사용된다. '밤'은 예수님의 죽음과 부활 사이, 즉 예수님이 육체로도, 성령으로도 이 땅에 계시지 않은 때를 가리킨다(9:4). 그리고 빛이신 예수님이 없는 상태를 '밤'이라 하며, 따라서 주님이 그 안에 없는 자는 실족한다(11:10).

그러므로 본문에서(30절), 가룟 유다가 예수님을 팔려고 만찬장을 뛰어나간 것을 '밤'이라는 시간과 연결시키는 요한복음 저자의 의도는 분명해 보인다. 가룟 유다는 어둠의 권세자인 사탄의 지배를 받는다는 뜻이고(27절), 예수님에 대해서는 도무지 어떤 영적인 지식도 가지지 못했다는 영적 무지를 상징한다. 그에게는 예수님이 함께하시지 않으며, 그는 결국 아무것도 얻지 못할 것이다.

※ 특주: 마귀 혹은 사탄

요한복음에 '마귀'는 3번 나오고(6:71; 8:44; 13:2), '사탄'은 1번 나온다(13:27). 마귀와 사탄은 동일한 존재이다(계 12:9; 20:2). '사탄'(σατανᾶς, *사타나스*)은 히브리어 שטן(*사탄*, Satan)을 음역한 것이며, '마귀'(διάβολος, *디아볼로스*)는 칠십인경에서 사탄의 번역이다. 다시 말하면, '사탄'과 '마귀'는 동일한 존재로서, 둘 다 모두 히브리어 *사탄*에서 왔다. 그래서 마태복음에 나오는 예수님의 시험 장면에는 마귀와 사탄이 번갈아 언급된다(마 4:1-11). 다른 한편, 마가복음은 예수님이 사탄에게 시험 당하셨다고 하고(막 1:13), 누가복음은 예수님이 마귀에게 시험 당하셨다고 한다(눅 4:1-13). 이로 보건대, 복음서 저자들은 마귀와 사탄을 서로 바꿔가며 사용했음을 알 수 있다.

히브리어 *사탄*은 동사로서 '비난하다/중상하다'(slander), '고소하다'(accuse), '대적이 되다'(be an adversary) 등의 의미가 있다(시 109:4, 20 등).[6] 그리고 일반 명사로서는 지상의 대적자(adversary)를 뜻할 때도 있고(삼상 29:4; 왕상 5:18 등), 고유 명사로서 천상의 대적자, '사탄'(Satan)을 뜻하기도 한다(욥 1:6; 슥 3:1 등).[7] 또 재판 용어(judicial term)로서 법정에서 비난하고 고소하는 것을 뜻하지만, 구약에서는 다양한 대적과 공격과 중상을 위해 사용되었다. 따라서 히브리어 어원과 구약의 용례에 비춰볼 때, 신약에 나오는 마귀(사탄)는 예수님과 그의 제자들을 대적하고, 공격하며, 중상하는

6. V. P. Hamilton, "Satan," *ABD*, 5:985.
7. 사탄의 구약 용례에 대해서는 다음을 참고. 장세훈, 『스가랴』(서울: SFC, 2017), 141-6.

존재라는 것을 알 수 있다.[8]

1. 다른 복음서에 나오는 마귀(사탄)

다른 복음서에서 마귀(사탄)는 예수님을 시험하는 존재로(마 4:1-11; 막 1:13; 눅 4:1-13), 예수님의 사역을 방해하는 존재로 나온다(마 13:39; 막 4:15; 눅 8:12). 또한 베드로를 통해 예수님의 십자가를 만류한다(마 16:23; 막 8:33). 그러나 예수님은 마귀(사탄)의 권세 아래 있는 사람들을 치유하시고 구원하신다(눅 10:18; 13:16).

또한 마태, 마가, 누가복음에는 '바알세불'(Βεελζεβούλ, *베엘제불*)이라는 독특한 마귀(사탄)의 호칭이 나온다(마 12:24; 막 3:22; 눅 11:15). 바알세불은 '귀신의 왕'으로 나온다. 바리새인들은 예수님이 바알세불을 힘입어 귀신을 쫓아낸다고 중상하였다. 그러나 예수님은 만약 바알세불이 귀신을 쫓아낸다면, 이는 스스로 분쟁하는 나라와 같은데, 그런 나라가 어떻게 온전할 수 있겠냐고 반문하신다. 그래서 자신이 바알세불이 아니라 하나님의 성령을 힘입어 귀신을 쫓아낸다고 말씀하신다(마 16:28; 막 3:29; 눅 11:20). '바알세불'이라는 호칭의 기원에 대해서는 다양한 주장이 있으나 확실한 것은 알 수 없다.[9] 히브리어 '*바알*'(בעל)은 원래 '주인'(lord)이라는 뜻을 가지고 있다(호 2:18). 혹자는 바알세불이 블레셋의 신 '바알세붑'(파리들의 주)의 변형이라고 주장하기도 한다(왕하 1:2-3). 또 다

---

8. 신약에 나오는 '마귀'의 다양한 이름과 활동에 대해서는 D. F. Watson, "Devil," *ABD*, 2:183-4 참고.

9. '바알세불' 호칭의 기원에 대한 다양한 의견은 다음을 참고. G. H. Twelftree, "Demon, Devil, Satan," in *Dictionary of Jesus and the Gospels*, eds. J. B. Green, S. McKight, I. H. Marshall (Downers Grove: IVP, 1992), 164. 요단 역간, 『예수 복음서 사전』; T. J. Lewis, "Beelzebul," *ABD*, 1:638-40.

른 사람은 '바알'에다가 '높은 곳'(왕상 8:13) 혹은 '집'(마 10:25)을 뜻하는 세불(*제불*)이 붙어서 '높은 곳의 주' 혹은 '집주인'을 뜻한다고 보기도 한다. 아마도 높은 곳에서 세상을 통치하는 영적 존재라는 뜻을 함축하고 있을 것이다. 어떤 이들은 가나안 신 '바알'과 '높은 곳'이라는 말이 합하여져서 높은 곳에 있는 '바알 왕'을 뜻한다고 보기도 한다.

누가복음은 사탄이 유다에게 들어가, 유다가 대제사장과 성전 세력들에게 예수님을 팔았다고 기록한다(눅 22:3). 예수님을 죽음으로 내몬 배후 세력에 사탄이 있었다는 것을 밝힌 것이다. 그런데 특이한 것은 사탄이 밀 까부르듯 하려고 베드로를 (하나님께) 요구하였지만, 예수님이 베드로의 믿음을 위해 기도하였다고 한다(눅 22:31-32). 결국 사탄이 아무리 강하더라도, 하나님의 주권과 예수님의 뜻을 거스를 수 없다는 것을 보여준다.

2. 요한복음에 나오는 마귀(사탄)

요한복음에서 마귀(사탄)는 유대인과 관련하여 1번 언급되고(8:44), 나머지는 가룟 유다의 배신과 관련이 있다(6:71; 13:2, 27). 예수님은 자신을 대적하는 유대인들에게 그들의 아비가 '마귀'라고 하신다(8:44). 마귀는 처음부터 살인자였다. 마귀는 거짓말쟁이이며 거짓의 아비이다. 에덴동산에서 거짓말로 하와를 속이고, 아담과 하와가 죽음을 맞이하게 하였다. 따라서 마귀가 있는 곳에는 진리와 생명이 없고, 거짓과 죽음이 있다. 마귀는 예수님과 제자들을 공격할 때 거짓을 기초로 공격하며 중상한다. 그래서 할 수만 있으면 거짓으로 모든 존재들을 죽음으로 내몰려 한다. 예수님은 자신을 거부하는 유대인들이 바로 그런 마귀에게서 났다고 한다.

요한복음에 나오는 또 다른 마귀(사탄)의 모습은 유다를 통해 예수님을 공격하는 것이다. 유다는 마귀(사탄)의 유혹에 빠져 예수님을 팔려는 생각을 하고, 결국 이를 실행한다(6:70; 13:2, 27; 참고. 눅 22:3). 유다로 예수님을 대적하게 하고, 결국 예수님을 죽음으로 내몬다. 그러나 요한복음에 따르면, 이러한 마귀(사탄)의 대적은 철저하게 예수님의 허락 하에 이루어진다. 예수님은 유다에게 "네가 하는 일을 속히 하라"고 하신다(13:27). 그리고 예수님 스스로의 결정과 주권으로 자신의 목숨을 내놓는다고 말씀하신다(10:18). 겉으로는 유다의 배신에 의해, 사탄의 거짓 속임수로, 혹은 빌라도의 명령으로 목숨을 잃으시는 것처럼 보인다. 그러나 예수님은 직접 자신의 영혼을 내려놓으신다(19:30). 구약에서 마귀(사탄)에 대한 하나님의 뛰어나심이 묘사되는데(욥 1장, 슥 3장), 신약에서도 마귀(사탄)는 예수님의 대적자이지만 예수님은 마귀(사탄)보다 뛰어나신 분이다.

또한 요한복음에서 마귀(사탄)는 예수님에 의해 '이 세상의 임금'으로 불려진다(12:31; 14:30; 16:11). 이 세상의 임금으로서 마귀(사탄)는 이미 심판을 받은 존재로(14:30), 그리고 앞으로 심판을 받을 존재로 묘사된다(16:11). 그리고 십자가에서 그는 예수님께 패배하고 쫓겨난다(12:31-32). 마귀(사탄)가 아무리 이 세상을 통치하는 힘이 있을지라도, 예수님의 구속 사역에서 그는 어떤 주권적 역할도 하지 못한다(14:30).

그리고 요한복음 17:15에 나오는 ἐκ τοῦ πονηροῦ(*에크 투 포네루*)는 '악으로부터'(중성) 혹은 '악한 자로부터'(남성)로 번역할 수 있다. 만약 남성 형용사의 독립적 용법으로 해석한다면, '악한 자로부터'가 되어, 예수님이 마귀(사탄)로부터 그의 제자들을 지켜달라고 하나님 아버지께 기도한 것이 된다. 마귀(사탄)의 유혹과 핍박으로부터 하나님의 보호하심을 구하는 기도이다. 요한일서에서는 좀 더 분명하게 남성 '악한 자'(ὁ πονηρὸς, *호 포네로스*)로 나온다(요일 5:18; 참고. 3:12). 하나님께로부터 나신 아들 예수님이 성도가 죄를 짓지 않도록 그를 악한 자로부터 지켜주신다고 한다.[10] 마귀(사탄)는 사람들을 유혹하거나 핍박하여 하나님을 믿지 못하게 하고, 하나님의 뜻을 거역하며 죄를 짓게 한다. 그러나 성도는 이 모든 일에서 예수님의 보호를 받고 하나님의 돌보심을 받는다.

3. 복음서 이외에 나오는 마귀(사탄)

예수님의 대적자였던 마귀(사탄)는 예수님이 승천하신 후에는 주로 교회의 대적자로 묘사된다. 복음서 외에 나머지 신약성경에 나오는 마귀(사탄)의 역할을 종합해 보면 마귀(사탄)는 교회와 성도를 공격하여, 하나님 나라의 성장을 방해한다(엡 4:7; 6:11). 마귀(사탄)가 공격하는 방법은 대개 다음과 같다. 첫째, 마귀(사탄)는 유혹한다. 성적으로 유혹할 뿐만 아니라(고전 7:5), 의로운 척 하면서 교회를 거짓 교리로 유혹한다(고후 11:14-15). 온 천하를 꾀여 믿음의 길을 벗어나게 한다(계 12:9). 마귀(사탄)를 옛 뱀이라 부른 것은 에덴동산에서 하와를 거짓으로 유혹한 것을 떠올리게 한다. 이와 같이 마귀(사탄)는 성도를 유혹하여 죄짓게 한다.

---

10. '하나님께로부터 나신 자'(요일 5:18)를 신자로 보는 견해도 있지만, 아들 예수님으로 보는 것이 옳다. 자세한 논의는 다음을 참고. D. L. Akin, *1,2,3, John*, NAC (Nashiville: B&H, 2001), 212.

둘째, 마귀(사탄)는 핍박하는 자이다. 때로는 육체의 건강을 공격하고(고후 12:7), 교회를 비방한다(계 2:9). 할 수만 있으면 사람들을 힘들게 해서 믿음을 방해한다(계 2:10). 이러한 공격 때문에 성도는 순교를 당하기도 한다(계 2:13). 따라서 성도의 고난에는 다양한 이유가 있지만, 그중에 하나는 마귀(사탄)의 핍박 때문이라 할 수 있다.

셋째, 마귀(사탄)는 참소하는 자이다. 하나님 앞에서 성도를 헐뜯고 거짓으로 비난하는 자이다(계 12:10). 이러한 참소의 예를 욥기와 스가랴서에서 볼 수 있다(욥 1:6-12; 2:1-6; 슥 3:1). 비단 하나님 앞에서 뿐만 아니라, 히브리어 어원에서부터 그 의미가 나타나듯이, 마귀(사탄)는 기본적으로 모략을 일삼으며 거짓으로 비난하고 헐뜯는 자이다. 마귀(사탄)의 영향을 받는 사람도 그러하다. 거짓말로 성도를 중상하고 욕한다. 교회를 공격하고 분열시킨다.

그러나 우리 주 예수 그리스도는 마귀를 멸하시는 분이고(히 2:14; 요일 3:8), 마귀는 결국 우리 하나님께 최후 심판을 당할 것이다(계 20:10). 그러므로 우리 하나님께서 사탄을 멸하실 것을 기대하며 우리는 오늘도 선을 행하며 믿음으로 살아야 한다(롬 16:20). 근신하고 깨어서 마귀를 대적해야 한다(약 4:7; 벧전 5:8). 하나님의 전신 갑주를 입고 항상 성령 안에서 기도해야 한다(엡 6:10-18).

교훈과 적용

1. 예수님은 십자가 사명을 이루시기 위해, 사탄과 가룟 유다를 사용하셨다. 사탄과 가룟 유다는 자신들의 욕심을 따라 예수님을 죽인다. 그러나 예수님은 그들의 욕심을 이용하셔서 하나님의 뜻을 성취하신다. 성경의 예언을 성취하신다. 자신의 사명을 성취하시기 위해, 그의 주권적 능력으로 악한 자들까지 사용하신다. 그러므로 우리는 주님의 절대 주권과 성경 말씀을 의지하여, 굳건하게 사명의 삶을 살아야 한다.

2. 예수님은 십자가 사명을 이루시기 위해, 유다의 배신을 알면서도 참으셨다. 예수님은 자신을 배신할 가룟 유다와 함께 늘 같이 지내셨다. 3년 동안 그와 동고동락 하셨다. 그러나 그를 내치거나 멀리하지 않으시고, 끝까지 함께하셨다. 유다가 배신을 하고 제자들이 도망갈 것을 아시고도 인내하셨다. 십자가의 사명을 이루기 위해, 고난이나 배신도 참고 가셨다. 인내를 통해 십자가 사명을 완수하셨다. 그러므로 우리는 인내로 사명의 삶을 살아야 한다.
3. 예수님은 십자가 사명을 이루시기 위해, 제자들이 이해하지 못해도 묵묵히 외로운 길을 가셨다. 예수님은 아무도 자신을 몰라주고, 제자들이 그의 길을 알아주지 않아도, 묵묵히 그에게 주어진 십자가의 길을 가셨다. 예수님은 그의 죽음과 그 의미를 지속적으로 말씀하셨으나, 제자들은 전혀 이해하지 못한다. 그럼에도 반복적으로 가르치셨으니, 이는 나중에라도 그들이 깨닫도록 하기 위함이었다. 예수님은 십자가 사명을 위해 외로움도 개의치 않으셨다. 그러므로 우리도 외로울지라도 사명의 삶을 살아야 한다.

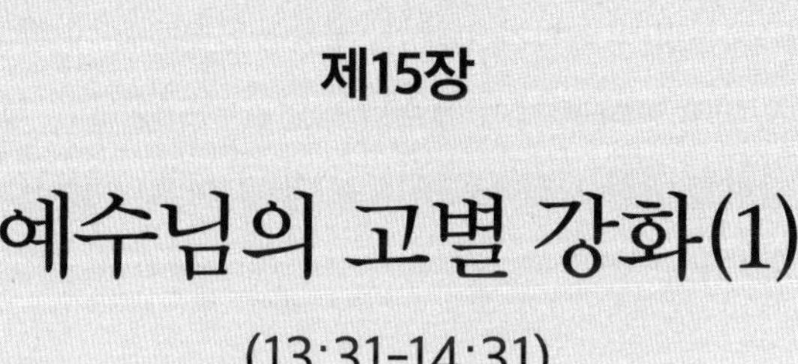

제15장

예수님의 고별 강화(1)

(13:31-14:31)

본문 개요

제자들의 발을 씻기시고, 그들에게 그의 죽음과 섬김의 도리를 설명하신 후, 예수님은 아주 긴 교훈의 말씀을 주신다(13:31-16:33). 물론 이것은 만찬 자리 한 곳에서 다 하신 말씀은 아니다. 중간에 예수님은 자리를 이동하신다(14:31). 그러나 요한복음 저자는 예수님의 교훈을 연결해서 기술한다. 왜냐하면 예수님의 긴 강화는 일관된 주제들로 이루어져 있기 때문이다. 예수님은 떠나시지만 성령이 오시기 때문에, 제자들은 염려하지 말고, 굳건한 믿음 가운데 서 있어야 한다는 것이 예수님의 일관된 교훈이다. 하지만 편의상 예수님 고별 강화를 만찬 강화(13:31-14:31)와 그 이후의 강화(15:1-16:33)로 구분하여 살펴보자.

내용 분해

1. 예수님의 떠남(13:31-38)
   1) 예수님의 떠남과 영광(13:31-33)
   2) 예수님의 떠남과 새 계명(13:34-35)
   3) 예수님의 떠남과 베드로의 신앙(13:36-38)
   *특주: 사랑
2. 예수님의 중보(14:1-11)
   1) 예수님을 통해 아버지의 집으로(14:1-3)
   2) 예수님을 통해 아버지께 감(14:4-7)
   3) 예수님을 통해 아버지를 봄(14:8-11)
3. 예수님이 떠나신 후(14:12-24)
   1) 예수님이 떠나신 후, 그의 이름으로 기도하기(14:12-14)

2) 예수님이 떠나신 후, 보혜사 성령과 함께하기(14:15-20)

3) 예수님이 떠나신 후, 그의 계명 지키기(14:21-24)

*특주: 예수님의 이름으로 기도하는 것이란?

4. 보혜사 성령의 역할에 대한 예언(14:25-31)

1) 가르치시는 보혜사 성령(14:25-26)

2) 성령으로 다시 오시는 예수님(14:27-28)

3) 제자들의 믿음을 위한 예수님의 예언(14:29-31)

*특주: 보혜사 성령

본문 주해

1. 예수님의 떠남(13:31-38)

31 그가 나간 후에 예수께서 이르시되 지금 인자가 영광을 받았고 하나님
도 인자로 말미암아 영광을 받으셨도다 **32** 만일 하나님이 그로 말미암아
영광을 받으셨으면 하나님도 자기로 말미암아 그에게 영광을 주시리니
곧 주시리라 **33** 작은 자들아 내가 아직 잠시 너희와 함께 있겠노라 너희가
나를 찾을 것이나 일찍이 내가 유대인들에게 너희는 내가 가는 곳에 올
수 없다고 말한 것과 같이 지금 너희에게도 이르노라 **34** 새 계명을 너희
에게 주노니 서로 사랑하라 내가 너희를 사랑한 것 같이 너희도 서로 사
랑하라 **35** 너희가 서로 사랑하면 이로써 모든 사람이 너희가 내 제자인 줄
알리라 **36** 시몬 베드로가 이르되 주여 어디로 가시나이까 예수께서 대답
하시되 내가 가는 곳에 네가 지금은 따라올 수 없으나 후에는 따라오리라
37 베드로가 이르되 주여 내가 지금은 어찌하여 따라갈 수 없나이까 주를
위하여 내 목숨을 버리겠나이다 **38** 예수께서 대답하시되 네가 나를 위하

여 네 목숨을 버리겠느냐 내가 진실로 진실로 네게 이르노니 닭 울기 전 에 네가 세 번 나를 부인하리라

1) 예수님의 떠남과 영광(13:31-33)

본 단락은 예수님이 유다의 배신을 예언하고 유다가 만찬장을 떠난 후 이어진 말씀이다. 인자가 영광을 받고, 하나님이 영광을 받으신 것이 아오리스트(부정과거)로 되어 있다(31절). 인자의 영광과 하나님의 영광은 문맥에서 볼 때, 예수님의 죽음을 가리키는 것이 확실하다. 따라서 동사가 아오리스트(부정과거)형으로 쓰였다는 것은 아마도, '영광을 받는 것', 즉 그의 죽음이 즉시 일어날 일이라는 것을 말해주는 것 같다.[1] 예수님의 죽음은 예수님의 영광을 나타내며, 하나님도 인자 안에서 자신의 영광을 나타내신다. 예수님의 죽음은 예수님이 하나님을 영화롭게 하는 것이며, 동시에 하나님이 예수님을 영화롭게 하는 것이다(32절). (예수님의 죽음을 통해 하나님이 영화롭게 되고 예수님이 영화롭게 되는 것에 대한 자세한 설명은 17장의 특주를 참고하라)

'작은 자들'(33절)은 직역하면 '자녀들'이라는 뜻이다. 이 말은 요한복음에서는 단 한 차례 나오는 표현이지만, 요한일서에는 일곱 차례 등장한다(요일 2:1, 12, 28; 3:1등). 유대교에서는 랍비가 제자들을 자녀들로 간주하는 경우가 있었다(예. 막 10:24).[2]

또한 요한복음에서는 하나님과 예수님의 관계가 예수님과 제자들의 관계 속에서 유비적으로 나타난다(17:18; 20:21). 예수님이 하나님의 아들이듯이, 제자들은 예수님에게 자녀로 묘사될 수 있다.[3] 그러나 브라운에 따르면,

---

1. Keener, *John 2*, 921.
2. R. E. Brown, *The Gospel According to John XIII-XXI*, AB (Garden City: Doubleday, 1970), 607. CLC 역간, 『요한복음 2』.
3. Whitacre, *John*, 342.

유월절 만찬이 이 호칭의 배경일 수 있다.[4] 가정에서 유월절 만찬을 가질 때, 그 집의 가장은 자녀들에게 유월절의 의미를 설명해 주곤 했다. 따라서 어떤 한 그룹이 유월절 만찬을 가진다면, 그 그룹의 리더는 가장의 역할을 대신 해야 했다. 예수님은 그러한 유월절 전통에 따라 제자들을 자녀로 대하고 있다고 볼 수 있다.

예수님은 일찍이 유대인들에게 예수님이 가시는 곳에 올 수 없다고 하셨다(7:33-34; 8:21). 제자들에게도 지금 예수님을 따라올 수 없다고 하신다. 그러나 유대인들은 예수님과 전혀 연합할 수 없지만, 제자들은 잠시 후 예수님과 연합하게 된다(14:2-3, 20, 23).

2) 예수님의 떠남과 새 계명(13:34-35)

예수님은 새 계명을 주시는 분이다(34절). 하나님은 광야에서 모세를 통해 이스라엘에게 옛 계명을 주셨다. 이제 예수님이 새 이스라엘인 제자들 공동체에게 새 계명을 주신다. 예수님이 하나님의 대리자로서, 모세와 같은 선지자로서, 계명의 수여자가 되신다.

예수님은 다른 복음서에서 '네 이웃을 사랑하라'고 말씀하신다(마 22:39; 막 12:31; 눅 10:27). 그런데 요한복음에서는 '서로 사랑하라' 하신다(34절; 15:12; 참고. 요일 3:23). '서로'라는 표현을 사용하여 상대적으로 공동체적 사랑을 강조하는 것처럼 보인다. 물론 다른 복음서에 나오는 이웃 사랑 명령도 공동체적 사랑과 관계없는 개념은 아니다. 공동체 안에서 나 아닌 다른 사람은 모두 이웃이 될 수 있기 때문이다. 특히 이웃 사랑의 개념이 처음 등장하는 레위기 19:18은 이스라엘 공동체를 배경으로 한다. 혹자는 요한복음의 서로 사랑은 다른 복음서에 나오는 이웃 사랑이나 원수 사랑 계명에 비해 낮

---

4. Brown, *John XIII-XXI*, 611.

은 단계의 사랑, 즉 수준이 낮은 사랑이라 한다.[5] 그러나 이것은 수준의 문제가 아니고, 강조점이 다른 것이라 할 수 있다. 요한복음은 핍박의 현실에 놓여 있는 기독교 공동체가 서로 사랑하며 격려하기를 원하시는 예수님의 모습을 담는다(15:18-16:4에 나오는 핍박 문맥을 참고하라). 또한 사랑을 통한 공동체의 하나 됨은 복음이 효과적으로 전파되게 한다는 사실을 예수님의 기도에서 확인해 준다(17:21-26). (뿐만 아니라, 요한복음 안에도 공동체 밖의 사람들에 대한 사랑의 메시지가 있다. 여기에 대한 좀 더 자세한 설명은 아래의 특주를 참고하라)

그런데 이 사랑의 명령은 왜 새 계명인가? 레위기 19:18에 이미 이웃 사랑에 대한 명령이 있기 때문에, 이는 옛 계명과 연속선상에 있다고 할 수 있다(요일 2:7). 다시 말하면, 다른 사람을 사랑하는 측면에서 옛 계명과 일맥상통한다고 할 수 있다. 그러나 이 사랑의 계명은 예수 그리스도 안에서 완성되고 재해석되었기 때문에 새 계명이다. 예수님은 사랑의 명령을 완성하셨고, 그 모범을 보여주셨다(15:10-14). 따라서 예수님의 제자들은 "내가 너희를 사랑한 것같이" 사랑해야 한다. 이것은 제자들의 정체성과 직결된다. 그들은 계명을 지키는 삶을 통해 자신의 정체성을 드러낸다(35절). 사랑을 실천하는 것이 예수님 제자들의 자기표현이다. 유대인들은 할례를 행함으로, 안식일을 지킴으로, 자신들이 하나님의 백성임을 드러내려 했다. 그러나 이제 그리스도인은 그리스도의 사랑을 실천함으로 그리스도인의 신분을 드러낸다.

3) 예수님의 떠남과 베드로의 신앙(13:36-38)

시몬 베드로가 예수님이 가시는 곳을 따라가고자 했다. 그러나 예수님은 나중에 따라올 수 있으나, 지금은 따라올 수 없다 하신다(36절). 베드로는 목숨을 걸고 예수님을 따라가겠다고 한다(37절). 이에 예수님은 베드로가 배신

---

5. 여기에 대한 설득력 있는 비판은 카슨을 참고. Carson, *John*, 485.

할 것을 예언하신다(38절). 베드로는 열심히 예수님을 지키려 노력한다. 예수님을 잡으러 온 대제사장의 종의 귀를 자른다(18:10). 그러나 예수님의 예언대로 결국 닭 울기 전에 예수님을 세 번 부인한다(18:17, 25, 27). 한편 베드로의 이러한 부끄러운 모습은 예수님의 당당한 모습과 대조를 이룬다. 31-33절에는 죽음으로 하나님을 영화롭게 하는 예수님의 모습이 나오는 반면, 이 단락(36-38절)은 베드로의 배신을 기록한다. 예수님의 모습과 베드로의 모습이 대조를 이루고 있다.

'목숨을 버리다'(τίθημι τὴν ψυχήν, *티뗴미 텐 프쉬켄*)(37절)는 예수님이 먼저 자신의 십자가 죽음을 말씀하실 때 사용하신 표현이다(10:11, 15, 17, 18; 15:13). 이 장면에서 베드로는 죽음을 무릅쓰고 예수님을 따르겠다고 한다. 그러나 예수님은 베드로의 부인을 예언하시며(38절), 지금이 아니라 나중에 그가 예수님을 따를 것이라 하신다(36절). 베드로는 나중에 실제로 목숨을 버리며 예수님을 따르고, 하나님께 영광을 돌린다(21:18-19). 결국 이 단락(36-38절)에서는 예수님의 모습과 베드로의 모습이 대조를 이루지만, 요한복음 전체에서는 베드로의 모습이 예수님의 모습을 닮는다.

요한복음 전체에서 '부인하다'(ἀρνέομαι, *아르네오마이*)(38절)는 동사는 네 번 사용된다. 베드로가 예수님을 부인하는 데 세 번 사용된다(38절; 18:25, 27). 그리고 나머지 한 번은 세례 요한이 자신의 그리스도 됨을 부인하는 데 사용된다(1:20). 베드로는 유대인들의 위협 때문에 예수 그리스도를 부인한다. 반면에 세례 요한은 자신이 그리스도로 알려지는 것을 거부하며 자신을 낮춘다.

※ 특주: 사랑

신약에서 '사랑'을 가장 강조하는 성경은 어디일까? 사랑장이라 알려진 고린도전서 13장을 쉽게 떠올릴 수 있겠으나, 실제로 사랑이라는 말은 요한복음에 가장 많이 등장한다. 그리고 그 다음이 요한일서다. 요한복음에는 명사 ἀγάπη(*아가페*), 그리고 동사 ἀγαπάω(*아가파오*)와 φιλέω(*필레오*)가 등장하여 사랑이라는 주제를 강조한다. 바울 서신에는 명사의 용례가 많이 나오는 데 비해, 요한복음에는 동사가 많이 나와 동작을 강조한다.[6]

한 때 *아가파오*와 *필레오*를 구분하려는 시도들이 있었다. 그러나 브라운이 잘 정리하였듯이, 요한복음에는 두 동사가 호환적으로 사용된다.[7] 예를 들어, 아버지가 아들을 사랑하시는 것(3:35; 5:20), 예수님이 나사로를 사랑하시는 것(11:3, 5), 예수님이 사랑하시는 제자(13:23; 20:2) 등에 *아가파오*가 쓰이기도 하고, *필레오*가 쓰이기도 한다. 뿐만 아니라, 브라운은 *아가파오*가 항상 숭고한 사랑을 의미한다는 오해도 지적하는데, 어둠을 사랑하는 세상을 비판할 때, 그리고 하나님보다 세상을 사랑하는 관리들을 지적할 때도 *아가파오*가 나온다(3:19; 12:43).[8] 물론 *필레오*도 자기의 생명을 사랑하는 이기적 모습을 나타낼 때 사용된다(12:25). 따라서 *아가파오*와 *필레오*의 의미를 구분하여, 예수님과 베드로의 대화(21:15-17)를 해석하려는 시도는 적절하지 않다. (여기에 대한 자세한 설명은 21장 주해를 참조하라)

---

6. Brown, *John I-XII*, 497.
7. Brown, *John I-XII*, 498-9.
8. Brown, *John I-XII*, 498.

1. 하나님의 사랑

하나님은 사랑의 원천이시다. 사랑은 하나님의 속성이고(요일 4:8, 16), 사랑은 하나님께로부터 온다(요일 4:7). 하나님이 어떤 분이신지를 가장 잘 말해주는 특징이 사랑이다. 하나님은 아들 예수님을 사랑하시고(3:35; 5:20; 15:9; 17:24, 26), 신자들도 사랑하신다(17:23; 요일 3:1; 4:9-11). 뿐만 아니라, 하나님은 세상도 사랑하시는데, 그 사랑 때문에 자신의 아들을 세상에 보내셨다(3:16). 그래서 하나님을 알 수 있는 최고의 방법은 사랑하는 것이다(요일 4:8).

2. 예수님의 사랑

예수님은 아버지 하나님을 사랑하신다. 아버지에 대한 사랑 때문에 순종하셨다(14:31). 아버지의 계명을 지킴으로써 아들은 아버지를 사랑하셨다(15:10). 예수님은 또한 세상에 계실 때 자신의 제자들을 끝까지 사랑하셨다(13:1). 예수님은 아버지께서 그를 사랑하신 것처럼 그도 제자들을 사랑하셨다(15:9). 심지어 자신의 제자들을 친구라 하시며 친구를 위해 목숨을 바치셨다(15:13). 따라서 예수님의 사랑은 십자가에서 가장 분명히 드러난다. 이러한 십자가 사랑은 이미 그가 세상에 오실 때부터 예견되어 있었다(3:16). 하나님이 독생자를 세상에 주신 것은 단지 성육신만을 의미하지 않는다. 아들을 세상에 주신 것은 세상을 위해 십자가에 달리도록 하신 것을 뜻한다. 그리고 예수님은 세상에 계실 때 십자가를 목표로 제자들을 끝까지 사랑하셨다(13:1).

3. 제자의 사랑

예수님의 제자들은 서로를 사랑하도록 명령 받는다. 이러한 서로 사랑은 예수님을 닮는 사랑이어야 한다. 예수님은 아버지께서 그를 사랑하듯이 제자들을 사랑하셨다(15:9). 제자들은 이러한 예수님의 사랑 때문에 서로를 사랑해야 했다. 제자들의 서로 사랑은 예수님의 사랑을 본받는 것이다. 예수님이 그들을 사랑하신 것이 서로 사랑의 모범이다. 이러한 서로 사랑은 세상의 핍박 아래 놓여 있는 제자들에게 큰 위로와 격려가 될 것이다. 제자들에게 서로 사랑을 말씀하신 후, 예수님은 그들에게 닥칠 핍박을 말씀하신다(15:18-16:4). 아마도 제자들은 서로 사랑의 힘으로 세상의 핍박을 이길 수 있었을 것이다.[9]

다른 한편, 다른 복음서들과 달리 요한복음에는 이웃 사랑의 개념이나 원수 사랑의 교훈이 나오지 않고, 오직 자신의 공동체 안에서의 서로 사랑만 나온다고 주장하는 학자들이 있다(마 5:44; 눅 6:27, 35).[10] 이에 대해 다른 학자들은 요한복음에 나오는 세상에 대한 하나님과 예수님의 사랑은 이웃 사랑과 원수 사랑을 배제할 리가 없다고 한다.[11] 하나님은 세상을 사랑하셔서 아들을 주시는 분으로 나타난다(3:16). 또한 아들은 세상을 구원하시기 위해(4:42), 세상에 생명을 주시기 위해(6:33), 세상에 빛으로 오신 분으로 소개된다

---

9. Köstenberger, *A Theology*, 522.
10. E. Käsemann, *The Testament of Jesus: A Study of the Gospel of John in the Light of Chapter 17*, trans G. Krodel (Philadelphia: Fortress Press, 1968), 59. 대한기독교서회 역간, 『예수의 증언』.
11. Köstenberger, *A Theology*, 515; 특히 몰로니는 3:16이 요한복음 전체의 사랑의 주제를 푸는 핵심 열쇠라고 주장하면서, 요한복음의 핵심은 세상 사랑이라고 한다. F. J. Moloney, *Love in the Gospel of John: An Exegetical, Theological, and Literary Study* (Grand Rapids: Baker, 2013).

(8:22; 12:46).[12] 그리고 마침내 아들은 아버지께서 자신을 세상에 보내셨듯이, 그도 또한 그의 제자들을 세상에 보내신다(17:18; 20:21). 세상을 위한 아버지와 아들의 이와 같은 선교는 이웃 사랑과 원수 사랑을 포괄한다고 보아야 할 것이다. 뿐만 아니라, 쾨스텐버거는 예수님이 자신을 배신할 유다의 발을 씻기신 것은 원수 사랑의 본을 보여주신 것이라 한다(13:1-11).[13]

4. 사랑의 세 가지 특징

요한복음에 나오는 아버지와 아들과 제자들의 사랑은 사랑의 기본적인 두 가지 특징을 보여준다. 주는 것(giving)과 순종하는 것(obeying)이다.[14] 사랑은 주는 것으로 나타난다. 하나님은 아들에게 주심(giving)으로써 아들에게 대한 사랑을 드러내셨다. 아들을 사랑하사 그에게 만물을 주셨다(3:35). 자기가 행하시는 것을 아들에게 다 보이셨다(5:20). 아버지는 창세전부터 아들을 사랑하사 그에게 영광을 주셨다(17:24). 하나님의 주심은 사람들에게도 나타났다. 하나님은 아들을 주심으로 세상을 사랑하셨다(3:16). 아들도 또한 세상에 자신의 목숨을 주심으로 자신의 사랑을 드러내셨다(15:13). 아들은 또한 제자들에게 계명을 주심으로 제자들이 하나님께로부터 사랑을 받게 하셨다(14:21, 23).

사랑은 또한 순종하는 것(obeying)으로 나타난다. 예수님은 아버지께 순종하심으로써 아버지에 대한 자신의 사랑을 드러내셨

12. Burge, *John*, 380.
13. Köstenberger, *A Theology*, 518.
14. Jan G. Van der Watt, "Ethics and Ethos in the Gospel according to John," *ZNW* 97, no 3-4 (2006), 166.

다(14:31). 아버지의 계명을 지키며 아버지의 사랑 안에 거하셨다(15:10). 예수님은 제자들에게 이러한 순종을 통한 사랑을 요구하셨다. 예수님을 사랑하면 예수님의 계명을 지킨다고 하신다(14:15). 계명을 지키는 자가 예수님을 사랑하는 자라 하신다(14:21, 23). 예수님을 사랑하지 않는 자는 그의 계명을 지키지 않는다(14:24). 따라서 사랑은 순종의 열매를 맺는다. 이렇게 예수님의 계명에 순종하는 자는 결국 하나님의 사랑을 받는다(14:21, 23). 그러므로 예수님이 제자들에게 순종을 요구하시지만, 이는 결국 제자들로 하나님의 사랑을 받게 하시려는 것이다. 따라서 예수님의 서로 사랑에 대한 명령은 우리로 하여금 서로에게 주는 것과 순종하는 것을 실천하게 한다. 신자는 서로를 어떻게 사랑할 수 있는가? 서로에게 자신을 주는 것이다. 서로에게 순종하는 것이다.

다른 한편, 겸손하게 섬기는 것(humbly serving)이 사랑의 세 번째 특징이 될 수 있다. 제자들의 발을 씻기는 예수님의 세족은 겸손한 섬김이 사랑의 중요한 특징이라는 사실을 잘 설명해 준다. 13:1에 제자들을 향한 예수님의 사랑을 묘사한 후, 세족식 이야기가 시작된다. 그리고 세족식과 그 교훈이 끝난 후, 서로 사랑하라는 예수님의 계명이 나온다(13:34-35). 따라서 이러한 구조는 세족식이 예수님의 사랑의 교훈과 긴밀하게 연결된다는 것을 보여준다. 다시 말하면, 사랑은 겸손하게 상대방을 섬기는 것으로 나타나야 한다. 베드로가 예수님을 만류할 만큼 세족은 당시 문화에서 낮은 자가 높은 자를 향한 예였다. 한 집안의 종들이 주인이나 손님의 발을 씻겼다. 그런데 예수님은 스스로 자신을 낮추어서, 낮은 자의 위치에서 제자들의 발을 씻기셨다. 예수님의 사랑은 바로 자신을 낮추는 겸손한 사랑이었다. 자신을 낮추고 상대방을 높이는 사랑이었다. 따라서 서로 사랑하라는 예수님의 명령은 서로 자신을 낮추고 상대방을 높이며 섬기는 것이다.

5. 사랑과 하나 됨, 그리고 선교

쾨스텐버거에 따르면, 17:20-26에서 사랑(love)과 하나 됨(unity)은 동의어로 나타난다.[15] 아버지께서는 아들과 제자들을 사랑하셔서, 아버지는 아들 안에 있고, 아들은 그들 안에 있어, 그들로 하나 되게 하신다. 세상은 이러한 하나 됨을 통해 하나님의 사랑을 알게 될 것이다(17:23). 키너는 서로 사랑하라는 예수님의 명령은 유대인과 이방인과 사마리아인이 예수 그리스도 안에서 경험하게 될 하나 됨을 암시한다고 한다.[16]

요한복음에서 사랑은 특히 선교와 긴밀하게 연결된다. 15:9에 따르면 아버지께서 아들을 사랑하시고, 이와 같이 아들은 제자들을 사랑하신다. 예수님의 파송 선언과 그 형식이 같다. 아버지께서 아들을 파송하시고, 이와 같이 아들도 제자들을 세상에 파송하신다(17:18; 20:21). 그러나 쾨스텐버거는 사랑과 하나 됨이 선교를 위한 중요한 토대이기는 하지만, 사랑과 하나 됨 자체가 선교는 아니라고 한다.[17] 대신 사랑과 하나 됨은 복음이 효과적으로 전파되게 하는 수단이라고 한다. 하지만 서로 사랑이 아버지와 아들을 세상에 드러낸다면(17:21, 23), 그 사랑은 사람들을 아버지와 아들에게로 이끄는

---

15. Köstenberger, *A Theology*, 520.
16. Keener, *John 2*, 923.
17. Köstenberger, *The Missions*, 189-90.

훌륭한 선교 메시지가 될 수 있을 것이다. 그들은 예수 그리스도 안에 나타난 하나님 아버지의 사랑을 만나게 될 것이다.

교훈과 적용

1. 예수님은 죽음으로 하나님을 영화롭게 하셨다. 하나님은 죽음에 이르기까지 순종하셨던 예수님을 영화롭게 하셨다. 예수님의 죽음을 통해 자신의 영광을 나타내셨다. 예수님의 죽음은 하나님의 영광과 예수님의 영광이 만나는 곳이었다. 예수님의 순종적인 죽음은 하나님의 뜻이 성취되는 곳이요, 하나님의 사랑이 계시되는 곳이었다. 이것이 곧 하나님의 영광이다.
2. 예수님은 죽음으로 제자들을 자신의 자녀처럼 사랑하셨다. 아버지의 마음으로 제자들을 끝까지 사랑하셨다. 심지어 자신을 부인할 베드로까지 품으시며 사랑을 나타내셨다. 예수님은 하나님을 영화롭게 하셨을 뿐 아니라, 제자들을 용서하시고 사랑하셨다. 예수님의 사랑의 절정은 그의 십자가에서 나타난다. 십자가는 그의 자녀를 향한 예수님의 사랑과 용서이다.
3. 예수님은 죽음으로 사랑의 교훈을 남기셨다. 예수님은 죽음으로 사랑의 모범을 보여주셨다. 우리는 예수님의 사랑을 입은 자답게 살아야 한다. 우리도 예수님을 사랑하고, 서로를 사랑하는 삶을 살아야 한다. 이것이 하나님의 자녀, 그리스도의 제자의 모습이다. 우리가 이렇게 살 때, 사람들은 우리를 통해 하나님의 영광을 볼 것이다. 하나님의 사랑을 알게 될 것이다.

2. 예수님의 중보(14:1-11)

1 너희는 마음에 근심하지 말라 하나님을 믿으니 또 나를 믿으라 2 내 아
버지 집에 거할 곳이 많도다 그렇지 않으면 너희에게 일렀으리라 내가 너
희를 위하여 거처를 예비하러 가노니 3 가서 너희를 위하여 거처를 예비
하면 내가 다시 와서 너희를 내게로 영접하여 나 있는 곳에 너희도 있게

하리라 4 내가 어디로 가는지 그 길을 너희가 아느니라 5 도마가 이르되
주여 주께서 어디로 가시는지 우리가 알지 못하거늘 그 길을 어찌 알겠사
옵나이까 6 예수께서 이르시되 내가 곧 길이요 진리요 생명이니 나로 말
미암지 않고는 아버지께로 올 자가 없느니라 7 너희가 나를 알았더라면
내 아버지도 알았으리로다 이제부터는 너희가 그를 알았고 또 보았느니
라 8 빌립이 이르되 주여 아버지를 우리에게 보여주옵소서 그리하면 족
하겠나이다 9 예수께서 이르시되 빌립아 내가 이렇게 오래 너희와 함께
있으되 네가 나를 알지 못하느냐 나를 본 자는 아버지를 보았거늘 어찌하
여 아버지를 보이라 하느냐 10 내가 아버지 안에 거하고 아버지는 내 안에
계신 것을 네가 믿지 아니하느냐 내가 너희에게 이르는 말은 스스로 하는
것이 아니라 아버지께서 내 안에 계셔서 그의 일을 하시는 것이라 11 내가
아버지 안에 거하고 아버지께서 내 안에 계심을 믿으라 그렇지 못하겠거
든 행하는 그 일로 말미암아 나를 믿으라

1) 예수님을 통해 아버지의 집으로(14:1-3)

제자들의 근심은 예수님의 떠남에 대한 것이었다(1절; 16:6, 22). 예수님은 그런 제자들을 격려하시며, 하나님과 예수님에 대한 굳건한 믿음을 촉구하신다(1, 27절). '믿으라'는 현재 명령형 형태로 쓰여, 지속적인 믿음을 암시한다. 지금까지 하나님과 예수님을 믿어 왔듯이, 앞으로 계속해서 믿음을 가지고 있어야 한다는 말이다. 이러한 명령은 요한복음의 기록 목적과도 일맥상통한다(20:30-31). 예수님, 믿음, 생명은 요한복음의 핵심 주제를 형성하는 중심축이다. 예수님은 자신이 누구신지, 어떤 일을 하시는지 말씀하신다. 그리고 제자들에게 그러한 자신을 믿고 영생을 얻으라고 권면하신다.

근심하는 제자들을 격려하시는 예수님의 또 다른 말씀은 바로 '아버지

집'(ἡ οἰκίᾳ τοῦ πατρός, *헤 오이키아 투 파트로스*)으로의 초대이다(2절).[18] '아버지의 집'은 2:16에서 보는 바와 같이 성전을 가리키는 표현이다. 따라서 예수님이 제자들에게 '아버지의 집'이라고 하셨을 때, 이 말은 기본적으로 성전의 뜻을 내포한다. 그런데 2:16과 달리, 예수님은 '집'이라는 표현을 위해 οἶκος(*오이코스*)를 사용하시지 않고, οἰκία(*오이키아*)를 쓰신다. 두 단어는 1세기 당시 거의 구분 없이 사용되었다. 장소적 의미에서 '집'(house)을 뜻하기도 하고, 관계적 의미에서 '가족'(family)을 뜻하기도 했다. 그런데 요한복음에서는 특징적으로 나타난다. *오이코스*는 오직 장소를 가리킬 때만 사용되었다. 반면에 *오이키아*는 장소를 가리킬 때도 있고(11:31; 12:3), 관계를 의미할 때도 있다(4:53; 8:35). 이런 맥락에서 '아버지의 집'은 장소의 의미에서 '아버지의 집'이 될 수도 있고, 관계의 의미에서 '아버지의 가족'이 될 수도 있다. 그러나 여기서 아버지 집은 예수님 자신을 가리킬 가능성도 있다. 예수님은 2장에서 자신을 아버지 집으로서 예루살렘 성전을 대체하는 새 성전이라 하셨기 때문이다(2:17, 19-21).

그러므로 본문에 나오는 '아버지 집'은 다음의 3가지로 해석될 수 있다. 첫째, '아버지의 집'은 예수님 재림 때에 임할 새 하늘과 새 땅을 가리킬 수 있다. 신자가 영원히 하나님과 함께 머무르게 될 하늘 성전이다. 부활하신 예수님은 성도들이 머물 하늘 성전을 준비하기 위해 승천하셨다. 준비를 다 마친 후, 예수님은 재림하셔서 성도들을 영원한 거처, 영원한 하늘 성전으로 인도하실 것이다. 이 견해는 매우 전통적인 해석인데, 최근에는 여기에 관계적 개념을 추가하는 학자들도 있다.[19] 다시 말하면, *오이키아*를 기본적으로 장

18. 이 주제에 관한 자세한 논의는 다음을 참조. 권해생, "아버지 집(요 14:2-3)의 3가지 해석 가능성에 관한 연구," 「Canon & Culture」 8/1 (2014), 109-35. 여기서는 이 논문의 핵심 논점을 요약, 정리하였다.

19. J. McCaffrey, *The House with Many Rooms: The Temple Theme of Jn.14,2-3* (Roma: EPIB, 1988), 177-91.

소 개념으로 해석하지만, 부차적으로 관계 개념이 포함되었다고 보는 것이다. 성도가 하늘에 있는 하나님의 집에서 하나님의 가족과 영원한 안식을 누린다는 말이다. 다만, 이 전통적 해석에는 하늘에 거처를 예비한다는 것이 무엇을 의미하는지 애매하다. 아래에 설명한 바와 같이 '거처를 예비하는 것'은 성전 건축을 의미하는데, 그렇다면 예수님이 하늘에 성도들을 위한 성전을 건축한다는 말인가?

둘째, '아버지의 집'은 예수 성전을 의미할 수도 있다. 하나님의 집은 구약에서 성전을 가리키는데(대상 6:48; 시 55:14; 히 10:21), 예수님은 2장에서 자신을 예루살렘 성전을 대체하시는 새로운 하나님 아버지의 집으로 나타내셨다(2:17, 19-21). 따라서 예수님은 자신의 부활하신 몸을 제자들이 거처할 성전으로 준비하시어, 다시 제자들에게로 오시는 분으로 묘사된다. 제자들은 부활하신 예수님 안에 거하도록 초청 받는다. 부활하신 예수님은 성령으로 그의 제자들과 영원히 함께하실 것이다. 다만, '아버지 집' 앞에 '내'(μου, *무*)라는 소유격 대명사가 붙어 있기 때문에, 아버지 집이 예수 성전을 가리키기엔 표현상 어색한 면이 없지 않다.

마지막으로 '아버지의 집'은 교회 공동체를 의미할 수도 있다. '아버지 집'은 성전을 가리키는 용어로서, 교회가 하나님의 성전이 될 것이라는 말씀이다. 또한 '집'(*오이키아*)은 가족을 뜻할 수도 있기 때문에, 예수님은 교회가 하나님 아버지의 가족이 될 것이라 말씀하신 것으로 이해할 수 있다. 이 경우 예수님이 거처를 준비한다는 것은 그의 십자가와 부활을 의미할 것이다. 십자가와 부활을 앞두고, 예수님은 조만간 그가 부활하여 성전으로 제자들에게 다시 오실 것을 말씀하신다. 다시 오신 예수님은 그들을 성전 된 자신에게로 초대하시어, 성령으로 그들과 영원히 함께하실 것이다. 이러한 하나님의 성전으로서의 교회는 또한 독생자 예수 그리스도를 통해 하나님의 자녀가 되고, 하나님의 가족을 구성하게 될 것이다.

본문의 정확한 뜻을 위해서 두 가지를 살펴보고자 한다. 예수님이 예비하러 가시는 '거처'(τόπος, *토포스*)는 무엇인가? 토포스는 신구약성경에서 자주 '성전'을 가리키는 단어로 사용된다(신 12:5; 16:16; 17:8; 18:6; 31:11; 왕상 8:42; 대하 6:32; 렘 7:14; 행 6:13이하; 21:28; 계 12:6 등등). 요한복음에서도 *토포스*는 성전을 암시한다. 예수님과 사마리아 여인의 대화에서, *토포스*는 예배할 장소로서의 성전을 암시한다(4:20). 예수님을 따르는 세력이 커가자, 유대 지도자들은 로마인들이 자신의 땅(*토포스*)과 민족을 빼앗아 갈지 모른다고 걱정한다(11:48). 유대 지도자들이 걱정하는 '땅'은 성전을 가리킬 가능성이 높다.[20] 그러므로 '거처를 예비하는 것'은 성전을 준비하는 것으로 볼 수 있다. 물론 두 가지 해석 가능성이 열려 있다. 이 성전은 세상 끝날에 새 하늘과 새 땅에 있을 하늘 성전일 수 있다. 그러나 다른 한편으로 요한복음은 예수님을 성전으로 묘사한다(2:19-21). 따라서 하늘 성전을 준비하는 것일 수도 있고, 십자가와 부활을 통해 예수님의 몸을 성전으로 준비하는 것일 수도 있다.

'아버지의 집'이 어디인지를 파악하기 위해서는, 이제 예수님의 '다시 오심'에 대한 논의가 필요하다. 예수님의 '다시 오심'은 무엇을 의미할까?(3절) 전통적으로 이것은 예수님의 재림을 가리키는 것으로 이해되어 왔다. 재림의 관점에서 볼 때, '아버지의 집'은 하늘 성전을, '거처를 예비하는 것'은 하늘 성전을 준비하는 것으로 해석할 수 있다. 그러나 '오다'는 고별 설교에서 총 네 번 사용되었는데(3, 18, 23, 28절), 나머지 세 구절에서 예수님이 부활하셔서 성령으로 다시 오시는 것을 암시한다. 만약 다른 세 용례와 같이, 본 구절도 부활 후 성령을 통해 교회로 오시는 것을 의미한다면, '아버지 집'은 예수 성전 혹은 아버지의 가족으로서 교회 성전을 가리킨다고 볼 수 있다.

'나 있는 곳'(3절)은 아버지 집이 어떻게 정의되느냐에 따라 예수님이 성도들과 함께 영원히 거하는 하늘 성전이 될 수도 있고, 예수님이 성령으로 그

---

20. Michaels, *John*, 649.

의 성도들과 함께하시는 교회 성전이 될 수도 있다. '나 있는 곳'이라는 표현은 17:24에 다시 등장한다. 17:24에서도 이 두 가지 의미 중 하나가 될 수 있고, 아니면 두 가지 의미를 모두 함축할 수도 있다.

14장 전체의 강조점이 예수님의 재림보다는, 부활과 성령으로 오시는 것에 있기 때문에 '아버지의 집'은 예수 성전, 특히 교회 성전을 가리킬 가능성이 높다. 즉, 너희를 위해 예수님이 예비하시는 거처는 그의 부활하신 몸이 될 것이고, 그의 다시 오심은 부활과 성령으로 그의 제자들에게 오시는 것을 뜻할 것이다. 그리하여 '나 있는 곳'은 결국 그가 성령으로 함께하시는 아버지의 가족으로서 교회 성전, 즉 그의 교회 공동체가 될 것이다. 그러나 우리는 위의 세 가지 가능성을 모두 염두에 두고, 아버지의 집을 기대하며 신앙생활해야 한다. 그리스도인은 항상 두 가지 종말론적 관점을 균형 있게 견지해야 한다. 미래적 종말론의 관점에서, 우리는 예수님의 재림 후에 하늘 성전인 새 하늘과 새 땅에서 영원한 복락을 누릴 것이다. 새 하늘과 새 땅에서 아버지와 아들과 함께, 아버지의 가족으로서 영생을 누릴 것이다. 그러나 그러한 안식과 복락은 반드시 세상 끝 날에만 있는 것은 아니다. 현재적 종말론의 관점에서, 우리는 성령 안에서 지금도 아버지와 아들과 함께 그러한 종말론적 안식을 부분적으로 경험할 수 있다. 부활하신 주님이 성전이 되시기 때문에, 우리는 주님 안에서 그러한 안식을 누릴 수 있다. 또한 교회는 부활하신 독생자 예수님으로 말미암아 성령 안에서 한 아버지를 모시고 사는 하나님의 가족이다. 하나님의 가족인 교회는 새 하늘과 새 땅에서의 영원한 안식과 복락을 기대하며, 성령 안에서 그러한 안식과 복락을 이 땅에서 미리 경험한다.

예수님은 자신이 떠나는 것을 두려워하는 제자들에게 바로 이러한 '아버지 집'의 비전을 주시며 격려하신다. 부활하여 성령으로 다시 오실 것을 기대하게 하신다. 새 하늘과 새 땅에서 영원히 하나님의 가족으로서 누릴 안식을 소망하게 하신다. 그러므로 제자들은 현재에도, 미래에도 염려할 필요가 없다.

2) 예수님을 통해 아버지께 감(14:4-7)

예수님은 그의 제자들이 그가 가시는 길을 안다고 말씀하신다(4절). 그러나 제자들 중 하나인 도마는 그 길을 알지 못한다고 한다(5절). 앞서 11:16에서 도마는 제자들의 믿음을 위해 자신을 계시하시는 예수님의 뜻을 알지 못하고, 죽음을 무릅쓰는 말을 하였다. 얼핏 담대해 보이지만, 사실은 영적 무지 가운데 있다는 것을 보여주었다. 여기 고별 강화에서도 도마의 영적 무지는 계속된다. 예수님이 아버지께로 가시는 길을 알지 못한다고 한다. 아마도 그는 물리적인(physical) 길을 생각한 것 같다(5절). 그러나 예수님은 '아버지께 가는 길', 그 길이 곧 예수님 자신이라고 말씀하신다(6절). 제자들은 예수님을 알기 때문에 그 길을 아는 것이다. '아버지께 가는 길'은 문맥에서 '아버지 집으로 가는 길'로 해석할 수 있다. 왜냐하면 아버지의 집은 곧 아버지께서 계시는 곳이기 때문이다. 제자들은 예수님을 통해서 아버지께서 계시고, 아들이 함께 있는 그 아버지의 집으로 갈 수 있다. 다시 말하면, 예수님은 성전이시면서, 또한 성전으로 가는 길도 되신다. 예수님을 통해서 하나님 아버지의 가족에 들어가게 되고, 교회 성전과 하늘 성전에 도달하게 된다. 이러한 아버지 집으로서 성전은 하나님이 임재하시는 곳이며, 하나님의 백성이 예배하는 곳이다. 하나님이 백성의 죄를 용서하시며, 복을 주시는 곳이다.

한편 예수님은 '길'이실 뿐 아니라 '진리'도 되시고 '생명'도 되신다(6절). 세 단어가 '…과'를 뜻하는 헬라어 καί(*카이*)로 연결되어, 대등한 위치를 차지하고 있지만, 본문은 '길'을 강조하고 있다. 도마가 '길'에 대해서 질문하고(5절), 예수님은 그 질문에 답하고 있기 때문이다(6절). 따라서 진리와 생명은 '길'을 설명한다.[21] 예수님이 아버지께 가는 길이 되시는 이유는 그가 진리와 생명이 되시기 때문이다. 진리와 생명은 원래 하나님께 속한 것이다. 진리는 하나님께로부터 왔으며(8:40; 15:26), 하나님의 말씀이다(17:17). 생명 또

---

21. Moloney, *John*, 398.

한 하나님께 속한 것이었다(5:26). 그런데 요한복음에서는 예수님이 진리를 드러내시고(1:18; 8:45, 46; 18:37), 생명을 주시는 분으로 묘사된다(6:33). 그리고 예수님은 진리와 생명 그 자체시다(6절). 그래서 우리는 예수님을 통해서 하나님 아버지께 갈 수 있다. 요약하자면, 진리와 생명은 하나님의 속성이다. 하나님이 없는 곳에는 무지와 죽음이 있다. 예수님은 진리를 계시하시고 생명을 주시기 위해 사람들에게 오셨다. 진리와 생명이신 예수님을 통해 우리는 하나님을 만날 수 있다. 무지와 죽음에서 진리와 생명에 이를 수 있다.

따라서 예수님은 아버지께로 가는 길이요, 진리요, 생명이 되신다. 예수님을 통해서 우리는 아버지께서 계시는 성전에 들어갈 수 있다. 그곳은 예수님 자신이요, 그가 성령으로 거하시는 교회 가족이요, 우리가 마지막에 다다를 하늘 성전이다. 성전이신 예수님 안에서 우리는 하나님을 만난다.

3) 예수님을 통해 아버지를 봄(14:8-11)

예수님을 통해 우리는 아버지 하나님을 알 수 있고(7절), 하나님을 볼 수 있다(9절). 예수님은 하나님의 아들이시기 때문에 하나님을 계시하신다. 예수님은 하나님의 성전이시기 때문에 하나님의 현현이 예수님 안에 나타난다. 예수님은 진리와 생명이시기 때문에, 진리와 생명의 근원이신 하나님이 나타난다. 예수님과 하나님은 완전한 연합을 이루신다. 예수님이 하나님 안에 거하시고, 하나님이 예수님 안에 거하신다. 그래서 예수님은 하나님께 보고 들은 것을 말씀하신다. 예수님의 말씀은 하나님의 말씀이고, 예수님이 하시는 일은 하나님이 하시는 것이다(10절).

따라서 빌립이 아버지를 보여 달라고 했을 때, 예수님은 놀라시며 반문하신다(9절). 이러한 예수님의 반응은 의아함을 넘어, 일종의 책망이기도 하다. 왜냐하면 빌립이 예수님과 그렇게 오랫동안 있으면서도, 아버지를 알지 못하고 보지 못했기 때문이다. 이는 오늘날 오랜 신앙생활에도 불구하고, 여전히 하나님을 제대로 알지 못하는 현대 기독교인들에게 시사하는 것이 적지 않다. 율법을 항상 가까이 하면서도 하나님을 제대로 알지 못했던 유대인들처럼, 또한 예수님과 항상 가까이 있으면서도 하나님을 제대로 보지 못했던 제자들처럼, 오늘날 많은 사람들이 오랜 신앙생활을 하면서도 하나님을 제대로 알지 못한다.

빌립은 다른 복음서에서 12제자 목록에만 존재하는데, 요한복음에는 자주 등장한다. 나다나엘에게 예수님을 소개하기도 하고(1:45), 오병이어 사건 때는 이백 데나리온의 떡을 사더라도 많은 군중들을 먹일 수 없겠노라고 대답하기도 했다(6:7). 명절에 올라온 이방인들이 예수님을 만나고자 할 때, 안드레와 함께 그들을 예수님께 데려가기도 했다(12:21-22). 그리고 이제 이 본문에서 빌립은 예수님께 아버지를 보여 달라고 한다.

한편, 13:31부터 제자들이 등장하여 예수님과 대화하는데, 예수님은 그들의 무지한 말에 반응하시며 진리를 계시하신다. 베드로는 목숨을 버리면서까지 예수님을 따라가겠노라고 공언한다(13:36-37). 예수님은 베드로가 부인할 것을 말씀하시며, 근심에 쌓인 제자들을 위로하신다. 도마는 예수님이 가시는 길을 알지 못한다고 고백한다(14:5). 예수님은 자신이 곧 아버지께로 가는 길이요 진리요 생명이라고 말씀하신다. 빌립은 예수님께 아버지를 보여 달라고 한다(14:8). 예수님은 아들이 아버지를 드러내었기 때문에 아들을 본 자는 아버지를 본 것이라 하신다. 가룟인 아닌 유다가 왜 예수님이 세상 사람들에게는 자신을 나타내시지 않고 제자들에만 나타내시는지에 대해 묻는다(14:22). 예수님은 제자들이 예수님과 비밀을 나누는 특별한 친구라는 것을 암시하신다. 예수님은 이와 같이 제자들의 무지한 질문이나 반응을 사용하셔서 참 진리를 증언하신다. 영적 무지 가운데 있는 제자들이 진리를 깨닫고 영생에 이르도록 도우신다.

교훈과 적용

1. 예수님을 통해 우리는 하나님의 성전이 된다. 십자가와 부활 후, 성전이신 예수님

은 성령으로 제자들에게 찾아 오셔서 함께하셨다. 하나님이 함께하시는 성전으로 만드셨다. 그리고 그 제자들을 영원한 하늘 성전으로 인도하신다. 그러므로 우리는 예수님이 보이지 않더라도, 우리와 함께하시는 것을 기억해야 한다. 근심하지 말고 평안과 확신 가운데 살아야 한다.

2. 예수님을 통해 우리는 하나님께 나아갈 수 있다. 우리는 예수님을 통해 하나님이 계시는 성전에 들어갈 수 있다. 예수님이 보여주시는 진리를 영접하고, 예수님의 속죄 사역을 믿음으로 하나님께 갈 수 있다. 따라서 하나님과 함께하기 위해, 우리는 예수님의 진리와 생명을 믿는 믿음이 필요하다. 이것이 하나님께로 가는 길이다.
3. 예수님을 통해 우리는 하나님을 알고 볼 수 있다. 예수님을 통해 드러난 하나님의 계시는 완벽하다. 예수님을 통해 하나님이 어떠한 분이신지 알 수 있다. 하나님의 성품과 지혜와 능력이 예수님 안에서 계시된다. 그러므로 하나님을 제대로 알고 믿기 위해 우리는 예수님을 자세하게 연구하고 깊이 묵상해야 한다.

3. 예수님이 떠나신 후(14:12-24)

12 내가 진실로 진실로 너희에게 이르노니 나를 믿는 자는 내가 하는 일을
그도 할 것이요 또한 그보다 큰 일도 하리니 이는 내가 아버지께로 감이
라 13 너희가 내 이름으로 무엇을 구하든지 내가 행하리니 이는 아버지로
하여금 아들로 말미암아 영광을 받으시게 하려 함이라 14 내 이름으로 무
엇이든지 내게 구하면 내가 행하리라 15 너희가 나를 사랑하면 나의 계명
을 지키리라 16 내가 아버지께 구하겠으니 그가 또 다른 보혜사를 너희에
게 주사 영원토록 너희와 함께 있게 하리니 17 그는 진리의 영이라 세상은
능히 그를 받지 못하나니 이는 그를 보지도 못하고 알지도 못함이라 그러
나 너희는 그를 아나니 그는 너희와 함께 거하심이요 또 너희 속에 계시
겠음이라 18 내가 너희를 고아와 같이 버려두지 아니하고 너희에게로 오
리라 19 조금 있으면 세상은 다시 나를 보지 못할 것이로되 너희는 나를 보
리니 이는 내가 살아 있고 너희도 살아 있겠음이라 20 그 날에는 내가 아
버지 안에, 너희가 내 안에, 내가 너희 안에 있는 것을 너희가 알리라 21 나

의 계명을 지키는 자라야 나를 사랑하는 자니 나를 사랑하는 자는 내 아
버지께 사랑을 받을 것이요 나도 그를 사랑하여 그에게 나를 나타내리라
22 가룟인 아닌 유다가 이르되 주여 어찌하여 자기를 우리에게는 나타내
시고 세상에는 아니하려 하시나이까 **23** 예수께서 대답하여 이르시되 사
람이 나를 사랑하면 내 말을 지키리니 내 아버지께서 그를 사랑하실 것이
요 우리가 그에게 가서 거처를 그와 함께 하리라 **24** 나를 사랑하지 아니하
는 자는 내 말을 지키지 아니하나니 너희가 듣는 말은 내 말이 아니요 나
를 보내신 아버지의 말씀이니라

1) 예수님이 떠나신 후, 그의 이름으로 기도하기(14:12-14)

예수님을 믿는 사람은 예수님이 하시는 일을 하고, '그보다 큰 일'도 한다(12절). 이 일은 무엇을 가리키는가? 혹자는 제자들이 예수님의 사역을 계승, 발전시킨다는 의미라 한다.[22] 예수님의 선교 사역, 즉 복음을 전하는 사역이 사도들을 통해 더 광범위하게, 괄목할 정도로 이루어진다. 더 많은 기적들이 일어나는데, 그 기적의 중심에 사람들의 회심이 있다. 사도행전에 나오는 초대 교회의 모습이 이를 증명한다. 요한복음에서도 예수님의 제자들이 성령을 통해 이룰 풍성한 사역이 언급된다(15:1-8, 26-27).

그러나 카슨은 이런 입장을 비판한다.[23] '큰 일'은 단순히 양적으로 많은 일이나, 혹은 더 초자연적인 일을 뜻하지 않는다. 언어 표현 면에서 '큰 일'은 '많은 일'과 구분되어야 한다. 그리고 제자들의 일이 아무리 초자연적이라 하더라도, 나사로를 살리시며, 오천 명을 먹이시며, 물을 포도주로 만드시는 예수님의 초자연적 사역보다 뛰어나다 하기 힘들다. 카슨은 구속사의 발전 과정에서 볼 때, 제자들의 일은 예수님의 일보다 더 위대하다고 한다. 제

---

22. Morris, *John*, 574; Barrett, *John*, 460; Keener, *John 2*, 947.

23. Carson, *John*, 495; Köstenberger, *John*, 433.

자들은 예수님의 십자가와 부활 사역을 바탕으로 복음을 전하고, 하나님 나라를 확장해 가기 때문이다. 제자들은 예수님의 구속사 완성 이후에 사역하기 때문에, 그 일이 더 크고 온전할 수 있다는 것이다.

본문이 말하는 '그보다 큰 일'을 제대로 규명하기 위해서는, 12절 하반부에 있는 '아버지께로 가는 것'이 무슨 뜻인지를 밝혀야 한다. 예수님이 아버지께로 가는 것은 요한복음에서 그의 십자가와 부활, 그리고 그의 높아짐을 포괄하는 말이다. 그렇다면, 제자들의 사역과 예수님의 십자가와 부활, 그의 높아지심은 어떤 관련이 있을까? 첫째로, 카슨이 지적한 대로, 제자들의 사역은 예수님의 구속 사역, 특히 그의 십자가와 부활을 근거로 한다. 예수님이 사람들의 죄를 용서하고 영생을 주시기 위해 죽으시고 부활하신 사건, 이 사건이 제자들의 사역을 '큰 일' 되게 한다. 제자들의 복음 전파 사역은 예수님의 구원 사역의 완성을 기초로 하여 이루어지기 때문에, 구원 사역의 완성 이전에 이루어진 예수님의 사역보다 '큰 일'이라 할 수 있다. 이런 관점에서, 마이클스는 예수님은 죄 용서를 위한 근거를 마련하셨고(1:29), 제자들은 그 근거를 토대로 실제로 죄 용서 사역을 한다고 주장한다(20:23).[24]

다음으로, 제자들의 일이 예수님의 일보다 더 위대할 수 있는 이유는 예수님이 아버지께 가신 후에 하시는 두 가지 일과 관련 있다. 문맥에서 예수님은 이 두 가지 일을 언급하신다. 첫째는 성령을 보내시는 것이고(16절; 15:26; 16:7), 둘째는 제자들의 기도를 들으시는 것이다(13-14절). 제자들은 성령을 통해 아버지와 아들과 연합하고, 그래서 보다 발전된 차원의 일을 하게 된다.[25] 또한 제자들은 예수님께 기도하고, 예수님은 제자들의 기도를 들으시고, 계속해서 그의 사역을 지속하신다. 그리하여 예수님의 사역이 이스라엘 지역에 한정되었다면, 제자들은 성령과 기도를 통해 이방인에게까지 하나님

---

24. Michaels, *John*, 780.
25. Whitacre, *John*, 354-5.

나라를 확장해 나갔다. 온 세상의 구원을 위한 하나님의 계획을 더 구체적으로 실현해 나갔다. 예수님의 사역에 기초해서, 제자들은 하나님의 구원 사역을 더 발전시켰다. 이는 예수님의 재림과 최후 심판이라는 하나님의 종말론적 완성을 향한 더 진일보한 사역이라 할 수 있다.

요약하자면, 제자들의 사역은 예수님의 사역보다 다음과 같은 이유에서 더 큰일이라 할 수 있다. 첫째, 예수님은 구속 사역의 완성을 위해 일하셨다면, 제자들은 예수님의 구속 사역의 완성 위에서 하나님 나라 일을 하였다. 제자들은 구원 역사적으로, 보다 완성된 차원에서 사역하였다. 둘째, 예수님은 지리적으로 이스라엘이라는 곳에서, 시간적으로 1세기라는 한정된 시기에 사역하셨다. 이에 반해, 제자들은 성령과 기도로 이스라엘을 넘어 이방인에게, 1세기를 넘어, 오고 오는 세대에 하나님 나라 사역을 하였다. 이러한 제자들의 복음 전파는 결국 하나님 나라 완성을 위한 보다 발전된 차원의 사역이라 할 수 있다.

2) 예수님이 떠나신 후, 보혜사 성령과 함께하기(14:15-20)

예수님을 사랑하는 자는 예수님의 계명을 지킨다(15절). 이 주제에 대한 예수님의 자세한 언급은 21-24절에 나온다. 여기서는 바로 이어 보혜사 성령에 대해 말씀하신다(16절). 그렇다면 계명을 지키는 삶과 보혜사 성령은 무슨 관련이 있는가? 신자는 보혜사 성령 때문에 계명을 지킬 수 있다. 우리 자신의 능력이나 자질로는 계명을 지킬 수 없다. 성령의 능력으로 우리는 계명을 지킬 수 있다. 이 성령이 신자와 영원토록 함께 계신다(16절).

성령을 '또 다른 보혜사'(16절)라고 지칭한 것은 예수님과 성령 사이에 연속성이 있다는 말이다(자세한 논의는 특주를 참고하라). 성령은 진리의 영이시다(17절). 신자들은 진리이신 예수님을 알고 믿듯이, 진리의 영이신 성령도 알고 믿는다. 그러나 세상은 진리이신 예수님을 영접하지 않았듯이, 진리의 영이신 성령도 받지 못한다. 샐리어에 따르면, 요한복음에서 세상은 창조된 세상, 반역하는 세상, 유대인과 동일시되는 세상, 선교 대상으로서의 세상 등으로 나타난다.[26] 이 구절에서 '세상'은 반역하는 세상이요, 그 세상과 동일시되는 유대인들을 일컫는 말이다. 그들은 성령을 받지도 못할 뿐더러, 성령을 보지도 알지도 못한다. 오직 그리스도인만이 성령의 함께하심을 경험하며, 성령의 인도하심을 경험한다.

예수님은 제자들에게 지금은 비록 떠나지만, 그들을 고아와 같이 버려두지 않고 다시 오겠다고 약속하신다(18절). '고아'(ὀρφανός, *오르파노스*)(18절)는 이스라엘 사회에서 과부와 함께 도움이 필요한 가장 비참한 상태를 뜻한다. 율법에서는 고아와 과부를 해치지 말고, 오히려 돌아보라고 권면한다(예. 출 22:22; 신 14:29; 24:21). 왜냐하면 하나님께서는 고아와 과부를 불쌍히 여기시는 분이기 때문이다(신 10:18; 시 10:14; 68:5). 따라서 고아는 하나님의 성품을 닮은 이스라엘이 돌보고 섬겨야 할 대상이다.

그러나 다른 한편, 고아는 하나님의 심판의 결과이기도 하다. 하나님께서는 악인들을 심판하시며, 그들의 자녀들이 고아가 되게 하신다(시 109:9). 또한 하나님께 심판 받은 이스라엘의 비참하고 무력한 상태를 나타내기 위해 이 단어가 사용되기도 한다(애 5:3; 호 14:3). 일찍이 이스라엘은 하나님의 장자, 하나님의 아들이라 일컬음을 받았다(출 4:2; 호 11:1). 따라서 예수 그리스도께서 오셔서 하나님과 이스라엘을 다시 아버지와 아들의 관계로 회복시키신다. 예수 그리스도를 통해 교회는 새 이스라엘로서 하나님의 자녀가 된다(1:12). 아버지와 아들은 물과 성령으로 태어난 그의 자녀들을 버리지 않으신다(3:5).

그런데 여기서 예수님은 마치 하나님 아버지가 그의 자녀들을 대하듯이, 고아처럼 버려두지 않겠다고 약속하신다(18절). 예수님과 제자들의 관계

---

26. B. Salier, "What's in a World? Kosmos in the Prologue of John's Gospel," *RTR*, 56 no 3 (1997), 105-17.

도 아버지와 아들의 관계처럼 묘사된다. 앞서 13:33의 주해에서 설명하였듯이, 유대교에서는 랍비가 제자들을 자녀들로 간주하는 경우가 있었다(예. 막 10:24).[27] 또한 요한복음에서는 하나님과 예수님의 관계가 예수님과 제자들의 관계 속에서 유비적으로 나타난다(17:18; 20:21). 예수님이 하나님의 아들이듯이, 제자들은 예수님에게 자녀로 묘사될 수 있다.[28] 그러나 동시에 예수님을 통해 궁극적으로 제자들과 하나님 아버지가 이어진다는 의미일 수도 있다. 다시 말하면, 예수님은 제자들을 고아처럼 버려두지 않고, 하나님 아버지와 함께하는 그의 가족이 되게 하겠다는 약속일 수도 있다. 아무튼, 예수님을 통해 제자들의 혼자됨은 있을 수가 없게 되었다. 결국 아버지와 아들은 성령으로 그의 자녀에게 거처를 삼으시고 영원토록 함께하신다(23절).

18절에 나오는 예수님의 오심이 그의 부활을 뜻하는지, 아니면 성령으로 오시는 것을 뜻하는지에 대한 논란이 있다. 카슨을 비롯한 다수의 학자들은 성령으로 오신다는 주장을 반대하며, 본문은 예수님의 부활을 가리킨다고 주장한다(카슨, 비슬리-머리, 모리스, 보체트 등).[29] 왜냐하면 다음 구절이 분명하게 부활을 가리키고 있기 때문이다: "너희는 나를 보리니 이는 내가 살아 있고 너희도 살아 있겠음이라"(19절하). 카슨은 18-20절이 부활을 강조하는 것은 성령을 강조하는 앞뒤 단락(16-17절; 25-26절)과 균형을 이룬다고 한다. 18-20절에 나오는 예수님의 부활에 기초해서 16-17절과 25-26절에 나오는 성령의 오심과 역사가 나타난다고 한다.

이와 달리, 마이클스는 18절을 성령으로 오심의 관점에서 보려 한다.[30] 18절은 16-17절에 나오는 성령의 오심과 영원한 거주의 연장선상에 있다고 한다. 예수님이 정확하게 '다시 돌아온다'는 표현을 하지 않기 때문에, 또한 헬

27. Brown, *John XIII-XXI*, 607.
28. Whitacre, *John*, 342.
29. Carson, *John*, 501-2.
30. Michaels, *John*, 785.

라어 원문에서 '내가'라는 말이 강조되어 있지 않기 때문에, 문맥을 따라 성령의 오심과 연결해서 그의 오심을 이해하는 것이 가장 자연스럽다고 한다.

그런데 여기서 키너의 입장을 주목해 볼 필요가 있다. 키너는 부활로 오심과 성령으로 오심을 함께 언급한다.[31] 키너는 부활하신 예수님이 제자들에게 오셔서 성령을 주시고, 그 성령을 통해 제자들과 계속 함께하시는 것을 핵심 포인트로 언급한다(20:19-23). 또한 "내가 살아 있고"는 예수님의 부활을 가리키지만, "너희도 살아 있겠음이라"는 제자들이 성령을 받아 영생을 얻은 것을 가리킬 수 있다(19절; 20:22). '그날'(20절)은 예수님이 영광을 받으시고, 제자들이 성령을 받은 후, 하나님의 구원 역사에 대한 올바른 깨달음을 얻는 때를 가리킨다(2:22; 7:39). 그때에 제자들은 아들과 아버지의 상호 거주, 그리고 제자들과 아들의 상호 거주를 알게 될 것이다(20절). 이러한 깨달음은 예수님의 부활과 성령의 오심을 통해 제자들에게 임한다. 이러한 키너의 주장은 상당히 일리가 있다. 왜냐하면 예수님이 부활로 오시는 것과 성령으로 오시는 것을 굳이 분리해서 보지 않아도 되기 때문이며, 또한 요한복음은 예수님의 부활과 성령 주심을 연속되는 사건으로, 즉 하나의 이야기로 언급하기 때문이다(20:1-23). 따라서 부활하신 예수님은 성령을 통해 제자들과 지속적으로 함께 계신다.

3) 예수님이 떠나신 후, 그의 계명 지키기(14:21-24)

예수님에 대한 사랑은 그의 계명을 지키는 삶으로 증명되어야 한다(21절). 이런 삶을 사는 사람은 하나님과 예수님으로부터 사랑을 받는다. 물론 그 누구도 자신이 먼저 하나님을 사랑할 수 없다. 하나님이 먼저 사랑을 보여주시고(3:16; 요일 4:10), 우리는 그의 사랑에 대한 반응으로서 그를 사랑한다(요일 4:11). 이런 반응에 대해, 하나님과 예수님은 더 풍성한 사랑으로 우리에

---

31. Keener, *John 2*, 973.

게 복을 주신다(요일 4:12). 예수님은 그를 사랑하는 자에게 자신을 나타낸다고 하신다(21절). 23절에서는 같은 뜻이지만 다르게 표현된다. 예수님을 사랑하는 것은 예수님의 말을 지키는 것이다. 이는 21절에 나온 계명을 지키는 것과 연결된다. 요한복음은 추상적인 표현이 많이 나오지만, 그에 못지않게 그리스도인의 신앙을 실제적이고 실천적으로 묘사한다. 대표적인 것이 '믿음'이다. 요한복음은 예수님을 믿는 것은 예수님께 순종하는 것으로 드러나야 한다고 한다(3:36). 그리고 이 단락에서는 예수님을 사랑하는 것은 그의 말(계명)을 지키는 것으로 나타나야 한다고 한다. 이는 곧 하나님의 말씀을 지키는 것과 같다(24절).

한편, 예수님이 자신을 나타내는 것(21절)은 하나님과 예수님이 그 사람에게 가서 '거처'(μονή, *모네*)를 삼는 것(23절)으로 묘사된다. 예수님을 사랑하는 사람에게, 예수님의 말씀을 지키는 사람에게, 하나님과 예수님이 찾아 오셔서 그를 거처 삼아 함께하신다. '거처'를 의미하는 헬라어 *모네*는 앞서 아버지 집을 묘사할 때 복수형 μοναί(*모나이*)로 사용되었다: "내 아버지 집에 '거할 곳'(*모나이*)이 많도다"(2절). 따라서 이는 신자를 성전 삼으셔서 아버지와 아들이 신자와 함께하신다는 것을 뜻한다. 이것이 예수님의 구속 사역을 근거로 보혜사 성령이 오셔서 이루시는 새로운 '아버지 집'이다. 옛 언약에서 '아버지 집'은 예루살렘 성전을 가리켰다(2:16). 그러나 새 언약에서는 성령을 통해 이루어진 아버지와 아들의 거처가 '새 성전'이요 '아버지 집'이다.

가룟인 아닌 유다가 등장한다(22절). 그가 만약 예수님의 열두 제자 중 하나라면, 누가복음과 사도행전이 말하는 야고보의 아들 유다일 것이고(눅 6:16; 행 1:13), 마태복음과 마가복음이 말하는 다대오일 것이다(마 10:3; 막 3:18). 그러나 그가 직접 말하는 장면은 요한복음에서 유일하게 언급된다. 유다는 예수님께 왜 자신을 제자들에게만 나타내시고, 세상에는 나타내지 않으시냐고 질문한다. 이에 대해 예수님은 직접적인 답을 주시지는 않는다. 다만, 예수님은 사랑하는 것과 계명 지키는 것에 대해 말씀하시는데, 이것이 21-24절의 주제이다. 모리스에 따르면, 본문에 나오는 사랑과 계명의 주제는 예수님이 친구를 설명하시는 구절과 연결될 수 있다(15:14-15).[32] 그러므로 예수님이 직답을 주시지는 않지만, 우리는 다음과 같은 점을 짐작할 수 있다. 예수님이 제자들에게 자신을 나타내시는 이유는 그들이 예수님이 사랑하시는 그의 친구이기 때문이다. 예수님은 자신의 친구에게 아버지께 들은 하늘의 계시를 전해주신다. 그리고 그의 친구인 제자들은 예수님을 사랑하고 그의 계명을 지킨다.

※ 특주: 예수님의 이름으로 기도하는 것이란?

요한복음에서 예수님은 그의 제자들에게 '내 이름으로' 기도할 것을 여섯 차례 권고하신다(14:13, 14; 15:16; 16:23, 24, 26). 이러한 예수님의 권면을 근거로 교회는 전통적으로 기도 말미에 예수님의 이름으로 기도한다고 고백한다. 그러나 우리는 예수님의 이름으로 기도하는 것을 일종의 마술 주문으로 간주하는 것을 조심해야 한다. 다시 말하면 기도의 내용이나 기도자의 자세와 상관없이, 예수님의 이름으로 기도하기만 하면 하나님(혹은 예수님)이 응답해 주신다는 생각을 버려야 한다. 그렇다면 과연 예수님의 이름으로 기도한다는 것은 무엇을 의미할까? 이 질문에 대한 대답은 학자에 따라 대개 세 종류로 나뉜다.

먼저, 예수님의 이름으로 기도하는 것은 예수님의 중보를 의지해서 기도한다는 뜻이다.[33] 요한복음에서 예수님의 '이름'은 예수님의

32. Morris, *John*, 580.

33. J. Carl L. Laney, *John*, MGC (Chicago: Moody Publishers, 1992), 259-60.

존재 전체를 일컫는 말이다. 그래서 예수님의 이름을 믿는 자가 하나님의 자녀가 된다(1:12). 이런 의미에서 예수님의 이름으로 기도한다는 것은 예수님의 존재 전체와 연결되어 기도한다는 뜻이다. 요한복음에서 예수님의 가장 큰 사역은 중보사역이다. 하나님을 세상에 드러내는 것이요, 세상을 위해 하나님께 드려지는 것이다. 따라서 예수님의 이름으로 하나님께 나아간다는 것은 예수님의 중보를 의지해서 하나님께 나아간다고 할 수 있다. 예수님의 인격과 사역에 기초해서 우리는 하나님께 기도할 수 있다. 「웨스트민스터 대교리문답」도 이런 의미를 강조한다: "그리스도의 이름으로 기도하는 것은 그분의 계명을 순종하며 그분의 약속을 신뢰하는 가운데, 그분의 이름으로 긍휼을 구하는 것인데, 단순히 그분의 이름을 언급함으로써가 아니라, 그리스도와 그분의 중보로부터 우리가 기도할 용기와 담대함과 힘, 그리고 기도가 수납되리라는 소망을 얻음으로써 하는 것입니다"(180문답).

한편, 예수님의 이름으로 기도하는 것을 예수님과 연합하여 기도하는 것으로 이해할 수 있다. 브라운은 마태복음에 나오는 예수님의 다른 말씀과 요한복음 문맥이 '연합'과 '기도'를 연결시킨다고 한다.[34] 예수님은 두세 사람이 그의 이름으로 모이면 함께하시고, 그들의 기도를 하나님이 들으신다고 하셨다(마 18:19-20). 요한복음 문맥에서는 예수님이 아버지와 연합하듯이(14:10-11), 제자들은 예수님과 연합한다(14:20). 예수님과 연합한 자는 열매를 맺고, 예수님의 이름으로 기도하는 자이다(15:16). 15장의 문맥에서 예수님과 연합하는 것은 곧 그를 알고 신뢰하는 것이다(15장 주해에서 자세히 설

34. Brown, *John XIII-XXI*, 635.

명될 것이다). 따라서 예수님으로 이름으로 기도하는 것은 참된 믿음으로 예수님과 연합하여, 예수님과 함께 기도하는 것이다.

세 번째는 예수님의 뜻을 따라 기도하는 것이다. 예수님이 원하는 기도를 하는 것이다.[35] 이렇게 기도하면 하나님께서 영광을 받으시게 된다(14:13). 이는 예수님의 기도 모습이기도하다. 다시 말하면, 예수님이 아버지의 영광을 위해 살고 기도하셨듯이(17:1, 4), 제자들도 하나님의 영광을 위해 기도해야 한다(14:13). 그래서 링컨은 예수님의 이름으로 기도하는 것은 17장에 나오는 예수님의 고별 기도의 모범을 따라 기도하는 것이라 한다.[36] 예수님을 따라, 아버지의 이름이 거룩하게 되기를; 아버지의 이름으로 제자들이 보호 받기를; 제자들이 진리로 거룩하게 되기를; 제자들이 사랑과 하나 됨을 통해 선교할 수 있기를 기도해야 한다.

요약하자면, 예수님의 이름으로 기도한다는 것은 예수님의 중보를 의지하고, 그와 연합하여, 그의 뜻을 따라 하나님의 영광을 구하며 기도하는 것이다. 이는 결국 마태복음에 나오는 예수님의 기도에 관한 교훈과 일치한다(마 6:9-10, 33).

교훈과 적용

1. 예수님의 사역은 우리의 기도를 통해 계승된다. 심지어 기도를 통해 예수님보다 더 큰일을 할 수 있다. 기도는 나의 뜻을 성취하며, 내 욕망을 채우는 수단이 아니다. 기도를 통해 우리는 하나님의 뜻을 구하며, 하나님 나라를 이 땅에 세울 수 있다. 예수

35. Michaels, *John*, 782.

36. A. T. Lincoln, "God's Name, Jesus' Name and Prayer in the Fourth Gospel," in *Into God's Presence: Prayer in the New Testament*, ed. R. N. Longenecker (Grand Rapids: Eerdmans, 2001), 155-82.

님이 십자가와 부활을 통해 하나님의 뜻을 성취하신 것처럼, 우리는 기도를 통해 하나님의 뜻이 이 땅에서 이루어지도록 하나님께 간구해야 한다.

2. 예수님의 사역은 성령을 통해 계승된다. 제자들과 함께하시던 예수님의 사역은 보혜사 성령에 의해 계승된다. 성령은 제자들과 함께 거하시며, 그들을 진리 가운데로 인도하신다. 영원토록 제자들과 함께 계시며 제자들을 지키신다. 그러므로 우리는 예수님이 보이지 않더라도, 성령을 의지하며 믿음의 삶을 살아야 한다.
3. 예수님의 사역은 계명을 지키는 우리의 삶을 통해 계승된다. 예수님의 제자들은 계명을 지키며 예수님에 대한 사랑을 나타낸다. 우리가 계명을 지킬 때, 예수님이 우리 가운데 나타나신다. 제자들은 계명의 삶을 통해 예수님을 세상에 드러낸다. 부활, 승천하신 예수님은 이제 성령 충만한 제자들의 삶을 통해 자신을 세상에 드러내신다.

4. 보혜사 성령의 역할에 대한 예언(14:25-31)

25 내가 아직 너희와 함께 있어서 이 말을 너희에게 하였거니와 **26** 보혜사
곧 아버지께서 내 이름으로 보내실 성령 그가 너희에게 모든 것을 가르치
고 내가 너희에게 말한 모든 것을 생각나게 하리라 **27** 평안을 너희에게 끼
치노니 곧 나의 평안을 너희에게 주노라 내가 너희에게 주는 것은 세상이
주는 것과 같지 아니하니라 너희는 마음에 근심하지도 말고 두려워하지
도 말라 **28** 내가 갔다가 너희에게로 온다 하는 말을 너희가 들었나니 나를
사랑하였더라면 내가 아버지께로 감을 기뻐하였으리라 아버지는 나보다
크심이라 **29** 이제 일이 일어나기 전에 너희에게 말한 것은 일이 일어날
때에 너희로 믿게 하려 함이라 **30** 이 후에는 내가 너희와 말을 많이 하지
아니하리니 이 세상의 임금이 오겠음이라 그러나 그는 내게 관계할 것이
없으니 **31** 오직 내가 아버지를 사랑하는 것과 아버지께서 명하신 대로 행
하는 것을 세상이 알게 하려 함이로라 일어나라 여기를 떠나자 하시니라

1) 가르치시는 보혜사 성령(14:25-26)

예수님의 사역과 성령의 사역의 연속성이 이 단락에서도 설명된다. 앞서 16절에서 예수님이 성령을 '다른 보혜사'라고 하신 것은 보혜사 예수님과 보혜사 성령 사이에 연속적인 사역이 있다는 것을 시사하신 것이다. 이제 성령께서 예수님의 사역을 계승하시는 것이 좀 더 분명하게 언급된다. 성령은 가르치시는 분으로 묘사되는데, 특히 예수님이 말씀하신 것을 생각나게 함으로 제자들을 가르치신다(26절). 그런데 사실은 예수님이 먼저 가르치시는 분이셨다. 그는 '랍비' 혹은 '선생'(διδάσκαλος, *디다스칼로스*)이라 불림을 받으셨다(1:38, 49; 3:2; 4:31; 6:25; 20:16). 그는 회당(6:59; 18:20)이나 성전(7:14, 35; 8:2, 20; 18:20)에서 가르치셨다. 그는 아버지의 가르침을 따라 가르치는 분이셨다(8:28). 그리고 이제 예수님이 승천하신 다음에는 성령께서 가르치신다(26절). 성령은 예수님의 가르침을 생각나게 하시며, 예수님의 가르침을 계승하신다. 아마도 예수님이 떠나신 후, 성령은 다음 구절에 나오는 평화에 대한 교훈을 생각나게 하실 것이다. 뿐만 아니라, 고별 설교 전체와 그의 공생애 사역 기간 동안에 있었던 예수님의 모든 교훈들을 생각나게 하실 것이다.

"아버지께서 내 이름으로 보내실 성령"(26절)이란 무슨 뜻일까? 성령께서 예수님의 이름으로 오신다는 의미이다. 즉, 성령께서는 예수님을 대신할 뿐만 아니라 예수님의 사역을 계승하고 촉진시키신다.[37] 성령의 사역을 예수님의 사역과 따로 분리해서 생각할 수 없다는 말이다. 예수님은 아버지의 이름으로 이 땅에 오셔서 아버지의 사역을 하셨다(5:43; 10:25). 그리고 이제 성령께서 아들의 이름으로 오셔서 아들의 사역을 하실 것이다. 이런 면에서 성령의 사역은 아버지와 아들 안에서, 아버지와 아들과 함께 이루어진다. 성령은 아버지의 뜻을 따라 아들의 사역을 계승, 발전시키신다.

---

37. Klink III, *John*, 640.

'생각나게 하다'(ὑπομιμνῄσκω, *휘포밈네스코*)(26절)라는 단어는 요한복음에 한 번밖에 등장하지 않고, 신약 전체에서도 7회 사용된다. 요한복음에서는 사람들에게 예수님의 말씀을 생각나게 하고, 그들을 가르치는 것이 성령의 사역으로 묘사된다. 서신서에서는 이러한 사역이 사도들의 사역이며, 목회자들의 사역으로 소개된다(딤후 2:14; 딛 3:1; 벧후 1:12; 유 5). 따라서 우리는 성령께서 말씀 사역자들을 통해, 예수님의 말씀을 지속적으로 생각나게 하신다는 것을 알 수 있다. 말씀 사역자는 예수님의 사역을 계승하는 자이며, 성령의 도구가 되어 예수님의 말씀을 성도들에게 가르치는 자이다. 이런 이유로 사도 바울은 하나님 말씀을 혼잡하게 하지 않고 진리를 드러내려 힘썼다(고후 4:2). '혼잡하게 하다'를 위해 쓰인 헬라어 동사 δολόω(*돌로오*)는 불순물을 섞거나 왜곡시키는 것을 뜻한다. 말씀 사역자는 예수님이 하나님의 말씀을 가르치셨다는 것을 기억하고, 그 예수님의 말씀에 불순물을 섞거나 왜곡시키지 말아야 한다. 성령께서 가르치시기 원하는 예수님의 진리의 말씀을 잘 보존해서 바르게 전파하고 계승시켜야 한다.

2) 성령으로 다시 오시는 예수님(14:27-28)

'평안'(εἰρήνη, *에이레네*)이라는 주제가 등장한다(27절). 평화의 인사는 유대인의 일반 관습이다. 그러나 본문에 나오는 예수님의 '평안'은 그 이상이다. 여기에는 종말론적 성취 개념이 들어 있다. 구약에서 '평화'는 메시야 시대의 표시였다(사 9:6-7; 겔 37:26). 이제 예수님은 하나님의 아들, 메시야로서 제자들에게 '평화'를 주신다(참고. 20:19, 21, 26). 그러나 예수님의 평화는 세상이 주는 평화와 다르다. 로마 제국의 첫 번째 황제인 아우구스투스(BC 30 - AD 14)는 '평화의 제단'(Ara Pacis)을 세우고, 그의 통치가 평화의 시대를 가져온다는 것을 과시하려 했다.[38] 이 시기부터 소위 '로마의 평

38. Beasley-Murray, *John*, 262.

화'(Pax Romana)라 일컬어지는 시대가 2세기까지 이어지게 된다. 당시 로마 제국 안에는 로마 황제가 그의 강력한 군사력으로 전쟁을 종식시키고, 세상에 평화를 가져다준다는 신념이 유행하였다. 그러나 예수님이 주시는 평화는 로마 황제가 가져다주는 평화와 달랐다. 로마 황제의 평화는 무력으로 적들을 제압하는 것이었지만, 예수님은 희생으로 세상에 평화를 주려 하셨다(18:11, 36). 또한 예수님은 제자들에게 근심하지 말고 두려워하지 말라 하신다(27절하). 예수님의 평화의 메시지가 근심하는 제자들을 대상으로 하고 있다는 것을 알 수 있다. (신구약에 나오는 평화의 개념에 대해서는 16장 특주를 참고하라)

"너희는 마음에 근심하지 말라"(μὴ ταρασσέσθω ὑμῶν ἡ καρδία, *메 타라쎄스또 휘몬 헤 카르디아*)는 표현이 다시 반복된다(1, 27절). 1절에서는 예수님의 떠남을 두려워하는 제자들을 진정시키며, 그들을 위한 아버지의 집이 있다는 소식으로 그들을 위로하셨다. 이제 27절에서 예수님은 세상이 줄 수 없는 평안을 주시면서 그들을 또한 위로하신다. 1절과 27절이 인클루지오(inclusio) 구조를 이루어, 14장 전체가 근심하는 제자들을 위한 예수님의 격려임을 나타낸다.

14장에서 예수님은 제자들에게 '갔다가 다시 온다'는 말씀을 계속해서 하신다(2-3, 18, 28절). 이는 예수님이 성령으로 다시 오신다는 말씀이다. 그러므로 제자들은 그의 가심을 기뻐해야 한다. 승천하신 예수님은 아버지께 성령을 받아 제자들에게 보내실 것이고, 또한 그가 직접 하늘에서 아버지께 그들을 위해 기도하실 것이기 때문이다. 아버지 하나님은 아들 예수님보다 크시다(28절하). 이 말은 삼위 하나님 안에 어떤 본질적 차별이나 우열이 있다는 말이 아니다. 다음의 두 가지 해석 가능성이 있다.[39] 첫째, 성육신하신 아들과 비교해 아버지가 크시다는 뜻이다. 성육신하신 인간 예수님의 상태에

---

39. Whitacre, *John*, 366-7; Carson, *John*, 507-8.

비해 아버지는 크신 분이다. 둘째, 삼위 하나님 안에는 본질의 차이가 아니라 위격적 역할의 구분이 있다. 하나님 아버지는 보내는 분이고, 아들 예수님은 보냄 받은 분이다. 아버지는 계획하는 분이고, 아들은 실행하는 분이다. 이런 차원에서 아버지는 아들보다 크신 분이다. 이제 예수님은 그가 아버지께 돌아가고 성령이 오시는 이 모든 구원 역사가 아버지 하나님의 계획 안에 있는 것임을 고백하신다. 그래서 제자들은 근심하지 말고 아버지의 계획 안에 있는 아들의 떠나심과 성령으로 다시 오심을 마땅히 기뻐해야 한다.

3) 제자들의 믿음을 위한 예수님의 예언(14:29-31)

예수님은 제자들의 믿음을 위해 앞으로 일어날 일을 미리 말씀하신다(29절). 제자들은 예수님의 예언의 성취를 보며, 예수님을 굳게 믿어야 한다. '믿음'은 요한복음 전체의 기록 목적이다. 요한복음은 표적의 책이고, 표적을 기록한 목적은 읽는 사람들이 예수님을 믿고 생명을 얻도록 하기 위해서이다(20:30-31). 다시 말하면, 예수님이 행하신 표적은 사람들의 믿음을 위한 것이었다. 그래서 예수님이 표적을 행하신 후 사람들이 그를 믿었다는 말이 반복해서 나온다(2:11; 4:53; 6:69; 9:36 등). 심지어 11:15에서 예수님은 나사로를 살리시는 그의 표적이 제자들의 믿음을 위한 것이라 분명히 밝히신다. 그런데 이러한 믿음은 예수님의 말씀의 목표이기도 한다. 예수님의 예언의 말씀이 성취될 때, 사람들은 예수님이 누구신지를 믿고 영생을 얻는다. 따라서 예수님은 사람들의 믿음을 위해 말씀하시고 행하셨다. 믿음을 위해 오셨고, 믿음을 위해 말씀하셨고, 믿음을 위해 표적을 행하셨고, 그리고 믿음을 위해 죽으시고 부활하셨다.

"이후에는 내가 너희와 말을 많이 하지 아니 하리니"(30절)는 예수님의 체포와 죽음을 암시한다.[40] '이 세상 임금'이 오기 때문이다. 그러나 여기서

---

40. Köstenberger, *John*, 445.

말을 많이 하지 않는 주어가 예수님이라는 사실에 주목할 필요가 있다. 즉, 예수님의 체포와 죽음이 능동적으로 표현되어 있다. 다시 말하면, 예수님은 십자가 위에서 죽으신 희생자시지만, 그를 믿는 자에게 영생을 주시기 위해 기꺼이 자신을 희생하시는 구원자시다. 예수님의 주도적인 구원 사역을 짐작케 하는 표현이다.

'이 세상 임금'(30절)은 요한복음에서 세 번 등장하는데(12:31; 14:30; 16:11), 사탄을 일컫는 말이다. "그는 내게 관계할 것이 없다"(30절)는 예수님의 말씀은 사탄이 예수님의 구속 사역(아버지께 돌아갔다 다시 옴)에 어떠한 힘도 발휘하지 못할 것이라는 뜻이다. 예수님 스스로 하나님을 사랑하시고 그의 명령을 순종하시기 때문에 이 모든 일이 일어난다는 말이다(31절). 다시 말하면, 사탄은 하나님의 구원 계획이나 예수님의 주권적인 뜻에 그 어떤 영향도 끼치지 못한다는 말이다.

"일어나라 여기를 떠나자"(31절)는 예수님의 고별 강화를 두 부분으로 나눌 수 있게 해준다. 학자에 따라 15장 이후의 고별 강화를 예수님이 어디에서 말씀하셨는지에 대해 다양한 주장이 제기된다.[41] 예수님이 그의 제자들과 다락방을 떠나 이동하시면서 나머지 고별 강화를 말씀하셨다는 주장이 있다. 다른 한편, 예수님과 제자들이 다락방을 떠날 준비를 천천히 하면서 나머지 고별 강화도 여전히 다락방 안에서 하셨을 것이라 주장하는 학자들도 있다. 그 외 여러 다른 주장들이 있지만, 예수님이 나머지 고별 강화를 어디에서 하셨는지는 정확하게 알 수 없다. 요한복음 저자도 그것을 정확하게 밝히지 않고, 다만 독자들로 하여금 예수님이 하신 말씀에 집중하게 한다.

---

41. 다양한 주장은 다음을 참고. Borchert, *John 12-21*, NAC (Nashville: B&H, 1996), 136-7.

※ 특주: 보혜사 성령

보혜사(保惠師)로서 성령의 모습은 고별 강화에서만 독특하게 나타난다(14:16, 26; 15:26; 16:7).[42] 헬라어 παράκλητος(*파라클레토스*)를 번역한 이 단어는 영어성경에서 Comforter(위로자), Counselor(상담자), Intercessor(중보자), Advocate(변호자), Helper(조력자) 등으로 번역된다. 번역이 다양하다는 것은 그만큼 하나의 단어로 원래의 뜻을 충분히 담아내기가 쉽지 않다는 뜻이다. 따라서 가장 포괄적인 개념인 Helper(조력자)가 그나마 *파라클레토스*의 의미를 담아내기에 좀 더 적당하지 않을까 생각된다. 고별 강화에 나오는 *파라클레토스*의 역할은 7가지가 되는데, 이를 크게 세 종류로 나누면 다음과 같다.

1. 보혜사 성령은 신자와 예수님의 말씀을 연결하신다

1) 가르치시는 보혜사(14:26). 이 구절에서 보혜사는 '거룩한 영' 곧 성령으로 일컬어진다. 하나님께서는 성령을 예수님의 이름으로 보내셨다. 이것은 무슨 뜻인가? 이는 성령이 예수님의 사역을 계승하신다는 뜻이다.[43] 성령은 가르치시는 분으로 우리 가운데 오셨다. 그런데 그 가르침은 새로운 가르침이 아니며, 예수님이 말씀하신 것을 생각나게 하는 것이다.[44] 따라서 예수님의 가르침과 다른, 성령을 통한 직통 계시를 주장하는 사람들은 성경이 말씀하시는 성령의 사역에서 벗어난 주장을 하는 것이다.

---

42. 요일 2:1에서도 *파라클레토스*가 등장하는데, 예수님을 가리키는 호칭이다.
43. Carson, *John*, 505; 한편 브라운은 '내 이름으로'가 요한복음에서 연합을 의미하기 때문에, 여기서는 아버지와 아들의 연합을 통한 성령의 파송으로 이해한다. Brown, *John XIII-XXI*, 650.
44. Morris, *John*, 583.

2) 장래 일을 말씀하시는 보혜사(16:13). 장래 일을 말씀하신다는 것은 어떤 특별한 새로운 계시를 일컫는 것이 아니다. 예수님이 그리고 구약에서 하나님이 말씀하신 것들이 성령 안에서 잘 이해되는 것이다. 이것은 예수님의 죽음과 부활에 대한 말씀일 수도 있고(예수님에게는 이것도 장래 일), 세상 끝에 대한 종말론적 사건들(예를 들면 요한계시록)을 가리킬 수도 있다.[45] 물론 다른 의견도 있는데, 예수님을 통해서 주신 계시를 성령이 오셔서 더 깊이 이해하도록 하는 것이다. 다시 말하면 계시를 제자들의 상황에 맞게 이해하도록 도와준다는 말이다.[46]

2. 보혜사 성령은 신자와 삶을 연결하신다

1) 사랑의 삶(14:15). 진리의 영이신 보혜사 성령이 신자와 함께하는 또 다른 이유는 신자들로 하여금 예수님의 계명을 지키게 하는 데에 있다(14:15). 보혜사 성령을 설명하는 구절이(14:16-17) 예수님이 계명을 지키라는 명령을 주시는 문맥(14:15-21) 속에 위치해 있기 때문이다. 그렇다면 계명을 지킨다는 것은 무엇인가? 앞서 예수님은 제자들에게 새 계명을 주셨다(13:34). 그러므로 보혜사 성령은 신자와 함께하셔서 신자들로 하여금 새 계명, 즉 사랑의 삶을 살게 하신다.

2) 증언의 삶(15:26). 보혜사 성령과 예수님의 친밀한 관계가 더욱 강조되는 구절이다. 성령을 보내시는 분이 예수님이시고, 성령이 증언하시는 분이 예수님이시다. 성령의 증언은 선교적 상황을 전제

---

45. Carson, *John*, 540.

46. Köstenberger, *John*, 474.

하기도 하지만, 법정 상황을 전제할 수도 있다.[47] 다시 말하면, 예수님의 제자들이 복음을 전하지만, 그 선교를 실질적으로 주도하시는 분은 성령이라는 말이다. 또한 예수님의 제자들이 세상 법정에서 사람들의 비판에 직면할 때, 기독교 복음을 주도적으로 변증하시는 분이 성령이시라는 말이다(예. 행 5:32). 이것은 아마 제자 공동체에 큰 위로가 되었을 것이다.

3) 인도 받는 삶(16:13-15). 보혜사 성령은 신자들을 진리로 인도하신다. '인도하다'(ὁδηγέω, *호데게오*)는 출애굽에서 이스라엘을 인도하시는 하나님을 떠올리게 한다(출 13:17; 15:13; 32:34; 민 24:8; 신 1:33; 삼하 7:23; 대상 17:21). 요한계시록에서는 목자 되신 예수님이 천상에서 자기 백성을 복락으로 인도하실 때 사용된다(계 7:17). 성령께서 신자들을 인도하실 때는 들은 것을 말씀하신다. 예수님도 또한 아버지께 들은 것을 말씀하셨다(8:26-28; 12:49-50). 이제 성령께서는 말씀을 통해 그 백성을 인도하신다.

3. 보혜사 성령은 신자와 영적 안목을 연결하신다

1) 함께하시는 또 다른 보혜사(14:16-17). 또 다른(ἄλλος, *알로스*) 보혜사란 말은 예수님 자신도 보혜사로서 이 땅에 계셨다는 뜻이다. 헬라어로 '다른'을 뜻하는 두 개의 단어가 있다. ἕτερος(*헤테로스*)는 다른 종류(different kind)를 뜻하고, *알로스*는 같은 종류(same but another kind)를 뜻한다. 따라서 예수님의 사역과 성령의 사역에는 연속성이 있다는 말이다. 그렇다면 예수님과 성령의 사역에는 어떤 연속성이 있는가?

47. Köstenberger, *John*, 468.

진리의 영은 예수님과 성령의 연속성을 암시한다. 예수님의 주요 사역은 진리를 드러내는 것이었고(8;45), 심지어 예수님 자신이 진리셨다(14:6). 그런데 이제는 성령께서 진리를 드러내시고, 진리를 가르치시고, 진리를 증언하신다(14:17; 15:26; 16:13). 또한 예수님(3:17; 10:36)과 성령(14:26)은 하나님께로부터 보냄을 받았다(14:26). 이러한 성령이 영원토록 신자와 함께 계신다. 신자 속에 거하신다. 예수님이 떠나시고, 이제 성령이 신자와 함께하심으로 예수님의 사역을 계속해서 신자 속에 행하신다(14:23). 세상은 이러한 성령을 알지도 못하고 받지도 못하지만, 신자는 성령을 받고 성령을 알고 성령과 함께 살아가는 자이다.

2) 하나님의 법정을 기억하게 한다(16:7-11). 보혜사 성령은 오셔서 3가지 분야에서 세상의 잘못을 지적하고 책망하신다. 첫째, 세상의 죄를 책망하시는데, 왜냐하면 세상이 예수님을 믿지 않기 때문이다. 불신은 곧 죄이다. 둘째, 세상의 의를 책망하시는데, 그들은 의롭다고 스스로 생각하지만, 사실은 예수님과 예수님의 말씀을 거부하는 불의를 행하는 자들이다(15:22, 24). 예수님이 아버지께로 돌아가시는 그의 부활과 승천은 예수님의 의와 세상의 불의를 증명한다.[48] 성령께서 오셔서 믿지 않는 그들의 불의를 책망하신다. 셋째, 세상의 심판을 책망하신다. 세상은 예수님을 정죄하고 심판하였다.

---

48. 두 번째 책망에 대해서는 학자들의 견해가 나뉜다. 카슨을 비롯해 많은 학자들은 의(righteousness)에 대한 책망을 불신으로 나타난 세상의 불의(unrighteousness)에 대한 책망으로 본다. D. A. Carson, "The Function of the Paraclete in John 16:7-11," *JBL* 98(1978), 561-2; 그러나 링컨은 예수님의 의에 기초해서 세상을 책망한다고 한다. 세상은 예수님을 불의하다고 책망하였다(십자가). 그러나 이제 예수님이 아버지께 감으로써 예수님의 의로우심이 증명되었다. 그래서 세상은 책망 받아 마땅하다는 것이다. Lincoln, *Truth on Trial*, 117-9.

그러나 이제 예수님이 세상을 심판하시는데, 예수님의 십자가는 속죄의 의미도 있지만, 세상 임금에 대한 하나님의 심판을 나타낸다(12:31).[49] 예수님의 부활과 승천은 예수님에 대한 세상의 심판이 잘못이라는 것을 증명한다. 따라서 보혜사 성령께서 오셔서, 세상의 심판이 잘못되었다는 것을 드러내신다.

이러한 성령의 책망은 하나님의 최후 법정에서 심판 당할 세상에 대한 경고이다. 동시에 세상의 심판 때문에 고통 당하는 성도들을 위한 위로이다. 따라서 세상의 심판으로 고통 받는 예수님의 제자들은 예수님의 승리, 성령의 책망, 하나님의 최후 심판을 기억하며 믿음의 삶을 살아야 한다.

교훈과 적용

1. 예수님은 제자들을 위해 성령을 주셨다. 우리를 가르치시기 위해 성령을 주셨다. 성령은 우리에게 오셔서 예수님의 말씀을 가르치신다. 예수님의 말씀을 생각나게 하고, 그 말씀이 무슨 뜻인지 깨닫게 해주신다. 그리스도인은 성령을 통해 예수님의 가르침을 따라 사는 사람들이다. 오늘날 많은 사람들이 이런 가르침 대신에 세상의 흐름을 따라 간다. 진정한 그리스도인이라 할 수 없다. 성령을 따라, 예수님의 가르침대로 사는 사람이 그리스도인이다.
2. 예수님은 제자들을 위해 평화를 주셨다. 제자들은 예수님의 떠나심을 걱정하였다. 그러나 예수님은 세상이 알 수도 없고, 줄 수도 없는 평화를 주셨다. 예수님의 사랑과 말씀으로 말미암는 평화요, 예수님이 보내시는 성령으로 말미암은 평화이다. 오늘날도 많은 걱정과 근심이 그리스도인의 마음을 위협하고 있다. 예수님은 우리의 근심을 없애시기 위해 평화를 주신다. 주님이 주시는 평화로 세상을 이겨야 하겠다.

---

49. 이 세상 임금이 심판 받았다는 것이 완료형으로 쓰였는데, 예기적 표현(proleptical expression, 나중에 일어날 일을 미리 앞당겨 기술하는 표현)이다.

3. 예수님은 제자들을 위해 예언을 주셨다. 예수님은 제자들의 믿음을 굳건하게 하시기 위해, 미리 장래 일을 말씀하셨다. 그의 떠나심과 성령의 오심을 말씀하시며 제자들을 굳건하게 하셨다. 예수님은 끊임없이 제자들의 믿음을 독려하셨다. 그래서 최후에 믿음의 승리를 할 수 있도록 도우셨다. 오늘날 우리에게 여러 가지 믿음의 시련이 닥칠 때마다 예수님의 이러한 마음을 기억해야 한다. 우리의 믿음을 끊임없이 도우시는 주님을 의지하며 인내해야 한다.

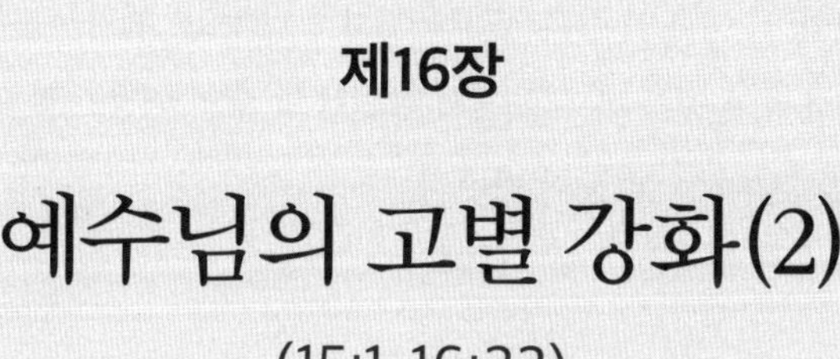

제16장

예수님의 고별 강화(2)

(15:1-16:33)

본문 개요

앞서 언급한 바와 같이, 일관된 주제가 고별 강화 전체(13:31-16:33)에 흐르고 있다. 그의 떠남을 걱정하는 제자들에게, 예수님은 자신이 떠난 후 다시 온다는 것을 강조하신다. 성령이 제자들과 함께하실 것을 예고하신다. 이러한 예수님의 떠남과 성령으로 다시 오심을 바탕으로 예수님은 제자들이 믿음의 삶을 살도록 격려하신다. 그러나 편의상 예수님 고별 강화를 만찬 강화(13:31-14:31)와 그 이후의 강화(15:1-16:33)로 나누고, 여기서는 후반부 강화를 다루도록 하겠다. 후반부 강화에서는 믿음의 삶의 내용으로 열매 맺는 삶, 기도하는 삶, 사랑하는 삶 등이 나온다.

내용 분해

1. 포도나무와 가지 비유(15:1-6)
   1) 두 종류의 가지(15:1-3)
   2) 열매 맺는 가지(15:4-5)
   3) 열매를 맺지 않는 가지(15:6)
2. 열매 맺는 삶의 종류(15:7-17)
   1) 기도로 열매 맺는 삶(15:7-8)
   2) 사랑으로 열매 맺는 삶(15:9-15)
   3) 기도와 사랑으로 열매 맺는 삶(15:16-17)

   *특주: 포도나무와 가지 비유 해석을 위한 3가지 논쟁
3. 세상의 핍박 속에서 열매 맺는 삶(15:18-27)
   1) 세상의 핍박(15:18-20)
   2) 세상의 근본적인 죄(15:21-25)

3) 세상의 핍박 속에서 증언하는 삶(15:26-27)

4. 세상의 핍박과 보혜사 성령의 역할(16:1-15)

1) 세상의 핍박(16:1-4)

2) 보혜사 성령의 세상 책망(16:5-12)

3) 보혜사 성령의 인도(16:13-15)

5. 예수님의 여정(16:16-24)

1) 예수님의 여정에 대한 제자들의 의문(16:16-18)

2) 예수님의 여정에 대한 예수님의 설명(16:19-22)

3) 예수님의 여정 속에서 제자들의 특권(16:23-24)

6. 예수님의 여정에 대한 제자들의 이해(16:25-33)

1) 하나님과 사랑의 관계 속에서 기도하기(16:25-27)

2) 예수님의 여정에 대한 분명한 언급과 제자들의 이해(16:28-30)

3) 예수님의 세상을 이기심(16:31-33)

*특주: 예수 그리스도의 평화

본문 주해

1. 포도나무와 가지 비유(15:1-6)

1 나는 참포도나무요 내 아버지는 농부라 **2** 무릇 내게 붙어 있어 열매를 맺
지 아니하는 가지는 아버지께서 그것을 제거해 버리시고 무릇 열매를 맺
는 가지는 더 열매를 맺게 하려 하여 그것을 깨끗하게 하시느니라 **3** 너희
는 내가 일러준 말로 이미 깨끗하여졌으니 **4** 내 안에 거하라 나도 너희 안
에 거하리라 가지가 포도나무에 붙어 있지 아니하면 스스로 열매를 맺을
수 없음 같이 너희도 내 안에 있지 아니하면 그러하리라 **5** 나는 포도나무

요 너희는 가지라 그가 내 안에, 내가 그 안에 거하면 사람이 열매를 많이 맺나니 나를 떠나서는 너희가 아무것도 할 수 없음이라 **6** 사람이 내 안에 거하지 아니하면 가지처럼 밖에 버려져 마르나니 사람들이 그것을 모아다가 불에 던져 사르느니라

1) 두 종류의 가지(15:1-3)

예수님은 자신을 '참 포도나무'로, 하나님을 '농부'로 묘사하신다(1절). 요한복음에서 예수님의 대표적인 자기 계시 표현인 *에고 에이미*가 등장한다(참고. 6:35; 8:12; 10:7, 11; 11:25; 14:6). 예수님은 자신을 참 포도나무로 계시하시며 자신과 신자들의 정체성을 설명하신다. '포도나무'는 구약에서 하나님께 죄를 범하여, 심판 받는 이스라엘을 묘사할 때 자주 사용된다(예. 사 5:1-7; 렘 2:21; 5:10; 12:10; 겔 15:1-8; 17:1-24; 호 10:1). 그러나 카슨이 잘 지적하였듯이, 시편 80:8-15은 포도나무로서 이스라엘의 회복을 기원하는데, 포도나무와 가지 비유의 가장 유력한 구약 배경이 될 수 있다.[1] 특히 시편 80:15은 이스라엘을 가리켜, "주의 오른 손으로 심으신 줄기요, 주를 위하여 힘 있게 하신 아들(가지)"이라 한다. 개역개정에서 '가지'로 번역한 히브리어 원어는 아들을 뜻하는 בן(*벤*)이다. 시편 기자는 하나님의 아들인 이스라엘이 회복되도록 하나님께서 왕을 힘 있게 하여 달라고 기원한다(시 80:17). 이때 '인자'(son of man)라는 표현이 나온다. 다시 말하면, 하나님께서 인자인 왕을 통해 하나님의 아들이요 포도나무인 이스라엘을 회복해 달라고 기원하는 것이다. 만약, 시편 80편이 요한복음의 포도나무와 가지 비유의 주요한 배경이라면, 시편 기자의 기원이 예수님 안에서 성취된다고 볼 수도 있다.[2]

---

1. Carson, *John*, 513.
2. D. Wenham, *The Parables of Jesus* (Downers Grove: IVP, 1989), 199-201; A. Streett, *The Vine and the Son of Man: Eschatological Interpretation of Psalm 80 in Early Judaism* (Minneapolis: Fortress, 2014), 209-22.

특히 예수님은 포도나무인 이스라엘의 회복을 위해 자신을 참 포도나무로 제시하신다. 즉, 참 이스라엘인 자신에게 연결될 때, 이스라엘은 온전히 회복될 수 있다고 선언하신다. 인자이신 예수님은 하늘의 진리를 계시하시고, 십자가를 통해 세상 죄를 제거하신다. 계시와 속죄를 통해 회복의 길을 열어 놓으신 예수님과 온전히 연합할 때, 사람들은 진정한 이스라엘이 될 수 있다. 예수님을 통해 새 이스라엘 공동체가 세워진다. 교회는 예수님을 중심으로 하는 새 이스라엘 공동체이다. 농부로서 하나님의 역할은 다음 구절에 구체적으로 나온다(2절).

"내게 붙어 있어 열매를 맺지 아니하는 가지"(2절)는 직역하면 "열매를 맺지 아니하는 내 안의 가지"가 된다. 예수님 안에 있는데, 과연 열매를 맺지 않는 것이 가능할까? 여기에 대해서는 그동안 많은 논쟁이 있어 왔다. (자세한 논의는 특주를 참조하라) 결론적으로 말하면, 이는 예수님에 대한 참된 믿음이 없는 형식적인 믿음의 소유자를 가리킨다. 겉으로는 믿음이 있는 것처럼 보이지만, 사실은 진정한 회개도, 바른 지식도, 참된 신뢰도 없는 사람이다. 그래서 삶의 열매도 없다. 이런 사람은 열매가 없을 뿐 아니라, 결국 아버지에 의해 제거된다. 열매 없는 가지에 대한 아버지의 처분은 6절에서 더 구체적으로 설명된다. 아버지께로부터 끔찍한 심판을 받게 된다는 것이 예수님 말씀의 요지이다.

그러나 열매를 맺는 가지는 아버지께서 깨끗하게 하여 열매를 더 맺을 수 있게 하신다. '깨끗하게 하다'(2절)(καθαίρω, *카따이로*)는 무엇을 말할까? 이는 포도 열매를 맺는 가지에 더 영양분이 공급되도록 나머지 잔가지를 잘라내는 가지치기를 일컫는다. 그렇다면, 하나님께서 그리스도인들이 더 풍성한 열매를 맺도록 깨끗하게 하시는 것은 무엇을 뜻하는가? 카슨은 이것을 그리스도인의 훈련으로 해석한다.[3] 그리스도인이 성화를 이루기 위해 하

3. Carson, *John*, 514.

나님으로부터 받는 고통스런 훈련이라 한다(참고. 히 12:4-11). 이를 통해 그리스도인은 윤리적으로 좀 더 성숙한 삶을 살게 된다. 그러므로 이를 도덕적 깨끗함(정결)이라 할 수 있겠다. 다른 한편, '깨끗하게 하다'(2절)는 이어지는 구절과의 관계 속에서 해석될 수도 있다. 제자들은 예수님의 말씀으로 이미 깨끗한(καθαρός, *카따로스*) 상태가 되었다(3절). 이는 세족식에서 예수님이 베드로에게 하신 말씀과 같다(13:10). 제자들은 예수님의 계시의 말씀을 통해, 그 말씀을 믿어 영생을 얻고 깨끗하게 되었다. 따라서 2절에 나오는, 아버지께서 이미 깨끗하게 된 자를 다시 깨끗하게 하시는 것은 세족의 의미와 관련이 있다. 일종의 제의적 정결이라고 볼 수 있는데, 십자가 보혈을 통해 깨끗하게 되는 것을 말한다. 십자가 보혈을 통한 정결은 그리스도인의 최초의 믿음에도 필요하지만, 그리스도인의 성화에 지속적으로 필요하다(요일 1:7, 9). 따라서 3절이 말하는 '깨끗함'이란 계시의 말씀을 통한 그리스도인의 정결이고, 2절은 하나님의 훈련을 통한 도덕적 정결, 혹은 십자가를 통한 제의적 정결을 의미한다고 할 수 있다.

2) 열매 맺는 가지(15:4-5)

그리스도 예수 안에서 그의 말씀으로 깨끗하게 된 그리스도인은 계속해서 그리스도 안에 머물러야 한다(4절). 그리스도에 대한 참된 믿음을 통해 날마다 정결하게 되어야 한다. 진정한 회개와 굳은 신뢰로 계속해서 예수님과 예수님의 말씀을 의지해야 한다. 이것이 예수님 안에 거하는 것이다. 이런 그리스도인 안에 포도나무이신 예수님이 거하신다(5절). 예수님과 그리스도인의 상호 거주는 믿음을 통해 이루어진다. 믿음으로 생명의 원천이신 예수님 안에 거하는 자는 열매를 맺는다(열매의 종류에 대해서는 특주를 참조하라). 왜냐하면 예수님이 그 안에 거하시기 때문이다.

'나를 떠나서'(χωρὶς ἐμοῦ, *코리스 에무*)(5절)는 1:3을 생각나게 한다. 태초에 '그가 없이'(χωρὶς αὐτοῦ, *코리스 아우투*)는 어떤 것도 존재할 수 없었다는 말씀이다. 예수님은 모든 피조물을 있게 만드는 통로셨다. 만물이 그로 말미암아 창조되었다. 이러한 예수님의 역할은 창조 사역에만 머물지 않는다. 우리 존재뿐 아니라, 우리의 삶에도 예수님의 역할은 필수적이다. 왜냐하면 예수님을 떠나서는 그 누구도 아무런 열매를 맺지 못하기 때문이다. 오직 예수님과 함께하는 자만이 영생을 얻고, 영생에 합당한 열매를 맺는다.

3) 열매를 맺지 않는 가지(15:6)

그러나 이러한 믿음에 거하지 않는 자는, 다시 말하면 그리스도 안에 거하지 않는 자는 열매를 맺지 못한다(4절). 그리스도에 대한 불신이나, 형식적인 믿음은 정결과 거리가 멀기 때문이다. 이들은 밖에 버려지고, 불에 던져진다(6절). '불'은 하나님의 심판을 상징하는 대표적인 표현이다(시 11:6; 사 30:27; 암 4:11; 마 3:12; 25:41; 히 12:29; 벧후 3:10; 계 20:14). 구약은 신실하지 못한 포도나무를 불로 심판하시는 하나님을 언급한다(겔 15:1-8). 포도나무 가지의 불 심판을 지옥 심판으로 간주하는 학자들도 있다.[4] 왜냐하면 신약에서 지옥(ᾅδης, *하데스*)을 불의 고통과 연결 짓는 구절이 있기 때문이다(마 5:22; 18:9; 막 9:43; 약 3:6). 누가복음은 음부(γέεννα, *게엔나*)에서 불의 고통을 당하는 부자의 모습을 이야기한다(눅 16:23-24). 요한계시록에는 지옥이라는 말은 없지만, 하나님을 대적하는 자들은 둘째 사망을 당하여 불못에 던져진다는 표현이 있다(계 20:10, 14, 15; 21:8). 이에 반해 요한복음에는 지옥이나 음부라는 단어가 등장하지 않고, 불이라는 말도 오직 이 구절에만 나온다. 그러나 최후 심판에 대해서는 분명한 언급이 있다. 하나님이 마지막 날에 심판할 것이며(12:48), 죽은 자들도 부활하여 심판 받을 것이라 한다(5:29).

---

4. D. C. Allison Jr, *Resurrecting Jesus: The Earliest Christian Tradition and Its Interpreters* (New York: T&T Clark, 2005), 74.

교훈과 적용

1. 예수님의 말씀으로 우리는 열매를 맺을 수 있다. 그리스도인은 예수님의 말씀으로 깨끗하게 된 사람들이다. 말씀으로 깨끗하게 되어, 그리스도와 연결된 사람들이다. 그리고 지속적으로 말씀을 통해 그리스도 안에서 변화되는 사람들이다. 이런 사람들이 그리스도인으로서 열매를 맺는다. 말씀을 통해 주님을 영접하고, 말씀을 통해 회개하며, 말씀을 통해 삶이 변하는 사람들이다. 이와 같이 예수님의 말씀은 우리의 믿음과 삶의 변화를 이끄는 핵심 통로이다.
2. 예수님의 보혈로 우리는 열매를 맺을 수 있다. 그리스도인은 예수님의 보혈로 깨끗하게 된 사람들이다. 예수님의 보혈로 그리스도와 연결된다. 그리고 지속적으로 예수님의 보혈 안에서 회개하여, 거룩한 삶을 사는 사람들이다. 이런 사람들이 그리스도인으로서 열매를 맺는다. 예수님의 보혈을 믿고 처음에 그리스도인이 된 후, 보혈의 능력으로 그리스도인다운 삶을 산다.
3. 하나님의 훈련으로 우리는 열매를 맺을 수 있다. 하나님은 그리스도인의 모난 부분을 다듬으시고, 삐뚤어진 부분을 바로 잡으신다. 그래서 그리스도인의 인격과 삶에 참다운 성화의 모습이 나타나게 하신다. 이러한 하나님의 훈련은 때로는 고난의 모습으로, 때로는 징계의 모습으로 나타난다. 그리스도인은 이러한 어려움을 만날지라도 실망하지 말고 인내하여 그리스도인다운 열매를 맺어야 한다.

2. 열매 맺는 삶의 종류(15:7-17)

7 너희가 내 안에 거하고 내 말이 너희 안에 거하면 무엇이든지 원하는 대
로 구하라 그리하면 이루리라 **8** 너희가 열매를 많이 맺으면 내 아버지께
서 영광을 받으실 것이요 너희는 내 제자가 되리라 **9** 아버지께서 나를 사
랑하신 것 같이 나도 너희를 사랑하였으니 나의 사랑 안에 거하라 **10** 내가
아버지의 계명을 지켜 그의 사랑 안에 거하는 것 같이 너희도 내 계명을
지키면 내 사랑 안에 거하리라 **11** 내가 이것을 너희에게 이름은 내 기쁨이
너희 안에 있어 너희 기쁨을 충만하게 하려 함이라 **12** 내 계명은 곧 내가
너희를 사랑한 것 같이 너희도 서로 사랑하라 하는 이것이니라 **13** 사람이

친구를 위하여 자기 목숨을 버리면 이보다 더 큰 사랑이 없나니 14 너희
는 내가 명하는 대로 행하면 곧 나의 친구라 15 이제부터는 너희를 종이라
하지 아니하리니 종은 주인이 하는 것을 알지 못함이라 너희를 친구라 하
였노니 내가 내 아버지께 들은 것을 다 너희에게 알게 하였음이라 16 너희
가 나를 택한 것이 아니요 내가 너희를 택하여 세웠나니 이는 너희로 가
서 열매를 맺게 하고 또 너희 열매가 항상 있게 하여 내 이름으로 아버지
께 무엇을 구하든지 다 받게 하려 함이라 17 내가 이것을 너희에게 명함은
너희로 서로 사랑하게 하려 함이라

1) 기도로 열매 맺는 삶(15:7-8)

예수님 안에 거하는 자에게는 예수님의 말씀이 그 안에 거한다(7절). 예수님은 말씀으로 그와 함께하신다. 그리스도인은 예수님의 말씀에 의해 정결하게 된다(3절). 말씀을 믿고 신뢰할 때, 예수님이 그 안에 거하신다. 말씀을 통한 예수님과 그리스도인의 상호 거주는 그로 하여금 기도 응답을 받게 한다. 이는 그리스도인이 참 믿음으로 예수님 안에 거하는 삶을 살 때, 그 기도 응답이 이루어진다는 말이다. 이때 기도는 자기 욕심을 채우기 위한 기도가 아니라, 예수님과의 참된 연합을 통해 예수님의 뜻을 구하는 기도이다. 그렇기 때문에 이런 기도는 많은 열매를 맺고, 아버지께 영광이 된다(8절).

“너희는 내 제자가 되리라”(8절)는 열매를 맺는 삶, 아버지께 영광을 돌리는 삶, 그리고 제자도가 깊이 관련 있다는 것을 보여준다. 7절에는 예수님 안에 거하는 삶은 예수님의 말씀이 그 사람 안에 거하는 삶이라 했다. 이러한 사람은 기도의 열매를 맺는다. 7-8절을 종합해 볼 때, 말씀과 기도, 열매와 하나님의 영광은 그리스도인의 모습을 전체적으로 표현한다. 그래서 이러한 그리스도인을 예수님은 ‘내 제자’라 하신다(참고. 8:31). 그렇다면 이러한 말씀과 기도, 열매와 하나님의 영광이 없으면 예수님의 제자가 아닌가? 본문은 마치 이러한 요소들이 예수님의 제자가 되기 위한 조건처럼 번역되었다.

그러나 문맥에서 볼 때, "너희가 내 제자임이 증명될 것이다"라고 이해하는 것이 좋겠다.[5] 많은 영어성경도 이러한 취지로 번역한다(ESV, NASB, NIV).

2) 사랑으로 열매 맺는 삶(15:9-15)

예수님 안에 거한다는 것은 또한 그의 사랑 안에 거하는 것이다(9절). 예수님은 하나님이 그를 사랑하신 것처럼 그의 제자들을 사랑하셨다고 한다. 이것은 예기적 표현으로서, 자기를 희생하는 십자가 사랑까지 포함한 사랑이다. 따라서 "나의 사랑 안에 거하라"는 말은 이러한 예수님의 사랑을 깨닫고 신뢰하라는 말이다. 예수님의 사랑을 믿고 의지하라는 말이다. 또한 예수님의 사랑 안에 거하는 것은 그의 계명을 지키는 것과 깊이 관련이 있다(10절). 예수님의 사랑을 알고 신뢰하는 자는 계명 순종이라는 열매를 맺는다. 서로 사랑하라는 예수님의 계명을 지키며 사랑의 열매를 맺는다(12절). 다시 말하면, 형제자매를 사랑하는 자는 그가 예수님의 사랑을 알고 있다는 것을 증명하는 것이다. 그가 예수님의 사랑 안에 있다는 것을 증명한다. 예수님도 아버지와 사랑의 관계 속에서 제자들을 사랑하심으로 아버지의 사랑 안에 있다는 것을 드러내셨다.

예수님은 하나님의 계명을 따라 사랑의 삶을 사는 것을 기뻐하셨다. 마찬가지로 우리도 예수님의 계명을 따라 서로 사랑할 때, 예수님의 기쁨을 경험할 수 있다(11절). 말씀과 동행하는 삶, 기도로 열매 맺는 삶, 예수님의 사랑을 경험하고 형제를 사랑하는 삶, 이런 삶을 살 때 예수님의 기쁨이 그 사람과 함께한다. 왜냐하면 이러한 제자의 삶은 예수님이 원하시는 것이고, 예수님을 드러내는 것이기 때문이다. 열매 맺는 삶으로 예수님의 명령을 따르며, 예수님을 세상에 나타내는 자에게 예수님의 기쁨이 넘친다.

최고의 친구 사랑은 그 친구를 위해 목숨까지도 희생하는 것이다(13절).

---

5. Köstenberger, *John*, 455.

예수님은 자신을 희생하여, 친구를 사랑하는 본을 보이셨다. 그러므로 그리스도인은 친구이신 예수님의 본을 따라 살아야 한다. 예수님은 그가 명하시는 대로 행하면 곧 그의 친구라 하신다(14절). '나(예수님)의 친구'(14절)라는 표현은 구약에 나오는 하나님의 친구를 떠올리게 한다.[6] 구약에서 하나님의 친구로 묘사된 인물은 아브라함과 모세이다. 역대하 20:7에서 히브리어 אהב(*아하브*)의 분사 형태를 개역한글은 '친구'라는 명사로 번역한데 반해, 개역개정은 '사랑하는'이라는 동사 형태로 번역한다. 그래서 개역한글이 '주님의 벗 아브라함'이라 했다면, 개정개정은 '주께서 사랑하시는 아브라함'이라 한다. 칠십인경 역대하 20:7도 *아하브*의 분사 형태를 동사인 ἀγαπάω(*아가파오*)로 번역한다. 그러나 대부분의 영어성경은 'friend'로 번역한다(ESV, NASB, NIV, NRSV). 다른 한편, 개역개정을 비롯한 대부분의 한글성경 그리고 영어성경은 이사야 41:8에 나오는 *아하브*의 분사 형태를 이번에는 '벗'(친구, friend)이라 한다. 그러나 칠십인경 이사야 41:8은 여전히 동사인 *아가파오*로 번역한다. 그런데 야고보서 2:23은 아브라함을 하나님의 φίλος(*필로스*, 친구)라고 분명히 밝힌다. 우리는 이점에서 성경의 저자들이 *아하브*의 분사 형태를 *아가파오*나 *필로스*로 번갈아 가며 사용한다는 것에 주목할 필요가 있다. 다시 말하면, 하나님의 친구란 '하나님께서 사랑하시는 자'라는 정의가 성립한다. 이런 면에서 요한복음에 나오는 예수님의 친구는 곧 '예수님이 사랑하시는 자'라 할 수 있다.

예수님의 친구라는 특권을 받은 제자는 동시에 의무를 가진다. 그것은 곧 그의 명령을 지키는 것이다(14절). '명하다'(14절)를 뜻하는 헬라어 ἐντέλλω(*엔텔로*)는 앞서 '계명'을 뜻하는 헬라어 ἐντολή(*엔톨레*, 12절)의 동사형이다. 따라서 14절에서 예수님이 명하시는 것은 자연스럽게 12절에 나오는 예수님의 계명과 연결된다. 예수님이 명하시는 것은 다름이 아니라, 그

---

6. '예수님의 친구' 개념의 유대 배경에 관해서는 다음을 참고. 이정화, "예수님의 친구 개념 연구."

의 계명이며 서로 사랑하는 것이다. 예수님의 친구는 예수님을 따라 사랑의 삶을 살아야 한다. 희생의 삶을 통해 그가 예수님의 친구라는 것을 증명해야 한다. 예수님의 친구는 예수님께 사랑을 받는 특권을 가지면서, 동시에 다른 사람을 사랑해야 하는 의무를 가진다.

요한복음에서 세례 요한은 자신을 예수님의 친구로 묘사한다(3:29). 혼인 예식의 주인공인 예수님의 음성을 듣고, 세례 요한 자신은 그의 친구로서 기뻐한다고 하였다. 신랑이신 예수님이 주목 받는 것이 기쁘다는 말이다. 또한 예수님은 나사로를 친구라 부르셨다(11:11). 그리고 이 단락에서는 제자들을 친구라 하신다(13, 14, 15절). 반면에 빌라도는 가이사의 친구가 되기 위해 예수님을 십자가에 못 박았다(19:12, 16). 한편 친구를 뜻하는 헬라어 *필로스* 외에, 동사형인 φιλέω(*필레오*)가 예수님의 나사로 사랑(11:3, 36), 예수님의 사도 요한 사랑(20:2), 그리고 베드로의 예수님 사랑(21:15, 16, 17)에 사용되었다. 1세기 당시 *필레오*는 *아가파오*와 거의 구분 없이 사용되었기 때문에, *필레오*가 반드시 친구 간의 사랑만을 의미한다고 볼 수는 없다. 예를 들어, *필레오*는 하나님의 예수님 사랑을 위해 사용되기도 하였다(5:20). 그럼에도 불구하고, 예수님과 나사로의 관계에서 보듯이, 때때로 친구 간의 사랑을 뜻할 때도 있다. 물론 이 경우에도 친구의 사랑은 기본적으로 예수님의 사랑, 즉 자기 백성을 사랑하신 하나님의 아들 예수님을 모델로 하기 때문에, *필레오*는 *아가파오*와 크게 다르지 않다. 요컨대, 그리스도인은 예수님의 친구로서, 친구이신 예수님이 보여주신 사랑의 모범을 따라, 서로 사랑하고 섬겨야 한다.

또한 15절에서 예수님의 친구는 예수님으로부터 계시를 받은 사람으로 묘사된다. 예수님은 하나님께 들은 것을 그의 친구에게 알려 주시는 분이다. 예수님은 종과 친구를 비교 대조하신다. 종은 주인이 하는 것을 알지 못하지만, 친구는 다른 친구와 은밀한 것을 함께 나눈다. 예수님의 친구는 예수님으로부터 하늘의 은밀한 비밀을 받은 자이다. 예수님을 통해 하나님의 말씀을 듣고 이해하고 믿는 자가 예수님의 친구이다.[7] 그러나 말씀을 듣되 깨닫지 못하는 자는 예수님의 친구가 아니다. 구약에서 아브라함은 하나님의 친구라 일컬음을 받았다(대하 20:7; 사 41:8; 참고. 약 2:23). 그래서 하나님께서는 그에게 소돔과 고모라의 멸망을 미리 알려 주신다(창 18:17). 하나님께서는 모세에게도 계시의 말씀을 주신다. 시내산에서 토라를 주실 때, 사람이 친구와 얘기하듯이 하나님께서는 모세와 말씀하셨다(출 33:11; 참고. 신 34:10).[8] 이러한 특정한 소수에게 한정되었던 하나님의 친구 관계가 이제 예수 그리스도 안에서 그를 믿는 모든 제자에게 적용된다(참고. 솔로몬의 지혜 7:27).[9] 예수님의 친구의 특권은 무엇인가? 예수님의 희생적 사랑을 받음과 동시에(13절), 그로부터 하늘의 비밀을 소개 받는 것이다(15절). 이러한 특권은 친구인 제자들에게 반응을 요구한다. 예수 그리스도의 희생적 사랑을 받은 사람은 '서로 사랑'이라는 제자도로 응답해야 한다. 예수 그리스도로부터 하늘의 계시를 전달 받은 사람은 '열매 맺는 삶'이라는 제자도로 응답해야 한다. 열매 맺는 삶에 대해서는 16절과 17절에서 다시 이어진다.

3) 기도와 사랑으로 열매 맺는 삶(15:16-17)

예수님은 선택의 주체에 대해 먼저 설명하신다(16절). 제자들이 예수님을 선택한 것이 아니라, 예수님이 세상에서 제자들을 선택하시고 부르셨다. 요한복음은 마치 제자들이 먼저 예수님을 선택하여 따라간 것처럼 묘사하기도 한다(1:37, 42). 그러나 예수님이 제자들을 택하셨다는 것은 신약성경의 일관된 사상이다(예. 눅 6:13; 행 1:2, 24; 15:7). 다른 복음서에 의하면, 예수님

---

7. 요한복음 외에 예수님의 친구(*필로스*) 관계를 언급하는 유일한 본문은 눅 12:4이다. 여기서도 예수님은 제자들에게 친구로서 말씀의 계시를 주신다. 그리하여 제자들에게 친구로서 참된 제자도의 삶을 살 것을 촉구하신다.

8. 출 33:11에 나오는 רֵעַ(*레아*)는 '친구'라는 뜻도 있지만, 기본적으로 '전우/동지'(comrade) 혹은 '동료'(companion)라는 뜻을 바탕으로 한다. 그러나 LXX 출 33:11은 *레아*를 *필로스*로 번역한다.

9. Whitacre, *John*, 379-80; Keener, *John 2*, 1011-3.

은 베드로와 안드레, 야고보와 요한을 먼저 부르시고, 이에 그들은 예수님을 따른다(마 4:18-22; 막 1:16-20). 심지어 요한복음도 예수님이 빌립에게 '나를 따르라'고 말씀하셨다는 것을 기록한다(1:43). 그리고 예수님이 제자들을 선택하셨다고 직접 분명히 말씀하신다(6:70).

신약에서 예수님의 택하심은 단지 열두 제자의 선택에 한정되지 않는다. 모든 그리스도인을 선택하셔서 구원으로 부르시고, 또한 제자도로 부르신다. 하나님은 세상의 미련한 것을 택하여 지혜 있는 자를 부끄럽게 하신다(고전 1:27). 하나님은 창세전에 그리스도 안에서 모든 그리스도인을 택하셔서, 거룩하고 흠이 없는 자녀가 되게 하신다(엡 1:4). 하나님은 또한 가난한 자를 택하사 믿음에 부요하게 하신다(약 2:5).

예수님의 선택에는 목적이 있다. 본문에서 예수님은 제자들을 선택하시고 세우신 분으로 나타난다. 그런데 예수님의 선택과 세우심의 목적은 두 개의 ἵνα(*히나*)절을 통해 세 개로 나타난다(16절). 첫째, 예수님은 제자들이 열매를 맺도록 하기 위해 선택하셨다. '가서 열매를 맺다'는 예수님의 파송을 생각나게 한다. 따라서 선교적 열매로 볼 수 있다. 복음 전도로 회심자를 얻는다는 말이다. 그러나 문맥에서 서로 사랑이 강조되고 있는데, 단순히 선교적 열매라기보다는 서로 사랑을 통한 선교적 열매로 보아야 할 것이다.[10] 둘째, 예수님은 제자들의 열매가 항상 있도록 하기 위해 그들을 선택하셨다. 열매의 지속성을 의미하는데, 서로 사랑에 기초한 선교의 열매가 지속적으로 나타나는 것을 의미한다. 그리고 셋째, 예수님은 제자들이 아버지의 이름으로 기도할 때 항상 응답받도록 하기 위해 선택하셨다. 여기서 기도는 앞서 나

---

10. 대부분의 학자들(카슨, 크루즈, 쾨스텐버거, 마이클스 등)은 이 구절에서 열매는 회심자를 가리킨다고 본다. 즉 '선교적 열매'이다. 이에 반해 슈나켄버그는 문맥상 '선교적 열매'라기보다는 '서로 사랑의 열매'로 보아야 한다고 주장한다. Schnackenburg, *John 3* (New York: Seabury, 1982), 112. 그러나 두 열매가 서로 배치되는지 의문이다. 서로 사랑에 기초한 선교의 열매로 보는 것이 가장 적절할 것이다.

온 열매와 분리될 수 없다. 다시 말하면 서로 사랑을 통한 선교의 열매는 기도를 통해서 이루어진다는 뜻이다. 사람의 힘으로 되는 것이 아니다. 기도를 통해 사랑하고, 기도를 통해 선교의 열매를 맺는 것이다.

앞서 구약에 나오는 하나님의 친구로서 아브라함과 모세를 언급하였다. 아브라함은 하나님의 계시를 받은 후, 소돔과 고모라의 영혼들을 위해 기도한다(창 18:22-33). 모세는 하나님의 계시를 받은 후, 이스라엘 백성을 위해 기도한다(출 33:12-23). 계시를 받은 하나님의 친구들은 영혼을 구원하기 위해 기도하였다. 마찬가지로 예수님으로부터 계시를 받은 예수님의 친구는 영혼을 구원하기 위해 기도해야 한다. 자신에게 사랑의 열매가 드러날 수 있도록 기도해야 한다. 그리하여 복음이 효과적으로 전해져서 회심자를 얻을 수 있도록 기도해야 한다. 사실, 선교와 기도라는 주제는 성경의 일관된 정신이다. 특히 누가복음-사도행전은 선교를 강조하면서 동시에 기도를 강조하는 것으로 유명하다. 그런데 요한복음은 선교와 기도와 함께, 사랑의 열매를 강조한다.

예수님의 제자들은 세족식에서 예수님의 종으로, 겸손한 섬김을 위해 부름을 받았다(13:14). 이제 제자들은 예수님의 친구로 '서로 사랑'(13절)과 '복음 전파'(15절)라는 제자도로 부름을 받고 있다(15절). 예수님의 말씀을 받고, 그 말씀 안에 거하는 삶으로 초청 받고 있는 것이다. 따라서 종-제자-친구로서 그리스도인은 열매 맺는 삶으로 초대 받고 있다. 서로 사랑하고, 영혼을 위해 기도하고, 선교하는 그리스도인의 삶을 살아야 한다.

17절에서는 다시 한 번 단락의 전체 주제가 강조되고 있다. '서로 사랑'이라는 예수님의 계명을 분명히 한다. 서로 사랑하는 것은 예수님의 친구로서 제자의 정체성을 드러내는 열매이다. 서로 사랑에 기초해서 복음을 전할 때 예수님의 제자들은 회심자라는 열매를 얻을 수 있다.

※ 특주: 포도나무와 가지 비유 해석을 위한 3가지 논쟁

포도나무와 가지 비유(15:1-17)에는 매우 은혜로운 교훈이 담겨 있지만, 다음과 같은 세 가지 논쟁 주제가 있다: '내 안에 거하다', '열매', '열매 없는 가지'

1. 내 안에 거하다

'내 안'이라는 말은 '거하다'는 동사와 자주 연결된다(15:4-7). 또한 "나의 사랑 안에 거하다"(15:9-10)는 말도 있고, 2절에 나오는 "내게 붙어 있는 가지"는 직역하면 '내 안의 가지'가 된다. 그렇다면, "내 안에 거하다"는 것은 무엇을 의미하는 것일까? 교회 현장에서는 일반적으로 '교제'의 의미가 강조되고 있다.[11] 다시 말하면, "내 안에 거하라"는 믿음 후에, 예수님과의 지속적인 교제를 통해 열매를 맺으라는 명령으로 이해되어 왔다. 그러나 이런 해석은 문제가 있다. 왜냐하면 예수님 안에 있지 않거나 열매가 없는 가지는 심판을 받기 때문이다(15:2, 6). 이 경우, 결국 교제가 없는 그리스도인은 심판 받는다는 결론에 도달하기 때문이다.

따라서 "내 안에 거하다"는 '믿음'의 관점에서 해석하는 것이 좋다. 현재 시상(시제)으로 사용된 "내 안에 거하라"는 예수님과 지속적인 믿음 관계를 가지라는 명령이다. '믿음'은 한 번 믿고 그치는 것이 아니라, 지속적인 신뢰를 포함한다. 예수님을 지속적으로 믿고 의지하는 것이다. "내 안에 거하다"는 또한 "나의 사랑 안에 거하는 것"이고(15:9), "내 말이 너희 안에 거하는 것"이다(15:7). 예수님의

11. 자세한 신학적 논의는 다음을 참조. J. C. Dillow, "Abiding Is Remaining in Fellowship: Another Look at John 15:1-6," *Bibliotheca Sacra* 147, no 585 (1990), 44-53.

말씀을 듣고 믿는 것이다(5:24). 예수님 안에 거하는 것, 즉 '믿음'이란 예수님을 영접하고, 그의 말씀을 신뢰하는 것이며, 예수님의 사랑을 알고 의지하는 것이다. 이러한 믿음은 삶의 열매를 맺는다.

2. 열매

이와 같이, 예수님 안에 거하는 믿음은 열매를 맺는다. 그런데 어떤 열매를 맺는가? 열매의 종류를 파악하기 위해 윤리적 접근을 하는 사람도 있고, 선교적 접근을 하는 사람도 있다. 윤리적 접근이란 포도나무 가지의 열매가 그리스도인의 삶의 변화를 일컫는다는 주장이다. 특히 15장 문맥은 서로 사랑이라는 윤리를 강조하기 때문이다. 그래서 모리스는 이 열매가 바울이 말하는 성령의 열매와 일맥상통한다고 본다.[12] 다른 한편, 선교적 접근이란 복음 전도를 통해 회심자를 얻는다는 주장이다.[13] 열매(καρπός, *칼포스*)는 15:1-8에 8번 사용되고, 4:36; 12:24에 나온다. 15장 밖의 두 본문에서는 선교를 통해 영적 생명을 낳는 것을 뜻한다. *칼포스*는 요한복음에서 복음 전도의 열매를 나타내는 중요한 단어임을 알 수 있다. 그러므로 양쪽 접근 다 일리가 있다. 어느 하나를 선택하는 것은 무의미하다. 그리스도인의 삶은 어느 하나만을 고집하거나 배제하지 않는다. 또한 두 개념이 합쳐진 열매, 즉 서로 사랑을 통한 선교 열매로 볼 수도 있다.

실제 이어지는 단락은 복음 전도의 열매와 윤리적 변화의 열매를

---

12. Morris, *John*, 595.
13. P. Bolt, "What Fruit Does the Vine Bear? Some Pastoral Implications of John 15:1-8," *RTR* 51, no. 5 (1992), 11-9.

모두 언급하고 있다.[14] 이러한 열매 맺는 삶은 기도를 통해서는 이루어지는데(15:7), 하나님께 영광이 된다(15:8). 열매는 하나님과 예수님의 계명을 지키는 삶이다(15:10). 또한 이러한 계명의 삶을 통해, 예수님의 기쁨을 경험하게 된다(15:11). 예수님의 계명의 핵심은 서로 사랑하는 것이다(15:12). 그리고 그리스도인이 세상에서 그리스도를 증언할 때 열매의 삶을 살 수 있다(15:16, 27). "너희로 가서 열매를 맺게 하고…"(15:16)는 요한복음에서 제자들의 파송을 생각나게 한다(17:18; 20:22). 이는 결국 제자들의 죄 용서의 사역을 암시하는데, 복음 전파와 분리될 수 없다. 물론 제자들은 세상에 파송되어 사랑의 삶을 살기도 한다. 따라서 본문이 말하는 열매 맺는 삶은 기도, 계명을 지킴, 예수님의 기쁨을 누림, 서로 사랑, 복음 전도이다. 예수님 안에 거하는 믿음은 이런 열매 맺는 삶으로 귀결된다.

3. 열매 없는 가지

그렇다면, 아버지에 의해 제거되는 열매 맺지 않는 가지의 정체성은 무엇인가?(15:2) 이 구절이 논란이 되는 가장 큰 이유는 바로 이 가지가 예수님께 붙어 있다는 점 때문이다. 직역하면 "열매를 맺지 아니하는 내 안의 가지"인데, 아버지께서는 이런 가지를 제하여 버리신다. 여기서 두 가지 의문이 생긴다. ① 예수님 안에 있는 가지가 열매가 없을 수 있는가? 그리고 ② 예수님 안에 있는 가지가 멸망 받을 수 있는가? 먼저 두 번째 질문부터 살펴보자. 알미니안주의자들은 이 본문을 해석하면서, 그리스도인이 구원을 잃을 가능성에 대해서도 언급한다. 예수님 안에 있는 그리스도인도 열매가 없으

14. Carson, *John*, 517.

면, 그 구원을 잃을 수 있다고 본다. 다시 말하면, 처음에 믿고 구원을 얻었을지라도 그의 삶에 열매가 없으면 그 구원은 취소된다. 그러나 이는 그리스도인의 구원의 확실성에 대한 예수님의 다른 말씀과 배치된다(6:37-40; 10:28-29). 예수님은 믿음으로 예수님께 오는 자를 끝까지 지키시고 포기하지 않으신다. 믿음으로 예수님께 연결된 자는 그의 구원을 예수님이 책임지신다. 이 열매 없는 가지는 밖에 버려지지만(15:6, ἐβλήθη ἔξω, *에블레떼 엑소*), 예수님께로 오는 하나님의 자녀는 결코 버려지지 않는다(6:37, οὐ μὴ ἐκβάλω ἔξω, *우 메 에크발로 엑소*).[15]

다른 한편, '제거하다'를 뜻하는 αἴρω(*아이로*)를 다르게 해석하여 문제를 해결하려는 시도도 있다. *아이로*는 '제거하다' 외에, '들어 올리다'는 뜻도 가지고 있는데, 이 구절에서 후자의 의미로 사용되었다는 것이다. 그래서 본문의 의미는 열매 없는 가지를 농부이신 하나님이 제거하는 것이 아니라 들어 올린다는 것이다. 왜냐하면 당시 이스라엘 지역의 포도나무는 맨땅에 붙어 있기 때문에, 가끔 열매를 맺지 못하는 경우가 있었다. 그래서 이 가지를 돌 위에나 다른 나무를 부목으로 해서 올려주면 열매를 맺을 수 있기 때문이다. 이러한 해석은 독자들을 격려하는 은혜로운 말씀이지만, 15장과 요한복음 전체 문맥과는 어울리지 않는다. 15:4-6의 말씀에 의하면, 열매 없는 가지는 예수님 안에 거하지 않는 가지이다(15:4-5). 예수님 안에 거하지 않는 가지는 심판 받는다(15:6). 결국 본문은 열매 없는 가지, 내 안에 거하지 않는 가지에 대해서는 하나님의 심판이 있음

15. J. C. L. Laney, "Abiding is believing: The Analogy of the Vine in John 15:1-6," *Bibliotheca Sacra* 146, no 581 (1989), 62.

을 분명히 밝히고 있다. 그렇다면, '예수님 안의 열매 없는 가지'는 어떻게 해석해야 할까? 이는 요한복음 전체에서 자주 나오는 '거짓 믿음'을 가리키는 것으로 보아야 한다(2:23-24; 6:66; 8:31). 다시 말하면, 열매 없는 예수님 안에 있는 가지는 그렇게 보일 뿐 실제로 예수님 안에 있는 것이 아니다. 그의 믿음은 거짓 믿음이다.

그러므로 위의 두 질문에 대한 각각의 대답은 이렇다. ① 예수님 안에 있는 가지가 열매가 없을 수 있는가? 아니다. 예수님 안에 있는 가지는 분명히 열매가 있다. 열매가 없는 가지는 예수님 안에 있는 가지가 아니다. ② 예수님 안에 있는 가지가 멸망 받을 수 있는가? 아니다. 그가 진실한 믿음으로 예수님 안에 있다면, 그는 멸망 받을 수 없다. 따라서 그가 멸망 받는다는 것은 그의 믿음이 진실하지 않은 거짓 믿음이라는 뜻이다. 예수님 안에 있는 것처럼 보이지만, 실상 그는 예수님 안에 있는 것이 아니다.

교훈과 적용

1. 그리스도인은 기도로 열매를 맺는다. 예수님의 이름으로 기도하여, 그 구한 것을 하나님께로부터 받는다. 말씀 안에서 기도하여 믿음의 열매를 맺는다. 그리하여 기도를 통해서 하나님께 받는 것들이 믿음의 결과요 믿음의 열매이다. 따라서 기도는 그리스도를 믿는 사람들이 신앙의 열매를 맺기 위해 필요한 하나님의 선물이다. 기도를 통해서 그리스도인은 풍성한 신앙의 열매를 맺을 수 있다.
2. 그리스도인은 사랑의 열매를 맺는다. 그리스도인은 예수님의 사랑을 경험한 사람이다. 예수님은 목숨을 바쳐 우리를 사랑하셨다. 그러므로 우리는 예수님의 사랑을 본받아 다른 사람을 사랑해야 한다. 예수님에 대한 믿음이 깊을수록 예수님을 더 많이 닮는데, 그것은 사랑으로 나타나야 한다. 왜냐하면 사랑을 떠나서는 예수님을 설명할 수 없기 때문이다. 우리는 사랑의 예수님을 닮아가야 한다.
3. 그리스도인은 기쁨의 열매를 맺는다. 그리스도인은 예수님의 희생으로 죄로부터

구원 받았다. 성령이 함께하시는 은혜도 받았다. 기도할 때 응답받는 특권도 받았다. 그리스도인은 바로 이러한 은혜와 구원으로 그 삶에 기쁨의 열매를 맺는다. 죄와 사망 아래서 가졌던 슬픔과 상처가 지나가고, 구원 받은 자에게 주시는 기쁨과 평화의 열매가 그리스도인의 삶에 나타난다.

3. 세상의 핍박 속에서 열매 맺는 삶(15:18-27)

18 세상이 너희를 미워하면 너희보다 먼저 나를 미워한 줄을 알라 19 너희
가 세상에 속하였으면 세상이 자기의 것을 사랑할 것이나 너희는 세상에
속한 자가 아니요 도리어 내가 너희를 세상에서 택하였기 때문에 세상이
너희를 미워하느니라 20 내가 너희에게 종이 주인보다 더 크지 못하다 한
말을 기억하라 사람들이 나를 박해하였은즉 너희도 박해할 것이요 내 말
을 지켰은즉 너희 말도 지킬 것이라 21 그러나 사람들이 내 이름으로 말
미암아 이 모든 일을 너희에게 하리니 이는 나를 보내신 이를 알지 못함
이라 22 내가 와서 그들에게 말하지 아니하였더라면 죄가 없었으려니와
지금은 그 죄를 핑계할 수 없느니라 23 나를 미워하는 자는 또 내 아버지
를 미워하느니라 24 내가 아무도 못한 일을 그들 중에서 하지 아니하였더
라면 그들에게 죄가 없었으려니와 지금은 그들이 나와 내 아버지를 보았
고 또 미워하였도다 25 그러나 이는 그들의 율법에 기록된 바 그들이 이
유 없이 나를 미워하였다 한 말을 응하게 하려 함이라 26 내가 아버지께
로부터 너희에게 보낼 보혜사 곧 아버지께로부터 나오시는 진리의 성령
이 오실 때에 그가 나를 증언하실 것이요 27 너희도 처음부터 나와 함께
있었으므로 증언하느니라

1) 세상의 핍박(15:18-20)

일찍이 예수님은 그를 믿지 못하는 그의 육신의 형제들에게, 세상이 그들

을 미워하지는 않지만 그를 미워한다고 하셨다(7:7). 이제 예수님은 세상이 그를 따르는 제자들을 미워한다고 하신다(18, 19절; 17:14). 물론 이것은 또한 그들을 보내신 예수님을 미워하는 것이다(18절). 세상은 예수님과 예수님의 제자들을 미워한다. 여기서 '세상'은 좁은 의미로는 유대 권력자들과 그 추종자들을 가리킨다. 예수님이 떠나신 후 예수님의 제자들이 박해를 받을 것을 말씀하시는 것이다. 그러나 예수님은 유대 권력자들에 의한 박해뿐만 아니라, 신앙 때문에 받는 모든 박해를 염두에 두셨을 것이다. 예수님의 제자들과 교회들은 유대인들에게뿐 아니라, 이방인들에게도 핍박을 받을 것이기 때문이다. 실제로 예수님의 이런 말씀은 요한복음을 읽는 당시 독자들의 상황에 적용되었을 것이다. 1세기 말 도미티아누스 황제 치하에서 소아시아의 교회는 극심한 시련을 겪었고 또한 앞으로 겪을 것이 예상되었는데, 요한계시록이 이것을 보여준다.[16]

예수님은 그의 제자들이 핍박을 받는 이유가 그들이 세상에 속한 것이 아니라 그에게 속했기 때문이라 하신다(19절). 예수님의 제자들은 세상으로부터 예수님에 의해 선택 받은 자들이다. 세상과 구분되도록 부름을 받았다. 그래서 그들은 세상으로부터 미움을 받는다. 따라서 이 구절에서 그리스도인의 정체성은 '예수님에 의해 선택 받은 자'이면서, 동시에 '세상으로부터 미움을 받는 자'로 설명된다. 그러나 이것이 전부는 아니다. 왜냐하면 그리스도인은 또한 세상으로 보냄 받기 때문이다(17:18; 20:21). 자기를 핍박하는 자가 포함된 그 세상으로 파송을 받아, 거기서 세상을 사랑하시는 하나님의 복음을 전해야 한다.

'박해'(20절)는 예수님이 먼저 받으셨다. 일찍이 예수님은 안식일을 지키지 않는다 하여 유대인들에게 박해를 받으셨다(5:16). 주인이신 예수님이 박해를 받으셨다면, 그의 종으로서 제자들이 박해를 받는 것은 필연적이

16. 변종길, 『요한계시록 주석』 (대구: 말씀사, 2017), 19-26.

다. 또한 반대의 경우도 있는데, 사람들이 예수님의 말씀을 지킨다면, 예수님의 제자들의 말도 지킬 것이다. 이러한 예수님과 그의 제자들을 주인과 종으로 비유한 설명은 이미 겸손한 섬김을 강조하는 예수님의 교훈에 등장한 바 있다(13:16)

'기억하다'(μνημονεύω, *므네모뉴오*)(20절)라는 단어를 통해, 예수님은 제자들이 2가지를 기억하기 원하신다. 2가지 다 박해 상황을 가정하고 있다. 제자들이 머지않아 당할 박해에서 이 2가지를 기억하며 믿음을 지키기를 원하셨던 것 같다. 첫째, 종이 주인보다 더 크지 못하다는 것을 기억해야 한다(20절). 그리스도인이 당하는 박해는 예수님을 섬기는 종에게 당연히 따라오는 것이다. 세상이 주님이신 예수님을 박해하였은즉, 그 종인 사도들과 이후의 제자들도 박해할 것이다. 또한 두 번째로 기억해야 할 것은, 사람들이 하나님과 예수님을 모르기 때문에 잘못된 열심으로 그리스도인을 핍박한다는 것이다(16:1-4). 영적 무지는 참된 신자를 핍박하는 결과를 가져온다. (기억해야 할 두 번째 사항에 대해서는 16장 주해를 보라)

2) 세상의 근본적인 죄(15:21-25)

예수님의 증언과 사역을 보고도 그를 영접하지 않았기 때문에 세상은 그 죄를 핑계할 수 없다(22, 24절). 세상의 근본적인 죄는 예수님을 보내신 하나님을 알지 못하는 것이요(21절), 하나님을 미워하는 것이다(23, 24절). 다시 말하면, 예수님을 받아들이지 않는 것은 단순히 예수님을 향한 죄가 아니다. 그것은 예수님을 보내신 하나님을 향한 죄이다.

다른 한편, 세상의 이러한 불신앙은 또한 예언의 성취이다. 세상이 예수님을 미워하므로 율법의 말씀이 성취된다(25절). "그들이 이유 없이 나를 미워하였다"는 말씀은 시편 35:19; 69:4에 나온다. 다윗은 까닭 없이 자신을 미워하는 대적들을 하나님께 고발하며(시 69:4), 하나님께서 그들을 막아달라고 하소연한다(시 35:19). 예수님은 다윗의 고난을 자신이 당할 고난을 예표하는 것으로 이해하신다. 다윗의 자손이신 예수님은 메시야가 당할 고난을 겪으시며 예언을 성취하신다.

3) 세상의 핍박 속에서 증언하는 삶(15:26-27)

'증언'은 요한복음의 주요 주제이다. 세례 요한의 주된 사역은 예수님을 증언하는 것이었다(1:7-8, 15, 32, 34; 3:26; 5:33). 예수님 또한 증언하시는 것을 자신의 핵심 사역으로 제시하신다. 그는 하나님의 말씀을 증언하시고(3:32), 자기 자신에 대해 증언하시며(8:14), 진리에 대해 증언하신다(18:37). 또한 요한복음은 다양한 부류의 주체들이 예수님을 증언한다고 하며, 예수님의 존재와 사역의 신빙성을 높인다. 예수님을 만난 사람들이 예수님을 증언했고(4:39), 예수님의 사역이 예수님을 증언하며(5:36; 10:25), 하나님께서 직접 예수님을 증언하신다(5:37; 8:18). 또한 성경이 예수님을 증언하며(5:39), 마지막으로 요한복음 저자는 자기 자신을 증언하는 자로 묘사한다(19:35; 21:24). 다시 말하면, 요한복음 저자는 예수님이 하나님의 아들, 메시야이신 것을 증언하여, 사람들로 하여금 믿어 영생을 얻게 하려고 이 책을 쓴 것이다(20:30-31).

이 단락에서는 위에 언급되지 않았던, 예수님을 증언하는 두 주체가 등장한다. 바로 성령과 제자들이다. 예수님은 성령을 보내셔서 성령으로 하여금 그를 증언하게 하신다(26절). 진리의 성령이 오셔서 진리이신 예수님을 증언하시는 것이다. 본문에서 성령은 예수님에 의해 보내진다(26절; 16:7). 한편, 다른 본문은 성령을 보내시는 분이 하나님이라 한다(14:16, 26). 그러나 아버지와 아들은 하나이신 분이기 때문에 이런 차이는 표현상의 다름으로 보아야 한다.[17] 다른 한편, 사도행전에서 베드로는 예수님이 하나님 아버지께 성령을 받아 제자들에게 주셨다고 한다(행 2:33). 따라서 성령은 아버

---

17. Kruse, *John*, 321.

지께서 주신 것이며, 또한 아들이 주신 것이다. 이렇게 아버지와 아들로부터 보냄을 받은 성령의 주요한 사역은 바로 예수님을 세상에 증언하는 것이다.

또한 제자들도 예수님을 증언한다(27절). 26절과 연결하여 표현하자면, 성령은 제자들을 통해서 증언하신다. 진리의 영이요, 증언의 영이신 성령은 사람을 사용하셔서 세상에 진리를 드러내신다. 제자들의 증언 사역은 예수님께로부터 위임 받은 것이지만, 동시에 성령의 사역이라 할 수 있다. 이런 이유로 예수님은 제자들을 세상에 파송하실 때, 그들에게 성령을 주신다(20:21-22). 세상에 파송 받은 제자들이 증언 사역을 할 때, 그들은 세상으로부터 미움을 받는다. 그러나 세상은 그들의 증언을 듣고도 예수님을 영접하지 않기 때문에 핑계하지 못할 것이다. 따라서 그리스도인의 또 다른 정체성은 '증인'이라 할 수 있다. 성령이 증언하시는 분이요, 성령 받은 그리스도인도 예수님을 증언한다. 따라서 증언의 삶은 성령으로 말미암는 열매 맺는 삶이다.

교훈과 적용

1. 핍박을 당연하게 여기며 살아야 한다. 예수님은 세상으로부터 핍박을 받고 미움을 당하셨다. 따라서 예수님의 제자들도 세상으로부터 핍박을 당한다. 왜냐하면 그들은 세상에 속한 자가 아니라, 예수님께 속한 자이기 때문이다. 예수님께 소속되어 예수님의 말씀을 따라 사는 자들이기 때문이다. 그러므로 핍박을 당할 때 이상히 여기지 말아야 한다. 세상의 핍박은 예수님의 제자인 우리가 당연히 만나야 할 상대이다.
2. 핍박 속에서 증언하며 살아야 한다. 예수님은 핍박과 어려움 속에서도 끊임없이 자신을 세상에 드러내셨다. 왜냐하면 자신을 증언하는 길이 곧 세상을 구원하는 길이었기 때문이다. 마찬가지로 오늘날 예수님의 제자인 우리가 비록 세상에서 핍박을 당하지만, 계속 증언하는 삶을 살아야 한다. 예수님을 증언하여 사람들이 예수님을 믿도록 해야 한다. 그 길만이 사람들을 구원하는 길이기 때문이다.
3. 핍박하는 자들의 결국을 생각하며 인내로 살아야 한다. 예수님의 제자를 핍박하는 것은 곧 그들을 보내신 예수님을, 그리고 하나님을 핍박하는 것이다. 그러므로 우

리를 핍박하는 세상이나 세상에 있는 악한 세력들은 하나님의 심판을 피하지 못할 것이다. 하나님 앞에 핑계하지 못할 것이다. 이러한 세상과 세상의 악한 세력들의 마지막을 생각하며 핍박 속에서 인내해야 한다. 그들의 결국을 생각하며 오늘을 인내하자.

4. 세상의 핍박과 보혜사 성령의 역할(16:1-15)

1 내가 이것을 너희에게 이름은 너희로 실족하지 않게 하려 함이니 2 사람
들이 너희를 출교할 뿐 아니라 때가 이르면 무릇 너희를 죽이는 자가 생
각하기를 이것이 하나님을 섬기는 일이라 하리라 3 그들이 이런 일을 할
것은 아버지와 나를 알지 못함이라 4 오직 너희에게 이 말을 한 것은 너희
로 그 때를 당하면 내가 너희에게 말한 이것을 기억나게 하려 함이요 처
음부터 이 말을 하지 아니한 것은 내가 너희와 함께 있었음이라 5 지금 내
가 나를 보내신 이에게로 가는데 너희 중에서 나더러 어디로 가는지 묻는
자가 없고 6 도리어 내가 이 말을 하므로 너희 마음에 근심이 가득하였도
다 7 그러나 내가 너희에게 실상을 말하노니 내가 떠나가는 것이 너희에
게 유익이라 내가 떠나가지 아니하면 보혜사가 너희에게로 오시지 아니
할 것이요 가면 내가 그를 너희에게로 보내리니 8 그가 와서 죄에 대하여,
의에 대하여, 심판에 대하여 세상을 책망하시리라 9 죄에 대하여라 함은
그들이 나를 믿지 아니함이요 10 의에 대하여라 함은 내가 아버지께로 가
니 너희가 다시 나를 보지 못함이요 11 심판에 대하여라 함은 이 세상 임
금이 심판을 받았음이라 12 내가 아직도 너희에게 이를 것이 많으나 지금
은 너희가 감당하지 못하리라 13 그러나 진리의 성령이 오시면 그가 너희
를 모든 진리 가운데로 인도하시리니 그가 스스로 말하지 않고 오직 들
은 것을 말하며 장래 일을 너희에게 알리시리라 14 그가 내 영광을 나타
내리니 내 것을 가지고 너희에게 알리시겠음이라 15 무릇 아버지께 있는

것은 다 내 것이라 그러므로 내가 말하기를 그가 내 것을 가지고 너희에게 알리시리라 하였노라

1) 세상의 핍박(16:1-4)

예수님이 말씀하시는 '이것'(1절)은 무엇을 말할까? 아마도 앞장에 나오는 세상의 적대적 반응과 성령의 오심(15:18-27)을 일컫는 것 같다. 이러한 적대적 상황을 말씀하시는 이유는 제자들이 실족하지 않게 하기 위함이다. 이러한 적대적 상황은 일차적으로 유대인들에게 당하는 것이다. 회당에서 출교를 당하고, 심지어 순교를 당하기도 한다(2절). 유대인들은 그리스도인을 핍박하는 것을 하나님을 향한 예배로 생각한다. '섬김'(2절)으로 번역된 헬라어 λατρεὶα(*라트레이아*)의 모든 신약 용례는 '예배'의 의미를 가지고 있다(롬 9:4; 12:1; 히 9:1, 6). 따라서 예수님은 그들의 잘못된 예배를 지적하신다고 볼 수 있다. 신약에서 *라트레이아*를 사용하는 다른 본문인 로마서와 히브리서도 유대인들의 전통적인 예배의 한계를 지적하며, 더 나은 예배, 완성된 예배를 말하고 있다. 로마서는 그리스도인의 삶으로서의 예배를 강조한다(롬 12:1). 히브리서는 옛 언약 아래에서의 의식 예배가 아니라, 예수 그리스도를 통한 새로운 예배를 제시한다(히 9:14. *라트레이아*의 동사형).

유대인들이 이렇게 잘못된 예배를 드리는 것은 그들이 하나님도 모르고, 예수님도 모르기 때문이다(3절). 예수님은 이어지는 그의 고별 기도에서 하나님과 예수님을 아는 것이 영생이라고 하신다(17:3). 따라서 하나님과 예수님을 아는 것은 영생과 직결되고 예배를 좌우한다. 하나님과 예수님을 아는 것은 곧 참된 믿음을 의미하는데, 유대인들은 예수님을 믿지 않기 때문에 예수님도 모르고 하나님도 알지 못한다. 이런 유대인들은 영생을 얻지 못할 뿐 아니라, 하나님을 제대로 예배할 수 없다. 참된 믿음, 참된 지식에서 바른 예배가 나오기 때문이다. 바울은 로마서에서 예수 그리스도를 참되게 믿는 것에 대해 설명한 후, 삶 전체로 하나님을 예배하는 것에 대해 권면한다(롬

12:1). 히브리서도 예수 그리스도께서 완성하신 속죄 사역을 아는 자만이 온전한 예배를 드릴 수 있다는 것을 지적한다(히 9:14). 이와 같이 예수님은 고별 강화에서 미래에 그리스도인들을 핍박하여 잘못된 예배를 드릴 유대인들을 언급하신다(3절). 그들은 하나님도 모르고 예수님도 모르기 때문에 잘못된 예배를 드릴 것이다. 그리스도인들을 박해할 것이다. 이와 비슷한 예를 바울의 삶에서 찾을 수 있다. 예수님을 만나기 전, 바울은 그리스도인을 잡는데 열심이었다(행 8:1-3; 26:9-12; 갈 1:13-14). 바울은 아마도 이 모든 일들을 하나님을 향한 자신의 종교 행위로 여겼을 것이다.

예수님은 유대인들의 이런 열심과 핍박을 말씀하시며, 제자들이 어려움을 당할 때 그의 말씀을 기억하게 하신다(4절). 그래서 실족하거나 배신하지 않고, 굳건하게 믿음을 지키길 원하신다. 앞서 15:20 주해에서 밝혔지만, 제자들은 이 2가지를 기억해야 했다. 첫째, 핍박은 예수님의 종에게 당연히 찾아온다는 것이다(15:20). 왜냐하면 주님이신 예수님이 당하셨기 때문에, 그의 종인 우리도 당연히 핍박을 당할 것이다. 둘째, 사람들이 잘못된 종교적 열심으로 사도들과 이후의 제자들을 핍박한다는 것을 기억해야 한다. 왜냐하면 그들은 아버지와 아들을 잘 모르기 때문에 무지한 열심으로 참된 신자를 핍박한다.

2) 보혜사 성령의 세상 책망(16:5-12)

세상의 핍박 가운데서도 예수님의 제자에게는 위로가 있다. 예수님이 떠나신다는 말에 제자들은 근심이 가득하였다(5-6절). 그들에게 세상의 핍박이 기다리고 있다는 말에 걱정이 앞섰다. 그러나 핍박 가운데서 고통할 제자들에게 예수님이 주시는 격려가 있다. 그것은 바로 성령이 오신다는 것이다(7절). '유익이다'(7절)를 뜻하는 헬라어 συμφέρω(*쉼페로*)는 요한복음에서 3번 사용되어, 2종류의 유익을 이야기한다. 첫째, 예수님의 죽음이 가져오는 유익이 있다(11:50; 18:14). 가야바는 예수님의 죽음을 통해 온 민족이 구원을 얻는다는 것을 예언한다. 이는 곧 유대 민족과 흩어진 하나님의 자녀를 하나 되게 하시는 예수님의 죽음을 암시한다(11:52). 따라서 예수님의 죽음은 그를 믿는 하나님의 자녀들이 죄 용서 받고, 하나 되는 새로운 이스라엘 공동체를 형성하게 한다.

그리고 둘째, 예수님의 떠나심이 가져오는 유익이 있는데, 그것은 곧 성령의 오심이다(7절). 예수님은 세상을 떠나셔서 성령을 제자들에게 보낸다고 약속하신다. 예수님의 떠나심은 당장 슬픈 일이지만, 그것이 제자들에게 기쁨이 되고 유익이 되는 것은 성령이 오시기 때문이다. 여기서 예수님의 떠나심은 곧 그의 죽음을 의미하기 때문에, 요한복음이 말하는 2종류의 유익은 결국 예수님의 죽음이 가져오는 2개의 유익이라 할 수 있다. 예수님의 죽음은 첫째, 그를 믿는 자들의 속죄와 하나 됨을 가져온다. 둘째, 성령이 오시는 계기가 된다.

이어서 예수님은 성령이 오셔서 하시는 사역을 말씀하신다. 성령이 오셔서 성도를 핍박하는 유대인들의 행동을 책망하실 것이다(8절). 예수님은 아버지께로 가셔서 보혜사 성령을 보내시어 세상을 책망하신다. '책망하다'로 번역된 헬라어 ἐλέγχω(*엘렝코*)는 법정에서 죄인의 잘못을 드러내는 것을 가리킨다. 그 잘못을 지적하며 질책하는 것이다. 보혜사 성령은 세상의 잘못을 드러내어 세상을 책망할 것이다. 그러므로 제자들은 예수님이 가시는 것 때문에 근심할 필요가 없다(5-6절). 한편, 성령은 세 가지 부분에 대하여 세상을 책망하신다. 이는 예수님에 대하여 세 번이나 죄가 없다고 언급한 빌라도의 선언과 묘한 대조를 이룬다(18:38; 19:4, 6). 보혜사 성령은 세상의 죄를 책망하시고, 그들의 의와 심판이 잘못되었다는 것을 드러내실 것이다.

먼저, 보혜사 성령은 예수님을 믿지 않는 세상의 죄를 책망하실 것이다(9절). 요한복음에서 '죄'는 하나님이 보내신 아들을 영접하지 않는 것이다. 따라서 죄는 불신이며 영적 무지이다. 세상의 모든 윤리적인 죄는 이런 불신으로 말미암는다는 것을 암시한다. 다시 말하면, 하나님과 하나님의 아들을 인정하지 않기 때문에, 모든 죄들이 거기서부터 파생한다. 보혜사 성령이 오시면, 그들의 불신의 죄를 책망하실 것이다. 믿지 않는 자들은 그들의 불신으로 말미암아 정죄 받을 것이다.

그리고 보혜사 성령은 의에 대해서 세상을 책망하실 것인데, 이는 세상의 의가 잘못이라는 것을 드러내신다는 말이다(10절). 왜냐하면 예수님이 부활하시고 승천하셔서 아버지께로 가시기 때문이다. 세상은 자신들의 의를 기준으로 하여, 예수님을 십자가에 못 박았다. 그러나 예수님은 부활과 승천을 통해서, 세상의 의가 잘못이고, 그가 진정 의로운 분이라는 것을 증명하실 것이다. 다시 말하면, 보혜사 성령은 예수님의 부활과 승천을 기초로 해서 세상의 불의를 드러내시며 책망하실 것이다.

마침내 보혜사 성령은 세상의 심판을 책망하실 것인데, 왜냐하면 세상의 심판이 잘못되었기 때문이다(11절). 예수님의 부활과 승천은 세상의 의가 잘못이라는 것을 증명할 뿐 아니라, 그들의 심판도 잘못이라는 것을 드러낸다. 이러한 그들의 잘못된 심판은 세상의 임금인 마귀의 심판으로 증명된다. 예수님의 십자가는 예수님이 심판 받는 것처럼 보이지만, 실상은 마귀가 심판을 받는 것이다(12:31). 이 세상 임금에 대한 심판이 완료형으로 나타난 것은 확실한 미래를 가리킬 수 있다. 이런 면에서 불신자들의 심판 또한 요한복음은 완료형으로 소개한다(3:18). 또한 예수님의 십자가가 마귀에 대한 심판을 의미하기 때문에, 보혜사 성령의 입장에서 혹은 요한복음을 읽는 독자의 입장에서 십자가는 과거 사건이다. 따라서 마귀에 대한 심판은 이미 완료된 사건으로 나온다.

그러므로 핍박 가운데 있는 예수님의 제자들은 세상을 책망하시는 보혜사 성령을 의지하여, 세상에서 담대하게 살아야 한다. 핍박을 당하고, 심지어 세상의 법정에 설지라도, 성령이 진실한 판단을 하신다는 것을 기억해야 한다. 성령께서 밝히신 세상의 잘못이 하나님의 최후 심판 때 우리를 변호하실 것이라는 것을 믿어야 한다. 예수님의 십자가와 부활을 통해 세상의 잘못이 이미 만천하에 드러났기 때문에, 예수님의 제자들은 믿음으로 인내해야 한다. 예수님의 승리, 성령의 책망, 하나님의 최후 심판을 기억하며, 오늘도 믿음의 삶을 살아야 한다. 성령의 열매를 맺는 삶을 살아야 한다.

3) 보혜사 성령의 인도(16:13-15)

진리의 영이신 보혜사 성령의 또 다른 역할은 제자들을 모든 진리로 인도하시는 것이다(13절). '인도하다'를 뜻하는 ὁδηγέω(*호데게오*)는 신약성경에서 5번 등장하며(마 5:14; 눅 6:39; 요 16:13; 행 8:31; 계 7:17), 요한복음에서는 이 구절이 유일하다. 이 단어의 다른 용례에서는 성경을 이해하도록 지도한다는 의미로(행 8:31), 하나님의 백성을 천국에 있는 생명수 샘으로 인도한다는 의미로(계 7:17) 사용되었다. 이와 비슷한 의미로 ἄγω(*아고*)가 있는데, 일찍이 예수님은 자신을 그의 양을 인도하는 목자로 묘사하셨다(10:16). 이방인마저도 인도하셔서 그의 새로운 이스라엘 공동체에 속하게 하겠다는 예수님의 말씀이다.

한편, 진리의 성령은 오셔서 제자들을 진리로 인도하신다(13절). 그는 아버지와 아들에게서 들은 것을 말씀하신다. 장래 일을 말씀하신다. 이는 종말론적 사건을 뜻하기도 하지만, 예수님의 관점에서 이는 곧 그에게 닥칠 십자가와 부활을 가리킬 수도 있다.[18] 따라서 이러한 성령의 역할을 너무 개인적 예언과 관련해서 생각할 필요는 없다. 성령이 말씀하시는 장래 일은 세상의 끝에 관한 하나님의 구원 계획일 수 있는데, 이것은 요한계시록을 비롯한 신약의 여기저기에 나와 있다. 또한 지금 예수님이 말씀하시는 시점에서는 그의 십자가와 부활도 장래의 일인데, 성령이 오셔서 십자가와 부활에 대해 알게 하시는 것을 가리킬 수도 있다. 따라서 성령이 말씀하시는 장래 일은 십자가와 부활, 그리고 재림을 포함한 하나님의 전체 구원 역사라 할 수 있을

18. Carson, *John*, 540.

것이다. 성령은 제자들의 상황에 맞게 예수님의 계시를 풀어 가르치시며, 제자들이 그 계시를 바르게 이해하고 적용하도록 도우실 것이다.[19] 성령이 이러한 일을 하실 때, 예수님의 영광을 나타내신다(14절). 그는 아버지와 아들로부터 받은 계시를 드러내신다(15절).

교훈과 적용

1. 예수님의 제자는 열정적인 신앙보다는 참된 신앙을 중요하게 생각해야 한다. 하나님과 예수님을 바르게 알지 못하면, 아무리 열정적으로 종교 행위를 하더라도 하나님께 인정받을 수 없다. 유대인들은 예수님과 그의 제자들을 핍박하는 것이 하나님을 잘 믿는 것이라 생각했다. 그러나 실상은 하나님의 뜻을 거스르고, 예수님을 대적하는 짓을 한 것이었다. 이와 같이, 우리도 열심이나 열정보다, 먼저 참되고 바른 신앙을 갖도록 말씀을 잘 배우고 깨우쳐야 할 것이다.
2. 예수님의 제자는 세상의 심판보다는 하나님의 심판을 중요하게 생각해야 한다. 그리스도인은 세상으로부터 심판을 당하고 환난을 당할 수 있다. 그러나 성령이 세상의 불신과 불의를 책망하신다는 것을 기억해야 한다. 이러한 책망은 그들이 장차 받을 영원한 심판의 전조이다. 따라서 우리는 눈앞에 있는 고통에 낙담하거나 좌절하지 말고, 하나님의 최후 심판을 기억하며 믿음의 삶을 살아야 한다.
3. 예수님의 제자는 사람의 인도보다 성령의 인도를 중요하게 생각해야 한다. 유능한 사람들의 조언을 얻고, 그들의 지도를 받는 것은 중요하다. 그러나 우리를 참된 진리 가운데로 인도하는 분은 성령이시다. 성령이 예수님의 말씀을 더 잘 이해하도록 도우신다. 그래서 세상의 핍박이나 인생의 고통 속에서 우리가 어떻게 생각하고 행동해야 할지를 가르쳐 주신다. 그러므로 우리는 성령의 인도를 소중하게 생각하며 그를 의지해야 한다.

5. 예수님의 여정(16:16-24)

16 조금 있으면 너희가 나를 보지 못하겠고 또 조금 있으면 나를 보리라

---

19. Köstenberger, *John*, 474.

하시니 17 제자 중에서 서로 말하되 우리에게 말씀하신 바 조금 있으면 나
를 보지 못하겠고 또 조금 있으면 나를 보리라 하시며 또 내가 아버지께
로 감이라 하신 것이 무슨 말씀이냐 하고 18 또 말하되 조금 있으면이라 하
신 말씀이 무슨 말씀이냐 무엇을 말씀하시는지 알지 못하노라 하거늘 19
예수께서 그 묻고자 함을 아시고 이르시되 내 말이 조금 있으면 나를 보
지 못하겠고 또 조금 있으면 나를 보리라 하므로 서로 문의하느냐 20 내
가 진실로 진실로 너희에게 이르노니 너희는 곡하고 애통하겠으나 세상
은 기뻐하리라 너희는 근심하겠으나 너희 근심이 도리어 기쁨이 되리라
21 여자가 해산하게 되면 그 때가 이르렀으므로 근심하나 아기를 낳으면
세상에 사람 난 기쁨으로 말미암아 그 고통을 다시 기억하지 아니하느니
라 22 지금은 너희가 근심하나 내가 다시 너희를 보리니 너희 마음이 기쁠
것이요 너희 기쁨을 빼앗을 자가 없으리라 23 그 날에는 너희가 아무것도
내게 묻지 아니하리라 내가 진실로 진실로 너희에게 이르노니 너희가 무
엇이든지 아버지께 구하는 것을 내 이름으로 주시리라 24 지금까지는 너
희가 내 이름으로 아무것도 구하지 아니하였으나 구하라 그리하면 받으
리니 너희 기쁨이 충만하리라

1) 예수님의 여정에 대한 제자들의 의문(16:16-18)

예수님이 제자들에게 '조금 있으면' 그를 보지 못하고, 또 '조금 있으면' 그를 보리라 하시므로 제자들은 혼란에 빠진다(16-17절). 그래서 '조금 있으면'이 어느 때를 가리키는지 예수님께 묻는다(18절). '조금 있으면'(μικρόν, *미크론*)이라는 표현은 앞서 요한복음의 다른 본문에도 사용되었지만(7:33; 12:35; 13:33; 14:19), 16:16-19에서만 일곱 번이나 사용된다. '조금 있으면' 제자들이 예수님을 보지 못한다는 것은 예수님의 죽음을 암시한다(16절). 그러나 제자들이 '조금 있으면' 예수님을 다시 본다는 것은 그의 부활을 가리키는 것인지, 성령으로 다시 오심을 가리키는 것인지, 재림을 가리키는 것인

지 논란이 있다. 오늘날의 학자들 사이에도 그 해석에 대한 논란이 있지만, 당시 예수님의 말씀을 듣던 제자들 사이에도 논란이 있었다. 그래서 제자들의 이런 논란에 대한 예수님의 대답이 19절부터 이어진다.

2) 예수님의 여정에 대한 예수님의 설명(16:19-22)

'조금 있으면'이 어느 때를 가리키는지 제자들 사이에 논란이 있다는 것을 예수님은 아셨다(19절). 20절부터 이에 대한 예수님의 설명이 이어지는데, 학자들에 따라 그 해석이 나뉜다. 다수의 학자들은 "조금 있으면 나를 보리라"는 예수님의 말씀을 그의 '부활'을 가리키는 것으로 본다(모리스, 카슨, 쾨스텐버거, 키너). 그러나 브라운은 예수님의 다시 오심에 대한 모호한 말씀은 위의 세 가지 예수님의 임재(부활로, 성령으로, 재림으로 임재)가 모두 함축되어 있다고 한다.[20] 기쁨과 평화에 대한 예수님의 약속(16:20-22, 24, 33)은 예수님이 부활하셨을 때 성취된 것처럼 보인다(20:20, 21, 26). 그러나 브라운은 '그 날'에 제자들이 어떤 질문도 하지 않을 만큼 충분한 이해를 가질 것이라는 약속은 부활의 때가 아니라, 오히려 재림 때와 어울린다고 한다(23절). 그리고 브라운은 제자들이 성령 안에서 영적으로 예수님을 보는 것을 뜻할 수도 있다고 한다(22-23절). 16장에서 성령의 사역이 언급된 후(16:8-15), 그의 떠나심과 다시 오심에 대한 주제가 이어지기 때문이다.

'조금 있으면' 제자들이 예수님을 다시 보는 것은 다수의 학자들이 말한 것처럼 그의 부활을 가리킬 가능성이 높다. 그러나 칼빈이 바르게 지적했듯이, 본문에 나오는 예수님의 강화가 그의 부재 시에 제자들이 느낄 슬픔을 위로하기 위한 것이라면, 성령 임재의 가능성도 무시할 수 없다.[21] 앞서 브라

---

20. Brown, *John XIII-XXI*, 729-30.

21. 칼빈은 이 단락에 나오는 예수님의 오심을 성령의 임재로 해석한다. 그리스도인이 성령 안에서 예수님을 만난다고 본다. 기본적으로 이 문맥은 그의 떠남을 두려워하는 제자들을 위로하기 위해서다. 그의 부재 속에서도 제자들이 두려워하지 말고, 곧 있을 성령의 임재를 기대하라고 주신 말씀이다. 칼빈, 『요한복음』, 635.

운이 지적한 바와 같이, 본문이 성령의 사역을 언급한 단락에 연결되어 위치하는 것도 이러한 성령의 임재 가능성을 높인다. 그렇다면, 예수님의 재림을 언급했을 가능성은 없는가? 23절과 26절에 나오는 '그 날'은 대표적인 종말론적 표현이다. 신약에서는 이 표현이 자주 종말의 현재적 성취를 나타내기 위해 사용된다(예. 막 13:11; 행 2:18; 히 8:10). 여기서도 그러한 현재적 종말론의 성격이 강하다. 다시 말하면 예수님이 부활하시고 승천하신 후, 성령으로 그의 백성과 함께하시는 때를 가리킨다. 따라서 '조금 있으면'은 예수님이 부활과 성령으로 제자들에게 곧 다시 오실 것을 포괄적으로 가리킨다고 보는 것이 적절할 것이다. 실제로 요한복음은 예수님의 부활과 성령으로 오심을 연속적인 사건으로서 하나의 단일한 이야기 속에 포함시킨다(20:1-23). 부활하신 예수님이 결코 제자들을 떠나지 않고 함께하신다는 사실을 보여준다. (이러한 요한복음의 특징은 14:18-20을 주해를 참고하라).

제자들을 더 잘 이해시키기 위해 예수님은 여자의 해산을 비유로 드신다. 해산을 앞두고 여자는 진통을 근심하나, 해산 후에 새 생명 때문에 큰 기쁨을 얻는다(21절). 이와 같이 제자들의 근심도 기쁨으로 바뀔 것이다(22절). 십자가 사건 때문에 그들이 잠시 근심과 고통의 시기를 경험하겠지만, 곧 부활의 기쁨이 찾아 올 것이다. 이사야 26:16-19에는 여인의 산고(產苦)와 부활 개념이 나오는데, 이 단락의 중요한 배경이 될 수 있다.[22] 이사야 선지자는 이스라엘의 고통과 하나님의 심판, 이스라엘의 기도와 하나님의 구원을 언급한다. 산고를 겪는 여인이 부르짖듯이 심판 받은 이스라엘이 하나님께 기도할 때, 하나님께서는 그 기도를 들으시고 죽은 자들을 살리실 것이다.

다른 한편, 이 짧은 단락(16:20-24) 안에 '근심'(4번)과 '기쁨'(6번)이라는 말이 명사 혹은 동사의 형태로 반복해서 등장한다. 이외에도, 곡하고 애통하는 것(20절), 고통(21절) 등도 나온다. 근심/고통/슬픔이 기쁨으로 바뀌는

---

22. Keener, *John 2*, 1045.

주제는 구약에서 자주 하나님의 구원이 임했을 때 나타나는 현상이다(예. 시 126:1-3; 사 61:2-3; 렘 31:13). 불순종한 이스라엘에게 하나님의 심판이 내려지고, 그들은 근심과 고통과 슬픔을 겪었다. 이방 민족에게 압제를 당하고, 가난과 질병으로 죽음의 그늘에 살게 된다. 그러나 하나님께서는 그런 이스라엘을 영영 버리지 아니하시고, 그들을 불쌍히 여기시며 회복의 은혜를 주신다. 이것이 구약성경에 자주 나타나는 죄 ⇨ 심판 ⇨ 구원이라는 사이클이다. 이러한 사이클 속에 이스라엘이 경험하는 주된 정서는 근심/고통/슬픔에서 기쁨으로 변화된다. 특히 종말론적 구원과 관련하여, 다시 말하면 마지막 때에 일어날 하나님의 영원한 구원과 관련하여, 구원 받은 하나님의 백성은 영원한 기쁨 가운데 들어갈 것이 약속되었다(사 61:3; 습 3:14).

근심/고통/슬픔이 기쁨으로 바뀌는 주제는 또한 에덴동산을 배경으로 해석될 수 있다. '근심'(20-22절)으로 번역된 헬라어 λύπη(*뤼페*)는 슬픔, 고통, 걱정 등을 뜻한다. 이러한 근심은 타락한 아담과 하와에게 찾아온 하나님의 심판의 결과이다(LXX 창 3:16-17). 그러나 새로운 에덴인 새 하늘과 새 땅에서는 이러한 슬픔과 고통이 사라질 것이다. 그곳은 온전한 기쁨으로 가득 찰 것이다(계 21:4). 예수님의 사역은 이와 같이 인류가 잃어버린 기쁨을 회복시키는 것과 관련이 깊다. 예수님이 이루시는 새 창조의 세계는 새 생명의 세계이면서 동시에 기쁨의 세계이다.

21절에 나오는 여인의 고통을 위해 사용된 θλῖψις(*뜨맆시스*)는 요한계시록에서 종말을 사는 하나님의 백성의 환난을 가리킨다(계 2:9, 10; 7:14). 믿음 때문에 세상에서 핍박 받고 어려움을 당하는 신자의 삶을 나타낸다. 우상숭배를 거절하며, 하나님에 대한 충성과 그리스도에 대한 사랑으로 세상을 살아가는 사람이 마주한 현실이다. 또한 *뜨맆시스*는 구약에서 죄악 된 세상을 살아가는 하나님의 백성들의 고통을 말해주는 표현이다. 때로는 그들의 잘못이나 실패, 때로는 세상의 핍박이나 시험 때문에 하나님의 백성들은 고통을 당했다. 창세기에서는 에서를 피해 하란으로 도망하던 야곱의 인생을 묘사하는 말이고, 형들에게 핍박을 받던 요셉의 형편을 나타내는 말이다(LXX 창 35:3; 42:21). 또한 이스라엘이 이집트에서 당하는 고통을 설명하는 말이고(LXX 출 4:21), 자식이 없어 브닌나에게 무시당하던 한나의 모습이다(LXX 삼상 1:6). 이스라엘이 하나님께 범죄할 때면, 하나님께서는 이방 민족을 사용하셔서 이스라엘이 곤고를 겪게 하셨다(LXX 느 9:27, 37). 그러나 이제 예수 그리스도 안에서 새롭게 된 하나님의 백성은 부활의 기쁨을 누린다. 물론 예수님이 재림하시기 전까지는 고통과 기쁨을 함께 경험할 것이다. 그러나 새 하늘과 새 땅에서는 모든 근심/고통/슬픔이 사라지고, 기쁨만이 하나님의 백성과 함께할 것이다(계 21:4).

3) 예수님의 여정 속에서 제자들의 특권(16:23-24)

성령의 시대에는 제자들이 예수님께 묻지 않을 것이다(23절). '묻다'를 가리키는 헬라어 ἐρωτάω(*에로타오*)는 '질문하다'를 뜻할 수도 있고(1:19, 21, 25; 9:2, 19, 21; 16:5, 19, 30), 기도의 의미를 함축하는 '구하다'를 뜻할 수도 있다(4:31, 40, 47; 14:16; 16:26; 17:9). 같은 구절에서 '아버지께 구하는 것'을 나타내기 위해서는 αἰτέω(*아이테오*)가 사용되었는데, 크루즈는 *에로타오*와 *아이테오*를 동의어로 보아야 한다고 주장한다.[23] 다시 말하면, 예수님은 성령이 오신 후, 그의 달라진 역할을 말씀하신다. 그가 지상에 계실 때는 제자들이 그에게 구하였지만, 그가 승천하시고 성령이 오신 후에는, 그들이 직접 아버지께 구하라고 하신다. 예수님의 구속 사역으로 말미암아, 성령의 인도로 말미암아, 이제 사람들이 직접 하나님께 구할 수 있는 길이 열렸기 때문이다.

그러나 링컨이 바르게 지적했듯이, *에로타오*는 '질문하다'를 뜻할 가능성

---

23. Kruse, *John*, 329.

이 더 많다.[24] 왜냐하면 14:13-15에서 예수님은 그를 향한 제자들의 기도에 대해서 설명하시는데, 예수님이 그 기도에 응답하겠다고 약속하시기 때문이다. 따라서 이 구절은 예수님의 지상 사역이 끝나고, 성령이 오신 후, 제자들은 더 이상 예수님에게 물을 필요가 없다는 뜻이다(23절). 왜냐하면 성령의 인도로 모든 것을 알 것이기 때문이다(16:13; 요일 2:20).

다만 제자들은 예수님의 이름으로 아버지께 기도하게 된다(24절). 예수님의 이름으로 기도하였을 때, 제자들은 그 구하는 것을 받게 된다(23절). 예수님이 성령으로 다시 오실 때에, 제자들의 특권은 바로 '기도'이다. 제자들은 기도를 통해 성령의 인도를 받는다. 기도를 통해 예수님의 뜻을 따른다. 기도를 통해 하나님의 영광을 구한다.

한편 앞의 단락과 함께 이 단락은 두 종류의 기쁨을 이야기한다. 하나는 부활하신 예수님과 성령 안에서 만나는 것이고(20-22절), 다른 하나는 성령 안에서 예수님의 이름으로 기도하여 응답받는 것이다(23-24절). 성령이 오셨을 때, 제자들은 갖은 핍박 속에서도 큰 기쁨으로 충만하게 될 것이다. 주님을 만나서 교제하는 기쁨과 기도 응답을 받는 기쁨이다.

교훈과 적용

1. 성령이 오시면, 예수님을 다시 만나게 된다. 예수님이 보이지 않는다고 두려워하거나 근심할 필요가 없다. 왜냐하면 예수님은 성령 안에서 그의 제자들을 만나시기 때문이다. 오늘도 예수님의 사람들은 예수님과 만나고, 예수님과 교제할 수 있다. 성령 안에서 부활하신 예수님을 경험하며, 승천하신 예수님을 만나는 것이다. 성령이 예수님의 사람들과 함께하시므로, 우리는 기쁨으로 살 수 있다.
2. 성령이 오시면, 예수님의 계시를 충분히 이해하게 된다. 예수님이 주신 계시의 말씀을 그가 떠나신 후에도 이해할 수 있는 길이 있다. 예수님의 계시는 사람의 지혜로 이해할 수 없다. 오로지 예수님이 보내신 성령을 통해서만 그 계시의 말씀을 깨달을 수 있다. 성령 안에서 우리는 예수님의 말씀을 깨달아, 말씀의 큰 은혜를 누

---

24. Lincoln, *John*, 424.

릴 수 있다.

3. 성령이 오시면, 예수님의 이름으로 기도하여 응답받게 된다. 성령 안에서 믿고 행동하는 삶을 살면, 예수님의 뜻에 맞게 기도할 수 있다. 내 욕심을 따라 기도하는 것이 아니라, 하나님의 영광을 구하는 예수님처럼 기도할 수 있다. 이렇게 성령 안에서 예수님의 이름으로 기도할 때, 우리는 풍성한 기도 응답을 받을 것이고, 기쁨이 충만할 것이다.

6. 예수님의 여정에 대한 제자들의 이해(16:25-33)

25 이것을 비유로 너희에게 일렀거니와 때가 이르면 다시는 비유로 너희
에게 이르지 않고 아버지에 대한 것을 밝히 이르리라 26 그 날에 너희가
내 이름으로 구할 것이요 내가 너희를 위하여 아버지께 구하겠다 하는 말
이 아니니 27 이는 너희가 나를 사랑하고 또 내가 하나님께로부터 온 줄
믿었으므로 아버지께서 친히 너희를 사랑하심이라 28 내가 아버지에게
서 나와 세상에 왔고 다시 세상을 떠나 아버지께로 가노라 하시니 29 제
자들이 말하되 지금은 밝히 말씀하시고 아무 비유로도 하지 아니하시니
30 우리가 지금에야 주께서 모든 것을 아시고 또 사람의 물음을 기다리시
지 않는 줄 아나이다 이로써 하나님께로부터 나오심을 우리가 믿사옵나
이다 31 예수께서 대답하시되 이제는 너희가 믿느냐 32 보라 너희가 다 각
각 제 곳으로 흩어지고 나를 혼자 둘 때가 오나니 벌써 왔도다 그러나 내
가 혼자 있는 것이 아니라 아버지께서 나와 함께 계시느니라 33 이것을 너
희에게 이르는 것은 너희로 내 안에서 평안을 누리게 하려 함이라 세상에
서는 너희가 환난을 당하나 담대하라 내가 세상을 이기었노라

1) 하나님과 사랑의 관계 속에서 기도하기(16:25-27)

'비유'(παροιμία, *파로이미아*)(25절)라는 단어는 다른 복음서에 전혀 등장하지 않고, 신약에서는 베드로후서에서 한 번 사용된 것을 제외하면(벧후

2:22), 요한복음에만 등장한다(10:6; 16:25, 29). 다른 복음서에 자주 사용되는 παραβολή(*파라볼레*)와 함께, *파로이미아*는 히브리어 משׁל(*마샬*)의 번역이다. 따라서 단순히 비유만을 의미하지 않고, 격언, 잠언, 속담까지를 다 포괄하는 말이다. 본문에서는 '이해하기 까다로운 말'을 뜻한다고 할 수 있다.[25] 따라서 예수님이 여기서 언급한 '비유'(*파로이미아*)는 앞에 나오는 해산하는 여인 이야기를 가리킬 수도 있지만, 고별 강화 전체를 포함한다고 볼 수도 있다.[26] 비유가 뜻하는 예수님의 까다로운 말씀은 이제 예수님이 밝히 말씀하실 때가 되었다(25절). 이해하기 쉽게 말씀하신다는 뜻이다. 십자가와 부활, 성령의 임재를 기점으로, 그 전에는 예수님의 말씀을 이해하기 어렵지만, 그 이후에는 모든 것이 이해하기 쉬워질 것이다(25절). 오늘날 예수님의 계시의 말씀을 당시 제자들보다 더 잘 이해할 수 있는 것도 바로 이러한 예수님의 약속의 성취이다.

기도의 특권을 말씀하시면서, 동시에 그가 제자들을 위해 아버지께 구하지 않겠다고 하신다(26절). 이는 얼핏 예수님의 천상의 중보기도를 언급하는 다른 신약성경 본문(롬 8:34; 히 7:25; 요일 2:1)과 모순되는 것처럼 보인다. 그러나 이 단락에서 예수님의 말씀의 뜻은 그가 제자들의 기도를 하나님께 전달하지 않겠다는 뜻이다.[27] 왜냐하면 제자들이 예수님의 이름으로 직접 하나님께 기도할 수 있기 때문이다. 이제 제자들은 예수님을 통해, 예수님을 의지하여, 그리고 예수님을 따라 하나님께 직접 기도할 수 있기 때문이다. (예수님의 이름으로 기도하는 것에 대해서는 14장의 특주를 참고하라) 제자들이 예수님의 이름으로 하나님께 직접 기도할 수 있는 것은 그들에 대한 하나님의 사랑에 기초한다(27절). 하나님께서 보내신 예수님을 알고 믿는 자는 하나님의 사랑을 받고, 그에게 기도할 수 있다. '친히'(27절)는 αὐτός(*아*

25. Carson, *John*, 546.
26. Whitacre, *John*, 397.
27. Michaels, *John*, 848.

우토스) 강조 용법에 대한 번역인데, 하나님께서 그의 아들을 환대하는 자를 얼마나 사랑하고 아끼시는지를 보여준다.

2) 예수님의 여정에 대한 분명한 언급과 제자들의 이해(16:28-30)

예수님의 구원 사역은 두 방향이다(28절). 첫 번째는 하나님을 떠나 세상으로 오신 예수님의 성육신 사건이요, 두 번째는 세상을 떠나 하나님께 돌아가시는 예수님의 십자가와 부활 사건이다. 예수님은 하늘에서 오셔서 다시 하늘로 돌아가신다. 세상은 단지 사명을 위해 일시적으로 머무르는 곳이다. 그리스도인의 여정도 이와 비슷하게 설명될 수 있다. 일찍이 예수님은 그리스도인이 위로부터 태어나야 한다고 말씀하셨다(3:3, 5). 예수님 안에서 새 창조된 그리스도인의 인생은 그 출발점이 하늘이다. 땅에서 태어나는 것이 아니다. 어머니의 모태로부터 출생하는 것이 아니다. 하늘로부터 성령에 의해 새 창조되는 것이다. 또한 그리스도인의 최종 목적지도 하늘이다. 아버지께서 계신 하늘이 그리스도인의 종착지다(13:36; 14:6). 따라서 그리스도인이 세상에 머무는 것은 사명을 위해서다. 이를 위해 세상으로 파송되었다(20:21-23).

마침내 제자들은 예수님의 오심과 가심을 이해하게 되었다고 고백한다(30절). 요한복음 전체에서 예수님의 제자들과 유대인들은 계속 예수님의 여정을 이해하지 못한다(7:35; 8:14; 13:36; 14:5; 16:5). 유대인들은 예수님이 어디서 오셨는지를 안다고 이야기하지만, 실상 그들은 예수님의 여정을 전혀 모른다(7:27; 9:30). 이제 고별 강화가 다 끝나고, 제자들은 드디어 예수님의 여정을 이해한다고 말한다(30절). 그러나 제자들의 이해와 믿음은 제한적이다. 그들의 이해가 왜 제한적인지는 다음 구절에서 설명된다.

3) 예수님의 세상을 이기심(16:31-33)

제자들이 예수님의 오심과 가심을 이해하였다고 고백하나, 예수님은 그들의 제한적인 믿음을 아셨다. 왜냐하면 그들이 곧 예수님을 버려두고 떠날 것이기 때문이다(32절). 33절은 대조를 통해 주제를 강조한다. '세상에서'와 '내 안에'가 대조를 이루고 있다. '환난'과 '평안'이 대조를 이루고 있다. 이러한 대조는 이미 14:27에서 한 차례 언급된 바 있다. 그 구절에는 '나의 평안'과 '세상이 주는 것'이 대조를 이루고 있다(14:27). 본문에서는 이러한 대조 속에, 예수님이 주시는 평화가 세상에 대한 예수님의 승리에 기초한다는 것을 보여준다. 예수님은 십자가를 통해 세상을 이기셨다. 마귀를 이기시고, 죄와 사망을 이기셨다(12:31; 참고. 골 2:15; 히 2:14). 따라서 예수님 안에 있는 자들은 환난 중에도 평안을 누릴 수 있다. 예수님을 통해 죄와 사망을 이기고 영생을 얻었기 때문이다(5:24). 그들은 하나님의 아들의 음성을 듣고 죽음에서 살아났다(5:25). 그리고 마지막 날에 몸까지 부활하여 아버지와 아들 안에서 영원히 살 것이다(5:29).

다른 한편, 예수님이 주시는 평화를 누리는 사람은 환난 중에서 담대해야 한다(33절). '담대하다'(θαρσέω, *따르세오*)는 예수님이 그의 지상 사역 중에 두려워하거나 근심하는 제자들을 격려하시기 위해 자주 사용하시던 단어다(마 9:2, 22; 14:27; 막 6:50; 10:49). 또한 부활 승천하신 후에도, 예수님은 '담대하라'는 표현으로 그의 사람들을 위로하고 격려하셨다. 로마 군인에게 잡히고 유대인들에게 위협을 받던 바울을 격려하시며 로마 선교를 부탁하신다(행 23:11). 예수님의 이러한 모습은, 추격하는 바로의 군대와 앞에 놓인 홍해를 두려워하는 이스라엘을 격려하시던 하나님의 모습을 떠올리게 한다: "너희는 두려워하지 말고(*따르세오*) 가만히 서서 여호와께서 오늘 너희를 위하여 행하시는 구원을 보라"(LXX 출 14:13). 모세가 이렇게 백성들에게 말한 이유는 여호와 하나님이 이스라엘을 위해 싸우시기 때문이다(출 14:14). 이는 곧 홍해를 가르시고, 이스라엘을 건너게 하신 후, 이집트의 군대를 멸망시키는 하나님에 대한 이야기이다. 예수님이 그의 제자들을 격려하시는 근거도 바로 이러한 승리에 기초한다. 십자가로 승리하실 예수님이 두려워하는 제자들에게 평화를 주신 것이다. 담대하라고 격려하시는 것이다.

요한일서와 요한계시록에 따르면, 예수님이 주시는 평화를 누리는 사람은 세상에서 담대할 뿐 아니라, 세상을 이기는 믿음으로 나아가야 한다. 그리스도의 승리에 기초해서, 그리스도인도 세상에서 승리해야 한다. '이기다'를 뜻하는 헬라어 νικάω(*니카오*)라는 말은 요한복음에서 단 한 번밖에 쓰이지 않았지만, 요한일서와 요한계시록에는 아주 빈번하게 등장한다. 그리스도인은 악한 자를 이기고(요일 2:18, 19), 하나님께로부터 난 자마다 세상에 승리한다(요일 5:4-5). 적그리스도를 이기는 자가 곧 그리스도인이다(요일 4:4). 요한계시록은 아시아의 일곱 교회가 거짓 가르침의 유혹과 세상의 핍박을 이기며 믿음을 지켜야 한다고 반복적으로 명령한다(계 2:7, 11, 17, 26; 3:5, 12, 21). 예수님을 승리하신 분으로 묘사하며(계 5:5; 17:14), 믿음을 지켜 하늘에 오른 자를 '이긴 자'로 묘사한다(계 12:11; 15:2; 17:14). 그러므로 예수님의 제자들은 예수님의 승리에 기초해서 세상을 이겨야 한다. 예수님이 주신 평화를 가지고, 담대하게 세상을 이기는 믿음으로 나아가야 한다.

※ 특주: 예수 그리스도의 '평화'

평화는 일반적으로 관계(relationship)와 상태(state)라는 두 요소를 포함한다. 다툼이나 갈등이 없는 원만한 관계에서 나오는 편안하고 걱정이 없는 안녕한 상태가 평화이다. 이러한 관계와 상태의 평화는 히브리 세계와 그리스-로마 세계에서 한 개인의 중요한 가치였을 뿐만 아니라 공동체가 지향하는 목표였다. 로마 제국의 첫 번째 황제인 아우구스투스(BC 30 - AD 14)는 '평화의 제단'(Ara Pacis)을 세우고, 그의 통치가 평화의 시대를 가져온다는 것을 과시하려 했다.[28] 이웃고 예수님 당시 로마 제국 안에는 황제 가이사가 제국을 구원하여 우리에게 평화를 주었다는 신념이 널리 퍼져있었다. 이러한 가이사의 평화는 2세기까지 이어졌는데, 후대에 이 시기를 가리켜 '로마의 평화'(Pax Romana)라 불렀다. 그러나 가이사의 평화는 이웃 나라를 무력으로 정복하고, 칼과 창으로 군림하면서 얻는 평화였다. 그렇다면 예수 그리스도의 평화는 가이사의 평화와 어떻게 달랐을까? 이를 위해 구약의 평화 개념부터 신약에 나오는 평화 개념을 살펴보자.

1. 구약의 평화

평화는 이스라엘 백성들의 일상에서 매우 중요한 개념이었다. 그들은 '샬롬'(שלום)이라는 인사를 통해 서로에게 평화를 물으며 만났고, 안전하게 가라는 뜻에서 평화를 말하며 헤어졌다(창 29:6; 43:27; 출 4:18). 외적의 침입이 없는 안전한 상태를 일컫기도 하는데, 이런 의미에서 전쟁의 반대말이기도 하다(레 26:6; 신 2:26; 20:10). 그들은 평화를 하나님이 주시는 선물이라고 고백하였고(왕상 2:33; 시 85:9-개역개정 85:8), 그래서 평화를 위해서 기도하였다(시 122:6). 대제사장은 예배자에게 하나님께서 그들에게 평화를 주시도록 축복하였다(민 6:26).

그러나 이스라엘의 패역은 그들로 좀처럼 평화를 누리지 못하게 하였다. 강대국들의 침입과 압력 때문에 평화 대신 전쟁과 불안이 이스라엘을 지배하였다. 그리하여 이스라엘 백성들은 종말론적 평화를 사모하였는데, 이것이 구약에 나오는 중요한 메시야 모티프 중

---

28. Beasley-Murray, *John*, 262.

의 하나이기도 하다. 하나님께서는 평화가 없는 이스라엘 백성에게 선지자를 통해 평화의 왕, 메시야를 주실 것을 약속하셨다(사 9:6-7; 겔 37:26; 슥 9:9-10). 뿐만 아니라, 비록 평화라는 말은 없지만, 메시야가 다스리는 종말론적 하나님 나라에는 다툼과 전쟁이 그치고, 하나님을 경외하면서 함께 공존하는 즐거운 모습이 그려지기도 하였다(사 2:2-4; 11:6-9).

2. 누가복음의 평화

'평화'는 누가복음의 중요한 주제이기도 하다. 예수님이 세상에 오신 목적은 평화를 주시기 위함이었다(눅 2:14). 누가복음에 나오는 예수님의 탄생 이야기에는 두 명의 왕이 대조적으로 묘사된다. 가이사 아구스도가 다스리는 로마 제국을 소개하고(눅 2:1), 바로 그 시대에 다윗의 동네에 태어난 구주이신 주 예수 그리스도를 소개한다(눅 2:11). 누가복음은 바로 이러한 로마 제국 배경에서 평화를 주러 오신 예수님의 탄생을 기록한다. 예수님의 평화는 '하나님이 기뻐하신 사람들'(눅 2:14)이 받는다. 헬라어 원문에는 '하나님'이라는 말은 없고, 직역하면 '기쁨의 사람들'이다. '기쁨'으로 번역된 헬라어 εὐδοκία(*유도키아*)는 기쁨, 혹은 기쁜 뜻, 선한 뜻 등을 의미한다.

이 평화는 회개를 통해 죄 용서를 받고 하나님과의 관계에 문제가 없는 사람들이 받는다(눅 1:77-79). 그래서 예수님의 평화의 복음은 회개를 통한 죄 용서의 복음이기도 하다. 70인 전도대를 파송하시면서 예수님은 제자들에게 복음을 전할 때 평화를 선포하라고 하신다(눅 10:5). 그런데 부활하신 예수님은 제자들을 증인으로 세우시면서 그의 이름을 통해 죄 용서를 받게 하는 회개를 강조하신다

(눅 24:47). 따라서 예수님의 탄생, 그를 믿고 회개하여 얻는 죄 용서, 그리고 평화는 서로 긴밀하게 연결되어 하나님 나라 복음을 구성한다. 다른 한편, 예수님은 그를 영접하지 않는 예루살렘을 보면서 안타까워하셨는데, 특히 그들이 평화를 모르는 것에 탄식하셨다(눅 19:41-42). 예수님을 영접하지 않고, 회개하지 않는 그들에게는 용서가 아니라 진노가, 평화가 아니라 심판이 있을 것이기 때문이다(눅 19:43-44).

3. 요한복음의 평화

요한복음에서 '평화'라는 말은 다섯 구절에 여섯 번 등장한다(14:27; 16:33; 20:19, 21, 26). 그러나 실제로는 크게 두 장면에 평화라는 주제가 나오는데, 하나는 고별 강화이고, 다른 하나는 부활하신 예수님이 제자들에게 나타나신 사건이다. 이 두 장면에서 예수님은 평화를 주시는 분으로 나온다. 십자가를 지시기 전에 그의 떠남을 걱정하는 제자들에게 예수님은 평화를 주시며, 담대하라고 권면하신다(14:27; 16:33). 그리고 부활하신 후, 유대인들을 두려워하며 숨어 있는 제자들에게 오셔서 평화의 인사를 하신다(20:19, 21, 26). 물론 부활하신 예수님의 이러한 평화 선언을 단순히 유대의 일상적인 인사로 간주할 수도 있지만, 다수의 학자들은 요한복음의 평화 주제 관점에서 이 인사를 보아야 한다고 주장한다.[29] 요한복음에 나오는 예수님의 이러한 평화에는 다음과 같은 특징이 있다.

먼저, 예수님이 주시는 평화는 그의 십자가와 부활에 기초한다. 로마 황제 가이사는 그의 무력에 기초해서 평화를 이룬다. 그러나

29. Klink III, *John*, 859; Burge, *John*, 558; Lincoln, *John*, 497.

예수님의 평화는 십자가와 부활을 통해서 온다. 요한복음에서 예수님의 평화의 메시지는 십자가와 부활을 전후로 해서 제자들에게 전달된다. 예수님이 성취하신 구원 역사를 통해 우리에게 참된 평화가 온다는 말이다. 십자가와 부활을 통해 죄 용서가 일어나고 하나님과의 평화가 회복된다. 십자가와 부활을 통해 세상을 주관하던 마귀가 패배하고, 예수님 안에서 평화를 누리게 된다. 세상은 여전히 성도를 핍박하지만, 예수님이 십자가와 부활을 통해 이미 이루신 승리는 마지막 날 최후 승리를 보증한다. 이렇게 세상을 이기신 예수님 때문에 성도는 세상에서 담대할 수 있다.

둘째, 예수님이 주시는 평화는 마음에서부터 시작된다. 가이사가 주는 세상의 평화는 외형적 안녕에만 초점을 맞춘다. 그러나 예수님의 평화는 마음의 평화다. 예수님이 평화를 언급하시는 주요 문맥에는 제자들의 근심과 두려움이 있다. 그들은 예수님이 떠나신다는 말씀을 듣고 근심하고 불안해했다. 십자가 전후로 그들도 잡혀 죽을까봐 전전긍긍하며 두려워했다. 예수님은 이러한 상황 가운데 있는 제자들에게 평화를 선언하셨는데, 무엇보다 그들의 마음에 걱정과 두려움이 없는 평화가 있도록 하셨다(14:27). 심지어 환난이나 핍박이 있을지라도 성도는 예수님이 주시는 마음의 평화 때문에 담대할 수 있다. 따라서 예수님의 평화는 신자의 마음에서부터 시작되는데, 그가 재림하실 때 개인과 세상의 온전하고 우주적인 평화가 완성될 것이다.

4. 바울 서신의 평화

바울 서신에서 가장 두드러진 것은 먼저 평화의 인사이다. 사도는 편지 서두에 항상 은혜와 평화의 인사를 한다(롬 1:7; 고전 1:3; 고후 1:2; 갈 1:3 등등). 이러한 인사는 유대인들의 평화의 인사에 은혜를 먼저 언급하는 새로운 인사법이라 할 수 있다. 그리스도 안에서 하나님께서 주시는 은혜를 통해 성도에게 참다운 평화가 임한다는 뜻이다.

그리하여 사도 바울은 하나님과의 평화를 강조한다(롬 5:1). 그리스도 밖에 있는 사람들은 하나님과 원수가 되어, 평화의 길을 알지 못하고 파멸의 길로 간다(롬 3:17). 하나님은 그리스도 안에서 그의 백성에게 평화를 주시는 평화의 하나님이시다(롬 15:33; 16:20). 그리스도를 통해 죄를 멸하시고, 사단을 멸하시며 그의 백성에게 평화를 주신다.

평화의 하나님은 그의 백성을 평화의 관계로 부르신다. 예수 그리스도 안에서 유대인과 이방인의 원수 관계가 평화의 관계로 변화되어 한 몸을 이루고, 한 새 사람이 된다(엡 2:14, 15, 17). 이러한 평화의 관계는 그리스도께서 이루신 사역에 기초한 성령의 역사로 가능하다(갈 5:22). 성도는 형제를 비판하거나 시험에 들게 하지 말고, 서로를 아끼고 존중하며 평화를 이루어야 한다(롬 14:19; 고전 14:33). 형제자매와 평화를 이루어 함께 죄를 멀리하며 거룩을 추구하는 성화에 힘써야 한다(딤후 2:22).

바울 사도는 또한 성도가 갖는 내면의 평화를 언급한다(빌 4:7; 골 3:15). 걱정과 불안 속에서 성도는 하나님께서 그리스도 안에서 주시는 평화를 마음에서부터 누릴 수 있다. 이러한 평화를 누리기 위해 기도가 중요하다(빌 4:7). 또한 이러한 마음의 평화를 누리는 사람이 다른 사람과 평화하여 한 몸 공동체를 이룰 수 있다(골 3:15). 이러한 주님의 평화는 성도의 모든 상황에 필요하다(살후 3:16).

교훈과 적용

1. 우리는 하나님의 사랑에 기초해서 기도한다. 예수님의 성육신과 고난, 죽음과 부활은 세상을 사랑하시는 하나님의 작품이다. 하나님의 사랑은 그의 독생자를 희생하는 데까지 이른다. 독생자의 희생으로 말미암아 죄인인 우리가 하나님께 직접 나아갈 수 있는 길이 열렸다. 그러므로 예수님을 믿는 사람은 어떤 중재자도 필요 없이 하나님께 기도할 수 있다. 하나님의 사랑은 우리로 하여금 직접 그에게 기도할 수 있는 길을 열어 놓으셨다.
2. 우리는 예수님의 승리에 기초해서 평화를 누린다. 세상에는 여러 가지 근심과 걱정이 있다. 심지어 그리스도인으로서 당하는 고통도 있다. 그러나 그러한 어려움 중에도 그리스도인은 평화를 누릴 수 있다. 왜냐하면 세상을 이기신 예수님이 우리에게 평안을 주시기 때문이다. 하늘의 평화를 우리에게 주심으로, 우리로 하여금 환난에 좌절하지 않고, 믿음으로 굳게 서게 하신다. 그리스도인은 이 평화를 마음에 가지고 담대하게 세상을 살아야 한다.
3. 우리는 성령의 조명에 기초해서 말씀을 깨닫는다. 예수님의 계시의 말씀은 사람의 지혜와 경험으로 깨달을 수 없다. 성령이 오시기 전에는 그 누구도 계시의 말씀은 온전히 이해할 수 없다. 그러나 하나님은 성령을 보내시고, 그 성령은 예수님을 믿는 자들에게 빛을 비추셔서 계시의 말씀을 잘 알 수 있게 하신다. 성령의 조명을 통해 그리스도인은 하나님의 뜻을 알고, 그의 뜻대로 행할 수 있다.

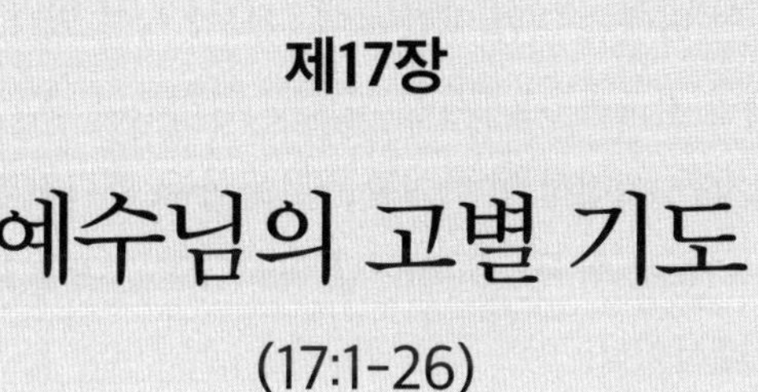

제17장

예수님의 고별 기도

(17:1-26)

본문 개요

17장은 세상을 떠나시기 전 아버지 하나님께 드리는 예수님의 고별 기도이다. 동시에 13장부터 이어지는 예수님의 고별 강화의 결론 부분이기도 하다. 예수님은 자신을 위해, 제자들을 위해, 그리고 미래의 제자들을 위해 차례로 기도하신다(17:1-5; 6-19; 20-26). 예수님의 고별 기도에는 하나님의 영광이라는 예수님의 지상 사역의 목적이 담겨 있다. 또한 그의 제자들을 위한 염려와 그들의 미래에 대한 비전이 이 기도에 녹아 있다. 한편, 전통적으로 예수님의 고별 기도는 '대제사장 기도'로 알려졌다. 최근에 이 타이틀에 대한 비판이 있지만, 여전히 이 타이틀은 유효하다. 왜냐하면 그의 제자들을 위한 예수님의 기도는 독자들로 하여금 이스라엘을 위한 대제사장의 기도를 연상시키기 때문이다.

내용 분해

1. 예수님의 자신을 위한 기도(17:1-5)
   1) 아버지의 영광을 위한 아들의 영광(17:1)
   2) 영생을 위한 아들의 권세(17:2-3)
   3) 아버지와 함께하는 아들의 영광(17:4-5)
   *특주: 영광/영화롭게 하다
2. 예수님의 제자들을 위한 기도(1)(17:6-12)
   1) 아버지의 이름과 말씀을 드러내신 아들(17:6-8)
   2) 아버지와 아들의 소유인 제자들(17:9-10)
   3) 아버지의 보호를 요청(17:11-12)
3. 예수님의 제자들을 위한 기도(2)(17:13-19)

1) 악으로부터 제자들을 보호(17:13-16)

2) 진리를 통한 제자들의 거룩과 파송(17:17-18)

3) 제자들의 거룩을 위한 예수님의 거룩(17:19)

4. 예수님의 미래의 제자들을 위한 기도(17:20-26)

1) 제자들의 하나 됨을 통한 선교(17:20-23)

2) 제자들과 예수님의 함께하심(17:24-26)

*특주: 교회의 하나 됨(일치)

본문 주해

1. 예수님의 자신을 위한 기도(17:1-5)

1 예수께서 이 말씀을 하시고 눈을 들어 하늘을 우러러 이르시되 아버지
여 때가 이르렀사오니 아들을 영화롭게 하사 아들로 아버지를 영화롭게
하게 하옵소서 2 아버지께서 아들에게 주신 모든 사람에게 영생을 주게
하시려고 만민을 다스리는 권세를 아들에게 주셨음이로소이다 3 영생은
곧 유일하신 참 하나님과 그가 보내신 자 예수 그리스도를 아는 것이니이
다 4 아버지께서 내게 하라고 주신 일을 내가 이루어 아버지를 이 세상에
서 영화롭게 하였사오니 5 아버지여 창세 전에 내가 아버지와 함께 가졌
던 영화로써 지금도 아버지와 함께 나를 영화롭게 하옵소서

1) 아버지의 영광을 위한 아들의 영광(17:1)

"때가 이르렀사오니"(1절)는 ἔρχομαι(*엘코마이*)의 완료형이 사용되었다. '때'(ὥρα, *호라*)는 요한복음에서 예수님의 십자가와 부활, 승천의 시간을 포괄적으로 가리킨다(2:4; 7:30; 8:20; 12:23, 27; 13:1). 그러나 그 무게 중

심이 다분히 '죽음'에 위치한다. 다시 말하면, '때'는 예수님이 아버지께 돌아가셔서 영화롭게 되는 시간 전체를 의미하지만, 그의 '죽음'에 대한 강조가 함께 있다. 그렇다면 왜 *엘코마이*의 완료형이 쓰였을까? 그만큼 그의 때가 임박했다는 뜻이다.

"아들을 영화롭게 하는 것"과 "아버지를 영화롭게 하는 것"이 같이 등장한다(1절). 아들을 영화롭게 하는 것은 무엇을 의미할까? '영화롭게 하다'를 뜻하는 헬라어 δοξάζω(*독사조*)는 요한복음에서 23회 사용되는데, 그 중에 아들을 영화롭게 하는 것은 주로 그의 죽음과 관련이 있다. 물론 그의 죽음과 부활과 승천을 포괄적으로 가리키지만(7:39; 12:16), 이 말의 강조점은 다분히 그의 죽음에 있다(12:23, 28; 13:31-32). 이 경우 '영화롭게 하다'(*독사조*)는 '때'(*호라*)와 비슷한 개념상의 범위를 가진다. 특히 '때'(*호라*)와 '영화롭게 하다'(*독사조*)가 함께 쓰인 12:23은 강하게 예수님의 죽음을 암시하고 있다. 이 구절의 문맥은 지속적으로 예수님의 죽음을 강조하고 있다(12:24, 25, 27-28, 32-33, 34). 이전에 예수님은 그의 '때'가 아직 오지 않았다고 하셨다(7:30; 8:20). 이제 인자가 영광을 얻을 '때'가 왔다고 하시는데, 그만큼 예수님의 죽음의 때가 가까왔다는 뜻이다. 따라서 예수님이 아들을 영화롭게 해 달라고 기도하신 것은 그의 죽음을 가리키는 것이며, 이를 통해 아버지를 영화롭게 하려 하신다.

일찍이 "아버지를 영화롭게 하는 것"은 예수님의 사역의 목표였다(2:11; 11:4, 40; 14:13; 17:4). 이는 그의 성육신에서부터 시작된다(1:14). 그의 제자들 또한 하나님을 영화롭게 하는 삶을 살아야 한다(15:8; 21:19; 참조. 17:10). 구약에서 영광은 하나님이 능력을 행하실 때, 그의 위엄이 가시적으로 드러나는 것을 말한다(예. 출 16:10; 24:17).[1] 따라서 하나님을 영화롭게 하는 것은 삶과 사역을 통해 하나님의 능력과 성품과 위엄을 드러내는 것이다. 또한 하

---

1. Brown, *John I-XII*, 503.

나님의 말씀을 순종하여, 그분을 공경하는 것이다. 그리하여 궁극적으로 사람들로 하여금 하나님을 높이게 하는 것이다(17:4). 요컨대, 예수님은 자신의 죽음을 통해 하나님께 영광을 올려 드릴 수 있기를 기도하고 있다.

2) 영생을 위한 아들의 권세(17:2-3)

만민을 다스리는 권세는 아버지께 속한 것이다. 그런데 아버지는 아들에게 그 권세를 맡기셨다(2절). 앞서 이러한 예수님의 권세는 심판과 관련이 있다고 언급되었다(5:27). 심판과 영생은 하나님께서 아들에게 맡기신 권세에 속한다(5:21-22). 쾨스텐버거에 따르면, 이는 예수님이 하나님 나라 왕으로서 가지는 권세이다.[2] 예수님은 사람들에게 복음을 전하셔서 그 복음을 받는 자에게는 영생을, 거부하는 자에게는 심판을 주신다. 따라서 영생은 예수님의 하나님 나라 복음을 듣고, 인격적으로 받아들이며, 왕이신 예수님을 신뢰하는 사람에게 주어진다. 이를 다른 말로 표현하면, 영생은 하나님과 예수님을 아는 것이다(3절). '알다'(γινώσκω, *기노스코*)는 단순히 지적인 인식의 차원을 넘어 관계적 차원을 가리킨다. 앞서 8:32의 주해에서 밝힌 바와 같이, 하나님과 예수님에 대해 바른 지식을 가질 뿐만 아니라, 인격적으로 믿고 신뢰하는 것을 뜻한다. 하나님과 예수님의 사랑과 은혜를 깨달아, 참된 믿음으로 반응하는 것이다.

구약에서 이스라엘은 하나님을 아는 '지식'(ἐπίγνωσις, *에피그노시스* / γνῶσις, *그노시스*)이 없어 책망을 받는다(호 4:1, 6). 지식이 없는 이스라엘은 하나님의 심판의 대상이다(호 4:6). 그러므로 호세아 선지자는 이스라엘 백성들에게 여호와를 힘써 알자고 권면한다(호 6:3). 왜냐하면 하나님은 제사보다는 인애를, 번제보다는 하나님 아는 것을 원하시기 때문이다(호 6:6). 이러한 하나님을 아는 지식은 그의 은혜를 깨닫고 그를 신뢰하는 믿음이다.

---

2. Köstenberger, *John*, 487.

이러한 지식이 없으면 망한다. 반면에 하나님과 그가 보내신 예수님을 아는 지식이 사람을 살린다. 그러므로 영생은 하나님과 예수님의 은혜를 깨닫고, 인격적으로 신뢰하며 믿는 것이다.

3) 아버지와 함께하는 아들의 영광(17:4-5)

"아버지께서 내게 하라고 주신 일"(4절)은 무엇일까? 예수님은 이 일을 위해 세상에 오셨고(4:34), 마지막 십자가에서 이 일을 다 이루셨다고 하신다(19:30). '일'은 사람들에게 영생을 주시기 위한 그의 사역을 일컫는다(3:16). 이를 위해서 그는 사람들에게 진리를 계시하시고(18:37), 십자가에서 죽으심으로 사람들의 죄를 용서하신다(1:29). 이 구절에서 '이루어'(4절)를 아오리스트/부정 과거 시상으로 사용한 것은 예기적(proleptic) 문학 기법으로서, 나중에 일어날 일을 미리 기술하는 형태를 가리킨다.[3] 예수님은 그의 십자가 사역을 포함한 모든 지상 사역을 완성하신 것처럼 기도하신다. 그만큼 십자가 사역은 그가 분명히 완성해야 할 구속 사역의 핵심이었다.

예수님이 창세전에 아버지와 함께 가졌던 '영화'(δόξα, *독사*)(5절)로 영화롭게 되는 것은 예수님이 육신을 가지고 하늘의 영광으로 들어가는 것을 뜻한다. 예수님은 원래 하늘의 영광으로 계셨고, 사람의 몸으로 성육신하셨다. 물론 그의 성육신에도 하나님의 영광이 나타났다(1:14). 그러나 이제 아버지께 돌아갈 때, 그의 몸은 질적으로 전혀 다른 영광스런 몸으로 바뀌어 하늘 영광에 들어가게 된다.[4] 예수님은 이제 십자가를 통해 하나님께 돌아가는 것을 위해 기도하신다. 아버지께서 계시는 하늘의 영광에 들어가는 것을 위해 기도하신다.

---

3. Carson, *John*, 557.

4. Carson, *John*, 557.

※ 특주: 영광/영화롭게 하다

요한복음에서 '영광'(δόξα, *독사*)은 19회, '영화롭게 하다'(δοξάζω. *독사조*)는 23회 등장한다. 이러한 빈도수는 다른 어떤 신약성경보다 그 용례가 두드러진 것으로, 요한복음이 그만큼 '영광'이라는 주제를 강조한다는 것을 알 수 있다. 보컴에 따르면, 히브리어 구약성경(MT)과 헬라어 구약성경(LXX)을 종합해 볼 때, '영광'(Glory)은 크게 두 가지 뜻으로 요약될 수 있다.[5] 첫째는 명예(honor) 혹은 명성(reputation)을 뜻한다. 하나님의 존귀한 위엄과 가치를 포함한다. 둘째는 가시적인 광채(visible splendor)를 뜻한다. 하나님의 영광스러운 현현(manifestation)을 의미한다. 이런 맥락에서 동사인 '영화롭게 하다'(glorify)는 첫째, 경의를 표하면서 높이는 것을 뜻한다. 그리고 둘째로, 가시적으로 웅장한 광채를 드러내는 것을 뜻한다. 이러한 기본적인 뜻을 배경으로 요한복음에 나오는 '영광'의 주제를 분석하면 다음과 같다.

1. 성육신과 영광

예수님의 성육신에는 '영광'의 이미지가 등장한다(1:14). 다시 말하면, 예수님이 육신의 몸으로 태어나실 때, 하나님의 임재와 나타나심이 있다는 말이다. 이는 출애굽기 33-34장을 배경으로 하는데, 하나님께서 모세와 이스라엘에게 나타나실 때, 영광스러운 현현이 있었으며, 인자와 진실이 충만하셨다(출 34:6). 이와 같이 예수님의 성육신은 하나님께서 가시적으로 자신을 나타내신 사건이다. 예수님의 성육신에 나타난 영광은 하나님의 영광스러운 임재를 가리킨

5. Bauckham, *Gospel of Glory*, 44.

다. 예수님의 성육신을 통해 하나님은 우리와 함께하신다.

한편 예수님의 성육신과 구약에 나오는 성막 이미지의 밀접한 관계는 이러한 해석을 더욱 뒷받침해 준다. 광야에서 성막을 통해 자신을 이스라엘 가운데 나타내신 하나님은 이제 예수님의 몸을 통해 그의 백성 가운데 임재하신다. 성막에 하나님의 영광이 충만하셨듯이, 이제 성육신하신 예수님이 하나님의 영광으로 충만하게 되신다.

2. 표적과 영광

요한복음 전반부(1-12장)에 나오는 첫 표적과 마지막 표적에 '영광'의 이미지가 사용된다. 물이 포도주로 변한 가나 혼인 잔치에 예수님의 영광이 나타난다(2:11). 죽은 나사로가 살아난 사건에 하나님의 영광이 나타난다(11:4, 40). 따라서 표적은 하나님의 가시적인 위엄이 나타난 사건이라 할 수 있다. 예수님은 표적을 통해 하나님의 영광스러운 현현을 드러내신다. 그러나 동시에 표적을 통해 하나님을 높이며, 사람들로 하여금 하나님께 경의를 표하게 하신다. 표적은 하나님의 영광이 가시적으로 드러난 사건이면서, 동시에 하나님께 영광을 돌린 사건이다. 이런 면에서 요한복음의 표적은 '영광'의 두 가지 뜻을 다 포함한다고 할 수 있다.

3. 십자가와 영광

예수님은 십자가를 통해 아버지를 영화롭게 하신다(13:31; 17:1, 4). 또한 십자가를 통해 예수님 자신이 영화롭게 되신다(12:23; 17:1, 5). 십자가는 어떻게 아버지를 영화롭게 하는가? 그것은 아들이 아버지께 순종하여, 아버지에 대한 존경을 드러내기 때문이다. 순종으로 아버지께 영예를 드리기 때문이다. 또한 아들은 십자가와 부활을 통해 하나님의 사랑과 능력을 나타낸다. 이런 의미에서 아들이 아버지를 영화롭게 할 때는 '영화롭게 하다'의 두 가지 뜻이 다 등장한다.

예수님은 또한 십자가를 통해 영화롭게 되신다. 십자가는 예수님이 영화롭게 되는 계기가 된다. 예수님은 창세전에 이미 영화로운 분이셨다. 하나님의 영광을 가지신 분이셨다. 성육신을 통해 하나님의 영광을 드러내셨고, 이제 십자가를 지심으로 아버지를 영화롭게 하실 뿐 아니라, 자신도 하늘의 영광으로 돌아가신다. 이러므로 십자가는 예수님의 하늘 영광의 시작이다. 또한 성전의 관점에서, 예수님의 십자가 영광을 이해할 수도 있다. 성전이신 예수님이 죄 용서의 성전 사역을 하실 때, 하늘의 영광으로 충만하게 되신다. 마치 성전 제물이 바쳐지는 성전 제사에서 하나님의 영광이 충만하게 나타난 것처럼, 예수님의 속죄 사역의 정점에 하나님의 영광이 나타난다. 따라서 예수님의 십자가는 고난이면서 동시에 영광이다. 요한복음에서 십자가의 신학은 곧 영광의 신학이다.[6]

예수님의 영광의 양면성은 이사야가 본 '주의 영광'을 언급하는 12:41을 통해서도 알 수 있다. 여기서 '주의 영광'은 12:40이 언급한 이사야 6장의 주의 영광일 수도 있고, 12:38과 연결되는 이사야 52-53장의 주의 영광과 고난을 가리킬 수도 있다.[7] 이사야 52:13은 고난 받는 종의 '높아짐'(ὑψόω, *휩소오*)과 '영화롭게 됨'(δοξάζω, *독사조*)을 같이 언급한다. 요한복음도 인자의 높아짐과 영화롭게

---

6. A. J. Köstenberger, "The Glory of God in John's Gospel and Revelation," in *The Glory of God*, eds. C. W. Morgan, R. A. Peterson (Wheaton: Crossway, 2010), 119.
7. Bauckham, *Gospel of Glory*, 53.

됨을 연결시키고 있다(*휠소오* 3:14, 8:28, 12:32, 34; *독사조* 12:23, 17:1, 5).

4. 하나님께로부터 오는 영광과 사람으로부터 오는 영광

유대인들은 사람으로부터 오는 영광에 관심이 있다(5:41, 44). 그들은 사람들의 칭찬이나 인정에 목을 맨다. 그러나 예수님은 하나님께로부터 오는 영광에 집중하신다(5:44). 하나님의 인정만을 바라보며 사명의 길을 가신다. 유대인들은 자기 영광을 드러내는 데 초점을 맞추지만, 예수님은 하나님의 영광을 드러내는 데 초점을 맞추신다(7:18). 다시 말하면, 유대인들이 사람들로부터 오는 영광에 주목하는 이유는 자기 영광을 드러내려는 자기중심적 삶의 태도 때문이다. 그러나 예수님은 하나님을 영화롭게 하는 삶을 사시므로, 하나님께 궁극적으로 인정을 받으신다. 이런 맥락에서 하나님의 영광보다 사람의 영광을 더 사랑하는 자는 하나님 나라에 합당하지 않다(5:44). 요한복음 독자들은 하나님의 영광을 추구하는 예수님의 삶을 본받도록 참다운 제자도로 초대 받는다(12:43; 19:38).

5. 제자도와 영광

아버지와 아들은 제자들을 통해 영화롭게 되신다. 다시 말하면, 진정한 제자도는 삶을 통해 아버지와 아들에 대한 공경을 나타내는 것이다. 삶과 사역을 통해 아버지와 아들을 세상에 나타내어, 아버지와 아들의 이름을 명예롭게 해 드리는 것이다. 제자들의 열매 맺는 신앙은 아버지를 영화롭게 하는 것이 된다(15:8). 예수님은 그의 제자들에 의해 영광을 받으셨다(17:10). 이는 아마도 17:6에 언급된 것처럼, 제자들이 예수님의 말씀을 듣고 지켰기 때문일 것이다. 이러한 모습은 예수님의 삶과 유비를 이룬다. 예수님은 아버지의 말씀을 순종하여 아버지를 영화롭게 하셨다(17:4). 이와 같이, 예수님의 제자들도 예수님의 말씀을 순종하여 예수님을 영화롭게 한다.

또한 제자들의 기도를 통해 하나님께서 영광 받으신다(14:13). 제자들이 예수님의 이름으로 기도할 때, 하나님께서 시행하신다. 예수님의 이름으로 기도한다는 것은 예수님의 뜻을 따라 기도한다는 뜻이고, 하나님의 영광을 구한다는 뜻이다. 이러한 기도에 하나님께서 응답하심으로 하나님의 영광이 드러난다. 제자들은 이러한 기도를 통해 하나님의 명예를 높여 드린다.

마지막으로, 순교의 정신으로 목양의 삶을 사는 것이 하나님을 영화롭게 하는 것이다. 베드로는 자신의 목숨을 다해 양들을 돌봄으로 하나님을 영화롭게 한다. 베드로가 어떻게 죽음을 맞이할 것인가를 말씀하시는 문맥에 '하나님께 영광을 돌린다'는 표현이 나온다(21:18-19). 일찍이 세 번이나 예수님을 부인했던 베드로에게 예수님은 세 번의 사랑의 고백을 하게 하신다(21:15-17). 그리고 베드로에게 자신의 양을 부탁하신다. 베드로를 회복시키신 예수님은 그에게 사명을 주시는데, 그것은 곧 예수님의 양들을 돌보는 것이다. 이러한 베드로의 사명에 대한 설명 뒤에(21:15-17), 그의 죽음에 대한 묘사가 나온다(21:18-19). 따라서 베드로의 죽음은 그의 사명과 밀접한 관련을 가지는데, 베드로가 예수님께로부터 받은 사명을 통해 하나님을 영화롭게 한다는 것을 알 수 있다. 베드로는 목숨을 다해 자신의 사명을 수행하여 하나님께 영광을 돌린다.

6. 영광에 대한 다른 관점들

다른 복음서에서 예수님의 영광은 그의 고난 뒤에 따라 나온다(막 8:31; 9:31; 10:33). 바울 서신에서 예수님의 영광 이미지는 그의 고난과 죽음에 대한 보상의 성격을 강하게 나타낸다(예. 빌 2:6-11). 반면에 요한복음은 예수님의 고난과 죽음 그 자체를 영광으로 본다. 다시 말하면, 요한복음에서는 예수님의 죽음과 부활, 높아지심과 영광이 하나로 연결되어 함께 이미지를 형성한다. 그리하여 예수님의 십자가가 그의 영광이 된다. 예수님은 죽음을 통해 영화롭게 되신다. 요한복음에서 고난은 영광의 다른 이름이다. 이러한 예수님의 고난과 영광은 그의 제자들에게 하나의 메시지가 되었을 것이다. 다시 말하면, 제자들이 그리스도를 위해 고난을 받을 때, 이미 그들은 그리스도와 함께 영화롭게 된다는 말이다. 요한복음의 관점에서, 고난 받는 그리스도인은 영광 받는 그리스도인이다. 따라서 영광과 관련하여, 요한복음 기독론은 제자도와 연결된다고 할 수 있다.

이런 '영광'의 의미와 관련하여, 요한복음이 제시하는 하나님께 영광 돌리는 제자도는 첫째, 그리스도의 고난에 참여하는 것이다. 예수 그리스도께서 고난을 통해 하나님을 영화롭게 하셨듯이, 그리스도인은 고난을 통해 하나님께 영광을 돌린다. 둘째, 사람이 아니라 하나님으로부터 오는 인정과 칭찬을 바라며 사는 것이다. 하나님께서 높여 주시는 것만을 바라고, 이 땅에서 제자의 길을 묵묵히 걸어가는 것이다. 셋째, 이와 같은 자세로 목양과 순종과 기도의 삶을 살 때, 하나님이 영광을 받으신다. 다시 말하면, 그리스도를 위한 고난의 자세로, 하나님의 인정만을 바라는 자세로, 영혼을 돌아보고 말씀에 순종하며 기도의 삶을 살 때, 하나님이 영광을 받으신다.

교훈과 적용

1. 하나님의 영광을 위해 기도해야 한다. 자신을 위한 기도마저 궁극적으로 하나님께 영광이 되도록 기도해야 한다. 예수님은 자신을 위해 기도하시면서 하나님의 영광을 위해 기도하셨다. 자신이 영광 받는 목적도 오직 하나님을 영화롭게 하기 위해서였다. 그래서 하나님의 영광을 위해 자신을 위한 기도를 하셨다. 그러므로 우리도 삶 속에서 하나님의 영광을 추구하되, 먼저 우리의 기도부터 변해야 한다. 우리의 기도에서 하나님의 영광을 추구해야 한다.
2. 하나님의 영광을 위해 사명을 성취해야 한다. 예수님은 아버지께서 주신 사명을 성취하여 아버지를 영화롭게 하셨다. 말씀을 계시하시고, 십자가를 지심으로 자신의 사명을 성취하셨다. 아버지의 명령에 순종하시고, 어렵더라도 그 사명을 완수하셨기 때문에 아버지는 영광을 받으셨다. 오늘도 우리 각자에게 하나님이 주신 사명이 있다. 그리스도인으로서 가정과 직장과 교회에서 하나님이 주신 사명을 충성스럽게 감당하여 하나님을 영화롭게 하여야 할 것이다.
3. 하나님의 영광을 위해 영생의 복음을 전해야 한다. 예수님은 특히 사람들에게 영생을 주시는 일에 자신의 사명을 집중하셨다. 사람들의 죄를 용서하시고, 그들을 어둠에서 건지시기 위해 수고하셨다. 이와 같이 우리도 사람들에게 죄 용서의 복음을 전하고, 그들을 영생의 길로 인도하여 하나님을 기쁘시게 하는 삶을 살아야 하겠다. 사람들의 구원을 위한 하나님의 계획에 맞게, 오늘 내 삶의 자리에서 영생의 복음을 전할 때, 하나님이 영광을 받으신다.

2. 예수님의 제자들을 위한 기도(1)(17:6-12)

6 세상 중에서 내게 주신 사람들에게 내가 아버지의 이름을 나타내었나
이다 그들은 아버지의 것이었는데 내게 주셨으며 그들은 아버지의 말씀
을 지키었나이다 7 지금 그들은 아버지께서 내게 주신 것이 다 아버지로
부터 온 것인 줄 알았나이다 8 나는 아버지께서 내게 주신 말씀들을 그들
에게 주었사오며 그들은 이것을 받고 내가 아버지께로부터 나온 줄을 참
으로 아오며 아버지께서 나를 보내신 줄도 믿었사옵나이다 9 내가 그들
을 위하여 비옵나니 내가 비옵는 것은 세상을 위함이 아니요 내게 주신

자들을 위함이니이다 그들은 아버지의 것이로소이다 **10** 내 것은 다 아버
지의 것이요 아버지의 것은 내 것이온데 내가 그들로 말미암아 영광을 받
았나이다 **11** 나는 세상에 더 있지 아니하오나 그들은 세상에 있사옵고 나
는 아버지께로 가옵나니 거룩하신 아버지여 내게 주신 아버지의 이름으
로 그들을 보전하사 우리와 같이 그들도 하나가 되게 하옵소서 **12** 내가 그
들과 함께 있을 때에 내게 주신 아버지의 이름으로 그들을 보전하고 지키
었나이다 그 중의 하나도 멸망하지 않고 다만 멸망의 자식뿐이오니 이는
성경을 응하게 함이니이다

1) 아버지의 이름과 말씀을 드러내신 아들(17:6-8)

'아버지의 이름'(6절)은 무엇을 말하는가? 예수님은 공생애 기간에 문자적으로 하나님의 이름을 드러내신 적이 없다. 그렇다면 '아버지의 이름'이란 무엇인가? 고대 사회에서 '이름'은 그 사람 자체를 나타낸다. 그의 인격과 정체성과 명성을 나타낸다.[8] 그래서 예수님의 이름을 믿는 것은 곧 예수님을 믿는 것이다(1:12; 2:23). 우리는 그 이름을 믿어서 영생을 얻는다(20:31). 이런 의미에서 예수님이 하나님의 이름을 드러내셨다는 말은 결국 예수님이 하나님이 누구신지, 하나님이 어떤 분이신지를 계시하셨다는 말이다. 다른 말로 하면, 예수님은 아버지의 이름으로 오신 분이다(5:43; 12:13). 이는 특히 그의 '나는 …이다'(*에고 에이미*) 말씀에서 두드러진다.[9] 하나님의 이름은 출애굽기에서 *에고 에이미*의 형태로 나타난다(출 3:14). 요한복음에서 예수님은 자신을 *에고 에이미*로 계시하시는데, 이는 곧 하나님을 드러내는 계시이기도 하다. 생명의 떡, 세상의 빛, 양의 문, 선한 목자, 부활과 생명, 길과 진리와 생명, 참 포도나무 등은 구약에서 하나님을 계시하는 표현이었다. 이제 예수님

---

8. Lincoln, *John*, 436.
9. Brown, *John I-XII*, 533-8, *John XIII-XXI*, 760-2.

은 *에고 에이미*를 통해 자신이 어떤 하나님이심을 나타내신다. 다시 말하면, *에고 에이미*는 하나님을 드러내는 계시이면서, 동시에 예수님을 드러내는 계시이기도 하다(*에고 에이미*와 관련해서는 서론을 참고하라).

예수님은 그의 제자들에게 아버지로부터 받은 말씀을 주셨다(8절). 이 말씀에 제자들은 세 가지로 반응한다. 첫째, 그의 제자들은 아버지의 말씀을 지켰다(6절). 언제 이들이 말씀을 지켰는가? 베드로는 많은 제자들이 예수님을 떠나갈 때, 영생의 말씀을 가지신 예수님을 떠나지 않았다(6:68). 물론 이후에 베드로는 예수님을 부인하고 배신할 것이다. 그럼에도 불구하고 예수님은 제자들의 자그마한 충성을 통해서 영광을 받으신다(8:51; 14:23). 여기서 말씀을 지키는 것은 예수님의 말씀을 듣고, 따르는 것을 말한다(10:27). 말씀을 믿고, 그 말씀에 순종하는 것을 뜻한다. 둘째, 제자들은 예수님의 말씀을 통해 그가 아버지로부터 오신 줄 알고 믿었다(8절). 예수님은 말씀으로 자신이 하나님의 아들이심을 증거하셨다. 따라서 말씀을 들은 제자들은 예수님을 하나님으로부터 오신 하나님의 아들로 알고 믿었다. 셋째, 제자들은 말씀을 통해 예수님에게 있는 모든 것이 아버지로부터 온 것인 줄 알았다(7절). 아들이신 예수님이 아버지를 계시하시며, 아버지의 말씀을 하시며, 아버지의 능력을 드러내신다는 것을 알았다는 말이다.

한편, 6-8절에 나오는 예수님의 계시 사역에 대한 제자들의 세 가지 반응은 따로따로 존재하는 것이 아니라, 서로 긴밀한 연관성을 갖는다. 제자들이 아버지의 말씀을 지킨 것과(6절), 예수님을 통해 나타난 하나님 계시를 안 것과(7절), 또한 예수님이 아버지께로부터 오심을 알고 믿은 것은(8절) 밀접하게 연결되어 있다는 말이다. '알다'(γινώσκω, *기노스코*)와 '믿다'(πιστεύω, *피스튜오*)는 거의 같은 표현이다. '지키다'(τηρέω, *테레오*)는 '알다'와 '믿다'의 결과이다. 예수님과 그의 말씀을 알고 믿는 사람은 그의 말씀을 지키는 것으로 열매 맺는다. 참된 지식과 믿음은 제자도로 연결된다. 이러한 사상은 요한복음의 일관된 신학이다. 예수님을 참되게 믿는 자는 영생을 얻고, 그에게 순종하는 열매로 나타난다(3:36). 또한 영생은 하나님과 예수님을 아는 자에게 주어진다(17:3). 예수님 안에 거하는 것과 열매 맺는 믿음의 제자도는 서로 밀접하게 연결되어 있다. 예수님을 믿는 것은 열매로 증명된다(15:1-6).

'참으로'(ἀληθῶς, *알레또스*)(8절)는 요한복음에서 예수님이나 그의 제자들의 정체성과 관련하여 사용되는 부사이다. 예수님은 참으로 '세상의 구주'(4:42), '그 선지자'(6:14; 7:40), '그리스도'(7:26)시다. 또한 예수님을 따르는 제자들도 이와 같이 참으로 이스라엘 사람(1:47), 제자(8:31)가 되어야 하며, 예수님의 정체성에 대해 참된 지식을 가지고 있어야 한다(8절). *알레또스*는 '진리'를 의미하는 ἀλήθεια(*알레떼이아*)와 같은 어군(word group)이다. '진리'는 요한복음에서 예수님과 예수님의 말씀을 드러내는 가장 대표적인 표현이다. 한편 형용사 형태인 ἀληθής(*알레떼스*)도 자주 하나님과 예수님, 그리고 예수님에 대한 증언들이 진실되다(참되다)는 것을 드러낸다. 하나님과 예수님은 참되신 분이다(3:33; 7:18; 8:26). 하나님의 증언은 참되다(5:32). 예수님의 증언도 참되다(8:14). 예수님에 대한 세례 요한의 증언도 참되다(10:41). 요한복음 저자의 증언도 참되다(19:35; 21:24). 예수님의 살과 피는 우리에게 영생을 주는 참된 양식과 음료다(6:55). 그러므로 *알레떼이아*, *알레또스*, *알레떼스*라는 단어들은 모두 직간접적으로 예수님과 관련된다. 예수님과 그 증언의 말씀이 거짓이 없고 진실하여, 우리가 믿고 신뢰할 만하다는 것을 증명하는 어군이다. 따라서 예수님은 우리를 영생으로 인도하시기에 조금도 부족함이 없으시다(*알레떼이아*에 대한 자세한 설명은 8장의 특주를 참고하라).

2) 아버지와 아들의 소유인 제자들(17:9-10)

6-8절까지 제자들이 어떠한 사람인지를 설명한 후, 이제 예수님은 그 제자들을 위해 본격적으로 기도하신다. 9절에서 제자들을 위한 본격적인 기도가 시작되기 때문에, 혹자는 17장을 단락 구분하면서 1-8절을 첫 번째 단락

으로 보고, 9-19절을 두 번째 단락으로 보기도 한다. 그러나 6-8절은 예수님의 기도의 대상인 제자들이 어떠한지를 설명하는 부분이기 때문에 제자들을 위한 기도 단락에 포함되는 것이 더 적절하다.

예수님은 제자들을 가리켜 '아버지의 것'과 '내 것'이라 표현하신다(9-10절). 제자들은 아버지의 것이었으나, 아버지께서 예수님에게 주셨고(6절), 그래서 예수님의 것이다. 제자들을 하나님의 소유, 하나님의 주심이라는 용어로 설명한 것은 하나님의 주권과 관련이 있다. 또한 제자들이 아버지의 소유이면서 동시에 아들의 소유라는 것은 아버지와 아들의 특별한 관심과 사랑이 제자들에게 있다는 말이다. 이러한 소유와 사랑의 관계는 앞서 목자와 양의 비유에서도 등장했다(10:28).

세상을 위해서가 아니라 제자들을 위해서 기도하신다는 예수님의 말씀은 세상을 배척한다는 뜻이 아니다(9절). 세상은 앞서 하나님의 사랑의 대상으로 나타난 바 있다(3:16). 또한 예수님의 기도 내용에서도 세상은 예수님과 제자들의 선교 대상이다(17:21, 23). 따라서 예수님이 여기서 제자들에게 대한 특별한 관심을 나타내신 것은 그들을 통해 세상을 구원하시려는 선교적 목적이 있다.[10] 그러나 카슨은 선교적 관점에서만 소유와 사랑의 관계를 해석하려는 시도에 반대한다. 카슨은 여기에 나오는 제자들을 위한 기도는 단지 그들을 선교 목적으로 사용하기 위해서가 아니라, 그들이 아버지의 것이기 때문이라 한다.[11] 그들이 예수님의 제자고 하나님의 소유라는 그 자체만으로 그들은 예수님의 관심과 사랑을 받기에 충분하다는 뜻이다. 따라서 예수님의 제자 사랑을 선교 수단으로만 치부하는 것을 조심해야 한다.

예수님은 제자들로 말미암아 영광을 받았다고 하신다(10절). 제자들은 어떻게 예수님을 영화롭게 하였을까? 6절에 따르면, 제자들은 예수님을 통해

---

10. Morris, *John*, 642; Borchert, *John 12-21*, 195.
11. Carson, *John*, 560.

주신 아버지의 말씀을 지키었다. 말씀을 지키므로 제자들은 예수님을 영화롭게 하였고, 예수님은 제자들을 통해 영광을 받으셨다. 예수님의 말씀을 듣고 그를 믿고 따르는 것이 그를 영화롭게 하는 것이다.

3) 아버지의 보호를 요청(17:11-12)

세상에 있는 제자들을 위한 예수님의 기도이다. 예수님은 아버지께서 세상에서 제자들을 지켜주시기를 기도하신다(11절). '아버지의 이름'으로 지킨다는 것은 무슨 뜻일까? 아버지의 이름을 아버지의 능력으로 해석할 수 있다.[12] 구약에서 하나님의 이름이 거론되는 곳에 하나님의 능력이 나타나기 때문이다(예. 시 54:1). 이런 해석에 기초해서 NIV는 아예 'power'라는 단어를 넣어 "protect them by the power of your name"(아버지의 이름의 능력으로 그들을 보전하사)라고 번역한다. 그러나 '아버지의 이름'을 아버지 자신으로 볼 수도 있다.[13] 앞서 한 사람의 이름은 그 사람의 존재 혹은 정체성을 의미한다고 하였다. 6절에서 예수님이 아버지의 이름을 드러내는 것은 아버지 자신을 드러내는 것이었다. 따라서 아버지의 이름으로 보호를 기도하는 것은 하나님 아버지께서 친히 제자들을 보호해 주시도록 기도하는 것이다. 그러므로 아버지께서는 그분의 말씀과 성령으로, 그분의 사랑과 능력으로 그의 백성을 지키실 것이다.

키너는 여기서 흥미로운 표현을 발견한다.[14] "아버지의 이름으로"에서 헬라어 전치사 ἐν(*엔*)이 사용되었는데, 이 전치사를 장소의 의미로 해석하면 세상 '안에' 있는 제자들의 모습과 아버지의 이름 '안에' 있는 제자들의 모습이 비교될 수 있다. 다시 말하면, 예수님은 제자들이 세상 안에(ἐν τῷ κόσμῳ / in the world) 있기 때문에, 그들이 아버지의 이름 안에서(ἐν τῷ

---

12. Köstenberger, *John*, 493; Borchert, *John 12-21*, 197.

13. Whitacre, *John*, 411.

14. Keener, *John 2*, 1057.

ὀνόματί σου / in your name) 보호될 수 있도록 기도하신다.

아버지의 지켜 주심은 제자들을 하나 됨과 밀접한 관련이 있다(11절). 예수님은 아버지와 아들의 하나 되심 같이 제자들도 하나 될 수 있도록 기도하신다. 이러한 하나 됨을 위한 기도는 20절 이후에 더 자세하게 나온다(17:20-26). 한편 제사장들은 아론의 기도를 통해 하나님의 이름으로 이스라엘을 축복하였는데, 그 중에 하나님의 지키심에 대한 기도가 있다(민 6:24). 예수님은 죄 용서를 위한 십자가를 지시기 전에, 먼저 그들이 아버지의 이름으로 보호 받기를 기도하신다. 따라서 이러한 기도는 예수님의 대제사장적 신분을 증명해 주는 한 증거가 된다.

또한 예수님 자신이 세상에 계실 때 아버지의 이름으로 제자들을 지키셨다(12절). 아버지께서 어떤 분이신지 드러내심으로써 예수님은 자신의 제자들을 지키고 인도하셨다. 그러나 '멸망의 자식'은 예외다. '멸망'(ἀπώλεια, *아포레이아*)은 신약에서 자주 영원한 심판을 의미한다(예. 빌 3:19; 살후 2:3; 히 10:39; 벧후 2:1). 특히 데살로니가후서에서는 '멸망의 아들'이 적그리스도를 가리킨다(살후 2:3). 따라서 예수님이 이 구절에서 말씀하시는 '멸망의 아들'은 가룟 유다를 가리키며, 그가 하나님을 대적하는 악한 세력의 한 형태로 나타나 있음을 뜻한다. 그는 결국 최후 심판을 받아 멸망할 것이다. "성경을 응하게 함이니이다"라 고백하신 것은 유다의 배신, 그리고 이어지는 예수님의 죽음과 부활이 하나님의 주권 아래 있음을 나타낸다. 이미 13:18을 통해, 유다의 배신이 시편 41:9의 성취라는 것을 밝힌 바 있다.

교훈과 적용

1. 예수님은 하나님의 말씀으로 자신을 계시하셨다. 예수님이 전하신 말씀을 통해 제자들은 그가 하나님께로부터 오신 분인 줄 알고 믿었다. 예수님은 하나님의 말씀을 말씀하심으로, 자신과 아버지를 계시하셨다. 그러므로 제자들은 말씀을 통해 아버지와 아들을 알 수 있었다. 이와 같이 우리도 말씀을 통해 아버지와 아들을 더 잘 알

고 믿어야 한다. 말씀을 전하여서 다른 사람들에게 아버지와 아들을 소개해야 한다.

2. 예수님은 하나님의 말씀으로 제자들을 지키셨다. 말씀을 계시하고 가르치심으로, 제자들을 악으로부터, 세상으로부터 보호하셨다. 하나님께서는 오늘도 그분의 말씀으로 그의 백성을 지키신다. 말씀을 통해 바른 길로 인도하시고, 악에 빠지지 않게 지키신다. 그리스도인은 세상에서 말씀으로 하나님의 보호를 받는다. 그러므로 우리는 철저하게 그분의 말씀에 귀 기울이고, 그분의 말씀을 의지해야 한다.
3. 예수님은 하나님의 말씀으로 제자들에 의해 영화롭게 되셨다. 예수님이 전하신 말씀을 믿고 순종할 때, 예수님은 제자들 중에서 영광을 받으셨다. 그러므로 오늘 내 삶의 자리에서 믿음으로 말씀에 반응할 때 예수님이 영광을 받으신다. 아버지와 아들을 영화롭게 하는 것은 거창하고 위대한 일만 가리키는 것은 아니다. 매일의 삶 속에서 말씀을 지키고 살아가는 것을 말한다. 어려움과 유혹 속에서도 말씀에 순종할 때, 아버지와 아들이 영광을 받으신다.

3. 예수님의 제자들을 위한 기도(2)(17:13-19)

13 지금 내가 아버지께로 가오니 내가 세상에서 이 말을 하옵는 것은 그
들로 내 기쁨을 그들 안에 충만히 가지게 하려 함이니이다 **14** 내가 아버
지의 말씀을 그들에게 주었사오매 세상이 그들을 미워하였사오니 이는
내가 세상에 속하지 아니함 같이 그들도 세상에 속하지 아니함으로 인함
이니이다 **15** 내가 비옵는 것은 그들을 세상에서 데려가시기를 위함이 아
니요 다만 악에 빠지지 않게 보전하시기를 위함이니이다 **16** 내가 세상에
속하지 아니함 같이 그들도 세상에 속하지 아니하였사옵나이다 **17** 그들
을 진리로 거룩하게 하옵소서 아버지의 말씀은 진리니이다 **18** 아버지께
서 나를 세상에 보내신 것 같이 나도 그들을 세상에 보내었고 **19** 또 그들
을 위하여 내가 나를 거룩하게 하오니 이는 그들도 진리로 거룩함을 얻
게 하려 함이니이다

1) 악으로부터 제자들을 보호(17:13-16)

'이 말'(13절)은 무엇을 가리키는가? 예수님의 전체 고별 강화를 뜻할 수도 있고, 바로 앞에 나오는 11-12절을 의미할 수도 있다. 즉 그들을 지금까지 예수님이 아버지의 이름으로 지켰고, 앞으로 예수님이 떠나신 이후라도 아버지께서 그들을 지키실 것이라는 말씀을 가리킬 수 있다. 아버지와 아들이 제자들을 지키신다는 사실을 가리킨다. 이 말씀에 의지해 제자들은 예수님의 기쁨으로 충만할 수 있다.

예수님이 전하신 하나님의 말씀은 세상과 제자들을 구별시킨다(14절). 세상이 그들을 미워하게 만든다. 왜냐하면 말씀을 통해 제자들은 믿음을 가지게 되고, 세상이 아니라 아버지께 속한 것이 드러나기 때문이다. 그러나 이러한 순간에도 제자들은 기뻐할 수 있다(13절). 아버지께서 그들을 지키실 것이기 때문이다(11절). 말씀과 성령, 사랑과 능력으로 그들을 보호하고 인도할 것이기 때문이다.

제자들의 보호를 위한 예수님의 기도의 의미가 15절에 분명하게 드러난다. 예수님은 제자들이 악에 빠지지 않도록 하나님께서 보호하시도록 기도하신다. '악에 빠지지 않게'는 헬라어로 ἐκ τοῦ πονηροῦ(*에크 투 포네루*)인데, 중성 명사일 수도 혹은 남성 명사일 수도 있다. 중성 명사라면 추상적 의미로서 '악으로부터'라 할 수 있지만, 남성 명사라면 '악한 자로부터', 즉 '마귀로부터'가 된다. 예수님은 아버지 하나님께 그의 제자들을 '악(악한 자)으로부터' 보호해 주시기를 기도하신다.

2) 진리를 통한 제자들의 거룩과 파송(17:17-18)

예수님은 이제 제자들의 거룩을 위해 기도하신다(17절). 아버지께서 제자들을 진리로 거룩하게 해 주시도록 기도하신다. 거룩은 아버지와 아들과 성령의 특성이다. 아버지는 거룩하신 분이다(11절). 예수님은 하나님의 거룩한 자시다(6:69). 아버지의 영 또한 거룩하신 영이시다(1:32; 3:5; 7:39; 14:26).

따라서 제자들을 거룩하게 하는 것은 삼위 하나님과 관계 있는 존재로 만드는 것이다. 삼위 하나님이 임재하시는 존재가 되는 것이다. 예수님은 이미 제자들이 아버지와 아들의 거처가 될 것이라 말씀하셨다(14:23). 이는 아버지와 아들이 성령 안에서 거하시는 하나님의 성전을 의미한다. 아버지의 집이 되는 것이다(14:2-3). 어떻게 이런 일이 가능한가? '진리'로 된다(17절). 아버지의 말씀이 진리이다. 아버지의 말씀은 예수님을 통해 제자들에게 전달된다. 그러므로 예수님의 말씀이 진리이다(8:45). 또한 성령이 진리의 영이시다(14:17; 15:26; 16:13). 따라서 진리로 거룩하게 된다는 것은 말씀과 성령으로 거룩하게 된다는 뜻이다. 말씀과 성령으로 제자들은 삼위 하나님이 거하시는 거룩한 성전이 된다.

그렇다면 제자들은 언제 거룩하게 되는가? 언제 말씀 곧 진리로 거룩하게 되는가? 이에 대한 답을 얻기 위해서는 18절에 나오는 '파송'을 이해할 필요가 있다. 아버지께서 아들을 세상으로 파송하신 것과 아들이 그의 제자들을 파송한 것은 유비를 이룬다. 본문에서 제자들을 파송한 것이 과거형으로 나오지만, 이는 미래에 일어날 제자들의 파송을 기대하게 한다. 제자들의 실제 파송은 20:21에 나온다. 부활하신 예수님이 제자들에게 나타나셔서 그들을 세상에 파송하시며(20:21), 파송과 함께 성령을 주시며(20:22), 죄 용서 사역을 하라는 사명을 주신다(20:23). 따라서 17장에서 진리로 거룩하게 되는 것(17:17)과 세상에 파송된 것(17:18)은 20장과 비교하여 해석할 수 있다. 다시 말하면, 제자들이 진리로 거룩하게 되는 것은 그들이 성령을 받는 것과 긴밀하게 연결되어 있다는 것을 알 수 있다.[15] 성령을 받으라는 예수님의 말씀과 함께 그들은 성령을 받아 거룩하게 되며, 삼위 하나님이 임재하시는 성전이 된다. 이러한 성전으로서 제자들은 세상에서 사람들의 죄를 용서하는

---

15. R. Bauckham, "The Holiness of Jesus and His Disciples in the Gospel of John," in *Holiness and Ecclesiology in the New Testament*, eds. K. E. Brower, A. Johnson (Grand Rapids: Eerdmans, 2007), 112.

선교 사역을 하게 된다.[16]

3) 제자들의 거룩을 위한 예수님의 거룩(17:19)

제자들의 거룩과 파송을 위해 이제 예수님은 자신을 거룩하게 한다고 고백하신다(19절). 제자들이 진리로 거룩하게 되도록, 예수님은 자신을 거룩하게 하신다. 제자들이 진리로 거룩하게 되는 것은 말씀과 성령을 통한 거룩과 관련이 있다고 앞서 밝혔다. 다시 말하면, 예수님은 십자가와 부활 이후, 제자들에게 나타나셔서 말씀과 성령을 주심으로 제자들을 거룩하게 하신다. 이러한 일련의 구속사적 사건을 위해 이제 예수님은 자신을 거룩하게 하신다. 따라서 이는 18장부터 이어지는 예수님의 십자가 죽음을 앞두고, 자신을 제사장-제물로 거룩하게 하시는 예수님의 준비로 해석할 수 있다. 즉, 예수님은 자신을 거룩한 제물로 하나님께 드리는 거룩한 제사장이 되신다.

앞서 예수님은 세상에 오신 하나님의 성전으로 묘사되었다. 아버지에 의해 거룩하게 되어 성육신하신 하나님의 성전이시다(1:14; 10:36). '거룩하게 하다'를 뜻하는 헬라어 ἁγιάζω(*하기아조*)는 헬라어 구약성경인 칠십인경에서 주로 제의적 거룩과 관련하여, 성전(출 29:36; 레 8:11; 민 7:1)과 제사장(출 28:41; 29:1, 21), 제물(출 28:38; 민 18:9; 신 15:19)을 위해 사용되었다. 부정한 성전과 제사장과 제물은 제사에 사용될 수 없었다. 물론 이 단어가 반드시 제의적 용도로만 사용되었던 것은 아니다. 어떤 특정 목적을 위해 구별하는 것을 가리키는데, 예레미야와 같은 선지자도 거룩하게 되었다(렘 1:5).

그러나 요한복음에서 *하기아조*라는 말의 용례를 살펴볼 때, 제의적 의미에서의 '거룩'으로 보는 것이 가장 적절하다. 이 단어는 요한복음에서 세 구절에 걸쳐 언급되는데, 첫째는 수전절에 예수님이 자신을 하나님께서 거룩

16. 성전으로서 제자들의 죄 용서 선교 사역을 위해서는 다음을 참고. 권해생, "요한복음의 선교 사상," 458-82.

하게 하사 세상에 보내신 분으로 묘사할 때 나온다(10:36). 성전 제단을 다시 세워, 거룩하게 하여 봉헌한 것을 기념하는 수전절에 예수님은 자신을 성전으로 계시하신 것이다. 둘째는 제자들의 거룩을 위해 사용되었다(17:17, 19). 제자들은 진리로 거룩하게 되는데, 이는 진리이신 하나님의 말씀과 진리의 영이신 성령 안에서 아버지와 아들이 함께하시는 성전이 된다는 뜻이다. 제자들은 하나님의 성령으로 거룩하게 되어 세상으로 파송되어, 성전으로서 죄 용서 사역을 감당하게 된다(20:21-23). 셋째, *하기아조*는 예수님의 거룩을 위해 사용된다(17:19). 앞의 두 용례에서 이 단어가 제의적 의미를 내포하고 있기 때문에, 여기서도 같은 맥락으로 이해하는 것이 자연스럽다. 예수님은 그의 죽음을 앞두고, 자신을 거룩하게 하셔서 죽음을 준비하신다. 그 죽음은 어떤 죽음인가? 그를 따르는 자들을 위한 희생적 죽음인데, 요한복음 전체에서 소위 ὑπέρ(*휘페르*) 구문을 통해 강조된다(6:51; 10:11, 15; 11:51-52; 15:13; 18:14). 또한 예수님의 죽음은 세상 죄를 대신 지는 속죄의 죽음이다(1:29). 바로 이러한 사명을 위해 예수님은 자신을 거룩하게 하시는데, 이는 곧 칠십인경에 있는 제사장-제물로서의 거룩을 생각나게 한다.

교훈과 적용

1. 제자들은 말씀을 통해 거룩하게 된다. 제자들은 진리의 성령을 통해 거룩하게 된다. 거룩하게 되어 하나님이 임재하시는 거룩한 공동체가 된다. 말씀과 성령으로 하나님의 새로운 성전이 된다. 그러므로 우리는 무엇보다 말씀을 소중히 여기는 공동체가 되어야 한다. 말씀으로 거룩하게 되어, 말씀으로 거룩을 지키며 살아야 한다. 또한 성령을 소중히 여기는 공동체가 되어야 한다. 성령으로 거룩하게 되었으니, 성령 충만을 사모하며 살아야 한다.
2. 제자들은 십자가를 통해 거룩하게 된다. 예수님은 자신을 거룩하게 하셔서, 친히 십자가의 고난을 당하시기 위해 제사장과 제물이 되셨다. 예수님의 이러한 사역을 통해 제자들은 죄 용서 받고 거룩하게 된다. 따라서 하나님의 거룩한 공동체인 교회는 십자가를 토대로 한다. 십자가를 소중히 여기며, 십자가를 증거하는 삶을 살아야 한다. 죄 용서의 은혜를 붙들고, 날마다 거룩하게 되는 하나님의 사람이 되어

야 할 것이다.

3. 제자들은 세상과 구별되어 거룩하게 된다. 하나님의 임재 장소로서 교회는 세상 안에 위치한다. 그러나 세상에 동화되지 않고, 오히려 거룩한 공동체로서 세상과 구별되어야 한다. 교회는 세상 안에서 하나님을 예배하고, 세상 안에서 죄 용서의 복음을 전한다. 따라서 오늘날의 교회도 세상에 보냄 받은 공동체인 것을 기억하고 세상과 구별되어야 한다. 세상의 가치관을 따르는 것이 아니라, 하나님의 진리를 따르는 거룩한 공동체가 되어야 한다.

4. 예수님의 미래의 제자들을 위한 기도(17:20-26)

20 내가 비옵는 것은 이 사람들만 위함이 아니요 또 그들의 말로 말미암
아 나를 믿는 사람들도 위함이니 **21** 아버지여, 아버지께서 내 안에, 내가
아버지 안에 있는 것 같이 그들도 다 하나가 되어 우리 안에 있게 하사 세
상으로 아버지께서 나를 보내신 것을 믿게 하옵소서 **22** 내게 주신 영광을
내가 그들에게 주었사오니 이는 우리가 하나가 된 것 같이 그들도 하나
가 되게 하려 함이니이다 **23** 곧 내가 그들 안에 있고 아버지께서 내 안에
계시어 그들로 온전함을 이루어 하나가 되게 하려 함은 아버지께서 나를
보내신 것과 또 나를 사랑하심 같이 그들도 사랑하신 것을 세상으로 알게
하려 함이로소이다 **24** 아버지여 내게 주신 자도 나 있는 곳에 나와 함께
있어 아버지께서 창세 전부터 나를 사랑하시므로 내게 주신 나의 영광을
그들로 보게 하시기를 원하옵나이다 **25** 의로우신 아버지여 세상이 아버
지를 알지 못하여도 나는 아버지를 알았사옵고 그들도 아버지께서 나를
보내신 줄 알았사옵나이다 **26** 내가 아버지의 이름을 그들에게 알게 하였
고 또 알게 하리니 이는 나를 사랑하신 사랑이 그들 안에 있고 나도 그들
안에 있게 하려 함이니이다

1) 제자들의 하나 됨을 통한 선교(17:20-23)

제자들을 위한 기도를 마치고, 이제 예수님은 제자들의 사역을 통해 그를 믿는 미래의 제자들을 위해 기도하신다(20절). 기도의 핵심은 '하나 됨'이다. 예수님은 미래의 제자들이 하나 되도록 기도하신다(21절). 하나 됨의 원형은 아버지와 아들의 하나 됨이다. 아버지와 아들이 하나 되신 것같이 미래의 제자들이 하나 되도록 기도하신다. 아버지와 아들이 하나 되신 것은 무엇을 의미하며, 어떻게 그 하나 됨을 닮을 수 있는가? 아버지와 아들은 존재론적으로 영원한 하나시지만, 또한 서로 친밀한 교제 가운데 한 마음과 한 뜻으로 사역하신다. 하나이신 아버지와 아들은 서로를 영화롭게 하신다(17:1). 아들은 아버지에게 순종하시고, 아버지는 아들에게 그의 영광을 나눠주신다. 마찬가지로 하나님의 자녀들은 믿음으로 그리스도와 연합하고, 하나 된 그리스도의 몸이 된다. 그러나 서로 세움과 상호 복종을 통해 그 하나 됨을 구현해야 한다. 제자들의 하나 됨을 위한 기도는 바로 그들이 서로 사랑하여, 교회의 하나 됨을 구현하라는 의미이다.

이러한 제자들의 하나 됨은 놀라운 선교 열매를 맺는다. 하나 됨은 세상 사람들로 하여금 하나님으로부터 오신 예수님을 믿게 한다(21절). 교회가 하나 되어 아버지와 아들 안에 있게 될 때, 세상은 아버지께로부터 오신 예수님을 믿게 된다(참고. 13:34-35). 앞서 제자들이 예수님으로부터 세상에 파송된다는 것을 보았다(18절). 이는 실제로 부활하신 예수님이 성령을 주실 때 이루어진다(20:21-22). 세상에 파송된 성령 공동체로서 제자들은 죄 용서의 사역을 하도록 명령 받는다(20:23). 이를 정리해 보면, 예수님의 제자들은 성령으로 세상에 파송되고, 세상에서 죄 용서의 선교적 사명을 감당하게 된다. 그러나 17:20-26의 말씀을 토대로, 죄 용서의 사역과 함께, 선교를 위한 교회의 사명을 하나 더 꼽을 수 있다. 그것은 하나 됨을 이루는 것이다. 교회의 일치는 죄 용서 복음이 세상에 효과적으로 선포되게 하며, 하나님을 영화

롭게 하는 선교 사역이 된다.[17]

예수님이 아버지로부터 받은 영광을 그의 제자들에게 주셨다(22절). 아버지의 명성과 명예가 아들에게 주어졌다. 아들에게 아버지의 영광스런 모습이 나타난다. 예수님은 이러한 영광을 그의 제자들에게 주셨다. 이는 아들의 계시 사역을 가리킨다. 아들은 그의 성육신과 십자가와 부활을 통해 아버지를 그의 제자들에게 계시하셨다. 아들은 아버지께 들은 모든 것을 그의 제자들에게 전하셨다. 물론 그의 십자가와 부활은 아직 오지 않았지만, 예수님은 미래의 사역을 기대하며, 미래의 제자들을 포함한 모든 제자들에게 미리(proleptically) 말씀하고 계신다.[18] 따라서, 영광을 주셨다는 표현은 아버지의 이름을 제자들에게 나타내었다는 고백(6절) 그리고 아버지의 말씀을 제자들에게 주었다는 고백(8절)과 유비를 이룬다. 이렇게 영광을 주신 이유는 그의 제자들이 하나 되도록 하기 위해서였다(22절).

그러나 제자들의 하나 됨은 그들 자신의 힘만으로는 불가능하다. 아버지와 아들이 하나 되어 제자들과 함께하실 때, 제자들은 온전히 하나 된다(23절). 그래서 세상 사람들이 아버지께로부터 오신 예수님을 알게 되고, 또한 아버지께서 제자들을 사랑하시는 것을 알게 된다. 앞서 21절에 언급된 하나 됨과 선교의 관계를 확대하여 설명하신다. 제자들의 온전한 연합은 세상으로 하여금 예수님을 알게 할 뿐 아니라, 그들을 향한 하나님의 사랑을 알게 한다. 이는 예수님이 세상에 오신 목적이었다(3:16). 하나님의 사랑, 독생자의 오심, 영생의 메시지가 바로 교회의 하나 됨을 통해 세상에 증거된다.

2) 제자들과 예수님의 함께하심(17:24-26)

예수님의 다음 기도는 그의 제자들이 예수님과 함께 있어 그의 영광을 보

---

17. 이에 대한 자세한 연구는 다음을 참조. 권해생, “요한복음의 선교 사상,” 458-82.
18. Borchert, *John 12-21*, 207.

게 해 달라는 것이다(24절). '나 있는 곳'은 성전을 가리키는 용어(14:3)로 이중적인 의미가 있다. 제자들이 영원한 하늘 성전에서 예수님의 영광을 본다는 의미가 될 수 있지만,[19] 동시에 예수님이 성령으로 임재하시는 공동체 성전에서 제자들이 예수님의 영광을 본다는 의미도 될 수 있다.[20] 예수님이 떠나신 후에, 성령이 지속적으로 예수님을 드러내어, 제자들은 성령 안에서 그 영광을 경험한다. 이는 제자들이 장차 하늘에서 경험하게 될 하늘 영광을 미리 맛보는 것이다.

하나님에 대한 두 번째 호칭이 나온다. 11절에 나온 '거룩하신 아버지'는 이제 25절에서 '의로우신 아버지'가 된다. 공의로운 하나님 아버지의 판단을 구하는 기도이다. 세상과 그리스도, 세상과 그리스도의 제자들을 판단하여 달라고 기도하신 것이다. 세상은 아버지를 알지 못하였고, 아버지의 사랑을 나타내러 오신 그의 아들을 거부하였다(1:10-11; 8:40). 그러나 그리스도는 그의 아들로서 아버지를 알고, 아버지를 전하셨다. 그리고 그의 제자들은 그리스도께서 아버지로부터 오신 분인 줄 알고, 그를 믿고 따랐다.

예수님은 아버지의 이름, 아버지의 말씀, 아버지의 영광을 제자들에게 주셨다(26절). 이러한 예수님의 계시 사역은 십자가와 부활에서 절정을 이룬다. 십자가를 앞두고 그가 이러한 계시 사역을 하셨고, 또한 할 것이라 하신다. 예수님의 이러한 계시 사역은 제자들로 하여금 아버지의 사랑을 알게 한다. 예수님의 계시 사역은 제자들이 아들 예수님과 온전히 연합하게 하기 위해서였다. 그 계시를 받아들이는 자는 하나님의 사랑을 알고, 예수님과 연합할 수 있다.

---

19. Whitacre, *John*, 422.

20. Keener, *John 2*, 1064.

※ 특주: 교회의 하나 됨(일치)

예수님의 고별 기도의 핵심 내용 중 하나는 그를 따르는 제자들의 '하나 됨'(oneness)이다. 하나를 뜻하는 ἕν(헨)이라는 단어는 17장에서만 4번 등장한다(17:11, 21, 22, 23). 이는 교회의 하나 됨이 예수님의 주요한 관심이었음을 증명한다. 심지어 대제사장 가야바가 예수님의 죽음을 예언할 때, 요한복음 저자는 예수님의 죽음이 하나님의 자녀들의 하나 됨을 가져올 것이라 한다(11:52). 왜 이토록 예수님과 요한복음 저자는 교회의 하나 됨에 집중하며, 그것을 강조하였을까? 교회의 하나 됨의 기초와 방법과 목적을 살펴보며, 이 질문에 대한 대답을 찾아보자.

1. 교회의 하나 됨과 아버지와 아들의 하나 됨

교회의 하나 됨은 아버지와 아들의 하나 됨에 기초한다. 교회는 아버지와 아들이 하나 되신 것처럼 하나 되어야 한다(17:11, 21, 22). 아버지와 아들의 하나 됨은 교회의 하나 됨의 모델이다. 아버지가 아들 안에 계시고, 아들이 아버지 안에 계신 것처럼, 예수님을 따르는 자들은 하나 되어야 한다. 아버지와 아들은 존재론적으로 하나이다. 영원부터 영원까지 성부와 성자는 하나이시다. 그 하나 됨은 서로를 영화롭게 하는 모습으로 나타난다(17:1). 아들은 아버지께 순종하고, 아버지는 그러한 아들을 높이신다. 아들은 아버지의 말씀에 순종하여 세상에 오셨다. 아들은 자신의 뜻이 아니라 아버지의 뜻을 구하며 순종하는 삶을 사셨다(5:30; 12:27). 아버지는 그러한 아들을 영화롭게 하신다(12:28; 13:32). 이와 같이 교회도 서로를 영화롭게 하며 하나 되어야 한다. 서로 복종하고 상호 돌아보며 하나 됨을 이루어야 한다.

2. 교회의 하나 됨과 예수님의 죽음

예수님은 자신의 양들을 하나 되게 하시는 목자시다(10:16). 우리(fold) 안에 있는 양들뿐 아니라 우리(fold) 밖에 있는 양들도 인도하여 하나로 만드신다. 이러한 구원과 하나 됨의 사역을 위해 그는 목숨을 버리는 목자이시다(10:15). 이는 유대인과 이방인이 그리스도 안에서 하나 될 것을 암시한다. 그의 교회가 새로운 신자들로 채워져서 종말론적 하나 되는 공동체를 형성할 것임을 암시한다. 일찍이 하나님은 에스겔 선지자를 통해 종말론적 하나 되는 공동체를 약속하셨고, 그 공동체가 새로운 다윗에게 인도 받을 것을 약속하셨다(겔 34장과 37장). 이제 다윗의 자손이신 예수님은 이스라엘의 새 목자로 오셔서 이스라엘뿐 아니라 이방인 중에서도 믿는 자를 불러 모아 종말론적 하나 되는 공동체를 세우신다. 이를 위한 그의 핵심 사역은 십자가에서의 희생적 죽음이다(10:15).

이렇게 예수님의 희생적 죽음과 하나 되는 교회 공동체의 관계는 대제사장 가야바의 예언에서 더 뚜렷하게 나타난다(11:49-52). 가야바는 예수님의 죽음이 이스라엘 민족의 유익을 위한 것이라고 예언한다. 요한복음 저자는 이러한 가야바의 예언을 예수님의 죽음과 관련된 교회의 하나 됨으로 해석한다. 즉 예수님이 이스라엘 민족과 흩어진 하나님의 자녀를 모아 하나 되게 하기 위해 죽으실 것이라 한다. 흩어짐과 나뉨은 죄에 대한 하나님의 심판이었다. 이제 예수님의 죽음으로 말미암아 용서와 회복이 일어난다. 유대인과 이방인이 예수님 안에서 하나로 회복되는 것이다. 하나님의 자녀의 하나 됨과 예수님의 죽음의 관계는 다음 단락에서 좀 더 살펴보도록 하자.

3. 교회의 하나 됨과 성전

이스라엘 민족의 하나 됨은 주로 성전과 성전 예배를 통해 이루어졌다. 유대인들은 성전을 나누는 것을 민족을 나누는 것과 동일시했다(수 22:24-29). 하나의 성전은 유대인들의 전통이요 지켜야 할 율법이었다(신 12:13-14). 하나의 성전, 하나의 율법, 하나의 민족은 한 분 하나님을 믿는 이스라엘의 핵심 사상이었다. 그들은 성전 제사를 통해 민족이 하나 된다고 믿었다(시 133:1). 디아스포라 유대인들도 명절(특히 유월절, 칠칠절, 초막절)에 예루살렘 성전을 중심으로 모여 하나님을 예배하였다. 바로 이러한 성전 제사의 핵심 인물이 대제사장이다. 대제사장 가야바는 자신이 이루어야 할 민족의 하나 됨이 예수님의 죽음을 통해 이루어질 것이라 예언한다(11:49-50). 요한복음에 자주 나오는 역설적 모습이다. 유대 대제사장 가야바가 아니라, 진정한 대제사장이며 성전이신 예수님이 죽음을 통해 하나 되는 사역을 하신다. 가야바의 예언을 예수님이 성취하신다. 또한 예수님은 세상을 떠나시면서 그의 고별 기도를 통해서도 하나님의 자녀의 하나 됨을 염원하신다(17:11, 21, 22, 23).

4. 교회의 하나 됨과 선교

예수님은 아버지께로부터 파송 받아 세상에 오신 사명자셨다. 예수님의 사명은 아버지를 세상에 드러내어, 사람들이 아버지와 아들을 믿어 영생을 얻게 하는 것이었다. 이를 위해 예수님은 십자가를 지셔서, 죄 용서를 위한 하나님의 사랑을 나타내셨다(1:29). 말씀을 계시하여 하나님의 진리를 사람들에게 전하셨다(6:63). 계시와 속죄, 이 두 사역은 예수님의 사명의 실제 핵심 내용이었다. 아버지께서 아들을 세상에 보내셨듯이, 아들 또한 그의 제자들을 세상에 보내신다. 예수님은 그의 제자들을 사명과 함께 파송하신다. 제자들의 사명도 예수님의 사명과 깊이 연관이 있다. 왜냐하면 아버지께서 아들을 보내셨듯이, 아들이 제자들을 세상에 보내시기 때문이다(17:18; 20:21). 따라서 교회의 사명은 예수님의 사명과 유비를 이루며, 예수님의 사명을 계승 발전시키는 것이다.

첫째, 교회는 아들이 계시하신 아버지를 세상에 증언해야 할 사명을 가진다(15:27). 둘째, 교회의 또 다른 사명은 아들이 성취하신 속죄의 은혜를 세상에 전하는 것이다(20:23). 다시 말하면 그리스도의 교회는 세상에서 증언하는 사역과 죄 용서하는 사역을 감당해야 한다. 그러나 이 두 사역은 사실 따로 존재할 수 없다. 세상이 제자들의 증언을 받아들일 때 진정한 죄 용서를 받기 때문이다. 따라서 그리스도의 교회는 끊임없이 죄 용서의 복음, 하나님의 진리의 복음을 증거해야 한다. 이 복음을 듣고 죄를 고백하는 자들에게 세례를 베풀고, 그리스도의 공동체로 받아들여야 한다.

그런데 예수님은 고별 기도에서 교회 공동체의 하나 됨이 그리스도를 효과적으로 증거하는 중요한 선교 수단이 될 수 있다고 말씀하신다. 만약 그리스도의 복음을 전파하면서 교회가 분열된다면, 교회의 선교는 힘을 잃게 된다. 교회는 증언 사역을 효과적으로 감당하기 위해, 하나 됨을 세상에 보여주어야 한다. 그렇게 할 때, 사람들은 예수님이 하나님께로부터 오신 것과 하나님이 그들을 사랑하신다는 것을 알게 된다(17:21, 23). 교회 공동체가 서로 사랑할 때, 그리스도의 제자로서 정체성이 드러난다(13:34-35). 따라서 서로 사랑하여 하나 되는 공동체를 세우는 것은 선교를 위해 교회가 추구해야 할 핵심 가치이다.

교훈과 적용

1. 교회는 아버지와 아들처럼 하나 되는 공동체이다. 교회는 아버지와 아들을 믿는 공동체이다. 아버지와 아들을 믿을 뿐 아니라, 아버지와 아들을 닮는 공동체이다. 아버지와 아들의 하나 됨 같이 교회는 하나 되어야 한다. 아버지와 아들이 서로를 영화롭게 하신 것처럼, 교회는 서로 세워 주고, 상호 존중하여 하나 됨을 이루어야 한다. 이것이 아버지와 아들을 믿는 교회 공동체가 성취해야 할 핵심 사역이다.
2. 교회는 아버지와 아들을 세상에 드러내는 하나 되는 공동체이다. 선교 공동체로서 교회는 하나 됨을 통해 세상에 아버지와 아들의 사랑을 증거해야 한다. 복음을 전하면서 교회가 분열한다면, 이율배반적 신앙 모습이다. 하나님의 사랑이 함께하지 않는 교회가 어떻게 하나님의 사랑을 세상에 전할 수 있겠는가? 하나님의 사랑으로 충만하여 교회가 하나 될 때, 그런 교회를 통해 하나님의 사랑이 전파된다.
3. 교회는 성령과 말씀을 통해 하나 되는 공동체이다. 교회는 아버지와 아들처럼 하나 되어, 하나님의 사랑을 드러내는 선교 공동체가 되어야 하지만, 성령과 말씀 없이는 불가능하다. 성령을 통해 아버지와 아들이 공동체 안에 강력하게 임재할 때, 교회는 하나 될 수 있다. 말씀이 공동체 안에 풍성하게 드러날 때, 교회는 하나 됨을 이룰 수 있고, 하나 됨을 지킬 수 있다. 그러므로 하나 되기 원하는 교회 공동체는 말씀과 성령을 사모해야 한다.

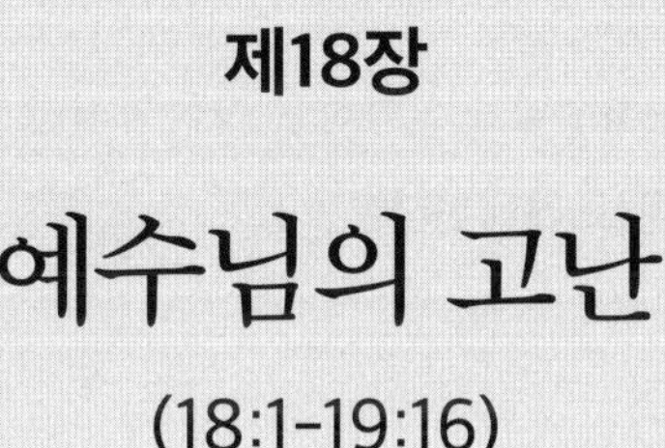

제18장

예수님의 고난

(18:1-19:16)

본문 개요

예수님이 체포되고 고난 받으시는 장면들이 나온다. 그러나 단순히 체포당하시고 고난 당하시는 것이 아니라, 그의 체포와 고난을 통해서도 계시가 나타난다. 예수님이 어떤 분이신지가 드러난다. 예수님은 대제사장들에게 부당하게 재판을 받으시면서 참 대제사장으로 자신을 나타내신다. 예수님은 참 왕으로서 세상의 왕의 대리자에게 재판을 받으신다. 그리하여 예수님은 진정한 대제사장-왕으로서 그의 백성을 구원할 구속 사역을 감당하신다. 대제사장들과 빌라도는 예수님을 핍박하는 자들이지만, 예수님은 이를 사용하여 자신의 참 정체성을 드러내신다.

내용 분해

1. 예수님의 체포(18:1-11)
   1) 예수님을 배신한 유다(18:1-3)
   2) 예수님이 자신을 내어줌(18:4-9)
   3) 예수님의 자발적 죽음 암시(18:10-11)
2. 예수님에 대한 대제사장의 재판(18:12-27)
   1) 베드로의 첫 번째 부인(18:12-18)
   2) 대제사장의 심문(18:19-24)
   3) 베드로의 두 번째와 세 번째 부인(18:25-27)
3. 예수님에 대한 빌라도의 재판(1)(18:28-40)
   1) 예수님이 빌라도의 재판에 넘겨짐(18:28-32)
   2) 예수님에 대한 빌라도의 첫 번째 심문(18:33-40)
4. 예수님에 대한 빌라도의 재판(2)(19:1-16)

1) 예수님에 대한 빌라도의 두 번째 심문(19:1-7)

2) 예수님에 대한 빌라도의 세 번째 심문(19:8-12)

3) 예수님에 대한 빌라도의 선고(19:13-16)

*특주: 로마 황제 가이사와 예수님

본문 주해

1. 예수님의 체포(18:1-11)

1 예수께서 이 말씀을 하시고 제자들과 함께 기드론 시내 건너편으로 나
가시니 그 곳에 동산이 있는데 제자들과 함께 들어가시니라 2 그 곳은 가
끔 예수께서 제자들과 모이시는 곳이므로 예수를 파는 유다도 그 곳을 알
더라 3 유다가 군대와 대제사장들과 바리새인들에게서 얻은 아랫사람들
을 데리고 등과 횃불과 무기를 가지고 그리로 오는지라 4 예수께서 그 당
할 일을 다 아시고 나아가 이르시되 너희가 누구를 찾느냐 5 대답하되 나
사렛 예수라 하거늘 이르시되 내가 그니라 하시니라 그를 파는 유다도 그
들과 함께 섰더라 6 예수께서 그들에게 내가 그니라 하실 때에 그들이 물
러가서 땅에 엎드러지는지라 7 이에 다시 누구를 찾느냐고 물으신대 그들
이 말하되 나사렛 예수라 하거늘 8 예수께서 대답하시되 너희에게 내가
그니라 하였으니 나를 찾거든 이 사람들이 가는 것은 용납하라 하시니 9
이는 아버지께서 내게 주신 자 중에서 하나도 잃지 아니하였사옵나이다
하신 말씀을 응하게 하려 함이러라 10 이에 시몬 베드로가 칼을 가졌는데
그것을 빼어 대제사장의 종을 쳐서 오른편 귀를 베어버리니 그 종의 이름
은 말고라 11 예수께서 베드로더러 이르시되 칼을 칼집에 꽂으라 아버지
께서 주신 잔을 내가 마시지 아니하겠느냐 하시니라

1) 예수님을 배신한 유다(18:1-3)

다른 복음서들은 예수님이 기도하시며 체포되신 곳을 '겟세마네' 혹은 '감람산'이라 하는 데 비해(마 26:36; 막 14:32; 눅 22:39), 요한복음은 정확한 지명을 밝히지 않고 '동산'이라 한다(1, 26절). 다른 복음서들은 예수님이 체포되신 것 외에, 그가 이곳에서 기도하신 것을 강조하지만(마 26:36-56; 막 14:32-50; 눅 39-53), 요한복음은 체포되는 장면만을 묘사한다(1-11절). '동산'에서 예수님은 체포되실 뿐 아니라 죽으시고 부활하시며(19:41), 나중에 '동산지기'(20:15)로 오해 받으신다. 그래서 혹자는 이 동산이 에덴동산을 반향하며, 예수님이 새 창조를 가져오는 하나님이심을 드러낸다고 주장한다.[1] 그들은 빌라도가 예수님을 가리켜, '이 사람'(ὁ ἄνθρωπος, *호 안뜨로포스*) 이라고 한 것은 '아담'을 떠올릴 수 있다고 한다(19:5).[2]

무엇보다 다수의 학자들은 부활하신 주님이 제자들에게 성령을 주시는 장면은 새 창조의 이미지를 나타내기에 충분하다고 한다(20:22; 참고. 창 2:7; 겔 37:1-14).[3] 따라서 이 단락(1-11절)은 예수님이 새 창조를 위해 자신의 목숨을 포기하는 장면으로 볼 수도 있다. 뿐만 아니라, 새 이스라엘을 세우시기 위해, 새 성전을 세우시기 위해 예수님 스스로 자신을 내어 놓으시는 장면이기도 하다(자세한 내용은 20:22 주해를 참고).

유다의 배신이 언급된다(3절). 그는 대제사장들과 바리새인들의 하수인들과 군대를 예수님께로 인도한다. 여기서 말하는 군대는 σπεῖρα(*스페이라*) 인데, 보통 약 600명 규모의 로마 군대를 일컫는다(참고. 12절). 아마도 산헤드린 공의회가 자기들의 하수인들을 보냈을 뿐만 아니라, 빌라도에게 요청

---

1. Köstenberger, *A Theology,* 352-3; J. Suggit, "Jesus the Gardener: the Atonement in the Fourth Gospel as Re-creation," *Neotestamentica* 33, no 1 (1999), 161-8; J. K. Brown, "Creation's Renewal in the Gospel of John," *CBQ* 72, no 2 (2010), 275-90; N. Wyatt, "'Supposing Him to Be the Gardener'(John 20.15): A Study of the Paradise Motif in John," *ZNW* 81 (1990), 21-38.
2. 예를 들면, M. D. Litwa, "Behold Adam: A Reading of John 19:5," *HBT* 32, no 2 (2010), 129-43.
3. 예를 들면, Klink III, *John*, 862.

하여 로마 병사들도 함께 보낸 것 같다. 그들은 참 빛이신 예수님(8:12)을 잡기 위해, 무기 외에 등과 횃불 같은 세상적인 조명 기구를 가지고 온다(3절). 다른 복음서들은 그들이 칼과 몽치를 들고 왔다고만 기록한다(마 26:47; 막 14:43; 눅 22:52). 이와 달리 요한복음은 그들이 무기뿐만 아니라, 어둠을 밝히는 등과 횃불을 들고 왔다는 것을 강조한다. 일차적인 의미는 그들이 밤에 예수님을 잡기 위해 왔기 때문에 등과 횃불을 사용하였다는 뜻이다. 하지만 상징적 의미가 암시되었다고도 볼 수 있다. 그들은 세상의 빛이신 예수님(8:12)을 알아보지 못하고, 겨우 자신들의 작은 빛을 의지하고 있다. 비록 등과 횃불을 가졌지만, 그들은 어둠에 속한 자들이다. 역설적인 모습이다.[4] 빛이신 예수님을 믿지 않기 때문에, 그들은 어둠에 있을 뿐 아니라, 결국 빛을 이기지 못한다(1:5). 첫 사람 아담이 동산에서 하나님을 배신한 것처럼, 유다는 타락한 인류의 전형을 보여준다.[5] 아담과 하와가 어둠의 유혹에 넘어가 빛을 잃은 것처럼, 대제사장들과 바리새인들의 하수인들은 눈에 보이는 등과 횃불만 부여잡고 있다.

2) 예수님이 자신을 내어줌(18:4-9)

자신을 찾는 병사들이 '나사렛 예수'(5, 7절)를 찾는다고 하자, 예수님은 "내가 그니라"(5, 6, 8절)고 대답하신다. 여기에는 예수님의 두 가지 정체성이 묘사된다. 첫째, 예수님은 '나사렛 예수'로 묘사되신다. 나사렛 예수로서 예수님의 정체성은 요한복음에서 이 단락 외에, 나머지 두 장면에 반복적으로 나온다. 빌립과 나다나엘의 대화에서 '나사렛 예수' 타이틀이 등장한다(1:45). 빌립은 나다나엘에게 예수님을 모세의 율법과 여러 선지서에서 약속한 메시야 인물로 소개한다. 그러나 여기에 등장하는 '나사렛 예수'는 직역

---

4. Keener, *John 2*, 1078
5. Suggit, "Jesus the Gardener," 166.

하면 '나사렛 출신 예수'(Ἰησοῦς ἀπὸ Ναζαρέτ, *예수스 아포 나자렛*)이다. 또 다른 장면은 예수님의 십자가 사건이다. 빌라도는 예수님의 십자가에 '나사렛 예수, 유대인의 왕'이라는 패를 써 붙인다(19:19). 대제사장들이 반대하지만, 빌라도는 자신의 의지를 꺾지 않는다. 나사렛 예수는 예수님이 나사렛 출신의 역사적 인물이라는 것을 가리키는 말이다. 예수님은 후대 사람들이 만들어 낸 가상 인물도 아니고, 제자들에 의해 미화된 인물도 아니다. 역사 속에서 활동하고 존재하셨던 인물이다.

동시에 '나사렛 예수'는 메시야 타이틀이기도 하다. 직역하면 '예수 나사렛 사람'(Ἰησοῦς ὁ Ναζωραῖος, *예수스 호 나조라이오스*)이라는 뜻인데, 마태복음은 이 타이틀이 메시야에 대한 선지자 예언의 성취라 한다(마 2:23; 사 11:1).[6] *나조라이오스*라는 말의 기원이 이사야 11장에 나오는 '이새의 뿌리에서 나온 가지'(נצר, *네쩨르*)(사 11:1)일 확률이 높기 때문이다. 이사야 11:1-10은 메시야를 통해 이루어지는 종말론적 하나님 나라에 대한 대표적인 예언이다. 따라서 예수님을 나사렛 예수로 강조한 요한복음은 예수님의 역사적 실재성을 강조할 뿐 아니라, 그의 메시야 정체성을 나타낸다고 볼 수 있다.

둘째, 본문에 나타난 예수님의 또 다른 정체성은 "내가 그니라"(5, 6, 8절)는 표현을 통해 드러난다. "내가 그니라"는 요한복음의 전형적인 기독론적 계시인 *에고 에이미*를 의미한다. 요한복음에는 술어가 분명한 7개의 *에고 에이미* 표현이 있다: 생명의 떡(6:35), 세상의 빛(8:12), 양의 문(10:7), 선한 목자(10:11), 부활과 생명(11:25), 길과 진리와 생명(14:6), 포도나무(15:5). 그리고 술어가 없는 절대적인 용법의 *에고 에이미* 표현이 여러 군데 등장한다(4:26; 6:20; 8:24, 28, 58; 13:19; 18:5, 6, 8). 이는 구약에서 여호와 하나님의 자기 계시의 표현이었다(예. 출 3:14; 사 43:10). 요한복음은 이 표현을

---

6. Strange, "Nazareth," *ABD*, 4:1050.

통해 하나님의 아들로서 예수님의 신성을 드러낸다.[7] 예수님이 자신의 신분을 밝히자, 그를 잡으러 왔던 병사들이 뒤로 물러나며 땅에 엎드린다(6절). 그들이 엎드린 이유는 두려움 때문이었을 것이다. 예수님의 능력에 관한 소문을 듣고, 그들은 두려움으로 몸을 엎드렸다. 혹자는 이것이 예수님의 신성을 암시한다고 한다.[8] 또 다른 이는 이 장면이 그의 대적자들의 실패도 암시한다고 한다.[9] 그러나 이러한 해석은 병사들이 엎드리는 모습에 너무 지나치게 의미를 부여한 것 같다.

예수님은 자신이 잡혀가는 상황에서 병사들에게 제자들은 그냥 가도록 하라고 하신다(8절). 자신이 체포되는 상황 속에서도 제자들을 돌보시는 예수님의 모습을 볼 수 있다. 예수님의 이런 모습은 자기 백성을 잃지 않을 것이라는 앞선 말씀들(6:39; 10:28; 17:12)을 성취하시기 위해서이다(9절). 물론 앞선 말씀들과 정확하게 문자적으로 일치하는 것은 아니다. 그러나 제자들의 보호를 의미하는 말씀의 중심 의도가 성취된다는 말이다. 물론 유다는 이미 대적자들의 편에 서 있지만(5절), 그러나 그의 배신은 이미 예수님의 기도에 언급되었다(17:12). 일반적으로 신약성경은 구약의 말씀이 어떻게 성취되는지를 보여준다(예. 마 1:22; 막 14:49; 눅 4:21; 행 1:16). 요한복음도 구약의 성취를 기록한다(예. 12:38; 13:18; 15:25; 17:12; 19:24, 28, 36). 그러나 이 구절은 예수님의 말씀의 성취가 어떻게 나타나는지를 보여주고 있다. 즉, 예수님 말씀의 권위가 구약성경의 권위와 같은 위치에 있다는 것을 보여준다.[10] 이는 곧 예수님의 말씀은 아버지로부터 온 말씀이고(14:24), 우리는 예수님의 말씀을 통해 하나님의 말씀을 듣고 배운다는 것을 뜻한다. 그러므로 예수

---

7. Ball, *"I Am" in John's Gospel*, 23-41.
8. U. C. Von Wahlde, *The Gospel and Letters of John vol 3*, ECC (Grand Rapids: Eerdmans, 2010), 325.
9. Brodie, *John*, 526.
10. Brown, *John XIII-XXI*, 811.

님의 말씀을 믿는 것은 하나님의 말씀을 믿는 것이고, 예수님의 말씀을 순종하는 것은 곧 하나님의 말씀을 순종하는 것이다.

3) 예수님의 자발적 죽음 암시(18:10-11)

요한복음에서 베드로가 대제사장의 종, 말고의 귀를 베는 장면은 다른 복음서의 기술보다 더 상세하다. 마태복음은 베드로의 이름도, 대제사장의 종의 이름도 밝히지 않는다(마 26:51-56). 다만 예수님이 이렇게 체포되는 것은 힘이 없어서가 아니라, 선지자들의 예언을 이루기 위해서라는 것을 강조한다. 마가복음도 베드로와 대제사장의 종의 이름을 언급하지 않는다(막 14:47-50). 다만 예수님이 날마다 성전에서 가르쳤지만, 대제사장들과 서기관들과 장로들이 잡지 않았다는 것을 강조한다. 그리고 이제 성경을 이루기 위해 예수님이 체포되신다는 것을 말한다. 누가복음은 예수님이 제자들에게 참으라고 말씀하신 후, 대제사장의 종의 귀를 치유하셨다고 기록한다(눅 22:50-53).

이와 달리, 요한복음만이 베드로와 말고의 이름을 밝힌다(10절). 이를 통해 사건의 역사적 사실성이 강화된다. 예수님은 베드로에게 칼을 칼집에 꽂으라 하신다. 자신의 죽음을 하나님의 때에 따른, 하나님의 뜻으로 이해하시기 때문이다(17:1). 스스로 십자가 죽음을 받아들이시기 위함이다. 그리고 요한복음은 예수님이 자신의 죽음을 "아버지께서 주신 잔"으로 비유하신 것을 기록한다(11절). '잔'(ποτήριον, *포테리온*)은 요한복음에서는 한 번 등장하지만, 다른 복음서에서 예수님의 십자가 죽음을 가리킬 때 종종 사용된다(마 20:22; 26:39; 막 10:38; 14:36; 눅 22:42). 다른 복음서에서는 예수님이 이 잔을 되도록 피할 수 있기를 기도하신다(마 26:39; 막 10:38; 눅 22:42). 그러나 요한복음에는 예수님이 기꺼이 이 잔을 마시겠다는 말씀만 나온다(11절). 자기 백성의 죄를 용서하시기 위해(1:29), 아버지의 뜻을 따라(3:16; 17:1), 자발적으로 십자가를 지시는 예수님의 모습을 묘사하고 있다.

교훈과 적용

1. 예수님은 체포되시는 순간에도 그의 위엄 있는 정체성을 드러내신다. 예수님은 사람의 눈에는 병사들에 의해 체포되는 연약한 인간처럼 보인다. 그러나 그는 실상 자신이 이스라엘을 구원할 하나님의 아들, 나사렛 예수라는 것을 분명히 드러내신다. 이러한 예수님의 위엄과 영광 앞에 결국 대적자들의 계획은 실패할 것이고, 모든 무릎이 예수님 앞에 꿇을 것이다. 그러므로 눈앞에 보이는 현실에 실망하지 말자. 예수님의 영광스럽고 위엄 있는 정체성을 믿고, 그분이 최후 승리를 얻을 때까지 믿음으로 참고 기다리자.
2. 예수님은 체포되시는 순간에도 그의 자녀들을 돌보신다. 다가오는 죽음에 직면하여, 예수님은 만감이 교차하셨을 것이다. 아버지와 분리되는 것 때문에 고통스러운 상황을 맞이하였다. 죄 값을 담당하는 것에 대해 수치스러움도 있었을 것이다. 그러나 예수님은 끝까지 자신의 제자들을 챙기셨다. 제자들을 걱정하셨고, 그들의 안위를 돌보셨다. 그러므로 쉽지 않은 인생길을 걸어갈 때, 이러한 예수님의 자상하심을 기억하자. 예수님의 돌보심을 기억하며 믿음의 길을 걸어가자.
3. 예수님은 체포되시는 순간에도 하나님 아버지의 뜻을 우선시하신다. 예수님은 대적자들이 자신을 체포하러 왔을 때, 천상의 군대를 동원하여 물리치실 수 있었다. 아니, 한 마디 말씀으로 그들을 모두 제압하실 수 있었다. 그러나 예수님은 그렇게 하지 않으셨다. 순순히 자신을 내어주셨다. 하나님의 뜻을 이루시기 위해서였다. 우리를 구원하시기 위해서였다. 자신의 뜻이나 편안함보다는 하나님의 뜻을 우선하셨고, 자기 백성의 구원을 우선하셨다. 그러므로 우리도 하나님과 교회를 우선시하는 삶을 살아야 하겠다. 자신의 유익이나 일신의 편안보다, 하나님을 영화롭게 하고, 교회를 유익하게 하는 삶을 살아야 하겠다.

2. 예수님에 대한 대제사장의 재판(18:12-27)

12 이에 군대와 천부장과 유대인의 아랫사람들이 예수를 잡아 결박하여
13 먼저 안나스에게로 끌고 가니 안나스는 그 해의 대제사장인 가야바의
장인이라 14 가야바는 유대인들에게 한 사람이 백성을 위하여 죽는 것이
유익하다고 권고하던 자러라 15 시몬 베드로와 또 다른 제자 한 사람이 예

수를 따르니 이 제자는 대제사장과 아는 사람이라 예수와 함께 대제사장
의 집 뜰에 들어가고 16 베드로는 문 밖에 서 있는지라 대제사장을 아는
그 다른 제자가 나가서 문 지키는 여자에게 말하여 베드로를 데리고 들어
오니 17 문 지키는 여종이 베드로에게 말하되 너도 이 사람의 제자 중 하
나가 아니냐 하니 그가 말하되 나는 아니라 하고 18 그 때가 추운 고로 종
과 아랫사람들이 불을 피우고 서서 쬐니 베드로도 함께 서서 쬐더라 19 대
제사장이 예수에게 그의 제자들과 그의 교훈에 대하여 물으니 20 예수께
서 대답하시되 내가 드러내 놓고 세상에 말하였노라 모든 유대인들이 모
이는 회당과 성전에서 항상 가르쳤고 은밀하게는 아무것도 말하지 아니
하였거늘 21 어찌하여 내게 묻느냐 내가 무슨 말을 하였는지 들은 자들에
게 물어 보라 그들이 내가 하던 말을 아느니라 22 이 말씀을 하시매 곁에
섰던 아랫사람 하나가 손으로 예수를 쳐 이르되 네가 대제사장에게 이같
이 대답하느냐 하니 23 예수께서 대답하시되 내가 말을 잘못하였으면 그
잘못한 것을 증언하라 바른 말을 하였으면 네가 어찌하여 나를 치느냐 하
시더라 24 안나스가 예수를 결박한 그대로 대제사장 가야바에게 보내니
라 25 시몬 베드로가 서서 불을 쬐더니 사람들이 묻되 너도 그 제자 중 하
나가 아니냐 베드로가 부인하여 이르되 나는 아니라 하니 26 대제사장의
종 하나는 베드로에게 귀를 잘린 사람의 친척이라 이르되 네가 그 사람과
함께 동산에 있는 것을 내가 보지 아니하였느냐 27 이에 베드로가 또 부
인하니 곧 닭이 울더라

1) 베드로의 첫 번째 부인(18:12-18)

병사들이 예수님을 체포하여, 그를 안나스에게 끌고 간다(12-13절). 예수님이 체포될 당시의 대제사장은 가야바인데, 안나스는 그의 장인이다. 그러나 이후 요한복음은 안나스를 대제사장이라 부른다(19, 22절). 다른 신약성경에서도 대제사장이 복수로 등장하는데(마 16:21; 20:18; 막 8:31; 10:33; 행

9:14; 23:14 등등), 아마도 은퇴한 대제사장들을 포함하여, 복수의 대제사장이 산헤드린 공의회를 움직였던 것 같다. 사도행전 4:6에 대제사장들의 이름이 나열되어 있다(안나스, 가야바, 요한, 알렉산더). 누가복음은 세례 요한이 활동하던 시기를 안나스와 가야바가 대제사장으로 있던 때라 한다(눅 3:2). 비록 안나스는 은퇴한 대제사장이고, 가야바가 그 해의 대제사장이었지만, 아마도 여러 명의 대제사장 중 안나스가 실제 핵심 권력을 행사했던 것처럼 보인다.[11] 그의 사위 가야바는 앞서 산헤드린 공의회에서 회원들이 예수님 때문에 로마가 침입할 것을 걱정하자, 예수님의 죽음이 민족에게 유익이 될 것임을 예언하였다(11:49-50).

예수님이 체포되었지만, 베드로와 다른 한 제자가 예수님을 따라간다(15절). 다른 한 제자는 "대제사장과 아는 사람"이다. 이 제자는 누굴까? '아는'을 뜻하는 헬라어 γνωστός(그노스토스)는 단순히 안면이 있다는 뜻이 아니라, 친구나 친척처럼 가까운 사이를 의미한다.[12] 이 사람은 예수님이 사랑하시는 제자일 가능성이 높은데, 왜냐하면 요한복음에서 베드로와 사랑하시는 제자가 함께 등장하여 주목을 받는 다른 장면이 있기 때문이다(20:3-10; 21:1-23).[13] 또한 대제사장과 아는 제자는 '그 다른 제자'로 불리는데(16절), 예수님이 사랑하시는 제자도 '그 다른 제자'로 종종 불리기 때문이다(20:2-4, 8). 베드로와 그 다른 제자는 둘 다 예수님을 따라가지만, 베드로는 예수님을 부인하는 반면(17절), 그 다른 제자는 다만 예수님 가까이 있을 뿐이었다. 앞서, 예수님이 체포되실 때 대제사장의 종의 귀를 자를 만큼 흥분하였던 베드로였지만, 이제 예수님을 부인하는 배신자가 되었다. 베드로의 모습은 이중으로 부정적이게 묘사된다. 칼을 들고 종의 귀를 자를 때도 예수님의 뜻

---

11. Keener, *John 2*, 1089.
12. C. H. Dodd, *Historical Tradition in the Fourth Gospel* (Cambridge: Cambridge University Press, 1976), 87.
13. F. Neirynck, "The 'Other Disciple' in Jn 18,15-16," *ETL* 51, no 1 (1975), 113-41.

을 제대로 헤아리지 못했다(11절). 이제 예수님이 체포된 상태에서도 예수님을 부인하는 잘못을 저지른다. 베드로는 두 번, 세 번 예수님을 부인하는 나락으로까지 떨어진다(25-27절). 그러나 독자들은 이것이 끝이 아니라는 것을 알고 있다. 머지않아 베드로의 인생에 있을 큰 반전을 알고 있다. 예수님이 찾아오셔서 베드로를 회복시키시고, 위대한 하나님의 사역자로 세우실 것이다(21:15-19).

다른 한편, 베드로가 자신은 예수님의 제자가 아니라고 부인하는 표현이 인상적이다(17, 25절). *우크 에이미*(οὐκ εἰμι)는 예수님의 자기 계시 표현인 *에고 에이미*(ἐγώ εἰμι)를 생각나게 한다.[14] 앞서 예수님은 자신을 잡으러 온 군인들에게 계속 자신의 정체성을 드러내셨다(5, 6, 8절). 죽음의 위험에도 불구하고 자신이 하나님의 아들이요, 아버지를 계시하는 메시야인 것을 숨기지 않으셨다. 그러나 예수님의 모습과 달리, 베드로는 두려움 때문에 자신이 그의 제자임을 계속 부인한다. 예수님의 신실한 모습과 베드로의 연약한 모습이 비교, 대조되고 있다. 베드로의 이러한 모습은 나중에 있을 예수님의 용서가 얼마나 큰지를 더욱 풍성하게 보여준다.

2) 대제사장의 심문(18:19-24)

안나스가 심문을 하지만, 계속해서 안나스의 이름 대신에 대제사장이라는 타이틀만 나온다(19, 22절). 이는 독자들로 하여금 안나스나 가야바의 이름에 집중하기보다는, 예수님의 반대편에 서 있는 대제사장 신분에 집중하도록 하기 위해서인 것 같다. 다시 말하면 인간 대제사장과 대조되는 하나님의 아들 대제사장을 묘사하기 위해서이다. 다른 복음서들은 대제사장의 심문에 임하는 예수님의 모습을 비교적 조용하고 수동적으로 묘사한다. 이에 반해 요한복음에 나오는 예수님의 모습은 매우 적극적이고 당당하다. 대제

---

14. 김문현, 『예수를 만난 사람들』 (서울: 영성네트워크, 2017), 334.

사장의 질문은 간단하게 처리하고, 거리낌도 없고, 주저함도 없는 예수님의 대답은 길게 묘사한다(20, 21, 23절).

대제사장의 아랫사람이 예수님을 치는 장면은 요한복음에 자주 등장하는 역설적인 모습이다. 그는 예수님이 대제사장을 대하는 태도가 무례하다고 지적하며 예수님을 손으로 친다(22절). '손으로 치기'(ῥάπισμα, *라피스마*)(22절)는 예수님이 당하신 수치와 고난을 말해준다. 이사야 50:6에서는 고난 받는 종이 이렇게 수치와 모욕을 당할 것이라 한다. 좀 더 자세한 설명은 로마 군인들에게 *라피스마*를 당하시는 장면에서 이어질 것이다(19:3). 대제사장의 아랫사람은 예수님의 태도가 무례하다며 그를 때렸다. 그러나 실상은 그가 진정 무례한 사람이다. 참 대제사장인 예수님을 손으로 치며 혼을 내기 때문이다. 인간 대제사장의 편에 서서, 참 대제사장을 몰라보고 무시하고 있다. 이러한 역설적인 현상은 요한복음 전체에서 자주 발견된다. 빌라도는 진정한 재판관이신 예수님을 자신이 재판하여 놓아 줄 수 있다고 큰소리친다(19:10, 12). 유대인들은 진정한 왕이신 예수님을 거절하고, 가이사가 왕이라고 고백한다(19:15). 이러한 역설적인 모습을 통해 대제사장과 빌라도의 재판에서 예수님은 참 대제사장이며 참 왕으로 묘사되신다.[15]

예수님은 자신의 잘못을 증명할 증인을 요구하신다(23절). 요한복음이 묘사하는 예수님에 대한 대제사장의 심문은 '증인/증언'에 대한 기록이 빠져 있다. 마태복음과 마가복음은 예수님을 고소하는 증인들의 증언이 거짓 증언이라는 데 초점을 맞춘다(마 26:59-61; 막 14:55-59). 그러나 요한복음은 아예 증언 자체를 생략한다. '증언'이라는 주제는 요한복음에서 매우 강조되는 주제 중의 하나다. 유대인들은 예수님에게 끊임없이 증인을 요구하였다. 예수님의 말씀에 권위를 부여해 줄 증언을 요구하였다. 그래서 예수님은 자신의 권위를 증명해 줄 3가지 이상의 증언을 제시하신다(5:30-39; 8:14-18;

15. Kwon, "Jesus as High Priest in John 17," 143.

15:26-27). 이는 두세 증인의 증언이 효력 있다고 한 율법을 생각나게 한다(8:17; 신 19:15). 그러나 대제사장이 예수님을 심문하는 장면에는 전혀 증인이나 증언이 등장하지 않는 것을 통해, 요한복음은 의도적으로 대제사장의 심문이나 유대인들의 고소가 얼마나 신뢰성이 없는지를 보여주고 있다.

3) 베드로의 두 번째와 세 번째 부인(18:25-27)

다른 복음서들은 베드로가 예수님을 모른다고 세 번 부인하는 장면을 연속으로 기록하였으나(마 26:69-75; 막 14:66-72; 눅 22:56-62), 요한복음은 첫 번째 부인(15-18절)과 두 번째, 세 번째 부인(25-27절) 사이에 예수님이 대제사장에게 심문받으시는 장면(19-24절)을 삽입한다. 다른 복음서들이 베드로의 부인과 그에 따른 눈물에 초점을 맞추는 데 비해, 요한복음은 베드로의 부인뿐 아니라, 예수님과 대제사장의 관계도 주목한다. 다시 말하면, 베드로가 예수님을 부인하는 장면은 예수님이 대제사장에게 재판 받는 장면과 연결해서 해석될 수 있다.

첫째, 예수님의 신실한 모습과 베드로의 실패한 모습이 대조를 이룬다.[16] 베드로는 겁에 질려 예수님을 세 번이나 부인한다(27절). 신실한 믿음의 자세로 예수님을 따르는 데 실패한다. 이에 반해 예수님은 백성을 위한 고난의 길을 자발적이면서도 당당하게 걸어가신다. 아무것도 부인하지 않으시고, 대제사장이나 그의 아랫사람의 위협을 전혀 두려워하지 않으신다.

둘째, 대제사장의 권위와 예수님의 권위가 비교된다.[17] 재판에서 예수님은 대제사장의 권위에 당당하게 맞서신다. 참 대제사장이신 하나님의 아들 예수님은 인간 대제사장보다 더 적극적으로 위엄 있게 말씀하신다. 이에 반해 대제사장은 제일 처음에 질문을 던진 후, 그 이후에는 좀처럼 모습을 드러내

---

16. Brown, *John XIII-XXI*, 842.
17. Kwon, "Jesus as High Priest in John 17," 139-41.

지 않는다. 요한복음에서는 심지어 대제사장의 예언과 예수님의 예언이 비교된다. 한 사람이 백성을 위하여 죽는 것이 유익하다고 예언한 가야바의 모습(11:50; 14절)과 베드로가 닭 울기 전에 세 번이나 예수님을 부인할 것이라고 예언한 예수님 모습(13:38; 27절)이 비교된다. 예수님이 십자가를 향하여 가는 것으로 가야바의 예언은 성취되고, 베드로가 실제로 세 번 예수님을 부인하는 것으로 예수님의 예언이 성취된다.

교훈과 적용

1. 예수님은 충성스런 대제사장이셨다. 끝까지 신실하게 자신의 사명을 감당하셨다. 사람은 마음이 변하고, 힘들면 포기하지만, 예수님은 끝까지 자신의 사명을 충성스럽게 감당하셨다. 베드로는 예수님을 세 번이나 부인하여 인간의 연약함을 보인다. 그러나 예수님은 자신의 신분이나 사명을 부인하지 않으시고, 변함없이 최후의 순간까지 우리를 위한 자신의 사명을 완수하셨다. 그분은 우리가 믿을 수 있고 신뢰할 수 있는 우리 주님이시다. 그러므로 변하는 세상에서 변하지 않으시는 주님을 의지하며 담대하게 살아가야 한다.
2. 예수님은 권위 있는 대제사장이셨다. 인간 대제사장은 화려한 옷을 입고, 높은 자리에 앉아 그 위용을 뽐냈다. 그리고 자신의 뜻과 욕심을 따라 판단하고 행동했다. 그의 판단은 굽고 그의 권위는 하나님을 대적했다. 그러나 우리 주 예수님은 진정으로 하나님의 뜻을 구하며, 하나님의 위엄으로 세상의 죄와 불의에 맞서셨다. 사람들이 보기에는 초라하고 볼품없었지만, 하늘의 권위를 가지고 세상 대제사장에게 당당히 맞서셨다. 왜냐하면 예수님이 참 대제사장이시기 때문이다. 그러므로 우리는 이러한 참 대제사장의 중보만을 의지해야 한다.
3. 예수님은 예언을 성취하시는 대제사장이셨다. 대제사장에게는 예언하는 능력이 있었다. 세상 대제사장도 그 예언이 성취될 때가 있었다. 그러나 참 대제사장이신 예수님의 말씀은 그보다 훨씬 진실하다. 예수님의 말씀은 권위가 있었고, 말씀하신 바대로 성취가 되었다. 베드로의 부인을 예언하셨고, 그 예언은 그대로 이루어졌다. 따라서 참 대제사장이신 예수님의 말씀을 귀하게 여겨야 한다. 그분이 하신 말씀은 반드시 성취된다는 것을 믿고, 그분의 가르침에 순종하며 살아야 한다.

3. 예수님에 대한 빌라도의 재판(1)(18:28-40)

28 그들이 예수를 가야바에게서 관정으로 끌고 가니 새벽이라 그들은 더
럽힘을 받지 아니하고 유월절 잔치를 먹고자 하여 관정에 들어가지 아니
하더라 29 그러므로 빌라도가 밖으로 나가서 그들에게 말하되 너희가 무
슨 일로 이 사람을 고발하느냐 30 대답하여 이르되 이 사람이 행악자가
아니었더라면 우리가 당신에게 넘기지 아니하였겠나이다 31 빌라도가 이
르되 너희가 그를 데려다가 너희 법대로 재판하라 유대인들이 이르되 우
리에게는 사람을 죽이는 권한이 없나이다 하니 32 이는 예수께서 자기가
어떠한 죽음으로 죽을 것을 가리켜 하신 말씀을 응하게 하려 함이러라 33
이에 빌라도가 다시 관정에 들어가 예수를 불러 이르되 네가 유대인의 왕
이냐 34 예수께서 대답하시되 이는 네가 스스로 하는 말이냐 다른 사람들
이 나에 대하여 네게 한 말이냐 35 빌라도가 대답하되 내가 유대인이냐 네
나라 사람과 대제사장들이 너를 내게 넘겼으니 네가 무엇을 하였느냐 36
예수께서 대답하시되 내 나라는 이 세상에 속한 것이 아니니라 만일 내
나라가 이 세상에 속한 것이었더라면 내 종들이 싸워 나로 유대인들에게
넘겨지지 않게 하였으리라 이제 내 나라는 여기에 속한 것이 아니니라 37
빌라도가 이르되 그러면 네가 왕이 아니냐 예수께서 대답하시되 네 말과
같이 내가 왕이니라 내가 이를 위하여 태어났으며 이를 위하여 세상에 왔
나니 곧 진리에 대하여 증언하려 함이로라 무릇 진리에 속한 자는 내 음
성을 듣느니라 하신대 38 빌라도가 이르되 진리가 무엇이냐 하더라 이 말
을 하고 다시 유대인들에게 나가서 이르되 나는 그에게서 아무 죄도 찾
지 못하였노라 39 유월절이면 내가 너희에게 한 사람을 놓아 주는 전례가
있으니 그러면 너희는 내가 유대인의 왕을 너희에게 놓아 주기를 원하느
냐 하니 40 그들이 또 소리 질러 이르되 이 사람이 아니라 바라바라 하니
바라바는 강도였더라

여기서부터는 예수님이 로마식 재판정에서 빌라도에게 심문을 당하고 재판을 받으신다(18:28-19:16). 앞서 대제사장에게 재판을 받는 유대식 재판정에서는 예수님의 대제사장이심이 암시적으로 묘사되었다면, 로마식 재판정에서는 가이사와 그의 대리인인 빌라도와 대조되는 왕적인 인물로 예수님이 묘사되신다.

1) 예수님이 빌라도의 재판에 넘겨짐(18:28-32)

유대인들이 예수님을 관정으로 끌고 갔다(28절). '관정'(πραιτώριον, *프라이토리온*)이란 총독의 관저(official residence)를 일컫는데, 총독이 거처하며 사무도 보는 일종의 행정-군사 본부(headquaters)라 할 수 있다. 그러나 유대인들은 관정 안에 들어가지 않았다. 왜냐하면 이방인과 접촉하여 부정하게 되는 것을 꺼렸기 때문이다. 유월절 잔치를 앞두고 그들은 의식적으로 정결하게 자신을 준비해야 했기 때문이다. "유월절 잔치를 먹다"는 아빕(니산)월 14일 저녁에 먹는 전통적인 유월절 음식을 의미한다기보다는, 7일 동안 계속되는 무교절 음식을 먹는 것을 가리킬 것이다.[18] 왜냐하면 앞서 예수님과 제자들은 이미 전통적인 유월절 음식을 먹었기 때문이다(13:1-14:31). 또한 유월절과 무교절은 서로 교차하여 사용될 수 있어서 이 구절에 나오는 유월절은 무교절 기간 전체를 가리킬 수 있다(예. 눅 22:1). 유대인들은 유월절/무교절 기간 동안 구별된 음식을 먹었다. 이 음식을 먹기 위해 유대인들은 자신을 정결하게 준비해야 했다. 그러나 실제로 그들은 가장 부정하고 악한 짓을 했으니, 곧 예수님을 거역할 뿐 아니라 죽이려 한 것이다. 예수님이 악을 행한다고 그를 정죄한다(30절). '더럽히다'(μιαίνω, *미아이노*)(28절)는 칠십인경 레위기나 민수기를 비롯한 다수의 구약 본문에서 각종 제의적 부정을 가리키는 데 사용되었다(LXX 레 5:3; 11:24; 민 19:20; 대하 36:14).

18. Carson, *John*, 589; Köstenberger, *John*, 529.

이스라엘은 성전과 진영과 몸과 가정을 더럽히지 말아야 했다. 오직 온전한 마음과 몸으로 하나님을 섬겨야 했다. 그러나 이제 유대인들은 하나님께서 보내신 예수님을 거절하여 가장 부정한 짓을 저질렀다.

유대인들이 예수님을 빌라도에게 끌고 온 이유는 그들에게 사람을 죽일 수 있는 권한이 없기 때문이었다(31절). 이는 동시에 예수님의 말씀을 성취하기 위한 것이기도 하다. 예수님은 공생애 기간에 자신이 어떠한 죽음으로 죽을 것인가를 예언하셨다. 인자가 들릴 것이라는 말로 십자가 죽음을 예언하셨다(3:14; 12:32-33). 유대인들은 예수님에게 수치를 줄 작정으로 그를 십자가에 못 박으려 했고(신 21:23), 빌라도는 자신의 권위로 예수님을 못 박는다고 생각했다(19:10). 그러나 이는 결국 예수님의 예언의 성취로 귀결된다. 요한복음은 계속해서 구약성경의 성취뿐 아니라, 예수님의 말씀의 성취를 보여준다. 이는 결국 예수님의 말씀의 권위가 당시에 하나님의 말씀으로 인정되었던 구약성경과 같은 위치에 있다는 뜻이다. 예수님의 말씀은 곧 하나님의 말씀이다.

2) 예수님에 대한 빌라도의 첫 번째 심문(18:33-40)

'유대인의 왕'(33절)이란 타이틀은 '이스라엘의 임금(왕)'이라는 말로 앞서 사용되었다. 나다나엘이 예수님을 메시야로 고백할 때, 그리고 유대인들이 예루살렘에 입성하시는 예수님께 이 호칭을 사용하였다(1:49; 12:13). 예수님에 대한 빌라도의 첫 번째 심문은 예수님의 왕권에 대한 것이었다(18:33, 37). 빌라도는 예수님을 대적하는 유대인들의 반대에도 불구하고, '유대인의 왕'이라는 타이틀을 고집한다(33, 39절; 19:19). 군인들도 예수님에게 가시나무 왕관을 씌우고 자색 옷을 입혀, '유대인의 왕'으로 예수님을 부른다(19:2-3). 빌라도는 끊임없이 유대인들에게 예수님이 '그들의 왕'이라 한다(19:14-15). 이방인 빌라도는 예수님을 왕으로 인정하는데, 정작 유대인들은 자기들에게는 가이사 외에 왕이 없다고 한다(19:15). 요한복음은 이러한 역설적인 묘사를 통해 예수님의 진정한 정체성을 드러낸다. 예수님의 출신 때문에, 그의 그리스도이심을 믿지 못하겠다는 유대인의 말을 통해, 오히려 예수님의 그리스도이심이 더욱 분명히 드러난다(7:27). 대제사장 가야바를 통해 예수님의 진정한 대제사장 사역과 신분이 드러난다(11:49-52). 이제 로마 황제의 대리자인 이방인 빌라도가 예수님의 왕적 신분을 드러내는 도구로 사용된다.

그러나 예수님은 그의 나라는 이 세상에 속한 것이 아니라 하신다(36절). '종'(ὑπηρέτης, *휘페레테스*)(36절)이라는 단어는 칠십인경과 신약성경 중에서 요한복음에 가장 빈번하게 등장한다. 요한복음에서 총 9회 등장하는데, 오직 36절에서만 긍정적으로 사용된다. 나머지는 모두 대제사장들(과 바리새인들)의 아랫사람들을 가리킬 때 사용된다. 이들은 예수님을 체포하기 위해 수없이 파송되었고(7:32, 45, 46), 마침내 예수님을 체포하는 데 가담한다(3, 12절). 대제사장이 예수님을 심문할 때는 예수님을 구타하기도 한다(22절). 그리고 예수님을 십자가에 못 박으라고 소리 지르는 무리들 중에도 이 종들이 포함되어 있다(19:6). 그렇다면 여기서 예수님의 '종들'(36절)은 누구를 가리키는가? 아마도 제자들을 가리킬 수도 있고(10절), 천사들을 가리킬 수도 있을 것이다(마 26:53). 그러나 예수님이 '종들'이라고 언급하신 것은 종들의 정체성보다 그의 나라가 세상 나라와 구분된다는 것을 말씀하시기 위해서였다. 한편, *휘페레테스*는 '노예'(slave)를 뜻하는 δοῦλος(*둘로스*)와는 구분되는데, 하인(servant) 혹은 조수(assistant)의 뜻을 가지고 있다. 그래서 18절은 *둘로스*(종)와 *휘페레테스*(아랫사람)를 구분해서 쓰고 있다. 바울은 자신을 그리스도의 *둘로스*로 자주 표현하지만(갈 1:10; 빌 1:1; 딛 1:1), 가끔 그리스도의 *휘페레테스*라고도 한다(고전 4:1; 행 26:16).

예수님은 자신이 왕인 것은 분명하지만(37절), 그의 나라는 이 세상 나라와 구분된다고 하신다. 세상 나라를 초월한 나라라는 것을 말씀하신다. 로마도 아니고 민족적 이스라엘도 아니고, 전혀 다른 종말론적 나라라는 것을 암시하시는 것이다. 따라서 그의 나라에 들어가는 것은 진리를 통해서 가능하다. 예수님은 이 진리를 증언하시기 위해 이 땅에 오셨다(37절). 예수님이 세우시는 나라는 칼과 창으로 세워지는 나라가 아니라, 진리를 통해 가는 나라이다. 십자가의 속죄를 통해 하나님의 사랑을 드러내신, 진리이신 예수님을 믿음으로 그 나라에 들어갈 수 있다. 예수님은 빛이 되셔서 어둠에 있는 자들에게 진리의 빛을 비추신다(8:12; 9:5).

빌라도의 "진리가 무엇이냐"(38절)는 질문은 진리 탐구를 위한 심오한 질문은 아니다. 그는 다만 예수님이 정치적으로 위협이 되는지 안 되는지 그것에만 주의를 기울인 것 같다. 그래서 일단 자신의 판단이 서자, 예수님의 대답을 듣지 않고 밖으로 나간다. 빌라도의 이러한 태도는 37절에 "진리에 속한 자는 내 음성을 듣느니라"는 예수님의 말씀에 비춰볼 때, 그가 진리에 속한 자가 아님을 증명한다.[19]

"나는 그에게서 아무 죄도 찾지 못하였노라"(38절)는 빌라도의 말은 반복된다(19:4). 그리고 예수님을 놓아 주려 애를 쓴다(19:12). 예수님의 무죄를 빌라도가 증명하고 있다. 이는 요한복음의 독자들이 처한 로마 제국 환경에서 기독교 복음을 변증하는 중요한 근거가 된다. 다시 말하면, 기독교 복음은 로마 제국이라는 나라에 저항하거나, 그 나라를 전복시키려는 운동이 아니라는 것을 증명한다. 왜냐하면 예수님의 무죄가 로마 정부 대리인인 빌라도에 의해 인정되었기 때문이다. 이 사실은 복음이 로마 제국에 자연스럽게 전파될 수 있는 근거가 된다.

빌라도는 유대인들에게 예수님과 바라바 중에 유월절을 기념하여 놓아 줄 자를 선택하라고 한다(39절). 유대인들은 강도인 바라바를 택한다. '강도'(ληστής, *레스테스*)(40절)는 단순히 개인의 재산을 노리는 차원이 아니라, 민족의 독립을 위해 폭력으로 저항 운동을 하는 사람을 일컬었을 것이

19. Whitacre, *John*, 443.

다.[20] 누가복음에 따르면, 바라바는 '민란'과 '살인'으로 투옥되었던 자였다 (눅 23:19). 따라서 유대인들은 아이러니하게 지상 독립 왕국을 건설하려는 바라바를 택하고, 자신들에게 하나님 나라를 주실 예수님을 거부한다.

교훈과 적용

1. 예수님은 지상 나라와 구별되는 하나님 나라의 왕이시다. 가이사는 무력으로 전 세계를 통치하는 왕이다. 그러나 예수님은 눈에 보이지 않는 하나님 나라를 세우고 통치하신다. 사람들은 이러한 예수님을 비웃고 조롱하지만, 영적으로 세워지는 하나님 나라는 민족적 이스라엘도 아니고, 가이사의 나라도 초월한다. 따라서 우리는 지상의 어느 한 나라에 속해 있지만, 영원한 하나님 나라를 바라보는 신앙생활을 해야 한다. 하나님 나라를 위해 사는 백성이 되어야 한다.
2. 예수님은 진리를 증언하시는 하나님 나라의 왕이시다. 예수님은 하나님의 진리를 세상에 전파하시고, 그 진리를 따르는 사람들이 하나님 나라 백성이 되게 하신다. 이 진리를 거부하는 자는 하나님 나라 백성이 아니다. 따라서 오늘날 우리가 하나님 나라 백성으로 사는 길은 예수님의 진리를 따라가는 것이다. 또한 우리는 하나님 나라 백성으로서 예수님의 진리를 전파하여 그 나라를 확장해야 한다.
3. 예수님은 세상의 법정에 서신 겸손한 하나님 나라의 왕이시다. 예수님은 온 세상을 심판하는 우주적 왕이시다. 모든 만물은 마땅히 그를 경배하고 그에게 순종해야 한다. 그러나 예수님은 오히려 세상의 법정에 서셔서, 세상 재판을 받으신다. 하나님의 뜻을 이루기 위한 겸손한 왕이시다. 그의 백성을 구원하기 위한 겸손한 왕이시다. 그러므로 그의 백성인 우리도 세상에서 하나님의 뜻을 이루기 위해 겸손해야 한다. 사람들을 구원하기 위해 겸손해야 한다.

4. 예수님에 대한 빌라도의 재판(2)(19:1-16)

1 이에 빌라도가 예수를 데려다가 채찍질하더라 2 군인들이 가시나무로
관을 엮어 그의 머리에 씌우고 자색 옷을 입히고 3 앞에 가서 이르되 유대

20. Köstenberger, *John*, 530.

인의 왕이여 평안할지어다 하며 손으로 때리더라 4 빌라도가 다시 밖에
나가 말하되 보라 이 사람을 데리고 너희에게 나오나니 이는 내가 그에
게서 아무 죄도 찾지 못한 것을 너희로 알게 하려 함이로라 하더라 5 이에
예수께서 가시관을 쓰고 자색 옷을 입고 나오시니 빌라도가 그들에게 말
하되 보라 이 사람이로다 하매 6 대제사장들과 아랫사람들이 예수를 보
고 소리 질러 이르되 십자가에 못 박으소서 십자가에 못 박으소서 하는지
라 빌라도가 이르되 너희가 친히 데려다가 십자가에 못 박으라 나는 그에
게서 죄를 찾지 못하였노라 7 유대인들이 대답하되 우리에게 법이 있으
니 그 법대로 하면 그가 당연히 죽을 것은 그가 자기를 하나님의 아들이
라 함이니이다 8 빌라도가 이 말을 듣고 더욱 두려워하여 9 다시 관정에
들어가서 예수께 말하되 너는 어디로부터냐 하되 예수께서 대답하여 주
지 아니하시는지라 10 빌라도가 이르되 내게 말하지 아니하느냐 내가 너
를 놓을 권한도 있고 십자가에 못 박을 권한도 있는 줄 알지 못하느냐 11
예수께서 대답하시되 위에서 주지 아니하셨더라면 나를 해할 권한이 없
었으리니 그러므로 나를 네게 넘겨 준 자의 죄는 더 크다 하시니라 12 이
러하므로 빌라도가 예수를 놓으려고 힘썼으나 유대인들이 소리 질러 이
르되 이 사람을 놓으면 가이사의 충신이 아니니이다 무릇 자기를 왕이라
하는 자는 가이사를 반역하는 것이니이다 13 빌라도가 이 말을 듣고 예수
를 끌고 나가서 돌을 깐 뜰(히브리 말로 가바다)에 있는 재판석에 앉아 있
더라 14 이 날은 유월절의 준비일이요 때는 제육시라 빌라도가 유대인들
에게 이르되 보라 너희 왕이로다 15 그들이 소리 지르되 없이 하소서 없이
하소서 그를 십자가에 못 박게 하소서 빌라도가 이르되 내가 너희 왕을 십
자가에 못 박으랴 대제사장들이 대답하되 가이사 외에는 우리에게 왕이
없나이다 하니 16 이에 예수를 십자가에 못 박도록 그들에게 넘겨 주니라

1) 예수님에 대한 빌라도의 두 번째 심문(19:1-7)

1차 심문이 끝나자 빌라도는 예수님을 채찍질한다(1절). 로마 시민은 공식적 죄목 없이 채찍질 당하지 않으며, 형벌도 십자가형이 아니라 참수형이 최고 형벌이었다.[21] 따라서 예수님이 받으신 고문과 형벌은 그가 로마 제국의 시민이 아니라, 로마의 한 식민지 백성이라는 것을 증명한다. 그러나 빌라도가 처음에 내린 채찍질 고문은 예수님을 풀어 주기 위한 방법이었을 것이다.[22] 예수님이 무죄라고 생각한 빌라도는 고문을 해도 아무런 증거가 나타나지 않는다는 것을 보여주려 한 것 같다.

군인들은 예수님에게 '가시나무 관'을 씌우고 '자색 옷'을 입혔다(2절). '자색 옷'은 당시에 황제가 입던 의상의 색깔이었다.[23] 이러한 왕관이나 옷을 통해 군인들은 예수님을 조롱할 목적이었지만, 역설적으로 예수님의 왕적인 모습을 더 분명하게 드러낸다. "유대인의 왕이여, 평안할 지어다"(3절)는 당시에 로마 황제에게 경의를 표하는 인사였던, '아베 가이사!'(Ave, Caesar!)를 생각나게 한다.[24] 그러나 병사들은 경의를 표하는 것이 아니라, 오히려 비아냥거리며 예수님을 손으로 때렸다. '손으로 때리기'(ῥάπισμα, *라피스마*, 3절; 막 14:65; 요 18:22) 혹은 동사형인 '손으로 때리다'(ῥαπίζω, *라피조*, 마 26:67)는 예수님이 당하신 수치와 고난을 나타내는 대표적인 표현이다. 칠십인경에서도 그 용례가 많지 않은데, 다만 이사야의 고난 받는 종이 당한 수모 중의 하나가 바로 손으로 맞는 것이었다(LXX 사 50:6). 메시야 예수님은 그의 백성을 구원하시기 위해 친히 고난 받는 종이 되셔서, 사람들에게 손으로 맞는 수치와 모욕을 당하셨다. 마태복음에 의하면, 이러한 수치와 고난은 또

21. Borchert, *John 12-21*, 246.

22. Kruse, *John*, 355.

23. Carson, *John*, 598.

24. Borchert, *John 12-21*, 249. '아베, 가이사!'는 로마 황제인 가이사를 칭송(찬양)하는 인사인데, 우리말로 "가이사 만세!" 혹은 "가이사여, 안녕(평안)하소서!" 등으로 번역될 수 있다.

한 그리스도의 제자가 감당해야 할 몫인데, 복수를 하기보다는 적극적으로 용서와 사랑을 실천해야 한다(마 5:39).

한편, 가시나무 왕관을 쓰시고 자색 옷을 입으신 예수님을 가리켜 빌라도는 '사람'이라고 칭한다(5절). ἰδοὺ ὁ ἄνθρωπος(*이두 호 안뜨로포스*)를 직역하면 "보라 그 사람이다!"가 된다. 아마도 빌라도는 예수님이 유대인들이 주장하는 것처럼 그렇게 위험한 인물이 아니라는 것을 보여주려 한 것 같다. 단지 연약한 사람에 지나지 않는다는 것을 나타내려 한 것 같다. 혹은 단순히 지금까지 유대 권력자들이 '사람' 또는 '이 사람'으로 불렀던 그 '사람'이 여기 있다는 뜻이었을 수도 있다(5:12; 9:16, 24; 11:47; 18:17, 29).[25]

그러나 이 표현이 지닌 요한복음의 신학적 의미에 대한 몇몇 주장들이 있다. 링컨은 칠십인경 사무엘상 9:17에서 사무엘이 이스라엘 백성에게 사울을 소개할 때 똑같은 표현이 나온다는 것을 지적한다.[26] 다시 말하면, 이스라엘의 초대 임금인 사울을 가리키는 표현이 예수님에게 사용되어, '유대인의 왕'으로서 예수님의 정체성이 더 분명해진다는 것이다. 보체트는 예수님이 사람이라는 사실은 그의 인성을 강조하여, 제2의 아담으로서 그의 대속 사역을 기대하게 한다고 주장한다.[27] 예수님을 아담으로 보는 보체트의 주장은 십자가와 부활 사건에 등장하는 창조 모티프들에 의해 뒷받침 될 수 있을 것이다. 마이클스는 이 호칭이 요한복음에서 앞서 나온 '인자'(사람의 아들)라는 타이틀을 생각나게 한다고 한다.[28] 예수님은 인자라는 타이틀을 사용하셔서 그의 다가오는 죽음을 암시하셨는데(3:14; 8:28; 12:23, 34; 13:31), 이제 죽음을 앞두고 인자를 암시하는 '사람'으로 불리신 것이라고 한다. 마이클스에 따르면, 가야바가 '사람'이라는 호칭을 통해 예수님의 죽음을 부지

---

25. Michaels, *John*, 930.
26. Lincoln, *John*, 466.
27. Borchert, *John 12-21*, 250.
28. Michaels, *John*, 930.

불식간에 예언한 것처럼(11:50; 18:14), 빌라도의 예수님에 대한 호칭도 빌라도 자신이 의도했던 것보다 더 심오한 의미를 가지고 있을 수 있다. 이와 같은 학자들의 견해는 가능성이 없는 것은 아니지만, 어디까지나 이차적인 의미로 간주해야 할 것이다.

대제사장들과 그 하수인들은 빌라도에게 예수님을 십자가에 못 박으라 요청한다(6절). 반즈에 따르면, 로마 제국 아래서 십자형은 크게 3가지 특징이 있었다.[29] 십자가형은 남자 죄수에게만 적용되었다. 그리고 노예나 반사회범, 이를테면 강도나 반역 등을 행한 죄수에게 주어졌다. 또한 그 옷을 벌거벗겨 수치스럽게 죽게 하였다. 따라서 대제사장들과 아랫사람들이 예수님을 고통스럽고 수치스럽게 죽이려 한 것을 알 수 있다.

유대인들은 자신들의 법에 의해서도 예수님을 죽일 수 있다고 한다(7절). 이는 아마 레위기 24:16에 따른 형벌을 말할 것이다: "여호와의 이름을 모독하면 그를 반드시 죽일지니 온 회중이 돌로 그를 칠 것이니라 거류민이든지 본토인이든지 여호와의 이름을 모독하면 그를 죽일지니라." 왜냐하면 예수님이 자신을 하나님의 아들이라 했기 때문이다. 결국 이 단락에서 요한복음의 기독론적 설명이 다 등장한다. 20:31에 의하면, 요한복음은 예수님이 하나님의 아들, 그리스도이심을 드러내기 위해 기록되었다. 이 단락에서 예수님이 유대인의 왕 그리고 하나님의 아들로 묘사되거나 언급된다.

2) 예수님에 대한 빌라도의 세 번째 심문(19:8-12)

빌라도는 예수님이 자신을 하나님의 아들이라 했다는 이야기를 듣고 두려워하였다(8절). 로마 배경을 가진 빌라도는 아마도 예수님을 어떤 신적 능

---

29. T. D. Barnes, "'Another Shall Gird Thee': Probative Evidence for the Death of Peter," in *Peter in Early Christianity*, eds. H. K. Bond, L. W. Hurtado (Grand Rapids: Eerdmans, 2015), 78.

력을 가진 사람(divine man)으로 생각했을 것이다.[30] 그래서 예수님이 어디로부터 왔는지 질문한다(9절). 사실 예수님의 오심에 관한 언급은 요한복음에서 여러 차례 나왔다(7:27-28; 8:14; 9:29-30). 예수님은 자신이 위에서 왔으며, 그래서 이 세상에 속하지 않는다고 말씀하셨다(8:23). 그러므로 그는 만물 위에서 만물을 통치하시는 분이시다(3:31). 빌라도에게도 예수님은 이미 그의 나라가 이 세상 나라와 구별된다는 것을 말씀하셨다(18:36). 따라서 진정한 힘(권한)은 이 땅에 있는 것이 아니라, 위로부터 말미암는다(11절). 빌라도는 자신이 힘을 가지고 있다고 생각했다(10절). 그러나 예수님은 하나님의 허락 하에 그가 이런 힘을 행사한다고 말씀하신다(11절). '권한'(ἐξουσία, *엑수시아*)은 로마 배경에서 황제의 힘을 표현할 때 사용되던 말이다.[31] 따라서 빌라도는 황제에게 받은 자신의 권한을 자랑한다. 그러나 예수님은 그 권한이 위로부터 왔다고 한다. 요한복음에서 *엑수시아*는 자녀가 되는 권한을(1:12), 심판하는 권한을(5:27), 예수님이 자신의 목숨을 버리고 얻을 권한을(10:18), 아버지께서 아들에게 주신 만물을 다스리는 권한을(17:2) 말할 때 사용된다. 그런데 처음에 사용된 권한은 아들이 주시는 것이고(1:12), 나머지 권한은 아들이 아버지로부터 받은 것이다(5:27; 10:18; 17:2). 따라서 진정한 권한은 아버지와 아들에게서 온다.

'넘겨주다'(παραδίδωμι, *파라디도미*)는 요한복음에서 '팔다'로도 번역되었다. '나를 네게 넘겨준 자'(11절)는 가룟 유다로 볼 수도 있으나(6:64, 71; 12:4; 13:2, 11, 21; 18:2, 5), 대제사장 가야바라 할 수도 있다(18:30, 35). 예수님에게 십자가형을 선고한 빌라도의 죄도 크지만, 그러한 죽음을 몰고 온 유다나 가야바의 죄가 더 크다. 왜냐하면 그들은 자신들의 욕심을 따라, 예수님을 죽일 목적으로 의도적으로 고발했기 때문이다.

---

30. Kruse, *John*, 357.

31. L. B. Richey, *Roman Imperial Ideology and the Gospel of John* (Washington, DC: Catholic Biblical Association of America, 2007), 69-81.

'충신'(φίλος, *필로스*)은 정확히 말해 '친구'라는 뜻이다(12절). 빌라도는 예수님을 석방시키려 하였으나, 결국 예수님의 친구가 되기보다 가이사의 친구가 되는 길을 택했다. 이에 반해 세례 요한은 예수님이 주목 받고 높아지는 것을 기뻐하는 예수님의 친구였다(3:29). 예수님은 친구를 위해 목숨을 버리는 분이셨으며, 그러한 예수님의 사랑을 받은 예수님의 친구는 그도 예수님처럼 사랑을 실천한다(15:12-14). 또한 예수님의 친구는 예수님으로부터 하나님의 말씀을 받아, 세상에서 그 말씀의 열매를 맺는 사람이다(15:15-16). 그러나 빌라도는 가이사의 친구가 되어, 가이사로부터 영예를 얻는 길을 택한다. 그것은 곧 예수님을 죽이는 것이었다. 이런 면에서, 황제의 '친구'란 황제에게 충성과 복종을 하는 신하를 일컫는다. 그래서 황제는 그에게 영예를 선사한다.

3) 예수님에 대한 빌라도의 선고(19:13-16)

'유월절의 준비일'(14절)은 유월절 전날, 곧 유월절 양 잡는 날을 가리키는 것처럼 보인다. 요한복음 저자는 바로 이 날에 예수님이 돌아가신 것으로 묘사하여, 의도적으로 예수님이 유월절 어린양이라는 것을 강조하는 것처럼 보인다. 다시 말하면, 요한복음에 따르면 예수님은 유월절 전날, 유월절 만찬 전에 재판 받고 죽으신 것이다. 그러나 이렇게 되면 다른 복음서 기록과 차이가 난다. 다른 복음서들은 예수님과 제자들이 유월절 만찬을 먹고, 다음 날 십자가에 달리신 것으로 묘사하기 때문이다(예. 막 14:12, 17-18). 이런 차이를 해결하기 위해서 πάσχα(*파스카*)의 해석에 주목할 필요가 있다. 왜냐하면 헬라어 *파스카*는 '유월절'을 뜻할 수도, 혹은 '유월절 주간'을 뜻할 수도 있기 때문이다. 따라서 '유월절의 준비일'은 '유월절 주간의 (안식일을) 준비하는 날'로 해석하는 것이 적절하다.[32]

---

32. Köstenberger, *John*, 538.

'제육시'(14절)는 유대 시간으로는 정오에 해당되고, 로마 시간은 오전 6시에 해당된다. 마가복음에 의하면 예수님은 제삼시, 즉 오전 9시에 십자가에 달리셨다(막 15:25). 따라서 요한복음의 시간을 유대 시간으로 하면 마가복음과 불일치한다. 다시 말하면, 예수님이 정오에 재판을 받으신다면, 오전 9시에 십자가에 달리시는 마가복음의 기록과 불일치한다. 그래서 '제육시'(14절)를 로마 시간으로 해석하는 것이 더 적절하다. 로마 시간에 따라 본문을 해석하면, 예수님은 오전 6시에 사형 언도를 받으셨다(19:14). 이어서 오전 9시에 십자가에 못 박히셨으며(막 15:25), 정오에 온 땅에 어둠이 임했고(막 15:33), 오후 3시에 운명하셨다(막 15:34).[33]

대제사장들은 "가이사 외에 우리에게 왕이 없나이다"(15절)라고 공개적으로 외친다. 이는 아주 역설적이다. 이방인 빌라도는 예수님을 유대인의 왕이라고 하고, 정작 유대인과 대제사장들은 가이사가 자신들의 왕이라고 고백한다. 이방인의 입을 통해 예수님의 진정한 정체성이 계시된다.

결국 빌라도는 유대인들(대제사장들)의 뜻대로 예수님을 십자가에 못 박도록 그를 군인들에게 넘겨준다(16절). 16절에 나오는 '그들'은 얼핏 문맥에서 보면 유대인들처럼 보인다. 유대인들이 계속 예수님을 십자가에 못 박도록 집요하게 빌라도에 요구한다(14-15절). 마침내 빌라도는 예수님을 십자가에 못 박도록 그들에게 넘겨준다(16절). 그러나 유대인들은 예수님을 십자가에 못 박을 권리가 없었다(18:31; 19:10). 따라서 '그들'은 로마 군인들로 보는 것이 가장 자연스러우며, 이것은 다른 복음서의 증언과도 일치한다(눅 23:24).[34]

---

33. 요한복음의 시간에 관한 자세한 논의는 다음을 참조. 조석민, "요한복음에 언급된 시간 이해,"『요한복음의 새관점』(서울: 솔로몬, 2008), 17-44.

34. Carson, *John*, 606.

※ 특주: 로마 황제 가이사와 예수님

로마 황제와 비교하여 예수님을 묘사하는 방법은 신약성경에서 어렵지 않게 볼 수 있다. 예를 들어, 누가는 가이사 아구스도가 다스리는 시대에(눅 2:1), 다윗의 동네에서 태어난 구주시며, 주이신 그리스도 예수의 탄생을 이야기한다(2:14). '구주'와 '주'가 로마 황제를 가리킨다는 사실은 잠시 후 설명될 것이다. 또한 바울이 예수님의 재림을 위해 사용한 παρουσία(*파루시아*, 살전 2:19; 4:15; 살후 2:8)와 ἐπιφάνεια(*에피파네이아*, 살후 2:8)라는 용어는 당시에 황제가 공식적으로 그의 도시들을 방문할 때 사용되었던 단어들이었다. '평화'와 '안전'(살전 5:3) 또한 당시 로마 제국의 이상을 대표하는 중심 슬로건이었는데, 예수님의 재림을 설명하기 위해 사용되었다. 이런 맥락에서 바울이 '복음'을 위해서 사용한 εὐαγγέλιον(*유앙겔리온*, 롬 1:1-5)이라는 단어도 황제의 탄생이나 즉위를 통해 새 시대의 시작을 알리는 표현이었음을 기억할 필요가 있다.[35]

요한복음도 황제와 견주어 예수님을 묘사한다. 사마리아 여인의 소개를 받아 예수님을 만난 사마리아인들은 마침내 예수님을 '세상의 구주'로 고백한다(4:42). 율리우스 카이사르(Julius Caesar) 이래로, 로마 제국에서 '세상의 구주'는 네로(Nero)나 베스파시아누스(Vespasianus) 황제 등과 같은 통치자를 가리키는 호칭이었다.[36] 뿐만 아니라, 예수님의 부활을 믿을 수 없다던 도마는 예수님을 직접 만진 후 '나의 주님, 나의 하나님'으로 고백한다(20:28). 로마 역사가

---

35. 김세윤, 『그리스도와 가이사』 (서울: 두란노, 2009), 35-6, 142.
36. Koester, "The Savior of the World," 666; R. J. Cassidy, *John's Gospel in New Perspective: Christology and the Realities of Roman Power* (Eugene: Wipf&Stock, 2015), 103.

수에토니우스(Suetonius)에 의하면, 도미티아누스(Domitianus) 황제는 백성들에게 자신을 '우리의 주(主)와 신(神)'(dominus et deus noster)으로 부르도록 했다.[37] 한편, 로마 황제는 당시 그의 백성에게 평화와 안전을 주는 왕으로 알려져 있었다. 로마 제국의 첫 번째 황제인 아우구스투스(BC 30 - AD 14)는 '평화의 제단'(Ara Pacis)을 세우고, 그의 통치가 평화의 시대를 가져온다는 것을 과시하려 했다.[38] 이 시기부터 소위 '로마의 평화'(Pax Romana)라 일컬어지는 시대가 2세기까지 이어지게 된다. 당시 로마 제국 안에는 로마 황제가 그의 강력한 군사력으로 전쟁을 종식시키고 세상에 평화를 가져다 줄 수 있다는 신념이 유행하였다. 그러나 예수님이 주시는 평화는 로마 황제가 주는 평화와 달랐다(14:27). 로마 황제는 무력으로 적들을 제압하였지만, 예수님은 희생으로 세상에 평화를 주려 하셨다(18:11, 36). 황제의 평화는 일시적이며 현세적인데 반해, 예수님의 평화는 종말론적이며 영원하다. 따라서 예수님의 제자들은 환난 중에도 담대할 수 있다(16:33).

요한복음 안에서 예수님과 가이사의 대조는 자명하다. 1장부터 예수님은 왕으로 묘사된다. 예수님은 메시야로 불리신다(1:41; 4:25-26). 나다나엘은 예수님을 하나님의 아들, 이스라엘의 임금이라 고백한다(1:49). 유대인들은 예수님을 그들의 왕으로 삼으려 하였다(6:14-15). 특히 빌라도에 의해 재판 받으실 때, 왕으로서 예수님의 신분은 더욱 뚜렷이 묘사된다. 예수님은 '유대인의 왕'으로 불리신다(18:33, 37, 39; 19:3, 12, 14, 15). '왕관'과 '자색 옷'이 예수님

37. Lincoln, *John*, 503.

38. Beasley-Murray, *John*, 262.

께 주어진다(19:2). 예수님의 옷을 마태복음은 '주홍색 옷'(마 27:28)이라 묘사한 반면에, 요한복음은 '자색 옷'이라 한다. 자색 옷은 유피테르(Jupiter) 신을 본 따 로마 황제가 입던 의상이었다.[39] 조롱의 뜻으로 입혀진 옷이었지만, 예수님을 왕적인 인물로 묘사하려는 요한복음의 의도가 엿보인다.

한편, 이러한 예수님과 가이사의 대조를 배경으로 유대인들은 어처구니 없는 요구를 한다. 그들은 예수님의 무죄를 주장하는 빌라도에게 가이사의 충신이 될 것을 요구한다(19:12). 우리말 개역개정 성경은 '충신'이라 하지만, 헬라어 원어로는 φίλος(*필로스*, 친구)이다. 따라서 유대인들의 요구는 빌라도에게 예수님의 친구가 될 것인지, 가이사의 친구가 될 것인지 선택하게 한다. 그리고 유대인들은 가이사 외에 자기들의 왕은 없다고 선언한다(19:15). 또한 요한복음에서 예수님의 나라는 분명히 가이사의 나라와 구분된다(18:36). 이런 맥락에서 볼 때, 요한복음은 예수님을 가이사와 대비되는 왕으로 묘사하며, 독자들에게 가이사가 아니라, 예수님이 진정한 구원과 평화를 주시는 왕이라는 것을 밝힌다고 할 수 있다. 독자들로 하여금 로마 제국을 뛰어 넘는 하나님 나라를, 황제가 아니라 예수님을 바라보게 한다.

교훈과 적용

1. 예수님은 수치를 당하신 왕이다. 예수님은 위대하신 왕이지만, 병사들에게 수치를 당하셨다. 사람들의 조롱거리가 되셨다. 사람들의 찬송을 받아야 하시지만, 사람들의 멸시를 받으셨다. 이 모든 그의 수치는 그의 백성을 구원하시기 위함이었다. 자

39. 김선정, 『요한복음서와 로마황제 숭배』 (서울: 한들, 2003), 166.

신의 백성을 구원하실 왕으로서 그는 몸소 수치를 당하셨다. 그러므로 우리는 그러한 예수님께 감사하고 영광을 돌려야한다. 예수님처럼 우리도 그를 위해 수치를 무릅쓰는 신앙인이 되어야 한다.

2. 예수님은 사람을 대표하시는 왕이다. 예수님은 사람으로 이 땅에 오셔서, 사람으로서 고통을 당하셨다. 사람으로서 죽으신 예수님은 그를 믿는 사람들의 죄를 용서하신다. 그를 믿는 사람들이 새 사람이 되게 하신다. 그는 몸소 사람의 연약함을 체험하셨기 때문에, 그를 믿는 사람들의 연약함을 잘 이해하실 수 있다. 그러므로 우리는 예수님 때문에 죄 용서를 받을 수 있다. 예수님 때문에 새 사람이 될 수 있다. 예수님 때문에 위로를 받을 수 있다.
3. 예수님은 가이사보다 뛰어나신 왕이다. 가이사가 세상을 지배하는 것 같지만, 예수님이 하늘과 땅의 모든 권한을 가지고 계신다. 가이사가 사람의 생사화복을 좌지우지하는 것 같지만, 예수님이 하나님으로부터 세상의 모든 권한을 받으셨다. 심지어 예수님은 사람을 잘 이해하는 분이시다. 따라서 가이사의 친구로 사는 것보다 예수님의 친구로 사는 것이 진정으로 생명을 얻고 평화를 누리는 길이다.

제19장

예수님의 죽음

(19:17-42)

본문 개요

예수님이 십자가에 못 박혀 죽임 당하시는 장면이다. 십자가 아래에서 빌라도와 대제사장들이 '유대인의 왕'이라는 예수님의 명패 때문에 다툰다. 군인들은 예수님의 옷을 취하여 서로 가지려고 제비뽑는다. 그들의 소란에 아랑곳하지 않으시고, 예수님은 그의 어머니와 사랑하는 제자를 부르시며 새로운 관계를 선언하신다. 그리고 자신의 고통스러운 목마름을 호소하시면서, 마지막으로 자신의 죽음이 가지고 올 구속사적 성취를 선언하시고 운명하신다. 이어서 저자는 예수님의 시신과 무덤을 묘사하면서, 그의 죽음이 증인이 있는 역사적 사실이며, 신학적으로 어떤 의미를 가지는지 설명한다.

내용 분해

1. 예수님의 십자가 못 박힘(19:17-22)
   1) 예수님의 못 박힘(19:17-18)
   2) 예수님의 명패(19:19-22)
2. 예수님의 옷과 가족(19:23-27)
   1) 예수님의 옷(19:23-24)
   2) 예수님의 가족(19:25-27)
3. 예수님의 죽음(19:28-30)
   1) 예수님의 죽음과 목마름(19:28)
   2) 예수님의 죽음과 출애굽(19:29-30상)
   3) 예수님의 죽음과 성취(19:30하)
   *특주: 새 창조의 관점에서 본 십자가 사건
4. 예수님의 죽음 이후(19:31-42)

1) 예수님의 시신(19:31-37)

2) 예수님의 무덤(19:38-42)

*특주: 예수님의 죽음과 구약의 성취

본문 주해

1. 예수님의 십자가 못 박힘(19:17-22)

17 그들이 예수를 맡으매 예수께서 자기의 십자가를 지시고 해골(히브리
말로 골고다)이라 하는 곳에 나가시니 **18** 그들이 거기서 예수를 십자가
에 못 박을새 다른 두 사람도 그와 함께 좌우편에 못 박으니 예수는 가운
데 있더라 **19** 빌라도가 패를 써서 십자가 위에 붙이니 나사렛 예수 유대
인의 왕이라 기록되었더라 **20** 예수께서 못 박히신 곳이 성에서 가까운 고
로 많은 유대인이 이 패를 읽는데 히브리와 로마와 헬라 말로 기록되었
더라 **21** 유대인의 대제사장들이 빌라도에게 이르되 유대인의 왕이라 쓰
지 말고 자칭 유대인의 왕이라 쓰라 하니 **22** 빌라도가 대답하되 내가 쓸
것을 썼다 하니라

1) 예수님의 못 박힘(19:17-18)

"그들이 예수를 맡으매"(17절)에서 '그들'은 누구를 말하는 것일까? "그들이 예수를 맡으매"는 헬라어 원문에서는 16절에 나온다. 따라서 16절 헬라어 원문을 번역하면 다음과 같다: "이에 예수를 십자가에 못 박도록 그들에게 넘겨 주니라. 그러므로 그들이 예수를 맡았다." 따라서 예수를 맡은 주체로서 '그들'은 로마 군인들이다. (여기에 대한 자세한 설명은 16절 주해를 참고하라)

다른 복음서들은 구레네 시몬이 예수님의 십자가를 대신 지고 갔다고 기록하지만, 요한복음은 예수님이 자기 십자가를 지고 골고다로 가셨다고 한다(17절). 아마도 요한복음은 예수님의 주도적이며 능동적인 십자가 지심을 강조하기 위해 구레네 시몬을 언급하지 않은 것 같다(참고. 1:29; 10:11, 15, 17; 15:13). 일반적으로 죄수가 십자가 전체를 지고 가는 것이 아니라, 십자가의 수평 기둥(cross piece)만 옮긴다.[1] 십자가의 수직 기둥(upright piece)은 처형 장소에 먼저 갖다 놓는다. '골고다'(17절)는 '해골'(skull)이라는 뜻인데, 라틴어로는 calvaria, 영어로는 calvary라고 한다. 우리가 흔히 부르는 '갈보리'는 이와 같이 골고다의 영어식 표현이다. 모양이 해골처럼 생겨서 혹은 처형이 일어나는 곳이라서 해골이라는 이름이 유래하였다는 주장이 있으나 모두 확실치 않다. 한편, 골고다의 정확한 위치에 대해서는 논란이 있다. 고고학이나 성서지리학에서 다양한 주장이 있으나, 지금까지는 예루살렘 북쪽 문 밖에 있는 성묘 교회(the Church of the Holy Sepulchre)가 옛 골고다 위치로 가장 많은 지지를 받고 있다.[2]

요한복음은 예수님의 좌우편에 다른 두 사람이 함께 십자가에 못 박혔다고 밝히고 있으나, 그 두 사람의 정체에 대해서는 침묵한다(18절; 참고 눅 23:39-43). 비단 이 두 사람(강도)뿐만 아니라, 위에 밝힌 대로 예수님의 고난의 길(Via Dolorosa)에 그의 십자가를 대신 졌던 구레네 시몬에 대해서도 침묵한다(마 27:32; 막 15:21; 눅 23:26). 결과적으로 다른 복음서들에 비해, 요한복음은 예수님 자신에게 초점을 맞추고 있다.

십자가형 자체가 바로 죽음을 가져오지는 않는다. 십자가형이 수단이 되어 심장마비, 질식, 쇼크 등으로 죄수는 죽는다.[3] 앞서 이 형벌은 반사회적 범죄자에게 가해졌다고 말했다(19:6 주해를 참조). 특히 노예나 반제국주의 범

---

1. Borchert, *John 12-21*, 262.
2. Carson, *John*, 610; Lincoln, *John*, 474.
3. Köstenberger, *John*, 543.

죄자들이 당하는 형벌이었는데, 예수님이 그런 범죄자로 취급 받았다는 뜻이다. 다시 말하면, 예수님은 로마 제국을 어지럽게 하고, 사회에 물의를 일으킨 범죄자로 몰렸다. 벌거벗은 몸으로 뙤약볕 속에서 몸속의 피가 점점 빠져 나가고, 그의 몸에는 수분이 부족하였을 것이다(28절). 마침내 그는 산소가 부족하여 호흡 곤란을 겪으셨을 것이다(30절).

2) 예수님의 명패(19:19-22)

빌라도가 써 붙인 패에는 '나사렛 예수, 유대인의 왕'이라는 예수님의 이름과 칭호가 있었다(19절). '나사렛 예수'는 원문에 따르면 '예수 나사렛 사람'(Ἰησοῦς ὁ Ναζωραῖος, *예수스 호 나조라이오스*)이다. 나사렛 예수는 예수님의 역사적 실재를 강조하는 말이다. 요셉의 아들과 함께 나사렛 예수는 예수님이 역사적인 인물이라는 것을 나타내는 호칭이다. 18:5 주해에서 언급했듯이, *나조라이오스*는 구약의 메시야 약속의 성취이다(마 2:23; 사 11:1).[4] *나조라이오스*라는 말의 기원이 이사야 11장에 나오는 '이새의 뿌리에서 나온 가지'(נצר, *네쩨르*)(사 11:1)일 확률이 높기 때문이다. 이사야 11:1-10은 메시야를 통해 이루어지는 종말론적 하나님 나라에 대한 대표적인 예언이다. 따라서 예수님을 나사렛 예수로 강조한 요한복음은 예수님의 역사적 실재성을 강조할 뿐 아니라, 그의 메시야 정체성을 강조한다고 볼 수 있다.[5]

예수님의 이름과 타이틀은 히브리어(아람어), 로마어(라틴어), 헬라어로 기록되었다(20절). 히브리어는 아마도 그 당시 유대인들이 생활 중에 쓰던 아람어를 가리켰을 것이다. 로마어는 당시 군사 및 행정 용어로 사용되던 라틴어를 말한다. 헬라어는 문화와 상업 용도로 사용되던 말이다. 유대인의 만류에도 불구하고, 빌라도는 예수님의 왕 신분을 정확하게 밝힌다(21-22절).

---

4. Strange, "Nazareth," *ABD*, 4:1050.
5. M. L. Coloe, *God Dwells with Us: Temple Symbolism in the Fourth Gospel* (Collegeville: Liturgical Press, 2001), 185-6.

빌라도의 역할은 독특하다. 유대인들(대제사장들)은 가이사가 자신들의 왕이라고 하는데(15절), 빌라도는 예수님이 유대인의 왕이라고 한다(14, 19절). 마치 대제사장 가야바가 부지불식간에 예수님의 구속 사역을 예언한 것처럼(11:50), 빌라도도 예수님의 왕 신분을 지속적으로 분명히 드러낸다(14, 19, 22절). 그러나 빌라도 자신은 잘 알지 못하였겠지만, 사실 그의 언급은 좀 더 깊은 뜻을 함축하고 있다. 예수님은 이스라엘의 임금이시요 유대인의 왕이시지만, 단순히 민족적 한계 안에 머무시는 분이 아니다. 예수님이 왕으로 통치하시는 나라는 영적 이스라엘이다. 그의 백성은 표면적 유대인이 아니라 마음에 할례를 받은 이면적 유대인이다(참고. 롬 2:28-29).

교훈과 적용

1. 예수님은 역사적으로 실재하신 왕이다. 신화 속에 존재하는 왕이 아니다. 거짓으로 꾸며낸 왕이 아니다. 실제 역사 속에 살아 역사하신 왕이다. 예수님의 죽음과 부활은 증인이 있는 참 역사이다. 따라서 예수님의 이야기는 사실에 기초한 역사이고, 그는 우리가 믿을 만한 왕이시다.
2. 예수님은 거절당하시고 외면당하신 왕이다. 사람들을 구원하기 위해 오신 왕이지만 그들은 그를 거절하였다. 그를 거절할 뿐 아니라 모욕하며 죽였다. 예수님은 그러한 고난을 사람들을 구원하기 위해 참으셨다. 자신을 희생하시며 고난의 길을 묵묵히 가셨다.
3. 예수님은 참 이스라엘, 참 유대인의 왕이시다. 예수님을 믿는 사람은 왕이신 예수님의 통치 아래에 들어가는 자이다. 왕의 통치 때문에 보호 받고 구원 받는 자이다. 따라서 왕의 통치에 순종하며 살아야 한다. 참 이스라엘 사람, 참 유대인은 이와 같은 왕의 통치를 받는 사람이다.

2. 예수님의 옷과 가족(19:23-27)

23 군인들이 예수를 십자가에 못 박고 그의 옷을 취하여 네 깃에 나눠 각
각 한 깃씩 얻고 속옷도 취하니 이 속옷은 호지 아니하고 위에서부터 통

으로 짠 것이라 24 군인들이 서로 말하되 이것을 찢지 말고 누가 얻나 제
비뽑자 하니 이는 성경에 그들이 내 옷을 나누고 내 옷을 제비뽑나이다
한 것을 응하게 하려 함이러라 군인들은 이런 일을 하고 25 예수의 십자가
곁에는 그 어머니와 이모와 글로바의 아내 마리아와 막달라 마리아가 섰
는지라 26 예수께서 자기의 어머니와 사랑하시는 제자가 곁에 서 있는 것
을 보시고 자기 어머니께 말씀하시되 여자여 보소서 아들이니이다 하시
고 27 또 그 제자에게 이르시되 보라 네 어머니라 하신대 그 때부터 그 제
자가 자기 집에 모시니라

1) 예수님의 옷(19:23-24)

군인들은 십자가형의 관례에 따라 죄수들의 옷을 벗긴다. 군인들이 옷의 네 깃을 각각 취한 다음에, 속옷의 경우는 제비뽑기를 통해 한 사람이 가지려 한다. 왜냐하면 속옷은 통으로 짜서 하나가 되어 나누기 곤란했기 때문이다(23절). 군인들이 이렇게 죄수의 옷을 가지려 한 이유는 죄수가 벌거벗은 채로 십자가형을 받아야 했을 뿐 아니라, 죄수의 모두 소유물은 몰수 되어야 했기 때문이다.[6] 보통 몰수된 소유물은 형을 집행한 군인들에게 귀속되었던 것 같다.[7] 이러한 관습은 죄수에게는 몹시도 수치스러우며, 또한 죄수의 육체를 보호할 수 있는 마지막 장치를 제거하는 냉혹한 조치였다. 고통스러운 십자가 아래에서 서로 옷을 차지하기 위해 제비뽑기하는 군인들의 모습은 예수님의 모습을 더욱 비참하게 만든다. 그러나 예수님은 세상의 죄를 대속하기 위해 이러한 수치스러운 길을 가신다(참고. 요 1:29). 앞 단락에서 예수님은 유대인의 왕으로 묘사되었는데, 본 단락은 그러한 왕이 몸소 겸손한 모습으로 사람들을 위해 비참한 길을 택하신 것을 보여준다.

---

6. Klink III, *John*, 794.

7. John Nolland, *The Gospel of Matthew*, NIGTC (Grand Rapids: Eerdmans, 2005), 1193.

사실 예수님의 옷에 관한 사건은 성경 말씀이 성취되는 순간이다(24절; 시 22:18). 시편 22편 말씀은 버림받은 자의 고통을 하소연하는 시이다. 다윗은 그의 대적들이 자신의 겉옷을 나누며 속옷을 제비뽑는다고 하소연한다. 모든 사복음서는 군인들이 예수님의 옷을 제비뽑는 사건을 기록하는데(마 27:35; 막 15:24; 눅 23:34), 이것은 예수님이 사람들에게 생명을 주시기 위해 고통 당하셨다는 것을 말해준다. 그런데 다른 복음서들과 달리, 요한복음은 시편 22:18을 직접 인용하며, 예수님의 옷을 제비뽑는 군인들의 행동이 성경의 성취라는 것을 분명히 밝힌다(24절).

다른 한편, 예수님의 옷의 특징 때문에 다양한 신학적 의미를 부여하려는 시도들이 있다. 요세푸스에 따르면 대제사장의 옷은 호지 아니하고 통으로 짜여졌다(『유대 고대사』 3.7.4). 요세푸스의 언급은 대제사장의 겉옷에 대한 설명이지만, 예수님의 속옷의 특징은 대제사장 옷을 떠올리기에 충분하다고 주장하는 학자들이 있다. 만약 그들의 주장이 인정된다면, 이 구절은 다른 구절들과 함께 예수님의 대제사장 사역을 암시하는 본문이 될 것이다(11:49-52; 17:1-26).[8] 또한 예수님의 옷의 특징이 교회의 일치를 상징한다고 주장하는 학자들도 있다. 네 깃은 땅의 사방을 상징하고, 통으로 짠 옷은 교회의 하나 됨을 의미한다고 한다. '위에서부터'라는 말이 요한복음에서 하나님의 역사를 가리키기 때문에(3:3, 7, 31), 예수님의 나눠지지 않는 옷은 하나님의 역사로 말미암아 하나 되는 교회의 모습을 상징한다고 한다.[9] 그러나 이는 본문의 지나친 신학화일 가능성이 높다. 예수님의 죽음이 교회의 일치를 가져온 것은 사실이다. 그러나 여기서 예수님의 옷이 어떻게 교회를 상징하는지에 대해서는 설명하기 쉽지 않다.

---

8. 이 주제에 대한 자세한 토론은 다음을 참조. Kwon, "Jesus as High Priest in John 17," 145-9. 클링크가 이런 입장으로 최근에 주석을 썼다. Klink III, *John*, 796.
9. Moloney, *John*, 503. 초대 교부들 중 아우구스티누스나 키프리아누스도 이 부분에서 교회의 일치를 언급한다. J. C. Elowsky ed., *John 11-21*, ACCS IVb (Downers Grove: IVP, 2007), 313-4.

2) 예수님의 가족(19:25-27)

예수님의 십자가 곁에 서 있었던 네 명의 여인이 소개 된다: 예수님의 어머니와 이모, 글로바의 아내 마리아, 그리고 막달라 마리아(25절).[10] 물론 예수님이 사랑하시는 제자도 있었는데, 예수님은 자기 어머니에게 그 제자를 '아들'이라 소개하신다(26). 그리고 이어서 그 제자에게도 어머니를 소개하여, 그 제자는 예수님의 어머니를 자신의 집에서 모신다(27절). 이러한 예수님의 행동을 효도 차원으로 해석하는 설명들이 많이 있다. 예수님은 마지막 죽는 순간까지 육신의 어머니에 대한 도리를 다 하셨다. 그러나 예수님의 행동에는 이러한 윤리적 차원을 뛰어 넘어, 구원 역사적 차원의 의미가 함축되어 있다. 예수님의 죽음은 요한복음에서 그의 구원 사역의 정점이다. 그래서 예수님은 십자가상에서 "다 이루었다"라고 말씀하셨다(30절). 십자가는 예수님이 그의 공생애 기간에 말씀하신 그의 '때'(*호라*)이다(2:4; 7:30; 8:20; 12:23; 13:1; 17:1). 그러므로 바로 이러한 때에 예수님의 계시의 핵심 내용이 나타난다. 예수님이 왕이시라는 기독론적 의미와 함께, 그의 제자들을 하나님의 가족으로 세우시는 교회론적 의미가 나타난다.

'여자여'라는 표현은 여자를 무시하는 말도, 그렇다고 극존칭의 표현도 아니다. 어느 정도 존중을 표현하지만, 어머니에게 일반적으로 쓰는 표현은 아니다(4:21; 8:10; 20:13, 15). 이는 예수님이 그의 어머니를 객관화할 때 사용하던 표현이었다(2:4). 예수님의 어머니도 영적인 의미에서는 예수님의 제자였다(자세한 논의는 2:4의 주해를 보라). 또한 25절에서 '그의 어머니'로 소개되던 마리아는 26절에서 '그 어머니'로 객관화된다. 예수님은 '그 어머니'와 '그 사랑하시는 제자'에게 말씀하시는 것이다. 그러므로 예수님은 자신의 어머니와 사랑하시는 제자를 객관화 시켜, 그의 두 제자를 십자가 아래에서

---

10. 예수님의 가족에 대한 자세한 해석을 위해서는 아래의 내용을 수정, 보완한 다음의 학술적 연구를 참고. 권해생, "새로운 가족," 526-55.

하나의 새로운 가족으로 세우신다.[11]

앞서 서론에서, 그리고 1장, 3장, 8장에서 요한복음 구원론과 교회론의 중요한 주제로 '하나님 가족'의 의미를 살펴보았다. 요한복음은 구원을 생명의 출산, 그리고 가족 됨의 관계로 설명한다(1:12; 3:3, 5). 그리하여 구원 받은 사람과 그렇지 못한 사람을 하나님의 자녀와 마귀의 자녀로 구분한다(8:37-47). 하나님의 자녀가 거하게 될 하나님의 성전은 그 개념이 '아버지의 집(가족)'으로 발전한다(14:2-3). 마침내 예수님은 십자가상에서 그의 어머니와 사랑하시는 제자의 가족 됨을 선언하신다. 아마도 십자가가 하나님의 가족을 구성하는 근간을 이루기 때문일 것이다. 십자가 속죄를 믿고 죄 용서 받은 자만이 하나님의 가족이 될 수 있다. 또한 하나님의 가족은 십자가의 정신으로 겸손하게 서로를 섬기는 공동체이다. 이런 이유로 십자가와 하나님의 가족은 떼려야 뗄 수 없는 밀접한 관계이다. 이어서 부활 후에, 예수님은 그의 제자들을 그의 형제라 부르시며, 하나님의 가족이 실제로 성취된 것을 나타내신다(20:17). 요컨대 신자의 구원은 하나님의 자녀로 태어나는 것이며, 하나님의 가족, 즉 하나님의 교회의 새로운 일원이 되는 것이다.

교훈과 적용

1. 예수님의 속죄는 우리를 하나님의 가족 되게 한다. 예수님의 보혈로 죄 용서 받은 자만이 하나님의 가족의 구성원이 될 수 있다. 예수님은 우리를 하나님의 가족으로 세우시기 위해, 십자가에서 우리 죄를 대신해 심판 받으셨다. 이러한 예수님의 속죄를 믿는 자만이 하나님의 가족이 될 수 있다. 따라서 죄 용서의 은혜가 하나님의 가족 안에 늘 가득하도록 노력해야 한다.
2. 예수님의 수치는 우리를 하나님의 가족 되게 한다. 예수님은 우리를 하나님의 가족 되게 하시기 위해 십자가 수치를 담당하셨다. 벌거벗은 몸으로 사람들에게 모욕을 당하셨다. 자신의 옷을 군인들에게 빼앗기고 몸소 부끄러움을 당하셨다. 성도의 가

11. Coloe, "Raising the Johannine Temple (John 19.19-37)," *ABR* 48 (2000), 47-58; Lincoln, *John*, 476-7.

족 됨은 이러한 예수님의 수치에 기초한다. 그러므로 하나님의 가족은 마땅히 예수님께 감사해야 할 것이다.

3. 예수님의 겸손은 우리를 하나님의 가족 되게 한다. 하나님의 가족이 가족답기 위해서는 십자가 정신으로 서로를 섬겨야 한다. 자신을 죽이고 다른 사람을 세워 주는 겸손과 섬김이 하나님의 가족을 아름답게 한다. 자기를 내세우고 자기를 높이는 사람은 하나님의 가족을 깨뜨리는 사람이다. 늘 예수님의 겸손한 섬김을 묵상하며 십자가 정신으로 하나님의 가족을 돌아보도록 힘써야 할 것이다.

3. 예수님의 죽음(19:28-30)

28 그 후에 예수께서 모든 일이 이미 이루어진 줄 아시고 성경을 응하게
하려 하사 이르시되 내가 목마르다 하시니 **29** 거기 신 포도주가 가득히
담긴 그릇이 있는지라 사람들이 신 포도주를 적신 해면을 우슬초에 매어
예수의 입에 대니 **30** 예수께서 신 포도주를 받으신 후에 이르시되 다 이
루었다 하시고 머리를 숙이니 영혼이 떠나가시니라

1) 예수님의 죽음과 목마름(19:28)

십자가상에서[12] 하나님의 새로운 가족을 선포하신 후, 예수님은 그의 지상 사역의 완성을 아셨다(28절). "내가 목마르다"는 예수님의 말씀은 그의 육체적 고통을 표현한 말씀이다. 뙤약볕 아래에서 출혈은 점점 심해지고, 마침내 몸속의 수분이 고갈된 것이다. 예수님의 목마르다는 외침은 동시에 성경을 성취하기 위한 것이다. 크루즈는 시편 22:15의 성취의 가능성을 제시한다: "내 힘이 말라 질그릇 조각 같고 내 혀가 입천장에 붙었나이다 주께서 또 나를 죽음의 진토 속에 두셨나이다."[13] 이 시편 구절에 정확하게 목마르다

12. 아래 내용은 다음 연구를 간단히 요약한 것이다. 권해생, "예수의 목마름(요 19:28)에 관한 연구," 「신약연구」 20/2 (2021), 344-76.

13. Kruse, *John*, 363-4. 물론 시 69:21도 언급한다.

는 표현은 없지만, 죽음의 상황 속에서 목이 마른 모습을 잘 묘사하고 있기 때문이다. 또한 23-24절에서 시편 22:18을 인용하고 있기 때문에 일관성이 있어 보인다. 시편 22편은 고통 받는 메시야의 모습을 예언하는 대표적인 메시야 시편이다. 예수님은 십자가에서 옷을 빼앗기며, 목마른 고통을 당하는 비참한 메시야의 모습으로 시편 22편 예언을 성취하신다.

그러나 다수의 학자들은 목마름에 대한 예수님의 고통 호소는 시편 69:21을 배경으로 한다고 본다.[14] 시편 69편은 다윗의 고난을 노래한 시인데, 다윗은 그의 대적자들에게 당하는 고통을 다음과 같이 호소한다: "그들이 쓸개를 나의 음식물로 주며 목마를 때에는 초를 마시게 하였사오니." 시편 69:21에 해당되는 칠십인경 시편 68:22은 '초'를 ὄξος(옥소스), 즉 '신 포도주'로 번역하는데, 이는 요한복음 19:29-30과 자연스럽게 연결될 수 있다. 또한 요한복음에는 시편 69편에 대한 인용이 앞서 이미 두 번 등장한다. 일찍이 성전 정화 사건에서 요한복음 저자는 시편 69:9을 언급하며 온전한 예배에 대한 예수님의 열정을 소개한다(자세한 설명은 2:17 주해를 참고). 또한 15:25에서는 시편 69:4이 인용된다. 예수님은 자신이 유대인들에게 미움을 받는 것은 "그들이 이유 없이 나를 미워하였다"는 말씀을 성취하기 위한 것이라 하신다. 이런 이유로 예수님의 목마름의 고통은 시편 69:21의 성취로 볼 수 있다. 십자가 위에 계신 예수님은 시편 69:21을 언급하시면서 자신의 목마름의 고통을 하소연하신다(28절). 자신의 십자가 고통이 다윗의 자손으로서 하나님의 아들, 메시야가 당하는 고통이라는 것을 드러내시는 것이다.

이러한 시편 배경을 생각해 볼 때, 십자가 위에서 당하신 예수님의 목마름의 고통은 육체의 고통 이상이다. 시편 69편은 다윗이 당한 관계의 고통과 영적 고통을 소개한다. 사람들로부터 미움을 당하고, 비방과 수치와 능욕

---

14. 다음을 보라. Beasley-Murray, *John*, 351; Carson, *John*, 619; Whitacre, *John*, 462; Köstenberger, *John*, 550.

을 당했다(시 69:4, 7, 12, 19). 그들은 쓸개와 초를 주며 다윗을 더욱 비참하게 만들었다(시 69:21). 이러한 사람들로부터 당한 관계의 고통은 예수님의 고난에도 나타난다. 예수님은 벌거벗은 채 사람들로부터 온갖 수치와 모욕을 당하신다. 군인들이 그를 조롱하며 구타하였고(19:2-3), 대제사장의 아랫사람이 그를 폭행하였다(18:22).

예수님의 목마름의 고통은 또한 다윗이 당한 영적 고통을 암시하기도 한다. 대적에게 고통 당할 때 하나님께서는 다윗에게 응답하지 않으셨다(시 69:13, 16, 17). 하나님께서 그의 얼굴을 가리시고 그를 징계하셨다(시 69:26). 하나님께 간절히 호소하느라 다윗의 몸은 지쳤고 목은 몹시 말랐다(시 69:3). 하나님께로부터 당하는 이러한 영적 고통은 예수님의 고난에도 나타난다. 예수님은 진노의 잔을 기꺼이 마시셨지만, 그렇다고 그것이 쉬운 것은 아니었다(18:11). 유월절 양으로서 하나님의 진노를 당하시고, 교제가 단절되는 고통을 겪으셨다. 그래서 이때를 면하게 해 달라고 아버지께 기도하셨다(12:27). 따라서 예수님의 목마름의 고통은 그가 당한 육체적, 관계적, 영적 고통을 포괄한다고 할 수 있을 것이다. 예수님은 친히 이러한 목마름의 고통을 당하시어, 그를 믿는 자들을 목마름의 고통에서 해방하신다. 십자가를 지신 예수님은 성령을 주심으로 그를 믿는 자들이 목마르지 않고 영생을 누리게 하신다(4:14; 6:35; 7:37-39). 육체적, 관계적, 영적 고통에서 해방되어 영생을 누린다. 새 하늘과 새 땅에서 온전히 누릴 것이지만, 이 땅에서부터 시작된다.

2) 예수님의 죽음과 출애굽(19:29-30상)

마가복음에 따르면, 예수님은 몰약을 탄 포도주는 받지 않으셨다(막 15:23). 이것은 십자가에 못 박히시기 전에 일어난 일로, 아마도 여인들이 고통을 덜기 위해 예수님께 제공한 듯하다. 그러나 예수님은 온전한 고통으로 들어가시기 위해 이를 거절하셨다. 이와 달리, 29절이 말하는 바와 같이, 신 포도주는 받으신다. 이것은 군인들이 제공한 것이다(마 27:48; 막 15:36; 눅 23:36). 아마도 군인들은 목마르다는 예수님의 말씀을 듣고 자신들이 사용하던 신 포도주를 제공한 것 같다. 앞서 여인들에 의해 제공된 몰약을 탄 포도주는 거부하셨지만, 군인들이 제공한 신 포도주는 받으신다. 신 포도주는 어느 정도 기운이 나게 하였을 것이다. 이는 결국 육체의 생명을 연장시키며, 고통을 연장시키는 결과를 낳았을 것이다.[15] 예수님은 극한 고통 중에도 십자가에서 이루어진 모든 고통을 기꺼이 받아들이신다(참고. 18:11).

신 포도주는 모든 사복음서에 나오는 반면에, '우슬초'(29절)는 오직 요한복음에만 나온다. 우슬초는 출애굽 당시 어린양의 피를 찍어서 문설주에 바를 때 사용되었다(출 12:22). 예수님의 죽음이 유월절 어린양의 죽음을 상징적으로 암시하고 있다는 설명은 예수님의 죽음 기사에 계속 나온다(19:14, 36). 뿐만 아니라, 요한복음은 자주 예수님의 죽음과 유월절을 연결시킨다(2:13, 23; 6:4; 11:55; 12:1; 13:1; 18:28, 39). 이러한 요한복음의 기술은 예수님이 유월절 어린양으로 사람들의 죄를 대속하기 위해 죽으신다는 것을 나타낸다고 볼 수 있다.

3) 예수님의 죽음과 성취(19:30하)

마침내 예수님은 "다 이루었다."고 하시며, 마지막 숨을 내쉬셨다(30절). '이루다'를 뜻하는 헬라어 동사 τελέω(*텔레오*)가 28절에 이어 다시 나타난다. 28-30절에는 *텔레오*가 두 번 사용되고('이루어진' 그리고 '다 이루었다'), 28절에 "성경을 응하게 하려 하사"에서 '응하다'의 뜻으로 τελειόω(*텔레이오오*)가 한 번 사용된다. 성경의 성취를 나타내는 다른 구절은 πληρόω(*플레로오*)를 사용하는데 반해(19:24, 36), 28절은 *텔레이오오*를 사용한다. 이는 요한복음 저자가 의도적으로 *텔레오*와 비슷한 의미의 *텔레이오오*를 사용하

---

15. Carson, *John*, 620.

려 한 것 같다. 비슷한 의미의 두 단어를 통해, 저자는 예수님의 죽음이 '완성' 혹은 '성취'의 뜻을 가지고 있음을 강조하고 있다. 예수님은 십자가를 통해 그의 사명을 완성하셨다. 이는 곧 하나님의 계획의 성취이다.

예수님은 사명을 가지고 세상에 오셨으며, 그 사명을 완성하시기 위해 세상을 사셨다(4:34; 5:36; 17:4). 그 사명은 하나님의 사랑을 세상에 드러내어, 사람들로 하여금 영생을 얻게 하는 것이었다(3:16). 따라서 계시가 예수님의 사명이었다. 그런데 그 계시의 정점에 십자가가 있다. 십자가는 세상의 죄를 용서하기 위해 아들을 죽이시는 하나님의 사랑의 절정이다. 십자가는 하나님의 사랑이 계시되는 곳이다. 그런데 십자가를 통한 하나님의 사랑의 계시는 속죄의 모습으로 나타난다(참고. 1:29). 따라서 예수님의 사명은 계시라 할 수 있고, 속죄를 통한 죄 용서가 그 계시의 핵심이라 할 수 있다. 이것을 믿음으로 받아들이는 자가 영생을 얻는다. 영생은 하나님께서 그리스도 안에서 신자를 새롭게 창조하는 것이다. 따라서 계시와 속죄를 통한 새 창조가 예수님의 사명이며 십자가의 목표이다. 한편, 이러한 예수님의 사명은 그의 교회에 의해 계승된다. 교회는 아버지와 아들을 세상에 드러내는 일을 한다(17:21). 그리고 교회의 사명의 핵심에 죄 용서 사역이 있다(20:23). 따라서 교회는 예수님의 계시와 속죄 사역을 계승하는데, 하나님의 사랑을 드러내며 용서의 복음을 전파한다. 이것이 교회가 계승한 새 창조 사역이다. (십자가와 새 창조의 관계에 대해서는 아래의 특주를 참고하라)

"영혼이 떠나가시니라"(30절)는 헬라어 원문에서 παραδίδωμι(*파라디도미*)를 동사로, '예수님'을 주어로 취한다. *파라디도미*는 '넘겨주다'는 뜻인데, 요한복음에서 주로 유다가 예수님을 팔 때(6:64; 12:4; 13:2; 18:2), 혹은 유대인들이 예수님을 재판에 넘겨줄 때(18:30, 35; 19:11) 사용된다. 또한 빌라도가 병사들에게 예수님을 넘겨 십자가에 못 박도록 하는 장면에서도 사용된다(19:16). *파라디도미*와 관련하여 예수님은 지금까지 늘 수동적인 자세를 취하셨다. 가룟 유다는 예수님을 대제사장들에게 넘기고, 대제사장들은 그를 빌라도에게 넘기고, 빌라도는 그를 병사들에게 넘겨 십자가에 못 박도록 했다. (물론 이것도 18:32에 따르면 예수님의 말씀의 성취를 위한 것이었다) 그러나 마지막 순간에 예수님은 친히 자신의 영혼을 넘겨주셨다. 주도적이면서 능동적으로 자신의 영혼을 내어주셨다. 예수님의 능동적인 죽음을 묘사한다. 불의의 병기를 사용하셔서, 구속사를 완성하시는 절대 주권을 엿볼 수 있다. 예수님은 그의 목숨을 버릴 권세도, 그리고 다시 얻을 권세도 있으신 분이다(10:18).

그렇다면 예수님은 그의 영혼을 누구에게 넘기셨을까? 하나님 아버지께? 혹은 죽음에? 메시야의 죽음을 *파라디도미*라는 동사를 사용하여 표현한 칠십인경 이사야의 고난 받는 종의 노래에 따르면, 종의 영혼이 죽음에 넘겨진다(사 53:12). 그러나 다른 복음서에 따르면, 예수님은 그의 영혼을 아버지의 손에 맡기신다(눅 23:46). 이를 종합해 보면, 예수님은 주도적이면서도 능동적으로 그의 목숨을 죽음에 넘기시지만, 동시에 아버지께 맡기는 것이기도 하다. 다시 말하면, 예수님의 죽음이 하나님 아버지의 주권 아래 있다는 뜻이다.

※ 특주: 새 창조의 관점에서 본 십자가 사건

앞서 19:30 주해에서 예수님의 "다 이루었다"는 말씀은 속죄와 계시에 대한 그의 사명 성취를 선언하는 것이라 하였다. 그런데 우리는 이러한 예수님의 십자가 선언은 요한복음의 새 창조 사상의 관점에서 살펴볼 필요도 있다. 요한복음은 시작부터 새 창조 주제를 강조한다. 창세기 1장을 생각나게 하는 표현이 서문에 나온다. 태초에 말씀이 계셨고, 만물이 그 말씀으로 말미암아 지은 바 되었다고 한다(1:1-3). 말씀 안에 생명의 빛이 있고, 그 생명의 빛이 어둠에 비쳐 새 창조의 역사가 일어난다고 한다(1:4-5). 태초에 아담과 하와라는 가족이 시작되었듯이, 이제는 독생자를 믿는 사람들을 통해 하나님의 자녀들이 생겨난다(1:12-13). 이러한 새 창조의 주제는 십자가와 부활 장면에 또 다시 강조된다. 예수님은 동산에서 체포되시고, 묻히시고, 부활하신다(18:1; 19:41; 20:15). 에덴동산에서 인류의 생명이 최초로 시작되었듯이, 예수님은 동산에서 부활하셔서 새 생명의 첫 열매가 되셨다. 뿐만 아니라, 하나님께서 아담에게 생기를 불어넣듯이, 예수님은 그의 제자들에게 숨을 내쉬며 성령을 주신다(20:22).

요한복음은 이렇게 수미상관 구조를 통해 시작과 끝 부분에 새 창조 주제를 포함하고 있지만, 사실 요한복음 전체에 걸쳐 새 창조 주제가 나타난다. 예를 들어, '나는 …이다' 표현과 생명의 관계, 그리고 새 창조의 성령에 관해서는 이미 서론에서 언급한 바 있다. 또한 일곱 가지 표적은 예수님을 통해 새 창조의 역사가 나타날 것을 상징적으로 보여준다. 그리고 요한복음에 자주 등장하는 성전 개념도 새 창조라는 주제와 연결될 수 있다.[16]

이러한 새 창조의 관점에서 요한복음의 '생명' 강조를 주목할 필요가 있다. 왜냐하면 창세기에 나오는 창조의 가장 큰 특징은 생명의 시작이기 때문이다. 땅과 하늘과 바다에는 '생물'이 번성하였다(창 1:20, 21, 24). 하나님께서 아담을 창조하실 때 그 코에 '생기'를 불어넣으시고, 마침내 아담은 '생령'이 되었다(창 2:7). 생물과 생기와 생령이라는 단어에는 생명을 뜻하는 히브리어 חי(*하이*)가 포함

16. 표적과 성전이 어떻게 새 창조 주제와 연결되는지는 다음을 참고. 권해생, "요한복음의 새 창조 모티프," 135-75.

되어 있다. 뿐만 아니라, 동산 중앙에는 생명나무가 있었다(창 2:9). 따라서 하나님의 창조의 핵심은 생명이었고, 에덴동산은 그 생명이 풍성한 곳이었다. 그러나 죄가 창조 세계에 들어오고 나서부터 생명은 죽음으로 바뀌었다. 하나님은 사람에게 흙으로 돌아가라 하셨다(창 3:19). 타락한 인간은 생명을 잃고, 이제 죽는 존재가 되었다. 심지어 사람이 사람을 죽이는 살인이 시작되었다(창 4:8). 이제 죽음은 인간이 도무지 헤어 나올 수 없는 늪이 되었다.

이러한 죽음의 세계에 예수님이 오셨다. 그를 믿는 자에게 생명을 주시기 위해 오셨다. 따라서 요한복음에서 예수님의 복음을 통한 가장 근본적인 변화는 죽음이 생명으로 바뀌는 것이다. 하나님께서 예수님을 세상에 보내신 이유도 우리에게 생명을 주시기 위함이다(3:16). 예수님께 나아오는 자는 생명을 얻게 된다(5:40). 그러나 죽음을 생명으로 바꾸기 위해 예수님이 결정적으로 해결해야 할 문제가 있다. 그 문제는 곧 죄다. 그것은 태초에 인간의 생명을 죽음으로 바꾼 요인이기도 하다. 예수님은 이러한 세상 죄를 짊어지고 십자가에서 죽으셨다(1:29). 자신의 죽음을 통해 죄 문제를 해결하시고, 그를 믿는 자에게는 생명을 주신 것이다. 예수님은 바로 이렇게 새 창조를 위한, 새 생명을 위한 죄 용서 사명을 십자가에서 달성하셨다. 그리고 마침내 "다 이루었다"고 선언하셨다.

이러한 십자가의 새 창조 의미를 모르는 당시 사람들에게 예수님의 "다 이루었다"는 선언은 매우 이상하게 들렸을 것이다. 십자가 위에서 비참하게 죽는 모습은 분명 실패자의 모습인데, 마치 성공한 사람처럼 예수님은 "다 이루었다"고 선언하셨기 때문이다. 그러나 새 창조의 생명을 주시기 위해 인간을 묶고 있던 죄를 십자가에서 해결하신 예수님은 참된 승리자시다(참고. 12:31). 그러므로 새 창조의 복음, 새 생명의 복음은 곧 죄 용서의 복음이면서, 동시에 승리의 복음이다. 마침내 예수님은 제자들을 세상에 파송하시며 그들에게 사람들의 죄를 용서하라는 사명을 주셨다(20:23). 즉, 죄 용서의 복음을 전파하라고 하셨다. 이것은 새 생명의 복음을 전파하라는 말씀이다. 왜냐하면 복음을 통해 죄 용서 받은 사람만이 새 생명을 얻을 수 있기 때문이다.

교훈과 적용

1. 예수님의 죽음은 하나님의 주권에 의해 이루어졌다. 성경을 성취한다는 표현이 계속 나오는 것이 이를 증명한다. 예수님은 성경대로 죽으시고, 성경대로 살아나신 분이다. 하나님은 그의 주권적인 계획으로 예수님을 죽음에 내어주시고, 우리를 위한 구속 사역을 완성하셨다. 그러므로 하나님이 계획하시고, 하나님이 완성하신 구원의 은혜에 감사하며 살아야 한다.
2. 예수님의 죽음은 그의 사명 성취를 뜻한다. 예수님은 사명을 가지고 세상에 오셨다. 사람들에게 하나님을 계시하고 영생을 주시려는 사명을 위해 그는 마침내 십자가에 못 박히셨다. 따라서 예수님의 사명 성취에 감사하며, 우리에게 주신 사명을 성취하기 위해 우리도 매진해야 한다.
3. 예수님의 죽음은 그를 믿는 자들의 목마름을 해결하신다. 예수님은 십자가에서 목마름이라는 육체적 고통을 겪으셨을 뿐 아니라, 죄인으로서 하나님의 심판을 받으시는 관계적, 영적 고통을 당하셨다. 이러한 고통을 통해 그를 믿는 자들은 구원을 받는다. 육체의 고통이 사라지고, 상처에서 치유되고, 심판에서 구원 받는다. 이러한 고통에서의 완전한 구원은 새 하늘과 새 땅에서 이루어진다. 그리고 이 땅에서부터 성령 안에서 그러한 구원을 부분적으로 맛볼 수 있다.

4. 예수님의 죽음 이후(19:31-42)

31 이 날은 준비일이라 유대인들은 그 안식일이 큰 날이므로 그 안식일에
시체들을 십자가에 두지 아니하려 하여 빌라도에게 그들의 다리를 꺾어
시체를 치워 달라 하니 32 군인들이 가서 예수와 함께 못 박힌 첫째 사람
과 또 그 다른 사람의 다리를 꺾고 33 예수께 이르러서는 이미 죽으신 것
을 보고 다리를 꺾지 아니하고 34 그 중 한 군인이 창으로 옆구리를 찌르
니 곧 피와 물이 나오더라 35 이를 본 자가 증언하였으니 그 증언이 참이
라 그가 자기의 말하는 것이 참인 줄 알고 너희로 믿게 하려 함이니라 36
이 일이 일어난 것은 그 뼈가 하나도 꺾이지 아니하리라 한 성경을 응하
게 하려 함이라 37 또 다른 성경에 그들이 그 찌른 자를 보리라 하였느니
라 38 아리마대 사람 요셉은 예수의 제자이나 유대인이 두려워 그것을 숨
기더니 이 일 후에 빌라도에게 예수의 시체를 가져가기를 구하매 빌라도
가 허락하는지라 이에 가서 예수의 시체를 가져가니라 39 일찍이 예수께
밤에 찾아왔던 니고데모도 몰약과 침향 섞은 것을 백 리트라쯤 가지고 온
지라 40 이에 예수의 시체를 가져다가 유대인의 장례 법대로 그 향품과 함
께 세마포로 쌌더라 41 예수께서 십자가에 못 박히신 곳에 동산이 있고 동
산 안에 아직 사람을 장사한 일이 없는 새 무덤이 있는지라 42 이 날은 유
대인의 준비일이요 또 무덤이 가까운 고로 예수를 거기 두니라

1) 예수님의 시신(19:31-37)

예수님이 죽으신 날은 안식일의 준비일이고, 그 안식일은 특별한 날이었다(31절). 왜냐하면 유월절 주간의 안식일이었기 때문이다. 신명기 21:22-23에 따르면, 범죄자를 나무에 달아 죽이더라도, 그 시체를 밤새도록 나무에 두지 말아야 한다. 그 시체가 땅을 더럽히기 때문에 당일에 장사해야 한다. 이 율법에 따라 유대인들은 군인들에게 시체를 치워 달라고 하였다. 다리를 꺾

어 치워 달라고 한 것은 죽음을 재촉하기 위해서다. 이런 이유로 예수님의 양 옆의 사람들의 다리는 꺾었으나, 예수님의 다리는 꺾지 않았다(32절). 예수님은 이미 죽으셨기 때문이다(33절). 그 대신 한 군인이 예수님의 옆구리를 찔렀고, 피와 물이 거기서 나왔다(34절).

예수님의 옆구리에서 나온 '피와 물'(34절)의 상징적 의미에 대해서는 다양한 주장들이 있다. 이를 7:37-38과 연결하여, 성령을 상징한다고 주장하는 학자들이 있다. 요한복음에서 예수님이 성전으로 묘사되어 있고(2:19-21), 구약의 몇몇 구절은 성전에서 물이 나오는 종말론적 비전을 언급하고 있기 때문이다(예. 겔 47장). 그러나 '그 배'(7:38)와 예수님의 '옆구리'(19:34)는 헬라어가 다를 뿐 아니라(κοιλία, *코이리아*/πλευρά, *플류라*), '배'는 오히려 4:14과 더 잘 연결된다는 반론도 있다.[17] 따라서 분명한 것은 예수님의 옆구리에서 나오는 '피와 물'은 일차적으로 그의 죽음의 역사적 신빙성을 더욱 강조한다는 것이다. 예수님은 실제 사람으로 태어나셔서, 실제 사람으로 죽으신 분이다. 예수님의 죽음에 대한 생생한 묘사는 바로 이와 같은 점을 부각시키려는 데 있다.

"이를 본 자가 증언하였으니"(35절)는 요한복음 저자로서 예수님이 사랑하시는 제자가 그의 죽음을 직접 목격하고 증언하였다는 말이다. 서론에서 밝혔듯이 예수님이 사랑하시는 제자는 사도 요한이며, 그는 예수님의 열두 제자 중 유일하게 십자가 곁에 있었다(26절). 그가 직접 예수님의 옆구리에서 피와 물이 나오는 것을 보았다. 요한복음 전체에서 '보다'는 매우 중요한 주제이다. '보다'를 위해서는 이 구절에 사용된 ὁράω(*호라*오)뿐만 아니라, βλέπω(*블레포*), θεάομαι(*떼아오마이*), θεωρέω(*떼오레오*) 등이 사용된다. 이러한 동사들이 각각 정도에 따라 특별한 의미를 나타내기 위해 다르게 사용되었다고 주장하는 학자들도 있다. 그러나 브라운에 따르면, 그러한 구

17. Barrett, *John*, 328; Carson, *John*, 224-5.

분은 분명치 않다.[18] 한 동사가 때로는 단순히 '육체적인 봄'(physical sight)을 뜻하기도 하고, 때로는 신앙적인 의미와 연결된 '봄'(sight)을 뜻하기도 한다. 다만, 동사의 종류와 상관없이 요한복음에는 보는 것에 관해 역설적인 표현들이 있다. 다시 말하면, 육체적으로 직접 보는 것을 강조하는 듯한 표현도 있는 반면에, 보지 않고 믿는 믿음의 중요성을 강조하는 본문도 있기 때문이다. 이 구절은 요한복음 저자와 예수님의 제자들이 목격자라는 것을 강조한다. 또한 예수님의 표적에는 목격자가 있으며, 특히 십자가와 부활도 목격에 근거한 역사적 사실이라는 것이 강조된다(1:51; 11:45; 16:16; 20:8, 25). 그러나 모든 사람이 다 육체적으로 직접 그러한 사건들을 볼 필요는 없다. 왜냐하면 표적을 본 자들이 항상 믿음에 이른 것은 아니기 때문이다(예. 2:23-25; 11:46). 따라서 목격자들이 전해준 증언을 믿는 자들이 진정한 시력을 가진 영적 목격자가 된다(9:39, 41; 20:29). 아마도 첫 목격자의 봄(sight)이 중요하고, 그리고 그 목격자의 증언을 듣고 믿는 믿음을 강조하려는 의도인 것 같다. 따라서 요한복음 저자가 목격자이고, 그의 증언이 믿을 만하다는 점이 강조된다.[19]

이런 면에서 '증언/증언하다'(35절)도 요한복음에서 중요한 주제이다. 요한복음은 예수님에 대해서 여러 증인이 있다고 한다. 따라서 그들의 증언이 예수님이 믿을 만한 분이라는 것을 지지해 준다고 한다. 먼저 하나님께서 예수님을 증언하시고, 성경이 증언하고, 예수님 자신의 사역이 그를 증언한다고 한다(5:36-39). 신명기에서 두세 사람이 증언하였을 때 그 증언이 유효하다고 하였다(신 19:15). 따라서 예수님의 신분과 말씀은 믿을 만하다. 요한복음에서 세례 요한은 예수님을 증언하는 선지자였고(1:15), 제자들도 예수님을 증언하는 사역을 하였고(15:27), 예수님을 만난 사마리아 여인도 자기

---

18. Brown, *John I-XII*, 501-2.

19. '봄'(seeing/sight)에 대한 다양한 견해는 다음을 참조. Sunny Kuan-Hui Wang, *Sense Perception and Testimony in the Gospel According to John* (Tübingen; Mohr Siebeck, 2017), 2-19.

동네 사람들에게 예수님을 증언하였다(4:39). 그리고 보혜사 성령이 오셔서 하시는 일도 예수님을 증언하는 일이라 한다(15:26). 마침내 요한복음 저자는 자신을 예수님을 증언하는 증인이라고 한다(21:24). 35절에서 요한복음 저자는 자신이 직접 예수님의 십자가를 목격했기 때문에 그의 십자가 증언은 참이라고 한다. 그가 십자가 사건에 대해 증언하는 이유는 그 증언을 듣는 사람들이 믿게 하기 위해서이다. 물론 이 구절에서 밝히지는 않지만 믿음의 목적은 영생이다. 그들이 믿고 영생을 얻게 하기 위해서이다(20:30-31).

다른 한편, 요한복음이 예수님의 성육신과 십자가 죽음을 분명히 밝힌 것은 당시 교회 안에 들어온 잘못된 가르침에 대한 대응의 성격도 있었을 것이다. 요한일서에 따르면, 당시 교회 안에는 예수님이 육체로 오신 것을 부인하는 이단적 사상이 있었다(요일 4:2-3). 이러한 가현설주의 이단들의 조직적 운동은 2세기 이후에 일어났다고 하더라도, 초기 형태의 거짓 가르침이 요한의 교회에 존재하였던 것 같다. 그리하여 요한일서는 이들을 적그리스도라 하였고, 요한복음은 예수님의 성육신, 그리고 사람으로서 그의 실제 죽음을 강조한다[20]

그리고 예수님의 죽음에 대한 요한복음의 묘사는 또한 성경의 성취를 나타내려는 의도도 가지고 있다(36-37절). 군인들이 예수님의 죽음을 확인한 후, 그의 다리를 꺾지 않은 것은 성경을 성취하기 위한 것이었다(36절). 유월절 규례는 어린양의 사체의 뼈를 꺾지 않도록 명령하였다(출 12:46; 민 9:12). 또한 시편에 의하면, 고난 받는 의인의 뼈가 하나님으로부터 보호하심을 받는다(시 34:20). 학자들 사이에 어느 구약 본문이 이 구절의 배경인지에 대해 논란이 있다. "그 뼈가 하나도 꺾이지 아니하리라"의 헬라어 원문 ὀστοῦν οὐ συντριβήσεται αὐτοῦ(*오스툰 우 쉰트리베세타이 아우투*)에서 동사 *쉰트리베세타이*는 시편 34:20에 나오고, 명사 *오스툰*과 대명사 *아우투*는 출애

20. Morris, *John*, 31.

굽기 12:46과 민수기 9:12에 나온다. 헬라어 원문 자체로 봐서는 요한복음 저자가 정확히 어느 성경을 염두에 두었는지 알기 쉽지 않다. 따라서 다수의 학자들은 아마도 저자가 둘 다 염두에 두었을 가능성을 언급한다.[21]

다만, 요한복음에 강하게 나타나는 유월절 모티프는 이 구절이 유월절 양 규례와 밀접하게 연결될 가능성을 높여준다. 그럼에도 불구하고 마이클스가 지적한 것처럼 십자가 사건 기사에 시편 인용이 자주 등장하기 때문에 여기서도 시편을 떠올리는 것이 자연스러울 수도 있다.[22] 그러므로 두 구약 본문 모두를 포괄하는 것으로 보는 것이 적절할 것 같다. 36절은 예수님이 유월절 양으로 죽으셨다는 것을 나타내며, 또한 그의 죽음이 의인의 죽음이라는 것을 보여준다고 할 수 있다.

한 군인이 예수님의 옆구리를 찌른 것도 성경을 성취하기 위한 것이었다(37절). 스가랴 12:10에 따르면, 하나님은 이스라엘에게 은총과 간구의 영을 부어 주실 것이다. 그들은 전에 불순종하던 것을 기억하고, 그들이 찌르던 하나님을 바라보며 애통해할 것이다. 랍비 문헌들은 이것을 메시야적으로 해석하여, 이스라엘의 반역이 하나님이 보내신 자인 메시야를 찌르는 것으로 나타난다(*m. Sukk.* 52a).[23] 요한복음은 이 본문을 로마 군인들이 예수님을 찌른 것과 연결시킨다. 물론 본문의 일차적인 초점은 예수님이 찔림을 받으셨다는 데 있다. 그의 육체적 죽음을 통해 성경이 성취되었다. 그러나 또 다른 의미는 스가랴 12:10의 인용을 통해 예수님의 십자가 구속 사건이 가져올 우주적인 구원에 있다. '그들'(37절)은 로마 군인들뿐만 아니라, 아마도 예수님을 죽음으로 몰고 간 유대인들을 포함할 것이다. 넓게 이야기하면, 예

---

21. Brown, *John XIII-XXI*, 937-8, 953; Lindars, *John*, 590; J. McWhirter, "Messianic Exegesis in the Fourth Gospel," in *Reading the Gospel of John's Christology as Jewish Messianism*, eds. B. Reynolds, G. Boccaccini (Leiden: Brill, 2018), 142; Kwon, "Jesus as High Priest in John 17," 117-8.

22. Michaels, *John*, 976.

23. Keener, *John 2*, 1156.

수님을 죽게 한 모든 죄인을 가리킬 수 있다. 따라서 이 구절은 예수님이 재림하실 때, 죄인들이 애통해하며 주님께 돌아오는 것을 가리킬 수 있다(계 1:7).[24] 또한 예수님이 재림하시기 이전에라도 애통해하며 십자가의 예수님께 나아오는 사람에게 해당될 수도 있을 것이다(12:32).[25] 그러므로 요한복음의 기본적인 초점은 구약의 성취로서 예수님이 찔림을 받으셨다는 사실에 있지만, 아울러 구약의 성취는 죄인들이 예수님께 돌아오는 구원 역사까지도 포함한다. 성경의 성취에 주목하면서, 예수님의 육체적 죽음과 우주적 구원을 강조한다.

2) 예수님의 무덤(19:38-42)

아리마대 요셉은 빌라도에게 요청해 예수님의 시신을 가지고 간다(38절). 그는 산헤드린 공의회 회원이었다(막 15:43). 그는 두려움 때문에 비밀리에 예수님을 믿는 제자였다. 그런데 이제 담대하게 빌라도에게 나아가 예수님의 시신을 요구한다. 이러한 그의 변화는 믿음의 발전을 보여준다. 불신에서 숨기는 믿음으로, 숨기는 믿음에서 이제 당당히 드러내는 믿음으로 발전한다. 두려움 때문에 믿음을 숨기는 모습은 유대 관리들에게 이미 나타났다(12:42). 그들은 하나님의 영광보다 사람의 영광을 더 사랑한 사람들이었다. 그러나 아리마대 요셉은 마침내 하나님의 영광을 사랑하는 모습으로 나타난다.

같은 공의회 회원인 니고데모도 몰약과 침향을 가지고 나아왔다(39절). '백 리트라'의 무게는 거의 30킬로그램에 가깝다. 이런 많은 양의 향수는 주로 왕의 장례식 때 사용되곤 했다.[26] 니고데모는 요한복음에서 세 번 등장한

24. Kruse, *John*, 367.

25. 휘태크는 다음 단락에 나오는 아리마대 요셉과 니고데모가 이에 해당될 수 있다고 한다(38-39절). Whitacre, *John*, 467.

26. Borchert, *John 12-21*, 281.

다. 3장에서 니고데모는 예수님의 말씀을 전혀 이해하지 못한다(3:1-21). 영생에 대해 무지한 자로 소개된다. 그러나 7장에서는 산헤드린 공의회에서 예수님을 변호하는 니고데모의 모습을 볼 수 있다(7:50-51). 이제 니고데모는 공개적으로 예수님의 시신에 바르기 위해 향수를 가지고 온다. 유대인들을 무서워하며 문을 잠그고 있었던 다른 제자들과 달리(20:19), 로마의 반역자요 유대인의 적대자인 예수님을 위해 위험을 무릅쓰고 예수님의 무덤을 찾은 것이다. 아마도 유대 지도자였던 니고데모와 아리마대 요셉은 다른 사람의 눈에 잘 띠는 지도자였기 때문에 그들은 상당한 위험을 감수해야 했을 것이다. 따라서 이러한 니고데모의 행동은 독자들로 하여금 그의 내면적 변화를 짐작하게 한다.

아리마대 요셉과 니고데모는 유대 장례 예식을 따라 예수님의 시신을 싸서, 가까운 동산에 그 시신을 둔다(40-42절). 예수님의 무덤을 '동산'으로 묘사한 것은 요한복음이 유일하다. 다른 복음서들은 예수님이 바위에 판 무덤에 묻히셨다고 한다(마 27:60; 막 15:46; 눅 23:53). 이와 달리, 요한복음은 동산에 있는 새 무덤에 묻히셨다고 한다(41절). 요한복음에 따르면 예수님이 체포되신 곳도, 예수님이 죽으셔서 묻히신 곳도, 예수님이 부활하신 곳도 '동산'이다(18:1, 26; 19:41; 20:15). 요한복음은 왜 이렇게 '동산'을 강조하는 것일까? 예수님의 죽음과 부활을 새 창조의 관점에서 이해하려 한 요한복음의 의도와 무관치 않을 것이다.[27] 다시 말하면, 에덴동산 모티프가 예수님의 죽음과 부활 기사에 함축되어 있다는 말이다. 20:22에서 부활하신 예수님이 숨을 내쉬며 성령을 주시는 장면은 에덴동산에서 아담을 창조하시기 위해 하나님께서 생기를 불어넣으시는 장면을 생각나게 한다(창 2:7). 물론 요한복음에는 동산이 κῆπος(*케포스*)로 나오지만, 칠십인경은 에덴동산을 παράδεισος(*파라데이소스*)로 표현한다(LXX 창 2:8). 그러나 칠십인경

27. 자세한 논의는 다음을 참조. 권해생, "요한복음의 새 창조 모티프," 155-6.

에스겔 36:35은 에덴동산을 *케포스*로 표현한다. 따라서 유대 전통에서 *케포스*와 *파라데이소스*의 개념이 그렇게 다르지 않았다는 것을 알 수 있다. 이런 맥락에서 빌라도가 예수님을 가리켜 '사람'(ἄνθρωπος, *안뜨로포스*)이라 한 것도 독자들에게 아담을 떠올리게 할 수 있다. 이와 같이, 예수님의 죽음과 부활은 예수님이 새로운 아담으로서 그를 믿는 모든 아담들의 첫 열매라는 것을 보여준다. 예수님의 죽음과 부활은 새 창조의 시작이면서, 그를 통한 모든 새 창조의 기초가 된다.

※ 특주: 예수님의 죽음과 구약의 성취

사복음서는 각각 특징적으로 구약을 인용한다. 마태복음은 독특한 문구를 반복하여, 예수님의 생애와 구약을 연결시킨다. "선지자…를 통하여 하신 말씀을 이루려 하심이라"(1:22-23; 2:15; 2:17-18; 2:23; 4:14-16; 8:17; 12:17-21; 13:35; 21:4-5; 27:9-10)는 동일한 형식의 도입구가 10회에 걸쳐 반복 사용된다. 마가복음은 오직 한 번만 구약을 인용한다(막 1:2-3). 누가복음은 마태복음에 비해 구약 인용 횟수가 적고, 대부분 헬라어 구약성경인 칠십인경을 인용한다. 물론 그럼에도 불구하고 누가복음은 예수님의 입을 통해 그의 죽음과 부활이 구약의 성취라는 것을 분명히 밝힌다(눅 24:25-27, 44). 한편, 요한복음의 구약 인용 특징은 사복음서 중에서 유독 예수님의 십자가 사건에 구약을 빈번히 직접 인용한다는 것이다.

예수님의 십자가 죽음은 사복음서가 공통으로 기록하는 부분이지만(마 27:32-56; 막 15:21-41; 눅 23:26-49; 요 19:17-37), 다른 복음서들은 구약을 직접적으로 인용하지 않는다. 반면에 요한복음은 네 장면에서 구약을 인용한다(19:24, 28, 36, 37). 군인들이 십자가에서 예수님의 옷을 제비뽑을 때 시편 22:18을 언급한다(19:24). 십자가에 달려 목이 마르실 때, 예수님이 말씀하신 '내가 목마르다'는 정확하게 상응하는 구약 구절이 없지만, 목마름에 관한 시편 말씀일 가능성이 높다(19:28; 시 22:15; 69:21). 군인들이 예수님의 다리를 꺾지 않은 것은 출애굽기 12:46, 민수기 9:12, 시편 34:20 등 세 개의 구약 구절을 떠올리게 한다(19:36). 그리고 한 군인이 예수님의 옆구리를 창으로 찌른 것은 스가랴 12:10과 관련이 있다(19:37).[28]

요한복음 저자는 "성경을 응하게 하려 한다"는 표현을 통해, 이 장면들이 구약의 성취와 관련 있음을 강조하여 나타낸다(19:24, 28, 36). 19:37에는 "성경을 응하게 하려 한다"는 언급이 없다. 하지만, 바로 앞에 있는 36절에 그러한 표현이 있고, 뒤이어 37절에서 "또 따른 성경(구약)"이라는 언급이 있다. 물론 성취를 뜻하는 '응하다'를 위해, 24절과 36절은 πληρόω(*플레로오*)를 사용한 반면에, 28절은 τελειόω(*텔레이오오*)를 사용하였다. 그러나 본문에서 의미상의 차이는 크지 않다.

그렇다면, 요한복음이 이렇게 예수님의 죽음을 구약의 성취와 연결시키는 이유는 무엇일까? 요한복음은 예수님의 죽음을 하나님의 주권적 섭리로 좀 더 강조하여 표현하려 한 것 같다. 예수님의 십자가 희생은 자기 백성을 구원하시려는 하나님의 사랑의 절정이다. 하나님은 자기 백성에게 영생을 주시기 위해 아들의 희생을 계획하시고 아들을 세상에 보내신다. 예수님은 이러한 하나님의 구원 계획을 성취하시기 위해 자발적이며 능동적으로 자신을 희생하신다. 다

---

28. 예수님의 죽음에 대한 요한복음의 묘사는 구약의 직접적 인용에 머물지 않는다. 구약 구절에 대한 다양한 암시(allusion)가 있다. 이에 대해서는 다음을 참조. Köstenberger, *A Theology*, 307-9.

시 말하면, 아버지로부터 백성의 구원을 위한 사명을 부여 받으시고, 예수님은 그 사명을 성취하신다. 그래서 십자가에서 "다 이루었다"하고, 그 사명의 완수를 선언하신다(19:30). 하나님께서 예수님을 통해 그의 주권적 구원 섭리를 성취하신 것이다.

예수님의 죽음을 하나님의 주권적 섭리 속에서 이해하려는 요한복음의 시도는 다른 한편 요한복음 등장인물들의 예언을 통해서도 드러난다. 세례 요한이 예수님의 죽음을 예언한다(1:29). 대제사장 가야바도 예수님의 죽음을 예언한다(11:48-52). 그리고 예수님 자신도 그의 죽음을 예언하신다(6:53; 10:11, 15; 17:19). 이와 같이, 예수님의 죽음은 하나님께서 그의 종들을 통해 예언하게 하신 말씀들의 성취이다. 대제사장들과 바리새인들은 자신들이 원하는 의도대로 예수님을 제거했다고 생각했을 것이다. 빌라도는 자신의 우월한 정치적 권세로 예수님을 죽였다고 생각했을 것이다. 마귀는 자신의 교묘한 계략으로 예수님을 멸망시켰다고 생각했을 것이다. 하지만, 하나님께서는 그 모든 악한 의도와 권세와 계략까지 사용하셔서 자신의 주권적 섭리를 이루셨다.

그러므로 독자들은 하나님의 주권적 섭리에 대한 믿음을 가지도록 초대받는다. 자신을 둘러싼 어려운 환경에 좌절하지 말고, 인내를 가지고 하나님의 주권적 섭리를 붙들어야 한다. 세상의 공격이나 핍박에도 불구하고, 하나님께서 그 뜻을 성취하실 것이라는 믿음을 갖고 담대해야 한다.

교훈과 적용

1. 예수님의 죽음은 유월절의 성취를 의미한다. 예수님은 유월절 어린양으로 죽임을

당하셨다. 유월절이 기념하는 출애굽을 통해 이스라엘이 하나님의 심판으로부터 구원을 받았듯이, 어린양 예수님을 통해 그의 백성들은 구원을 받는다. 모든 죄가 용서 받고, 하나님의 심판을 받지 않는다. 이를 통해 그의 백성은 영원한 생명을 얻게 된다. 이것이 세상을 향한 하나님의 복음이고, 교회가 전도할 내용이다.

2. 예수님의 죽음은 참 사람으로서 죽으신 역사적 실제 사건이다. 예수님은 성육신으로 참 사람이 되신 분이고, 십자가에서 참 사람으로 죽으신 분이다. 따라서 예수님은 사람을 대표하시며, 사람을 대신해서 하나님의 심판을 받으신 분이다. 또한 그의 죽음은 목격자들의 증언이 있는 실제 역사적 사건이다. 그러므로 믿음으로 예수님과 연합한 자는 예수님의 죽음이 자신의 죽음이 된다. 믿음으로 예수님과 연합한 자는 그의 죽음 때문에 죄 용서 받는다.
3. 예수님의 죽음은 사람들을 변화시킨다. 예수님이 십자가에서 죽으시자, 그동안 두려워 떨던 아리마대 요셉과 니고데모가 용기를 낸다. 빌라도에게 담대히 나아가고, 사람들의 이목에도 아랑곳하지 않고 예수님을 장사 지낸다. 믿음이 자라고 말이 달라지고 삶이 변화된다. 예수님의 죽음이 이들을 변화시킨 것이다. 이와 같이, 십자가를 만나면 믿음의 변화, 삶의 변화가 일어난다. 그래서 우리가 믿고 전해야 할 것은 예수님의 죽음, 그의 십자가이다.

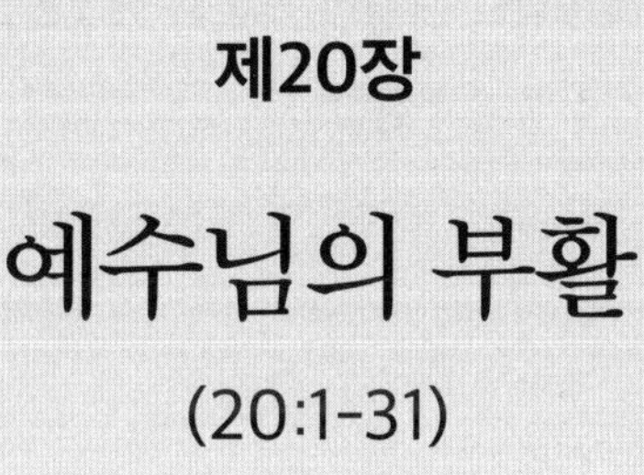

제20장

예수님의 부활

(20:1-31)

본문 개요

예수님의 부활이 여러 모양으로 증명되고 있다. 빈 무덤이 예수님의 부활을 증명하는데, 마리아와 베드로와 다른 제자가 이 빈 무덤을 목격한다. 이어서 마리아와 제자들에게 부활하신 예수님이 직접 나타나신다. 심지어 그 자리에 없었던 도마에게마저 예수님이 다시 직접 나타나셔서 그의 부활이 확실하다는 것을 보여주신다. 그리고 성령 수여와 함께, 제자들을 세상으로 파송하신다. 제자들은 예수님이 하셨던 사역을 계승하여 세상에서 사람들의 죄를 용서하는 사역을 수행해야 한다.

내용 분해

1. 부활하신 예수님(20:1-10)
   1) 텅 빈 무덤에 대한 마리아의 증언(20:1-2)
   2) 텅 빈 무덤에 대한 두 제자의 확인(20:3-10)
2. 마리아에게 나타나신 예수님(20:11-18)
   1) 텅 빈 무덤과 울고 있는 마리아(20:11-13)
   2) 예수님을 알아보지 못하는 마리아(20:14-15)
   3) 예수님과 대화하는 마리아(20:16-18)
3. 제자들에게 나타나신 예수님(20:19-23)
   1) 제자들을 격려하시는 예수님(20:19-20)
   2) 제자들을 파송하시는 예수님(20:21)
   3) 제자들에게 사명을 주시는 예수님(20:22-23)

   *특주: 요한복음 부활절 성령 강림과 사도행전 오순절 성령 강림의 관계
4. 도마에게 나타나신 예수님(20:24-31)

1) 예수님의 부활을 불신하는 도마(20:24-25)
2) 예수님의 부활을 목격하는 도마(20:26-29)
3) 요한복음의 기록 목적(20:30-31)

본문 주해

1. 부활하신 예수님(20:1-10)

1 안식 후 첫날 일찍이 아직 어두울 때에 막달라 마리아가 무덤에 와서 돌
이 무덤에서 옮겨진 것을 보고 2 시몬 베드로와 예수께서 사랑하시던 그
다른 제자에게 달려가서 말하되 사람들이 주님을 무덤에서 가져다가 어
디 두었는지 우리가 알지 못하겠다 하니 3 베드로와 그 다른 제자가 나가
서 무덤으로 갈새 4 둘이 같이 달음질하더니 그 다른 제자가 베드로보다
더 빨리 달려가서 먼저 무덤에 이르러 5 구부려 세마포 놓인 것을 보았으
나 들어가지는 아니하였더니 6 시몬 베드로는 따라와서 무덤에 들어가
보니 세마포가 놓였고 7 또 머리를 쌌던 수건은 세마포와 함께 놓이지 않
고 딴 곳에 쌌던 대로 놓여 있더라 8 그 때에야 무덤에 먼저 갔던 그 다른
제자도 들어가 보고 믿더라 9 (그들은 성경에 그가 죽은 자 가운데서 다시
살아나야 하리라 하신 말씀을 아직 알지 못하더라) 10 이에 두 제자가 자
기들의 집으로 돌아가니라

예수님은 공생애 기간에 그의 부활에 대해 여러 번 밝히신 바 있다. 대표적인 언급이 바로 성전 건축이다(2:19-21). 예수님은 자신의 부활을 성전이 재건축되는 것으로 묘사하셨다. 이는 스가랴 6:12-13의 말씀을 생각나게 하는데, 스가랴는 '싹'이라 하는 메시야적 인물이 와서 성전을 건축할 것이라

예언하였다. 따라서 예수님의 부활은 그가 성전이시면서, 동시에 성전을 건축하시는 성전 건축가라는 사실을 확증하는 사건이다.

예수님은 또한 양을 위해 목숨을 바치는 선한 목자를 말씀하시면서, 목숨을 버릴 권세와 다시 얻을 권세를 언급하셨다(10:18). 또한 나사로를 살리면서 자신을 '부활과 생명'이라 하셨다(11:25). 그리고 고별 설교에서는 제자들을 고아와 같이 버려두지 않고 속히 오겠다며 부활을 약속하셨다(14:18). 따라서 예수님의 부활은 공생애 기간에 그가 하신 약속을 성취하는 것이고, 그를 믿는 자들에게 주실 부활과 영생을 확증하는 것이다.

1) 텅 빈 무덤에 대한 마리아의 증언(20:1-2)

'안식 후 첫날'(1절)은 직역하면 '그 주의 첫째 날'(the first day of the week)인데, 예수님의 부활 사건이 일어난 시간적 배경을 말해주고 있다. 아마도 초대교회 당시 예수님의 부활을 가리킬 때 가장 일반적인 시간 표시는 '사흘 만에'/'사흘 후에'였던 것 같다(고전 15:3-4; 참고. 막 8:31). 그런데 모든 사복음서는 예수님의 부활을 기록하면서 '그 주의 첫째 날'(안식 후 첫날)이라고 한다(마 28:1; 막 16:2; 눅 24:1). 특히 요한복음은 이 표현을 반복한다(20:19, 26). 이러한 표현은 새로운 시작으로서 부활의 의미를 나타내기 위해서인 것 같다.[1]

'막달라 마리아'(1절)는 요한복음에서 예수님의 십자가 사건에(19:25), 그리고 부활하신 무덤에만 등장한다(20:1, 18; 참고 눅 8:2). 요한복음의 부활 기사에 나오는 등장인물은 다른 복음서 기록과 차이가 있다. 마태복음은 막달라 마리아와 다른 마리아가 무덤에 갔다고 기록한다(마 28:1). 마가복음은 세 여인의 이름을 기록한다: 막달라 마리아, 야고보의 어머니 마리아, 살로메(막 16:1). 누가복음은 더 많은 여인들을 소개한다: "이 여자들은 막달라 마

---

1. Carson, *John*, 635; Köstenberger, *John*, 561.

리아와 요안나와 야고보의 모친 마리아라 또 그들과 함께 한 다른 여자들도 이것을 사도들에게 알리니라"(눅 24:10). 그러나 요한복음은 막달라 마리아만 언급한다(1절). (물론 2절에서 '우리'라 말한 것으로 보아 요한복음도 복수의 여인이 예수님의 빈 무덤을 목격했음을 나타내는 것 같다) 그리고 곧장 베드로와 예수님이 사랑하시는 제자로 그 초점을 옮긴다(20:3-10). 마가복음과 누가복음 기록에 의하면, 마리아는 예수님의 몸에 향품을 바르기 위해 무덤으로 갔다(막 16:1; 눅 24:1). 그녀는 예수님의 부활에 대한 위대한 믿음을 소유한 것은 아니었다. 다만 예수님에 대한 사랑의 마음을 가지고, 그의 시신에 향품을 바르기 위해 무덤에 갔다. 그리고 결과적으로 예수님의 부활을 목격한 첫 사람이 되었다(20:14). 예수님의 부활의 위대한 첫 전달자가 된 것이다(20:18).

빈 무덤을 확인한 마리아는 이 사실을 시몬 베드로와 예수님이 사랑하시는 제자에게 알린다(2절). 왜 마리아는 이 두 제자에게 알렸을까? 누가복음은 열한 사도와 다른 모든 이에게 알렸다고 말한다(눅 24:9). 아마도 요한복음은 이 두 제자를 중심으로 예수님의 부활 메시지를 전하려는 것 같다. 그래서 마지막 21장에서도 예수님이 이 두 제자와 함께하는 것으로 끝을 맺는다. 마리아는 빈 무덤이 의미하는 바를 정확하게 깨닫지 못했다. 사람들이 예수님의 시신을 옮겼다고 생각했다(2절).

2) 텅 빈 무덤에 대한 두 제자의 확인(20:3-10)

베드로와 예수님이 사랑하시는 제자가 빈 무덤을 확인하는 장면이다. 마리아의 이야기를 듣고 두 제자는 무덤으로 달렸다(4절). 시몬 베드로는 예수님이 사랑하시는 제자보다 무덤에 늦게 도착했지만, 머뭇거리던 그 제자와 달리, 무덤 안으로 들어갔다. 베드로의 이런 모습은 요한복음에서 자주 등장한다. 많은 사람이 예수님을 떠날 때에도, 그는 영생의 말씀이신 예수님을 따른다(6:68). 비록 실천하지는 못했지만, 자신의 목숨을 바쳐서라도 예수님을 좇아가겠노라고 다짐한다(13:37). 디베랴 호수에서 고기를 잡다가도 예수님이라는 소리에 배에서 뛰어내려 예수님께 달려간다(21:7). 그는 다른 누구보다도 예수님을 사랑한다고 고백한다(20:15-17). 베드로의 적극적이고 열정적인 신앙 태도를 엿볼 수 있다.

무덤에 들어가 보니, 예수님의 몸을 쌌던 세마포가 놓였고, 머리를 쌌던 수건은 따로 놓여 있었다(6-7절). 예수님의 머리를 쌌던 수건이 딴 곳에 '쌌던 대로' 놓여 있었다는 것은 무엇을 의미할까?(7절) 헬라어 원문에는 '쌌던 대로'라는 말은 없다. 다만, 그 수건은 다른 곳에 따로 '말려져 있다'(rolling up)는 뜻이다. 이는 아마도 단정하게 정리되어 있거나, 아니면 예수님의 머리를 싸던 그대로의 형태를 유지하고 있다는 뜻일 것이다.[2] 이로 보건대, 마리아가 말한 대로 누군가 예수님의 시신을 훔쳐갔을 리는 없다. 그러나 베드로가 이것을 눈치 챘다는 말은 없다.

한편 예수님이 사랑하시는 제자는 베드로보다 무덤에 먼저 왔으나, 들어가지 않고 있다가(4-5절), 베드로가 들어가자 그도 들어갔다(8절). 예수님이 사랑하시는 제자의 신중함을 엿볼 수 있다. 베드로는 적극적이고 열정적인 인물로 묘사된 반면에, 예수님이 사랑하시는 제자는 신중하며 꼼꼼한 사람으로 소개된다. 머뭇거리는 소극적인 사람처럼 보이기도 하지만, 그의 신중하며 꼼꼼한 성격은 무덤 안을 자세히 살핀 후, 나중에 이것을 자세히 기록했다는 것을 알 수 있다. 그 제자는 무덤에 들어가서 "보고 믿었다"(8절). 여기서 '보다'와 '믿다'의 목적어가 없다. 무엇을 보았는지, 누구(무엇)를 믿었는지 구체적으로 언급하지 않는다. 예수님이 사랑하시는 제자가 본 것은 아마도 무덤 안에 예수님의 시신이 없는 광경이었을 것이다. 그렇다면 무엇을 혹은 누구를 믿었다는 말인가? 여기에 대해서는 크게 두 가지 견해가 있다.

첫째, 다수의 학자들은 예수님이 사랑하시는 제자는 완전하지는 않지만

---

2. Köstenberger, *John*, 564.

예수님의 부활에 대해 믿었을 것이라 한다.[3] 예수님이 사랑하시는 제자는 이상적인 제자로서 예수님의 십자가 사건에 동행했을 뿐만 아니라(19:26), 도마와 달리 보지 않고 믿는 제자의 전형을 보여준다고 한다(20:29). 그러나 이 주장은 이어지는 9-10절을 고려할 때 설득력이 약하다. 9절에 따르면, 그는 부활에 관한 성경 말씀을 아직 깨닫지 못했다. 그리고 부활을 믿은 제자가 다른 제자에게 알리지 않고, 자기 집으로 돌아간 것도 이상하다(10절). 물론 다수 학자들의 주장처럼 9절은 그 제자가 부활을 믿었지만 성경이 말하는 구속사의 맥락 안에서 부활을 이해하지는 못했다는 말일 수도 있다.[4] 또한 카슨이 말한 대로, 부활하신 주님을 직접 보기까지 그는 아마도 신중하게 기다렸을 수도 있다.[5] 그리고 10절은 자신의 집에 가서 그가 모시고 있던 예수님의 어머니에게 이 사실을 알렸다는 것을 의미할 수도 있을 것이다(19:27).[6] 더욱이 '믿다'라는 말이 요한복음에서 목적어 없이 사용되었을 때 참된 믿음을 가리켰던 앞선 용례와 같이(예. 5:44; 6:47; 19:35; 20:29), 여기서도 예수님이 사랑하시는 제자가 참된 믿음을 소유했다는 것을 의미할 수도 있을 것이다.[7]

둘째, 다른 학자들은 예수님이 사랑하시는 제자가 믿은 것은 마리아가 전해준 사실이라 한다. 사람들이 예수님의 시신을 가져갔다는 사실을 믿은 것

---

3. Borchert, *John 12-21*, 295; Kruse, *John*, 370; Lincoln, *John*, 491; Michaels, *John*, 992-3; Carson, *John*, 638-9; Keener, *John 2*, 1184; Köstenberger, *John*, 564; Klink III, *John*, 834.
4. 칼빈, 『요한복음』, 743. 칼빈은 요한복음 안에는 믿음의 진보가 나타난다고 한다. 다시 말하면, 미숙한 믿음에서 성숙한 믿음으로 성장하는 모습이 나오는데, 여기서 예수님이 사랑하시는 제자는 부활에 관한 아주 초보적인 단계의 믿음을 가졌다고 볼 수도 있을 것이다; 클링크에 따르면, '믿다'는 믿음의 전체를 뜻하는 사실 확인적 아오리스트(constative aorist)가 아니라, 믿음의 시작을 뜻하는 진입의 아오리스트(ingressive aorist)로 사용되었다. 따라서 예수님이 사랑하시는 제자의 믿음은 부활에 대한 초보 단계의 믿음이라고 할 수 있을 것이다. Klink III, *John*, 834.
5. Carson, *John*, 639.
6. Köstenberger, *John*, 565.
7. Klink III, *John*, 834.

이다.[8] 마리아의 보고를 듣고 무덤 속을 살펴보았다면, 그가 '믿었다'는 말은 마리아의 말처럼 시신을 도둑맞은 사실을 믿었다고 보는 것이 가장 자연스럽다. 그러나 이 견해는 머리를 쌌던 수건이 쌌던 그대로 놓여 있었기 때문에 반대에 부딪힌다(7절). 시신을 가져간 사람들이 수건을 정리해 놓고 느긋하게 갔을 리가 없기 때문이다. 그럼에도 불구하고, 사랑하시는 제자가 무덤 안을 보았지만, 예수님의 시신이 없어진 것에만 초점을 맞추고, 나머지는 당시에 제대로 깨닫지 못했을 수도 있다. 또한 문맥에서 볼 때, 예수님이 사랑하시는 제자가 부활을 믿었다고 볼 수 있는 어떤 말이나 행동도 나타나지 않는다. 그가 예수님의 부활을 기뻐했다거나 놀랐다는 반응이 전혀 없다. 무덤 밖에서 울고 있고 있던 막달라 마리아에게 침묵하고 자신의 집으로 돌아갔을 뿐만 아니라(9-10절), 그를 포함한 다른 제자들이 모였을 때에도 여전히 그들 모두는 두려워서 문을 이중으로 잠그고 있었다(20:19).

다른 한편, 9절이 말하는 부활에 관한 성경 말씀은 어디를 말하는 것일까? 구약에 나오는 부활에 대한 예언으로서 사도행전에 언급된 시편 말씀일 수 있다: 시편 2:7(행 13:33); 16:10(행 2:25-28); 110:1-4(행 2:34-35). 물론 이사야 53:10-12; 55:3, 그리고 호세아 6:2일 수도 있다.[9]

교훈과 적용

1. 예수님은 마리아의 충성스런 태도를 사용하셨다. 예수님을 끝까지 사랑한 마리아는 예수님의 부활의 위대한 첫 목격자요 전달자가 되었다. 다른 제자들은 실망하고 두려워서 숨었지만, 마리아는 향품을 가지고 예수님의 무덤에 왔다. 소박하지만 충성스럽게 예수님을 따르는 제자의 모습을 보여준다. 우리도 떠들썩하거나 거창하게 믿지 않을지라도, 배반하지 않고 끝까지 주님에 대한 사랑을 간직하는 제자

---

8. P. S. Minear, "The Original Functions of John 21," *JBL* 102, no. 1 (1983), 85-98. 클링크에 따르면, 아우구스티누스나 루터도 예수님이 사랑하시는 제자가 믿은 것을 마리아의 보고로 보았다. Klink III, *John*, 834.
9. Keener, *John 2*, 1184; Köstenberger, *John*, 565.

가 되어야 하겠다.

2. 예수님은 베드로의 열정적인 태도를 사용하셨다. 무덤에 도착하자마자 그 안으로 들어가는 베드로의 모습에서 우리는 그의 열정적이며 적극적인 믿음을 엿볼 수 있다. 비록 대제사장의 집 문 밖에서 예수님을 부인하였지만, 베드로의 일생은 주님을 향한 열정으로 가득하였다. 예수님은 이런 베드로를 사용하시기 위해 결국 그의 양들을 베드로에게 위탁하신다(21:15-17). 우리도 미지근하거나 머뭇거릴 것이 아니라, 전적으로 헌신하는 열정의 태도로 주님을 따라가야 한다.
3. 예수님은 그가 사랑하시는 제자의 신중한 태도를 사용하셨다. 그는 무덤에 도착했을 때, 안으로 들어가기를 꺼렸다. 용기가 없었을 수도 있지만, 조심스럽게 접근하는 그의 신중한 태도를 엿볼 수도 있다. 이윽고 무덤 안에 들어가서는 머리에 싼 수건의 형태와 위치를 확인한다. 물론 그 당시에는 예수님의 부활을 깨닫지 못했을 수도 있지만, 나중에 요한복음을 기록할 때 그는 이 모든 것이 부활의 증거라는 것을 알고 기록에 남겼을 것이다. 충성과 열정도 좋지만, 침착하면서도 신중하게 분별하며 주님을 더 바르게 섬겨야 하겠다.

2. 마리아에게 나타나신 예수님(20:11-18)

11 마리아는 무덤 밖에 서서 울고 있더니 울면서 구부려 무덤 안을 들여다
보니 12 흰 옷 입은 두 천사가 예수의 시체 뉘었던 곳에 하나는 머리 편에,
하나는 발 편에 앉았더라 13 천사들이 이르되 여자여 어찌하여 우느냐 이
르되 사람들이 내 주님을 옮겨다가 어디 두었는지 내가 알지 못함이니이
다 14 이 말을 하고 뒤로 돌이켜 예수께서 서 계신 것을 보았으나 예수이
신 줄은 알지 못하더라 15 예수께서 이르시되 여자여 어찌하여 울며 누구
를 찾느냐 하시니 마리아는 그가 동산지기인 줄 알고 이르되 주여 당신이
옮겼거든 어디 두었는지 내게 이르소서 그리하면 내가 가져가리이다 16
예수께서 마리아야 하시거늘 마리아가 돌이켜 히브리 말로 랍오니 하니
(이는 선생님이라는 말이라) 17 예수께서 이르시되 나를 붙들지 말라 내
가 아직 아버지께로 올라가지 아니하였노라 너는 내 형제들에게 가서 이

르되 내가 내 아버지 곧 너희 아버지, 내 하나님 곧 너희 하나님께로 올라
간다 하라 하시니 18 막달라 마리아가 가서 제자들에게 내가 주를 보았다
하고 또 주께서 자기에게 이렇게 말씀하셨다 이르니라

1) 텅 빈 무덤과 울고 있는 마리아(20:11-13)

마리아는 무덤 밖에서 안을 들여다보고(11절), 흰 옷 입은 두 천사를 발견한다(12절). 한 천사는 예수님의 머리 편에, 다른 천사는 예수님의 발 편에 앉아 있었다. 천사의 출현은 예수님의 부활이 하나님의 임재, 하나님의 능력으로 되어졌다는 것을 보여준다. 칼빈은 이러한 천사의 모습을 통해 십자가 치욕은 제거되고, 예수님의 부활이 천상의 위엄으로 빛난다고 한다.[10] 새 창조의 관점으로 볼 때, 두 천사는 에덴동산을 지키는 그룹들과 연결될 수도 있다(창 3:24).[11] 요한복음은 계속해서 예수님이 체포되시는, 죽으시는, 부활하시는 장소를 동산으로 묘사한다(18:1; 19:41). 예수님은 동산지기로 묘사된다(20:15). 예수님의 십자가와 부활을 통해 새로운 창조가 시작된다는 것을 암시하고 있다.

한편, 예수님의 머리와 발 편에 앉아 있는 천사를 성전 언약궤의 그룹들과 연결시키는 시도도 있다.[12] 그룹들은 성전 지성소 언약궤 양 끝에 위치하고, 하나님께서 그 그룹들 사이에 좌정하시는 분으로 언급된다(출 25:18-22; 삼상 4:4; 삼하 6:2; 왕하 19:15). 니컬러스 런은 모세 율법에 나오는 언약궤 묘사와 요한복음 20장에 나오는 예수님의 무덤 묘사에는 단어와 주제의 유

---

10. 칼빈, 『요한복음』, 746-7.

11. M. Rosik, “Discovering the Secrets of God’s Gardens. Resurrection as New Creation (Gen 2:4b-3: 24; Jn 20:1-18),” *Liber Annuus* 58, no 1 (2008), 92-3.

12. Brown, *John XIII-XXI*, 989; R. M. Chennattu, *Johannine Discipleship as a Covenant Relationship* (Peabody: Hendrickson, 2006), 149; D. A. Lee, *Flesh and Glory: Symbol, Gender, and Theology in the Gospel of John* (New York: Crossroad, 2002), 223.

사성이 존재한다고 주장한다.[13] 이러한 유사성을 토대로 런은 대속죄일 모티프가 이 본문에 암시되어 있다고 주장한다. 런의 주장에 기초해 클링크는 예수님이 지성소 안에 있는 속죄 제물로, 그리고 그룹 사이에 좌정하시는 분으로 묘사된다고 한다.[14] 런과 클링크가 주장하는 유사성을 요약하면 대체로 다음과 같다. 첫째, 언약궤는 성막의 휘장으로 구분된 실내에 위치해 있고(출 40:3, 21), 예수님의 몸은 돌과 머리를 쌌던 수건에 의해 무덤 안에 구분되어 있다(7절). 둘째, '옮기다'/'가져가다'를 뜻하는 αἴρω(*아이로*)가 언약궤를 옮기는 것에 사용되고(LXX 출 25:14; 민 4:15), 예수님의 시신을 가져가는 것에 사용된다(19:38; 2절). 셋째, '두다'를 뜻하는 τίθημι(*티떼미*)가 언약궤와 다른 성전 기구들을 성막에 두는 것을 위해 사용되고(LXX 출 40:2-3, 5-6, 22, 24, 26, 29), 예수님의 시신을 두는 것을 위해 사용된다(2, 13, 15절). 넷째, 유대인들은 성소에 들어가 보는 것이 금지되었고(민 4:20), 예수님이 사랑하시는 제자와 막달라 마리아는 무덤에 들어가는 것을 주저한다. 성물을 만지는 것도 금지되었는데, 마리아는 예수님을 만지지 말도록 명받는다(17절). 다섯째, 성막에 하나님의 영광이 가득한 것처럼(출 40:34-35), 예수님의 부활은 영광의 관점에서 묘사된다(12:16). 여섯째, 언약궤 위에는 거룩한 관유가 부어졌는데 거기에는 몰약(σμύρνα, *스뮈르나*)이 섞여 있었다(LXX 출 30:23, 26). 예수님의 몸에도 몰약(*스뮈르나*)이 발라졌다(19:39). 일곱째, 성경학자들에 의해 조사된 바와 같이 성막은 에덴동산과 유비를 이루는데,[15] 요한복음에서 성전이신 예수님의 몸도 동산에서 묻히고 부활한다(19:41; 15절).

---

13. N. P. Lunn, "Jesus, the Ark, and the Day of Atonement: Intertextual Echoes in John 19:38-20:18," *JETS* 52, no 4 (2009), 731-46.

14. Klink III, *John*, 832-3.

15. G. K. Beale, *The Temple and the Church's Mission: A Biblical Theology of the Dwelling Place of God* (Leicester: Apollos, 2004) 66-75. 새물결플러스 역간, 『성전신학』; T. D. Alexander, *From Eden to the New Jerusalem: Exploring God's Plan for Life on Earth* (Nottingham: IVP, 2008) 21-3. 부흥과 개혁사 역간, 『에덴에서 새 예루살렘까지』.

니컬러스 런과 클링크의 이러한 설명은 본문이 말하는 단어나 주제를 너무 지나치게 확대 해석한 측면이 없지 않다. 예를 들면, '옮기다'나 '두다'는 너무 일반적인 단어라서 과연 두 본문을 긴밀하게 연결시킬 수 있는지 의문이다. 또한 아래 17절 주해에서 살펴보겠지만, 마리아는 예수님의 몸을 만지지 말라고 명 받은 것이 아니라, 붙들지 말라는 말씀을 들었다. 그리고 예수님의 죽음이 속죄와 연결되는 것은 요한복음에 분명하게 나타나지만, 이것이 과연 대속죄일 모티프로 해석되어야 하는지에 대해서는 의문이 있다. 그럼에도 불구하고, 예수님의 무덤 안 모습은 예수님의 성전 되심을 간접적으로 보여주는 역할을 한다고 할 수 있겠다. 성전 정화 사건에서 예수님은 그의 몸의 죽음과 부활은 성전의 파괴와 건설에 해당된다고 하셨다(2:19-21). 따라서 예수님의 부활을 성전 모티프와 연결시키는 것은 전혀 어색하지 않다. 또한 성전의 핵심은 지성소이고, 그 지성소의 핵심은 언약궤이기 때문에, 죽으시고 부활하신 예수님의 몸과 언약궤를 연결하는 것도 가능하다. 지성소의 언약궤는 그룹 사이에 좌정하시는 하나님께서 말씀하시는 계시의 장소이다(출 25:22; 민 7:89). 또한 속죄의 피가 뿌려져 이스라엘의 죄가 용서 받는 속죄의 장소이다(레 16:14-15). 계시와 속죄라는 성전의 두 가지 핵심 기능은 사실은 언약궤의 기능과 다르지 않다.

1:14 주해와 2:19-21 주해에서 밝힌 바와 같이, 요한복음에서 성전이신 예수님은 계시의 장소, 속죄의 장소로 나타나신다. 하나님께서는 예수님 안에서 말씀하신다(17:8). 예수님 안에서 속죄가 일어나고 예배가 드려진다(1:29; 4:23-24). 따라서 무덤 안의 두 천사는 성전 되신 예수님의 역할을 강조한다고 볼 수 있다. 요컨대, 예수님의 시체가 뉘었던 동산의 무덤은 부활로 말미암아 새 창조가 시작된 곳이요, 새로운 성전이 세워진 곳이다.

요한복음에서 천사는 시작 부분과 끝 부분에 등장한다(1:51; 20:12, 물론 12:29에도 '천사'라는 말이 나오지만, 실제 등장하는 것은 아니다). 1:51에 나오는 천사는 예수님을 하나님의 계시의 전달자로, 하늘과 땅을 잇는 중보자로, 그리고 하나님의 집인 성전으로 계시하는 데 사용된다(참고. 창 28:12). 20:12에 나오는 천사는 하나님의 임재를, 예수님의 새 창조를, 예수님의 성전이심을 드러내는 데 사용된다. 따라서 넓은 의미로 말하면, 1:51과 20:12은 인클루지오(inclusio) 구조를 형성하여, 예수님의 성전 정체성을 드러낸다고 할 수 있다.

2) 예수님을 알아보지 못하는 마리아(20:14-15)

마리아는 처음에 예수님을 알아보지 못한다(14절). 마리아는 사람들이 예수님의 시신을 옮겼을 거라 여전히 생각하며, 부활하신 주님이 거기에 계실 거라고 전혀 상상하지 못한다. 심지어 예수님이 마리아에게 말을 거시자, 그를 동산지기로 착각한다(15절). 그러나 예수님은 이러한 마리아의 영적 무지를 탓하기보다 자상하게 자신의 부활하신 모습을 보여주신다. 이러한 예수님의 자상하신 모습은 두려워하는 제자들에게(20:19-23), 의심하는 도마에게(20:24-29), 그리고 낙담하는 제자들에게(21:1-14) 계속 나타난다. 또한 울며 예수님의 시신을 찾는 마리아의 모습에서 예수님을 향한 지극한 사랑을 엿볼 수 있다. 십자가에 달리는 마지막 순간까지 함께하였으며, 안식 후 첫날 일찍 예수님의 무덤을 찾아온 마리아의 모습은 주님을 향한 헌신과 사랑을 나타낸다.

'동산지기'는 예수님의 부활의 장소가 '동산'이었다는 것을 나타낸다. 다른 복음서들은 예수님이 기도하시고 체포되신 곳을 '겟세마네' 혹은 '감람산'이라 하는 데 비해(마 26:36; 막 14:32; 눅 22:39), 요한복음은 정확한 지명을 밝히지 않고 '동산'이라 한다(18:1, 26). 다른 복음서들은 예수님이 묻히신 장소를 '무덤'이라고만 하고 '동산'이라 언급하지는 않는다. 따라서 요한복음만이 예수님의 체포와 죽음, 그리고 부활과 연결하여 '동산'이라는 말을 강조하여 쓴다는 것을 알 수 있다. 이러한 요한복음의 강조는 예수님의 죽음과 부활이 '새 창조'와 관련 있음을 암시한다.[16] 이러한 새 창조 모티프는 예수님이 숨을 내쉬며 제자들에게 성령을 주시는 장면에도 나타나는데, 숨을 내쉬는 것은 에덴동산의 창조의 모습을 반영한다(20:22). 그리고 예수님의 무덤 안에 있는 두 천사는 위에서 밝힌 바와 같이 성전의 그룹들을 생각나게 할 뿐만 아니라(20:12), 에덴동산의 그룹들을 생각나게 한다(창 3:24). 에덴동산이 성전과 같은 역할을 하기 때문에 예수님의 무덤 안에 있는 천사들이 성전과 에덴동산을 생각나게 하는 것은 크게 낯설지 않다.[17]

3) 예수님과 대화하는 마리아(20:16-18)

예수님은 마리아의 이름을 부르시고, 그녀는 마침내 예수님을 알아본다(16절). 이것은 10:3-4, 14에 나오는 예수님의 말씀을 생각나게 한다. 선한 목자는 양의 이름을 불러내고, 양은 그의 음성을 알기 때문에 그를 따라간다. 예수님과 마리아의 친밀한 관계를 보여준다. 예수님의 부르심과 마리아의 대답은 예수님이 마리아의 선한 목자가 되시고, 마리아가 예수님의 참된 양이라는 것을 증명한다.

예수님은 왜 마리아에게 자신을 "붙들지 말라"고 말씀하셨을까?(17절) 이는 얼핏 도마에게 행하신 태도와 대조된다(20:27). 개역한글이 "만지지 말라"라고 번역하였던 것을, 개역개정이 원어의 뜻을 잘 살려 "붙들지 말라"로 번역하였다. 헬라어 ἅπτω(*합토*)는 '만지다'의 뜻을 가지고 있지만, 예수님은 현재 시상 명령을 사용하셨다. 이는 지속적인 만짐을 가리키는데, 결국 "붙들지 말라"는 뜻이 된다. 따라서 예수님은 마리아에게 자신을 만지는 것 자체를 금하신 것이 아니라 지속적으로 만지는 것, 즉 붙들지 말라고 하신 것이다. 예수님이 마리아에게 하신 말씀과 도마에게 하신 말씀은 서로 모순되

---

16. Köstenberger, *A Theology*, 352-3; Suggit, "Jesus the Gardener," 161-8; Brown, "Creation's Renewal," 275-90; Wyatt, "Supposing Him to Be the Gardener," 21-38.
17. 권해생, "요한복음의 새 창조 모티프," 160-2.

지 않는다. 그렇다면, 예수님은 왜 마리아에게 자신을 붙들지 말라고 하셨을까? 예수님은 아버지께로 올라가는 중이기 때문에 자신을 붙들지 말라고 하신다(17절). 링컨은 예수님이 구속사의 완성을 서두르신 것 같다고 한다. 다시 말하면, 속히 하늘에 승천하셔서 온전히 영화롭게 되신 후, 성령을 주시며 영원히 함께하실 그 날을 위해 서두르셨다는 것이다.[18] 그러나 대부분의 학자들은 예수님이 마리아를 만나신 사건과 제자들을 만나신 사건 사이에 예수님의 승천이 있었을 것이라 보지 않는다. 따라서 단지 마리아로 하여금 그의 부활을 제자들에게 속히 전하라는 의미에서, 예수님은 마리아에게 자신을 붙들지 말라고 하셨을 것이다. 마리아가 소식을 전한 후, 그들이 한 곳에 모였을 때, 예수님은 마침내 제자들에게 나타나신다(19절).

'내 형제들'이라는 예수님의 표현은 그의 육신의 형제들이라기보다는 그의 제자들을 가리킨다. 예수님의 십자가와 부활을 통해 하나님의 백성들이 하나님의 가족이 되었음을 암시한다. 예수님과 그의 제자들이 한 아버지를 모시는 형제가 된 것이다. 이는 예수님의 말씀의 성취이며(1:12), 십자가상에서 이미 선언되었다(19:26-27). 요한복음의 이러한 하나님의 가족으로서 교회의 모습은 구원을 출생과 관련하여 설명하는 것에서 두드러진다. 예수님을 믿고 구원 받는 것을 새로운 생명의 탄생으로 설명한다(1:12-13; 3:3-7). 예수님의 말씀을 어떻게 받아들이느냐에 따라 하나님의 가족과 마귀의 가족이 나뉜다(8:41-44).

그런데 예수님은 또한 자신과 다른 제자들을 구분하신다. '내 아버지'와 '너희 아버지', '내 하나님'과 '너희 하나님'을 구분하여, 예수님이 제자들과 다른 독특한 아들이라는 것을 말씀하신다. 이는 하나님의 가족 안에서 가지는 독생자로서 예수님의 특별한 위치를 가리킨다(1:14, 18; 3:16, 18; 4:9). 예수님은 하나님의 아들로서 하나님의 계시를 받아 전달하시는 분이요, 하나

---

18. Lincoln, *John*, 493-4.

님을 대신하는 심판자요, 그를 믿는 자에게 영생을 주시며 마지막 날에 부활시키신다(5:19-29). 그러므로 하나님의 가족 안에는 아버지 하나님과 독생자 예수님, 그리고 하나님의 자녀들이 있다.

마침내 마리아는 제자들에게 예수님의 부활 소식을 알리며, 예수님이 하신 말씀을 전한다(18절). 예수님께 헌신과 충성을 했던 마리아가 위대한 부활의 목격자가 되고, 동시에 부활의 전달자가 되는 모습이다. 예수님의 죽음에 끝까지 함께하고, 예수님의 무덤에 향료를 가지고 온 마리아에게 예수님은 자신을 나타내시며, 그의 부활을 알리는 위대한 전달자로 사용하신 것이다.

교훈과 적용

1. 부활하신 예수님은 새 창조의 시작이시다. 예수님은 죽음을 이기고 부활하셨다. 예수님을 믿는 사람은 그 예수님과 연결되어 새로운 생명을 얻는다. 따라서 부활하신 예수님은 새 창조의 시작이고 기초이시다. 에덴에서 아담이 창조의 시작이고, 아담을 통해 인류가 태어났다. 부활 이후 이제는 예수님이 새 창조의 시작이시고, 예수님을 통해 하나님의 새로운 인류가 태어난다. 예수님을 믿는 사람은 비록 여전한 몸으로, 여전한 상황 속에 있지만, 하나님 앞에서 완전히 새롭게 태어난 존재라는 것을 잊지 말아야 한다.
2. 부활하신 예수님은 자기 양의 이름을 부르신다. 목자가 자기 양의 이름을 불러내어 인도하며 꼴을 먹이듯이, 예수님도 자기 양의 이름을 불러내어 생명을 주신다. 예수님이 부르신 사람은 믿음으로 반응하는 사람이다. 예수님을 믿는다는 것은 그에게 부름을 받았다는 것이다. 그러므로 그가 주시는 생명을 가지며 새 창조에 동참하게 되는 것이다. 우리는 나를 불러 주셔서 영생을 얻게 하신 예수님께 감사해야 한다.
3. 부활하신 예수님은 새로운 가족을 만드신다. 예수님이 불러 주셔서 새 창조의 역사를 경험한 사람은 하나님의 새로운 가족이 된다. 예수님 안에서 새롭게 된 사람은 하나님을 아버지로 모시며, 예수님의 형제로 살게 된다. 하나님과 예수님이 가족이 되셔서 돌보시고 인도하신다. 그러므로 이러한 특권을 주신 하나님께 감사하고, 굳건한 신뢰와 인내로 화답해야 한다. 하나님의 자녀, 예수님의 형제라는 신분을 영광스럽게 여겨야 한다. 또한 그 신분에 합당하게 살아야 한다.

3. 제자들에게 나타나신 예수님(20:19-23)

19 이 날 곧 안식 후 첫날 저녁 때에 제자들이 유대인들을 두려워하여 모
인 곳의 문들을 닫았더니 예수께서 오사 가운데 서서 이르시되 너희에게
평강이 있을지어다 **20** 이 말씀을 하시고 손과 옆구리를 보이시니 제자들
이 주를 보고 기뻐하더라 **21** 예수께서 또 이르시되 너희에게 평강이 있을
지어다 아버지께서 나를 보내신 것 같이 나도 너희를 보내노라 **22** 이 말
씀을 하시고 그들을 향하사 숨을 내쉬며 이르시되 성령을 받으라 **23** 너희
가 누구의 죄든지 사하면 사하여질 것이요 누구의 죄든지 그대로 두면 그
대로 있으리라 하시니라

1) 제자들을 격려하시는 예수님(20:19-20)

제자들은 예수님이 부활하신 날 저녁 한 곳에 모여 있었다(19절). 유대인들을 두려워하여 모인 곳의 문들을 모두 닫았다. '닫았더니'를 뜻하는 헬라어 κλείω(*클레이오*)는 '잠그다'의 의미가 있다. '문들'이란 아마도 그 집의 입구에 있는 출입문과 그들이 있던 방의 방문을 가리키는 것 같다.[19] 이 모든 문들을 잠갔다는 것은 그만큼 모인 제자들이 유대인들을 두려워하였다는 뜻이다. 이렇게 두려워하는 제자들에게 예수님이 오셔서 '평강'의 인사를 건네신다(19, 21절). 이는 단순한 인사가 아니라, 예수님이 그를 따르는 사람들에게 약속하신 선물이다(14:27; 16:33). 예수님이 죄와 사망과 세상을 이기시고 주신 선물이다. 세상이 알 수도 없고 줄 수도 없는 평화의 선물을 예수님이 주신 것이다.

이 장면에서 예수님은 로마 황제 가이사와 대조되는 인물이면서, 동시에 구약의 메시야 예언을 성취하는 분으로 묘사된다. 앞서 특주에서 언급했듯

---

19. Morris, *John*, 745.

이 로마 제국의 첫 번째 황제인 아우구스투스는 '평화의 제단'을 세우고, 그의 통치가 평화의 시대를 가져온다는 것을 과시하려 했다.[20] 이 시기부터 소위 '로마의 평화'(Pax Romana)라 일컬어지는 시대가 2세기까지 이어진다. 당시 로마 제국 안에는 로마 황제가 그의 강력한 군사력으로 전쟁을 종식시키고, 세상에 평화를 가져다준다는 신념이 유행하였다. 그러나 예수님이 주시는 평화는 그런 평화와 달랐다. 로마 황제의 평화는 무력으로 적들을 제압하는 것이었지만, 예수님은 자신의 희생으로 세상에 평화를 주려 하셨다(18:11, 36).

구약에서 '평화'는 메시야 시대의 표시였다(사 9:6-7; 겔 37:26). 이제 예수님은 하나님의 아들, 메시야로서 제자들에게 '평화'를 주신다. 그 평화는 먼저 하나님과의 평화이다. 예수 그리스도 안에서 죄 용서 받은 사람에게 하늘로부터 임하는 평화이다. 하늘의 평화가 임한 사람은 그 평화의 힘으로 다른 사람들을 사랑하며 평화의 관계를 맺는다. 따라서 가이사는 칼과 창으로 평화를 가져왔지만, 예수님은 희생과 사랑으로 평화를 가져오셨다. 가이사의 나라는 눈에 보이는 물리적 평화에만 집중하지만, 예수님의 나라는 죄 용서 받은 개인의 마음에 먼저 임하는 보이지 않는 평화로부터 시작한다. (신구약성경에 나오는 평화의 개념에 대해서는 16장에 나오는 특주를 참고하라)

예수님은 두려워하는 제자들에게 그의 손과 옆구리를 보여주셨다(20절). 마리아가 전해준 그의 부활 소식을 듣고도 여전히 두려움 가운데 있는 제자들에게 자신이 실제 부활했음을 보여주신 것이다. 예수님 당시 사두개인들은 부활이 없다고 생각했다. 부활에 대해 예수님과 사두개인들 사이의 논쟁이 다른 복음서에 나온다(마 22:23-33; 막 12:18-27; 눅 20:27-40). 부활을 믿지 않았기 때문에 그들은 굉장히 현실 지향적이었다. 그래서 그들은 로마 정부와 결탁하였으며, 세상의 권력과 성공에 집착했다. 사두개인들과 달리 바

---

20. Beasley-Murray, *John*, 262.

리새인들은 부활을 믿었다. 그러나 겉과 달리, 실제로는 부활이 없는 것처럼 살았다. 그들은 돈을 좋아하며, 재물에 대한 예수님의 가르침을 비웃었다(눅 16:13-14).

그렇다면 예수님의 제자들은 어떠했을까? 그들은 좀처럼 부활을 믿지 못했다. 공생애 사역 기간 동안 예수님은 자주 부활에 대해 말씀하셨다. 자신이 부활하실 것을 말씀하셨을 뿐만 아니라(2:19-21; 14:18-19; 16:16), 사람의 부활에 대해서도 여러 번 교훈하셨다(5:29; 6:40, 54; 11:25). 그러나 막상 예수님이 십자가에 못 박히신 후, 제자들은 두려움과 공포, 낙심과 절망에 휩싸였다. 어떤 제자들은 낙심하여 예루살렘을 떠났다. 누가복음에 나오는 엠마오로 내려가는 제자들이 이에 속한다(눅 24:13-14). 다른 제자들은 유대인들을 두려워하여 몸을 숨겼다. 이 단락에 나오는 예수님의 제자들이 여기에 해당된다(19절). 부활하신 예수님은 이러한 제자들에게 나타나셔서 자신이 실제 살아나셨음을 보여주셨다. 마리아에게 나타나시고(11-18절), 제자들에게 나타나셨다(19-23절). 그리고 이 자리에 없었던 도마에게 다시 나타나신다(24-29절). 예수님은 그만큼 제자들에게 부활에 대해 알려 주고 싶으셨던 것이다. 그리하여 그들이 부활을 소망하며 세상에서 담대히 살게 하신다. 부활의 복음을 전하며 사람들을 살리는 사역을 하도록 하신다.

제자들은 부활하신 예수님의 손과 옆구리를 보고 기뻐하였다(20절). 이러한 기쁨은 이미 예수님이 십자가에 달리기 전날 밤 예언하셨다(16:22). 예수님의 예언이 성취되었다. 요한복음은 구약성경의 성취뿐만 아니라, 예수님의 말씀도 성취된다는 것을 보여준다(18:8-9; 참고. 10:28). 그래서 예수님의 말씀을 성경의 권위와 연결시킨다. '기쁨'은 요한복음이 보여주는 새 창조의 또 다른 내용이다. 예수님의 십자가와 부활은 그의 기쁨을 제자들이 충만히 누리게 하기 위함이다(16:20-22; 17:13). 예수님의 사랑을 알고 그 사랑 안에서 다른 사람을 사랑하면 예수님의 기쁨을 누릴 수 있다(15:9-11). 새 하늘과 새 땅의 특징은 사망이 없고, 슬픔이나 고통이 없는 것이다(계 22:4). 다시 말하면, 새 하늘과 새 땅은 생명과 기쁨으로 충만한 곳이다. 이러한 새 하늘과 새 땅의 모습은 에덴의 모습을 회복하는 일종의 새 에덴의 모습이다. 일찍이 에덴동산에서 타락한 아담과 하와가 하나님께로부터 받은 심판이 생명 대신에 죽음, 기쁨 대신에 수고와 고통이었다. 에덴이라는 말은 고유 명사이기도 하지만, 일반 명사로는 '기쁨'(delight)이라는 뜻을 가진다(시 36:9[개역개정 시 36:8]; 삼하 1:24; 렘 51:34). 그래서 칠십인경 창세기 3:23은 에덴동산을 '즐거움의 동산'이라고 한다. 원래 에덴동산은 생명과 기쁨이 풍성한 곳이었다. 그런데 죄로 말미암아 하나님과 분리되고, 인간에게는 죽음과 수고가 찾아왔다(창 3:16-17, 19). 에덴의 기쁨을 잃어버린 것이다. 그러나 예수님은 십자가와 부활을 통해 이것을 역전시키신다. 죽음을 생명으로, 슬픔을 기쁨으로 바꾸신다. 부활의 기쁨, 새 창조의 기쁨, 하늘의 기쁨이 그를 믿는 자에게 넘치도록 하신다. 이러한 예수님의 기쁨이 제자들에게 충만하도록 하는 것이 그의 목표였다. 따라서 부활하신 예수님을 보고 기뻐한 제자들의 모습은 새 창조의 시작을 의미한다.

2) 제자들을 파송하시는 예수님(20:21)

이어서 예수님은 제자들을 세상에 파송하신다(21절). 요한복음에서 예수님은 하나님으로부터 세상에 파송되신 분이다(10:36). 제자들은 예수님이 아버지로부터 세상에 파송되셨듯이, 예수님으로부터 세상에 파송된다(참고. 17:18). 이러한 유비는 세상에서 제자들의 선교 활동이 예수님의 지상 사역의 연장선상에 있음을 암시한다. 예수님은 세상에 사명을 가지고 오셨다. 아버지께서 하라고 하신 일을 하기 위해 오셨는데, 이것이 예수님의 삶의 원동력이었다(4:34). 예수님이 하신 하나님의 일은 세상에 아버지를 드러내는 것이었다. 아버지의 사랑을 드러내어 그를 믿는 자들이 죄 용서 받고 영생을 얻게 하는 것이었다. 그래서 진리를 드러내셨고(18:37), 사람들의 죄 용서를 위한 십자가를 지셨다(1:29; 참고. 막 10:45). 이러한 예수님의 사역은 궁극적으로 하나님을 영화롭게 하였다(17:4). 요약하자면, 예수님의 사명은 계시와 속죄 사역을 통해 사람들에게 영생을 주는 것이었으며, 이를 통해 하나님을 영화롭게 하는 것이었다. 이제 이러한 사역의 연속을 위해 예수님은 그의 제자들을 세상에 파송하신다.

3) 제자들에게 사명을 주시는 예수님(20:22-23)

예수님이 숨을 내쉬며 성령을 주시는 장면(22절)은 세례 요한이 증언한 메시야의 성령 세례와 관련이 있다(1:33). 예수님은 제자들을 세상에 보내시면서, 숨을 내쉬며 성령을 받으라고 하신다. 예수님의 제자들 파송과 성령 수여는 밀접한 관계가 있다. 다시 말하면, 예수님이 주신 성령이 제자들의 정체성과 그들의 사역에 결정적 역할을 한다. 여기에는 크게 3가지 암시가 있다.

첫째, 성령 수여는 새 창조와 관련이 있다. 성령을 주시는 장면은 하나님이 아담을 창조하실 때, 생기를 불어넣으시는 장면을 생각나게 한다(창 2:7). 칠십인경 창세기 2:7은 '불어넣다'를 나타내기 위해 ἐμφυσάω(*엠퓌사오*)를 사용한다. 요한복음도 예수님이 숨을 내쉬는 장면에 *엠퓌사오*를 사용한다. 하나님이 사람을 창조하시는 것처럼 예수님은 그의 성령으로 말미암아 이제 그를 믿는 자를 새롭게 하신다는 뜻이다. 성령이 없이는 사람이 영적으로 태어날 수 없다(3:3, 5). 왜냐하면 사람은 성령과 말씀을 통해 영생을 얻기 때문이다(6:63). 성령은 신자 속에 영원히 내주하여, 영생에 이르도록 함께하신다(4:14; 7:37-38). 따라서 예수님이 제자들에게 성령을 주신 것은 그들을 새롭게 창조하신다는 말이요, 그들의 사역이 예수님의 새 창조 사역과 연결된다는 뜻이다.

둘째, 이스라엘을 회복시키는 에스겔 37장을 생각나게 한다. 하나님은 에스겔 선지자를 통해 성령을 통한 새 창조, 그리고 이스라엘의 회복을 약속하셨다(겔 36:25-27; 37:1-14). 하나님은 이스라엘을 정결하게 하며, 새 영과 새 마음을 주신다고 약속하셨다. 성령을 주셔서 하나님의 법을 지키며 살게 하겠다고 하셨다. 그리고 생기를 불어넣어(*엠퓌사오*), 마른 뼈처럼 죽은 이스라엘이 다시 부활할 것을 약속하셨다(LXX 겔 37:9). 하나님의 이러한 약속은 예수님과 성령을 통해 이제 본격적으로 성취된다. 예수님이 성령을 주심은 바로 그를 믿는 자들이 새로운 이스라엘, 즉 하나님의 뜻을 행할 종말론적 공동체가 될 것임을 나타낸다.

셋째, 성령을 통해 아버지와 아들이 신자와 함께 거하신다는 예수님의 약속을 생각나게 한다(14:16-20, 23). 성령이 거하시는 곳은 하나님을 향한 예배가 드려지는 새로운 예배 처소이다(4:23-24). 성령이 거하시는 곳은 하나님의 가족인 성전이 시작되는 곳이다(14:2-3). 따라서 예수님이 성령을 제자들에게 주시는 것은 아버지와 아들이 제자들과 영원히 함께하시기 위함이다. 제자들은 하나님의 성전으로서 하나님이 거하시는 곳이 되며, 하나님을 향한 예배가 드려지는 곳이 된다. 제자들은 참된 성전이신 예수님과 성령으로 연결된다. 또한 제자들의 사역을 통해 성령의 전, 즉 하나님의 성전이 확대된다는 것을 암시한다. 한편, 이러한 성령론적, 교회론적, 선교론적 함의 외에, 여기에는 기독론적 의의도 있다. 예수님은 메시야로서 자신의 부활을 통해 성전을 건축하실 뿐 아니라, 성령을 주심으로 공동체 성전을 건축하신다. 이는 곧 메시야의 성전 건축을 언급한 스가랴 예언의 성취이다(슥 6:12-13).

이제 세상에 파송 받은 예수님의 제자들의 주요 사역은 죄를 용서하는 것이다(23절). 이 죄 용서 사역이 구체적으로 무엇을 가리키는지에 대해서는 논란이 있다.[21] 죄 용서의 권한이 10명의 사도들에게 주어졌고, 사도들의 뒤를 잇는 교회 사제들에게 주어졌다는 주장은 근거가 없다. 모리스가 바르게 지적했듯이, 이 자리에 10명의 사도들만 있었다기보다는 오히려 다른 제자

21. 자세한 논의는 다음을 참조. Schnackenburg, *John 3*, 326-8.

들도 같이 있었다고 보는 것이 적절할 것이다(눅 24:33-35).[22] 또한 죄 용서의 권한이 왜 도마에게는 주어지지 않았는지를 설명하기 쉽지 않다. 따라서 특정 개인이나 그룹에게 죄 용서의 권한이 주어졌다기보다는 부활하신 예수님의 공동체, 즉 교회 전체에 이러한 권한이 주어졌다고 보아야 할 것이다. 그렇다면 죄 용서 사역은 구체적으로 무엇을 말하는 것일까? 슈나켄버그는 세례, 죄 고백, 특별 간구, 기도 등 교회의 다양한 사역을 가리킨다고 주장한다.[23] 클링크는 죄 용서는 곧 예수 그리스도 안에서 평화를 누리는 것을 뜻하는데, 이것은 교회의 어느 특별한 사역을 말하는 것이 아니라고 한다. 오히려 교회의 모든 사역이 여기에 해당된다고 한다.[24] 그러나 카슨과 키너는 특별히 교회 공동체의 복음 전파 사역이라고 한다. 사람들이 예수 그리스도의 죄 용서의 복음을 받아들이면 그들의 죄가 사해지는 것이고, 거절하면 그들의 죄가 그대로 있는 것이 된다.[25]

제자들이 세상으로 파송을 받고 성령을 받는 문맥에 비춰볼 때(21-22절), 그들의 죄 용서 사역(23절)은 가장 기본적으로 복음 전파와 연결된다고 보아야 할 것이다. 그러나 복음 전파가 교회의 핵심 죄 용서 사역이지만, 그것에만 한정하여 볼 필요는 없다. 교회의 다양한 사역이 한 사람이 죄 용서 받아 거룩한 사람으로 성장하는 것과 관련이 있기 때문이다. 따라서 복음 전파에 초점을 두되, 나머지 다양한 교회 사역도 배제하지 말아야 할 것이다.[26]

22. Morris, *John*, 749.
23. Schnackenburg, *John 3*, 327.
24. Klink III, *John*, 866.
25. Carson, *John*, 655; Keener, *John 2*, 1207.
26. Beasley-Murray, *John*, 384.

※ 특주: 요한복음 성령 강림과 사도행전 성령 강림의 관계

요한복음 20:22에서 예수님이 제자들에게 성령을 주시는 모습은 장엄하면서도 감격스러운 장면이다. 그러나 성경을 종합적으로 읽고 해석하려 할 때 의문스러운 점이 있다. 즉, 다음의 질문이 떠오른다. 예수님이 부활절에 제자들에게 성령을 주시는 것은 사도행전에 나오는 오순절 성령 강림과 어떤 관련이 있을까? 이 질문에 대한 대답을 위해, 학자들은 크게 다음의 3가지 해석을 시도한다.

첫째, 요한복음 20:22을 오순절 성령 강림의 요한복음화로서 요한복음 성령 강림절(Johannine Pentecost)로 보는 견해가 있다.[27] 이 견해에 따르면, 요한복음 저자는 사도행전 오순절 성령 강림을 전혀 염두에 두고 있지 않다. 저자는 성령 강림에 대한 예언과 성취를 요한복음 안에서 다루고 있다. 다시 말하면, 요한복음에서 예수님의 성육신, 십자가와 부활, 그리고 성령 강림까지 전부를 포괄적으로 기술하고 있다. 그러므로 요한복음 20:22은 오순절 성령 강림의 요한복음식 표현이고, 단회적이며 온전한 성령 강림이다. 특히 요한복음 자체가 더 이상의 다른 성령 강림을 언급하거나 암시하고 있지 않다는 것이 중요한 근거가 될 수 있다. 굳이 비교하자면, 누가복음 24장과 사도행전 2장이 혼합되어 요한복음 20장에 나타나고 있다. 그러나 이 견해는 이어지는 에피소드들에 의해 무력화된다. 성령을 받고 난 다음에도 제자들은 여전히 불안해하고(20:26), 무기력한 모습을 보인다(21:1-14). 이는 제자들이 성령 받은 것이 온전하

---

27. Burge, *The Anointed Community*, 148-9; Beasley-Murray, *John*, 382; Borchert, *John 12-21*, 307-9; Brown, *John XIII-XXI*, 1039; 최갑종, "요한과 성령," 『성령과 율법』 (서울: 기독교문서선교회, 1994), 101-30.

지 않다는 것을 단적으로 보여준다. 사도행전 2장의 뒷부분과 요한복음 20장의 뒷부분이 너무 다르게 나타나고 있다.

둘째, 요한복음에서 예수님이 성령을 수여하시는 것은 사도행전 오순절 성령 강림을 예표하는 일종의 상징적 행위로 보는 견해가 있다.[28] 이 견해에 따르면, 요한복음에서는 실제로 성령 수여가 이루어진 것은 아니다. 오순절 성령 강림을 미리 내다보는 예기적(proleptic) 표현이다. 예수님의 성령 수여 뒤에 여전히 두려워하고(20:26), 무기력한 제자들의 모습(21:1-14)이 이를 뒷받침한다. 그러나 요한복음의 맥락에서 보면, 저자는 어느 정도 구속사의 진전을 염두에 두고 있는 듯하다. 부활하신 예수님이 제자들을 파송하시면서 성령을 주신다. 제자들은 성령의 능력으로 그의 사역을 계승하도록 사명을 위임 받는다. 또한 예수님이 숨을 내쉬면서 성령을 받으라고 하셨는데, 다만 상징적일 뿐이라면 뭔가 어색하다. 더욱이 이 상징이 실제로 이루어지는 오순절 성령 강림에 대해서, 요한복음 저자는 전혀 언급하지 않는다. 누가복음처럼 오순절 성령 강림을 기다리라는 어떤 언급도 없다(참고. 눅 24:49). 따라서 요한복음 20:22을 단순한 상징적 행위로 보기에는 무리가 있다.

세 번째 견해는 요한복음 성령 강림을 실제 일어난 사건으로 보지만, 사도행전 성령 강림과는 구분되는 것으로 본다. 요한복음에 나오는 예수님의 성령 주심은 실제 일어난 사건이지만, 제한적이면

28. Carson, *John*, 652-4; Köstenberger, *John*, 574; 이한수, 『신약이 말하는 성령』, 434-50.

서도 부분적이라는 말이다.[29] 그러나 부분적이며 제한적으로 일어난 성령 강림의 성격에 대해서는 다양한 주장이 있다. 다시 말하면, 요한복음 성령 강림이 사도행전 성령 강림과 비교해서 어떤 면에서 부분적인지는 여러 의견들이 있다(홀베르다, 터너, 휘태크, 슈나켄버그). 칼빈의 표현에 의하면, 요한복음 성령 강림은 "성령의 은혜가 가볍게 뿌려진 정도"였다.[30] 따라서 더 온전하고 충만한 성령 강림은 오순절에 일어날 것이다. 요한복음의 부활절 성령 강림은 예수님의 약속의 부분적 성취로 보아야 할 것이다. 사도행전 성령 강림의 모든 의의를 요한복음 안에서 내포하지만, 예수님의 성령 강림 약속이 온전하게 성취된 것은 아니다. 따라서 성령 강림이 실제로는 부분적으로 이루어졌지만, 요한복음 안에서 어느 정도 구속사적 의의를 지니는 사건으로 보아야 할 것이다.

교훈과 적용

1. 하나님의 교회는 평화 공동체이다. 예수님은 제자들에게 평화를 주기 위해 오셨고, 부활하신 후 제자들에게 평화를 선포하셨다. 예수님을 통해 우리는 하나님과 평화를 누리고, 사람들과 평화의 관계를 맺으며, 내면의 평화를 유지할 수 있다. 왜냐하면 예수님이 죄의 문제를 해결하시고, 우리를 죽기까지 사랑하셨으며, 영원히 우리

---

29. 알렉산드리아의 키릴로스는 부활절 성령 강림은 오순절 성령 강림의 부분적 성취라 한다. 제자들은 예수님이 숨을 내쉴 때, 부분적으로 성령에 참여하게 된다. 오순절 성령 강림을 미리 맛보는 것이다. 공생애 기간 동안, 예수님은 종종 제자들에게 이러한 경험을 하게 하셨다. 예수님은 변화산에서 베드로와 야고보와 요한으로 하여금 그의 부활의 영광을 미리 보게 하셨다. 또한 야이로의 딸을 살리시고, 나사로를 살리심으로, 그가 마지막 날 죽은 육체를 살리신다는 것을 미리 보여주셨다. 이와 같이 부활절 성령 주심도 오순절 성령 주심을 미리 맛보게 하신 사건이라 한다. Cyril of Alexandria, *John*, 370.
30. 칼빈, 『요한복음』, 759.

와 함께하실 것이기 때문이다. 세상이 주는 평화는 외적이며 일시적인데 반해, 예수님이 주시는 평화는 내면까지 포함하는 영원한 평화이다. 따라서 그리스도인은 이런 평화를 누리는 특권을 받았으며, 이런 평화의 복음을 전해야 한다.

2. 하나님의 교회는 성령 공동체이다. 부활하신 예수님은 제자들에게 성령을 주셨다. 제자들을 세상에 파송하실 때, 혼자 보내는 것이 아니라, 성령을 주시며 성령의 공동체가 되게 하셨다. 따라서 하나님의 교회는 성령과 함께하는 공동체요, 성령의 인도를 받는 공동체이며, 성령의 능력으로 살아가는 공동체이다. 그러므로 우리는 각 개인이 그리고 교회 공동체가 하나님의 성령으로 충만하게 해 달라고 기도해야 한다.
3. 하나님의 교회는 죄 용서 사역을 하는 공동체이다. 세상에 보내진 하나님의 교회는 무엇보다 죄 용서 사역에 집중해야 한다. 죄 용서를 위한 예수님의 말씀과 삶을 전하고 가르쳐야 한다. 예수님을 믿겠다고 결단하는 사람들에게 죄 용서의 세례를 베풀며, 그가 끊임없이 그리스도 안에서 거룩한 열매를 맺도록 격려하고 붙들어 주어야 한다. 예수님도 죄 용서 사역을 위해 세상에 오셨듯이, 예수님의 교회도 이를 위해 세상에 파송되었기 때문이다.

4. 도마에게 나타나신 예수님(20:24-31)

24 열두 제자 중의 하나로서 디두모라 불리는 도마는 예수께서 오셨을 때
에 함께 있지 아니한지라 **25** 다른 제자들이 그에게 이르되 우리가 주를
보았노라 하니 도마가 이르되 내가 그의 손의 못 자국을 보며 내 손가락
을 그 못 자국에 넣으며 내 손을 그 옆구리에 넣어 보지 않고는 믿지 아
니하겠노라 하니라 **26** 여드레를 지나서 제자들이 다시 집 안에 있을 때
에 도마도 함께 있고 문들이 닫혔는데 예수께서 오사 가운데 서서 이르
시되 너희에게 평강이 있을지어다 하시고 **27** 도마에게 이르시되 네 손가
락을 이리 내밀어 내 손을 보고 네 손을 내밀어 내 옆구리에 넣어 보라 그
리하여 믿음 없는 자가 되지 말고 믿는 자가 되라 **28** 도마가 대답하여 이
르되 나의 주님이시요 나의 하나님이시니이다 **29** 예수께서 이르시되 너

는 나를 본 고로 믿느냐 보지 못하고 믿는 자들은 복되도다 하시니라 30
예수께서 제자들 앞에서 이 책에 기록되지 아니한 다른 표적도 많이 행하
셨으나 31 오직 이것을 기록함은 너희로 예수께서 하나님의 아들 그리스
도이심을 믿게 하려 함이요 또 너희로 믿고 그 이름을 힘입어 생명을 얻
게 하려 함이니라

1) 예수님의 부활을 불신하는 도마(20:24-25)

도마의 헬라식 이름은 '디두모'였다. '도마'는 히브리식 이름인데, 두 이름 다 '쌍둥이'라는 뜻을 가진다. 앞서 예수님이 제자들에게 나타나셨을 때 도마는 그 자리에 없었다(24절). 다른 제자들이 주님을 보았다고 하자, 도마는 부활하신 예수님을 자신이 직접 보지 않고는 그의 부활을 믿지 못하겠다고 한다(25절). 다른 제자들의 증언을 받아들이지 않은 것이다. 심지어 도마는 손으로 직접 만져 보아야만 예수님의 부활을 믿겠다고 한다. 이러한 도마의 강한 불신은 당황스럽다. 물론 보지 않고 믿는 것은 쉽지 않은 일이지만, 다른 제자들이 분명하게 증언하는 데도 완강하게 거부하는 것은 당황스러운 일이다. 도마는 나사로의 부활 현장에도 있었다(11:16). 예수님의 고별 설교 현장에도 있었다(14:5). 그러나 그는 예수님의 부활을 믿지 않았다.

한편 예수님의 부활을 불신하는 도마의 태도는 당시 요한복음의 수신자들의 상황과 흡사할 수 있다. 그들은 예수님의 부활하신 몸을 직접 보지 못했다. 그들에게는 오로지 예수님의 부활을 직접 본 사람들의 증언만 있을 따름이다. 그들 회중에 혹은 그들이 복음 전하는 대상자들 중에 도마와 같은 반응을 하는 사람들이 있을 수 있다. 따라서 도마의 이야기는 요한복음 수신자들에게 아주 적절한 교훈이 될 수 있었을 것이다.

2) 예수님의 부활을 목격하는 도마(20:26-29)

8일 후에 예수님은 제자들에게 다시 나타나셨다(26절). 당시에는 당일부터 날짜를 세기 때문에 8일 후는 일주일 후를 의미하고, 이는 안식 후 첫 날, 즉 오늘날 주일이라는 뜻이다.[31] 19절에 이어, 26절도 예수님의 주일 출현을 언급한다. 요한복음은 주일에 예수님이 제자들에게 자신을 나타내 보이신 것을 강조한다. 요한계시록도 주의 날(주일)에 예수님의 계시를 받는 요한의 모습을 기록한다(계 1:10).

우리말 성경에는 "문들이 닫혔는데"로 되어 있지만, 원래 의미는 "문들이 잠겨 있다"는 뜻이다. 제자들이 여전히 두려움에 싸여 있었음을 말해주는 장면이다. 그런 제자들에게 예수님은 다시 평강을 선포하신다. 그리고 도마에게 자신의 손을 보이시며, 몸을 만져보라 하신다(27절). 여기서 우리는 모든 것을 아시는 전능하신 예수님을 만난다. 25절에서 도마는 다른 제자들에게 그의 불신을 이야기했다. 그런데 27절에서 예수님은 그러한 도마의 의심의 내용을 다 아시며, 도마에게 말을 건네신다. 그리고 도마의 의심을 확신으로 바꾸시기 위해, 자신의 몸을 보여주신다. 친절하게 배려하시는 예수님의 모습을 확인할 수 있다.

예수님을 본 도마는 "나의 주님이시요 나의 하나님이시니이다."라고 고백한다(28절). 부활하신 예수님을 만나서, 마침내 도마는 예수님의 신성을 고백한다. 자신의 의문을 알고 계시며, 부활하신 몸을 직접 보여주시는 예수님께 도마는 '주님'과 '하나님'이라 고백한다. 구약에서 여호와 하나님은 '주님'으로 일컬어지셨다. 이는 예수님의 신성에 대한 요한복음 전체의 고백이기도 하다. 요한복음은 예수님의 하나님이심을 선포하는 것으로 시작하는데(1:1), 이제 말미에 그분의 하나님이심을 선언하는 도마의 고백이 나온다(28절). 다른 한편, 앞서 특주에서 언급한 것처럼, 1세기 말 도미티아누스(Domitianus) 황제는 제국의 백성들에게 자신을 '우리의 주(主)와 신(神)'(dominus et

---

31. Borchert, *John 12-21*, 313.

deus noster)으로 부르도록 했다.[32] 로마 제국 상황에서 도마의 고백은 요한복음 수신자들에게 황제와 비교되었을 것이다. 1세기 말 로마 제국 안에서 있는 그리스도인들은 황제가 아니라, 예수님을 주님과 하나님으로 믿었다.

예수님은 도마에게 보지 않고 믿는 것이 복되다고 하신다(29절). 다시 말하면, 예수님의 부활에 대한 증언을 듣고 믿음을 가지는 것이 복되다는 말이다. '복되다'(μακάριος 마카리오스)는 요한복음에 두 번 등장한다. 세족식 후 겸손한 섬김을 강조하시면서, 예수님은 이를 행하는 자가 복되다고 하셨다(13:17). 이제 예수님은 십자가와 부활을 직접 목격하지 않더라도, 증언의 말씀을 듣고 믿는 자가 복되다고 하신다.

다른 복음서에 비해, 요한복음은 도마를 많이 주목한다. 요한복음 전체에서 '도마'라는 인물은 이중적으로 묘사된다. 그는 영적 무지의 대명사로 나타난다. 나사로를 살리러 가시는 예수님을 따르면서 죽으러 가자고 한다(11:16). 예수님이 가시는 길을 알지 못하고 물리적인 길로 오해한다(14:5). 마침내 예수님의 부활에 대한 증언을 믿지 못하고 의심한다(20:25). 그러나 긍정적인 측면에서, 도마는 목숨을 걸고 예수님을 따른다(11:16). 예수님이 가시는 길을 궁금해 하고, 적극적으로 대화에 참여한다(14:5). 그리고 마침내 그 누구도 하지 못한 위대한 신앙 고백을 한다(20:28).

또한 본 단락에서 도마의 부정적인 모습과 예수님의 긍정적인 모습이 대조된다. (1) 도마의 영적인 무지와 예수님의 전지하신 모습이 비교된다. 예수님은 도마가 의심을 고백하는 순간에 함께 계시지 않았지만, 모든 것을 아시고 도마에게 다가 오신다(27절). (2) 도마의 완고한 모습과 예수님의 자상하신 모습이 대조된다. 보고 만지지 않고는 도무지 믿지 못하겠다고 하는 도마에게 자신의 몸을 직접 보이신다. 그에게 부활하신 자신의 몸을 만질 기회를 주신다. 그에게 믿음의 기회를 주신 것이다. (3) 보고 믿는 도마의 모습과 보

32. Lincoln, *John*, 503.

지 않고 믿는 믿음을 제시하시는 예수님의 모습이 대조된다. 도마는 마침내 믿지만, 예수님은 보지 않고 증언만을 듣고도 믿는 것이 복되다고 하신다. 보지 않고 믿는 믿음이 더 확실할 수 있기 때문에 복되다고 하신다. 또한 보고만 믿는다면 영생을 얻는 사람은 제한적이다. 예수님은 보지 못하고 믿는 믿음을 제시하시면서 영생을 얻는 사람들의 지평을 넓히신다. 믿음과 영생의 길이 모든 사람에게 열려 있다. 그러한 믿음의 사람들에게 복되다고 하신다.

3) 요한복음의 기록 목적(20:30-31)

요한복음의 기록 목적을 명확하게 밝힌 대목이다. 요한복음은 기본적으로 예수님의 표적을 기록한 책이다(30절). 다만 예수님이 행하신 모든 표적을 기록한 것이 아니라, 그의 기록 목적에 맞게 선별적으로 기록하였다. 이러한 기록의 목적은 두 가지이다. 첫째, 기독론적 목적으로서 예수님이 누구신지를 독자들로 하여금 알게 하기 위함이다. 예수님이 하나님의 아들이시며, 메시야(그리스도)이시라는 사실을 보여주기 위함이다. 둘째는 구원론적 목적으로서 독자들로 하여금 그러한 예수님을 믿고, 생명을 얻게 하기 위함이다. 여기서 헬라어 사본상의 두 가지 해석 가능성이 있다. "믿게 하려 함이요"의 헬라어 구문은 사본에 따라 가정법 과거도 있고, 가정법 현재도 있다. 가정법 과거는 회심의 믿음을 암시하여, 요한복음의 기록 목적은 읽는 독자들로 하여금 회심하게 하는 데 있다는 것을 의미한다. 그러나 헬라어 원문이 가정법 현재라면, 이는 지속적 믿음을 암시하는데, 읽는 독자들로 하여금 계속 믿음을 지키게 하는 데 요한복음의 기록 목적이 있다는 뜻이다.[33]

요한복음 저자는 기본적으로 신자와 불신자 모두를 염두에 두고 기록하였을 것이다. 요한이 목회하던 에베소 교회 성도들을 비롯해 신자들을 위해 일차적으로 썼다고 보는 것이 좋을 것이다. 요한복음은 하나님의 백성들이

---

33. 자세한 논의는 서론과 다음을 참조. Fee, "On the Text," 29-42.

예수님이 어떤 분인 줄 알고, 계속 신앙생활을 잘할 수 있도록 격려하는 책이다. 또한, 하나님의 말씀으로서 요한복음은 그것을 읽는 모든 사람에게 영향을 끼치기 위해 기록되었을 것이다. 불신자들이 예수님을 알고 회심하여 영생을 얻도록 하기 위해 기록되었다. 그러므로 요한복음은 믿음이 없는 자에게는 믿음을 갖도록 하기 위해, 믿음이 약한 자에게는 굳건한 믿음을 갖게 하기 위해, 그리고 믿음이 굳건한 자에게는 지속적으로 굳건하게 믿도록 하기 위해 기록되었다. 요한복음은 신자와 불신자를 불문하고, 읽는 모든 사람들에게 예수님에 대해 가르칠 수 있는 책이다.

교훈과 적용

1. 예수님을 믿는 것이 중요하다. 도마가 보지 않고서는 믿지 못하겠다고 하자, 예수님은 그에게 다시 나타나셔서 믿는 자가 되라고 격려하시고 촉구하신다. 자신의 상처를 보이시고, 심지어 만지라고까지 하시며, 그가 믿는 자가 되기를 원하신다. 예수님은 한 사람이 그를 믿고, 생명을 얻는 것을 무엇보다 중요하게 생각하시기 때문이다. 그러므로 우리도 믿음을 소중히 여기는 그리스도인이 되어야 하겠다. 믿음이 생기고, 믿음이 자라는 신앙의 도리를 귀하게 여겨야 한다.
2. 예수님을 주님과 하나님으로 믿는 것이 중요하다. 황제가 세상을 움직이는 것 같은 그 시대에도 예수님이 주님이시요 하나님이셨다. 오늘날도 다른 무엇이 세상을 움직이는 것 같다. 돈이 세상을 움직이고, 권력이 세상을 움직이는 것 같다. 그러나 그리스도인은 예수님이 세상을 주관하시는 주님이시요 하나님이시라는 고백을 하는 사람이다. 예수님이 사람에게 영원한 생명을 주시고, 최종 심판을 하시는 분이라는 것을 믿는 사람이다.
3. 예수님에 대한 증언(말씀)을 통해 믿는 것이 중요하다. 사도 시대 이후에는 예수님의 십자가와 부활을 직접 보지 않았지만, 사람들은 증언의 말씀을 통해 듣고 믿는다. 직접 보지 않아서 믿을 수 없다는 사람도 있지만, 참된 믿음은 예수님의 십자가와 부활을 목격한 사람들의 증언을 받아들이는 것이다. 그럴 때 진정한 생명을 얻고, 그 생명을 가지고 이 땅을 살아갈 수 있다.

제21장

결문

(21:1-25)

본문 개요

요한복음의 기록 목적이 20장 말미에 나와 있어서, 마치 20장에서 요한복음이 끝나는 것처럼 보인다. 그래서 어떤 이들은 21장을 원래의 요한복음에 덧붙여진 부록으로 보기도 한다. 그러나 20장과 21장의 연속성은 좀처럼 부인할 수 없다. 21장은 부활하신 예수님과 교회의 관계에 대한 중요한 의미를 시사하고 있다. 부활하신 예수님이 실패한 인생을 어떻게 다루시는지 보여주는 장면이 들어있다. 예수님은 용기 잃은 제자들을 다시 찾아가셔서 그들로 하여금 부활하신 주님을 다시 체험하게 하신다. 또한 자신을 배신한 베드로와 개인적인 대화를 하시고, 그에게 위대한 사명을 주신다. 이를 통해 제자들을 격려하시고 굳건하게 세우셔서, 그의 교회를 든든하게 하시려는 예수님의 의도를 엿볼 수 있다.

내용 분해

1. 제자들에게 세 번째 나타나신 예수님(21:1-14)
   1) 예수님 없는 제자들의 곤란한 상황(21:1-3)
   2) 예수님이 나타나셔서, 말씀하심(21:4-8)
   3) 예수님이 제자들에게 음식을 공급하심(21:9-14)
2. 베드로를 향한 예수님의 세 번의 질문과 명령(21:15-17)
   1) 베드로를 향한 예수님의 질문(21:15-17)
   2) 베드로를 향한 예수님의 명령(21:15-17)
3. 베드로와 사랑하시는 제자의 사명(21:18-25)
   1) 베드로의 사명과 운명(21:18-19)
   2) 예수님이 사랑하시는 제자의 운명(21:20-23)

3) 예수님이 사랑하시는 제자의 사명(21:24-25)

본문 주해

1. 제자들에게 세 번째 나타나신 예수님(21:1-14)

1 그 후에 예수께서 디베랴 호수에서 또 제자들에게 자기를 나타내셨으니
나타내신 일은 이러하니라 2 시몬 베드로와 디두모라 하는 도마와 갈릴리
가나 사람 나다나엘과 세베대의 아들들과 또 다른 제자 둘이 함께 있더니
3 시몬 베드로가 나는 물고기 잡으러 가노라 하니 그들이 우리도 함께 가
겠다 하고 나가서 배에 올랐으나 그 날 밤에 아무것도 잡지 못하였더니 4
날이 새어갈 때에 예수께서 바닷가에 서셨으나 제자들이 예수이신 줄 알
지 못하는지라 5 예수께서 이르시되 얘들아 너희에게 고기가 있느냐 대
답하되 없나이다 6 이르시되 그물을 배 오른편에 던지라 그리하면 잡으
리라 하시니 이에 던졌더니 물고기가 많아 그물을 들 수 없더라 7 예수께
서 사랑하시는 그 제자가 베드로에게 이르되 주님이시라 하니 시몬 베드
로가 벗고 있다가 주님이라 하는 말을 듣고 겉옷을 두른 후에 바다로 뛰
어 내리더라 8 다른 제자들은 육지에서 거리가 불과 한 오십 칸쯤 되므로
작은 배를 타고 물고기 든 그물을 끌고 와서 9 육지에 올라보니 숯불이 있
는데 그 위에 생선이 놓였고 떡도 있더라 10 예수께서 이르시되 지금 잡
은 생선을 좀 가져오라 하시니 11 시몬 베드로가 올라가서 그물을 육지에
끌어 올리니 가득히 찬 큰 물고기가 백쉰세 마리라 이같이 많으나 그물이
찢어지지 아니하였더라 12 예수께서 이르시되 와서 조반을 먹으라 하시
니 제자들이 주님이신 줄 아는 고로 당신이 누구냐 감히 묻는 자가 없더
라 13 예수께서 가셔서 떡을 가져다가 그들에게 주시고 생선도 그와 같이

하시니라 14 이것은 예수께서 죽은 자 가운데서 살아나신 후에 세 번째로 제자들에게 나타나신 것이라

본 단락은 예수님의 나타나심을 강조한다. '나타나다'(φανερόω, *파네로오*)는 말이 1절에 두 번, 그리고 단락의 마지막 절에 한 번 반복 사용된다. 인클루지오(inclusio) 구조(21:1, 14)를 이루어서, 본 단락이 예수님의 다시 나타나심에 초점을 맞추고 있음을 드러낸다.

1) 예수님 없는 제자들의 곤란한 상황(21:1-3)

요한복음 20장은 요한복음의 클라이맥스와도 같다. 예수님의 부활, 성령 주심, 그리고 제자들에게 사명을 부여하심 등과 같은 일련의 사건들로 이루어져 있다. 21장은 제자들이 이러한 엄청난 사건들을 경험한 후, 예수님이 다시 제자들을 만난 일을 기록한다. 공간적으로는 예루살렘이 아니라, 디베랴 호수로 장소가 바뀐다(1절). 디베랴 호수는 갈릴리 호수의 다른 이름이다. 앞서 예루살렘에서 예수님을 만났던 제자들은 지금 디베랴 호수에 있다. 다른 복음서를 통해 그 이유를 유추해 보면, 그것은 예수님의 명령 때문이다. 부활하신 예수님은 제자들에게 갈릴리에서 만나자고 하셨다(마 26:32; 28:7; 막 14:28; 16:7). 아마도 제자들은 예수님의 이 말씀을 따라 갈릴리로 왔던 것 같다.

주님과 깊은 인연이 있는 일곱 명의 제자가 등장한다(2절). 특히 앞서 나오는 세 명의 제자들은 다른 제자들에 비해 이름이 분명하게 나올 뿐 아니라, 요한복음에서 각각 예수님과 특별한 관계를 맺은 사람들이다. 예수님에 대해 그리고 예수님의 부활에 대해 누구보다 분명한 체험을 가지고 있는 사람들이다. 베드로는 예수님의 빈 무덤을 직접 목격하였다(20:1-10). 또한 예수님이 처음 제자들에게 나타나셨을 때 부활하신 주님을 직접 만났다(20:19-23). 도마는 부활을 믿지 못하겠다고 하여, 직접 예수님의 몸을 만져 본 제자이다(20:24-29). 나다나엘은 일찍이 무화과나무 아래 있는 자신을 예수님이 알아주시자, 예수님을 '하나님의 아들', '이스라엘의 임금'으로 고백한 인물이다(1:45-49).

그런데 갈릴리에 도착한 베드로가 갑자기 고기를 잡으러 가겠다고 한다(3절). 다른 제자들도 베드로를 따라 간다. 베드로와 다른 제자들은 왜 고기를 잡으러 갔을까? 학자들의 견해는 나뉜다. 사람 낚는 어부로 부르신 예수님의 소명을 뒤로하고, 베드로는 다시 예전 모습으로 돌아갔다고 주장하는 학자들이 있다.[1] 한편 베드로는 단지 먹을 것을 구하는 차원에서 고기를 잡으러 갔을 수도 있다고 보는 학자들도 있다.[2] 그러나 이유 여하를 막론하고 그들의 시도는 허사였다. 밤새 그물질을 하고 발버둥을 쳤지만 아무것도 잡지 못했다(3절). 심한 좌절과 절망의 순간이었을 것이다.

3절에 나오는 '밤'(νύξ, *뉙스*)을 상징적으로 해석하려는 시도도 있다. 갈릴리 호수에서 '밤'은 고기를 잡는 적당한 시간일지라도, 요한은 여기에 상징적 의미를 부여하였다는 것이다. 카슨은 부활하신 주님의 깊은 진리를 아직 제대로 깨닫지 못한 제자들의 영적 무지를 뜻한다고 본다.[3] 존 하일은 예수님의 부재를 상징한다고 보며, 그래서 제자들은 아무 열매를 얻지 못했다고 한다(9:4-5; 15:5).[4] 그러나 제자들의 상황이 부정적이었던 것은 맞지만, 본문에 나오는 '밤'이 정확하게 상징적인 의도로 사용되었는지는 불분명하다. 갈릴리(디베랴) 호수의 고기 잡는 적정 시간은 주로 밤이었다.[5] 그래서 제자들은 밤샘 작업을 했을 것이다. 그런데 아무런 소득이 없었다. 본문은 이렇게

---

1. J. L. Resseguie, *The Strange Gospel: Narrative Design and Point of View in John* (Leiden: Brill, 2001), 97.
2. Beasley-Murray, *John*, 399; Borchert, *John 12-21*, 325.
3. Carson, *John*, 670.
4. J. P. Heil, *The Gospel of John: Worship for Divine Life Eternal* (Eugene: Wipf&Stock, 2015), 154.
5. Keener, *John 2*, 1227.

일차적으로 역사적 사실을 바탕으로 하여 예수님과 제자들이 다시 만난 이야기를 기술하고 있다. 물론 제자들의 실패와 밤이라는 시간대가 '부정적인 분위기'를 조성하는 것은 분명하다.[6]

3절이 말하는 제자들의 이러한 헛수고는 이들에게 처음은 아니었다. 누가복음 5장에 따르면, 예수님을 만나기 전에도 그들은 이런 일을 겪었었다(눅 5:1-11). 밤이 맞도록 수고하였지만, 전혀 소득이 없었다(눅 5:3). 그런데 예수님을 만나기 전에 일어났던 그 일이 예수님을 만나고도 또 일어난 것이다. 예수님의 부활을 경험했는데도 자기 삶에 아무런 역사도 일어나지 않는 것이다. 심지어 성령을 받았는데도 자기 삶에 아무런 기적이 나타나지 않았다. 여기서 독자들은 제자들의 절망이 심히 컸을 것이라 짐작할 수 있다. 예수님이 나타나신 때는 바로 제자들이 이렇게 깊은 절망 가운데 있을 때였다.

2) 예수님이 나타나셔서, 말씀하심(21:4-8)

마침내 예수님이 등장하셨다(4절). 1절과 14절에 언급된 '나타나다'는 말이 실제 일어나는 구절이다. 14절에는 예수님의 이러한 나타나심이 세 번째라 일컫는다. 부활하신 후에, 예수님은 계속 제자들에게 나타나셨는데, 오늘 본문은 세 번째 나타나신 장면이다. 제일 처음에는 두려워하는 제자들에게 나타나셨다(20:19). 제자들은 예수님의 부활을 기대하지 않고, 예수님의 죽음 때문에 두려워하였다. 예수님은 그러한 제자들에게 평안을 선포하시며, 부활하신 자신을 보여주셨다(20:19-23). 두 번째는 주님의 부활을 믿지 못하는 도마에게 나타나셨다(20:24-29). 물론 제자들에게 다시 나타나신 것이지만, 부활하신 예수님을 직접 만져 보지 않고는 그의 부활을 믿지 못하겠다고 하는 도마에게 특별히 나타나셨다. 그리고 이제 디베랴 호수에서 예수님은 제자들에게 세 번째 나타나셨다.

---

6. 황원하, 『요한복음 해설노트』 (서울: SFC, 2011), 331.

빛이신 예수님이 어둠 가운데서 고생한 제자들에게 말씀하신다(5절). 절망 가운데 있는 제자들에게 희망이신 예수님이 먼저 다가오셔서 말씀하신다. 밤새도록 수고하였지만 아무것도 잡지 못한 제자들에게 "그물을 배 오른편에 던지라 그리하면 잡으리라"(6절) 말씀하신다. 이에 제자들은 그물을 오른편에 던지고, 그물을 들 수 없을 정도로 많은 물고기를 잡는다. 물론 제자들은 예수님의 말씀을 들을 당시 그분이 예수님인 줄 몰랐다. 그러나 엄청난 결과를 얻고 나서 예수님을 알아본다. 그래서 결국 예수님의 말씀을 들었을 때 엄청나게 풍성한 결과를 얻을 수 있다는 교훈을 다시 얻는다. 예수님을 떠나서는 아무것도 할 수 없다는 말씀을 생각나게 한다(15:5).

말씀하시는 예수님, 그리고 그 말씀에 순종했을 때 놀라운 기적을 경험한 이야기는 요한복음 여기저기에서 어렵지 않게 볼 수 있다. 돌 항아리에 물을 채우라는 예수님의 말씀에 순종했을 때 물이 포도주로 바뀌는 기적을 경험한다(2:1-12). 아들이 살았다는 말씀을 믿고 돌아갔을 때 왕의 신하는 아들이 고침 받는 기적을 목격한다(4:46-54). 베데스다 못가의 병자는 자리를 들고 걸어가라는 예수님의 말씀을 듣고 순종하여 38년 동안 앓았던 병을 치유받는다(5:1-9). 날 때부터 맹인이었던 사람은 실로암 못에 가서 씻으라는 예수님의 말씀에 순종하여 시력을 회복한다(9:1-7). 죽은 나사로의 가족과 이웃들은 돌을 옮겨 놓으라는 예수님의 말씀에 순종했을 때 죽은 자의 부활을 목격하게 된다(11:1-44). 이와 같이 요한복음에서 기적은 하나 같이 말씀에 순종하는 사람들을 통해 일어난다. 뿐만 아니라, 이중 다수는 공개적으로 행해진 기적, 즉 표적이 되어 사람들이 단순한 기적 이상을 경험하게 된다. 같이 있던 사람들이 표적을 통해 구원 역사적 메시지를 듣게 된다. 물론 여기서 순종을 지나치게 강조하여, 심지어 하나님의 주도권마저 무시하는 해석을 조심해야 한다. 하나님께서 그분의 주권적 역사를 일으키실 때 인간의 순종을 사용하시는 것이지, 인간의 순종이 하나님을 움직이는 것이 아니다.

3) 예수님이 제자들에게 음식을 공급하심(21:9-14)

밤새 고기 잡느라 수고한 제자들에게 예수님은 물고기와 빵을 준비하시며, 그들의 허기진 배를 채워 주신다. '숯불'(ἀνθρακιά, *안뜨라키아*)(9절)이라는 단어는 요한복음에서 두 번 등장한다. 이 구절 이외에, 다른 용례는 앞서 대제사장의 집 앞에서 베드로가 쬐던 '숯불'을 가리킨다(18:18). 배신의 장소를 생각나게 한다. 그러나 예수님은 그런 배신도 감싸 안으시면서 베드로에게 음식을 공급하신다. 또한 요한복음 전체에서 '물고기'와 '떡'이라는 단어가 동시에 나오는 다른 곳은 오병이어 사건을 기록한 요한복음 6장이다. 거기서도 예수님은 굶주린 백성들의 필요를 채워 주시는 자상하신, 그러나 위대하신 하나님의 아들 그리스도로 묘사된다. 그런데 그곳에서 예수님은 떡과 포도주가 아니라, 그것이 예표하는 그의 살과 피를 통해 궁극적으로 우리가 살게 될 것임을 말씀하셨다. 예수님은 육체의 양식을 공급하시는 자상하신 분이지만, 궁극적으로 자신의 몸을 희생하여 그의 백성을 살게 하시는 분이다. 이 단락에서도 예수님은 제자들의 육체적인 필요를 채워 주는 자상하신 분으로 나온다. 다만 요한복음 전체에서 볼 때, 독자들은 육체적 양식을 뛰어 넘어, 예수님의 살과 피가 진정한 영생의 양식임을 잊지 말아야 할 것이다. 다시 말하면, 예수님은 잘 차려진 밥상을 뛰어 넘어, 그의 살과 피까지 바쳐서 제자들에게 영생을 주기 원하시는 분이다. 이 단락에서 예수님의 음식은 그의 자상한 공급과 함께 희생적 사랑을 생각나게 한다.

11절에 나오는 물고기 숫자(153)가 무엇을 상징하는지에 대해 이천년 기독교 역사에서 다양한 의견들이 제시되었었다. 그러나 어떤 특정한 상징적 의미를 유추하기에는 본문의 설명이 충분하지 않다. 학자들이 제시하는 그 어떤 상징적 의미도 광범위한 지지를 받고 있지 않다. 따라서 본문에 나오는 숫자는 다만 사건의 역사성을 강조하기 위한 것으로 보아야 한다. 본문은 제자들이 꾸며낸 허구적 에피소드가 아니라, 예수님의 제자들이 직접 보고 경험한 역사적 사실에 대한 기록이다.

앞서 '나타나다'(φανερόω, *파네로오*)라는 동사를 통해 이 단락이 인클루지오(inclusio) 구조를 이루고 있으며, 제자들에게 다시 나타나신 예수님을 강조한다고 하였다. 14절에서는 예수님의 나타나심이 '세 번째'라 분명히 밝힌다. 다시 말하면, 부활 후에 제자들에게 나타나셨고(20:19-23), 도마와 제자들에게 한 번 더 나타나셨고(20:24-29), 이제 디베랴 호수에서 세 번째 나타나신 것이다(21:1-14).

교훈과 적용

1. 예수님은 다시 나타나시는 분이다. 엄청난 부활의 은혜를 체험한 후, 다시 위기 앞에 놓인 제자들을 예수님은 다시 찾아 오셨다. 부활 이후에도 변화 없는 자신의 삶을 보며 낙심하는 제자들을 다시 찾아 오셨다. 오늘날 우리도 많은 은혜를 받았지만, 때때로 무기력한 모습을 하고 있다. 그럴 때마다 예수님은 다시 나타나신다. 앞으로 우리의 인생에 수많은 우여곡절이 기다리고 있지만, 우리는 다시 찾아오시는 예수님을 소망해야 한다.
2. 예수님은 다시 말씀하시는 분이다. 예수님은 말씀으로 베드로와 제자들에게 풍성한 결과를 주셨다. 예수님은 늘 말씀하시는 분이다. 말씀으로 세상에 오신 예수님은 제자들과 늘 말씀하시는 분이셨다. 이제 부활하신 후에도 말씀으로 제자들에게 찾아오셨다. 예수님은 오늘도 말씀으로 그 백성을 인도하신다. 이천년 전에 말씀하신 예수님은 지금도 말씀하신다. 말씀을 꾸준히 묵상하고 공부함으로, 예수님의 인도를 받아야 하겠다.
3. 예수님은 다시 채우시는 분이다. 예수님은 밤새도록 수고한 제자들의 허기진 배를 채우셨다. 예수님은 목마른 자들의 갈증을 채우시며, 배고픈 자들의 배고픔을 해결하시는 분이다. 신앙생활하는 동안 예수님은 때마다 시마다 우리를 은혜로 채우셨다. 따라서 지금 영육 간에 궁핍한 우리를 주님께서 다시 채우시는 것을 소망해야 한다. 다시 채우시는 예수님을 늘 생각하며 오늘도 믿음의 삶을 살아야 한다.

2. 베드로를 향한 예수님의 세 번의 질문과 명령(21:15-17)

15 그들이 조반 먹은 후에 예수께서 시몬 베드로에게 이르시되 요한의 아

들 시몬아 네가 이 사람들보다 나를 더 사랑하느냐 하시니 이르되 주님
그러하나이다 내가 주님을 사랑하는 줄 주님께서 아시나이다 이르시되
내 어린양을 먹이라 하시고 16 또 두 번째 이르시되 요한의 아들 시몬아
네가 나를 사랑하느냐 하시니 이르되 주님 그러하나이다 내가 주님을 사
랑하는 줄 주님께서 아시나이다 이르시되 내 양을 치라 하시고 17 세 번째
이르시되 요한의 아들 시몬아 네가 나를 사랑하느냐 하시니 주께서 세 번
째 네가 나를 사랑하느냐 하시므로 베드로가 근심하여 이르되 주님 모든
것을 아시오매 내가 주님을 사랑하는 줄을 주님께서 아시나이다 예수께
서 이르시되 내 양을 먹이라

예수님은 베드로에게 세 번이나 같은 질문을 반복하신다. 베드로가 예수님을 사랑하는지에 대한 질문이었다. 이에 베드로는 그가 예수님을 사랑하는 것을 예수님이 알고 계시다고 세 번 대답한다. 예수님은 같은 질문을 왜 세 번이나 하셨을까? 이는 아마도 베드로가 예수님을 세 번 부인한 것과 대조되는 장면을 연출하시려는 의도였던 것 같다. 베드로에게 예수님을 배신한 것은 평생 잊을 수 없는 수치요 상처였을 것이다. 예수님은 그러한 베드로의 마음을 헤아리시고 굳건하게 하셔서, 그의 양을 돌보는 목자로 세우신다. 앞 단락에서 부활하신 주님은 세 번이나 제자들에게 나타셔서 그의 부활을 확신시키시고, 그들을 격려하셨다(21:1-14). 이제 예수님은 베드로에게 세 번이나 같은 질문으로 그에 대한 베드로의 사랑을 확인하시고 격려하신다. 예수님은 모든 것을 다 아시지만, 베드로를 회복시키고 격려하시기 위해 반복적인 질문을 하신다. 그러한 회복과 격려 위에 위대한 사명을 주신 것이다.[7]

그렇다면 예수님의 질문과 베드로의 대답 다음에 이어지는 예수님의 세 번에 걸친 사명 위임은 어떤 의미일까? 아마도 세 번 질문 - 세 번 대답 - 세

---

7. Borchert, *John 12-21*, 333.

번 사명 위임은 서로 연결되어, 어떤 함의를 지니는 것 같다. 다시 말하면, 예수님의 질문과 베드로의 대답은 '회복'을 목표로 하지만, 그것이 최종 목표가 아니라는 뜻이다. 예수님은 베드로가 회복을 넘어 선교적 사명으로 나아가기를 원하신다. 베드로의 회복과 사명은 밀접한 관련을 맺는데, 예수님은 이것을 의도하신 것 같다.

다른 한편, 사랑에 대한 질문으로 유명한 이 단락에서 우리가 놓치기 쉬운 중요한 포인트가 있는데, 그것은 사랑의 순서다. 예수님의 사랑이 먼저다. 베드로에게 사랑을 요구하시기 전에, 예수님이 먼저 베드로를 사랑하셨다. 그를 먼저 선택하시고, 부르시고, 함께하셨다. 그를 위해 목숨을 버리셨다. 배신한 그를 포기하지 않으시고 다시 찾아오셨다. 그리고 이제 베드로에게 그도 예수님을 사랑하는지 물으시며 사명을 주신다. 하나님의 사랑도 마찬가지다. 하나님께서 예수 그리스도 안에서 우리를 먼저 사랑하셨다(3:16). 그래서 사도 요한은 요한일서에서 사랑을 이렇게 설명한다: "사랑은 여기 있으니 우리가 하나님을 사랑한 것이 아니요 하나님이 우리를 사랑하사 우리 죄를 속하기 위하여 화목 제물로 그 아들을 보내셨음이라"(요일 4:10). 그리스도인의 삶은 바로 이러한 하나님 사랑, 예수님 사랑에 대한 반응이다. 요한일서는 하나님의 사랑을 경험한 자는 형제 사랑으로 반응해야 한다고 하는데(요일 4:11), 요한복음에서 예수님은 그의 사랑을 경험한 자는 그를 사랑하도록 요구하신다. 물론 요한복음 전체에서 서로 사랑하라는 예수님의 명령이 있고, 또한 이 단락에서도 예수님을 사랑하는 자는 그의 양을 치도록 요청받고 있기 때문에, 요한복음과 요한일서의 사랑에 대한 교훈은 같은 방향을 가리키고 있다.

1) 베드로를 향한 예수님의 질문(21:15-17)

예수님은 시몬 베드로를 '요한의 아들'이라 부르신다(15절). 예수님이 베드로를 이렇게 부르신 것은 이미 1:42에 등장한다. 그러나 마태복음은 베드로를 '바요나 시몬', 즉 '요나의 아들'로 묘사한다(마 16:17). (자세한 설명은 1:42 주해를 참조하라) 이 장면에서 예수님이 베드로를 '요한의 아들'이라 부른 것은 아마도 베드로에게 그가 예수님을 처음 만났을 때를 기억나게 하려는 의도일 수도 있다. 예수님은 베드로의 배신이나 아픔을 지우시고, 의도적으로 새로운 시작을 알리시는 것이다.

'이 사람들보다'(15절)는 문법적으로 3가지 해석이 가능하다. 우리말로는 '이 사람들보다'라고 하였지만, 헬라어 원어(πλέον τούτων, *플레온 투톤*)에서 *투톤*은 남성과 중성의 뜻이 다 가능하다. 따라서 예수님의 질문은 다음의 3가지로 해석될 수 있다: ① 네가 이 사람들이 나를 사랑하는 것보다, 나를 더 사랑하느냐? ② 네가 이 사람들을 사랑하는 것보다, 나를 더 사랑하느냐? ③ 네가 이것들을 사랑하는 것보다, 나를 더 사랑하느냐? 여기서 '이것들'이란 물고기 혹은 물고기 잡는 것과 관련한 모든 일들을 가리킨다. 예수님이 이 세 가지 의미를 모두 염두에 두시고 질문하실 수 있지만, 학자들은 어느 하나의 의미일 것이라 주장한다.

위더링턴은 두 번째 견해를 피력한다.[8] 예수님은 베드로의 사랑과 다른 사람의 사랑을 비교하는 것이 아니다. 그에게 모든 사람들과 단절되더라도 예수님을 따를 수 있느냐를 질문하는 것이라 한다. 그러나 요한복음에서는 오히려 다른 사람을 사랑하라는 예수님의 교훈을 강조하기에(13:34; 15:12), 이는 좀 모순이 있다. 키너는 문맥에서 볼 때, 세 번째 견해가 가장 가능성이 높다고 한다.[9] 예수님은 베드로를 사람 낚는 어부로 부르셨기 때문에, 예수님은 다시 한 번 그의 소명을 확신시키는 것이라 한다. 다시 말하면, 예수님은 베드로에게 너의 원래 직업을 떠나, 사람을 돌보는 사역에 집중하라고 요구하시는 것이다. 이 견해는 전혀 일리가 없지 않다. 만약 앞 단락에 나오

---

8. B. Witherington III, *John's Wisdom: A Commentary on the Fourth Gospel* (Louisville: Westminster John Knox Press, 1995), 356.

9. Keener, *John 2*, 1236.

는, 베드로가 물고기 잡으러 가는 것(21:1-14)을 부정적 의미로 해석한다면, 키너의 견해는 매우 설득력이 있다. 그러나 대부분의 학자들은 첫 번째 견해를 주장한다(카슨, 모리스, 쾨스텐버거, 마이클스 등).[10] 다른 사람보다 뛰어난 베드로의 헌신은 요한복음에서 두드러진다(6:67-69; 13:36-38; 18:10; 21:7, 18-19). 베드로는 누구보다 주님에 대한 사랑과 헌신을 다짐했다. 그러나 배신의 추억은 그를 움츠리게 했고, 위대한 사명을 수행하는 데 방해가 되었다. 이에 예수님은 질문을 통해 베드로에게 다시 한 번 사랑과 헌신을 불러일으키신다.

여기서 '사랑하다'는 표현을 위해 헬라어 ἀγαπάω(*아가파오*)와 φιλέω(*필레오*)가 교대로 사용된다(15-17절). 혹자는 이 두 단어를 구분하여 신적 사랑(ἀγάπη, *아가페*)을 나타내는 *아가파오*는 '하나님 차원의 사랑'을, 친구 간의 사랑(φιλία, *필리아*)을 나타내는 *필레오*는 '인간 차원의 사랑'을 의미한다고 주장한다.[11] 그래서 처음에 예수님이 *아가페* 사랑을 요구하였지만, 베드로는 *필리아* 사랑으로 대답한다. 두 번째 질문에서도 예수님은 베드로에게 *아가페* 사랑을 기대하셨지만, 베드로는 여전히 *필리아* 사랑으로 대답한다. 마침내 세 번째 질문에서 예수님은 *필리아* 사랑으로 낮추어 베드로에게 질문하셨고, 이에 베드로는 *필리아* 사랑으로 대답하였다. 요컨대 처음에 예수님은 베드로에게 수준 높은 신적 사랑을 요구하셨지만, 베드로는 계속 인간적 차원의 사랑만을 고백한다. 그러나 마침내 예수님은 베드로의 눈높이에 맞춰 인간적 차원의 사랑을 요구하시고, 베드로도 이에 화답한다. 여기서 예수님의 넓은 마음과 자상한 성품을 엿볼 수 있다.

---

10. Carson, *John*, 675-6; Morris, *John*, 768; Köstenberger, *John*, 597; Michaels, *John*, 1043.

11. B. F. Westcott, *The Gospel according to St. John: the Greek Text with Introduction and Notes* (London: John Murray, 1908), 494-500; W. Hendriksen, *A Commentary on the Gospel of John* (Grand Rapids: Baker, 1961), 367. 아가페 역간, 『요한복음』; K. L. McKay, "Style and Significance in the Language of John 21:15-17," *NT* 27, no. 4 (1985), 319-33.

그러나 이러한 주장은 최근에 전혀 받아들여지지 않는다. 1세기 당시 두 단어는 구분 없이 많이 사용되었고, 특히 요한복음 자체가 구분 없이 두 단어를 사용한다. 예를 들어, 하나님 아버지의 사랑을 나타내는 5:20과 16:27은 *필레오*를 사용하고 있기 때문이다. 뿐만 아니라 17절을 보면, 문맥에서도 요한복음 저자가 *아가파오*와 *필레오*를 전혀 구분하지 않고 사용한다는 것을 알 수 있다. "주께서 세 번째 네가 나를 사랑하느냐(*필레오*) 하시므로"라는 말을 통해, 저자는 "네가 나를 사랑하느냐(*필레오*)"는 예수님의 질문이 세 번째라는 것을 밝히며, 앞에서 *아가파오*로 물으신 것까지 다 포함한다. 더욱이 문맥에서 비슷한 의미의 두 단어를 서로 바꿔 쓰는 용례가 두드러진다. '어린양'(ἀρνίον, *아르니온*)과 '양'(πρόβατον, *프로바톤*)이 함께 쓰이고, '먹이다'(βόσκω, *보스코*)와 '치다'(ποιμαίνω, *포이마이노*)가 함께 사용된다. 이는 요한복음의 전형적인 표현 기법이다. 예를 들어, 요한복음 서론에서 '알다'와 '영접하다'와 '믿다'는 같은 뜻으로 사용된다(1:10-12). 또한 예수의 '말씀'을 나타내는 λόγος(*로고스*, 8:37)와 ῥῆμα(*레마*, 8:20)는 뜻을 구분하기 쉽지 않다. 따라서 두 단어(*아가파오*/*필레오*)의 의미를 정확하게 구분하려는 시도는 요한복음의 전형적인 문체를 오해할 가능성이 높다.

2) 베드로를 향한 예수님의 명령(21:15-17)

예수님은 베드로의 대답을 들으실 때마다, 그에게 사명을 주신다. "양을 먹이라" 혹은 "양을 치라"는 말씀은 목자의 사명을 암시한다. 양을 먹이는 것은 원래 예수님의 사명이셨다(10:1-18; 참고. 겔 34:23; 37:24). 그러므로 예수님은 지금 베드로에게 자신의 양들을 위탁하시며, 자신을 대신하는 목자가 되라고 하신다. 신약에서 '먹이다'(βόσκω, *보스코*)가 상징적으로 사용된 것은 이곳이 유일하다(참고. 마 8:30). 특히 누가복음에서는 집나간 탕자가 돼지를 치는 모습을 묘사할 때, 이 단어를 사용한다(눅 15:15). 그는 먼 나라에 가서 아버지로부터 받은 유산을 다 탕진한 후에, 돼지를 먹이는 비참한 직업을 갖게 된다. 그러나 예수님을 따르는 베드로는 예수님의 양을 먹이는 놀라운 직분을 받는다. ‘치다’(ποιμαίνω, *포이마이노*)는 신약에서 예수님의 역할을 설명하기도 하고(마 2:6; 계 7:17), 교회 지도자의 역할을 나타내기도 한다(행 20:28). 문자적인 뜻은 양을 먹이고, 지키고, 인도하는 목자의 전반적인 목양 활동을 가리킨다.

그렇다면, ‘먹이다’와 ‘치다’는 본문에서 구체적으로 베드로의 어떤 목양을 일컫는 말일까? 요한복음 10장에 따르면, 목자로서 예수님은 양들에게 꼴을 제공하셨다(10:9). 그리하여 양들을 생명의 풍성함으로 인도하셨다(10:10). 또한 삯꾼과 달리, 예수님은 이리로부터 목숨을 다해 양들을 지키셨다(10:12-15). 그리고 양 우리 밖에 있는 다른 양들도 인도하셔서, 두 종류의 양들이 하나가 되게 하셨다(10:16). 이러한 목자로서 예수님의 모습은 베드로의 모델이 된다. 물론 예수님의 독특한 기독론적 역할을 베드로가 대신한다는 뜻은 아니다. 예수님이라는 위대한 목자의 위임을 받아, 양들이 예수님의 목양을 잘 받도록 도와주는 역할을 하는 것이다. 그럼에도 불구하고, 양을 목양하는 예수님의 자세를 본받아야 한다.

첫째, 양들을 꼴로 먹여야 한다. 양이 꼴을 먹고 자란다면, 성도는 무엇을 먹고 자라는가? 요한복음 10장 주해에서, 우리는 ‘꼴’을 통해 예수님이 구원(생명)을 주신다고 보았다(10:9). 목자이신 예수님이 오셔서 그의 양들에게 ‘꼴’을 주심으로, 종말론적 구원과 안식을 성취하신다는 말이다(참고. 사 49:9-10; 겔 34:12-15). 요한복음에서 성도에게 구원을 위해 필요한 꼴(양식)은 무엇인가? 생명의 양식(떡)이신 예수님을 가리킬 수도 있고(6:35), 예수님이 주시는 성령의 생수를 의미할 수도 있다(4:14; 7:37-39). 그러므로 목자로서 예수님의 제자들은 성도들을 예수님과 성령께로 인도하여 생명을 얻도록 해야 한다. 또한 요한복음에서 예수님은 말씀을 통해 생명을 주시기 때문에(6:63), 목자들이 말씀을 통해 성도들을 먹여야 한다고 볼 수도 있다. 예수님의 제자들은 예수님의 말씀을 신실하게 전파하고 가르쳐서 성도들을 먹여야 한다.

둘째, 양들을 지켜야 한다. 10장의 문맥에서 이리는 제자들을 향해 가해지는 세상의 위협이나 공동체의 어려움이다(10:12-15). 신약에서는 하나님의 사람을 괴롭히는 세상을 이리(λύκος, *뤼코스*)와 연결시킨다(마 10:16). 예수님은 칠십 명의 제자들을 세상에 파송하시면서, 어린양을 이리(*뤼코스*) 가운데로 보내는 것과 같다고 하셨다(눅 10:3). 세상 사람들은 제자들을 법정에 넘기기도 하고, 회당에서 채찍질하기도 할 것이기 때문이다(마 10:17). 사도 바울은 에베소 교회 장로들과 작별 인사를 하면서 이리(*뤼코스*)를 언급한다(행 20:28-30). 바울은 에베소 교회에 침투하여, 잘못된 가르침으로 사람들을 교묘하게 유혹하는 거짓 교사들을 가리켜 '사나운 이리'라 한다. 예수님은 이러한 위협과 거짓으로부터 목숨을 걸고 자신의 양들을 지키신 선한 목자이셨다. 따라서 이제 예수님께로부터 양들을 위임 받은 목자들도 위협과 거짓으로부터 교회를 지켜야 한다.

셋째, 다른 양들을 인도하여 하나 되게 해야 한다. 예수님은 우리에 들지 아니한 다른 양들도 인도하셨다. 그리하여 우리 안의 양들과 우리 밖의 양들이 하나 되게 하셨다(10:16). 앞서 이러한 예수님의 사역은 유대인과 이방인을 그리스도 안에서 하나 되게 하신 사건으로 해석하였다. 목자로서 예수님의 제자들은 이러한 예수님의 사역을 어떻게 계승할 수 있을까? 이는 선교론적 그리고 교회론적 함의를 지닌다. 제자들은 복음 전도를 통해 우리 밖의 다른 양들이 생명을 얻도록 해야 한다. 전도되어 공동체에 새로 들어 온 사람들과 기존의 구성원들이 그리스도 안에서 하나 되도록 힘써야 한다.

요컨대 본문에서 예수님이 목양을 위임한 대상은 베드로지만, 이는 제자들 전체를 향한 명령이다. 제자들의 리더십에 의해 세워지는 모든 교회들을 향한 사도적 사명을 가리킨다. 교회는 사도적 사명을 이어 받은 공동체로서 예수님의 목자 역할을 계승해야 한다. 이런 면에서 목자 기독론은 목자 교회론과 연결된다. 지상의 모든 교회는 예수님을 따라 목자의 역할을 충실히 감당해야 한다. 양들에게 꼴을 먹여야 하며, 양들을 지켜야 한다. 또한 다른 양들을 인도하여 하나 되는 공동체를 이루어야 한다.

한편 예수님은 베드로에게 '내' 양을 치라고 하신다. 다시 말하면, 예수님은 10장에 이어 자신을 양의 목자로 나타내시고(10:11, 14), 그 양은 예수님의 소유라는 것을 분명히 하신다. 그러므로 베드로는 양 무리를 치되, 양들이 주님의 소유라는 것을 기억해야 했다. 목자이신 주님을 본받아, 자신의 목숨을 다해 주님의 소유를 지켜야 했다(10:15; 21:18-19). 뿐만 아니라 그는 교회의 장로들에게 주님의 교훈에 따라 권면한다. 다시 말하면, 교회의 장로들은 목자장이신 예수님의 마음으로 양들을 사랑하고 섬기는 목자가 되어야 한다고 한다(벧전 5:2-3). 물론 양들은 예수님의 대리자인 목자에게 순종으로 화답해야 한다(히 13:17; 벧전 5:5).

교훈과 적용

1. 예수님은 회복시키시는 분이다. 베드로는 자칫 배신의 아이콘이 될 수 있었다. 주님을 부인했다는 죄책감에 평생을 고통 가운데 살 수 있었다. 그러나 예수님은 그런 베드로에게 재기할 수 있는 기회를 주신다. 예수님은 베드로의 상처 난 마음을 치유하시고 새롭게 하신다. 마음을 쓰다듬어 주시고, 영혼을 강건하게 하신다. 그래서 궁극적으로 그의 제자들이 그를 닮은 목자가 되게 하신다.
2. 예수님은 아시는 분이다. 베드로는 사명을 받기 전에, 예수님과 자신의 관계를 다시 한 번 생각해 볼 수 있는 기회를 얻는다. 이때 베드로는 예수님이 모든 것을 아신다고 고백한다. 모든 것을 알고 계시는 예수님을 의지한다. 예수님의 제자인 우리가 기억해야 할 것이 바로 이것이다. 예수님이 우리의 상황을 아시며, 우리 마음의 중심을 아신다. 사람들은 비록 몰라주더라도, 예수님이 아신다는 것을 믿고, 꿋꿋하게 사명자의 길을 가야 한다.
3. 예수님은 사명을 주시는 분이다. 예수님을 사랑하는 사람의 최종적 목표는 예수님이 주신 사명을 성취하는 것이다. 그것은 곧 그의 양들을 돌보는 것이다. 양들이 예수님을 만나 영생을 누리도록 꼴을 먹여야 한다. 양들이 위협이나 거짓에 휘둘리지 않도록, 말씀과 기도로 그들을 지켜야 한다. 그리고 더욱더 많은 양들이 생명을 얻

어, 하나님 나라가 확장 되도록 힘써야 한다. 이렇게 예수님의 목자들은 먹이고, 지키고, 확장시키는 일에 매진해야 한다.

3. 베드로와 사랑하시는 제자의 사명과 운명(21:18-25)

18 내가 진실로 진실로 네게 이르노니 네가 젊어서는 스스로 띠 띠고 원
하는 곳으로 다녔거니와 늙어서는 네 팔을 벌리리니 남이 네게 띠 띠우고
원하지 아니하는 곳으로 데려가리라 19 이 말씀을 하심은 베드로가 어떠
한 죽음으로 하나님께 영광을 돌릴 것을 가리키심이러라 이 말씀을 하시
고 베드로에게 이르시되 나를 따르라 하시니 20 베드로가 돌이켜 예수께
서 사랑하시는 그 제자가 따르는 것을 보니 그는 만찬석에서 예수의 품에
의지하여 주님 주님을 파는 자가 누구오니이까 묻던 자더라 21 이에 베드
로가 그를 보고 예수께 여짜오되 주님 이 사람은 어떻게 되겠사옵나이까
22 예수께서 이르시되 내가 올 때까지 그를 머물게 하고자 할지라도 네게
무슨 상관이냐 너는 나를 따르라 하시더라 23 이 말씀이 형제들에게 나가
서 그 제자는 죽지 아니하겠다 하였으나 예수의 말씀은 그가 죽지 않겠다
하신 것이 아니라 내가 올 때까지 그를 머물게 하고자 할지라도 네게 무
슨 상관이냐 하신 것이러라 24 이 일들을 증언하고 이 일들을 기록한 제
자가 이 사람이라 우리는 그의 증언이 참된 줄 아노라 25 예수께서 행하신
일이 이 외에도 많으니 만일 낱낱이 기록된다면 이 세상이라도 이 기록된
책을 두기에 부족할 줄 아노라

1) 베드로의 사명과 운명(21:18-19)

예수님은 젊었을 때 베드로의 모습과 늙었을 때 베드로의 모습이 다를 것이라 예언하신다(18절). 젊었을 때는 베드로가 마음대로 다닐 수 있었다. 자기 스스로 띠를 띠고 원하는 곳으로 다닐 수 있다. '띠를 띠다'(ζωννύω, 존

뉘오)는 옷을 입는다는 뜻인데, 신약에서는 이 구절과 사도행전 12:8에만 나온다. 사도행전에서도 주의 천사의 인도를 받아 감옥에서 나오기 위해 베드로가 띠를 띠는 모습으로 나온다(행 12:8). 따라서 베드로의 젊었을 때의 모습은 곧 그가 체포되어 순교하기 전까지의 모습을 나타낸다고 할 수 있다. 앞서 고기 잡는 장면에서, 베드로는 스스로 옷을 입고(7절), 마음대로 움직일 수 있었다(11절).[12]

그러나 그가 늙었을 때 모습은 그렇지 않다고 하신다. "네 팔을 벌리리니"(18절)는 고대 사회에서 십자가 죽음을 의미했다.[13] 따라서 18절은 예수님이 베드로가 십자가에 못 박혀 죽을 것을 예언하시는 것으로 보아야 한다. 요한복음 저자와 독자들은 이러한 예언이 성취된 것을 이미 경험했을 것이다. 로마의 클레멘트(Clement of Rome)도 베드로의 순교를 언급하고(1 Clement 5:4), 테르툴리아누스(Tertullianus)는 그가 십자가에 못 박혔다고 증언한다(Scorpiace 15).[14] 베드로행전 37-38장에 따르면, 그는 십자가에 거꾸로 매달렸다고 한다.

이어지는 구절에서 요한복음 저자 자신이 베드로가 팔을 벌리는 것과 그의 죽음을 연결시키고 있다(19절). 베드로의 죽음은 곧 하나님께 영광을 돌리는 것이다. 앞서 하나님은 예수님 안에서 영광을 얻으시는 분으로 묘사된다(13:31-32). 예수님은 죽음을 통해 아버지를 영화롭게 하셨다(17:1). 예수님은 사명을 성취하심으로 아버지를 영화롭게 하셨다(17:4). 이런 면에서 베드로의 삶은 예수님의 삶을 따라가는 것이다. 왜냐하면 예수님처럼 베드로도 죽음을 통해 하나님을 영화롭게 하기 때문이다. "나를 따르라"(19절)는 예수님의 말씀은 이를 암시한다. 문자적으로 이는 예수님과 함께 걷는 것을 의미하지만, 동시에 제자도를 암시하기도 한다(13:36). 다시 말하면, 베드로는 예

12. Michaels, *John*, 1047.
13. Morris, *John*, 773.
14. Carson, *John*, 680.

수님처럼 십자가의 삶을 살아가야 했다. 이는 다른 복음서에 나오는 제자도로서의 십자가 삶을 생각나게 한다(마 16:24; 막 8:34; 눅 9:23).

2) 예수님이 사랑하시는 제자의 운명(21:20-23)

베드로는 예수님께 그의 사랑하시는 제자의 운명에 대해 여쭙는다(21절). 예수님은 베드로에게 그의 운명에 대해 신경 쓰지 말고, 오직 예수님을 따르는 데 집중하라고 하신다(22절). '따르다'를 뜻하는 ἀκολουθέω(*아콜루떼오*)는 이미 19절에서 언급되었다. 19절에서는 문자적인 뜻이 조금 더 강하지만, 이 구절에서는 다분히 상징적인 뜻으로 사용되었다. 다시 말하면 제자도를 상징한다(참고. 1:43; 8:12; 12:26). 일찍이 예수님이 십자가를 지시기 전, 고별 강화에서 베드로는 예수님을 따르려 했다(13:36-38). 그러나 예수님은 나중에 베드로가 그를 따를 것이라 하셨다. 이제 십자가와 부활 이후, 예수님은 정식으로 베드로에게 따를 것을 명령하신다. 예수님을 따르는 제자도를 의미하며, 하나님의 영광을 위한 목양의 삶을 의미한다.

한편 목자와 양의 관계를 설명하는 10장에서도 *아콜루떼오*가 사용되었는데, 목자이신 예수님을 따르는 양을 소개한다(10:4-5, 27). 그 양은 타인의 음성을 따르지 않고, 목자의 음성을 따른다. 앞서 예수님은 베드로를 목자로 부르셨다. 자신의 양들을 베드로에게 위임하셨다. 베드로는 자칫 자신을 예수님과 동등한 목자로 오해할 수 있다. 그러나 베드로의 역할은 예수님과 동등한 역할이 아니다. 베드로도 예수님을 따르는 양에 불과하며, 그의 목자 역할은 위임된 역할이다. 따라서 베드로와 제자들은 항상 '목자'와 '양'이라는 자신의 두 가지 신분을 기억해야 한다. 베드로는 목자이면서 양이다. 예수님을 따라야 하는 양이면서, 동시에 다른 양들을 돌보아야 할 목자이다.

요한복음 저자는 사랑하시는 제자가 죽지 않을 것이라는 오해를 불식시킨다(23절). 예수님이 오실 때까지 그가 살아 있을 것이라는 말씀이 아니라고 한다. 설령 예수님이 오실 때까지 그가 살아 있더라도 베드로와는 아무 상관이 없다는 말씀이다(23절). 따라서 본 단락은 예수님이 사랑하시는 제자의 운명을 다루지만, 사실은 베드로의 사명을 계속 말하고 있다. 예수님이 베드로에게 그가 맡은 사명에 집중할 것을 강조하고 계시기 때문이다.

3) 예수님이 사랑하시는 제자의 사명(21:24-25)

'이 일들'(24절)은 요한복음 전체를 가리키며, 예수님에 관한 모든 증언을 의미할 것이다. 요한복음은 '증언'에서 시작해서 '증언'으로 끝을 맺는다. 요한복음은 세례 요한의 증언으로 시작하였다(1:6-9). 이제 끝 부분에서 예수님이 사랑하시는 제자의 증언이 나온다. 다시 말하면, 요한복음 전체는 바로 예수님에 대한 증언이다. 요한복음의 중심에 예수님에 대한 증언이 있다. 세례 요한의 주된 사역은 예수님을 증언하는 것이었다(1:7-8, 15, 32, 34; 3:26; 5:33). 예수님을 만난 사람들이 예수님을 증언했고(4:39), 예수님의 사역이 예수님을 증언했다(5:36; 10:25). 또한 하나님께서 직접 예수님을 증언하셨다(5:37; 8:18). 그리고 성경이 예수님을 증언하며(5:39), 마지막으로 요한복음 저자는 자기 자신을 증언하는 자로 묘사한다(19:35; 24절). 요한복음 저자는 예수님이 하나님의 아들, 메시야이신 것을 증언하여, 사람들로 하여금 믿어 영생을 얻게 하려고 이 책을 쓴 것이다(20:30-31).

베드로와 예수님이 사랑하시는 제자의 사명이 구분되는데, 이는 결과적으로 21절에 나오는 베드로의 의문에 대한 대답이기도 하다. 베드로는 죽음을 통해 하나님을 영화롭게 하였지만, 예수님이 사랑하시는 제자는 살아남아서 예수님을 증언하였다. 예수님의 사랑을 받았고 예수님을 사랑한 제자들이지만, 그들을 향한 예수님의 구체적인 부르심은 달랐다. 베드로에게는 순교하기까지 주님의 양들을 돌보라는 목양의 사명을 주셨다. 다른 한편, 사랑하시는 제자에게는 예수님에 대해 기록하라는 증언의 사명을 주셨다. 물론 이 말은 베드로와 사랑하시는 제자의 사명이 배타적이라는 것을 뜻하지 않는다. 즉, 베드로도 증언의 사명이 있고, 사랑하시는 제자도 목양의 사역을 했다. 다만, 예수님께 중점적으로 쓰임 받은 각자의 독특한 사명이 있다는 것이다. 그리고 그 최종 목표는 하나님을 영화롭게 하는 것이다(참고. 17:4; 21:19).

예수님이 사랑하시는 제자의 증언이 참되다고 말하는 '우리'(24절)는 누구인가? 다수의 학자들은 '우리'를 예수님이 사랑하시는 제자의 교회 공동체로 본다. 그의 교인들이 그의 증언의 진정성을 증명하고 있다는 말이다. 마치 복수의 증언자들이 예수님과 예수님의 말씀의 진실성을 증명하는 것처럼, 복수의 사람들이 예수님이 사랑하시는 제자의 증언을 지지하고 있다는 뜻이다. 그러나 이 구절에 나오는 '우리'를 요한복음 저자인, 예수님이 사랑하시는 제자 자신으로도 얼마든지 볼 수 있다. 왜냐하면 요한복음이나 신약에서 종종 1인칭 복수 형태를 통해 저자는 화자의 모습으로 나타나기 때문이다(예. 1:14; 3:2, 11; 20:2; 요일 1:2, 4, 5, 6, 7; 요삼 12; 고후 12:2-4).[15] 따라서 저자는 '우리'라는 말을 통해 자신의 증언이 참이라는 것을 강조하고 있다고 볼 수 있다.

교훈과 적용

1. 예수님은 우리를 제자로 부르신다. 우리는 예수님의 말씀을 따르는 제자들이다. 제자로서 우리는 다른 어떤 것에 관심을 기울이기보다, 주님의 말씀과 주님의 명령에 초점을 맞추는 삶을 살아야 한다. 양이 목자의 음성을 좇아가듯이, 제자인 우리는 예수님의 음성을 따라가야 한다. 심지어 목양의 삶을 살 때도, 우리는 먼저 예수님을 따라가는 그의 양이라는 것을 기억해야 한다. 제자도의 바탕 위에서, 우리는 진정 목자의 삶을 살 수 있다.
2. 예수님은 우리를 증언자로 부르신다. 예수님은 그의 사랑하시는 제자를 증언자가 되게 하셨다. 예수님이 사랑하시는 제자는 증언을 통해 그의 사명을 감당했다. 마찬가지로 오늘 예수님의 제자들은 살아 있는 동안 예수님을 증언하고, 그의 복음을 드러내야 한다. 각자 처한 환경이나 직업은 다르더라도, 자신의 삶의 영역에서 예

---

15. Köstenberger, *John*, 604; Bauckham, *Jesus and the Eyewitnesses*, 369-83.

수님을 드러내는 증언의 삶을 살아야 한다.

3. 예수님은 우리를 하나님의 영광을 위해 부르신다. 목자로 부르시든 증언자로 부르시든, 그 궁극적 목표는 하나님의 영광을 드러내는 것이다. 예수님도 한 평생 그것을 위해 사셨고, 예수님을 따라가는 우리도 그렇게 살아야 한다. 예수님을 따라가면서 하나님의 영광이 드러나도록 힘써야 한다. 예수님을 증언하고 영혼을 돌볼 때도 하나님의 영광이 드러나도록 힘써야 한다. 오늘 우리에게 주신 하나님의 사명은 서로 다를지라도, 우리 모두는 하나님의 영광을 위해 달려가야 한다.

참고문헌

권해생. “성전신학의 관점으로 본 요한복음의 선교 사상.” 「신약연구」 14/4 (2015), 458-82.

------ “아버지 집(요 14:2-3)의 3가지 해석 가능성에 관한 연구.” 「Canon & Culture」 8/1 (2014), 109-35.

------ “야곱 모티프에 기초한 새 이스라엘로서 예수와 예수 공동체의 모습(요 1:43-51).” 「신약연구」 18/4 (2019), 449-79.

------ “예수의 목마름(요 19:28)에 관한 연구.” 「신약연구」 20/2 (2021), 344-76.

------ “예수의 세족(요 13:1-17)에 나타난 성전과 가족으로서의 예수 공동체 모습.” 「교회와 문화」 32 (2014), 45-68.

------ “예수의 십자가와 하나님의 새로운 가족(요 19:25-27).” 「신약연구」 17/4 (2018), 526-55.

------ “요한복음 교회론 연구: 요한복음에 나타난 7가지 교회 모습과 논쟁들.” 「국제신학」 22/2 (2020), 149-82.

------ “요한복음 11:47-53에 나타난 예수 죽음의 배경과 목적: 성전과 유월절, 그리고 하나 됨.” 「신약연구」 20/1 (2021), 152-87.

------ “요한복음 20:19-23에 나타난 예수님의 성전 건축과 메시야 직분.” 「신약연구」 12/2 (2013), 214-39.

------ “요한복음의 새 창조 모티프: 표적, 십자가와 부활, 성전.” 「신약연구」 16/4 (2017), 135-75.

------ “요한복음의 십자가에 대한 해석과 논쟁 연구.” 「성경과 신학」 73 (2015), 73-100.

------ "The Critical Analysis of the Traditional Introduction to the Fourth Gospel." 「국제신학」 10/2 (2013), 23-45.
길성남. 『성경이 무엇을 말하느냐?』. 서울: 성서유니온선교회, 2014.
김문현. 『예수를 만난 사람들』. 서울: 영성네트워크, 2017.
김선정. 『요한복음서와 로마황제 숭배』. 서울: 한들, 2003.
김세윤. 『그리스도와 가이사』. 서울: 두란노, 2009.
노재관. 『요한신학』. 서울: 성광문화사, 1997.
민영진. 『출애굽기』. 서울: 대한기독교서회, 2014.
변종길. 『성령과 구속사』. 서울: 개혁주의신행협회, 2014.
------ 『요한계시록 주석』. 대구: 말씀사, 2017.
빌, 그레고리. 『신약성경신학』. 김귀탁 역. 서울: 부흥과 개혁사, 2013.
------ 『예배자인가, 우상숭배자인가?』. 김재영, 성기문 역. 서울: 새물결플러스, 2014.
송영목. "간음하다 잡힌 여자 사건에 나타난 예수님의 선지자로서의 정체성." 「신약연구」 12/3 (2013), 517-46.
스토트, 존. 『그리스도의 십자가』. 황영철 역. 서울: IVP, 2007.
안세광. "요한복음의 그룹 등장인물 - 유대인, 무리, 제자들을 중심으로." 「신약연구」 12/4 (2013), 766-93.
유상섭. "요한복음에서 믿음 개념." 「신학지남」 65/4 (1998), 240-68.
------ "오병이어 기적에 대한 네 복음서의 관점." 「신약연구」 6/1 (2007), 1-49.
유지운. "요한복음에 나타나는 대안적 '삶의 세계'로서의 '진리'." 「횃불트리니티 저널」 17/1 (2014), 18.
이영헌. "요한복음서의 진리 개념에 대한 성서적 고찰." 「신학전망」 146 (2004), 2-21.
이정화. "요한복음 15:12-17에 나타난 예수님의 친구 개념 연구." 국제신학대학원대학교 신학석사 논문 (2018).
이한수. 『신약이 말하는 성령』. 서울: 솔로몬, 2009.
장세훈. 『문맥에서 길을 찾다』. 서울: 토브, 2018.
------ 『스가랴』. 서울: SFC, 2017.
조석민. "요한복음에 언급된 시간 이해," 『요한복음의 새관점』. 서울: 솔로몬, 2008.
------ 『이해와 설교를 위한 요한복음』. 서울: 이레서원, 2019.
최갑종. "요한과 성령," 『성령과 율법』. 서울: 기독교문서선교회, 1994.
카슨, D. A. 『성경 해석의 오류』. 박대영 역. 서울: 성서유니온선교회, 2002.
칼빈, 존. 『요한복음』. 박문재 역. 고양: 크리스챤다이제스트, 2012.
한정건. 『이사야의 메시야 예언 II』. 서울: CLC, 2012.

해밀턴, 빅터 P. 『출애굽기』. 박영호 역. 서울: 솔로몬, 2017.
황원하. 『요한복음 해설노트』. 서울: SFC, 2011.
후크마, 안토니 A. 『개혁주의 구원론』. 류호준 역. 서울: CLC, 1991.

Akin, Daniel L. *1,2,3, John*, The New American Commentary. Nashiville: B&H, 2001.
Alexander, T. Desmond. *From Eden to the New Jerusalem: Exploring God's Plan for Life on Earth*. Nottingham: IVP, 2008. 부흥과 개혁사 역간, 『에덴에서 새 예루살렘까지』.
Alexander, T. Desmond and Gathercole, Simon. eds. *Heaven on Earth: The Temple in Biblical Theology*. Carlisle: Paternoster, 2004.
Allison Jr, D. C. *Resurrecting Jesus: The Earliest Christian Tradition and Its Interpreters*. New York: T&T Clark, 2005.
Ball, David M. *"I Am" in John's Gospel: Literary Function, Background and Theological Implications*. Sheffield: Sheffield Academic Press, 1996.
Barker, Margaret. *The Great High Priest: the Temple Roots of Christian Liturgy*. London: T&T Clark, 2003
Barrett, Charles K. *The Gospel According to St. John*. London: SPCK, 1978. 한국신학연구소 역간, 『요한복음』.
Bauckham, Richard. *Gospel of Glory: Major Themes in Johannine Theology*. Grand Rapids: Baker Academic, 2015. 새물결플러스 역간, 『요한복음 새롭게 보기』.
------ *Jesus: A Very Short Introduction*. Oxford: Oxford University, 2011. 비아 역간, 『예수』.
------ *Jesus and the Eyewitnesses: The Gospels as Eyewitness Testimony*. Grand Rapids: Eerdmans, 2006. 새물결플러스 역간, 『예수와 그 목격자들』.
Bauer, W., Arndt, W. F., Gingrich, F. W. *A Greek-English Lexicon of the New Testament and Other Early Christian Literature*, 3rd ed. by F. W. Danker. Chicago: Chicago University press, 2001.
Beale, Gregory K. *The Temple and the Church's Mission: A Biblical Theology of the Dwelling Place of God*. Leicester: Apollos, 2004. 새물결플러스 역간, 『성전신학』.
Beasley-Murray, G. R. *John*, The Word Biblical Commentary. Nashville: Thomas

Nelson, 1987. 솔로몬 역간, 『요한복음』.

Bock, Darrell L. *Luke 1:1-9:50*, The Baker Exegetical Commentary in the New Testament. Grand Rapids: Baker, 1994. 부흥과 개혁사 역간, 『누가복음 1』.

Bolt, Peter. “What Fruit Does the Vine Bear? Some Pastoral Implications of John 15:1-8.” *The Reformed Theological Review* 51, no. 5 (1992), 11-19.

Bond, H. K. and Hurtado, L. W. eds. *Peter in Early Christianity*. Grand Rapids: Eerdmans, 2015.

Borchert, Gerald L. *John 1-11, 12-21*, The New American Commentary. Nashville: B&H, 1996.

Borgen, Pedor. *The Gospel of John: More Light from Philo, Paul and Archaeology*. Leiden: Brill, 2014.

Brodie, Thomas L. *The Gospel According to John: A Literary and Theological Commentary*. New York: Oxford University Press, 1997.

Brower, K. E. and Johnson, A. eds. *Holiness and Ecclesiology in the New Testament*. Grand Rapids: Eerdmans, 2007.

Brown, Jeannine K. “Creation’s Renewal in the Gospel of John.” *The Catholic Biblical Quarterly* 72, no 2 (2010), 275-90.

Brown, Raymond E. *The Gospel According to John I-XII, XIII-XXI*. The Anchor Bible. Garden City: Doubleday, 1966, 1970. CLC 역간, 『요한복음 1-2』.

Brunson, Andrew C. *Psalm 118 in the Gospel of John: An Intertextual Study on the New Exodus Pattern in the Theology of John*. Tübingen: Mohr Siebeck, 2003.

Bultmann, Rudolf K. *The Gospel of John*. trans. Beasly-Murray. Oxford: B. Blackwell, 1971. 성광문화사 역간, 『요한복음서 연구』.

Burge, Gary M. *John*, The NIV Application Commentary. (Grand Rapids: Zondervan, 2009), 56. 솔로몬 역간, 『요한복음』.

-------- *The Anointed Community: The Holy Spirit in the Johannine Tradition*. Grand Rapids: Eerdmans, 1987.

Carson, D. A. and Moo, D. J. *An Introduction to the New Testament*. Grand Rapids: Zondervan, 2005. 은성 역간, 『신약개론 제2판』.

Carson, D. A. "The Purpose of the Fourth Gospel: John 20: 31 Reconsidered." *Journal of Biblical Literature* 106, no. 4 (1987), 639-51.

------ "Syntactical and Text-Critical Observations on John 20:30-31: One More

Round on the Purpose of the Fourth Gospel," *Journal of Biblical Literature* 124, no. 4 (2005), 693-714.

------ *The Gospel According to John*, Pillar New Testament Commentary. Grand Rapids: Eerdmans, 1991. 솔로몬 역간, 『요한복음』.

------ "The Function of the Paraclete in John 16:7-11." *Journal of Biblical Literature* 98(1978), 547-66.

Cassidy, Richard J. *John's Gospel in New Perspective: Christology and the Realities of Roman Power*. Eugene: Wipf&Stock, 2015.

Carter, Warren. *John: Storyteller, Interpreter, Evangelist*. Grand Rapids: Baker, 2006.

Charlesworth, James H. ed. *John and the Dead Sea Scrolls*. New York: Christian Origins Library, 1990.

Chennattu, Rekah M. *Johannine Discipleship as a Covenant Relationship*. Peabody: Hendrickson, 2006.

Coloe, Mary L. *God Dwells with Us: Temple Symbolism in the Fourth Gospel*. Collegeville: Liturgical Press, 2001.

------ "Raising the Johannine Temple (John 19.19-37)." Australian Biblical Review 48 (2000), 47-58.

Cullmann, Oscar. *The Christology of the New Testament*. Philadelphia: Westminster John Knox Press, 1980. 나단 역간, 『신약의 기독론』.

Culpepper, R. Alan. *Anatomy of the Fourth Gospel: A Study in Literary Design*. Philadelphia: Fortress Press, 1983. 요단 역간, 『요한복음 해부』.

------ *John, the Son of Zebedee: The Life of a Legend*. Edinburgh: T&T Clark, 2000.

Culpepper, R. A. and Black, C. C. eds. *Exploring the Gospel of John: In Honor of D. Moody Smith*. Louisville: Westminster John Knox press, 1996.

Cyril of Alexandria, *Commentary on John vol. 1*, Ancient Christian Texts, ed. J. C. Elowsky, trans. D. R. Maxwell. Downers Grove: IVP, 2013.

Daise, Michael A. *Feasts in John: Jewish Festivals and Jesus' 'Hour' in the Fourth Gospel*. Tübingen: Mohr Siebeck, 2007.

Dennis, John A. *Jesus' Death and the Gathering of True Israel: The Johannine Appropriation of Restoration Theology in the Light of John 11.47-52*. Tübingen: Mohr Siebeck, 2006.

Dillow, Joseph C. "Abiding Is Remaining in Fellowship: Another Look at John 15:1-6." *Bibliotheca Sacra* 147, no 585 (1990), 44-53.

Dodd, Charles H. *Historical Tradition in the Fourth Gospel.* Cambridge: Cambridge University Press, 1976.

------ *The Interpretation of the Fourth Gospel.* Cambridge: Cambridge University Press, 1968.

Doriani, Daniel. "Jesus Use of Amen." *Presbyterian* 17, no. 2 (1991), 125-7.

Duke, Paul D. *Irony in the Fourth Gospel.* Atlanta: John Knox Press, 1985.

Edwards, Ruth B. "χάριν ἀντὶ χάριτος (John 1.16): Grace and the Law in the Johannine Prologue." *Journal for the Study of the New Testament* no. 32 (1988), 3-15.

Eklund, Rebekah. *Jesus Wept: The Significance of Jesus Laments in the New Testament.* London: Bloomsbury, 2015.

Elowsky, Joel C. ed. *John 1-10, 11-21,* Ancient Christian Commentary on Scripture IV. Downers Grove: IVP, 2006, 2007.

Fee, Gordon D. *To What End Exegesis? : Essays Textual, Exegetical, and Theological.* Grand Rapids: Eerdmans, 2001.

France, R. T. *The Gospel of Matthew,* The New International Commentary of New Testament. Grand Rapids: Eerdmans, 2007. 부흥과 개혁사 역간, 『마태복음』.

------ *The Gospel of Mark.* The New International Greek Testament Commentary. Grand Rapids: Eerdmans, 2002. 새물결플러스 역간, 『마가복음』.

Freedman, D. N. ed. *The Anchor Yale Bible Dictionary.* New York: Doubleday, 1992.

Forte, Bruno. *To Follow You, Light of Life: Spiritual Exercises Preached Before John Paul II at the Vatican.* Grand Rapids: Eerdmans, 2005.

Foster, C. S. *So That You May Believe: The Apologetic Nature of John's Gospel.* Oak Ridge: Holy Fire, 2005.

Grabbe, L. L. and Haak, R. D. eds. *Knowing the End From the Beginning: The Prophetic, Apocalyptic, and Their Relationship.* London: T&T Clark, 2003.

Grayston, Kenneth. 'The Meaning of Parakletos.' *Journal for the Study of the*

New Testament 13 (1981), 67-82.

Green, J. B., McKight, S., Marshall, I. H. eds. *Dictionary of Jesus and the Gospels.* Downers Grove: IVP, 1992. 요단 역간, 『예수 복음서 사전』.

Hamid-Khani, Saeed. *Revelation and Concealment of Christ: A Theological Inquiry Into the Elusive Language of the Fourth Gospel.* Tübingen: Mohr Siebeck, 2000.

Hawkin, David J. "The Johannine Concept of Truth and Its Implications for a Technological Society." *The Evangelical Quarterly* 59, no 1 (1987), 3-13.

Heil, John P. "Jesus as the Unique High Priest in the Gospel of John." *The Catholic Biblical Quarterly* 57, no. 4 (1995), 729-45.

------ *The Gospel of John: Worship for Divine Life Eternal.* Eugene: Wipf&Stock, 2015.

Hendriksen, Willem. *A Commentary on the Gospel of John.* Grand Rapids: Baker, 1961. 아가페 역간, 『요한복음』.

Hengel, Martin. *The Johannine Question.* trans. J. Bowden. London: SCM, 1989.

------ *The Zealots.* Edinburgh: T&T Clark, 1989.

Horbury, William. J*ewish Messianism and the Cult of Christ.* London: SCM, 1998.

Hoskins, Paul M. *Jesus as the Fulfillment of the Temple in the Gospel of John.* Bucks: Paternoster, 2006.

Instone-Brewer, D. *Divorce and Remarriage in the Bible: The Social and Literary Context.* Grand Rapids: Eerdmans, 2002.

Käsemann, Ernst. *The Testament of Jesus: A Study of the Gospel of John in the Light of Chapter 17.* trans G. Krodel. Philadelphia: Fortress Press, 1968. 대한기독교서회 역간, 『예수의 증언』.

Keener, Craig S. *The Gospel of John vol. 1-2.* Peabody: Hendrickson, 2003. CLC 역간, 『키너 요한복음』.

Keller, Timothy. *Encounters with Jesus: Unexpected Answers to Life's Biggest Questions.* New York: Penguin, 2013. 두란노 역간, 『팀 켈러의 인생질문』.

Kerr, Alan. *The Temple of Jesus' Body: The Temple Theme in the Gospel of John*, Library of the New Testament Studies. London: T&T Clark, 2002

Kittel, G. ed. *Theological Dictionary of the New Testament.* trans G. W. Bromiley, G. Friedrich. Grand Rapids: Eerdmans, 1964.

Klink III, Edward W. *John*, Zondervan Exegetical Commentary on the New Testament. Grand Rapids: Zondervan, 2016.

Koester, Craig R. "Messianic Exegesis and the Call of Nathanael (John 1.45-51)." *Journal for the Study of the New Testament* 39 (1990), 23-34.

------ "'The Savior of the World'(John 4:42)," *Journal of Biblical Literature* 109, no 4 (1990), 665-80.

------ *The Word of Life: A Theology of John's Gospel.* Grand Rapids: Eerdmans, 2008.

Köstenberger, Andreas J. *A Theology of John's Gospel and Letters.* Grand Rapids: Zondervan, 2009. 부흥과 개혁사 역간, 『요한신학』.

------ *Encountering John.* Grand Rapids: Baker, 1999. 크리스챤 역간, 『요한복음 총론』.

------ *John*, The Baker Exegetical Commentary in the New Testament. Grand Rapids: Baker, 2004. 부흥과 개혁사 역간, 『요한복음』.

------ *The Missions of Jesus and the Disciples according to the Fourth Gospel: With Implications for the Fourth Gospel's Purpose and the Mission of the Contemporary Church.* Grand Rapids: Eerdmans, 1998.

Kruse, Colin G. *John*, Tyndale New Testament Commentary. Downers Grove: IVP, 2008. CLC 역간, 『요한복음』.

Kuan-Hui Wang, Sunny. *Sense Perception and Testimony in the Gospel According to John.* Tübingen; Mohr Siebeck, 2017.

Kwon, H. S. "Jesus as High Priest in John 17: A Critical Reassessment of an Old Interpretation." Ph.D. Dissertation. The University of Bristol / Trinity College, 2012.

Kysar, Robert. *John: The Maverick Gospel,* 3rd ed. Louisville: Westminster John Knox Press, 2007.

Ladd, George E. *A Theology of the New Testament.* Grand Rapids: Eerdmans, 1974. 대한기독교서회 역간, 『신약신학』.

Laney, J. Carl L. "Abiding is believing: The Analogy of the Vine in John 15:1-6." *Bibliotheca Sacra* 146, no 581 (1989), 55-66.

------ *John*, Moody Gospel Commentary. Chicago: Moody Publishers, 1992.

Lee, Dorothy A. *Flesh and Glory: Symbol, Gender, and Theology in the Gospel of John.* New York: Crossroad, 2002.

Lierman, John ed. *Challenging Perspectives on the Gospel of John.* Tübingen: Mohr Siebeck, 2006

Lincoln, Andrew T. *The Gospel according to Saint John*, Black's New Testament Commentary. London: Continuum, 2005.

------ *Truth on Trial: the Lawsuit Motifs in the Fourth Gospel.* Peabody: Hendrickson, 2000.

Lindars, B. *The Gospel of John*, The New Century Bible Commentary. Grand Rapids: Eerdmans, 1982.

Lindsay, Dennis R. "What Is Truth? Aletheia in the Gospel of John." *Restoration Quarterly* 35, no. 3 (1993), 129-45.

Litwa, M. David. "Behold Adam: A Reading of John 19:5." *Horizons in Biblical Theology* 32, no 2 (2010), 129-43.

Longenecker, Richard N. ed. *Into God's Presence: Prayer in the New Testament.* Grand Rapids: Eerdmans, 2001.

Lunn, Nicholas P. "Jesus, the Ark, and the Day of Atonement: Intertextual Echoes in John 19:38-20:18." *The Journal of the Evangelical Theological Society* 52, no 4 (2009), 731-46.

Martyn, J. Louis. *History and Theology in the Fourth Gospel.* Louisville: Westminster John Knox Press, 1968.

McCaffrey, James. *The House with Many Rooms: The Temple Theme of Jn.14,2-3.* Roma: EPIB, 1988.

McKay, Kenneth L. "Style and Significance in the Language of John 21:15-17." *Novum Testamentum* 27, no. 4 (1985), 319-33.

Michaels, J. Ramsay. *The Gospel of John*, The New International Commentary of New Testament. Grand Rapids: Eerdmans, 2010.

Minear, Paul S. "The Original Functions of John 21." *Journal of Biblical Literature* 102, no. 1 (1983), 85-98.

Moloney, Francis J. *Love in the Gospel of John: An Exegetical, Theological, and Literary Study.* Grand Rapids: Baker, 2013.

------ *The Gospel of John,* Sacra Pagina. Collegeville: Liturgical Press, 1998.

Morgan, C. W., Peterson, R. A. eds. *The Glory of God.* Wheaton: Crossway, 2010.

Morris, Leon. *The Gospel according to John*, The New International

Commentary of New Testament. Grand Rapids: Eerdmans, 1995.
------ *The Lord from Heaven*. London: IVP, 1974.
------ *Jesus is the Christ: Studies in the Theology of John*. Grand Rapids: Eerdmans, 1989. CLC 역간, 『요한신학』.
Mowvley, Henry. "John 1.14-18 in the Light of Exodus 33.7-34.35." *The Expository Times* 95, no. 5 (1984), 135-7.
Neirynck, Frans. "The 'Other Disciple' in Jn 18,15-16." *Ephemerides Theologicae Lovanienses* 51, no 1 (1975), 113-41.
Neusner, J., Green, W. S., Frerichs, E. eds. *Judaisms and Their Messiahs at the Turn of the Christian Era*. Cambridge: Cambridge University Press, 1987.
Nicholson, Godfrey C. *Death as Departure: The Johannine Descent-Ascent Schema*. SBLDS 63. Chico: Scholars Press, 1983.
Nolland, John. *The Gospel of Matthew*, The New International Greek Testament Commentary. Grand Rapids: Eerdmans, 2005.
O'Day, Gail R. *Revelation in the Fourth Gospel: Narrative Mode and Theological Claim*. Minneapolis: Fortress Press, 1986.
O'Neill, J. C. "Son of Man, Stone of Blood (John 1:51)." *Novum Testamentum* 45, no. 4 (2003), 374-81.
Orchard, Helen C. *Courting Betrayal: Jesus as Victim in the Gospel of John*, Library of the New Testament Studies. London: Continuum, 1998.
Oswalt, John N. *The Book of Isaiah 40-66*, The New International Commentary of Old Testament. Grand Rapids: Eerdmans, 1998. 부흥과 개혁사 역간, 『이사야 2』.
Resseguie, James L. *The Strange Gospel: Narrative Design and Point of View in John*. Leiden: Brill, 2001.
Reynolds, B. and Boccaccini, G. ed. *Reading the Gospel of John's Christology as Jewish Messianism*. Leiden: Brill, 2018.
Richardson, Kurt A. *James*, The New American Commentary. Nashville: B&H, 1997.
Richey, Lance B. *Roman Imperial Ideology and the Gospel of John*. Washington, DC: Catholic Biblical Association of America, 2007.
Riesenfeld, H. "Zu Den Johanneischen ἵνα-Sätzen." *Studia Theologica-Nordic*

Journal of Theology 19, no. 1 (1965), 213-20.

Rosik, Mariusz. "Discovering the Secrets of God's Gardens. Resurrection as New Creation (Gen 2:4b-3: 24; Jn 20:1-18)." *Liber Annuus* 58, no 1 (2008), 81-98.

Salier, Willis H. *The Rhetorical Impact of the Sēmeia in the Gospel of John.* Tübingen: Mohr Siebeck, 2004.

------ "What's in a World? Kosmos in the Prologue of John's Gospel." *The Reformed Theological Review* 56 no 3 (1997), 105-17.

Schnackenburg, Rudolf. *The Gospel according to St. John vol. 1-3*, trans. K. Smyth. London: Burns&Oates, 1968, 1980, 1982.

Scholtissek, Klaus. "Ironie und Rollenwechsel im Johannesevangelium." *Zeitschrift für die Neutestamentliche Wissenschaft* 89, no. 3-4 (1998), 235-55.

Schubert, Judith. *The Gospel of John: Question by Question.* Mahwah: Paulist Press, 2008.

Senior, Donald. *The Passion of Jesus in the Gospel of John.* Collegeville: Liturgical Press, 1991.

Skinner, C. W. "Another Look at the 'Lamb of God'." *Bibliotheca Sacra* 161 (2004), 89-104.

Smalley, S. Stephen. *John: Evangelist and Interpreter*, 2nd Edition. London: Paternoster, 1998. 생명의샘 역간, 『요한신학』.

Stibbe, Mark W. G. ed. *The Gospel of John as Literature: An Anthology of Twentieth-Century Perspectives.* Leiden: Brill, 1993.

Streett, Andrew. *The Vine and the Son of Man: Eschatological Interpretation of Psalm 80 in Early Judaism.* Minneapolis: Fortress, 2014

Suggit, John. "Jesus the Gardener: the Atonement in the Fourth Gospel as Re-creation," *Neotestamentica* 33, no 1 (1999), 161-8.

Talbert, Charles H. *Reading John: A Literary and Theological Commentary on the Fourth Gospel and the Johannine Epistles.* Macon: Smyth & Helwys, 2005.

Thettayil, Benny. *In Spirit and Truth: An Exegetical Study of John 4:19-26 and a Theological Investigation of the Replacement Theme in the Fourth Gospel.* Leuven: Peeters, 2007.

Thompson, Marianne. M. "Eternal Life in the Gospel of John." *Ex auditu* 5 (1989), 35-55.

Tomasino, Anthony J. *The World of Jesus*. Eugene: Wipf&Stock, 2011.

Van der Watt, Jan G. "Ethics and Ethos in the Gospel according to John." *Zeitschrift für die Neutestamentliche Wissenschaft* 97, no 3-4 (2006), 147-76.

Von Wahlde, U. C. *The Gospel and Letters of John* vol 3, Eerdmans Critical Commentary. Grand Rapids: Eerdmans, 2010.

Waetjen, Herman C. *The Gospel of the Beloved Disciple: A Work in Two Editions*. London: Continuum, 2005.

Wenham, David. *The Parables of Jesus*. Downers Grove: IVP, 1989.

Westcott, B. F. *The Gospel according to St. John: the Greek Text with Introduction and Notes*. London: John Murray, 1908.

Whitacre, R. A. *John*, The IVP New Testament Commentary. Downers Grove: IVP, 1999.

Wilkins, Michael J. *Following the Master: A Biblical Theology of Discipleship*. Grand Rapids: Zondervan, 2010. 국제제자훈련원 역간, 『제자도 신학』.

Witherington III, Ben. *John's Wisdom: A Commentary on the Fourth Gospel*. Louisville: Westminster John Knox Press, 1995.

------ *The Gospel Code: Novel Claims About Jesus, Mary Magdalene and Da Vinci*. Downers Grove: IVP, 2004.

Wyatt, N. "'Supposing Him to Be the Gardener'(John 20.15): A Study of the Paradise Motif in John." *Zeitschrift für die Neutestamentliche Wissenschaft* 81 (1990), 21-38.

Yee, Gale A. *Jewish Feasts and the Gospel of John*. Eugene: Wipf&Stock, 1989.

저자 **권해생**

연세대학교(B.A.), 고려신학대학원을 졸업(M.Div)하였다. 그 뒤 미국 캘리포니아 바이올라 대학교(탈봇 신학대학원)에서 성경 주해학을 공부한 후(M.A.), 영국 브리스톨 대학교(트리니티 칼리지)에서 신약학을 전공하여 박사학위를 취득하였다(Ph.D.). 2013년 3월부터 현재까지 국제신학대학원대학교에서 가르치다가 2022년 3월부터 고려신학대학원 신약학 교수로 봉사하고 있다.

요한복음 확대개정판

초판1쇄 2016년 9월 19일
개정2쇄 2023년 8월 21일
지은이 권해생
발행인 권오헌
편집위원장 신득일
발 간 고신총회 성경주석간행위원회
(위원: 김홍석, 김동식, 안동철, 김정수, 신득일, 최승락, 권종오)
엮은곳 고신총회 성경주석편집위원회
펴낸곳 대한예수교장로회 고신 총회출판국
후 원 창원교회(담임목사 강주영)
주 소 서울특별시 서초구 고무레로 10-5(빈포동)
전 화 (02)592-0986~7
팩 스 (02)595-7821
홈페이지 qtland.com
등 록 1998년 11월 3일 제22-1443호
디자인 CROSS-765
ISBN 978-89-5903-373-7 (94230)
978-89-5903-298-3 (94230) (세트)
값 42,000원